2000—2012款日韩车系正时维修速查手册

广州瑞佩尔信息科技有限公司　组编
主编　朱其谦　胡欢贵

机 械 工 业 出 版 社

本书为汽车发动机正时维修方法的速查手册，内容涉及汽车年款自2000年到2012年，几乎涵盖了这12年间市面上所有日韩车系的主流车型。其主要品牌包括丰田（一汽丰田、广州丰田、进口丰田及雷克萨斯），本田（广州本田、东风本田、进口本田及讴歌），日产（东风日产、郑州日产、进口日产及英菲尼迪），马自达（一汽马自达、长安福特马自达与进口马自达），三菱，铃木（长安铃木、昌河铃木及进口铃木），斯巴鲁，现代（北京现代、华泰现代与进口现代），起亚（东风悦达起亚与进口起亚），双龙等。编写方式为先给出正时带/链单元分解图，然后分步骤详解拆卸、安装及正时校正方法，图示易懂，表述清晰。

本书作为汽车正时维修资料的集大成者，非常适合各汽车维修企业及汽车维修技术人员作为必备工具图书使用。

图书在版编目（CIP）数据

2000—2012款日韩车系正时维修速查手册/朱其谦，胡欢贵主编. —北京：机械工业出版社，2013.3

ISBN 978-7-111-41528-2

Ⅰ.①2… Ⅱ.①朱… ②胡… Ⅲ.①汽车—发动机—车辆修理—技术手册 Ⅳ.①U472.43-62

中国版本图书馆CIP数据核字（2013）第031255号

机械工业出版社（北京市百万庄大街22号 邮政编码100037）
策划编辑：徐 巍 责任编辑：徐 巍
版式设计：霍永明 责任校对：丁丽丽
封面设计：陈 沛 责任印制：乔 宇
北京铭成印刷有限公司印刷
2013年6月第1版第1次印刷
184mm×260mm ·23印张·639千字
0001—3000册
标准书号：ISBN 978-7-111-41528-2
定价：58.00元

凡购本书，如有缺页、倒页、脱页，由本社发行部调换

电话服务	网络服务
社服务中心：(010)88361066	教材网：http://www.cmpedu.com
销售一部：(010)68326294	机工官网：http://www.cmpbook.com
销售二部：(010)88379649	机工官博：http://weibo.com/cmp1952
读者购书热线：(010)88379203	**封面无防伪标均为盗版**

前　言

汽车发动机正时就是发动机凸轮轴与曲轴的转角位置要相互对应，以此来保证进、排气门在正确的时刻开启或关闭。如果正时发生错误或正时带/链条损坏，就可能造成活塞顶气门的现象，这样就会严重的损坏发动机，必须大修才可复原。

在发动机的装配过程中，曲轴、凸轮轴、正时带/链条等正时系统部件都有相应的对齐标记，安装时必须保证三者之间的标记全部对齐，这就是正时校准。只有正时标记都校正了才能获得正确的正时。正确的正时单元(其主要部件为正时带或正时链条)分解图，重要安装标记的位置及其校正方法、正时单元的拆卸步骤及安装步骤、维修规范等的资料可以给维修技术人员快捷准确的维修工作提供有力保障。

为满足上述需求，我们特组织专业技术人员编写了《2000—2012 款欧美及国产车系正时维修速查手册》与《2000—2012 款日韩车系正时维修速查手册》这套图书。这两册正时资料图书对比其他已出版的各种正时图书，具有如下特点：

一、内容所涵盖的车型新颖而全面，车型年款从 2000 年到 2012 年，跨度为 12 年，车型涉及目前国内主流欧美日韩合资、进口及国产自主车系数十个品牌上百种型号。

二、内容编写以正时带/链单元分解图、正时系统拆卸步骤、正时系统安装及校正方法为核心来组织材料。正时单元结构相同，拆装及正时校正步骤方法相同的发动机以相互参照的方法进行内容精简，这样在有限的版面空间纳入了更多的资料信息。

三、加入了一些柴油发动机车型的正时维修资料，部分车型加入了与正时校正相关性比较强的气门间隙调整的内容。

本套图书由广州瑞佩尔信息科技有限公司组织编写，由朱其谦、胡欢贵主编，副主编为杨刚伟，此外参加编写的人员还有吴龙、张祖良、汤耀宗、赵炎、陈金国、刘艳春、徐红玮、张志华、冯宇、赵太贵、宋兆杰、陈学清、邱晓龙、吴远航、朱如盛、周金洪、刘滨、陈祺、孙丽佳、周方、彭斌、王坤、章军旗、满亚林、彭启凤、李丽娟、徐银泉等人。

由于编者水平有限书中错误在所难免，还请广大读者多提宝贵意见，不吝指正，以使本书在再版修订时更臻完美。

编　者

目　　录

第一章

丰田汽车发动机正时维修调整

第一节　一汽丰田汽车发动机正时维修与气门间隙调整

一、3UR-FE 5.7L 发动机(2008—2012 款兰德酷路泽,2008 款起雷克萨斯 LX570 装备)

1. 发动机正时链单元分解

发动机正时链单元分解如图 1-1 所示。

2. 发动机正时链单元拆卸步骤

1）拆卸机油压力表传感器总成。

2）拆卸机油滤清器滤芯。

3）拆卸机油冷却器 1 号支架(带机油冷却器)。

4）拆卸机油滤清器支架(带机油冷却器)。

5）拆卸机油滤清器支架(不带机油冷却器)。

6）拆卸机油加注口盖分总成。

7）拆卸机油加注口盖壳。

8）拆卸火花塞。

9）拆卸 VVT 传感器。

10）拆卸凸轮轴位置传感器。

11）拆卸曲轴位置传感器防护罩。

12）拆卸曲轴位置传感器。

13）拆卸凸轮轴机油控制阀总成。

14）拆卸水泵带轮。

15）拆卸 1 号惰轮分总成。

16）拆卸液力耦合器支架。

17）拆卸多楔带张紧器总成。

18）拆卸左侧气缸盖罩分总成。

19）拆卸右侧气缸盖罩分总成。

20）拆卸机油控制阀滤清器。

21）拆卸火花塞套管衬垫。

22）拆卸曲轴带轮。

23）拆卸水泵总成。

24）拆卸正时链条盖分总成。

25）拆卸进水管。

26）拆卸曲轴前油封。

27）将 1 号气缸设置为压缩行程上止点(TDC)位置。

① 暂时安装曲轴带轮螺栓。

② 顺时针旋转曲轴，使曲轴正时链轮和凸轮轴正时齿轮上的正时标记位于如图 1-2 所示位置。

28）拆卸 1 号左侧链条张紧器总成。

29）拆卸 1 号左侧链条张紧器导板。

30）拆卸 1 号左侧链条振动阻尼器。

31）拆卸 1 号左侧链条分总成。

① 推下 3 号链条张紧器时，将 ϕ1.0mm(0.0394in)的销插入孔中以将其固定到合适位置(见图 1-3)。

② 用扳手固定凸轮轴的六角部位并拧松螺栓。

> **注意：**不要让扳手损坏气缸盖。不要拆解凸轮轴正时齿轮。

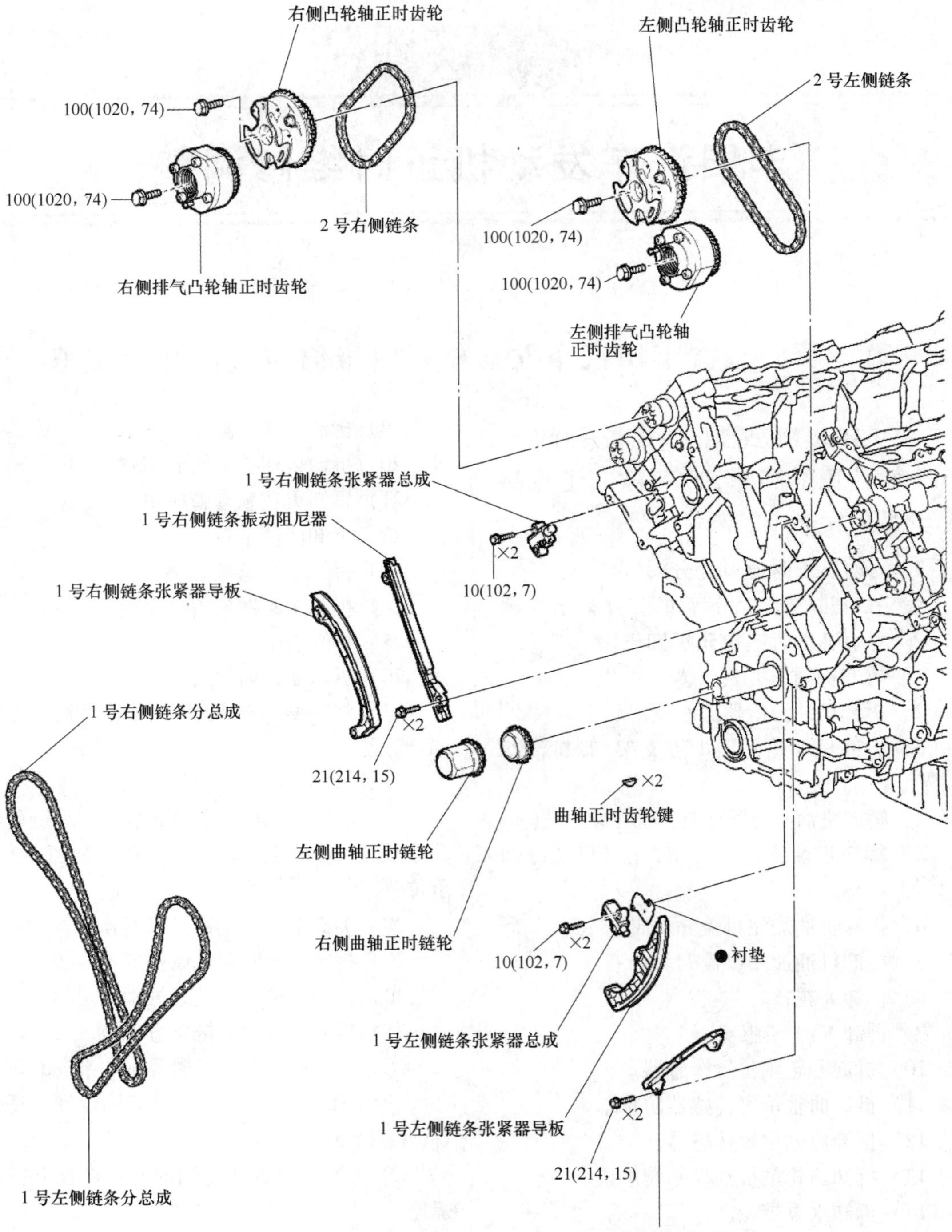

图1-1　正时链单元分解图

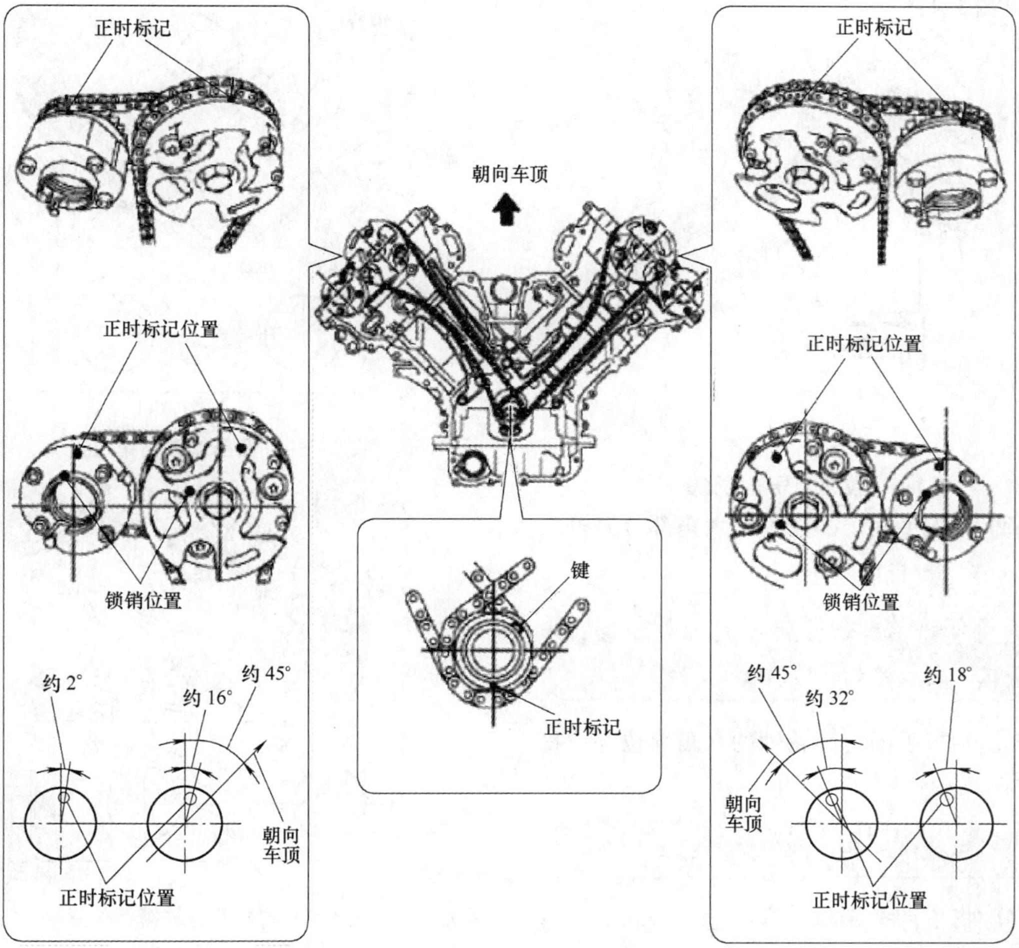

图 1-2　正时链单元正时对正图

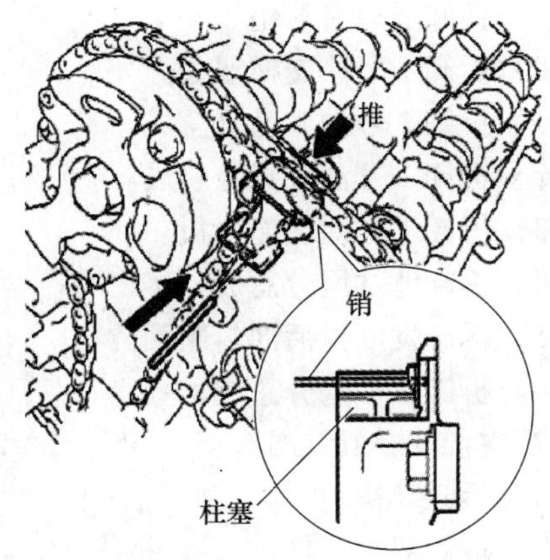

图 1-3　推下 3 号链条张紧器

③ 用扳手固定凸轮轴的六角部位并拧松螺栓。

注意：不要让扳手损坏气缸盖。

④ 拆下两个螺栓。然后在 1 号和 2 号链条仍连接在齿轮的情况下，拆下凸轮轴正时齿轮、排气凸轮轴正时齿轮和左侧曲轴正时链轮。

⑤ 从齿轮上拆下 1 号和 2 号链条。

32）拆卸 3 号链条张紧器总成。

33）拆卸 1 号右侧链条张紧器总成。

34）拆卸 1 号右侧链条张紧器导板。

35）拆卸 1 号右侧链条振动阻尼器。

36）拆卸 1 号右侧链条分总成。

① 拉起 2 号链条张紧器时，将 $\phi1.0$mm (0.0394in) 的销插入孔中以将其固定到合适位

置(见图 1-4)。

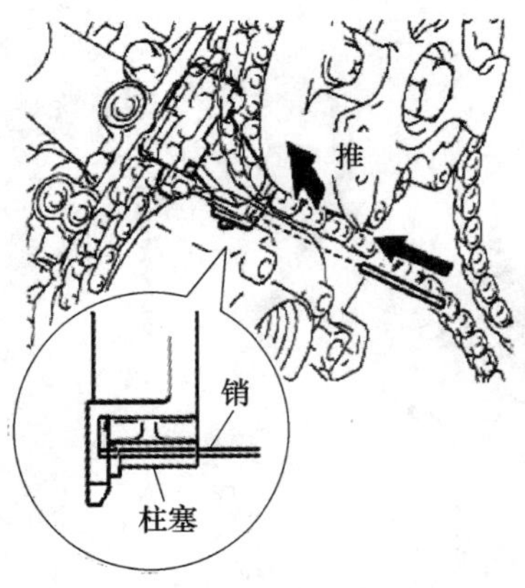

图 1-4　拉起 2 号链条张紧器

② 用扳手固定凸轮轴的六角部位并拧松螺栓。

> **注意：**不要让扳手损坏气缸盖。不要拆解凸轮轴正时齿轮。

③ 用扳手固定凸轮轴的六角部位并拧松螺栓。

> **注意：**不要让扳手损坏气缸盖。

④ 拆下两个螺栓。然后在 1 号和 2 号链条仍连接在齿轮上的情况下，拆下凸轮轴正时齿轮、排气凸轮轴正时齿轮和右侧曲轴正时链轮。

⑤ 从齿轮上拆下 1 号和 2 号链条。

37）拆卸 2 号链条张紧器总成。

38）拆卸曲轴正时齿轮键。

39）拆卸左侧凸轮轴轴承盖，确保凸轮轴的锁销位于如图 1-5 所示的位置。

40）拆卸左侧凸轮轴壳分总成。

41）拆卸右侧凸轮轴轴承盖，确保凸轮轴的锁销位于如图 1-6 所示的位置。

42）拆卸右侧凸轮轴壳分总成。

43）拆卸 1 号气门摇臂分总成。

44）拆卸气门间隙调节器总成。

45）拆卸气门杆盖。

46）拆卸左侧气缸盖分总成。

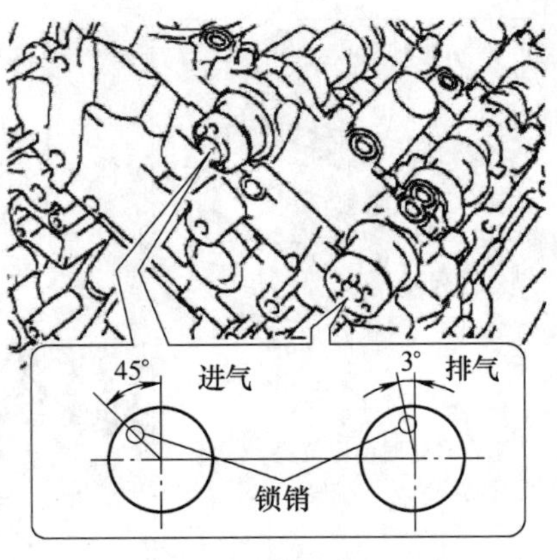

图 1-5　左侧凸轮轴锁销位置

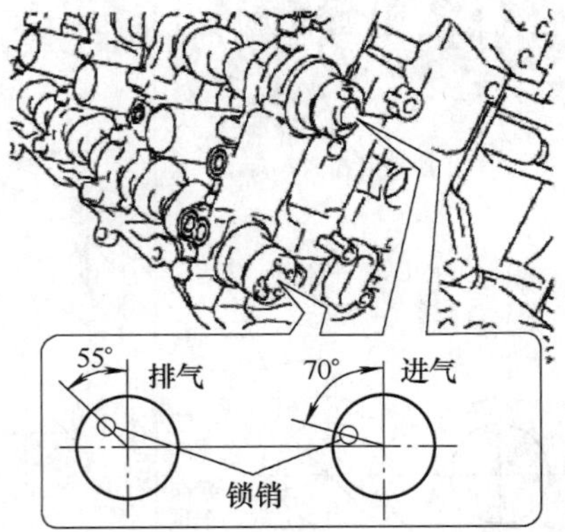

图 1-6　右侧凸轮轴锁销位置

47）拆卸右侧气缸盖分总成。

48）拆卸气缸体水套隔垫。

49）拆卸通风管衬垫。

50）拆卸 1 号热交换器盖。

51）拆卸 2 号油底壳分总成。

52）拆卸 1 号油底壳分总成。

53）拆卸 1 号油底壳挡板。

54）拆卸滤油网分总成。

55）拆卸发动机后油封座圈。

56）拆卸放油管分总成。

57）拆卸曲轴后油封。

58）拆卸环销。

59）拆卸双头螺柱。

3. 发动机正时链单元安装步骤

1）安装正时链条盖双头螺柱。

2）安装环销。用塑料锤将新的环销敲入

正时链条盖。

3）安装曲轴后油封。

4）安装放油管分总成。

5）安装发动机后油封座圈。

6）安装滤油网分总成。

7）安装1号油底壳挡板。

8）安装1号油底壳分总成。

9）安装2号油底壳分总成。

10）安装1号热交换器盖。

11）安装通风管衬垫。

12）安装气缸体水套隔垫。

13）安装右侧气缸盖分总成。

14）安装左侧气缸盖分总成。

15）安装气门杆盖。

16）安装气门间隙调节器总成。

17）安装1号气门摇臂分总成。

18）安装右侧凸轮轴轴承盖。

19）安装右侧凸轮轴壳分总成。

20）安装左侧凸轮轴轴承盖。

21）安装左侧凸轮轴壳分总成。

22）安装曲轴正时齿轮键。

23）将1号气缸设置为压缩行程上止点（TDC）位置。

① 暂时安装曲轴带轮螺栓。

② 旋转曲轴使正时齿轮键位于如图1-7所示位置。

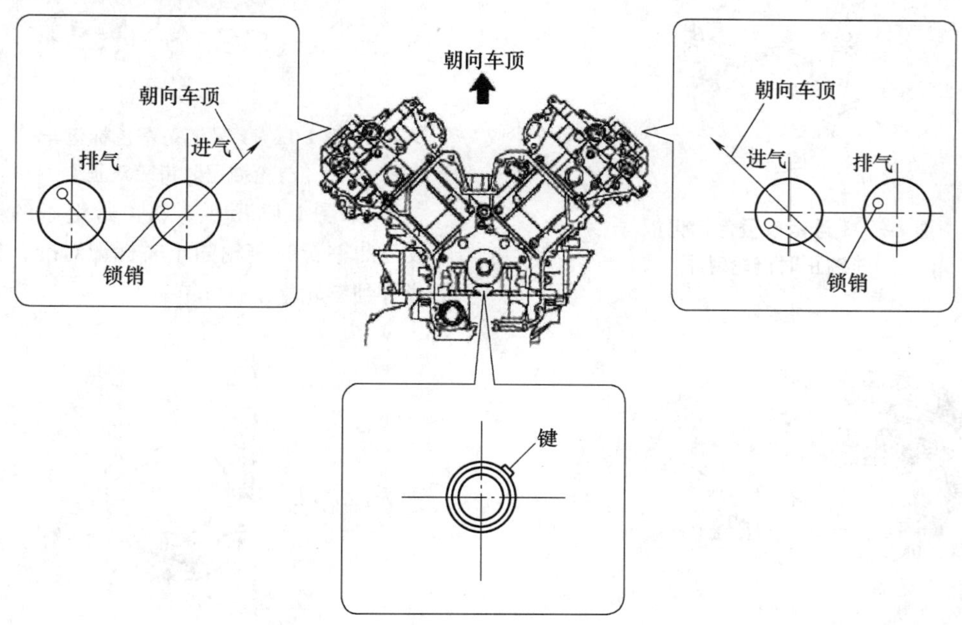

图1-7　旋转曲轴调整正时齿轮键位置

> **注意：**如果过度旋转曲轴或凸轮轴，气门和活塞可能相互干涉。

③ 拆下曲轴带轮螺栓。

24）安装2号链条张紧器总成。

25）安装1号右侧链条分总成。

① 如图1-8所示，将1号链条的橙色标记板与凸轮轴正时齿轮的正时标记对准，并将链条接合到齿轮上。

② 如图1-9所示，将1号链条的橙色标记板与曲轴正时链轮的正时标记对准，并将链条接合到链轮上。

③ 如图1-10所示，将2号链条的黄色标记板与凸轮轴正时齿轮总成和排气凸轮轴正时齿轮总成的正时标记对准，并将2号链条接合到齿轮上。

④ 将右侧曲轴正时链轮安装到凸轮轴上。

⑤ 将1号凸轮轴的锁销与凸轮轴正时齿

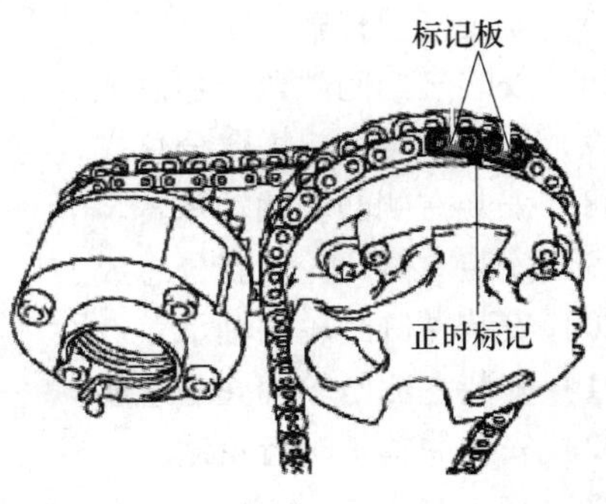

图 1-8　1 号链条橙色标记板与凸轮轴正时齿轮对正

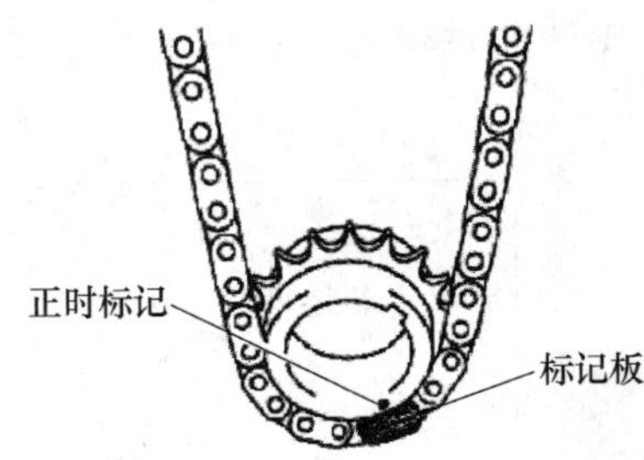

图 1-9　1 号链条橙色标记板与曲轴正时链轮对正

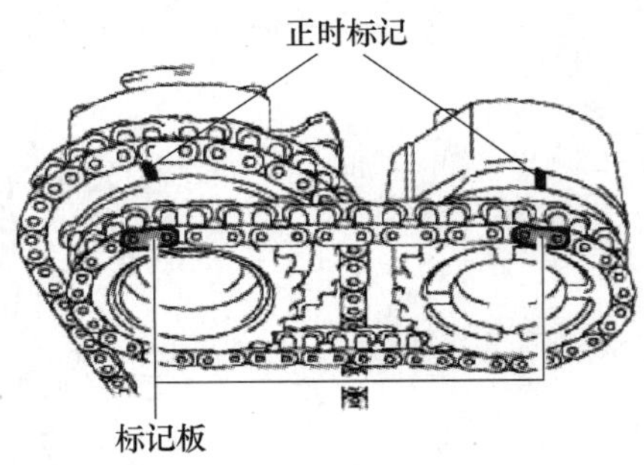

图 1-10　2 号链条黄色标记板与凸轮轴正时齿轮对正

轮的销孔对准并接合。

⑥ 用 2 号凸轮轴的六角部分对准并接合 2 号凸轮轴的锁销与排气凸轮轴正时齿轮销孔。

⑦ 从 2 号链条张紧器上拆下锁销。

⑧ 用扳手固定 1 号凸轮轴的六角部分，暂时安装螺栓。

⑨ 用扳手固定 2 号凸轮轴的六角部分，暂时安装螺栓。

26）安装 1 号右侧链条振动阻尼器。

27）安装 1 号右侧链条张紧器导板。

28）安装 1 号右侧链条张紧器总成。

29）安装 3 号链条张紧器总成。

30）安装 1 号左侧链条分总成。

① 如图 1-11 所示，将 1 号链条的橙色标记板与凸轮轴正时齿轮的正时标记对准，并将链条接合到齿轮上。

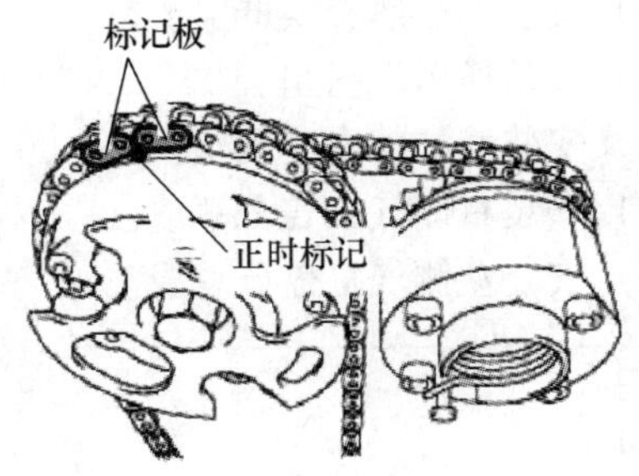

图 1-11　1 号链条橙色标记与凸轮轴正时齿轮对正

② 如图 1-12 所示，将 1 号链条的橙色标记板与曲轴正时链轮的正时标记对准，并将链条接合到链轮上。

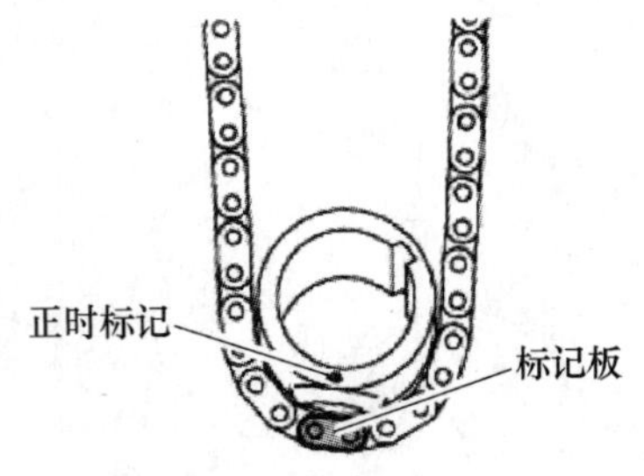

图 1-12　1 号链条橙色标记与曲轴正时链轮对正

③ 如图 1-13 所示，将 2 号链条的黄色标记板与凸轮轴正时齿轮总成和排气凸轮轴正时齿轮总成的正时标记对准，并将 2 号链条接合到齿轮上。

> **提示：**
>
> • 用 1 号和 2 号链条将左侧曲轴正时链轮和排气凸轮轴正时齿轮安装到齿轮轴上。

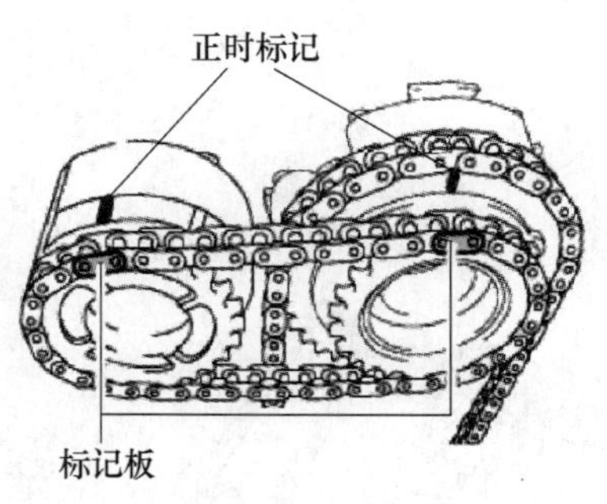

图 1-13　1 号和 2 号链条黄色标记对准凸轮轴正时齿轮

④ 将左侧曲轴正时链轮安装到曲轴上。

⑤ 将 3 号凸轮轴的锁销与凸轮轴正时齿轮的销孔对准并接合。

⑥ 用 4 号凸轮轴的六角部分对准并接合 4 号凸轮轴的锁销与排气凸轮轴正时齿轮销孔。

> **注意：**
>
> • 因为 1 号链条的松动可能使齿轮正时标记变位，用凸轮轴的六角部分固定 3 号凸轮轴，直到将 1 号链条张紧器安装完成。

⑦ 从 3 号链条张紧器上拆下锁销。

⑧ 用扳手固定 3 号凸轮轴的六角部分，暂时安装螺栓。

⑨ 用扳手固定 4 号凸轮轴的六角部分，暂时安装螺栓。

31） 安装 1 号左侧链条张紧器导板。

32） 安装 1 号左侧链条张紧器总成。

33） 安装 1 号左侧链条振动阻尼器。

34） 紧固凸轮轴正时齿轮。

35） 检查 1 号气缸是否设置为压缩行程上止点（TDC）位置。

① 暂时安装曲轴带轮螺栓。

② 顺时针旋转曲轴，检查并确认曲轴正时链轮和凸轮轴正时齿轮上的正时标记是否对准。

③ 拆下曲轴带轮螺栓。

36） 安装进水管。

37） 安装正时链条盖分总成。

38） 安装水泵总成。

39） 安装曲轴前油封。

40） 安装曲轴正时齿轮键。

41） 安装曲轴带轮。

42） 安装火花塞套管衬垫。

43） 安装机油控制阀滤清器。

44） 安装右侧气缸盖罩分总成。

45） 安装左侧气缸盖罩分总成。

46） 安装 1 号惰轮分总成。

47） 安装水泵带轮。

48） 安装凸轮轴机油控制阀总成。

49） 安装曲轴位置传感器。

50） 安装曲轴位置传感器防护罩。

51） 安装凸轮轴位置传感器。

52） 安装 VVT 传感器。

53） 安装火花塞。

54） 安装机油加注口盖壳。

55） 安装机油加注口盖分总成。

56） 安装机油滤清器支架（不带机油冷却器）。

57） 安装机油滤清器支架（带机油冷却器）。

58） 安装机油冷却器 1 号支架（带机油冷却器）。

60） 安装机油压力表传感器总成。

二、1UR-FE 4.6L 发动机（2012 款起兰德酷路泽，2006—2009 款雷克萨斯 LS460 装备）

1UR-FE 发动机正时链单元结构及拆装与 3UR-FE 发动机相同，其内容请参考本节中“一”小节，这里仅给出发动机正时链单元分解，如图 1-14 所示。

三、3UZ-FE 4.3L 发动机（2009—2012 款皇冠，雷克萨斯 LS430 装备）

1. 正时带单元的分解

正时带单元的分解见图 1-15、图 1-16。

2. 发动机正时带单元拆卸步骤

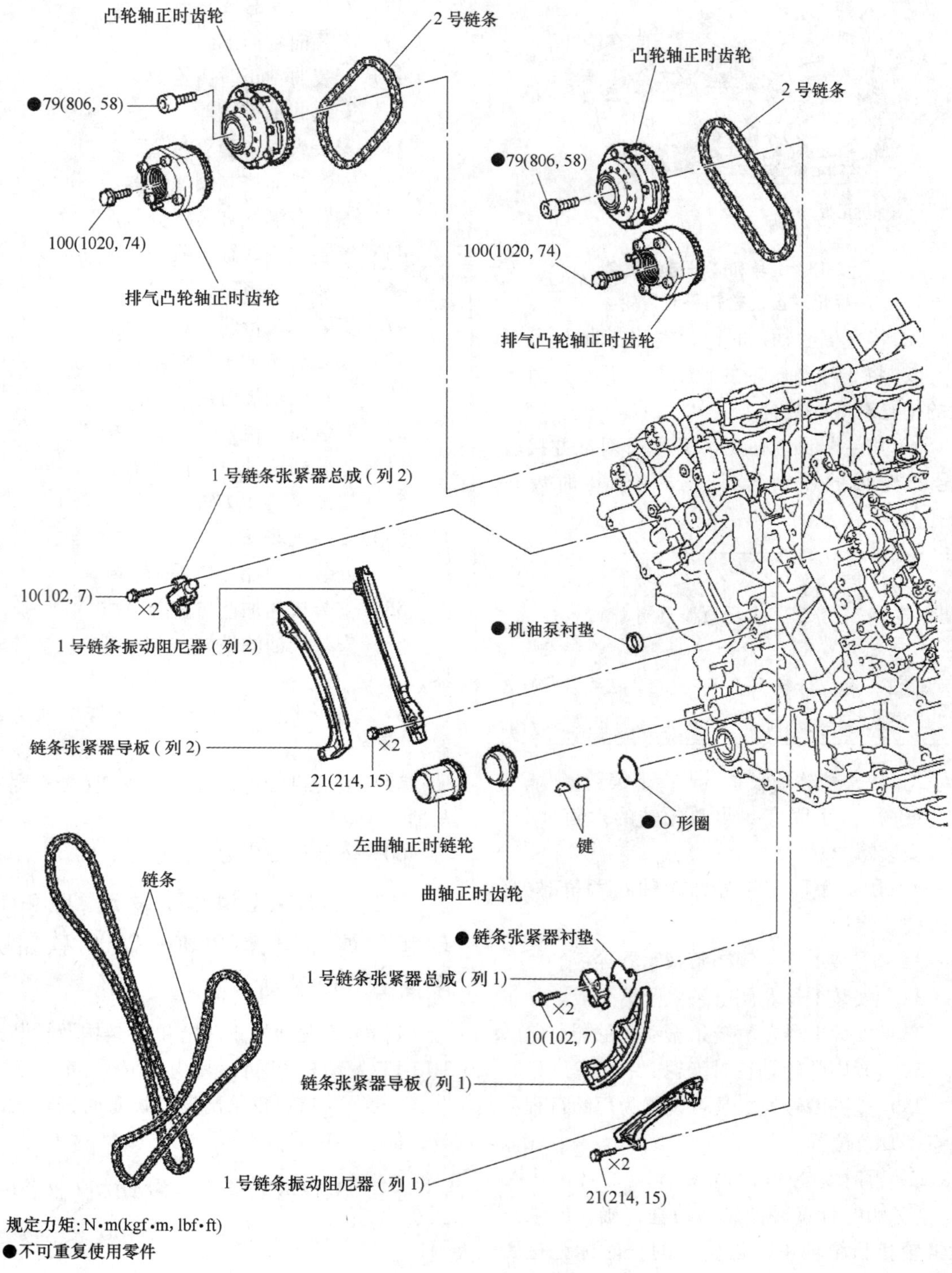

凸轮轴正时齿轮

2 号链条

●79(806, 58)

100(1020, 74)

排气凸轮轴正时齿轮

凸轮轴正时齿轮

2 号链条

●79(806, 58)

100(1020, 74)

排气凸轮轴正时齿轮

1 号链条张紧器总成（列 2）

10(102, 7)

×2

1 号链条振动阻尼器（列 2）

●机油泵衬垫

链条张紧器导板（列 2）

×2

21(214, 15)

左曲轴正时链轮

键

●O 形圈

曲轴正时齿轮

链条

●链条张紧器衬垫

1 号链条张紧器总成（列 1）

×2

10(102, 7)

链条张紧器导板（列 1）

×2

1 号链条振动阻尼器（列 1）

21(214, 15)

规定力矩：N•m(kgf•m, lbf•ft)

●不可重复使用零件

图 1-14　正时链单元分解图

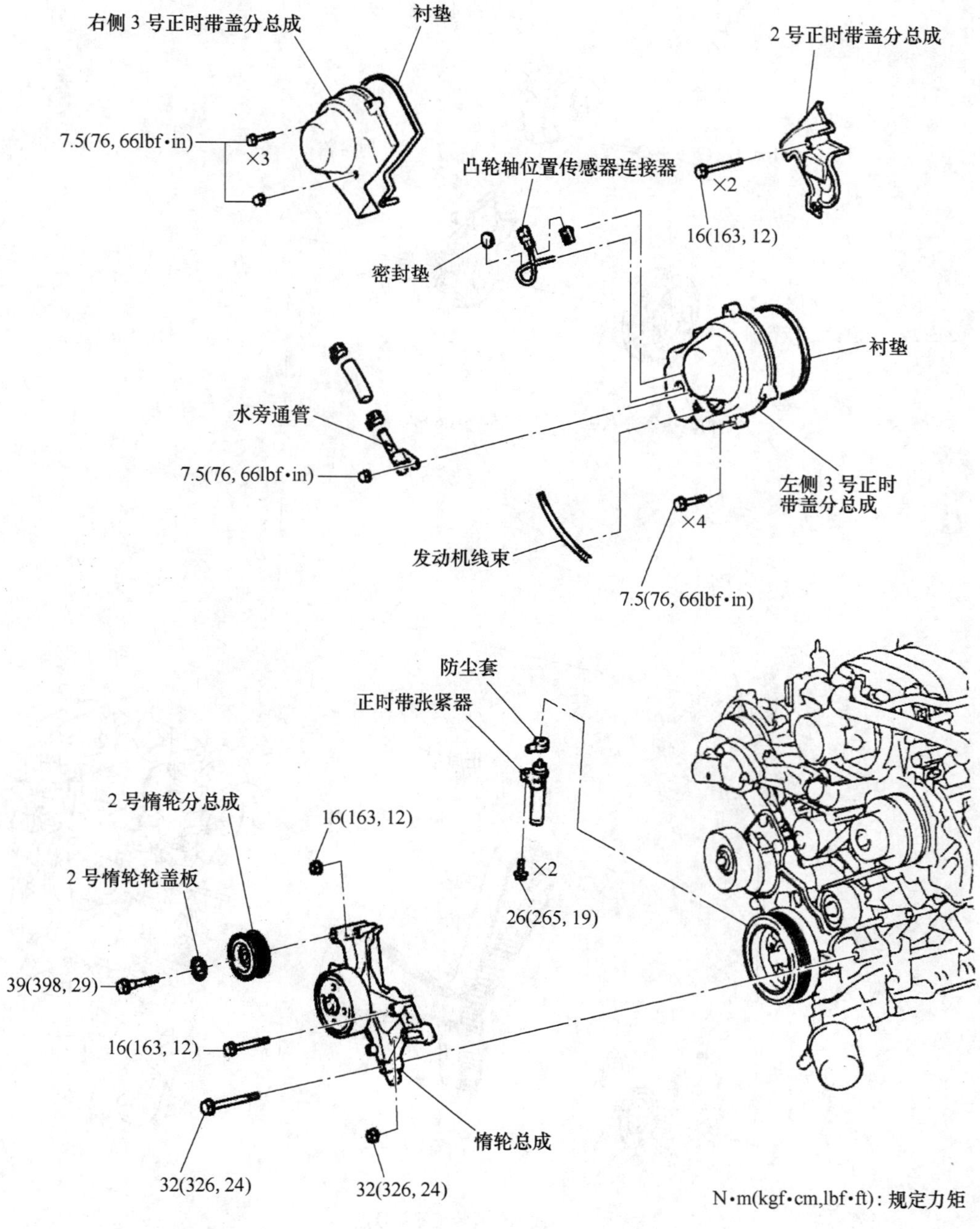

右侧 3 号正时带盖分总成
衬垫
2 号正时带盖分总成
7.5(76, 66lbf·in)
×3
凸轮轴位置传感器连接器
×2
16(163, 12)
密封垫
衬垫
水旁通管
7.5(76, 66lbf·in)
左侧 3 号正时带盖分总成
×4
发动机线束
7.5(76, 66lbf·in)
防尘套
正时带张紧器
2 号惰轮分总成
16(163, 12)
2 号惰轮轮盖板
×2
26(265, 19)
39(398, 29)
16(163, 12)
惰轮总成
32(326, 24)
32(326, 24)
N·m(kgf·cm,lbf·ft)：规定力矩

图 1-15　3UZ-FE 发动机正时带单元分解图(一)

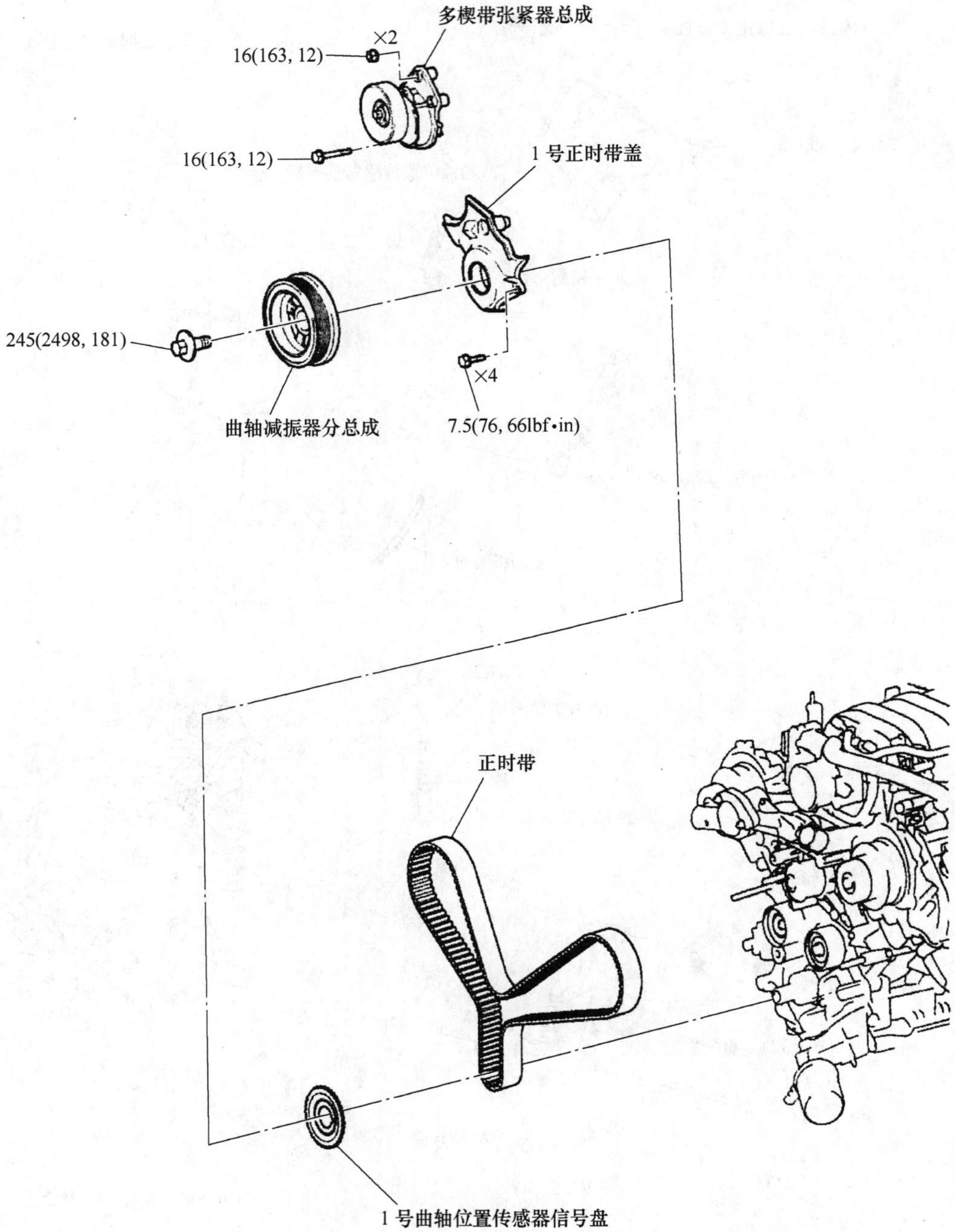

图 1-16 3UZ-FE 发动机正时带单元分解图(二)

1）拆卸散热器总成。

2）拆卸风扇和发电机传动带。

3）拆卸 2 号惰轮分总成。

4）拆卸 1 号惰轮支架分总成。

5）断开发电机总成。

6）拆卸压缩机总成。

提示：

不必完全拆下压缩机。在压缩机连接低压软管和高压软管的情况下，用绳索将压缩机(带电磁离合器)挂在车身上。

7）拆卸右侧 3 号正时带盖分总成。

8）拆卸左侧 3 号正时带盖分总成。

9）拆卸 2 号惰轮分总成。

10）拆卸 2 号正时带盖分总成。

11）拆卸多楔带张紧器总成。

12）拆卸惰轮总成。

13）拆卸曲轴减振器分总成。

14）拆卸 1 号正时带盖。

15）拆卸 1 号曲轴位置传感器信号盘。

16）拆卸正时带。

提醒：

• 不要弯曲或扭曲正时带，或将其里面朝外。

• 不要让正时带接触机油、水或蒸汽。

• 安装或拆下凸轮轴正时带轮的安装螺栓时，不要使正时带处于拉紧状态。

① 将 1 号气缸设置到压缩行程上止点(TDC)位置。

a. 暂时安装曲轴带轮固定螺栓。

b. 顺时针旋转曲轴，使曲轴正时带轮和凸轮轴正时带轮的正时标记，如图 1-17 所示。

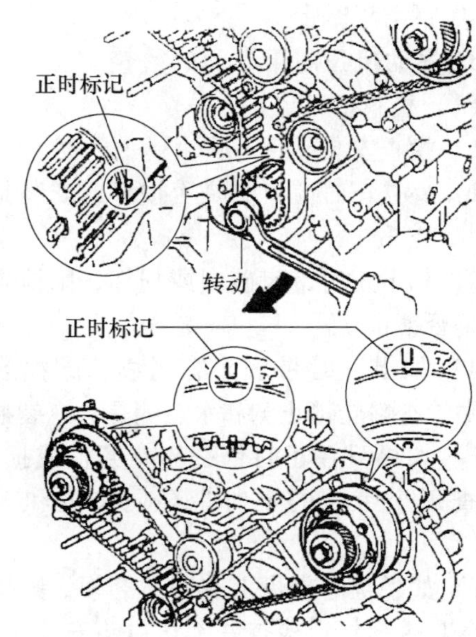

图 1-17　正时标记对准

② 如果要重复使用正时带，则检查正时带上的安装标记。

a. 如图 1-18 所示，通过转动曲轴，检查并确认正时带上有 3 个安装标记。

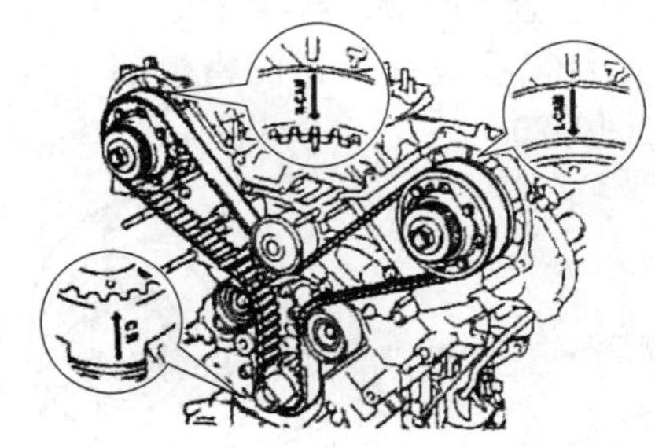

图 1-18　检查正时带的安装标记

b. 如果安装标记已不存在，则在拆下各零件前，在正时带上做上新的安装标记。

③ 交替松开两个螺栓，然后拆下两个螺栓、正时带张紧器和防尘套，见图 1-19。

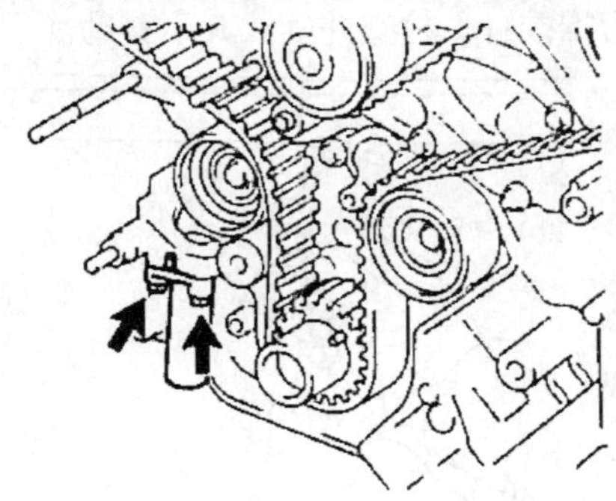

图 1-19　拆下正时带张紧器

④ 拆下正时带。

3. 发动机正时带单元的检查

(1) 检查正时带。

1) 检查安装是否正确。

2) 检查正时盖衬垫是否损坏或安装是否正确。

3) 如果正时带齿破裂或损坏，则检查凸轮轴是否锁止。

4) 如果正时带表面有明显的磨损或裂纹，则检查惰轮锁止侧和水泵侧是否有裂痕。

5) 如果只在正时带一侧有磨损或损坏，则检查每个带轮的正时带导向装置和对准情况。

6) 如果正时带齿上有明显磨损，则检查正时盖是否损坏，检查并确认衬垫安装正确。检查带轮轮齿上是否有异物。

7) 如有必要，则更换正时带。

(2) 检查正时带张紧器总成

1) 目视检查张紧器的密封部分是否漏油，见图 1-20。

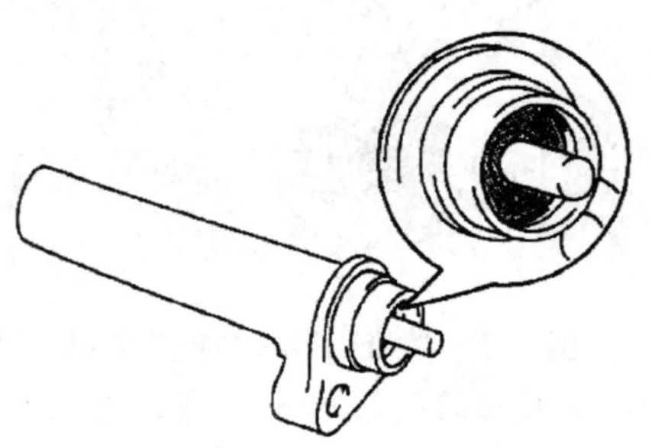

图 1-20 检查张紧器有无漏油

2) 如图 1-21 所示，用双手握住张紧器，并用力推推杆，检查并确认其不移动。

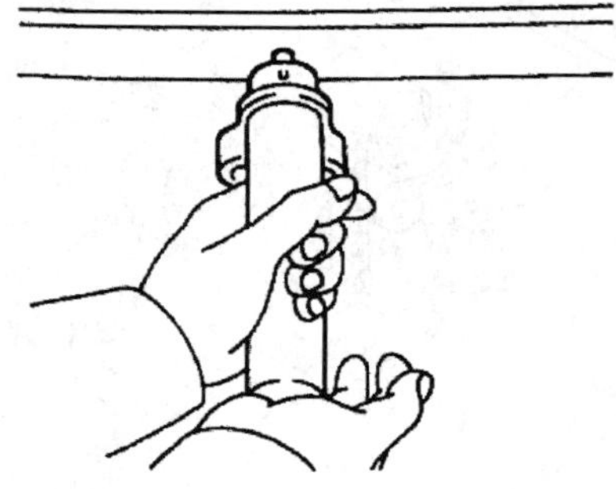

图 1-21 检查张紧器推杆是否移动

① 切勿握住张紧器推杆使其朝下。

② 如果推杆移动，则更换正时带张紧器。

3) 从壳端测量推杆的凸出部分，见图 1-22。

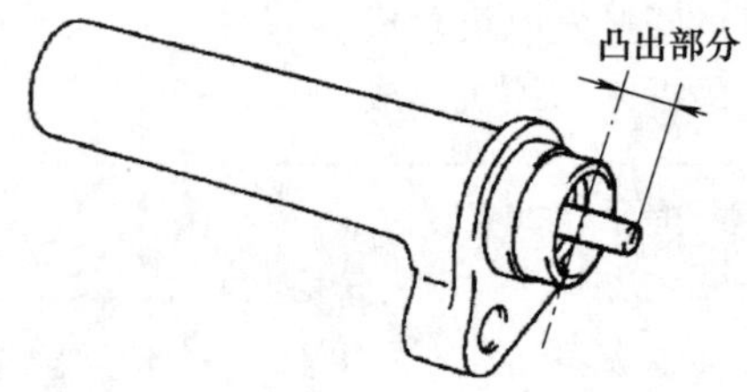

图 1-22 检查推杆凸出部分

• 标准凸出部分高度：9.5～10.5mm。

(3) 检查 1 号正时带惰轮分总成

1) 目视检查正时带惰轮的密封部分是否漏油，如图 1-23 所示。

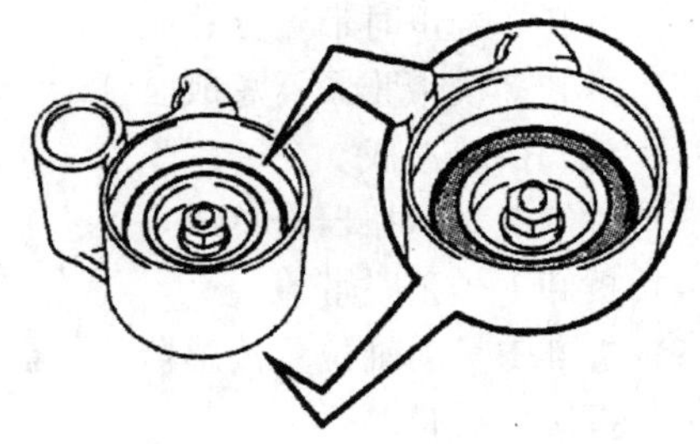

图 1-23 检查正时带惰轮

2) 如果发现泄漏，则更换 1 号正时带惰轮分总成。

3) 检查并确认惰轮转动顺畅。

4) 如有必要，则更换 1 号正时带惰轮分总成。

5) 检查 2 号正时带惰轮分总成

① 检查并确认惰轮转动顺畅。

② 如有必要，则更换 2 号正时带惰轮分总成。

4. 发动机正时带的安装步骤

(1) 安装正时带

1) 检查 1 号正时带惰轮分总成。

2) 检查 2 号正时带惰轮分总成。

3) 检查水泵。

4) 清除曲轴、机油泵带轮、水泵带轮、1 号和 2 号惰轮上的所有油污或水，并保持其

清洁。

> **提示：**
> 仅擦拭带轮，不要在带轮上使用任何清洁剂。

5）将1号气缸设置到压缩行程上止点（TDC）位置。

① 转动凸轮轴的六角头部位，以将凸轮轴正时带轮和正时带盖的正时标记对准，如图1-24所示。

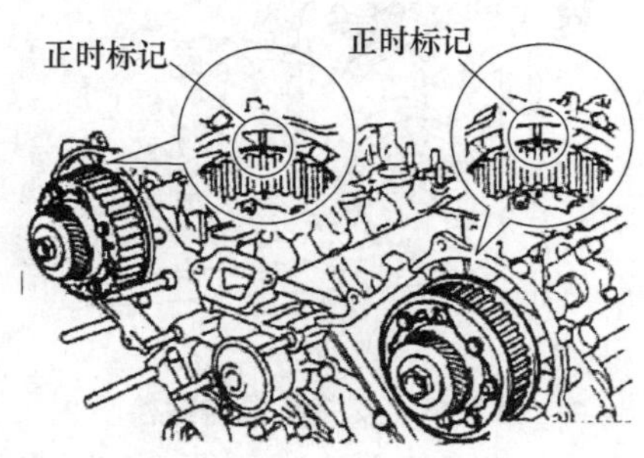

图1-24　对准正时标记

> **提示：**
> • 顺时针轻轻转动凸轮轴正时带轮，以使正时带的安装更容易，见图1-25。
> • 左侧气缸组凸轮轴正时带轮的转动距离：1/2个齿。
> • 右侧气缸组凸轮轴正时带轮的转动距离：1个齿。

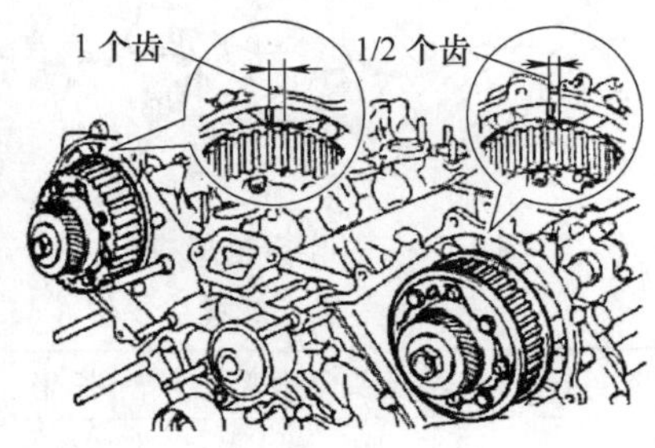

图1-25　转动正时带轮

② 使用曲轴减振器螺栓，转动曲轴以便将曲轴正时带轮和机油泵体的正时标记对准，见图1-26。

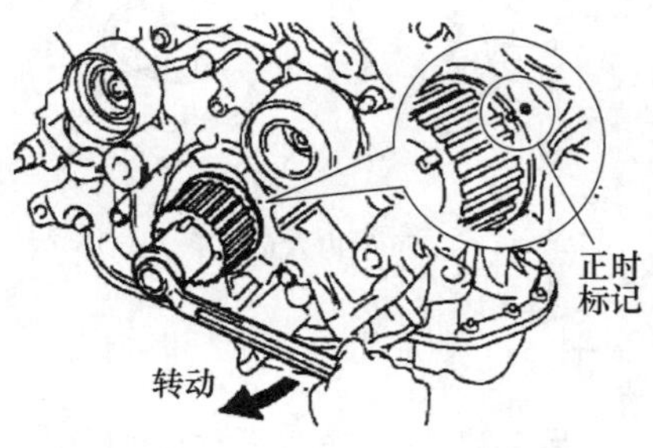

图1-26　对准机油泵体正时标记

③ 清除各带轮上的所有油污或水。并保持其清洁。

④ 定位正时带上的朝前标记（箭头），使其朝前。

⑤ 将正时带连接到曲轴正时带轮上。将正时带上的安装标记与曲轴正时带轮的正时标记对准。

⑥ 将正时带连接到2号正时带惰轮上。

⑦ 将正时带连接到凸轮轴正时带轮上（左侧气缸组）。将正时带上的安装标记与凸轮轴正时带轮的正时标记对准。

⑧ 将正时带连接到水泵带轮上。

⑨ 将正时带连接到凸轮轴正时带轮上（右侧气缸组）。将正时带上的安装标记与凸轮轴正时带轮的正时标记对准。

⑩ 将正时带连接到1号正时带惰轮上。

6）准备正时带张紧器。

① 使用压力机，用981～9807N的力，缓慢压下推杆。

② 将推杆和壳的孔对准。将1.27mm的内六角扳手插入孔中，使推杆保持在设定位置，见图1-27。

③ 松开压力机。

④ 将防尘套安装到正时带张紧器上。

7）安装正时带张紧器。

① 用两个螺栓暂时安装正时带张紧器。

② 交替紧固两个螺栓。

• 力矩：26N·m。

③ 使用钳子，从正时带张紧器上取下1.27mm内六角扳手，如图1-28所示。

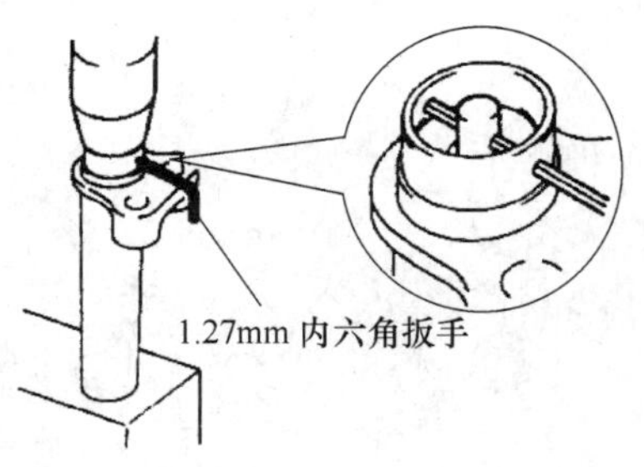

图 1-27　保持张紧器推杆位置

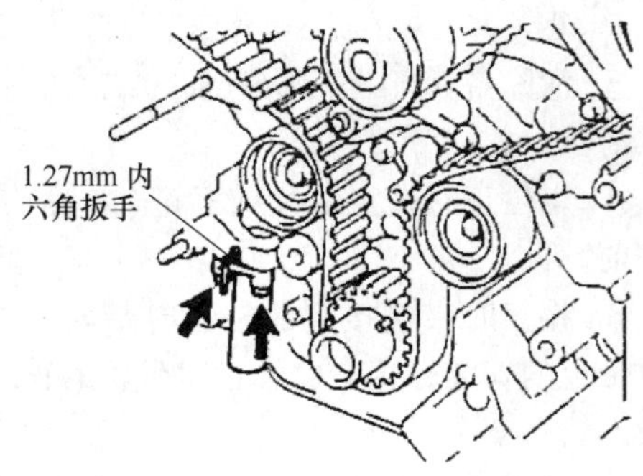

图 1-28　取下固定用的扳手

8）检查气门正时。

① 使用曲轴减振器螺栓，从 TDC 位置到 TDC 位置缓慢转动曲轴正时带轮两周。

> **提醒：**
> 务必顺时针转动曲轴带轮。

② 检查并确认正时标记对准。

③ 如果任一带轮的正时标记未对准，则拆下正时带并重新安装。

④ 拆下曲轴减振器螺栓。

（2）安装信号盘　安装 1 号曲轴位置传感器信号盘。

（3）安装正时带盖　安装 1 号正时带盖，用 4 个螺栓安装正时带盖。

• 力矩：7.5N · m。

（4）安装曲轴减振器分总成　见图 1-29。

1）将减振器键槽与减振器定位键对准。

2）使用专用工具和锤子，敲入减振器。

3）使用专用工具，安装减振器螺栓，如图 1-30 所示。

• 力矩：245N · m。

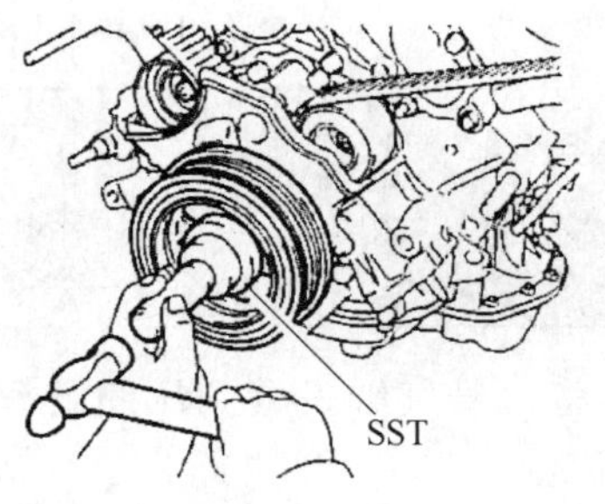

图 1-29　安装减振器

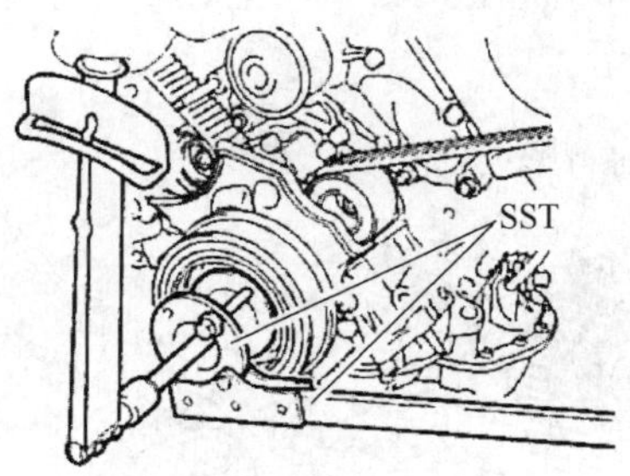

图 1-30　安装减振器螺栓

（5）安装惰轮总成　用两个螺栓和两个螺母安装惰轮，见图 1-31 和表 1-1。

• 力矩：

＊螺栓 A、螺母 C

16N · m

＊螺栓 B、螺母 D

32N · m

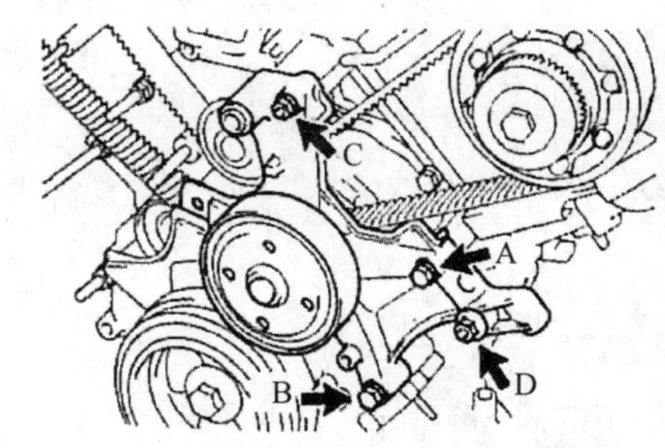

图 1-31　安装惰轮总成

表 1-1　标准螺栓　单位：mm

项　　目	螺栓头尺寸	长度
螺栓 A	12	106
螺栓 B	14	114

（6）安装多楔带张紧器总成　用螺栓和

两个螺母安装多楔带张紧器。

• 力矩：16N · m。

（7）安装2号正时带盖分总成

1）通过与各部位匹配卡爪和销，固定正时带盖。

2）用两个螺栓安装正时带盖。

• 力矩：16N · m。

（8）安装2号惰轮分总成。用正时带轮螺栓安装惰轮和盖板。

（9）安装带盖

1）安装左侧3号正时带盖分总成。

2）安装右侧3号正时带盖分总成。

① 将衬垫安装到正时带盖上。

② 用盖螺母和3个螺栓安装正时带盖。

• 力矩：7.5N · m。

（10）连接压缩机总成　将空调压缩机固定到发动机上。然后连接压缩机，并用3个螺栓和螺母安装撑条和线束支架。

• 力矩：

* 螺栓(49N · m)

* 螺母(29N · m)

（11）安装其他部件

1）安装发电机总成。

2）安装1号惰轮支架分总成。

3）安装2号惰轮支架分总成。

4）安装风扇和发电机传动带。

5）安装散热器总成。

5. 气门间隙调整

◆ 车上检查

检查气门间隙

检查是否有噪声和振动。

1）检查是否有气门噪声或怠速不稳的情况。

2）判断是否需要调节气门间隙。

3）如果气门噪声太大或怠速不稳，则检查气门间隙。

◆ 调节

1）拆卸气缸盖罩分总成。

2）拆卸左侧气缸盖罩分总成。

3）将1号气缸设置到压缩行程上止点(TDC)位置。

① 转动曲轴减振器，并将凹槽与1号正时带盖的正时标记“0”对准，见图1-32。

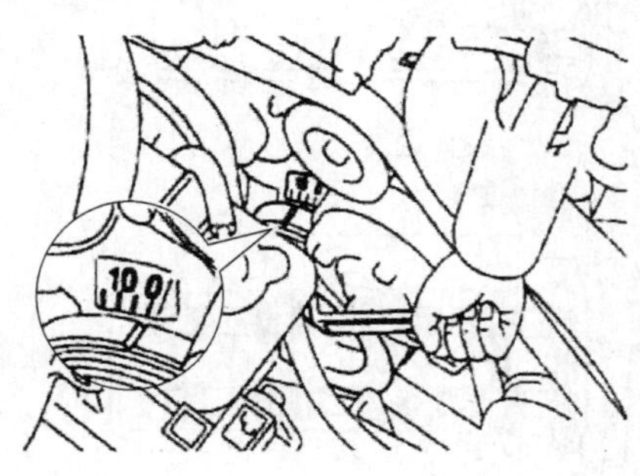

图1-32　对准正时标记

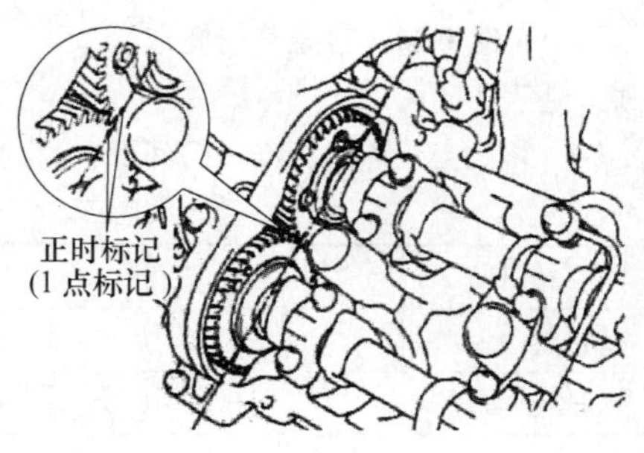

图1-33　正时标记对准检查

② 检查并确认进气和排气凸轮轴齿轮(左侧气缸组)的正时标记(1号标记)对准，见图1-33。

③ 如果未对准，则将曲轴旋转1周(360°)，并对准正时标记。

4）检查气门间隙。

① 仅检查指示的气门，见图1-34。

② 使用塞尺，测量气门挺杆和凸轮轴间的间隙(见表1-2)。

表1-2　1缸上止点的标准气门间隙(冷机)

单位：mm

气　门	规 定 状 态
进气	0.15 ~ 0.25
排气	0.25 ~ 0.35

③ 将曲轴旋转1周(360°)，并对准正时标记。

④ 仅检查图1-35中指示的气门。

⑤ 使用塞尺，测量气门挺杆和凸轮轴间

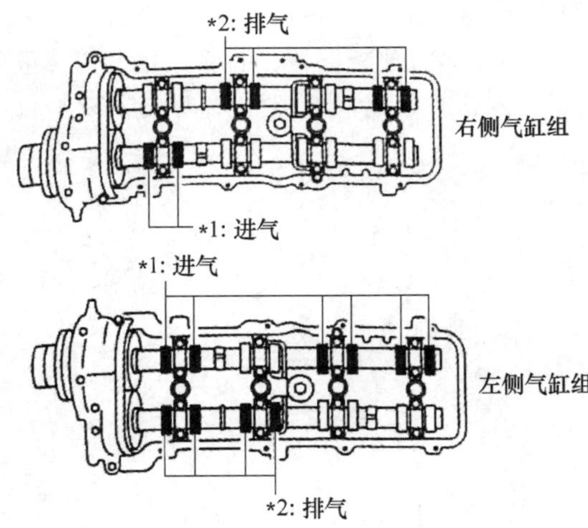

图 1-34　检查气门间隙

的间隙（见表 1-3）。

表 1-3　4 缸上止点的标准气门间隙（冷机）

单位：mm

气　门	规 定 状 态
进气	0. 15 ~0. 25
排气	0. 25 ~0. 35

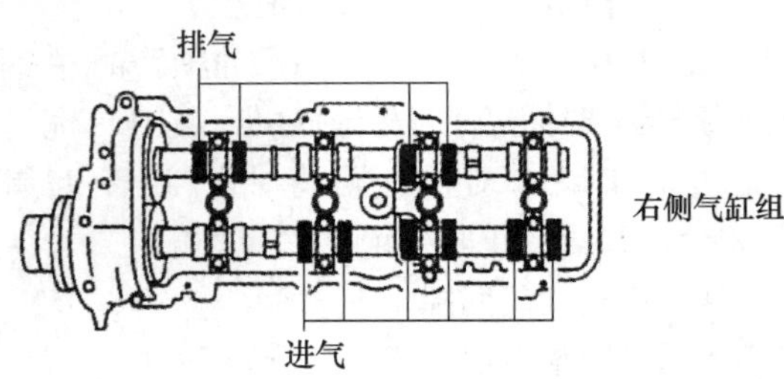

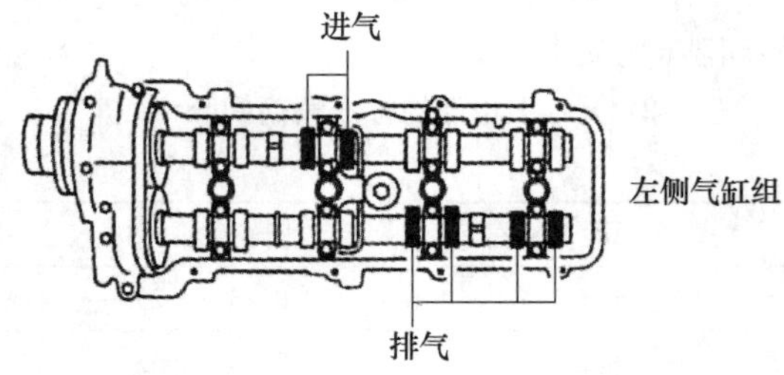

图 1-35　测量气门间隙

5）调节气门间隙

① 拆下凸轮轴。

② 拆下 3 号凸轮轴分总成。

③ 使用强磁铁，拆下气门挺杆和调节垫片，见图 1-36。

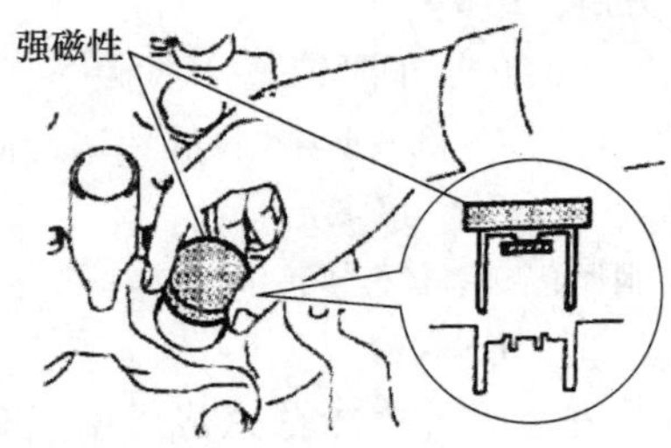

图 1-36　拆下气门挺杆和调节垫片

④ 根据厂家提供的公式和表格，确定更换调节垫片的尺寸，见图 1-37。

a. 用千分尺测量所拆垫片的厚度。

b. 计算新垫片的厚度，以使气门间隙处在规定值内（见表 1-4）。

新挺杆的厚度

进气：A = B + (C – 0. 20mm)

排气：A = B + (C – 0. 30mm)

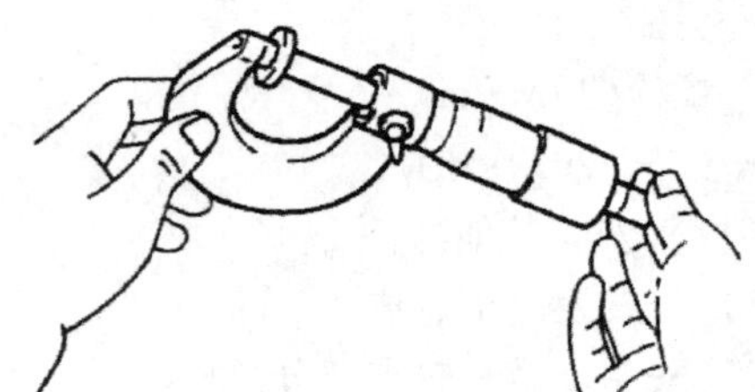

图 1-37　测量调节垫片厚度

表 1-4　计算公式中字母含义

A	B	C
新垫片厚度	所拆垫片的厚度	测得的气门间隙

⑤ 选择一个厚度与计算值最接近的新垫片。

提示：

可用的垫片有 41 个尺寸，从 2. 00mm 至 2. 80mm。

⑥ 将新的调节垫片安装到弹簧座圈上。

⑦ 安装气门挺杆，如表 1-5、表 1-6 所示。

表 1-5　调节垫片厚度表(进气)

安装的垫片厚度/mm 测量的间隙/mm	2.400	2.410	2.420	2.430	2.440	2.450	2.460	2.470	2.480	2.490	2.500	2.510	2.520	2.530	2.540	2.550	2.560	2.570	2.580	2.590	2.600	2.620	2.640	2.660	2.680	2.700	2.720	2.740	2.760	2.780	2.800
0.000～0.030	22	22	24	24	26	26	28	28	30	30	32	32	34	34	36	36	38	38	40	40	42	44	46	48	50	52	54	56	58	60	62
0.031～0.050	24	26	26	28	28	30	30	32	32	34	34	36	36	38	38	40	40	42	42	44	44	46	48	50	52	54	56	58	60	62	64
0.051～0.070	26	28	28	30	30	32	32	34	34	36	36	38	38	40	40	42	42	44	44	46	46	48	50	52	54	56	58	60	62	64	66
0.071～0.090	28	30	30	32	32	34	34	36	36	38	38	40	40	42	42	44	44	46	46	48	48	50	52	54	56	58	60	62	64	66	68
0.091～0.110	30	32	32	34	34	36	36	38	38	40	40	42	42	44	44	46	46	48	48	50	50	52	54	56	58	60	62	64	66	68	70
0.111～0.130	32	34	34	36	36	38	38	40	40	42	42	44	44	46	46	48	48	50	50	52	52	54	56	58	60	62	64	66	68	70	72
0.131～0.149	34	36	36	38	38	40	40	42	42	44	44	46	46	48	48	50	50	52	52	54	54	56	58	60	62	64	66	68	70	72	74
0.150～0.250																															
0.251～0.270	46	48	48	50	50	52	52	54	54	56	56	58	58	60	60	62	62	64	64	66	66	68	70	72	74	76	78	80	80	80	
0.271～0.290	48	50	50	52	52	54	54	56	56	58	58	60	60	62	62	64	64	66	66	68	68	70	72	74	76	78	80	80	80		
0.291～0.310	50	52	52	54	54	56	56	58	58	60	60	62	62	64	64	66	66	68	68	70	70	72	74	76	78	80	80	80			
0.311～0.330	52	54	54	56	56	58	58	60	60	62	62	64	64	66	66	68	68	70	70	72	72	74	76	78	80	80	80				
0.331～0.350	54	56	56	58	58	60	60	62	62	64	64	66	66	68	68	70	70	72	72	74	74	76	78	80	80	80					
0.351～0.370	56	58	58	60	60	62	62	64	64	66	66	68	68	70	70	72	72	74	74	76	76	78	80	80	80						
0.371～0.390	58	60	60	62	62	64	64	66	66	68	68	70	70	72	72	74	74	76	76	78	78	80	80	80							
0.391～0.410	60	62	62	64	64	66	66	68	68	70	70	72	72	74	74	76	76	78	78	80	80	80	80								
0.411～0.430	62	64	64	66	66	68	68	70	70	72	72	74	74	76	76	78	78	80	80	80	80	80									
0.431～0.450	64	66	66	68	68	70	70	72	72	74	74	76	76	78	78	80	80	80	80	80	80										
0.451～0.470	66	68	68	70	70	72	72	74	74	76	76	78	78	80	80	80	80	80	80	80											
0.471～0.490	68	70	70	72	72	74	74	76	76	78	78	80	80	80	80	80	80	80													
0.491～0.510	70	72	72	74	74	76	76	78	78	80	80	80	80	80	80	80															
0.511～0.530	72	74	74	76	76	78	78	80	80	80	80	80	80	80																	
0.531～0.550	74	76	76	78	78	80	80	80	80	80	80	80																			
0.551～0.570	76	78	78	80	80	80	80	80	80	80																					
0.571～0.590	78	80	80	80	80	80	80	80																							
0.591～0.610	80	80	80	80	80	80																									
0.611～0.630	80	80	80	80																											
0.631～0.650	80	80																													

进气门间隙(冷机):0.15～0.25mm

例如:安装的垫片为2.300mm,且测量的间隙为0.440mm。用54号垫片更换2.300mm的垫片(见表1-7)。

调节垫片选择表(排气)如表1-8、表1-9所示。

表 1-6 调节垫片选择表(进气)

安装的垫片厚度/mm 测量的间隙/mm	2.000	2.020	2.040	2.060	2.080	2.100	2.120	2.140	2.160	2.180	2.200	2.210	2.220	2.230	2.240	2.250	2.260	2.270	2.280	2.290	2.300	2.310	2.320	2.330	2.340	2.350	2.360	2.370	2.380	2.390
0.000~0.030							00	00	00	00	02	02	04	04	06	06	08	08	10	10	12	12	14	14	16	16	18	18	20	20
0.031~0.050						00	00	00	00	02	04	06	06	08	08	10	10	12	12	14	14	16	16	18	18	20	20	22	22	24
0.051~0.070					00	00	00	00	02	04	06	08	08	10	10	12	12	14	14	16	16	18	18	20	20	22	22	24	24	26
0.071~0.090				00	00	00	00	02	04	06	08	10	10	12	12	14	14	16	16	18	18	20	20	22	22	24	24	26	26	28
0.091~0.110			00	00	00	00	02	04	06	08	10	12	12	14	14	16	16	18	18	20	20	22	22	24	24	26	26	28	28	30
0.111~0.130		00	00	00	00	02	04	06	08	10	12	14	14	16	16	18	18	20	20	22	22	24	24	26	26	28	28	30	30	32
0.131~0.149		00	00	00	02	04	06	08	10	12	14	16	16	18	18	20	20	22	22	24	24	26	26	28	28	30	30	32	32	34
0.150~0.250																														
0.251~0.270	06	08	10	12	14	16	16	20	22	24	26	28	28	30	30	32	32	34	34	36	36	38	38	40	40	42	42	42	44	46
0.271~0.290	08	10	12	14	16	18	18	22	24	26	28	30	30	32	32	34	34	36	36	38	38	40	40	42	42	44	44	44	46	48
0.291~0.310	10	12	14	16	18	20	20	24	26	28	30	32	32	34	34	36	36	38	38	40	40	42	42	44	44	46	46	46	48	50
0.311~0.330	12	14	16	18	20	22	22	26	28	30	32	34	34	36	36	38	38	40	40	42	42	44	44	46	46	48	48	48	50	52
0.331~0.350	14	16	18	20	22	24	24	28	30	32	34	36	36	38	38	40	40	42	42	44	44	46	46	48	48	50	50	50	52	54
0.351~0.370	16	18	20	22	24	26	26	30	32	34	36	38	38	40	40	42	42	44	44	46	46	48	48	50	50	52	52	52	54	56
0.371~0.390	18	20	22	24	26	28	28	32	34	36	38	40	40	42	42	44	44	46	46	48	48	50	50	52	52	54	54	54	56	58
0.391~0.410	20	22	24	26	28	30	30	34	36	38	40	42	42	44	44	46	46	48	48	50	50	52	52	54	54	56	56	56	58	60
0.411~0.430	22	24	26	28	30	32	32	36	38	40	42	44	44	46	46	48	48	50	50	52	52	54	54	56	56	58	58	58	60	62
0.431~0.450	24	26	28	30	32	34	34	38	40	42	44	46	46	48	48	50	50	52	52	54	54	56	56	58	58	60	60	60	62	64
0.451~0.470	26	28	30	32	34	36	36	40	42	44	46	48	48	50	50	52	52	54	54	56	56	58	58	60	60	62	62	62	64	66
0.471~0.490	28	30	32	34	36	38	38	42	44	46	48	50	50	52	52	54	54	56	56	58	58	60	60	62	62	64	64	64	66	68
0.491~0.510	30	32	34	36	38	40	40	44	46	48	50	52	52	54	54	56	56	58	58	60	60	62	62	64	64	66	66	66	68	70
0.511~0.530	32	34	36	38	40	42	42	46	48	50	52	54	54	56	56	58	58	60	60	62	62	64	64	66	66	68	68	68	70	72
0.531~0.550	34	36	38	40	42	44	44	48	50	52	54	56	56	58	58	60	60	62	62	64	64	66	66	68	68	70	70	70	72	74
0.551~0.570	36	38	40	42	44	46	46	50	52	54	56	58	58	60	60	62	62	64	64	66	66	68	68	70	70	72	72	72	74	76
0.571~0.590	38	40	42	44	46	48	48	52	54	56	58	60	60	62	62	64	64	66	66	68	68	70	70	72	72	74	74	74	76	78
0.591~0.610	40	42	44	46	48	50	50	54	56	58	60	62	62	64	64	66	66	68	68	70	70	72	72	74	74	76	76	76	78	80
0.611~0.630	42	44	46	48	50	52	52	56	58	60	62	64	64	66	66	68	68	70	70	72	72	74	74	76	76	78	78	78	80	80
0.631~0.650	44	46	48	50	52	54	54	58	60	62	64	66	66	68	68	70	70	72	72	74	74	76	76	78	78	80	80	80	80	80
0.651~0.670	46	48	50	52	54	56	56	60	62	64	66	68	68	70	70	72	72	74	74	76	76	78	78	80	80	80	80	80	80	80
0.671~0.690	48	50	52	54	56	58	58	62	64	66	68	70	70	72	72	74	74	76	76	78	78	80	80	80	80	80	80	80		
0.691~0.710	50	52	54	56	58	60	60	64	66	68	70	72	72	74	74	76	76	78	78	80	80	80	80	80	80	80				
0.711~0.730	52	54	56	58	60	62	62	66	68	70	72	74	74	76	76	78	78	80	80	80	80	80	80	80						
0.731~0.750	54	56	58	60	62	64	64	68	70	72	74	76	76	78	78	80	80	80	80	80	80	80								
0.751~0.770	56	58	60	62	64	66	66	70	72	74	76	78	78	80	80	80	80	80	80	80										
0.771~0.790	58	60	62	64	66	68	68	72	74	76	78	80	80	80	80	80	80	80												
0.791~0.810	60	62	64	66	68	70	70	74	76	78	80	80	80	80	80	80														
0.811~0.830	62	64	66	68	70	72	72	76	78	80	80	80	80	80																
0.831~0.850	64	66	68	70	72	74	74	78	80	80	80	80																		
0.851~0.870	66	68	70	72	74	76	76	80	80	80																				
0.871~0.890	68	70	72	74	76	78	78	80	80																					
0.891~0.910	70	72	74	76	78	80	80	80																						
0.911~0.930	72	74	76	78	80	80	80																							
0.931~0.950	74	76	78	80	80	80																								
0.951~0.970	76	78	80	80	80																									
0.971~0.990	78	80	80	80																										
0.991~1.010	80	80	80																											
1.011~1.030	80	80																												
1.031~1.050	80																													

表 1-7　新垫片厚度

垫片号	厚度/mm	垫片号	厚度/mm	垫片号	厚度/mm
00	2. 000	28	2. 280	56	2. 560
02	2. 020	30	2. 300	58	2. 580
04	2. 040	32	2. 320	60	2. 600
06	2. 060	34	2. 340	62	2. 620
08	2. 080	36	2. 360	64	2. 640
10	2. 100	38	2. 380	66	2. 660
12	2. 120	40	2. 400	68	2. 680
14	2. 140	42	2. 420	70	2. 700
16	2. 160	44	2. 440	72	2. 720
18	2. 180	46	2. 460	74	2. 740
20	2. 200	48	2. 480	76	2. 760
22	2. 220	50	2. 500	78	2. 780
24	2. 240	52	2. 520	80	2. 800
26	2. 260	54	2. 540	—	

表 1-8　调节垫片选择表(排气)

安装的垫片厚度/mm 测量的间隙/mm	2. 000	2. 020	2. 040	2. 060	2. 080	2. 100	2. 120	2. 140	2. 160	2. 180	2. 200	2. 210	2. 220	2. 230	2. 240	2. 250	2. 260	2. 270	2. 280	2. 290	2. 300	2. 310	2. 320	2. 330	2. 340	2. 350	2. 360	2. 370	2. 380	2. 390
0. 000 ~ 0. 030												00	00	00	00	00	00	00	00	00	02	02	04	04	06	06	08	08	10	10
0. 031 ~ 0. 050											00	00	00	00	00	00	00	02	02	04	04	06	06	08	08	10	10	12	12	14
0. 051 ~ 0. 070										00	00	00	00	00	00	02	02	04	04	06	06	08	08	10	10	12	12	14	14	16
0. 071 ~ 0. 090									00	00	00	00	00	02	02	04	04	06	06	08	08	10	10	12	12	14	14	16	16	18
0. 091 ~ 0. 110								00	00	00	00	02	02	04	04	06	06	08	08	10	10	12	12	14	14	16	16	18	18	20
0. 111 ~ 0. 130							00	00	00	00	02	04	04	06	06	08	08	10	10	12	12	14	14	16	16	18	18	20	20	22
0. 131 ~ 0. 150						00	00	00	00	02	04	06	06	08	08	10	10	12	12	14	14	16	16	18	18	20	20	22	22	24
0. 151 ~ 0. 170					00	00	00	00	02	04	06	08	08	10	10	12	12	14	14	16	16	18	18	20	20	22	22	24	24	26
0. 171 ~ 0. 190				00	00	00	00	02	04	06	08	10	10	12	12	14	14	16	16	18	18	20	20	22	22	24	24	26	26	28
0. 191 ~ 0. 210			00	00	00	00	02	04	06	08	10	12	12	14	14	16	16	18	18	20	20	22	22	24	24	26	26	28	28	30
0. 211 ~ 0. 230		00	00	00	00	02	04	06	08	10	12	14	14	16	16	18	18	20	20	22	22	24	24	26	26	28	28	30	30	32
0. 231 ~ 0. 249		00	00	00	00	04	06	08	10	12	14	16	16	18	18	20	20	22	22	24	24	26	26	28	28	30	30	32	32	34
0. 250 ~ 0. 350																														
0. 351 ~ 0. 370	06	08	10	12	14	16	18	20	22	24	26	28	28	30	30	32	32	34	34	36	36	38	38	40	40	42	42	44	44	46
0. 371 ~ 0. 390	08	10	12	14	16	18	20	22	24	26	28	30	30	32	32	34	34	36	36	38	38	40	40	42	42	44	44	46	46	48
0. 391 ~ 0. 410	10	12	14	16	18	20	22	24	26	28	30	32	32	34	34	36	36	38	38	40	40	42	42	44	44	46	46	48	48	50
0. 411 ~ 0. 430	12	14	16	18	20	22	24	26	28	30	32	34	34	36	36	38	38	40	40	42	42	44	44	46	46	48	48	50	50	52
0. 431 ~ 0. 450	14	16	18	20	22	24	26	28	30	32	34	36	36	38	38	40	40	42	42	44	44	46	46	48	48	50	50	52	52	54
0. 451 ~ 0. 470	16	18	20	22	24	26	28	30	32	34	36	38	38	40	40	42	42	44	44	46	46	48	48	50	50	52	52	54	54	56
0. 471 ~ 0. 490	18	20	22	24	26	28	30	32	34	36	38	40	40	42	42	44	44	46	46	48	48	50	50	52	52	54	54	56	56	58
0. 491 ~ 0. 510	20	22	24	26	28	30	32	34	36	38	40	42	42	44	44	46	46	48	48	50	50	52	52	54	54	56	56	58	58	60
0. 511 ~ 0. 530	22	24	26	28	30	32	34	36	38	40	42	44	44	46	46	48	48	50	50	52	52	54	54	56	56	58	58	60	60	62
0. 531 ~ 0. 550	24	26	28	30	32	34	36	38	40	42	44	46	46	48	48	50	50	52	52	54	54	56	56	58	58	60	60	62	62	64
0. 551 ~ 0. 570	26	28	30	32	34	36	38	40	42	44	46	48	48	50	50	52	52	54	54	56	56	58	58	60	60	62	62	64	64	66
0. 571 ~ 0. 590	28	30	32	34	36	38	40	42	44	46	48	50	50	52	52	54	54	56	56	58	58	60	60	62	62	64	64	66	66	68
0. 591 ~ 0. 610	30	32	34	36	38	40	42	44	46	48	50	52	52	54	54	56	56	58	58	60	60	62	62	64	64	66	66	68	68	70
0. 611 ~ 0. 630	32	34	36	38	40	42	44	46	48	50	52	54	54	56	56	58	58	60	60	62	62	64	64	66	66	68	68	70	70	72
0. 631 ~ 0. 650	34	36	38	40	42	44	46	48	50	52	54	56	56	58	58	60	60	62	62	64	64	66	66	68	68	70	70	72	72	74
0. 651 ~ 0. 670	36	38	40	42	44	46	48	50	52	54	56	58	58	60	60	62	62	64	64	66	66	68	68	70	70	72	72	74	74	76
0. 671 ~ 0. 690	38	40	42	44	46	48	50	52	54	56	58	60	60	62	62	64	64	66	66	68	68	70	70	72	72	74	74	76	76	78
0. 691 ~ 0. 710	40	42	44	46	48	50	52	54	56	58	60	62	62	64	64	66	66	68	68	70	70	72	72	74	74	76	76	78	78	80
0. 711 ~ 0. 730	42	44	46	48	50	52	54	56	58	60	62	64	64	66	66	68	68	70	70	72	72	74	74	76	76	78	78	80	80	80
0. 731 ~ 0. 750	44	46	48	50	52	54	56	58	60	62	64	66	66	68	68	70	70	72	72	74	74	76	76	78	78	80	80	80	80	80
0. 751 ~ 0. 770	46	48	50	52	54	56	58	60	62	64	66	68	68	70	70	72	72	74	74	76	76	78	78	80	80	00	80	80	80	80
0. 771 ~ 0. 790	48	50	52	54	56	58	60	62	64	66	68	70	70	72	72	74	74	76	76	78	78	80	80	80	80	00	80	80		
0. 791 ~ 0. 810	50	52	54	56	58	60	62	64	66	68	70	72	72	74	74	76	76	78	78	80	80	80	80	80	80	00				
0. 811 ~ 0. 830	52	54	56	58	60	62	64	66	68	70	72	74	74	76	76	78	78	80	80	80	80	80	80	00						
0. 831 ~ 0. 850	54	56	58	60	62	64	66	68	70	72	74	76	76	78	78	80	80	80	80	80	80	80								

（续）

安装的垫片厚度/mm 测量的间隙/mm	2.000	2.020	2.040	2.060	2.080	2.100	2.120	2.140	2.160	2.180	2.200	2.210	2.220	2.230	2.240	2.250	2.260	2.270	2.280	2.290	2.300	2.310	2.320	2.330	2.340	2.350	2.360	2.370	2.380	2.390
0.851～0.870	56	58	60	62	64	66	68	70	72	74	76	78	78	80	80	80	80	80	80	80										
0.871～0.890	58	60	62	64	66	68	70	72	74	76	78	80	80	80	80	80	80	80												
0.891～0.910	60	62	64	66	68	70	72	74	76	78	80	80	80	80	80	80														
0.911～0.930	62	64	66	68	70	72	74	76	78	80	80	80	80	80																
0.931～0.950	64	66	68	70	72	74	76	78	80	80	80	80																		
0.951～0.970	66	68	70	72	74	76	78	80	80	80																				
0.971～0.990	68	70	72	74	76	78	80	80	80																					
0.991～1.010	70	72	74	76	78	80	80	80																						
1.011～1.030	72	74	76	78	80	80	80																							
1.031～1.050	74	76	78	80	80	80																								
1.051～1.070	76	78	80	80	80																									
1.071～1.090	78	80	80	80																										
1.091～1.110	80	80	80																											
1.111～1.130	80	80																												
1.131～1.150	80																													

表1-9　调节垫片厚度表（排气）

安装的垫片厚度/mm 测量的间隙/mm	2.400	2.410	2.420	2.430	2.440	2.450	2.460	2.470	2.480	2.490	2.500	2.510	2.520	2.530	2.540	2.550	2.560	2.570	2.580	2.590	2.600	2.620	2.640	2.660	2.680	2.700	2.720	2.740	2.760	2.780	2.800
0.000～0.030	12	12	14	14	16	16	18	18	20	20	22	22	24	24	26	26	28	28	30	30	32	34	36	38	40	42	44	46	48	50	52
0.031～0.050	14	16	16	18	18	20	20	22	22	24	24	26	26	28	28	30	30	32	32	34	34	36	38	40	42	44	46	48	50	52	54
0.051～0.070	16	18	18	20	20	22	22	24	24	26	26	28	28	30	30	32	32	34	34	36	36	38	40	42	44	46	48	50	52	54	56
0.071～0.090	18	20	20	22	22	24	24	26	26	28	28	30	30	32	32	34	34	36	36	38	38	40	42	44	46	48	50	52	54	56	58
0.091～0.110	20	22	22	24	24	26	26	28	28	30	30	32	32	34	34	36	36	38	38	40	40	42	44	46	48	50	52	54	56	58	60
0.111～0.130	22	24	24	26	26	28	28	30	30	32	32	34	34	36	36	38	38	40	40	42	42	44	46	48	50	52	54	56	58	60	62
0.131～0.150	24	26	26	28	28	30	30	32	32	34	34	36	36	38	38	40	40	42	42	44	44	46	48	50	52	54	56	58	60	62	64
0.151～0.170	26	28	28	30	30	32	32	34	34	36	36	38	38	40	40	42	42	44	44	46	46	48	50	52	54	56	58	60	62	64	66
0.171～0.190	28	30	30	32	32	34	34	36	36	38	38	40	40	42	42	44	44	46	46	48	48	50	52	54	56	58	60	62	64	66	68
0.191～0.210	30	32	32	34	34	36	36	38	38	40	40	42	42	44	44	46	46	48	48	50	50	52	54	56	58	60	62	64	66	68	70
0.211～0.230	32	34	34	36	36	38	38	40	40	42	42	44	44	46	46	48	48	50	50	52	52	54	56	58	60	62	64	66	68	70	72
0.231～0.249	34	36	36	38	38	40	40	42	42	44	44	46	46	48	48	50	50	52	52	54	54	56	58	60	62	64	66	68	70	72	74
0.250～0.350																															
0.351～0.370	46	48	48	50	50	52	52	54	54	56	56	58	58	60	60	62	62	64	64	64	66	68	70	72	74	76	78	80	80	80	
0.371～0.390	48	50	50	52	52	54	54	56	56	58	58	60	60	62	62	64	64	66	66	66	68	70	72	74	76	78	80	80	80		
0.391～0.410	50	52	52	54	54	56	56	58	58	60	60	62	62	64	64	66	66	68	68	68	70	72	74	76	78	80	80	80			
0.411～0.430	52	54	54	56	56	58	58	60	60	62	62	64	64	66	66	68	68	70	70	70	72	74	76	78	80	80	80				
0.431～0.450	54	56	56	58	58	60	60	62	62	64	64	66	66	68	68	70	70	72	72	72	74	76	78	80	80	80					
0.451～0.470	56	58	58	60	60	62	62	64	64	66	66	68	68	70	70	72	72	74	74	74	76	78	80	80	80						
0.471～0.490	58	60	60	62	62	64	64	66	66	68	68	70	70	72	72	74	74	76	76	76	78	80	80	80							
0.491～0.510	60	62	62	64	64	66	66	68	68	70	70	72	72	74	74	76	76	78	78	78	80	80	80								
0.511～0.530	62	64	64	66	66	68	68	70	70	72	72	74	74	76	76	78	78	80	80	80	80	80									
0.531～0.550	64	66	66	68	68	70	70	72	72	74	74	76	76	78	78	80	80	80	80	80	80										
0.551～0.570	66	68	68	70	70	72	72	74	74	76	76	78	78	80	80	80	80	80	80	80											
0.571～0.590	68	70	70	72	72	74	74	76	76	78	78	80	80	80	80	80	80	80	80												
0.591～0.610	70	72	72	74	74	76	76	78	78	80	80	80	80	80	80	80															
0.611～0.630	72	74	74	76	76	78	78	80	80	80	80	80	80	80																	
0.631～0.650	74	76	76	78	78	80	80	80	80	80	80	80																			
0.651～0.670	76	78	78	80	80	80	80	80	80	80																					
0.671～0.690	78	80	80	80	80	80	80	80																							
0.691～0.710	80	80	80	80	80	80																									
0.711～0.730	80	80	80	80																											
0.731～0.750	80	80																													

排气门间隙(冷机):0.25~0.35mm。

例如:安装的垫片为2.300mm,且测量的间隙为0.440mm。用44号垫片更换2.300mm的垫片(见表1-10)。

表1-10 新垫片厚度

垫片号	厚度/mm	垫片号	厚度/mm	垫片号	厚度/mm
00	2.000	28	2.280	56	2.560
02	2.020	30	2.300	58	2.580
04	2.040	32	2.320	60	2.600
06	2.060	34	2.340	62	2.620
08	2.080	36	2.360	64	2.640
10	2.100	38	2.380	66	2.660
12	2.120	40	2.400	68	2.680
14	2.140	42	2.420	70	2.700
16	2.160	44	2.440	72	2.720
18	2.180	46	2.460	74	2.740
20	2.200	48	2.480	76	2.760
22	2.220	50	2.500	78	2.780
24	2.240	52	2.520	80	2.800
26	2.260	54	2.540	—	

⑧ 安装3号凸轮轴分总成。

⑨ 安装凸轮轴。

6)安装左侧气缸盖罩分总成。

7)安装气缸盖罩分总成。

四、3GR-FE 3.0L发动机(2004—2012款皇冠,2005—2012款锐志装备)

1. 正时链单元分解

正时链单元的分解见图1-38~图1-41。

2. 发动机正时链拆解顺序

1)用旋具撬动正时链条盖和气缸盖或气缸体之间的部位,以拆下正时链条盖。

2)拆卸正时链条箱油封。

注意:

• 在使用旋具之前,应在旋具头部缠上胶带。

3)将1号气缸设置到压缩行程上止点。

① 暂时拧紧带轮固定螺栓。

② 将曲轴转角信号盘上的正时标记设置为右侧缸体孔径中心线(压缩行程上止点),见图1-42。

③ 检查凸轮轴正时齿轮的正时标记是否如图1-43所示对准轴承盖的正时标记。

④ 如果没有对准,转动曲轴1圈(360°),如上所述对准正时标记。

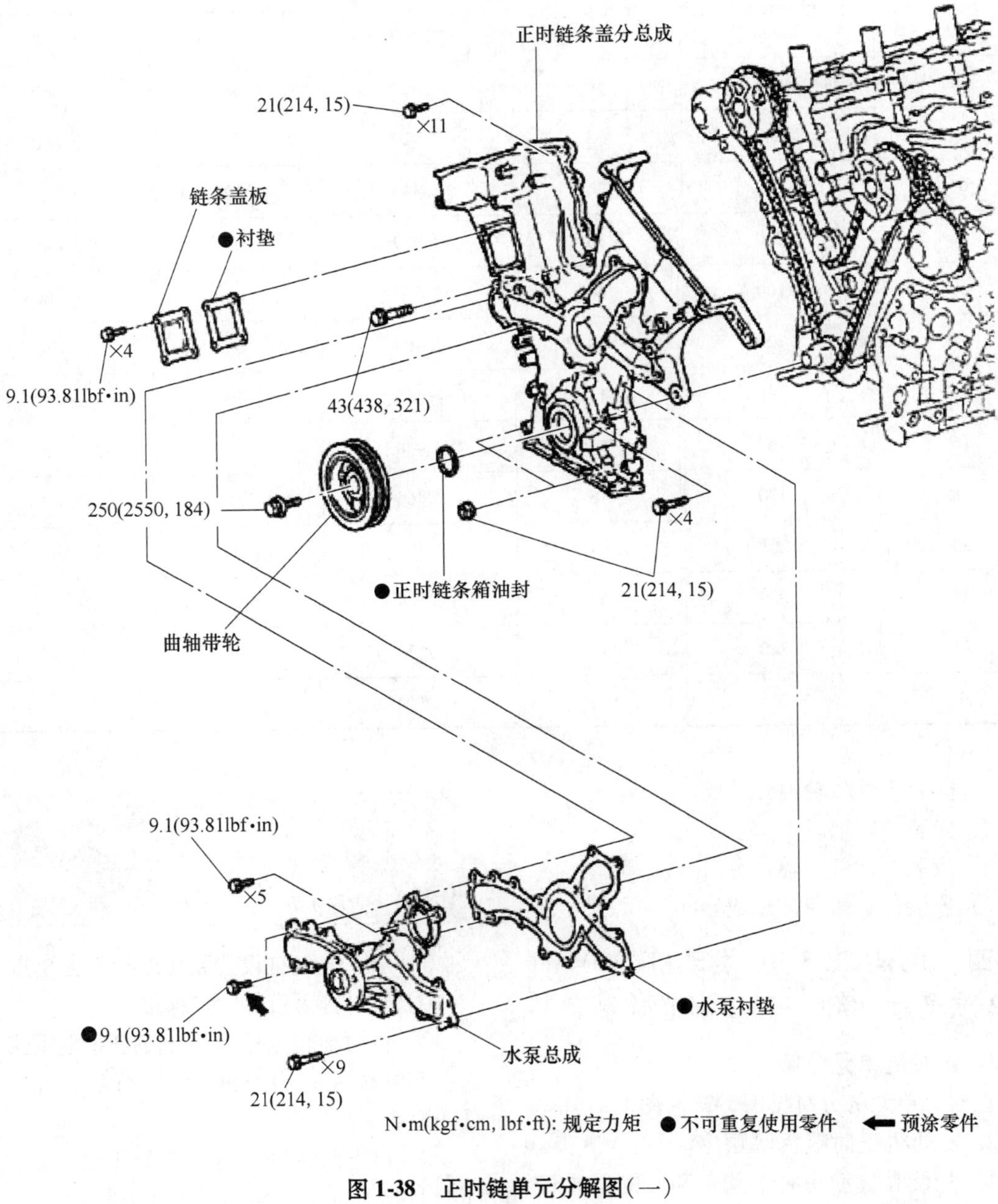

图 1-38　正时链单元分解图(一)

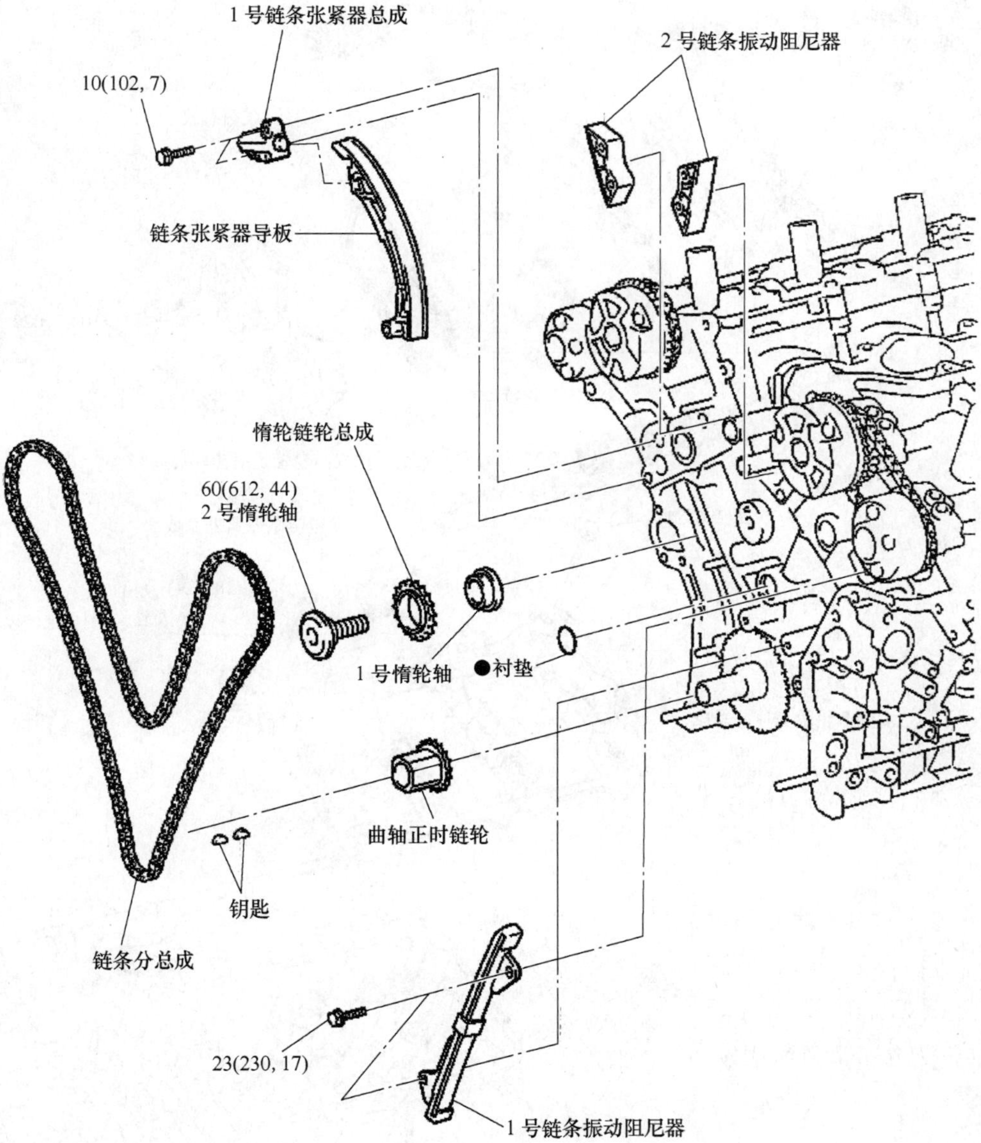

1 号链条张紧器总成

2 号链条振动阻尼器

10(102, 7)

链条张紧器导板

惰轮链轮总成

60(612, 44)
2 号惰轮轴

1 号惰轮轴

●衬垫

曲轴正时链轮

钥匙

链条分总成

23(230, 17)

1 号链条振动阻尼器

N•m(kgf•cm,lbf•ft): 规定力矩　●不可重复使用零件

图 1-39　正时链单元分解图（二）

右侧：

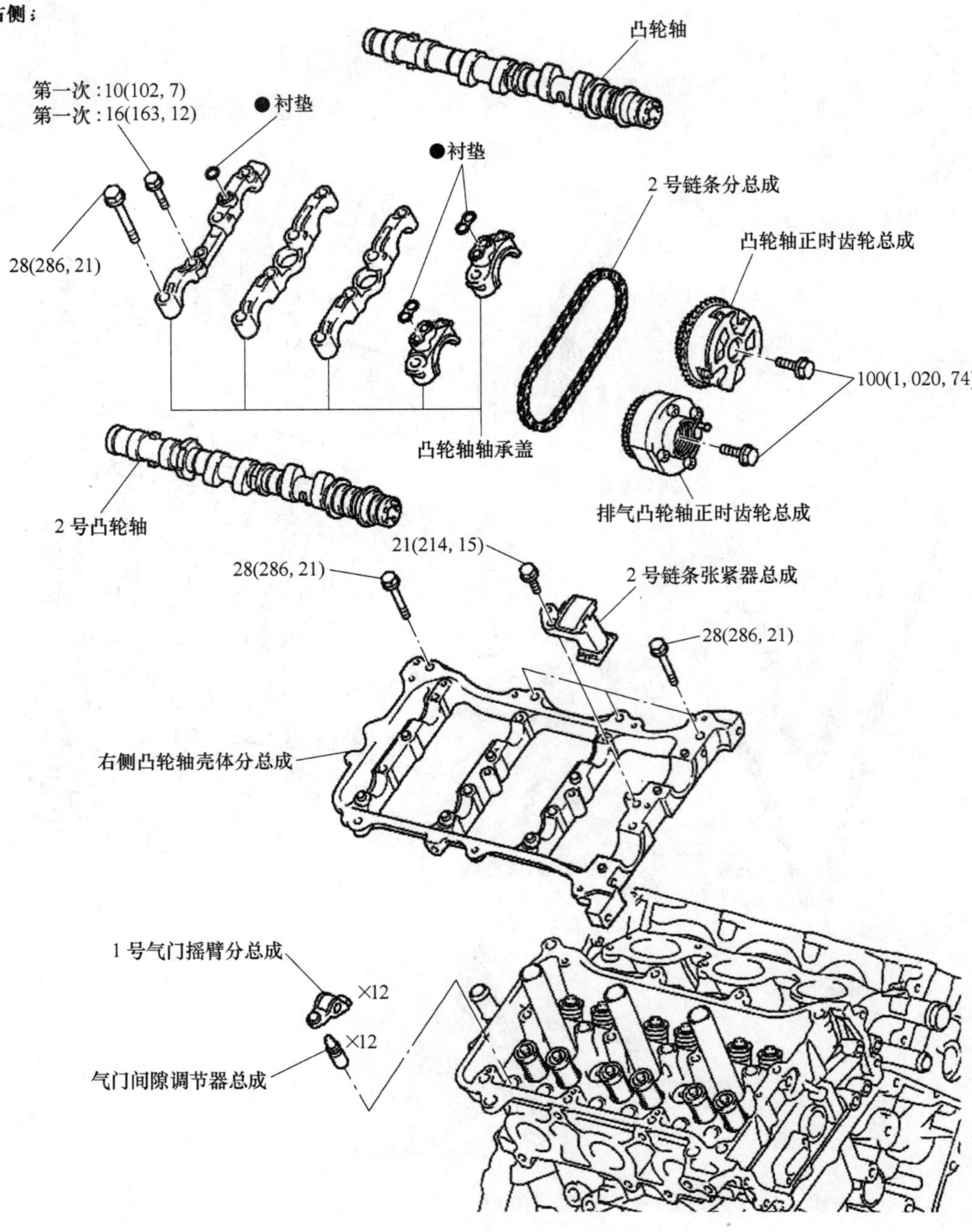

凸轮轴
第一次：10(102, 7)
第一次：16(163, 12)
●衬垫
●衬垫
28(286, 21)
2号链条分总成
凸轮轴正时齿轮总成
100(1, 020, 74)
凸轮轴轴承盖
排气凸轮轴正时齿轮总成
2号凸轮轴
21(214, 15)
28(286, 21)
2号链条张紧器总成
28(286, 21)
右侧凸轮轴壳体分总成
1号气门摇臂分总成
×12
×12
气门间隙调节器总成

N·m(kgf·cm,lbf·ft)：规定力矩　●不可重复使用零件

图1-40　正时链单元分解图(三)

左侧：

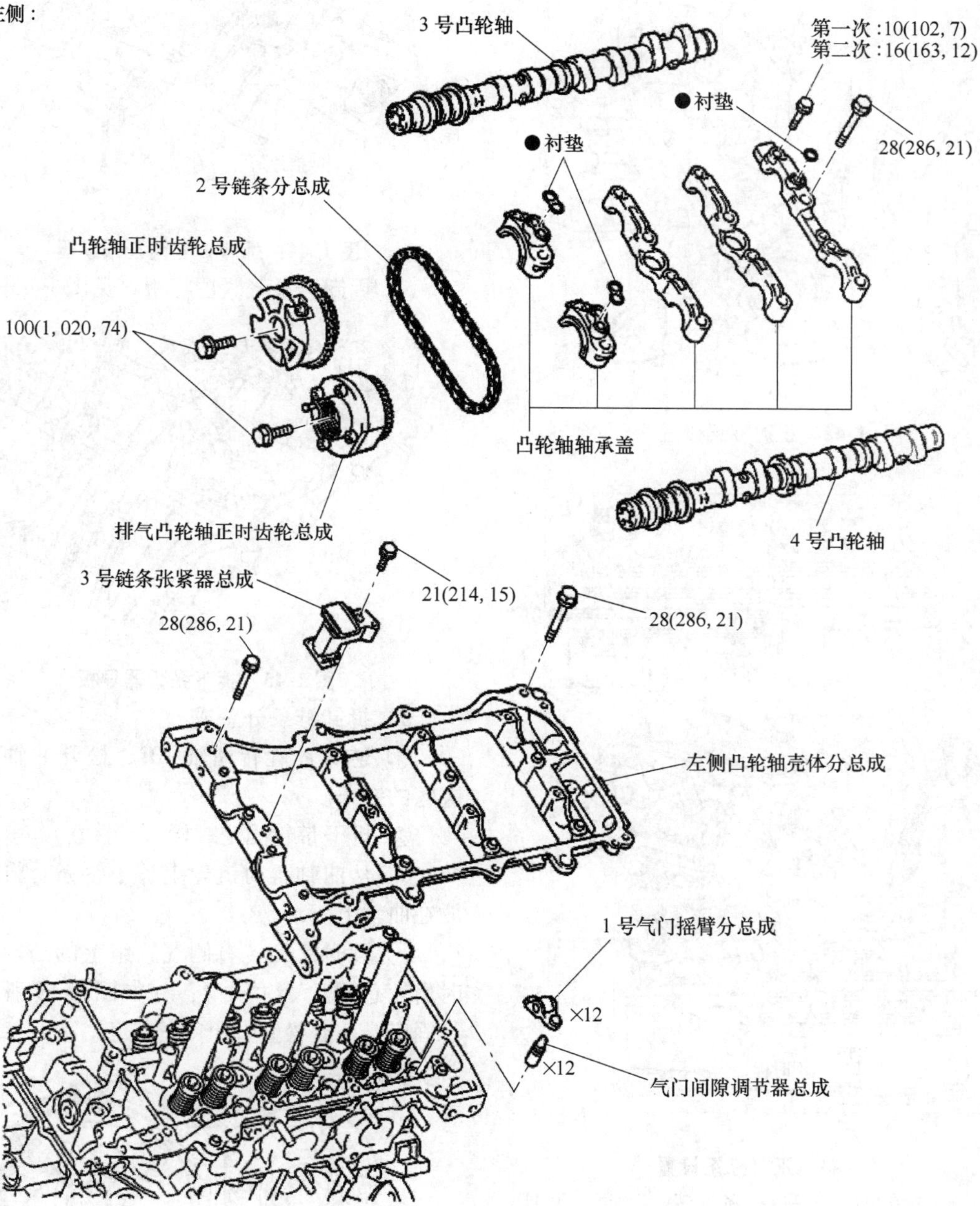

3 号凸轮轴

第一次：10(102, 7)
第二次：16(163, 12)

●衬垫

28(286, 21)

●衬垫

2 号链条分总成

凸轮轴正时齿轮总成

100(1, 020, 74)

凸轮轴轴承盖

4 号凸轮轴

排气凸轮轴正时齿轮总成

3 号链条张紧器总成

21(214, 15)

28(286, 21)

28(286, 21)

左侧凸轮轴壳体分总成

1 号气门摇臂分总成

×12

×12

气门间隙调节器总成

N·m(kgf·cm,lbf·ft)：规定力矩　●不可重复使用零件

图 1-41　正时链单元分解图(四)

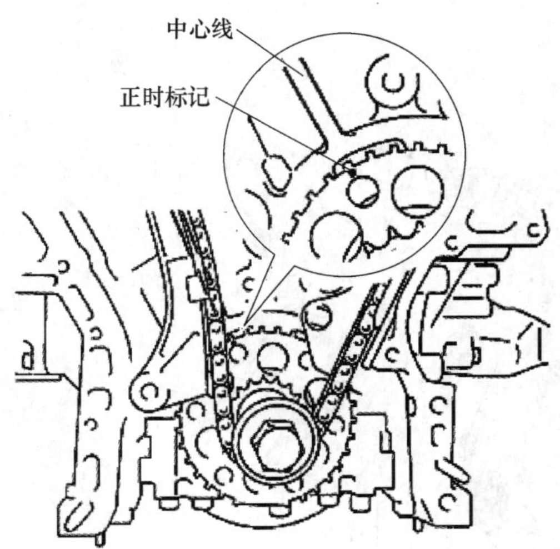

图1-42　正时标记设置

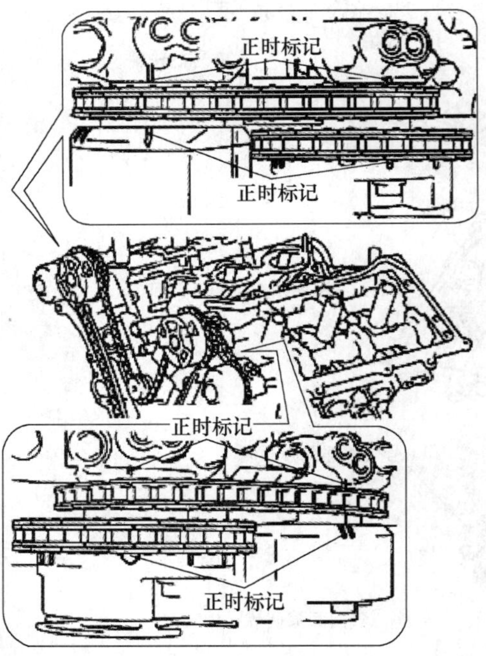

图1-43　正时标记设置

4）拆卸1号链条张紧器总成，见图1-44。

① 向上移动挡片以松开锁止，并将柱塞推入张紧器中。

② 向下移动挡片以锁止，并将六角扳手插入挡片孔中。

③ 拆下两个螺栓和链条张紧器。

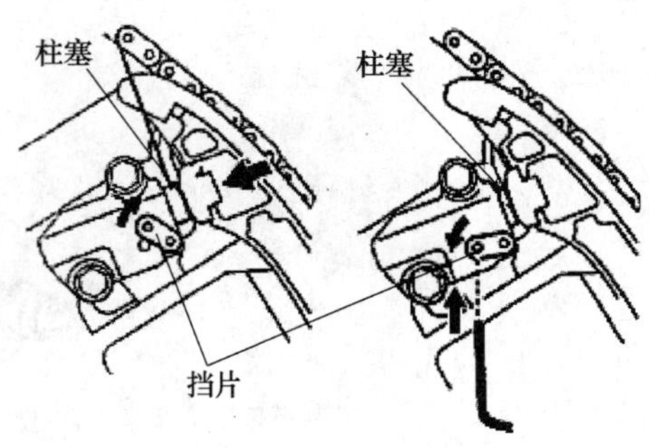

图1-44　拆卸1号链条张紧器

5）拆卸链条张紧器导板，见图1-45。

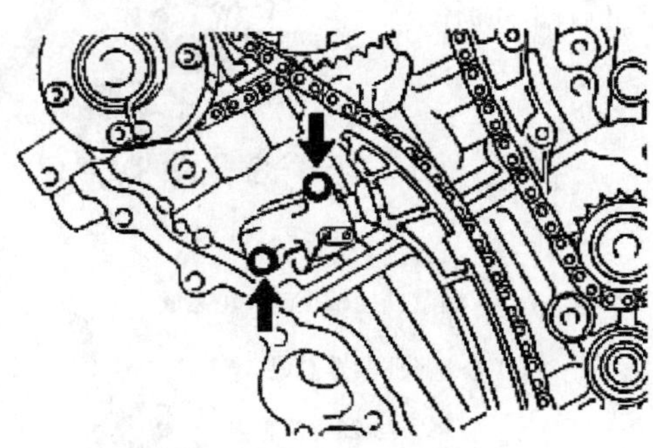

图1-45　拆下张紧器导板

6）拆卸链条分总成

① 逆时针旋转曲轴10°，松开曲轴正时链轮的链条。

② 拆下带轮固定螺栓。

③ 从曲轴正时链轮上拆下链条，将链条放在曲轴上。

④ 顺时针旋转右侧气缸组上的凸轮轴正时齿轮总成(大约60°)，并如图1-46所示进行固定。务必松开缸组间的链条。

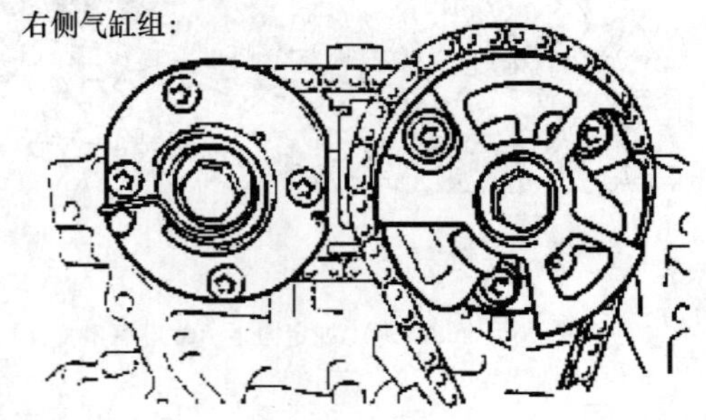

图1-46　固定凸轮轴正时齿轮

⑤ 拆下链条。

7）拆卸惰轮链轮总成。使用 10mm 六角扳手拆下 2 号惰轮轴、链轮和 1 号惰轮轴。

8）拆卸 1 号链条振动阻尼器。

9）拆卸 2 号链条振动阻尼器。

10）拆卸曲轴正时链轮。

11）拆卸凸轮轴正时齿轮和 2 号链条(B1)

① 在提高 2 号链条张紧器的同时，将一个 ϕ1.0mm 的销插入孔中以将其固定。

② 用扳手固定住凸轮轴的六角头部分，并拆下两个螺栓和两个凸轮轴正时齿轮总成，如图 1-47 所示。

小心：

- 小心不要让扳手损伤气缸盖。
- 不要拆解凸轮轴正时齿轮总成。

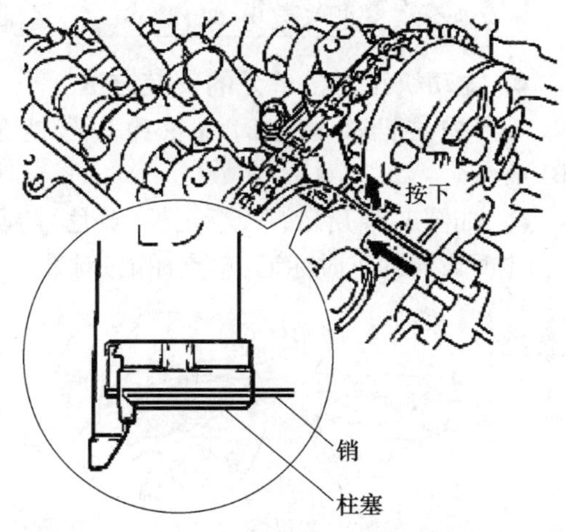

图 1-47　拆卸凸轮轴正时齿轮

注意：

- 不要拆解凸轮轴正时齿轮总成。

③ 拆下 2 号链条，如图 1-48 所示。

12）拆卸 2 号链条张紧器总成。

13）拆卸凸轮轴轴承盖(B1)。

14）拆卸凸轮轴。

15）拆卸 2 号凸轮轴。

16）拆卸右侧凸轮轴壳体分总成。

17）拆卸凸轮轴正时齿轮和 2 号链条(B2)。

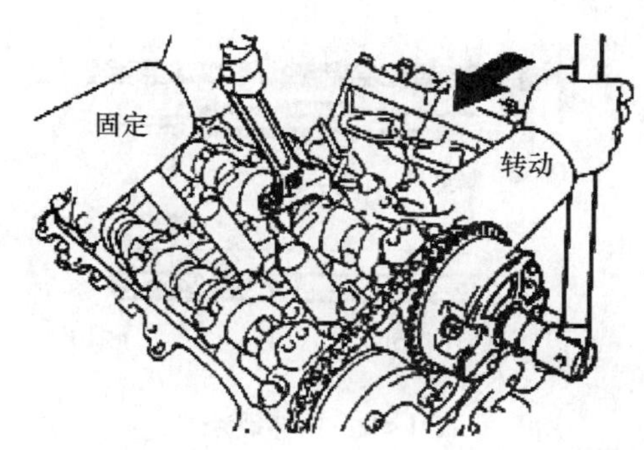

图 1-48　拆下 2 号链条

① 在压下 3 号链条张紧器的同时，将一个 ϕ1.0mm 的销插入孔中以将其固定，如图 1-49所示。

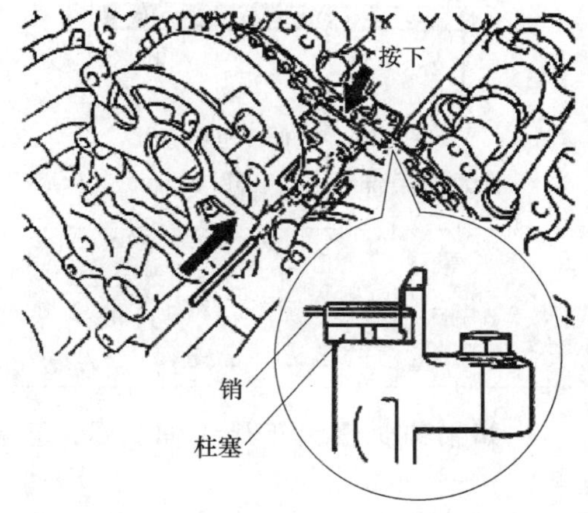

图 1-49　固定 3 号链条张紧器

② 用扳手固定住凸轮轴的六角头部分，并拆下两个螺栓和两个凸轮轴正时齿轮总成。

③ 拆下 2 号链条。

3. 正时链的检查

1）检查链条分总成。

① 如图 1-50 所示，用 147N 的力拉伸链条。

② 使用游标卡尺测量 15 个连杆的长度。

- **最大链条伸长量：136.9mm。**
- **如果伸长量大于最大伸长量，更换链条。**

2）检查 2 号链条分总成。

① 如图 1-51 所示，用 147N 的力拉伸链条。

② 使用游标卡尺测量 15 个连杆的长度。

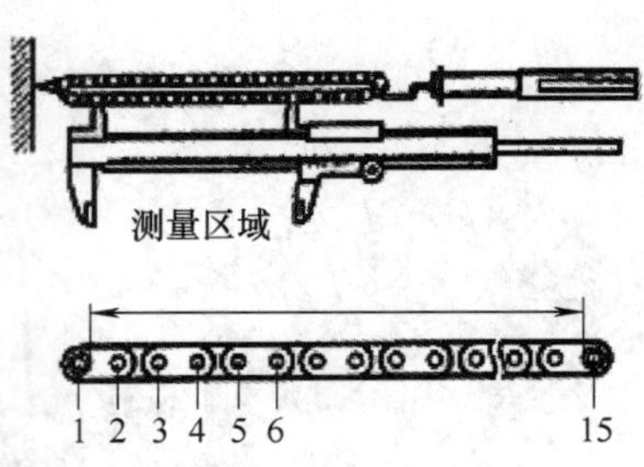

图 1-50　拉伸链条

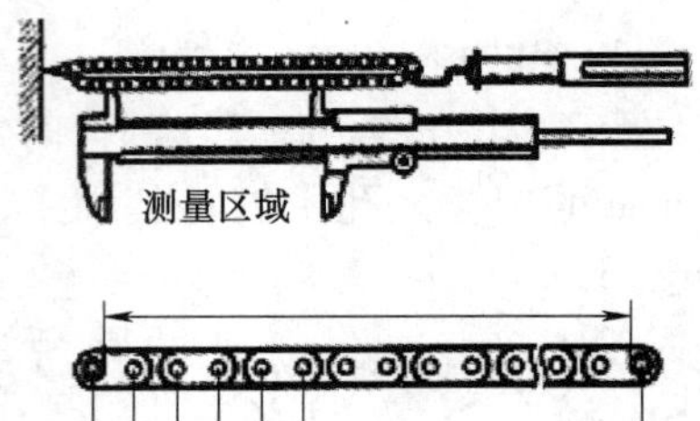

图 1-51　拉伸 2 号链条

- **最大链条伸长量：137. 6mm。**

> **注意：**
> 在三个任意位置进行测量。使用测量得出的平均值进行检查。

- **如果伸长量大于最大伸长量，更换链条。**

3）检查曲轴正时链轮

① 用链条绕紧链轮。

② 用游标卡尺测量绕有链条的链轮直径，如图 1-52 所示。

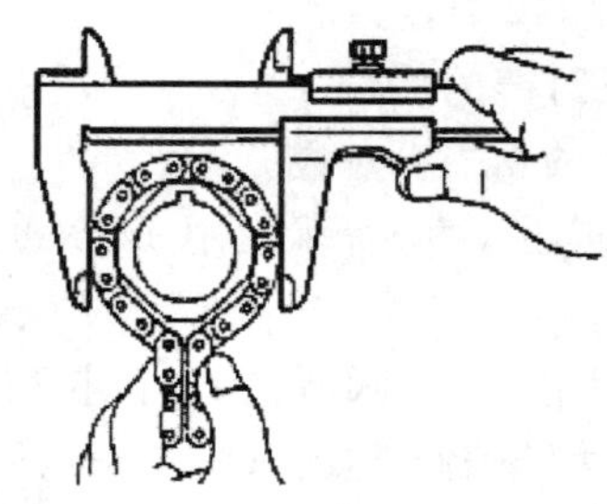
图 1-52　测量链轮直径

- 最小链轮直径（带链条）：61. 4mm。

4）检查怠速链轮总成

① 用链条绕紧链轮。

② 用游标卡尺测量绕有链条的链轮直径，如图 1-53 所示。

- 最小链轮直径（带链条）：61. 4mm。

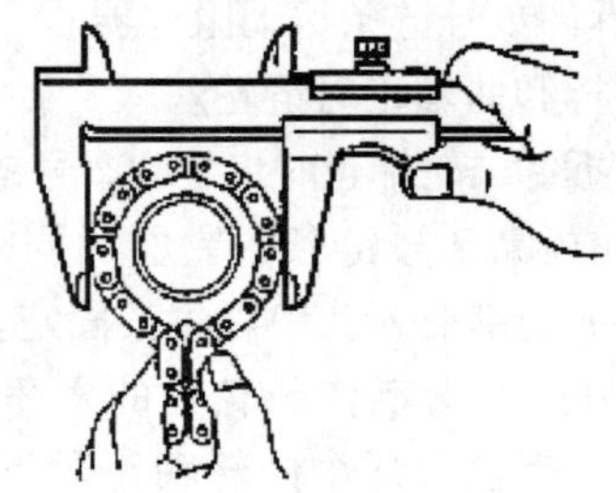
图 1-53　检查绕有链条的链轮直径

> **提示：**
> 为了进行测量，游标卡尺的卡钳必须接触链条滚子。如果直径小于最小值，更换链条和链轮。

4. 发动机正时链单元的安装方法

1）安装凸轮轴正时齿轮和 2 号链条（B1）。

① 如图 1-54 所示，使标记板（黄色）与凸轮轴正时齿轮的正时标记（单点标记）对准。

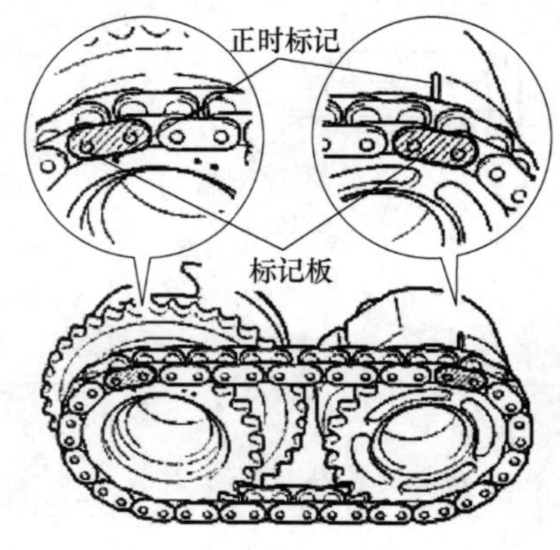

图 1-54　对准正时标记

② 给螺栓螺纹和螺栓安装面涂抹一薄层发动机机油。

③ 使凸轮轴的锁销对准凸轮轴正时齿轮的销孔。在安装好 2 号链条的情况下，安装凸轮轴正时齿轮和右侧排气凸轮轴正时齿轮。

④ 用扳手固定凸轮轴上的六角头部分，

并紧固两个螺栓。

• 力矩：100N · m。

⑤ 将销从链条张紧器上拆下。

2）安装3号链条张紧器总成。

① 用螺栓安装链条张紧器。

• 力矩：21N · m。

② 推入张紧器的同时，将一根直径为1.0mm的销子插入孔中，以将其固定，见图1-55。

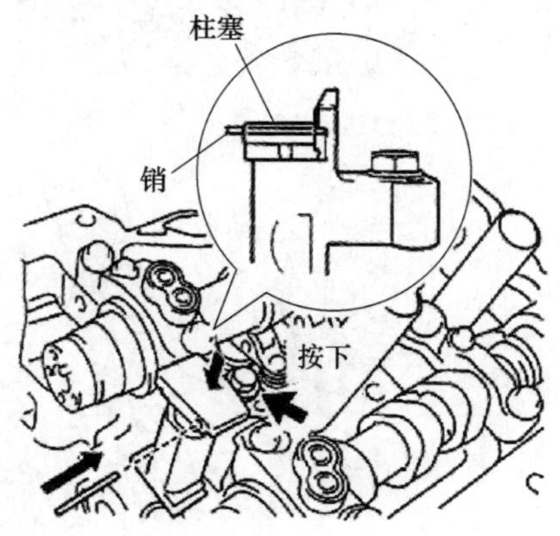

图1-55 固定张紧器

3）安装凸轮轴正时齿轮和2号链条(B2)

① 使标记版(黄色)与凸轮轴正时齿轮的正时标记(两点标记)对准。

② 给螺栓螺纹和螺栓安装面涂抹一薄层发动机机油。

③ 使凸轮轴的锁销对准凸轮轴正时齿轮的销孔。在安装好2号链条的情况下，安装凸轮轴正时齿轮和左侧排气凸轮轴正时齿轮。

④ 用扳手固定凸轮轴上的六角头部分并紧固两个螺栓。

• **力矩**：100N · m。

⑤ 将销从链条张紧器上拆下。

4）安装1号链条振动阻尼器。用两个螺栓安装链条振动阻尼器，见图1-56。

• **力矩**：23N · m。

5）安装2号链条振动阻尼器，见图1-57。

6）安装曲轴正时链轮。安装两个正时齿轮定位键和正时链轮，如图1-58所示。

7）安装惰轮链轮总成

① 在1号惰轮轴的旋转表面涂抹一薄层

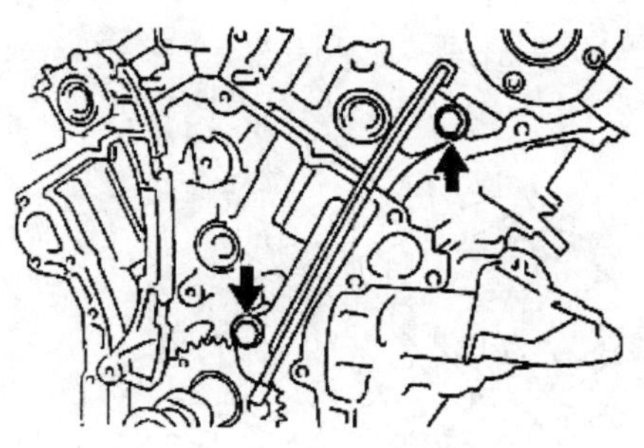

图1-56 安装1号链条振动阻尼器

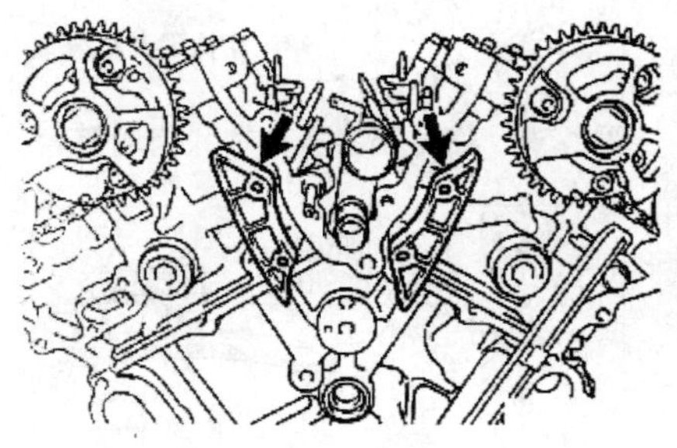

图1-57 安装2号链条振动阻尼器

图1-58 安装正时链轮

发动机机油。

② 临时安装1号惰轮轴和惰轮链轮及2号惰轮轴，同时使1号惰轮的锁销对准气缸体的锁销槽，如图1-59所示。

③ 用一把10mm的六角扳手紧固2号惰轮轴。

• 力矩：60N · m。

8）安装链条分总成

① 如图1-60，对准标记板和正时标记并安装链条。

② 逆时针转动右侧气缸组上的凸轮轴正时齿轮总成，以紧固两气缸组之间的链条，如图1-61所示。

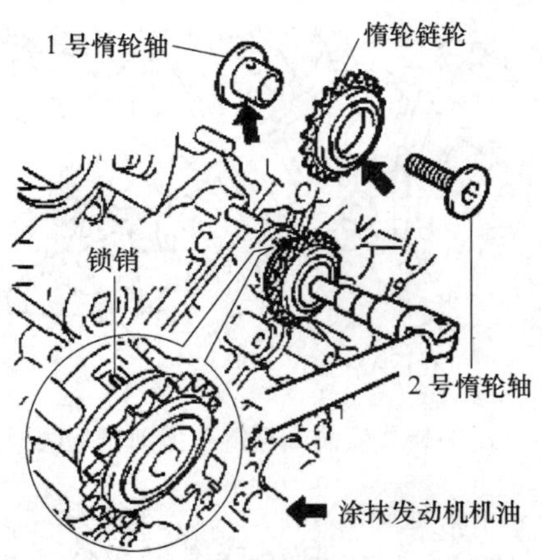

图1-59　临时安装惰轮轴和惰轮链轮

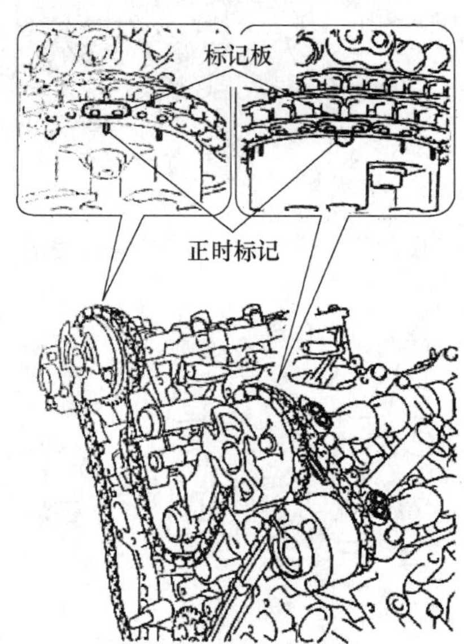

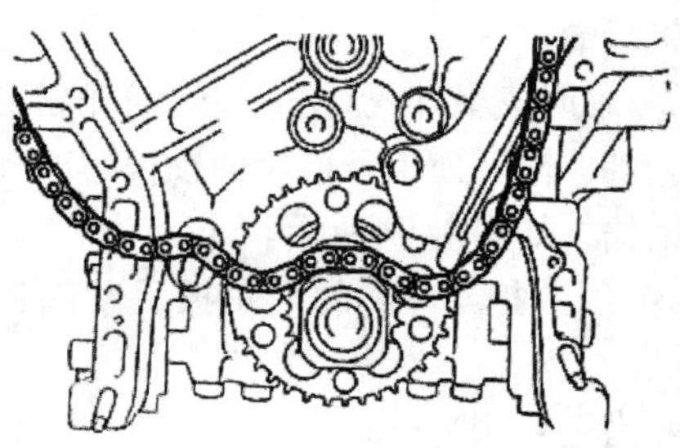

图1-60　对准正时标记

注意：

重复使用原惰轮链轮时，将链条板对准其原来所在位置的标记，以便张紧两气缸组间的链条。

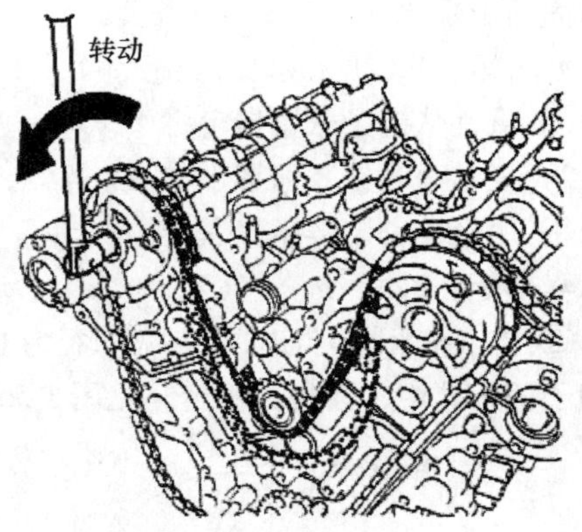

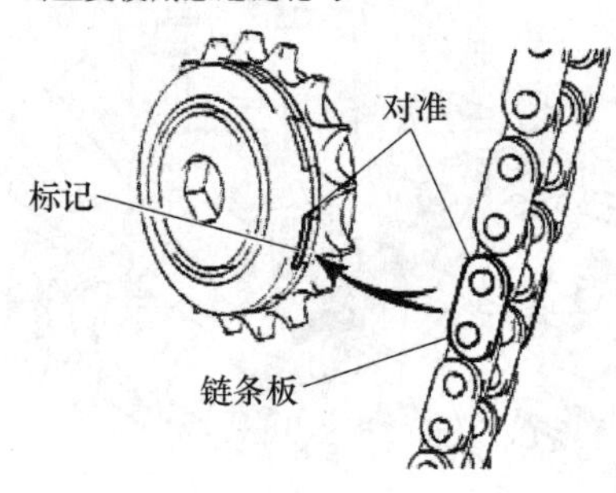

图1-61　紧固链条

③ 如图1-62所示对准标记板和正时标记，并将链条安装到曲轴正时链轮上。

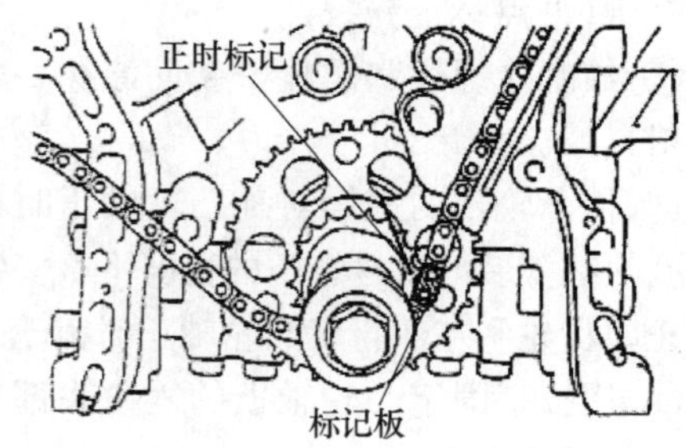

图1-62　安装链条到曲轴正时链轮

提示：

曲轴标记板为黄色。

④ 暂时拧紧带轮固定螺栓。

⑤ 顺时针转动曲轴，将它定位至右缸体孔径中心线(压缩行程上止点)位置。

9）安装链条张紧器导板

10）安装1号链条张紧器总成

① 向上移动挡片以松开锁扣，并将柱塞

深深推入张紧器中，如图1-63所示。

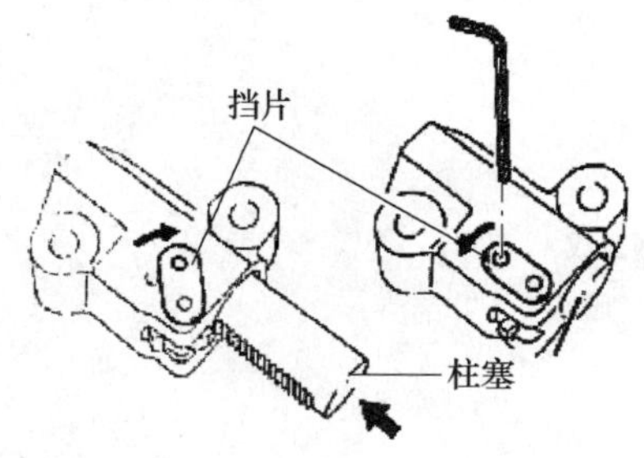

图1-63　柱塞推入张紧器

② 向下移动挡片以卡紧锁扣，并将一把六角扳手插入挡片孔中。

③ 用两个螺栓安装链条张紧器，见图1-64。

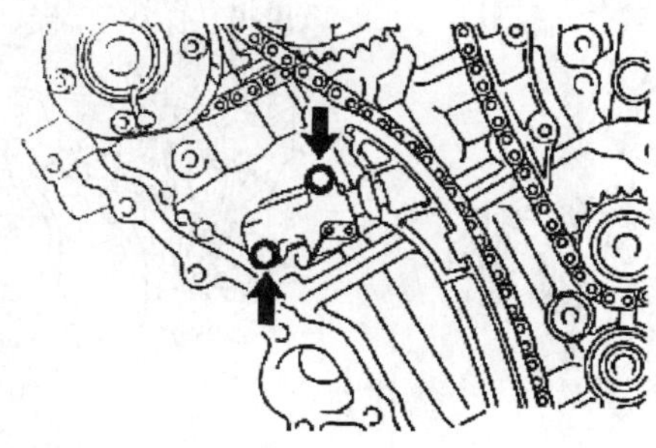

图1-64　安装链条张紧器

④ 拆下链条张紧器的锁销。检查并确认每个正时标记在压缩行程上止点处对准了曲轴，如图1-65所示。

⑤ 拆下带轮固定螺栓。

11）安装正时链条箱油封。

12）安装水泵总成。

13）安装正时链条盖分总成。

五、5GR-FE 2.5L 发动机（2004—2012款皇冠，2005-2012款锐志装备）

此发动机的正时链单元的拆装和检查的步骤及注意事项与3GR-FE相同，相关内容请参考本节的“四、”小节。

六、3ZR-FE 2.0L 发动机（2010—2012款卡罗拉，2011—2012款起逸致装备）

1. 正时链单元结构分解

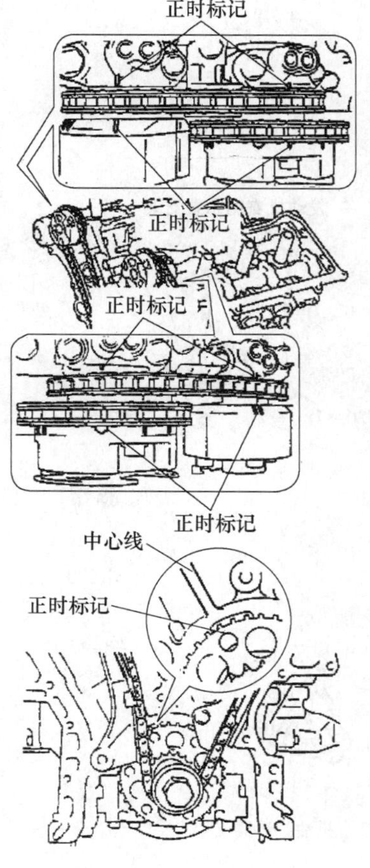

图1-65　正时标记对准检查

正时链单元分解如图1-66、图1-67所示。

2. 正时链单元的拆卸顺序

1）拆卸带传动桥的发动机总成。

2）拆卸发动机吊架。

3）拆卸真空稳压罐。

4）拆卸进气歧管。

5）断开燃油管分总成。

6）拆卸输油管分总成。

7）拆卸喷油器总成。

8）拆卸点火线圈总成。

9）拆卸发动机机油尺导管。

10）拆卸排气歧管1号隔热罩。

11）拆卸歧管撑条。

12）拆卸排气歧管。

13）拆卸通风软管。

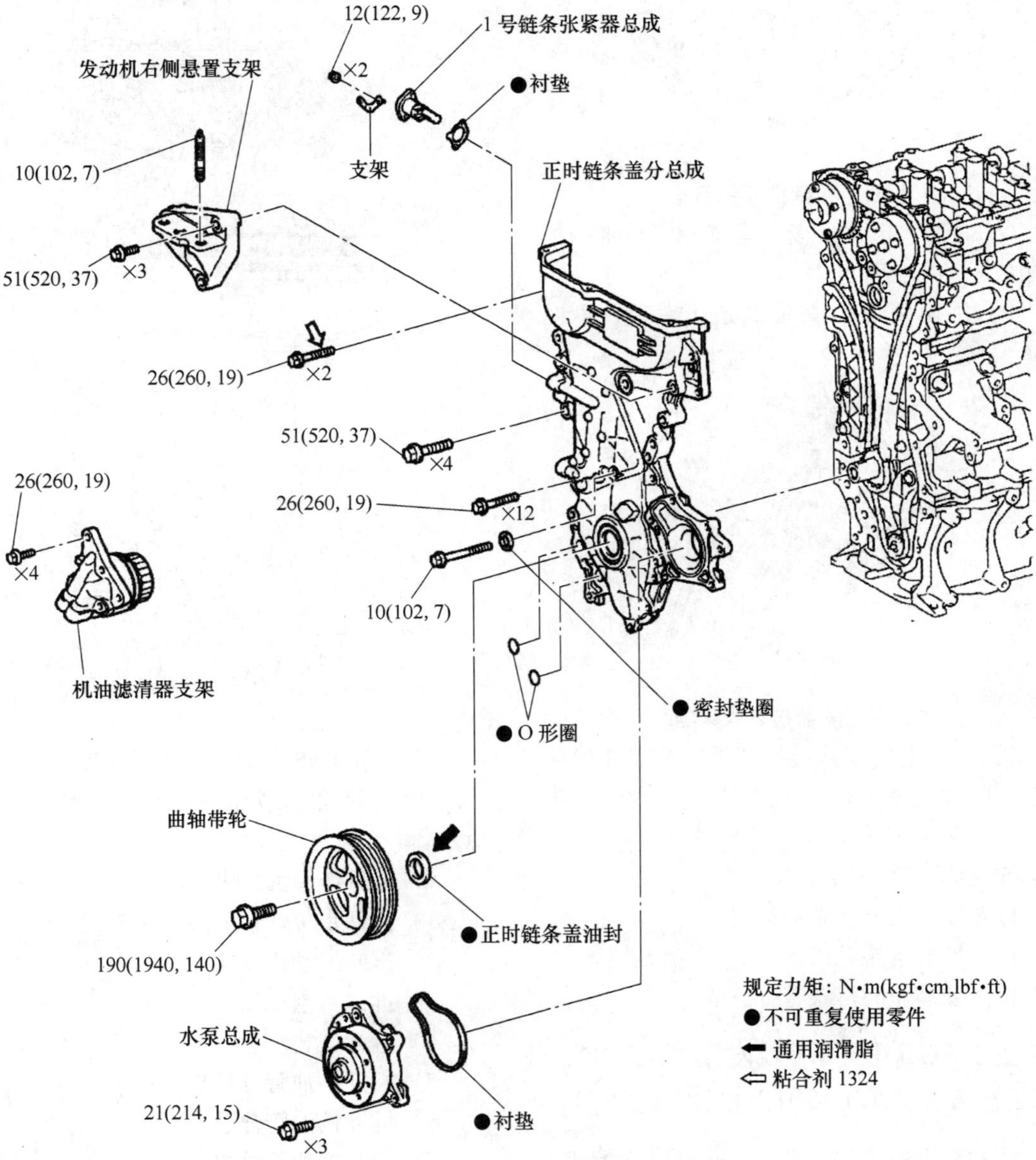

12(122, 9)
1号链条张紧器总成
发动机右侧悬置支架
×2
●衬垫
10(102, 7)
支架
正时链条盖分总成
51(520, 37)
×3
26(260, 19)
×2
51(520, 37)
×4
26(260, 19)
26(260, 19)
×12
×4
10(102, 7)
机油滤清器支架
●密封垫圈
●O形圈
曲轴带轮
●正时链条盖油封
190(1940, 140)
规定力矩：N•m(kgf•cm,lbf•ft)
●不可重复使用零件
通用润滑脂
粘合剂1324
水泵总成
21(214, 15)
×3
●衬垫

图1-66　正时链单元分解图(一)

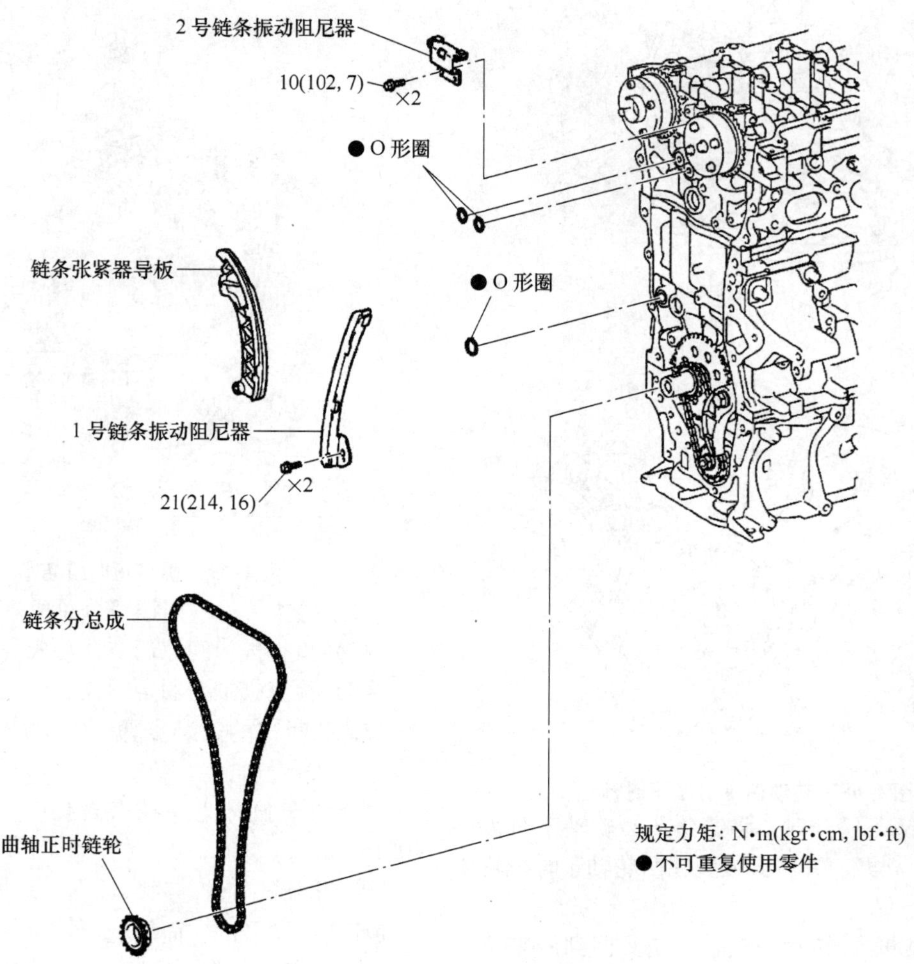

图 1-67　正时链单元分解图(二)

14）拆卸 3 号水旁通软管。

15）拆卸 1 号水旁通软管。

16）拆卸水旁通软管。

17）拆卸进水软管。

18）拆卸进水口。

19）拆卸节温器。

20）拆卸收音机设置调相器。

21）拆卸气缸盖罩分总成。

22）拆卸气缸盖罩衬垫。

23）将 1 号气缸设置到压缩行程上止点(TDC)位置。

① 转动曲轴带轮，直到其凹槽与正时链条盖上的正时标记“0”对准，见图 1-68。

② 如图所示，检查并确认凸轮轴正时齿轮和链轮上的各正时标记和位于 1 号和 2 号轴承盖上的各正时标记对准。如果没有对准，则转动曲轴 1 圈(360°)，如上所述对准正时标记。

24）拆卸曲轴带轮。

25）拆卸 1 号链条张紧器总成。

26）拆卸正时链条盖分总成。

27）拆卸正时链条盖油封。

28）拆卸链条张紧器导板。

29）拆卸 1 号链条振动阻尼器。

30）拆卸链条分总成。

① 用扳手固定凸轮轴的六角头部分，并逆时针转动凸轮轴正时齿轮总成，以松开凸轮轴正时齿轮之间的链条。

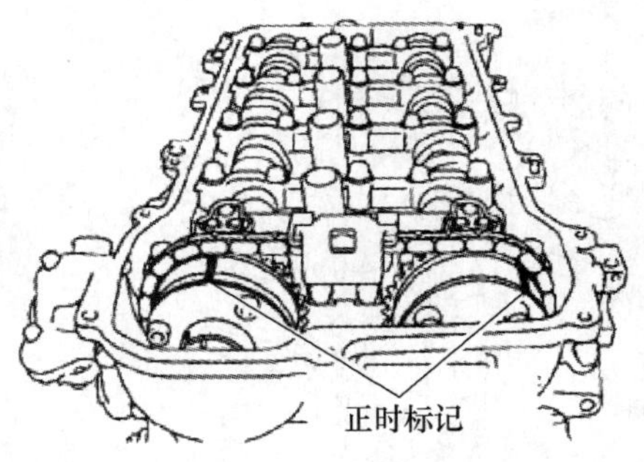

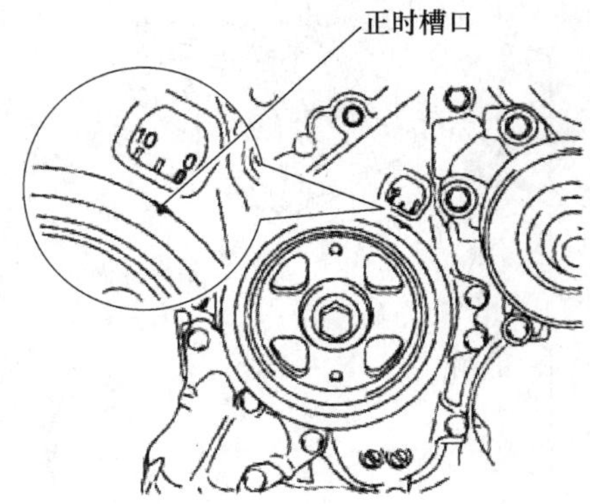

图1-68　转动曲轴对准正时标记

② 链条松开时，将链条从凸轮轴正时齿轮总成上松开，并将其放置在凸轮轴正时齿轮总成上。

③ 顺时针转动凸轮轴，使其回到原来位置，并拆下链条，见图1-69。

31）拆卸2号链条振动阻尼器。

32）检查凸轮轴正时齿轮总成。

33）检查排气凸轮轴正时齿轮总成。

34）拆卸凸轮轴正时齿轮总成。

35）拆卸排气凸轮轴正时齿轮总成。

36）拆卸凸轮轴轴承盖。

37）拆卸凸轮轴。

38）拆卸2号凸轮轴。

39）拆卸1号气门摇臂分总成。

40）拆卸气门间隙调节器总成。

41）拆卸1号凸轮轴轴承。

42）拆卸2号凸轮轴轴承。

43）拆卸凸轮轴壳分总成。

44）拆卸气缸盖分总成。

45）拆卸气缸盖衬垫。

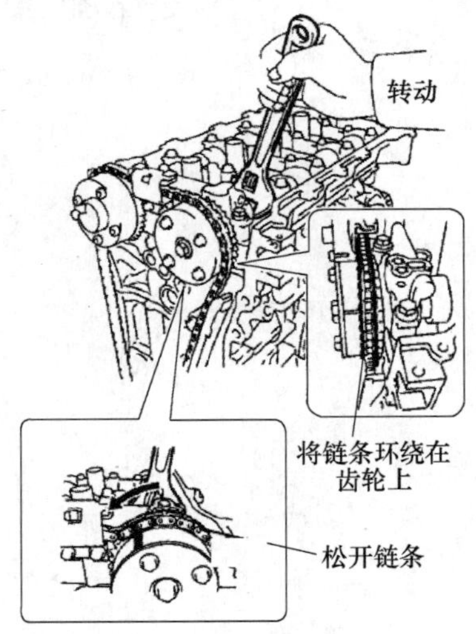

图1-69　拆下正时链条

46）检查1号气门摇臂分总成。

47）检查气门间隙调节器总成。

48）检查气缸盖固定螺栓。

3. 正时链的安装步骤

1）安装气缸盖衬垫。

① 在气缸体上涂抹密封胶[直径4.0mm(0.157 in)]。

② 将新的气缸盖衬垫放在气缸体表面上，并使印有批次号的一面朝上。

③ 在新的气缸盖衬垫上涂抹密封胶[直径4.0mm(0.157in)]。

④ 紧固气缸盖螺栓后，擦净气缸盖和气缸体之间的接触面上渗出的密封胶材料。

2）安装气缸盖分总成。

3）安装气门间隙调节器总成。

4）安装1号气门摇臂分总成。

5）安装1号凸轮轴轴承。

6）安装2号凸轮轴轴承。

7）安装2号凸轮轴。

8）安装凸轮轴。

9）安装凸轮轴轴承盖。

10）安装凸轮轴壳分总成。

11）安装凸轮轴正时齿轮总成。

12）安装排气凸轮轴正时齿轮总成。

13）安装1号链条振动阻尼器。

• 力矩：21N · m(214kgf · cm,16lbf · ft)

14）安装2号链条振动阻尼器。

15）安装链条分总成。

① 检查1号气缸压缩行程上止点（TDC）位置。

a. 暂时紧固曲轴带轮螺栓。

b. 逆时针转动曲轴，以使正时齿轮键位于顶部，见图1-70。

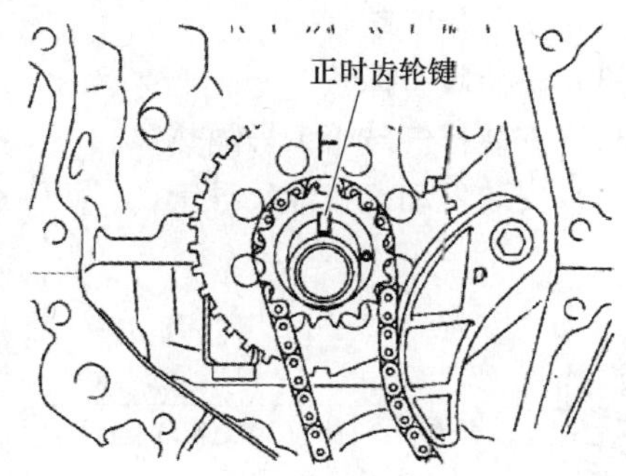

图1-70　转动曲轴使正时齿轮键位于顶部

c. 拆下曲轴带轮螺栓。

d. 检查每个凸轮轴正时齿轮上的正时标记。

② 如图1-71所示，将标记板（橙色）和正时标记对准并安装链条。

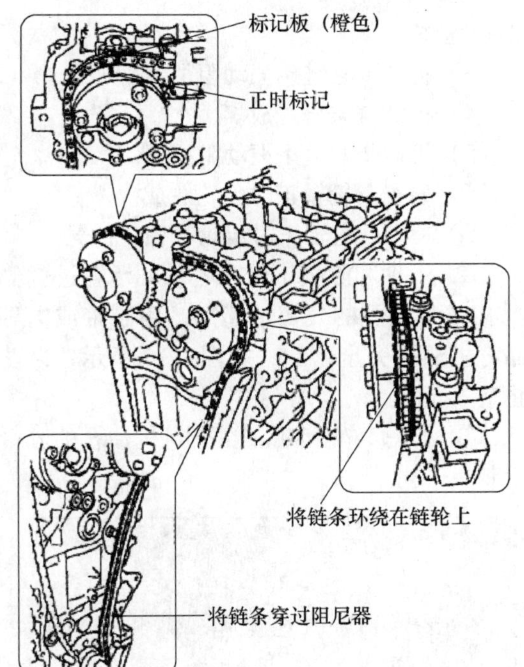

图1-71　检查正时链标记对准

③ 将链条放置在曲轴上，但不要使其环绕在曲轴上。

④ 用扳手固定凸轮轴的六角头部分，并逆时针转动凸轮轴正时齿轮总成，以使标记板（橙色）和正时标记对准，见图1-72。

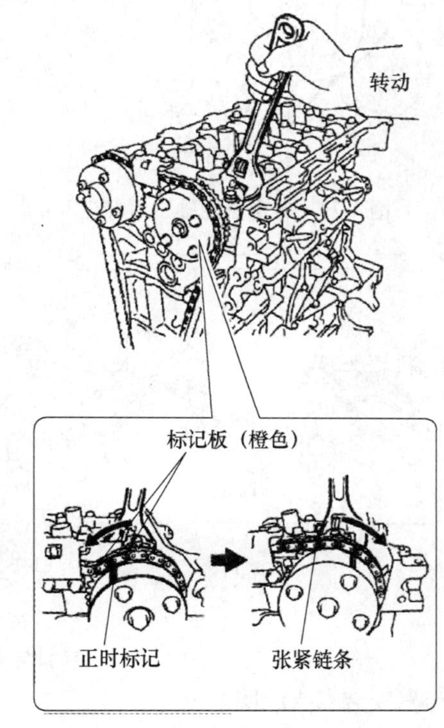

图1-72　调整正时

⑤ 用扳手固定凸轮轴的六角头部分，并顺时针转动凸轮轴正时齿轮总成。

⑥ 将标记板（黄色）和正时标记对准，并将链条安装至曲轴正时齿轮，见图1-73。

⑦ 在压缩行程上止点（TDC）位置时，重新检查每个正时标记，见图1-74。

16）安装链条张紧器导板。

17）安装正时链条盖油封。

18）安装正时链条盖分总成。

19）安装曲轴带轮。

20）安装1号链条张紧器总成。

21）安装气缸盖罩衬垫。

22）安装气缸盖罩分总成。

23）安装收音机设置调相器。

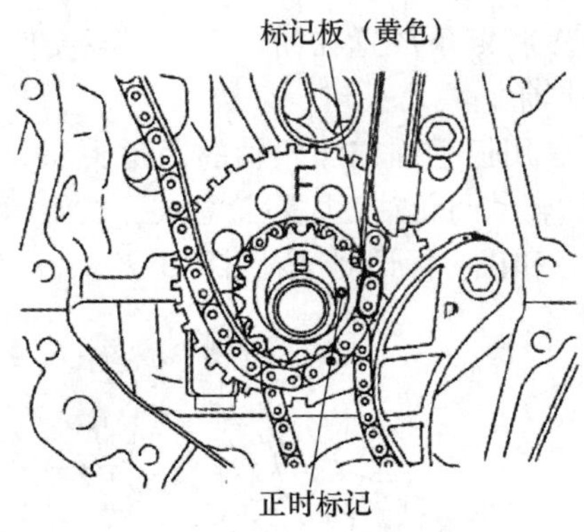

图 1-73　对准凸轮轴正时标记

24）安装节温器。

25）安装进水口。

26）安装进水软管。

27）安装水旁通软管。

28）安装 1 号水旁通软管。

29）安装 3 号水旁通软管。

30）安装通风软管。

31）检查排气歧管。

32）安装排气歧管。

33）安装歧管撑条。

34）安装排气歧管 1 号隔热罩。

35）安装发动机机油尺导管。

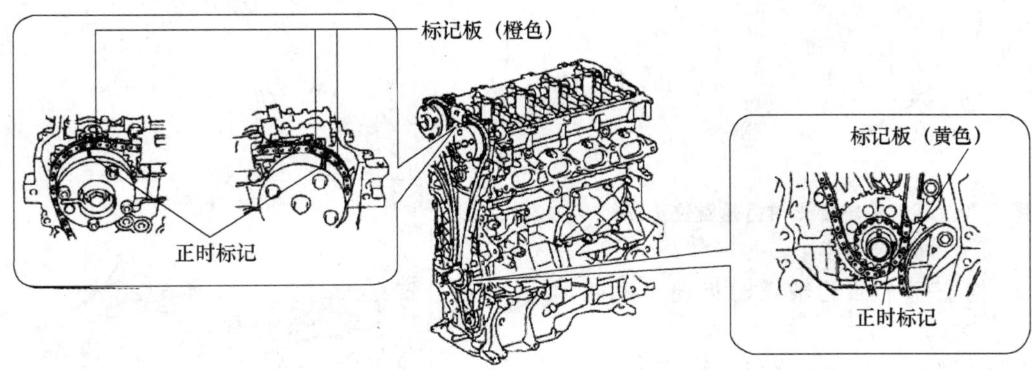

图 1-74　正时标记对准检查

36）安装点火线圈总成。

37）安装喷油器总成。

38）安装 1 号输油管偏垫。

39）安装输油管分总成。

40）安装燃油管分总成。

41）安装进气歧管。

42）安装真空稳压罐。

43）安装发动机吊架。

44）安装带传动桥的发动机总成。

七、2ZR-FE 1.8L 发动机（2007—2012 款卡罗拉,2006-2012 款花冠装备）

1. 正时链单元分解

正时链单元分解见图 1-75。

2. 正时链单元的拆解方法

1）拆卸正时链条盖油封。

2）拆卸链条张紧器导板。

3）拆卸 1 号链条振动阻尼器。

4）拆卸链条分总成。

5）拆卸 2 号链条振动阻尼器。

6）检查凸轮轴正时齿轮总成。

① 检查凸轮轴正时齿轮的锁止情况。

② 清理和除去 1 号凸轮轴轴承盖进气侧上 VVT 机油孔的残留油脂后，用胶带或同等品将机油孔完全密封，如图 1-76 所示，以防止空气泄漏。

③ 如图 1-76 所示，在密封机油孔的胶带上刺一个孔。

> **注意：**
>
> 确保完全密封住机油孔，若密封不充分，所导致的空气泄漏会妨碍锁销的松开。

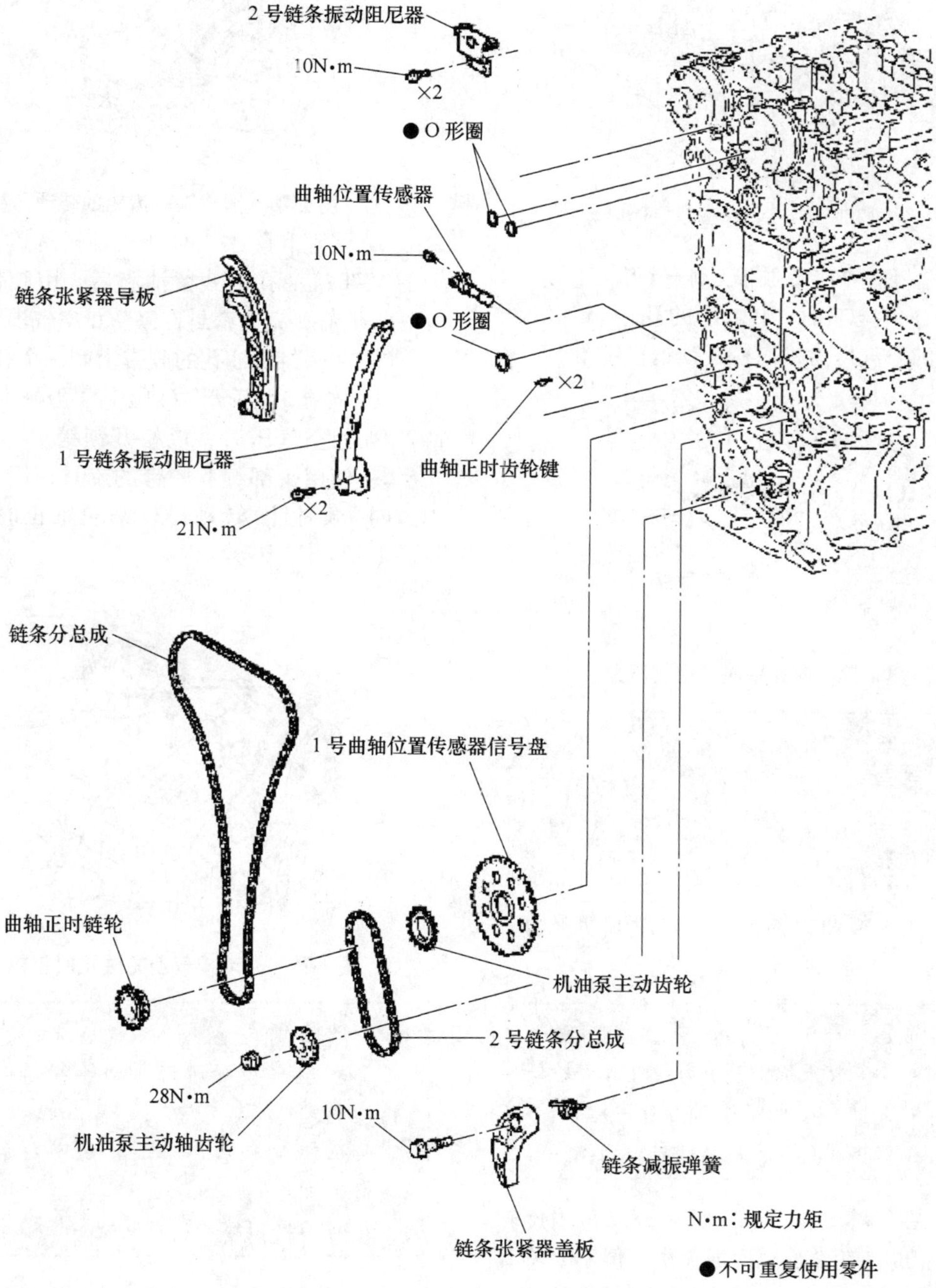

图 1-75　2ZR-FE 发动机正时链单元分解图

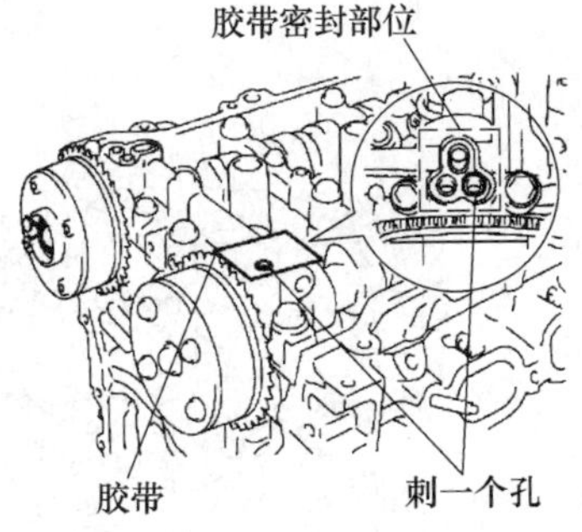

图1-76　在胶带上刺一个孔

④ 向在步骤A中刺出的孔中施加大约150kPa的空气压力，以松开锁销，见图1-77。

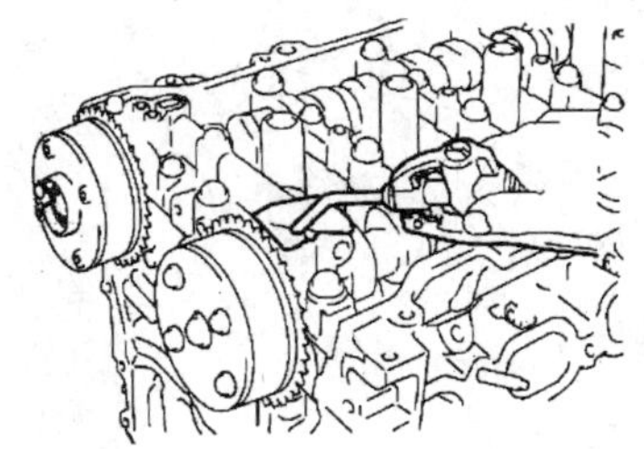

图1-77　向孔中施加空气压力

注意：

根据施加的空气压力，凸轮轴正时齿轮总成可能不需用手即能朝提前方向旋转。

⑤ 用力将凸轮轴正时齿轮总成朝提前方向（逆时针）旋转。

注意：

- 如果空气泄漏，重新用胶带密封。
- 向孔中施加空气压力时用抹布或布片盖住机油孔口，以防止机油飞溅。

⑥ 在可移动范围（26.5°～28.5°）内旋转凸轮轴正时齿轮总成2次或3次，但不要将其转到最大延迟位置。确保凸轮轴正时齿轮总成转动顺畅，见图1-78。

⑦ 从1号凸轮轴轴承盖上取下胶带。

7）检查排气凸轮轴正时齿轮总成。

① 检查排气凸轮轴正时齿轮的锁止情况。

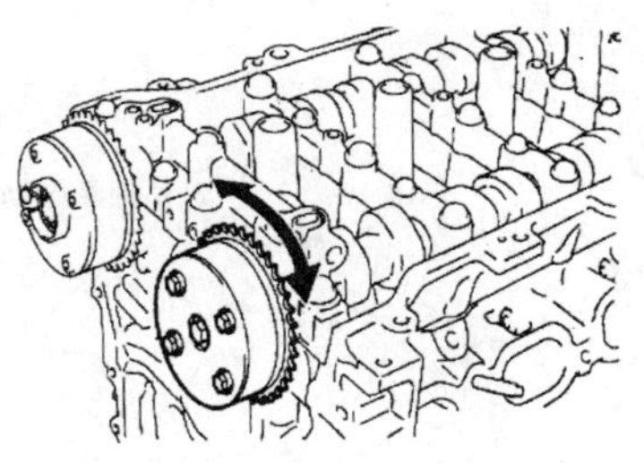

图1-78　测试正时齿轮的转动

② 清理和除去1号凸轮轴轴承盖排气侧上的VVT机油孔的残留油脂后，用胶带或同等品将机油孔完全密封，以防止空气泄漏。

③ 在密封机油孔的胶带上刺一个孔。

④ 向在程序B中刺出的孔施加大约200kPa的空气压力，以松开锁销。

⑤ 使用头部缠有胶带的旋具，用力朝延迟方向（顺时针）转动排气凸轮轴正时齿轮，见图1-79。

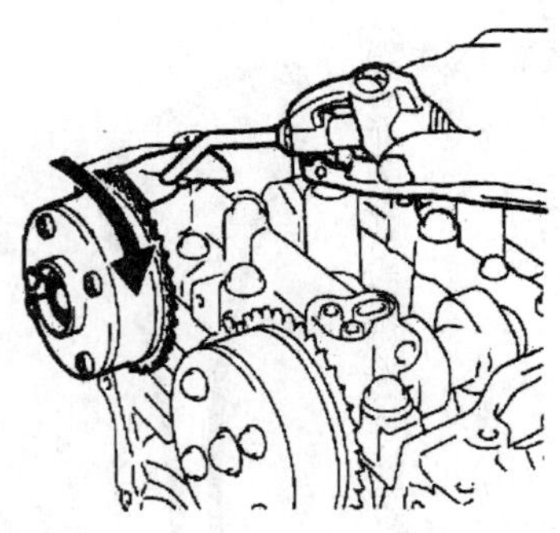

图1-79　转动排气凸轮轴正时齿轮

注意：

- 用旋具确保排气凸轮轴正时齿轮保持在延迟方向。如果齿轮松开，它将在弹簧力的作用下自动回到最大提前位置。
- 不要损坏排气凸轮轴正时齿轮。

⑥ 使用头部包有胶带的旋具，在可移动范围（19°～21°）内旋转排气凸轮轴正时齿轮2次或3次，但不要将其转到最大提前位置。确保排气凸轮轴正时齿轮转动顺畅。

⑦ 从1号凸轮轴轴承盖上取下胶带。

8）拆卸凸轮轴正时齿轮总成。固定凸轮轴的六角头部分的同时，拆下凸缘螺栓，然后拆下凸轮轴正时齿轮总成，见图 1-80。

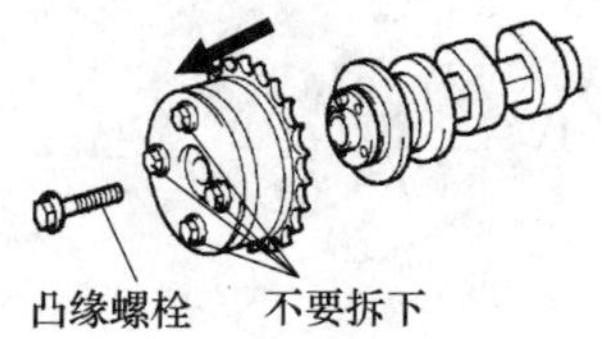

图 1-80　拆卸凸轮轴正时齿轮

注意：

- 拆卸凸轮轴正时齿轮前，确保锁销已松开。
- 不要拆下另外 4 个螺栓。
- 将凸轮轴正时齿轮总成从凸轮轴上拆下时，要使其保持水平。

9）拆卸排气凸轮轴正时齿轮总成。固定凸轮轴的六角头部分的同时，拆下凸缘螺栓，然后拆下排气凸轮轴正时齿轮总成，如图 1-81 所示。

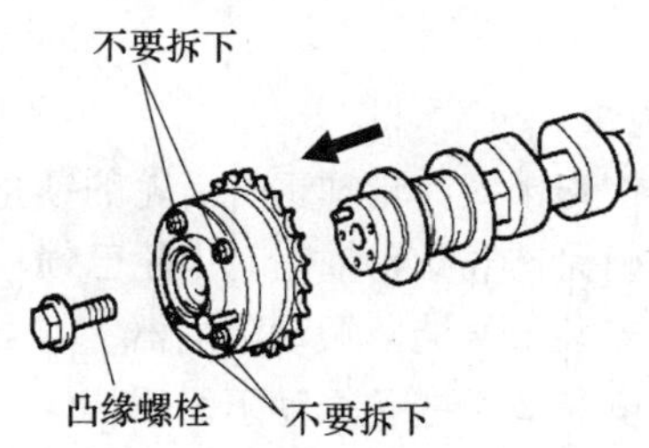

图 1-81　拆下排气凸轮轴正时齿轮

注意：

- 不要拆下另外 4 个螺栓。
- 将排气凸轮轴正时齿轮总成从凸轮轴上拆下时，要使其保持水平。

10）拆卸凸轮轴轴承盖。按图 1-82 中数字所示顺序，均匀地拧松并拆下 10 个轴承盖螺栓。

3. 正时链单元的检查

1）检查链条分总成。

① 用 147N 的力拉链条。

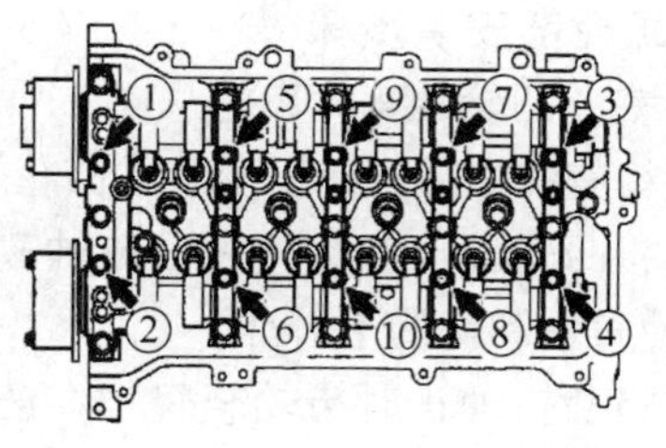

图 1-82　拆下凸轮轴轴承盖螺栓

② 用游标卡尺测量 15 个链节的长度。

- 最大链条伸长量：115. 2mm。

2）检查 2 号链条分总成。

① 用 147N 的力拉链条。

② 用游标卡尺测量 15 个链节的长度。

- 最大链条伸长量：102. 1mm。

说明：

在任意 3 个位置进行测量。使用测量值的平均值。

如果平均伸长量大于最大值，则更换 2 号链条。

3）检查机油泵主动齿轮。

① 将链条绕在齿轮上。

② 用游标卡尺测量齿轮和链条的直径。

- 最小齿轮直径（带链条）：48. 2mm。

4）检查机油泵主动轴齿轮。

① 将链条绕在齿轮上。

② 用游标卡尺测量齿轮和链条的直径。

- 最小齿轮直径（带链条）：48. 8mm。

5）检查凸轮轴正时齿轮总成。

① 将链条绕在齿轮上。

② 用游标卡尺测量齿轮和链条的直径。

- 最小齿轮直径（带链条）：96. 8mm。

6）检查排气凸轮轴正时齿轮总成。

① 将链条绕在链轮上。

② 用游标卡尺测量链轮和链条的直径。

- 最小齿轮直径（带链条）：96. 8mm。

7）检查曲轴正时齿轮。

① 将链条绕在链轮上。

② 用游标卡尺测量链轮和链条的直径。

- 最小齿轮直径（带链条）：51. 1mm。

4. 正时链安装步骤

1）安装凸轮轴正时齿轮总成。

① 检查并确认锁销已安装在凸轮轴上。

② 将凸轮轴正时齿轮和凸轮轴放置在一起，并使直销和键槽不对准。

③ 将凸轮轴正时齿轮轻轻推向凸轮轴的同时，按图1-83所示方向旋转凸轮轴正时齿轮。将直销进一步推入键槽中。

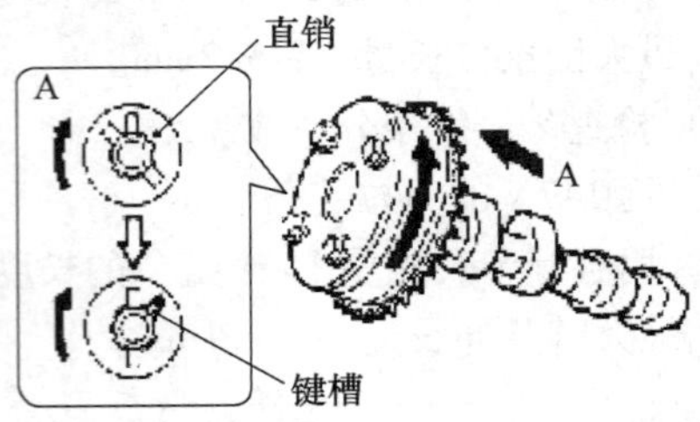

图1-83 凸轮轴正时齿轮安装

> **提示：**
>
> 不要使齿轮轴正时齿轮朝延迟方向（顺时针）转动。

④ 测量齿轮和凸轮轴间的间隙，见图1-84。

- 间隙：0.1～0.4mm。

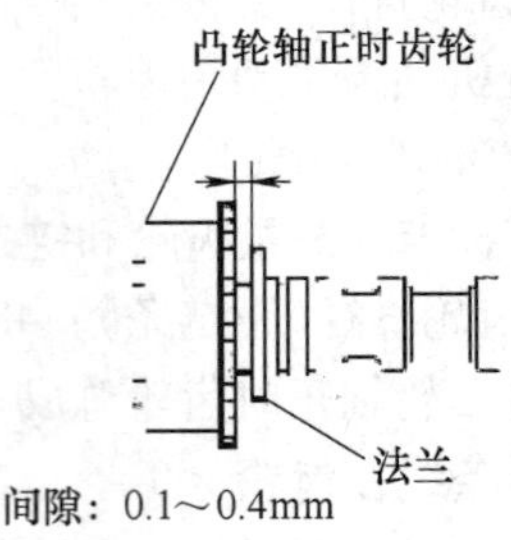

图1-84 测量齿轮与凸轮轴间的间隙

⑤ 在凸轮轴正时齿轮固定就位时，紧固凸缘螺栓。

- 力矩：54N·m。

⑥ 检查并确认凸轮轴正时齿轮可以朝延迟方向（顺时针）转动，并锁止在最大延迟位置，如图1-85所示。

2）安装排气凸轮轴正时齿轮总成。

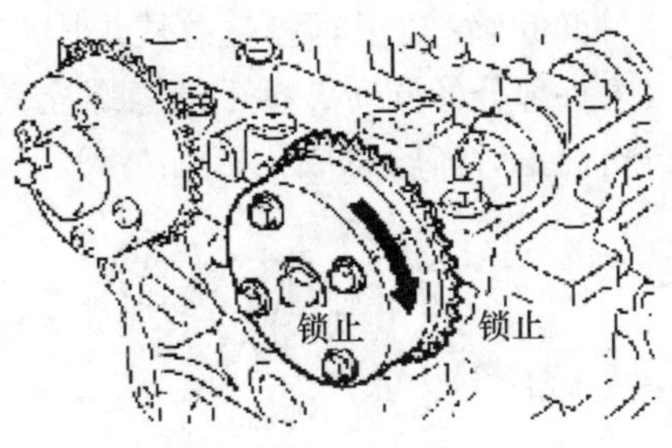

图1-85 转动检查凸轮轴正时齿轮

① 检查并确认锁销已安装在凸轮轴上。

② 对准键槽和直销，然后将排气凸轮轴正时齿轮和凸轮轴连接起来。

③ 将齿轮轻轻地压在凸轮轴上并转动齿轮。将齿轮销进一步推入键槽中。

> **提示：**
>
> 一定不要使排气凸轮轴正时齿轮朝延迟方向（顺时针）转动。

④ 检查并确认齿轮凸缘和凸轮轴间没有间隙。

⑤ 排气凸轮轴正时齿轮固定住时，拧紧凸缘螺栓。

- 力矩：54N·m。

⑥ 检查排气凸轮轴正时齿轮的锁止情况。

⑦ 确保排气凸轮轴正时齿轮已锁止。

3）安装1号链条振动阻尼器。

4）安装2号链条振动阻尼器。

5）安装链条分总成。

6）安装链条张紧器导板。

7）安装正时链条盖油封。

8）安装正时链条盖分总成。

9）安装曲轴带轮。

10）安装1号链条张紧器总成。

11）安装气缸盖罩衬垫。

12）安装气缸盖罩分总成。

13）安装收音机。

14）安装节温器。

15）安装进水口。

16）安装进水软管。

17）安装水旁通软管。

18）安装1号水旁通软管。

19）安装3号水旁通软管。

20）安装通风软管。

21）检查排气歧管。

22）安装排气歧管。

23）安装歧管撑条。

24）安排排气歧管1号隔热罩。

25）安装机油尺分总成。

26）安装点火线圈总成。

27）安装喷油器总成。

28）安装1号输油管隔垫。

29）安装输油管分总成。

30）安装燃油管分总成。

31）安装进气歧管。

32）拆卸发动机台架。

33）安装带传动桥的发动机总成。

八、1ZR-FE 1.6L发动机（2007—2012款卡罗拉，2008-2012款新威驰装备）

1. 正时链单元分解

正时链单元分解见图1-86。

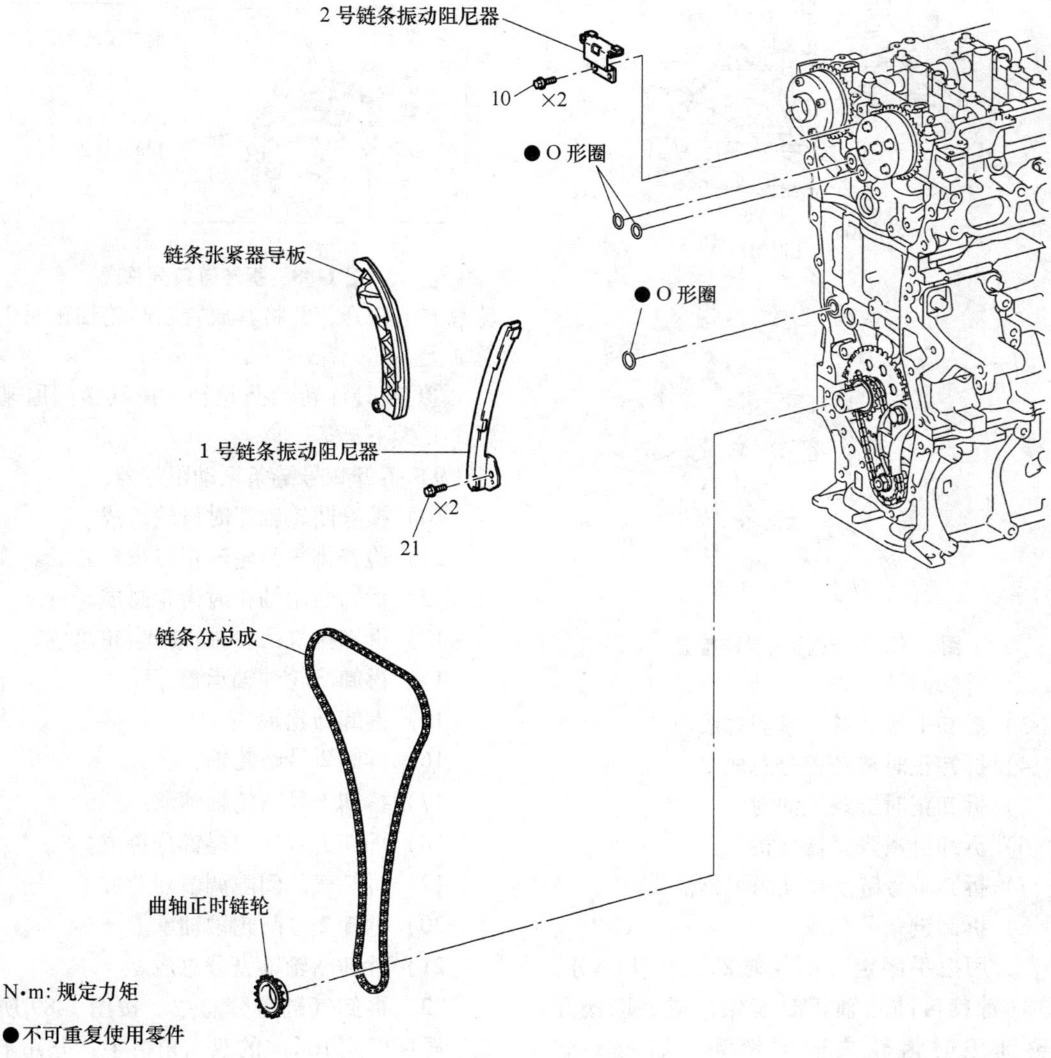

图1-86　1ZR-FE发动机正时链单元分解图

2. 正时链单元的拆解方法

1）将1号气缸设置到TDC/压缩位置。

① 转动曲轴带轮，直到其凹槽与正时链条盖上的正时标记“0”对准。

② 如图1-87所示，检查并确认凸轮轴正时齿轮和链轮上的齐正时标记和位于1号和2号轴承盖上的齐正时标记对准。如果没有对准，则转动曲轴1圈(360°)，如上所述对准正时标记。

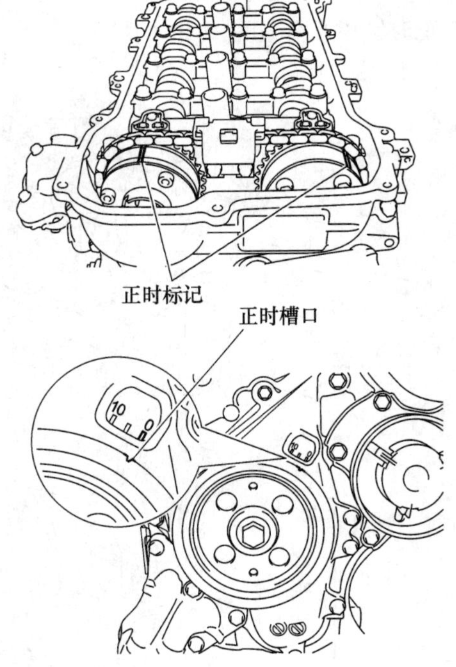

图1-87　正时标记对准检查

2）拆卸曲轴带轮。

3）拆卸1号链条张紧器总成。

4）拆卸正时链条盖分总成。

5）拆卸正时链条盖油封。

6）拆卸链条张紧器导板。

7）拆卸1号链条振动阻尼器。

8）拆卸链条分总成。

① 用扳手固定住凸轮轴的六角头部分，并逆时针旋转凸轮轴正时齿轮总成，以松开凸轮轴正时齿轮之间的链条，如图1-88所示。

② 链条松开时，将链条从凸轮轴正时齿轮总成上松开，并将其放置在凸轮轴正时齿轮总成上。

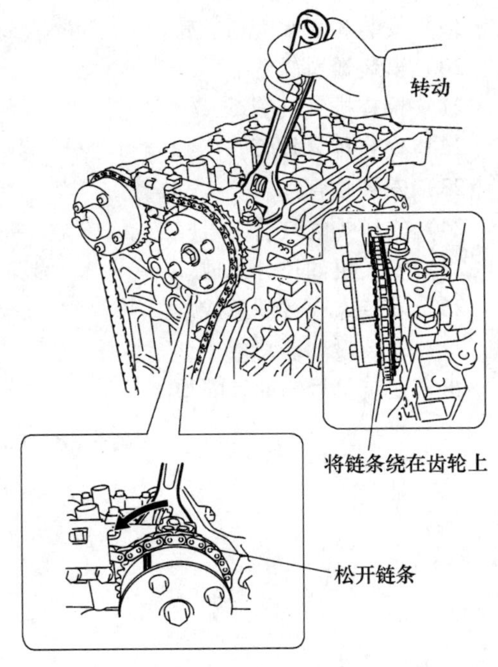

图1-88　拆卸链条分总成

③ 顺时针转动凸轮轴，使其转到原来位置，并拆下链条。

9）拆卸2号链条振动阻尼器。

10）检查凸轮轴正时齿轮总成。

11）检查排气凸轮轴正时齿轮总成。

12）拆卸凸轮轴正时齿轮总成。

13）拆卸排气凸轮轴正时齿轮总成。

14）拆卸凸轮轴轴承盖。

15）拆卸凸轮轴。

16）拆卸2号凸轮轴。

17）拆卸1号凸轮轴轴承。

18）拆卸1号气门摇臂分总成。

19）拆卸气门间隙调节器总成。

20）拆卸2号凸轮轴轴承。

21）拆卸凸轮轴壳分总成。

22）拆卸气缸盖分总成。按图1-89所示数字顺序，用10mm的双六角扳手，分几步均匀地松开并拆下10个气缸盖螺栓和10个平垫圈。

> **注意：**
> 螺栓拆卸顺序不正确可导致气缸盖翘曲或破裂。

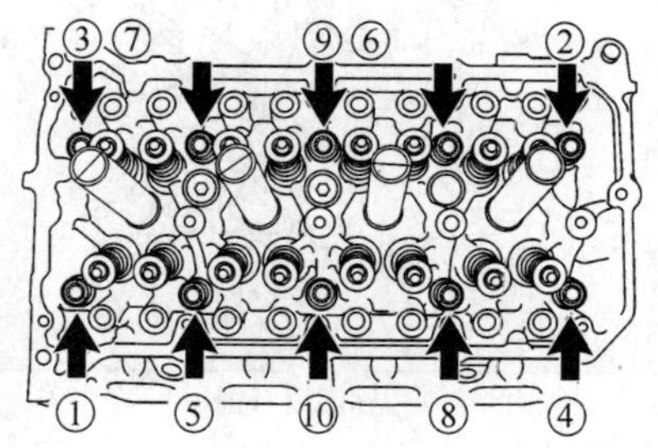

图 1-89　拆卸气缸盖螺栓

3. 正时链单元的安装方法

1）用油漆在气缸盖螺栓前端做标记。

2）如图 1-90 所示，将气缸盖螺栓再次紧固 90°，然后再紧固 45°。

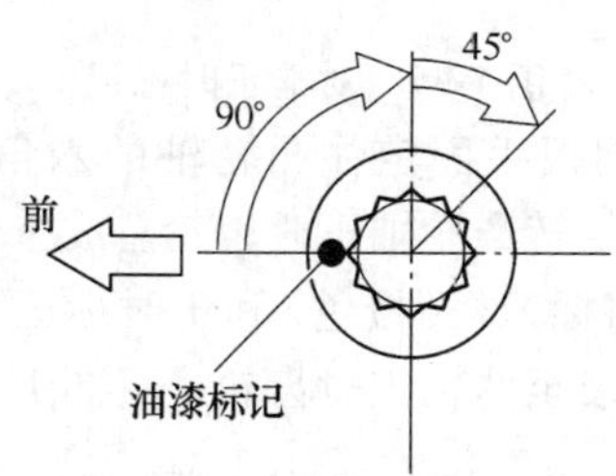

图 1-90　气缸盖螺栓紧固方法

3）检查并确认油漆标记现在与前端成 135°角。

4）安装气门间隙调节器总成。

5）安装 1 号气门摇臂分总成。

6）安装 1 号凸轮轴轴承。

7）安装 2 号凸轮轴轴承。

8）安装 2 号凸轮轴。

9）安装 1 号凸轮轴。

10）安装凸轮轴轴承盖。

11）安装凸轮轴壳分总成。

12）安装凸轮轴正时齿轮总成。

13）安装排气凸轮轴正时齿轮总成。

14）用两个螺栓安装 1 号链条振动阻尼器。

- 力矩：21N · m（214kgf · cm,16lbf · ft）

15）安装 2 号链条振动阻尼器，见图 1-91。

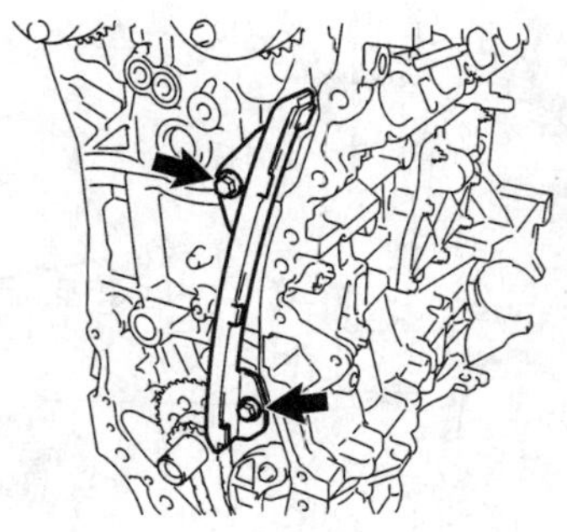

图 1-91　安装 2 号链条振动阻尼器

16）安装链条分总成。

① 检查 1 号气缸是否在压缩行程上止点（TDC）位置。

a. 暂时紧固曲轴带轮螺栓。

b. 逆时针转动曲轴，以使正时齿轮键位于顶部，见图 1-92。

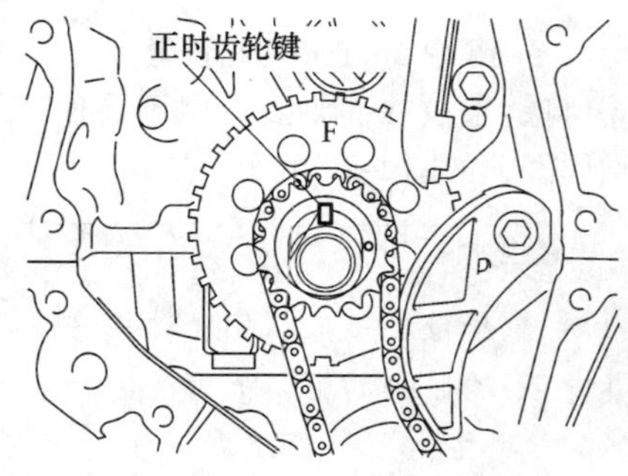

图 1-92　转动曲轴使正时齿轮键位于顶部

c. 拆下曲轴带轮螺栓。

d. 检查每个凸轮轴正时齿轮上的正时标记，见图 1-93。

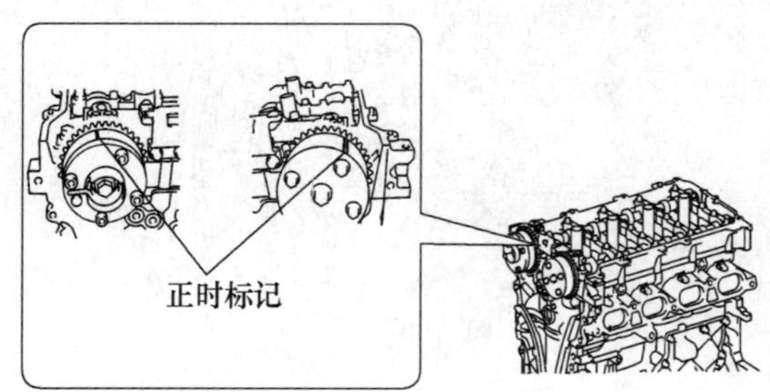

图 1-93　检查正时齿轮正时标记

② 如图 1-94 所示，将标记板（橙色）和正时标记对准并安装链条。

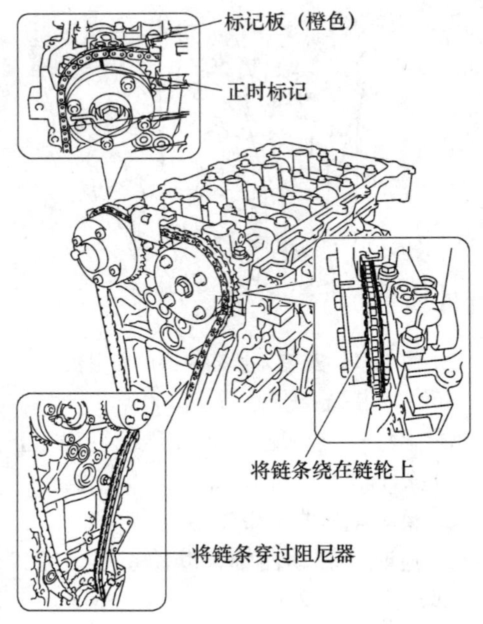

图 1-94　正时标记设置

③ 将链条放在曲轴上，但不要使其缠绕在曲轴周围，如图 1-95 所示。

> 提示：
> - 确保使标记板位于发动机前侧。
> - 凸轮轴侧的标记板为橙色。
> - 不要使链条缠绕在凸轮轴正时齿轮总成周围。只可将其放置在正时齿轮上。
> - 将链条穿过 1 号振动阻尼器。

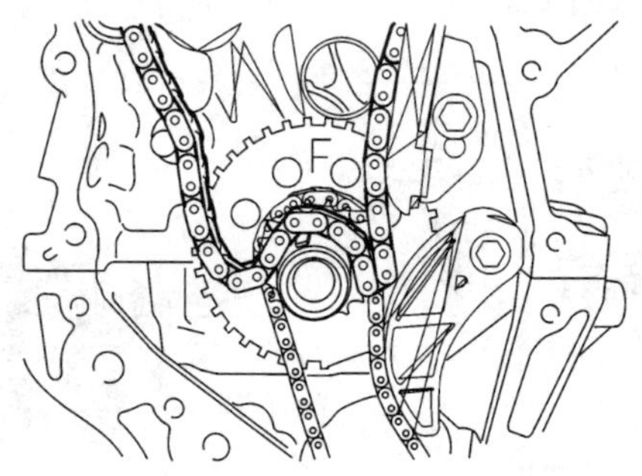

图 1-95　正时链放置在曲轴上

④ 用扳手固定住凸轮轴的六角头部分，并逆时针旋转凸轮轴正时齿轮总成，以使标记板(橙色)和正时标记对准，见图 1-96。

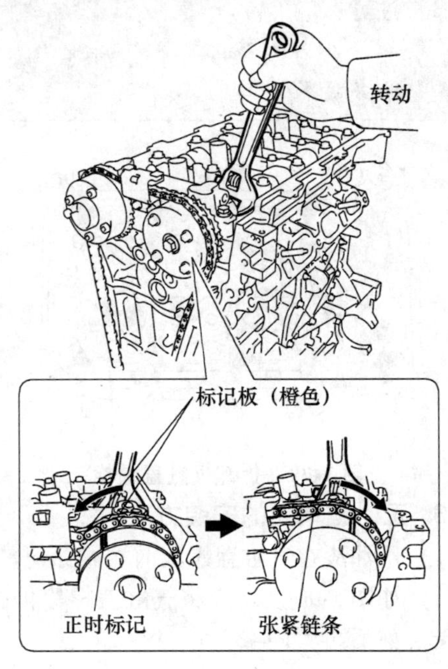

图 1-96　对准正时标记

⑤ 用扳手固定住凸轮轴的六角头部分，并顺时针旋转凸轮轴正时齿轮总成。

⑥ 将标记板(橙色)和正时标记对准，并将链条安装至曲轴正时齿轮，见图 1-97。

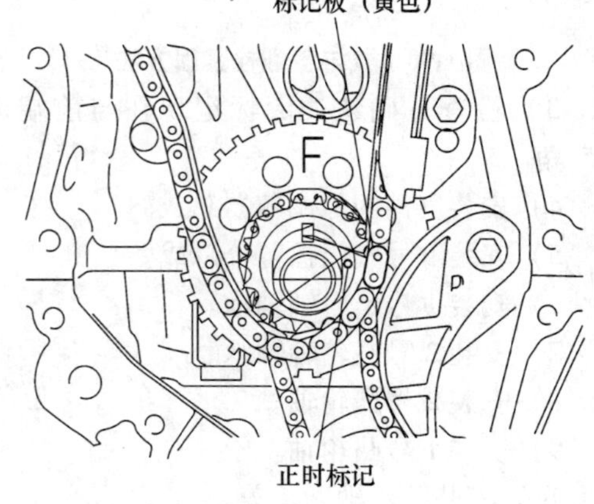

图 1-97　安装正时链条

⑦ 在 TDC/压缩位置时，重新检查每个正时标记，见图 1-98。

17）安装链条张紧器导板。

18）安装正时链条盖油封。

19）安装正时链条盖分总成。

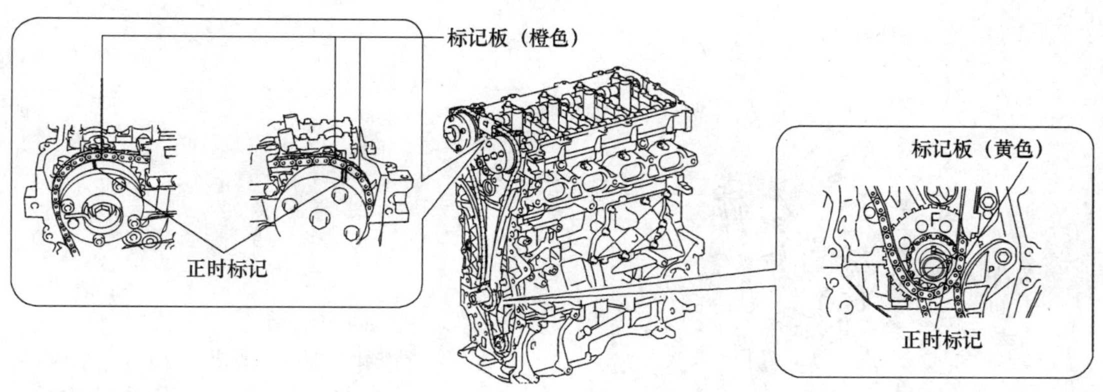

图 1-98　正时标记区分

20）安装曲轴带轮。

21）安装 1 号链条张紧器总成。

22）安装气缸盖罩衬垫。

23）安装气缸盖罩分总成。

24）安装收音机设置调相器。

25）安装节温器。

26）安装进水口。

27）安装进水软管。

九、1NZ-FXE 1.5L 发动机（2006 款起普锐斯装备）

1. 正时链单元分解图

发动机正时链单元分解图如图 1-99、图 1-100 所示。

2. 正时链单元拆装正时标记

顺时针转动曲轴，设置 1 号气缸于 TDC 位置的正时标记如图 1-101 所示。

3. 正时链单元的安装步骤

安装正时链时设置曲轴于 40°～140°ATDC 之间，如图 1-102 所示。

将正时链带色标记对齐凸轮轴与曲轴正时链轮的正时标记，如图 1-103 所示。

十、8A-FE 1.3L /5A-FE 1.5L 发动机（2003—2007 款威驰装备）

1. 正时带单元分解

正时带单元分解见图 1-104。

2. 正时带单元拆解方法

1）拆下右侧前轮。

2）拆下发动机下盖板。

3）拆下带软管的空气滤清器总成

① 断开进气温度传感器接头和电线夹。

② 从空气滤清器软管上断开通风管。

③ 松开空气滤清器软管夹箍螺栓。

④ 分离开两个空气滤清器夹子。

⑤ 从节气门体上断开空气滤清器软管，把空气滤清器盖子连同空气滤清器软管一同拆下。

⑥ 拆下 3 个螺栓和空气滤清器。

4）拆下风扇和发电机 V 带。

5）拆下 1 号 V 带(空调压缩机到曲轴带轮)。

6）拆下水泵 V 带（带动力转向）。

7）拆下风扇带轮。拆下 4 个螺栓和水泵 V 带。

8）拆下线圈和高压线。

9）拆下气缸盖分总成。

① 断开发电机接头。

② 断开发电机电线。

③ 断开油压开关接头。

④ 断开空调压缩机开关接头。

⑤ 分离开电线夹子。

⑥ 从盖子上断开线束。

⑦ 从盖子上断开 2 根通风管。

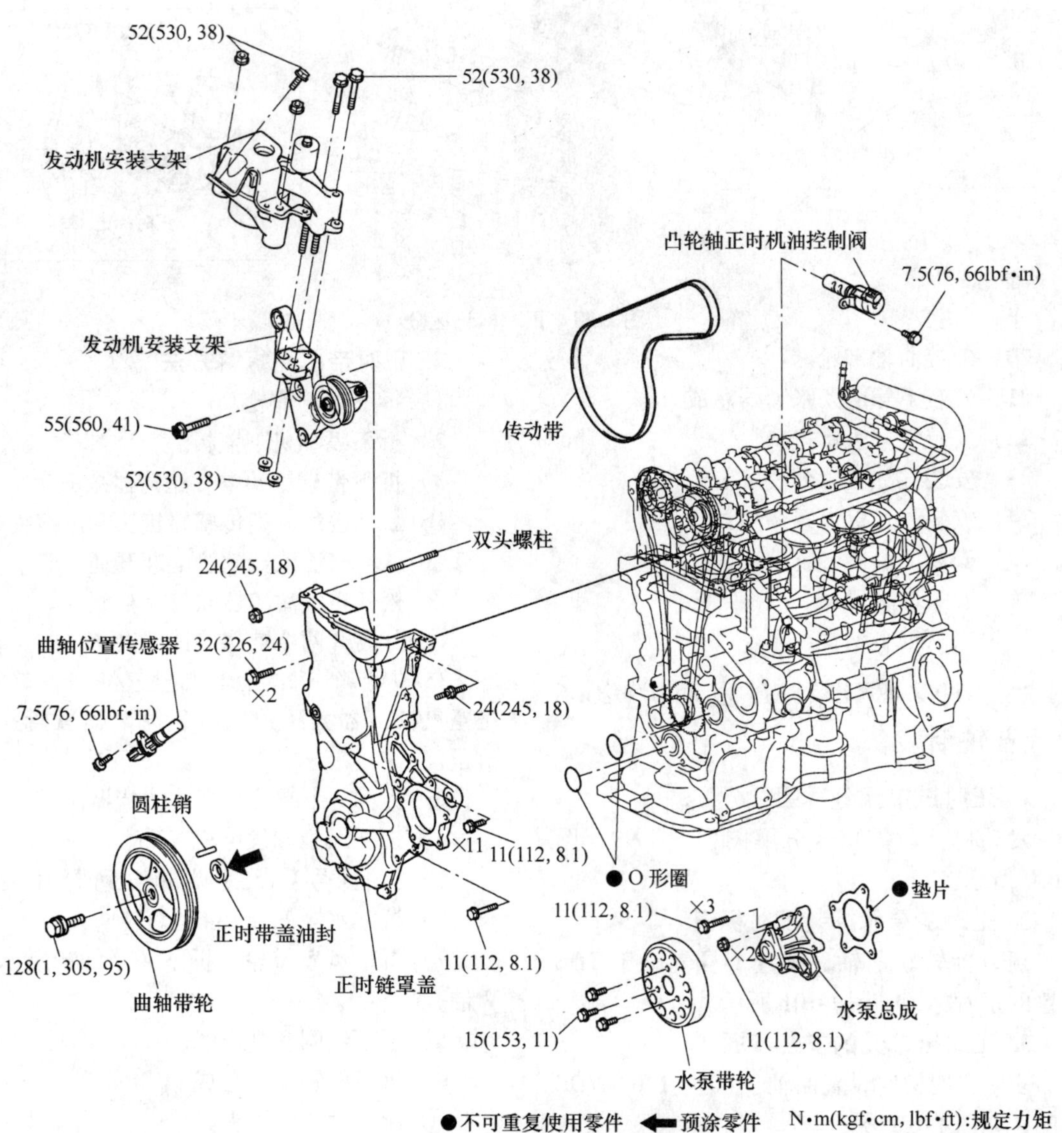

图 1-99　正时链单元分解图(一)

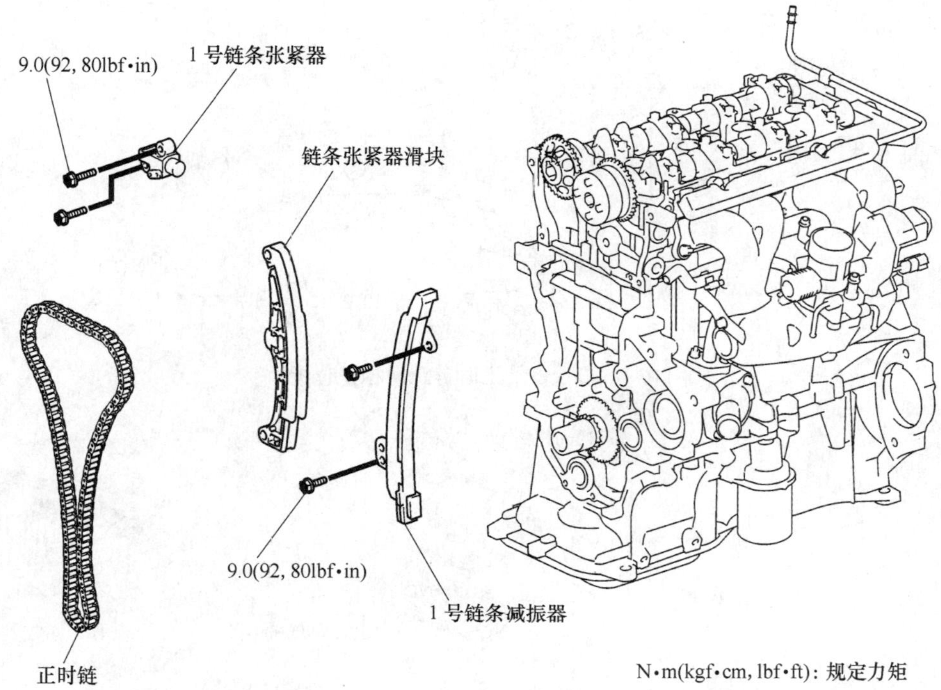

图 1-100　正时链单元分解图(二)

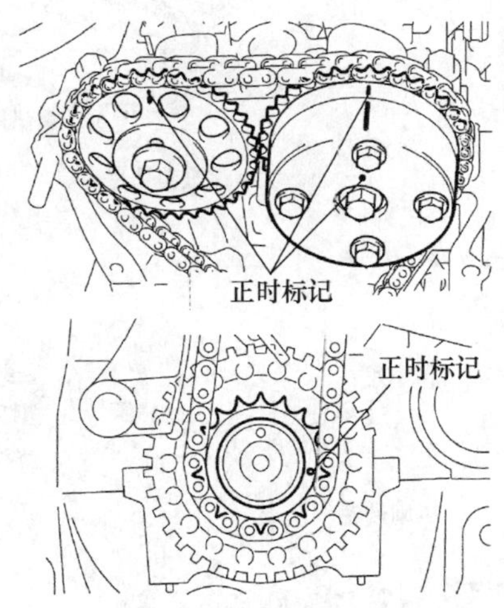

图 1-101　设置 1 号气缸于 TDC 位置

⑧ 拆下 4 个螺母、4 个密封垫、盖子和垫片。

10）拆下横向发动机安装隔板。将木块放置在千斤顶和发动机之间，用千斤顶顶起发动机，然后拆下 5 个螺栓，螺母和右侧发动机安装隔板。

11）拆下发电机总成。

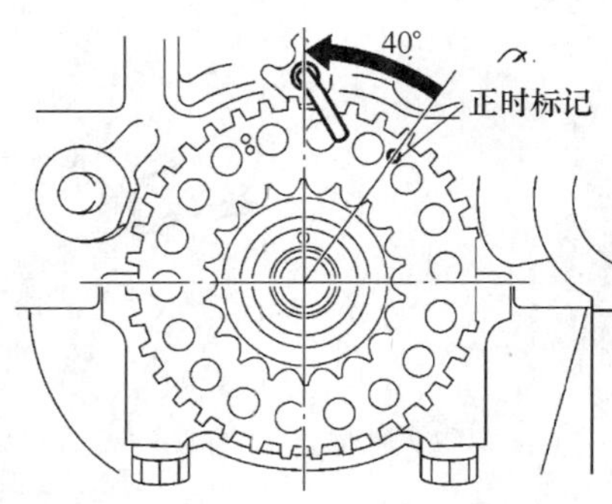

图 1-102　设置曲轴正时标记角度

12）将 1 号缸置于压缩上止点位置。

① 转动曲轴带轮，把它的槽口对准 1 号正时带盖的正时标记号“0”，见图 1-105。

② 检查凸轮轴正时带轮的“K”记号与轴承盖的正时记号对齐，见图 1-106。

③ 如果没有对齐，将曲轴转动一圈(360°)

13）拆下曲轴带轮。

① 用专用工具，拆下带轮螺栓。

② 用专用工具拆下带轮。

标志链节
30°
正时标记
标志链节
正时标记
ATDC 20°

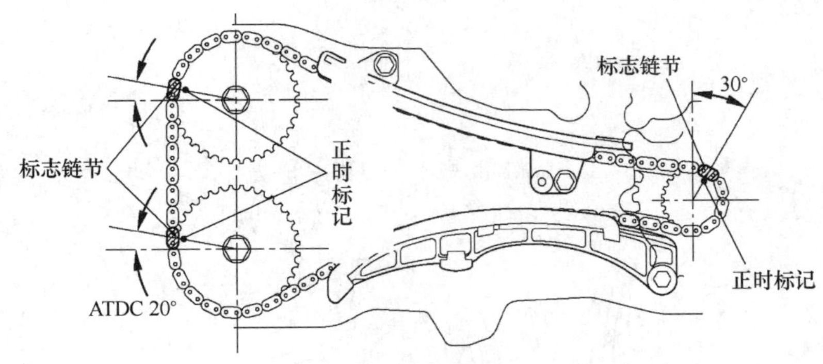

图 1-103　设置正时链正时标记位置

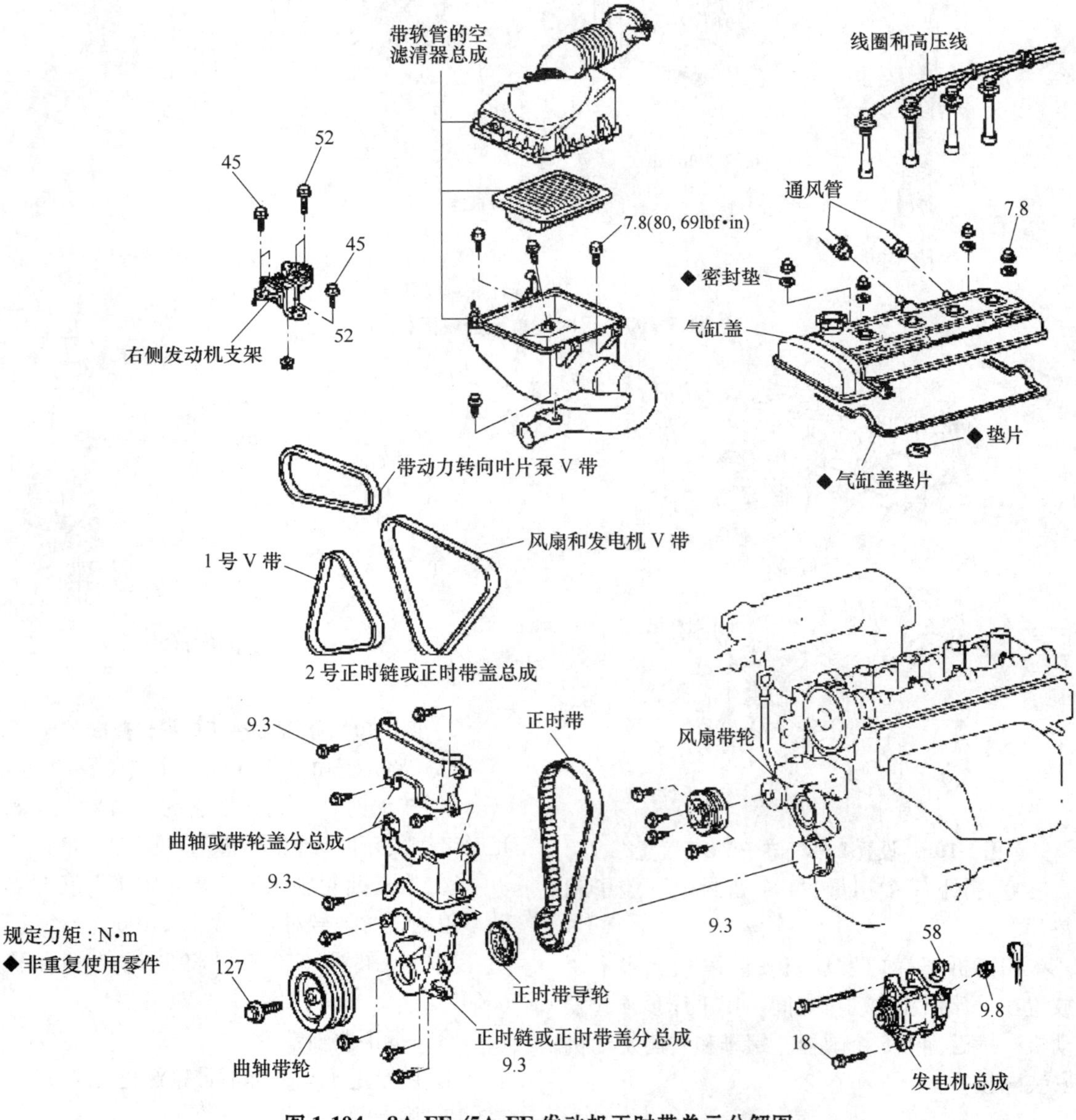

带软管的空滤清器总成
线圈和高压线
52
45
45
7.8(80, 69lbf•in)
通风管
7.8
◆ 密封垫
52
右侧发动机支架
气缸盖
◆ 垫片
◆ 气缸盖垫片
带动力转向叶片泵 V 带
风扇和发电机 V 带
1 号 V 带
2 号正时链或正时带盖总成
9.3
正时带
风扇带轮
曲轴或带轮盖分总成
9.3
9.3
规定力矩：N•m
◆ 非重复使用零件
58
127
9.8
正时带导轮
正时链或正时带盖分总成
18
曲轴带轮
9.3
发电机总成

图 1-104　8A-FE /5A-FE 发动机正时带单元分解图

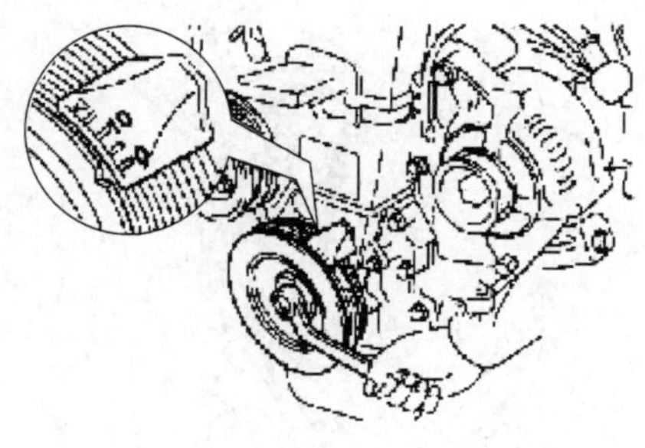

图 1-105　对准正时标记

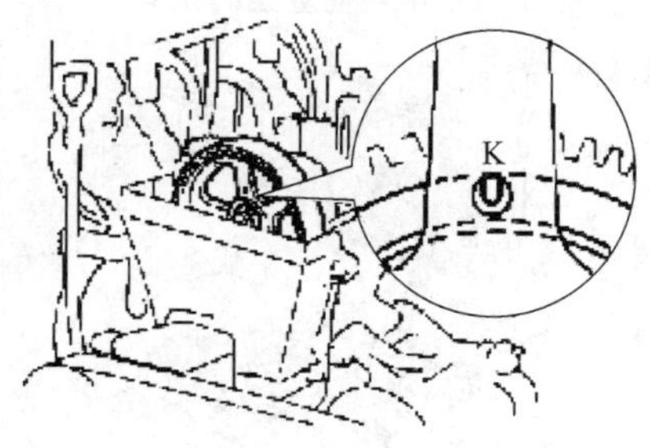

图 1-106　对准正时标记

14）拆下 2 号正时链或正时带盖。

15）拆下曲轴齿轮或带轮盖分总成。

16）拆下正时链或正时带盖分总成。

17）拆下正时带导轮。

18）拆下正时带

提示：

如果再使用正时带，如图 1-107 所示，在正时带上(发动机旋转方向)画一箭头方向，在带轮和正时带上做记号。

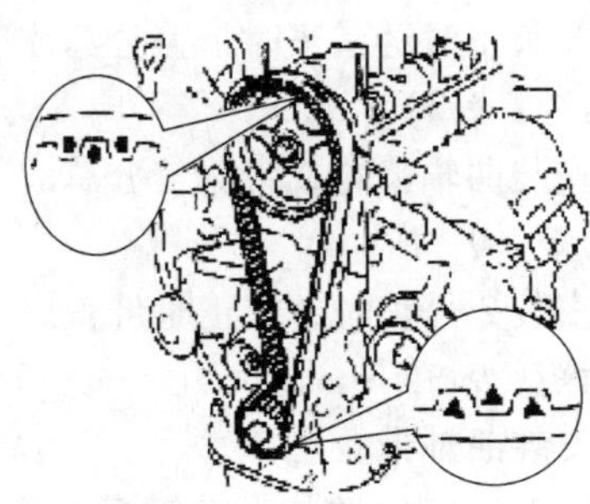

图 1-107　在正时带上做方向记号

① 松开惰轮带轮的安装螺栓，把带轮尽可能向左移动，然后暂时将其紧固，见图 1-108。

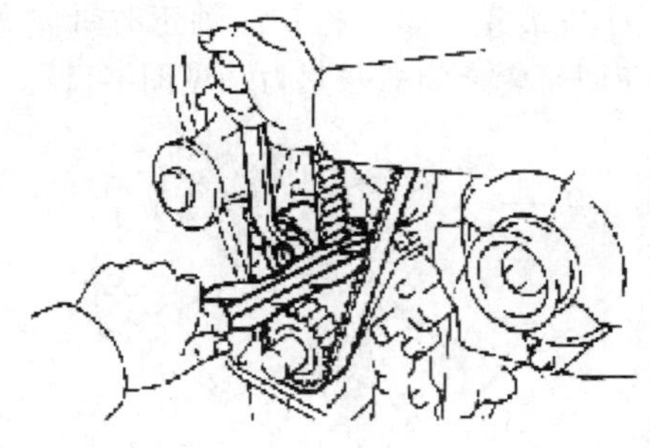

图 1-108　松开惰轮带轮安装螺栓

② 拆下正时带。

3. 正时带安装步骤

1）将 1 号缸置于压缩上止点位置。

① 转动凸轮轴六角部位，将凸轮轴正时带轮的“K”记号与轴承盖上的正时记号对齐，见图 1-109。

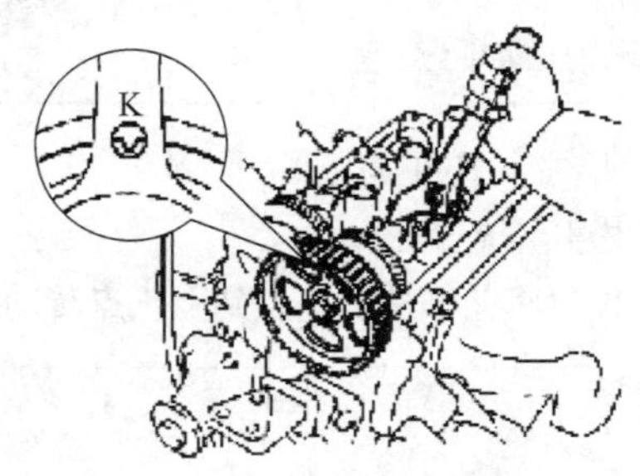

图 1-109　对准正时标记

② 使用曲轴带轮螺栓，转动曲轴，将曲轴正时带的正时标记与油泵对齐，见图 1-110。

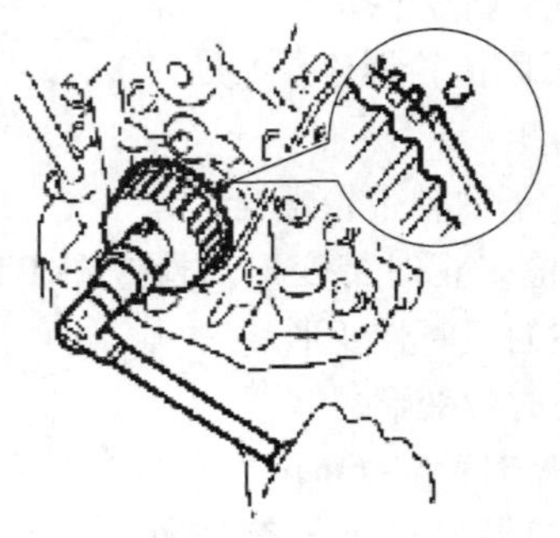

图 1-110　对准正时标记

2）安装正时带。

注意：发动机必须是冷机。

① 安装正时带，检查曲轴正时带轮和凸轮轴正时带轮之间的张紧力，见图1-111。

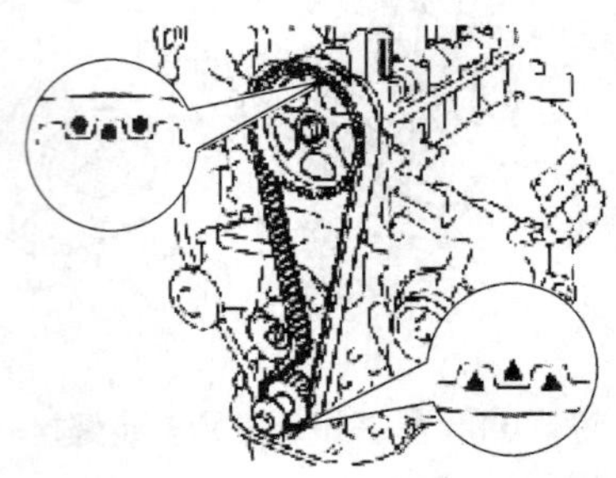

图1-111　安装正时带

提示：

• 如果再使用正时带，在拆卸时要作对齐记号。

• 安装正时带时，使发动机旋转方向与箭头方向相同。

② 检查气门正时

a. 松开惰轮螺栓。

b. 慢慢将曲轴从上止点到上止点转动两圈。

注意：

始终顺时针转动曲轴。

c. 如图1-112所示，检查每个带轮与正时记号是否对齐。如果正时记号没有对齐，拆下正时带，重新安装。

d. 紧固惰轮螺栓。

• 力矩：37N · m。

e. 拆下曲轴带轮螺栓。

③ 检查正时带变形。检查图1-113所示位置存在的正时带变形量。

• 正时带变形：

*20N时：5 ~ 6mm。

④ 如果变形量不符规范，重调整惰轮，见图1-114。

3）安装正时带导轮。安装导轮，将杯口面向外，见图1-115。

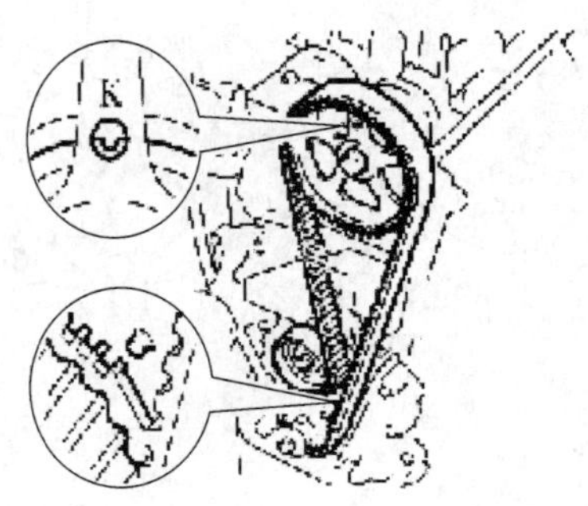

图1-112　检查正时记号

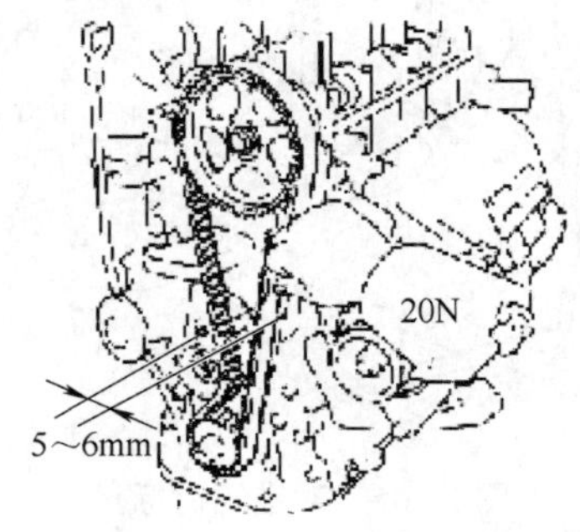

图1-113　检查正时带变形量

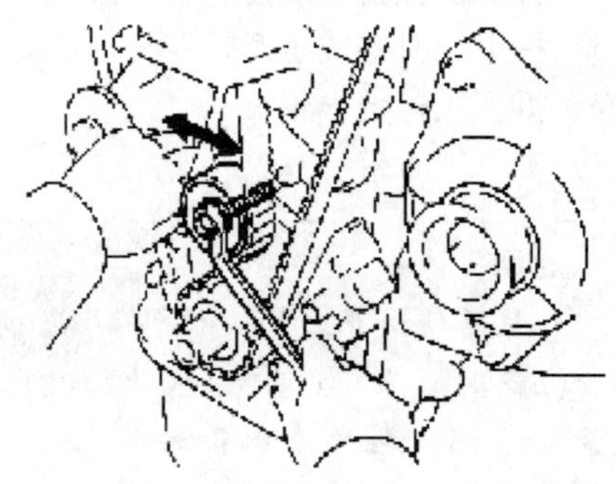

图1-114　调整惰轮

4）安装正时链或正时带盖分总成。

• 力矩：9. 3N · m。

5）安装曲轴齿轮或带轮盖分总成。

• 力矩：9. 3N · m。

6）安装2号正时链或正时带盖。

• 力矩：9. 3N · m。

7）安装曲轴带轮。

① 将带轮定位键与带轮键槽对齐，安装带轮。

② 用专用工具安装带轮螺栓。

• 力矩：127N · m。

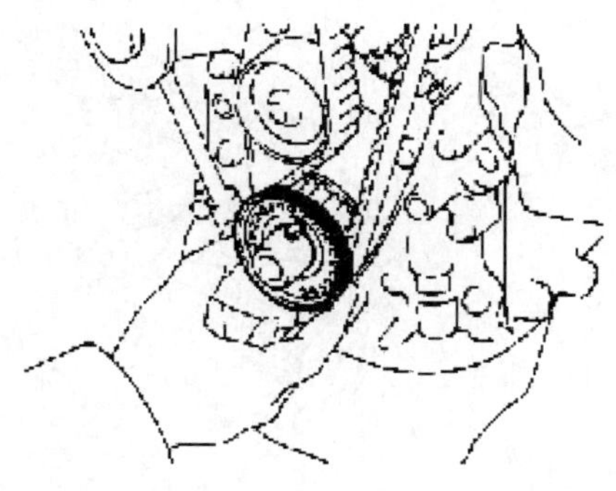

图 1-115　安装正时带导轮

8）安装发电机总成。

9）安装横向发动机安装隔板。

10）安装气缸盖分总成。

① 拆下所有旧填充材料（FIPC）。

② 将密封材料涂到气缸盖上。

③ 将垫片安装到气缸盖上。

④ 用 4 个密封垫和 4 个螺母安装缸盖。

• 力矩：7.8N·m。

⑤ 将 2 个通风管安装到缸盖上。

⑥ 将发动机线束装在缸盖上。

⑦ 连接发电机接头。

⑧ 连接发电机电线。

⑨ 连接油压开关接头。

⑩ 安装电线夹子。

⑪ 连接空调压缩机开关接头。

11）安装点火线圈和高压线。

12）安装风扇带轮。

• 力矩：9.3N·m。

13）安装水泵 V 带（带动力转向）。

14）安装 1 号 V 带（空调压缩机带轮到曲轴带轮盘）。

15）安装风扇和发电机 V 带。

16）安装带软管的空气滤清器总成。

17）安装右侧前轮。

18）检查发动机油泄漏情况。

4. 气门间隙调整方法

1）拆下右侧前轮。

2）拆下发动机下盖板。

3）拆下点火线圈和高压线。

4）拆下气缸盖分总成。

① 断开发电机接头。

② 断开发电机线路。

③ 断开油压开关接头。

④ 断开空调压缩机开关接头。

⑤ 分离开电线的夹箍。

⑥ 从缸盖上脱开线束。

⑦ 从缸盖上分离开两根通风软管。

⑧ 拆下 4 个螺母、4 个油封垫、缸盖和垫片。

5）将 1 号气缸设在压缩行程上止点（TDC）位置。

① 转动曲轴带轮，将槽口对准 1 号正时带盘的正时记号“0”，见图 1-116。

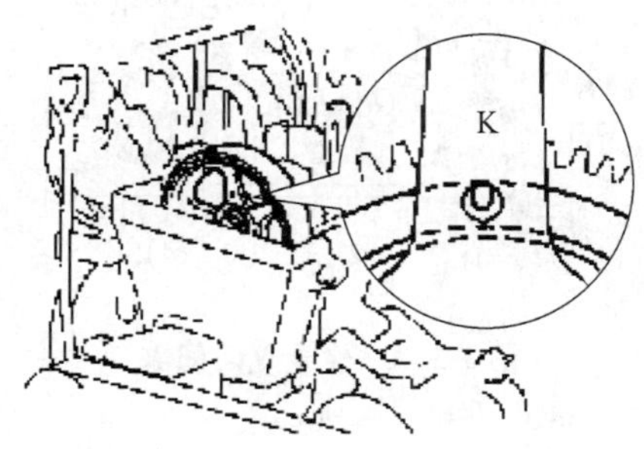

图 1-116　对准正时记号

② 检查凸轮轴正时带的“K”记号与轴承盖的正时记号对齐。

③ 如果没有对齐，将曲轴转动一圈（360°）。

6）检查气门间隙。

① 仅检查如图 1-117 中所示的气门间隙。

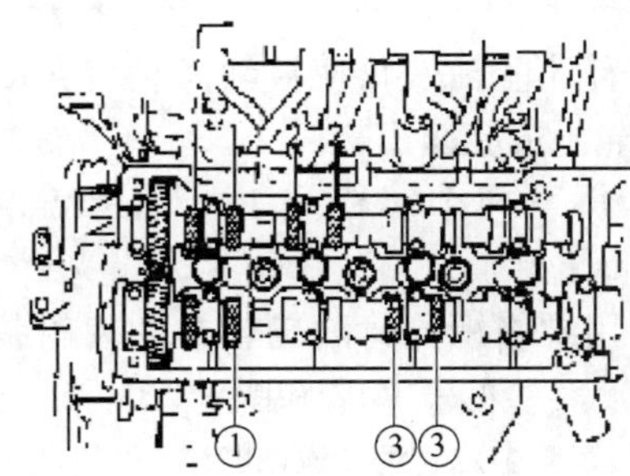

图 1-117　检查气门间隙

a. 用塞尺，测量气门挺杆和凸轮轴间的间隙。

b. 记录超出范围的气门间隙测量值

(表1-11)。这些数值稍后将被用于决定更换需要的调整气门垫片。

表1-11　气门间隙(冷态)

进气气门	0.15~0.25mm
排气气门	0.25~0.35mm

② 将曲轴带轮传动一周(360°),将槽口与1号正时带盖的"0"正时记号对齐。

③ 仅检查图1-118中所示的气门。测量气门间隙。

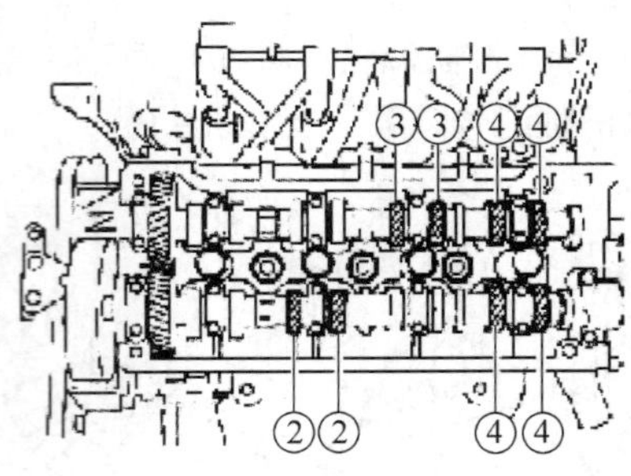

图1-118　检查气门间隙

7) 调整进气门间隙。

① 拆下进气凸轮轴。

注意:

由于凸轮轴轴向间隙很小,拆卸时必须将凸轮轴保持水平。如果凸轮轴未保持水平,气缸盖部分受到轴向力可能会被损坏,导致凸轮轴卡住或损坏。为避免这种情况,必须采取以下步骤。

a. 转动曲轴带轮使被动齿轮装在凸轮轴主动齿轮上的孔露出来。

b. 拆下两个螺栓和1号轴承盖,见图1-119。

c. 用维修螺栓将凸轮轴被动齿轮装到主动齿轮上。参见表1-12和图1-120。

表1-12　推荐维修螺栓　单位:mm

螺纹直径	6
螺距	1.0
螺栓长度	16~20

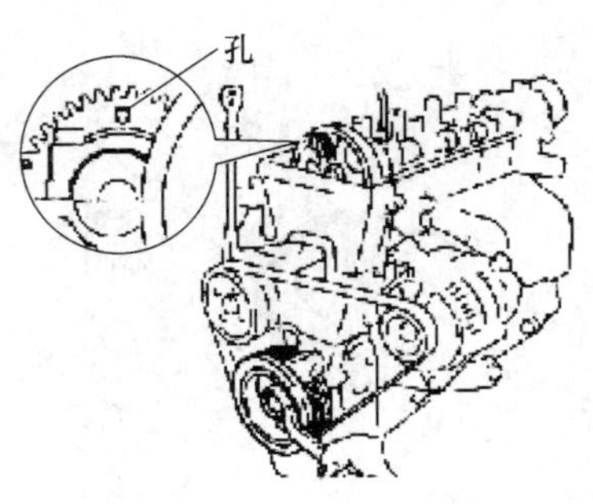

图1-119　拆下原螺栓

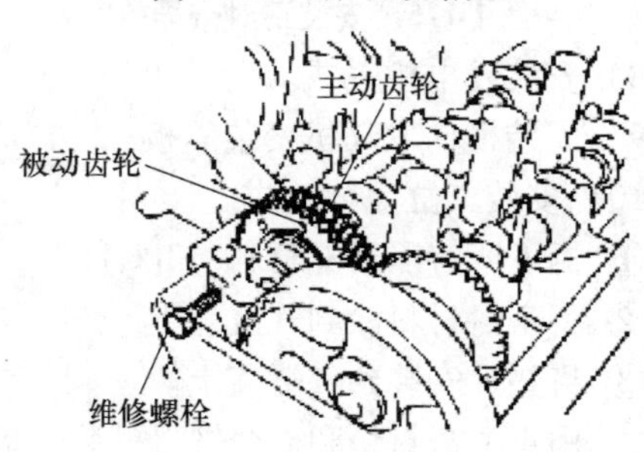

图1-120　用维修螺栓安装

d. 均匀分步松开并拆下8个轴承盖螺栓。

e. 拆下4个轴承盖和凸轮轴。

② 用小旋具拆下调整垫片。

③ 根据下列公式或图表,判断更换调整垫片的尺寸:

a. 用千分尺测量拆下的气门垫片厚度。

b. 计算新垫片厚度使气门间隙达到规定值。

N = T + (A - 0.20mm)

T——拆下垫片的厚度;

A——测量的气门间隙;

N——新垫片厚度。

c. 选择的新垫片厚度,尽可能接近计算值。

调整垫片选择图表(进气)如表1-13所示。

提示:

垫片有16种尺寸供选择,从2.55mm到3.30mm,以0.05mm为间隔。

④ 在气门挺杆上安装新调整垫片。

⑤ 重安装进气凸轮轴。

表 1-13 调整垫片选择图表(进气)

测量数值/mm ＼ 安装垫片厚度/mm	2.500	2.520	2.540	2.550	2.560	2.580	2.600	2.620	2.640	2.650	2.660	2.670	2.680	2.690	2.700	2.710	2.720	2.730	2.740	2.750	2.760	2.770	2.780	2.790	2.800	2.810	2.820	2.830	2.840	2.850	2.860	2.870	2.880
0.000~0.020													1	1	1	1	1	1	1	1	1	2	2	2	2	2	3	3	3	3	3	4	4
0.021~0.040											1	1	1	1	1	1	1	1	1	2	2	2	2	2	3	3	3	3	3	4	4	4	4
0.041~0.060									1	1	1	1	1	1	1	1	1	2	2	2	2	2	2	3	3	3	3	4	4	4	4	4	5
0.061~0.080								1	1	1	1	1	1	1	1	2	2	2	2	2	3	3	3	3	3	4	4	4	4	4	5	5	5
0.081~0.100							1	1	1	1	1	1	1	2	2	2	2	2	3	3	3	3	3	4	4	4	4	4	5	5	5	5	5
0.101~0.120						1	1	1	1	1	1	2	2	2	2	2	3	3	3	3	3	4	4	4	4	4	5	5	5	5	5	6	6
0.121~0.140					1	1	1	1	1	2	2	2	2	2	3	3	3	3	3	4	4	4	4	4	5	5	5	5	5	6	6	6	6
0.141~0.149					1	1	1	1	2	2	2	2	3	3	3	3	3	4	4	4	4	4	5	5	5	5	5	6	6	6	6	6	7
0.150~0.250																																	
0.251~0.260	1	2	2	2	2	3	3	4	4	4	4	5	5	5	5	5	6	6	6	6	6	7	7	7	7	7	8	8	8	8	8	9	9
0.261~0.280	1	2	2	2	3	3	3	4	4	4	5	5	5	5	5	6	6	6	6	6	7	7	7	7	7	8	8	8	8	8	9	9	9
0.281~0.300	2	2	3	3	3	3	4	4	5	5	5	5	5	6	6	6	6	6	7	7	7	7	7	8	8	8	8	8	9	9	9	9	9
0.301~0.320	2	3	3	3	3	4	4	5	5	5	5	6	6	6	6	6	7	7	7	7	7	8	8	8	8	8	9	9	9	9	9	10	10
0.321~0.340	3	3	3	4	4	4	5	5	5	6	6	6	6	6	7	7	7	7	7	8	8	8	8	8	9	9	9	9	9	10	10	10	10
0.341~0.360	3	3	4	4	4	5	5	5	6	6	6	6	7	7	7	7	7	8	8	8	8	8	9	9	9	9	9	10	10	10	10	10	11
0.361~0.380	3	4	4	4	5	5	5	6	6	6	7	7	7	7	7	8	8	8	8	8	9	9	9	9	9	10	10	10	10	10	11	11	11
0.381~0.400	4	4	5	5	5	5	6	6	7	7	7	7	7	8	8	8	8	8	9	9	9	9	9	10	10	10	10	10	11	11	11	11	11
0.401~0.420	4	5	5	5	5	6	6	7	7	7	7	8	8	8	8	8	9	9	9	9	9	10	10	10	10	10	11	11	11	11	11	12	12
0.421~0.440	5	5	5	5	6	6	7	7	7	8	8	8	8	8	9	9	9	9	9	10	10	10	10	10	11	11	11	11	11	12	12	12	12
0.441~0.460	5	5	6	6	6	7	7	7	8	8	8	8	9	9	9	9	9	10	10	10	10	10	11	11	11	11	11	12	12	12	12	12	13
0.461~0.480	5	6	6	6	7	7	7	8	8	8	9	9	9	9	9	10	10	10	10	10	11	11	11	11	11	12	12	12	12	12	13	13	13
0.481~0.500	6	6	7	7	7	7	8	8	9	9	9	9	9	10	10	10	10	10	11	11	11	11	11	12	12	12	12	12	13	13	13	13	13
0.501~0.520	6	7	7	7	7	8	8	9	9	9	9	10	10	10	10	10	11	11	11	11	11	12	12	12	12	12	13	13	13	13	13	14	14
0.521~0.540	7	7	7	8	8	8	9	9	9	10	10	10	10	10	10	11	11	11	11	12	12	12	12	12	13	13	13	13	13	14	14	14	14
0.541~0.560	7	7	8	8	8	9	9	9	10	10	10	10	11	11	11	11	11	12	12	12	12	12	13	13	13	13	13	14	14	14	14	14	15
0.561~0.580	7	8	8	8	9	9	9	10	10	10	11	11	11	11	11	12	12	12	12	12	13	13	13	13	13	14	14	14	14	14	15	15	15
0.581~0.600	8	8	9	9	9	9	10	10	11	11	11	11	11	12	12	12	12	12	13	13	13	13	13	14	14	14	14	14	15	15	15	15	15
0.601~0.620	8	9	9	9	9	10	10	11	11	11	11	12	12	12	12	12	13	13	13	13	13	14	14	14	14	14	15	15	15	15	15	16	16
0.621~0.640	9	9	9	10	10	10	11	11	11	12	12	12	12	12	12	13	13	13	13	14	14	14	14	14	15	15	15	15	15	16	16	16	16
0.641~0.660	9	9	10	10	10	10	11	11	12	12	12	12	13	13	13	13	13	14	14	14	14	14	15	15	15	15	15	16	16	16	16	16	16
0.661~0.680	9	10	10	10	10	11	11	12	12	12	13	13	13	13	13	14	14	14	14	14	15	15	15	15	15	16	16	16	16	16	16	16	16
0.681~0.700	10	10	11	11	11	11	12	12	13	13	13	13	13	14	14	14	14	14	15	15	15	15	15	16	16	16	16	16	16	16	16		
0.701~0.720	10	11	11	11	11	12	12	13	13	13	13	14	14	14	14	14	15	15	15	15	15	16	16	16	16	16	16	16	16				
0.721~0.740	11	11	11	12	12	12	13	13	13	14	14	14	14	14	14	15	15	15	15	16	16	16	16	16	16	16	16						
0.741~0.760	11	11	12	12	12	13	13	13	14	14	14	14	15	15	15	15	15	16	16	16	16	16	16	16	16								
0.761~0.780	11	12	12	12	13	13	13	14	14	14	15	15	15	15	15	16	16	16	16	16	16	16	16										
0.781~0.800	12	12	13	13	13	13	14	14	15	15	15	15	15	16	16	16	16	16	16	16	16												
0.801~0.820	12	13	13	13	13	14	14	15	15	15	15	16	16	16	16	16	16	16	16														
0.821~0.840	13	13	13	14	14	14	15	15	15	16	16	16	16	16	16	16	16																
0.841~0.860	13	13	14	14	14	15	15	15	16	16	16	16	16	16	16																		
0.861~0.880	13	14	14	14	15	15	15	16	16	16	16	16	16																				
0.881~0.900	14	14	15	15	15	15	16	16	16	16	16																						
0.901~0.920	14	15	15	15	15	16	16	16	16																								
0.921~0.940	15	15	15	16	16	16	16	16																									
0.941~0.960	15	15	16	16	16	16	16																										
0.961~0.980	15	16	16	16	16	16																											
0.981~1.000	16	16	16	16	16																												
1.001~1.020	16	16	16																														
1.021~1.040	16	16																															
1.041~1.050	16																																

测量数值/mm ＼ 安装垫片厚度/mm	2.890	2.900	2.910	2.920	2.930	2.940	2.950	2.960	2.970	2.980	2.990	3.000	3.010	3.020	3.030	3.040	3.050	3.060	3.080	3.100	3.120	3.140	3.150	3.160	3.180	3.200	3.220	3.240	3.250	3.260	3.280	3.300
0.000~0.020	4	4	4	5	5	5	5	5	6	6	6	6	6	7	7	7	7	7	8	8	8	9	9	9	10	10	11	11	11	11	12	12
0.021~0.040	4	5	5	5	5	5	6	6	6	6	6	7	7	7	7	8	8	8	8	9	9	9	10	10	10	11	11	11	12	12	12	13
0.041~0.060	5	5	5	5	6	6	6	6	6	7	7	7	7	7	8	8	8	8	9	9	9	10	10	10	11	11	11	12	12	12	13	13
0.061~0.080	5	5	6	6	6	6	6	7	7	7	7	7	8	8	8	8	8	9	9	9	10	10	10	11	11	11	12	12	12	13	13	13
0.081~0.100	6	6	6	6	6	7	7	7	7	7	8	8	8	8	8	9	9	9	9	10	10	11	11	11	11	12	12	13	13	13	13	14
0.101~0.120	6	6	6	7	7	7	7	7	8	8	8	8	8	9	9	9	9	9	10	10	11	11	11	11	12	12	13	13	13	13	14	14
0.121~0.140	6	7	7	7	7	7	8	8	8	8	8	9	9	9	9	9	10	10	10	11	11	11	12	12	12	13	13	13	14	14	14	15
0.141~0.149	7	7	7	7	8	8	8	8	8	9	9	9	9	9	10	10	10	10	11	11	11	12	12	12	13	13	13	14	14	14	15	15
0.150~0.250																																
0.251~0.260	9	9	9	10	10	10	10	10	11	11	11	11	11	12	12	12	12	12	13	13	14	14	14	14	15	15	16	16	16	16	16	
0.261~0.280	9	9	10	10	10	10	10	10	11	11	11	11	12	12	12	12	12	13	13	13	14	14	14	15	15	15	16	16	16	16	16	
0.281~0.300	10	10	10	10	10	11	11	11	11	11	12	12	12	12	12	13	13	13	13	14	14	15	15	15	15	16	16	16	16	16		
0.301~0.320	10	10	10	11	11	11	11	11	12	12	12	12	12	13	13	13	13	13	14	14	15	15	15	15	16	16	16	16				
0.321~0.340	10	11	11	11	11	11	11	12	12	12	12	13	13	13	13	13	14	14	14	15	15	15	16	16	16	16	16					
0.341~0.360	11	11	11	11	12	12	12	12	12	12	13	13	13	14	14	14	14	14	15	15	15	16	16	16	16	16						
0.361~0.380	11	12	12	12	12	12	12	13	13	13	13	13	14	14	14	14	14	15	15	15	16	16	16	16	16							
0.381~0.400	12	12	12	12	13	13	13	13	13	13	14	14	14	14	14	15	15	15	15	16	16	16	16	16								
0.401~0.420	12	12	12	13	13	13	13	13	14	14	14	14	14	15	15	15	15	15	16	16	16	16										
0.421~0.440	12	13	13	13	13	13	14	14	14	14	14	15	15	15	15	16	15	16	16	16	16											
0.441~0.460	13	13	13	13	14	14	14	14	14	14	15	15	15	15	16	15	16	16	16	16												
0.461~0.480	13	13	14	14	14	14	14	15	15	15	15	15	15	16	16	16	16	16	16													
0.481~0.500	14	14	14	14	14	15	15	15	15	15	16	16	16	16	16	16	16	16														
0.501~0.520	14	14	14	15	15	15	15	15	16	16	16	16	16	16	16	16																
0.521~0.540	14	15	15	15	15	15	16	16	16	16	16	16	16	16																		
0.541~0.560	15	15	15	15	16	16	16	16	16	16	16	16																				
0.561~0.580	15	15	16	16	16	16	16	16	16	16																						
0.581~0.600	16	16	16	16	16	16	16	16																								
0.601~0.620	16	16	16	16	16	16																										
0.621~0.640	16	16	16	16																												
0.641~0.660	16	16																														
0.661~0.680																																
0.681~0.700																																
0.701~0.720																																
0.721~0.740																																
0.741~0.760																																
0.761~0.780																																
0.781~0.800																																
0.801~0.820																																
0.821~0.840																																
0.841~0.860																																
0.861~0.880																																
0.881~0.900																																
0.901~0.920																																
0.921~0.940																																
0.941~0.960																																
0.961~0.980																																
0.981~1.000																																
1.001~1.020																																
1.021~1.040																																
1.041~1.050																																

进气门间隙(冷):

0.15~0.25mm

例如:安装了 2.8mm 垫片,测量间隙是 0.45mm。用一个新的 11 号垫片更换 2.8mm 垫片。

新垫片厚度

垫片号	厚度/mm	垫片号	厚度/mm
1	2.55	9	2.95
2	2.60	10	3.00
3	2.65	11	3.05
4	2.70	12	3.10
5	2.75	13	3.15
6	2.80	14	3.20
7	2.85	15	3.25
8	2.90	16	3.30

提示:新垫片表面印有以毫米为单位的厚度值。

注意：

由于凸轮轴轴向间隙很小，拆卸时必须将凸轮轴保持水平。如果凸轮轴未保持水平，气缸盖部分受到轴向力可能会被损坏，导致凸轮轴卡住或损坏。为避免这种情况，须采取以下步骤。

a. 转动曲轴带轮，使排气凸轮轴定位销稍微高出缸盖顶部，见图1-121。

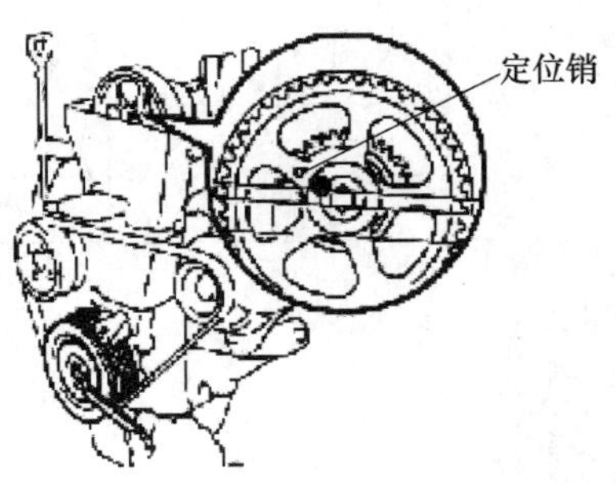

图1-121　转动曲轴带轮

b. 向凸轮轴轴向推力部位添加MP润滑脂。

c. 对准每个齿轮上的安装记号，将进气凸轮轴齿轮和排气凸轮轴齿轮啮合。

注意：

如图1-122所示，每个齿轮上都有正时记号。安装时不要使用这些记号。

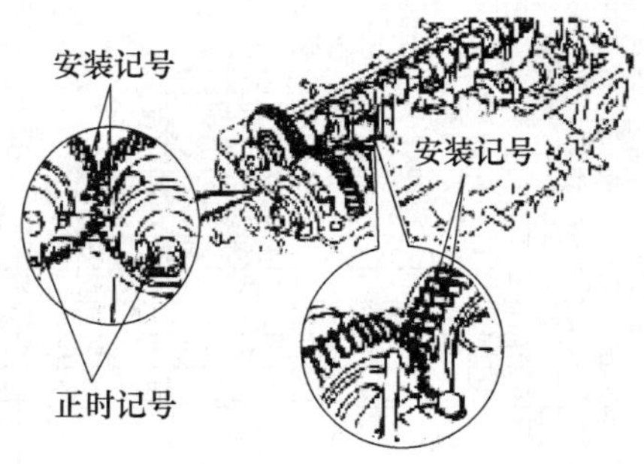

图1-122　正时记号与安装记号

d. 当齿轮互相装入时，将进气凸轮轴滚到轴承轴颈上。

提示：

以上情况允许进气凸轮轴的1号缸和3号缸凸轮顶部顶起各自的气门挺杆。

e. 安装4个轴承盖到正确的位置。

f. 在螺纹和轴承盖螺栓头部下面涂一层薄薄的发动机机油。

g. 按图1-123所示顺序，均匀分步安装并紧固8个轴承盖螺栓。

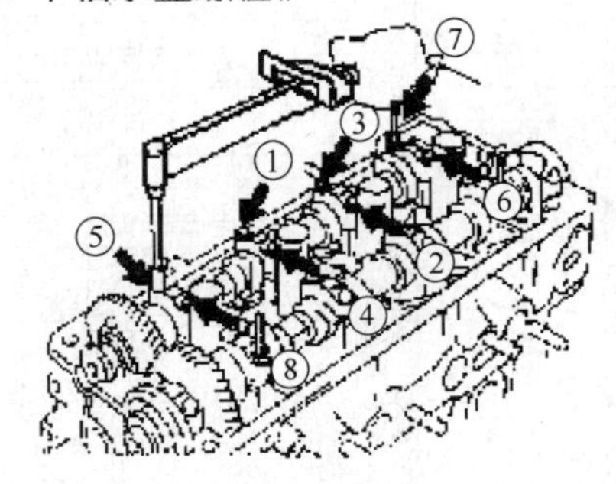

图1-123　轴承盖安装步骤

- 力矩：13N·m。

h. 拆下维修螺钉。

i. 箭头记号向前，安装1号轴承盖。

注意：

若1号轴承盖没有正确装入，用旋具伸进缸盖和凸轮轴位置向后推凸轮轴齿轮。

j. 在螺纹和轴承盖螺栓头部下面涂一层薄薄的发动机机油。

k. 分步交替紧固并安装两个轴承盖螺栓。

- 力矩：13N·m。

⑥ 再检查气门间隙。

8）调整排气门间隙。

① 拆下调整垫片。

a. 转动曲轴使凸轮轴的凸轮顶部朝上。

b. 将气门挺杆缺口位置向车辆前方。

c. 用专用工具(A)压下气门挺杆，将专用工具(B)放在凸轮轴和气门挺杆之间。

d. 拆下专用工具(A)。

表 1-14 调整垫片选择图表(排气)

安装垫片厚度/mm 测量数值/mm	2. 500	2. 520	2. 540	2. 550	2. 560	2. 580	2. 600	2. 620	2. 640	2. 650	2. 660	2. 670	2. 680	2. 690	2. 700	2. 710	2. 720	2. 730	2. 740	2. 750	2. 760	2. 770	2. 780	2. 790	2. 800	2. 810	2. 820	2. 830	2. 840	2. 850	2. 860	2. 870	2. 880	2. 890
0. 000 ~0. 020																							1	1	1	1	1	1	1	1	1	2	2	2
0. 021 ~0. 040																					1	1	1	1	1	1	1	1	1	2	2	2	2	2
0. 041 ~0. 060																			1	1	1	1	1	1	1	1	1	2	2	2	2	2	3	3
0. 061 ~0. 080																	1	1	1	1	1	1	1	1	1	2	2	2	2	2	3	3	3	3
0. 081 ~0. 100															1	1	1	1	1	1	1	1	1	2	2	2	2	2	3	3	3	3	3	4
0. 101 ~0. 120													1	1	1	1	1	1	1	1	1	2	2	2	2	2	3	3	3	3	3	4	4	4
0. 121 ~0. 140											1	1	1	1	1	1	1	1	1	2	2	2	2	2	3	3	3	3	3	4	4	4	4	4
0. 141 ~0. 160									1	1	1	1	1	1	1	1	1	2	2	2	2	2	3	3	3	3	3	4	4	4	4	4	5	5
0. 161 ~0. 180								1	1	1	1	1	1	1	1	2	2	2	2	2	3	3	3	3	3	4	4	4	4	4	5	5	5	5
0. 181 ~0. 200							1	1	1	1	1	1	1	2	2	2	2	2	3	3	3	3	3	4	4	4	4	4	5	5	5	5	5	6
0. 201 ~0. 220						1	1	1	1	1	1	2	2	2	2	2	3	3	3	3	3	4	4	4	4	4	5	5	5	5	5	6	6	6
0. 221 ~0. 240					1	1	1	1	1	2	2	2	2	2	3	3	3	3	3	4	4	4	4	4	5	5	5	5	5	6	6	6	6	6
0. 241 ~0. 249					1	1	1	1	2	2	2	2	2	3	3	3	3	4	4	4	4	4	5	5	5	5	5	6	6	6	6	6	7	7
0. 250 ~0. 350																																		
0. 351 ~0. 360	1	2	2	2	2	3	3	4	4	4	4	5	5	5	5	5	6	6	6	6	6	7	7	7	7	7	8	8	8	8	8	9	9	9
0. 361 ~0. 380	1	2	2	2	3	3	3	4	4	4	5	5	5	5	5	6	6	6	6	6	7	7	7	7	7	8	8	8	8	8	9	9	9	9
0. 381 ~0. 400	2	2	3	3	3	3	4	4	5	5	5	5	5	6	6	6	6	6	7	7	7	7	7	8	8	8	8	8	9	9	9	9	9	10
0. 401 ~0. 420	2	3	3	3	3	4	4	5	5	5	5	6	6	6	6	6	7	7	7	7	7	8	8	8	8	8	9	9	9	9	9	10	10	10
0. 421 ~0. 440	3	3	3	4	4	4	5	5	5	6	6	6	6	6	7	7	7	7	7	8	8	8	8	8	8	9	9	9	9	10	10	10	10	10
0. 441 ~0. 460	3	3	4	4	4	5	5	5	6	6	6	6	7	7	7	7	7	8	8	8	8	8	8	9	9	9	9	10	10	10	10	10	11	11
0. 461 ~0. 480	3	4	4	4	5	5	5	6	6	6	7	7	7	7	7	8	8	8	8	8	8	9	9	9	9	10	10	10	10	10	11	11	11	11
0. 481 ~0. 500	4	4	5	5	5	5	6	6	7	7	7	7	7	8	8	8	8	8	9	9	9	9	9	10	10	10	10	10	11	11	11	11	11	12
0. 501 ~0. 520	4	5	5	5	5	6	6	7	7	7	7	8	8	8	8	8	9	9	9	9	9	10	10	10	10	10	11	11	11	11	11	12	12	12
0. 521 ~0. 540	5	5	5	6	6	6	7	7	7	8	8	8	8	8	8	8	9	9	9	10	10	10	10	10	10	11	11	11	11	12	12	12	12	12
0. 541 ~0. 560	5	5	6	6	6	7	7	7	8	8	8	8	8	8	8	9	9	10	10	10	10	10	11	11	11	11	11	12	12	12	12	12	13	13
0. 561 ~0. 580	5	6	6	6	7	7	7	8	8	8	8	9	9	9	9	10	10	10	10	10	10	11	11	11	11	12	12	12	12	12	13	13	13	13
0. 581 ~0. 600	6	6	7	7	7	7	8	8	9	9	9	9	9	10	10	10	10	10	11	11	11	11	11	12	12	12	12	12	13	13	13	13	13	14
0. 601 ~0. 620	6	7	7	7	7	8	8	9	9	9	9	10	10	10	10	11	11	11	11	11	11	12	12	12	12	12	13	13	13	13	13	14	14	14
0. 621 ~0. 640	7	7	7	8	8	8	9	9	9	10	10	10	10	10	11	11	11	11	11	12	12	12	12	12	13	13	13	13	13	14	14	14	14	14
0. 641 ~0. 660	7	7	8	8	8	9	9	9	10	10	10	10	11	11	11	11	11	12	12	12	12	12	13	13	13	13	13	14	14	14	14	14	15	15
0. 661 ~0. 680	7	8	8	9	9	9	9	10	10	11	11	11	11	11	11	12	12	12	12	12	12	13	13	13	13	14	14	14	14	14	15	15	15	15
0. 681 ~0. 700	8	8	9	9	9	9	10	10	11	11	11	11	11	11	12	12	12	12	13	13	13	13	13	14	14	14	14	14	15	15	15	15	15	16
0. 701 ~0. 720	8	9	9	9	9	10	10	11	11	11	11	12	12	12	12	12	13	13	13	13	13	14	14	14	14	14	15	15	15	15	15	16	16	16
0. 721 ~0. 740	9	9	9	10	10	10	11	11	11	12	12	12	12	12	13	13	13	13	13	14	14	14	14	14	15	15	15	15	15	16	16	16	16	16
0. 741 ~0. 760	9	9	10	10	10	11	11	11	12	12	12	12	13	13	13	13	13	14	14	14	14	14	15	15	15	15	15	16	16	16	16	16	16	16
0. 761 ~0. 780	9	10	10	10	11	11	11	12	12	13	13	13	13	13	13	14	14	14	14	14	15	15	15	15	15	16	16	16	16	16	16	16	16	
0. 781 ~0. 800	10	10	11	11	11	11	12	12	13	13	13	13	13	13	14	14	14	14	15	15	15	15	15	16	16	16	16	16	16	16	16			
0. 801 ~0. 820	10	11	11	11	11	12	12	13	13	13	13	14	14	14	14	14	15	15	15	15	15	16	16	16	16	16	16	16	16					
0. 821 ~0. 840	11	11	11	12	12	12	13	13	13	14	14	14	14	14	15	15	15	15	15	16	16	16	16	16	16	16	16							
0. 841 ~0. 860	11	11	12	12	12	13	13	13	14	14	14	14	15	15	15	15	15	16	16	16	16	16	16	16	16									
0. 861 ~0. 880	11	12	12	12	12	13	13	14	14	14	15	15	15	15	15	16	16	16	16	16	16	16	16											
0. 881 ~0. 900	12	12	13	13	13	13	14	14	15	15	15	15	15	16	16	16	16	16	16	16	16													
0. 901 ~0. 920	12	13	13	13	13	14	14	15	15	15	15	16	16	16	16	16	16	16	16															
0. 921 ~0. 940	13	13	13	14	14	14	15	15	15	16	16	16	16	16	16	16	16																	
0. 941 ~0. 960	13	13	14	14	14	15	15	15	16	16	16	16	16	16	16																			
0. 961 ~1. 980	13	14	14	14	14	15	15	16	16	16	16	16	16																					
1. 981 ~1. 000	14	14	15	15	15	15	16	16	16	16	16																							
1. 001 ~1. 020	14	15	15	15	15	16	16	16	16																									
1. 021 ~1. 040	15	15	15	16	16	16	16	16																										
1. 041 ~1. 060	15	15	16	16	16	16	16																											
1. 061 ~1. 080	15	16	16	16	16	16																												
1. 081 ~1. 100	16	16	16	16	16																													
1. 101 ~1. 120	16	16	16																															
1. 121 ~1. 140	16	16																																
1. 141 ~1. 150	16																																	

安装垫片厚度/mm 测量数值/mm	2. 900	2. 910	2. 920	2. 930	2. 940	2. 950	2. 960	2. 970	2. 980	2. 990	3. 000	3. 010	3. 020	3. 030	3. 040	3. 050	3. 060	3. 080	3. 100	3. 120	3. 140	3. 150	3. 160	3. 180	3. 200	3. 220	3. 240	3. 250	3. 260	3. 280	3. 300
0. 000 ~0. 020	2	2	3	3	3	3	3	4	4	4	4	4	5	5	5	5	5	6	6	7	7	7	7	8	8	9	9	9	9	10	10
0. 021 ~0. 040	3	3	3	3	3	4	4	4	4	4	5	5	5	5	5	6	6	6	7	7	7	8	8	8	9	9	9	10	10	11	11
0. 041 ~0. 060	3	3	3	4	4	4	4	4	5	5	5	5	5	6	6	6	6	7	7	7	8	8	8	9	9	9	10	10	10	11	11
0. 061 ~0. 080	3	4	4	4	4	4	5	5	5	5	5	6	6	6	6	6	7	7	7	8	8	8	9	9	9	10	10	10	10	11	11
0. 081 ~0. 100	4	4	4	4	5	5	5	5	5	6	6	6	6	6	7	7	7	7	8	8	9	9	9	9	10	10	11	11	11	11	12
0. 101 ~0. 120	4	4	5	5	5	5	5	6	6	6	6	6	7	7	7	7	7	8	8	9	9	9	9	10	10	11	11	11	11	12	12
0. 121 ~0. 140	5	5	5	5	5	6	6	6	6	6	7	7	7	7	7	8	8	8	9	9	9	10	10	10	11	11	11	12	12	12	13
0. 141 ~0. 160	5	5	5	6	6	6	6	6	7	7	7	7	7	8	8	8	8	9	9	9	10	10	10	11	11	11	12	12	12	13	13
0. 161 ~0. 180	5	6	6	6	6	6	7	7	7	7	7	8	8	8	8	8	9	9	9	10	10	10	11	11	11	12	12	12	13	13	13
0. 181 ~0. 200	6	6	6	6	7	7	7	7	7	8	8	8	8	8	9	9	9	9	10	10	11	11	11	11	12	12	13	13	13	13	14
0. 201 ~0. 220	6	6	7	7	7	7	7	8	8	8	8	8	9	9	9	9	9	10	10	11	11	11	11	12	12	13	13	13	13	14	14
0. 221 ~0. 240	7	7	7	7	7	8	8	8	8	8	9	9	9	9	9	10	10	10	11	11	11	12	12	12	13	13	13	14	14	14	15
0. 241 ~0. 249	7	7	7	8	8	8	8	8	9	9	9	9	9	10	10	10	10	11	11	11	12	12	12	13	13	13	14	14	14	15	15
0. 250 ~0. 350																															
0. 351 ~0. 360	9	9	10	10	10	10	10	10	10	11	11	11	12	12	12	12	12	13	13	14	14	14	14	15	15	16	16	16	16	16	
0. 361 ~0. 380	9	10	10	10	10	10	11	11	11	11	11	12	12	12	12	12	13	13	13	14	14	14	15	15	15	16	16	16	16	16	
0. 381 ~0. 400	10	10	10	10	11	11	11	11	11	12	12	12	12	12	13	13	13	13	14	14	15	15	15	15	16	16	16	16	16		
0. 401 ~0. 420	10	10	11	11	11	11	11	12	12	12	12	12	13	13	13	13	13	14	14	15	15	15	15	16	16	16	16				
0. 421 ~0. 440	11	11	11	11	11	12	12	12	12	12	13	13	13	13	13	14	14	14	15	15	15	16	16	16	16	16					
0. 441 ~0. 460	11	11	11	12	12	12	12	12	13	13	13	13	13	14	14	14	14	15	15	15	16	16	16	16	16						
0. 461 ~0. 480	11	12	12	12	12	12	12	13	13	13	13	14	14	14	14	14	15	15	15	16	16	16	16	16							
0. 481 ~0. 500	12	12	12	12	13	13	13	13	13	14	14	14	14	14	15	15	15	15	16	16	16	16	16								
0. 501 ~0. 520	12	12	13	13	13	13	13	14	14	14	14	14	15	15	15	15	15	16	16	16	16										
0. 521 ~0. 540	13	13	13	13	13	13	14	14	14	14	15	15	15	15	15	16	16	16	16	16											
0. 541 ~0. 560	13	13	13	13	14	14	14	14	15	15	15	15	15	16	16	16	16	16	16												
0. 561 ~0. 580	13	14	14	14	14	14	15	15	15	15	15	16	16	16	16	16	16	16													
0. 581 ~0. 600	14	14	14	14	15	15	15	15	15	16	16	16	16	16	16	16	16														
0. 601 ~0. 620	14	14	15	15	15	15	15	16	16	16	16	16	16	16	16																
0. 621 ~0. 640	14	15	15	15	15	16	16	16	16	16	16	16	16																		
0. 641 ~0. 660	15	15	15	16	16	16	16	16	16	16	16																				
0. 661 ~0. 680	15	16	16	16	16	16	16	16	16																						
0. 681 ~0. 700	16	16	16	16	16	16	16																								
0. 701 ~0. 720	16	16	16	16	16																										
0. 721 ~0. 740	16	16	16																												
0. 741 ~0. 760	16																														

排气门间隙(冷):

0. 25 ~0. 35mm

例如：安装了 2. 8mm 垫片，测量间隙是 0. 45mm。

用一个新的 11 号垫片更换 2. 8mm 垫片。

新垫片厚度

垫片号	厚度/mm	垫片号	厚度/mm
1	2. 55	9	2. 95
2	2. 60	10	3. 00
3	2. 65	11	3. 05
4	2. 70	12	3. 10
5	2. 75	13	3. 15
6	2. 80	14	3. 20
7	2. 85	15	3. 25
8	2. 90	16	3. 30

提示：新垫片表面印有以毫米为单位的厚度值。

> 提示：
>
> • 将专用工具(B)带有记号“9”一端轻微倾斜放入。
>
> • 当专用工具(B)放入太深时，它会被垫片夹住。为防止专用工具（B）难以取出，用小角度把它轻柔地从进气侧插入。
>
> • 从进气侧插入专用工具(B)到达3号缸后面时，由于凸轮的形状使专用工具(B)的插入变得困难。
>
> • 在调整此垫片时最好改从排气侧插入(见图1-124)。

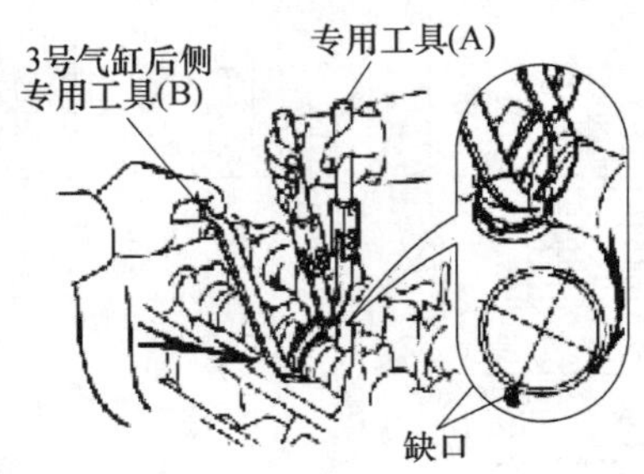

图1-124　从排气侧插入专用工具

e. 用小旋具和磁棒拆下调整垫片。

② 根据以下公式或图表，更换调整垫片的尺寸：

a. 用千分尺测量拆下的垫片厚度。

b. 计算新垫片厚度使气门间隙达到规定值。

排气气门 N = T + (A − 0.30mm)

T——拆下垫片的厚度；

A——测量的气门间隙；

N——新垫片厚度。

c. 选择新的垫片厚度尽可能接近计算值。如表1-14所示。

③ 重新安装新调整垫片

> 提示：
>
> 垫片有16种尺寸可供选择，从2.55mm到3.30mm，每隔0.05mm为一种。

a. 在气门挺杆上新调整垫片安装。

b. 用SST(A)，压下气门挺杆，拆下SS(B)。

④ 再检查气门间隙。

9）安装气缸盖分总成。

① 拆下所有旧填充材料(FIPC)。

② 添加密封材料到气缸盖上。

③ 连接线束和夹箍。

④ 将垫片安装到气缸盖上。

⑤ 用4个密封垫和4个螺母安装气缸盖。

• 力矩：7.8N·m。

⑥ 将两根通风软管安装到气缸盖上。

⑦ 连接发电机接头。

⑧ 连接发电机电线。

⑨ 连接油压开关接头。

⑩ 安装电线夹箍。

⑪ 连接空调压缩机开关接头。

10）安装点火线圈和高压线。

11）检查发动机油泄漏。

第二节　广州丰田汽车发动机正时维修与气门间隙调整

一、2GR-FE 3.5L发动机(2007—2012款汉兰达装备)

1. 正时链单元分解

正时链单元分解见图1-125、图1-126。

2. 正时链单元拆解

1）拆卸油底壳分总成。

2）拆卸油底壳挡板。

3）拆卸发动机后油封座圈。

4）拆卸发动机后油封。

5）拆卸水泵总成。拆下16个螺栓、水泵总成和水泵衬垫。

6）拆卸正时链条盖分总成。

7）拆卸正时链条箱油封。

8）将1号气缸设置到压缩行程上止点(TDC)位置。

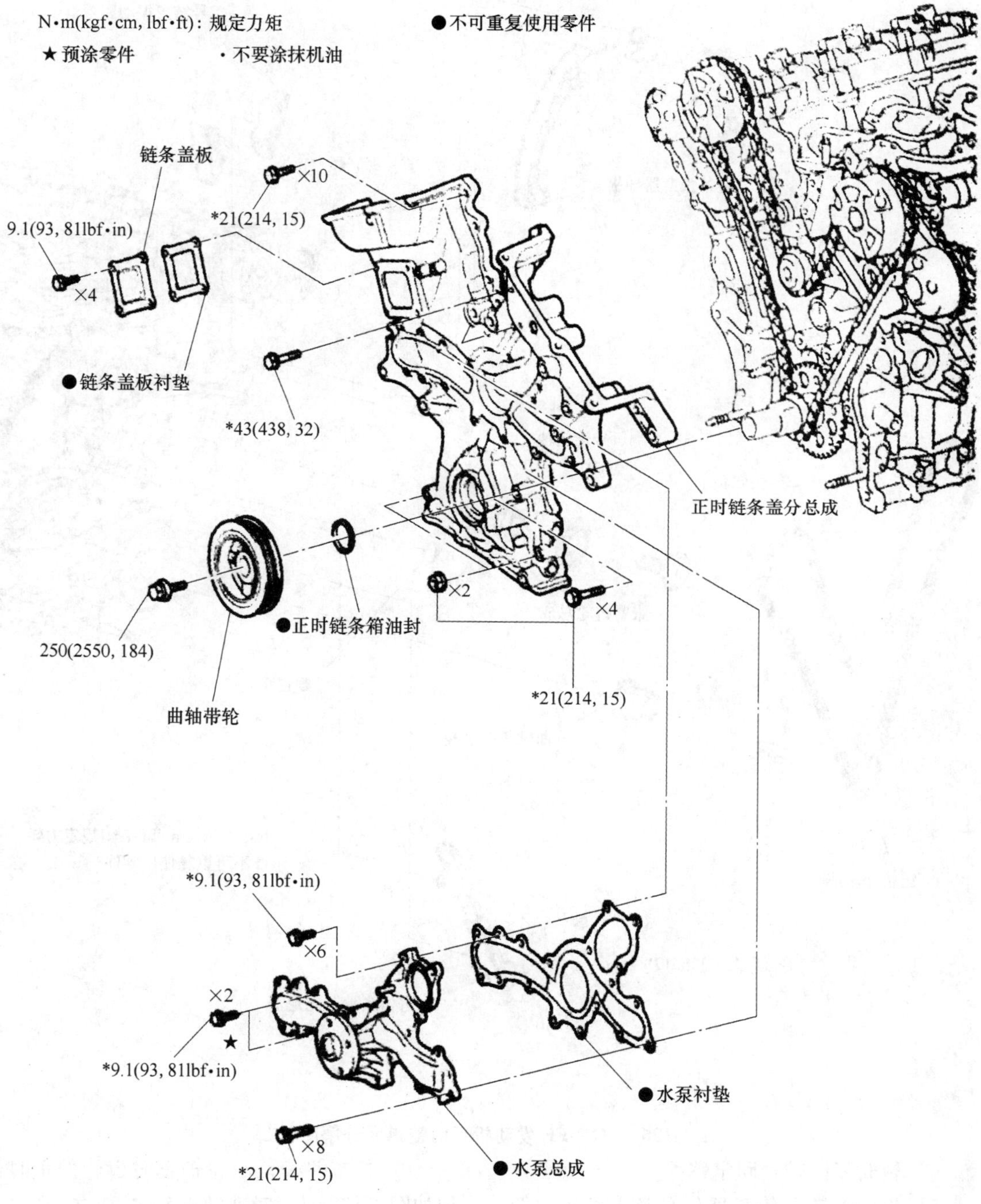

图 1-125　2GR-FE 发动机正时链单元分解图(一)

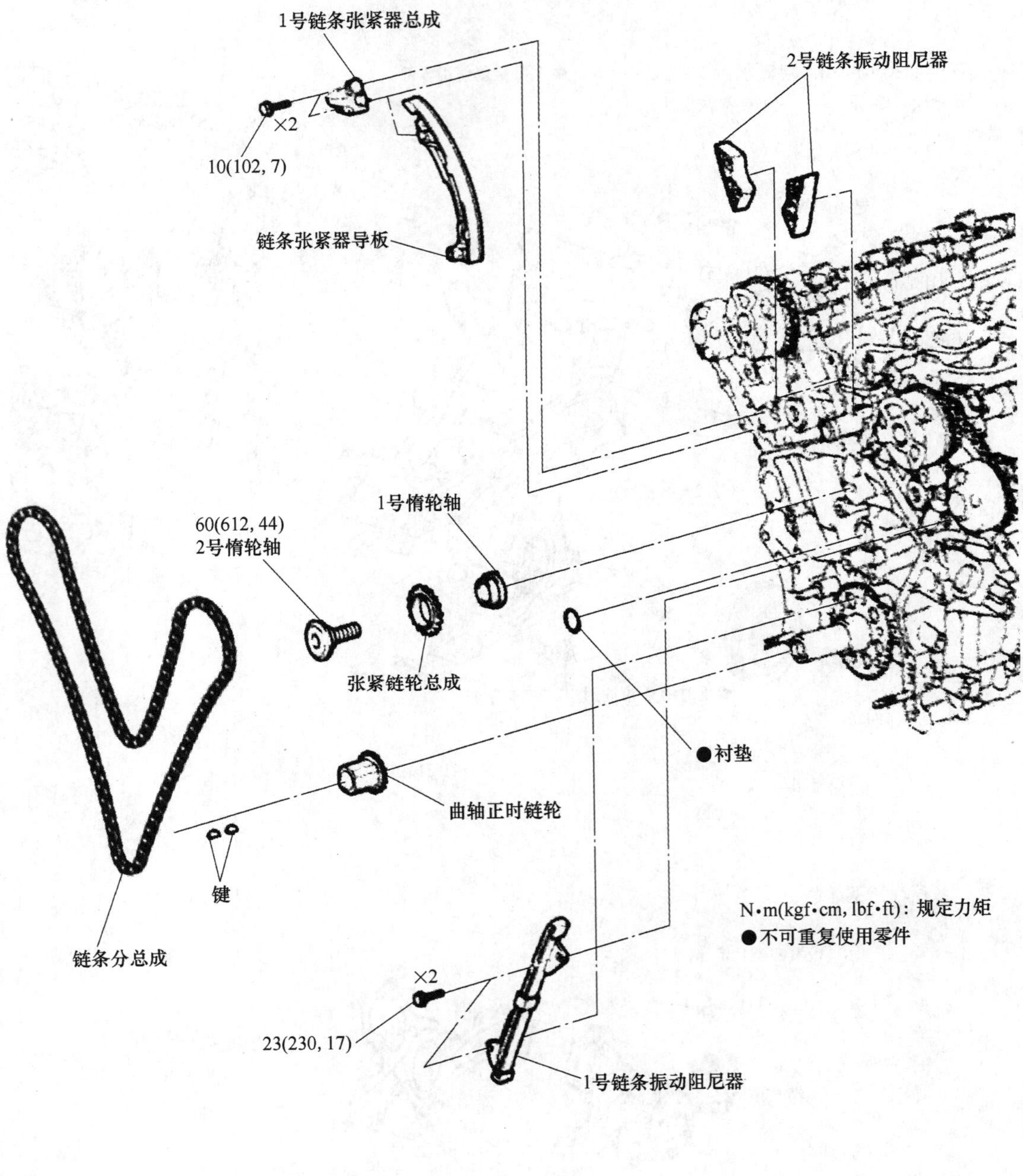

1号链条张紧器总成

2号链条振动阻尼器

×2

10(102, 7)

链条张紧器导板

1号惰轮轴

60(612, 44)
2号惰轮轴

张紧链轮总成

●衬垫

曲轴正时链轮

键

链条分总成

N·m(kgf·cm, lbf·ft)：规定力矩
●不可重复使用零件

×2

23(230, 17)

1号链条振动阻尼器

图 1-126　2GR-FE 发动机正时链单元分解图(二)

① 暂时紧固带轮固定螺栓。

② 将曲轴转角传感器信号盘上的正时标记的位置设置为右侧缸体孔径中心(压缩行程上止点位置)，见图 1-127。

③ 检查并确认凸轮轴正时齿轮的正时标记如图 1-128 所示对准轴承盖的正时标记。

④ 如果没有对准，则转动曲轴 1 圈(360°)，如图 1-128 所示对准正时标记。

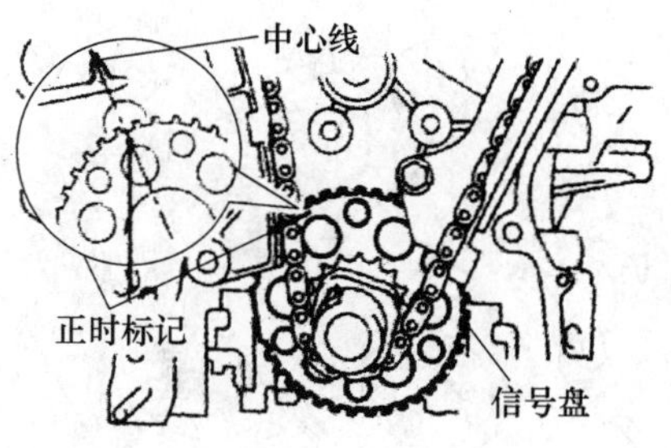

图 1-127 正时标记设置

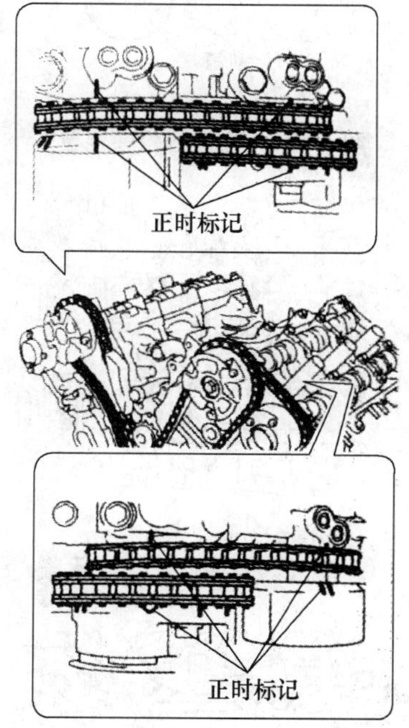

图 1-128 正时标记对准

9）拆卸 1 号链条张紧器总成。

① 向上移动挡片以松开锁止，并将柱塞推入张紧器。

② 向下移动挡片以锁定锁止机构，并将直径为 1.27mm 的销插入挡片孔中，见图 1-129。

③ 拆下 2 个螺栓和 1 号链条张紧器总成。

10）拆卸链条张紧器导板。

11）拆卸链条分总成。

① 逆时针转动曲轴 10°以松开链条分总成，见图 1-130。

② 拆下带轮固定螺栓。

③ 从曲轴正时链轮上拆下链条分总成，并将其放在曲轴上，见图 1-131。

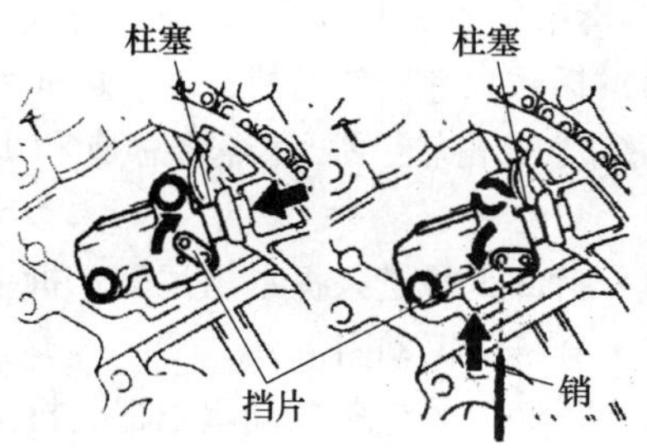

图 1-129 锁定张紧器锁止机构

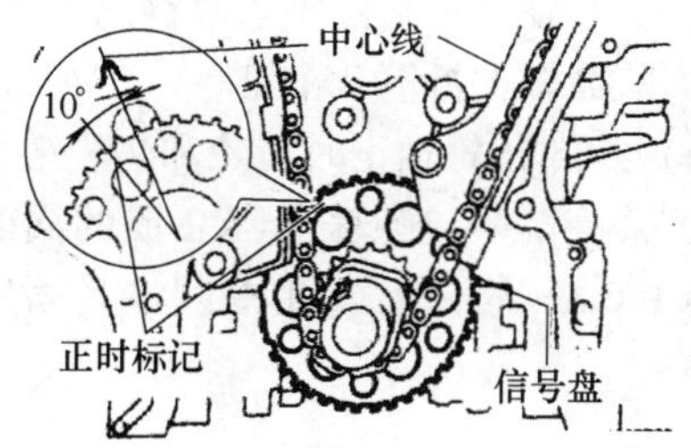

图 1-130 逆时针转动曲轴 10°

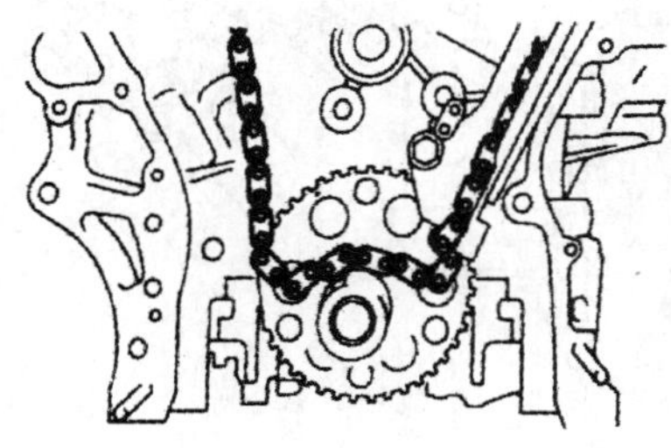
图 1-131 将正时链放曲轴链轮上

④ 顺时针旋转气缸组 1 上的凸轮轴正时齿轮总成（大约 60°），使之停留在如图 1-132 所示的位置。一定要松开气缸组间的链条分总成。

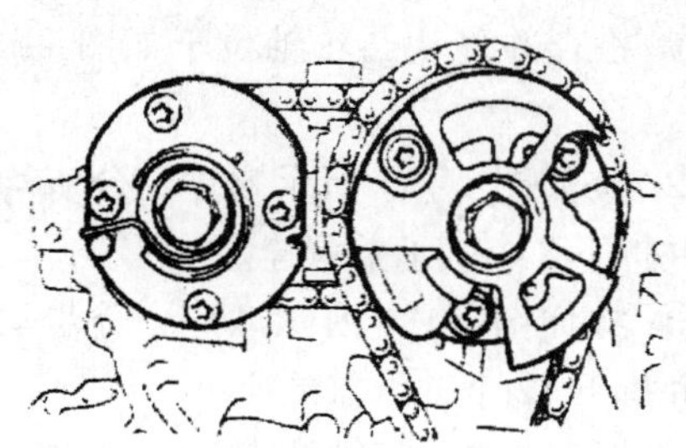
图 1-132 顺时针旋转凸轮轴正时齿轮

⑤ 拆下链条分总成。

12）拆卸怠速链轮总成。用10mm六角扳手拆下2号惰轮轴、张紧器轮总成和1号惰轮轴。

13）拆卸1号链条振动阻尼器。拆下2个螺栓和1号链条振动阻尼器。

14）拆卸2号链条振动阻尼器。拆下2个2号链条振动阻尼器。

15）拆卸曲轴正时链轮。

① 从曲轴上拆下曲轴正时链轮。

② 从曲轴上拆下2个键。

16）拆卸凸轮轴正时齿轮和2号链条。

① 升高2号链条张紧器总成的同时，将直径为1.0mm的销插入孔中以将其固定，见图1-133。

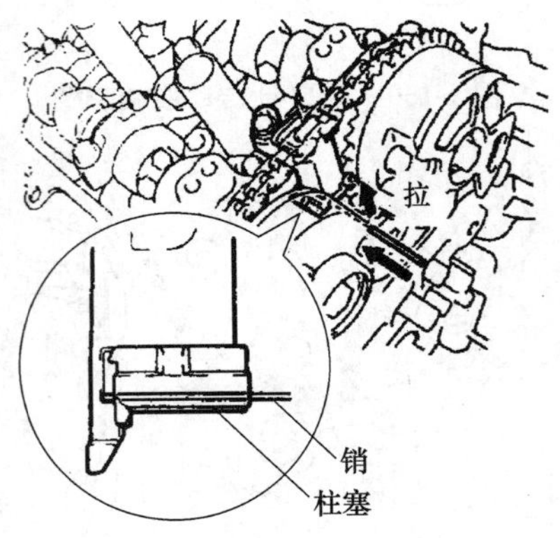

图1-133 用插销固定张紧器总成

② 用扳手固定住凸轮轴的六角头部分，并拆下2个螺栓和2个凸轮轴正时齿轮总成。

③ 拆下2号链条总成。

17）拆下螺栓和2号链条张紧器总成。

18）拆卸凸轮轴轴承盖。

① 检查并确认凸轮轴位于如图1-134所示部位。

② 按如图1-135所示顺序，分步均匀地拧松并拆下8个轴承盖螺栓。

③ 按如图1-136所示顺序，分步均匀地拧松并拆下12个轴承盖螺栓。

④ 拆下5个凸轮轴轴承盖。

19）拆卸凸轮轴。

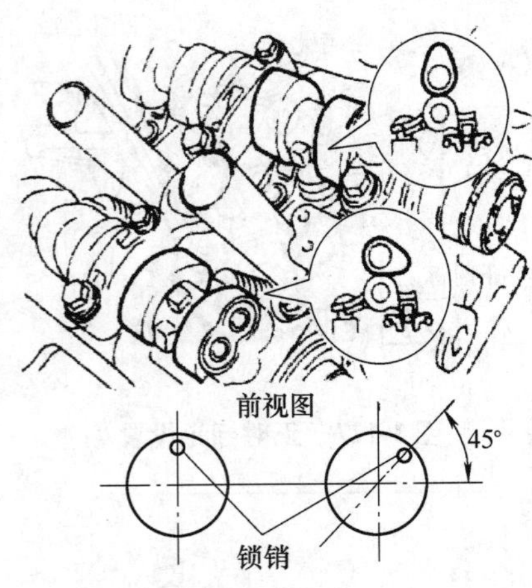

图1-134 检查凸轮轴位置

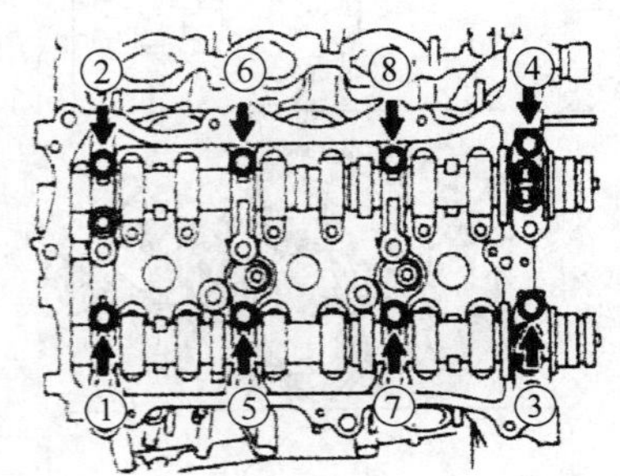

图1-135 拆卸凸轮轴轴承盖

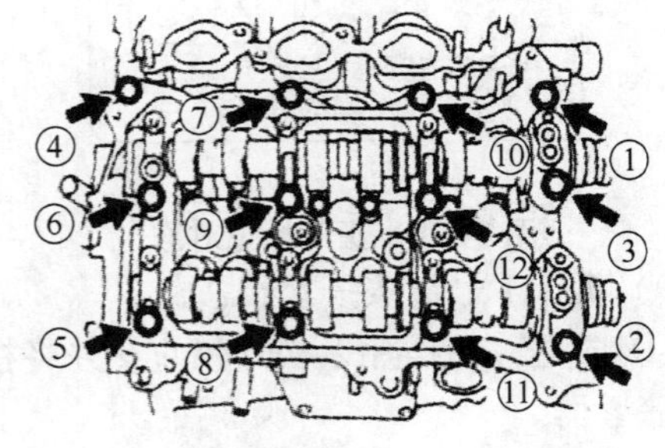

图1-136 拆卸轴承盖螺栓

20）拆卸2号凸轮轴。

21）拆卸右侧凸轮轴壳分总成。用旋具撬动气缸盖和右侧凸轮轴壳分总成之间的部位，拆下右侧凸轮轴壳分总成。

22）拆卸凸轮轴正时齿轮和2号链条。

① 拆下3号链条张紧器总成的同时，将直径为1.0mm的销插入孔中以将其固定，如图1-137所示。

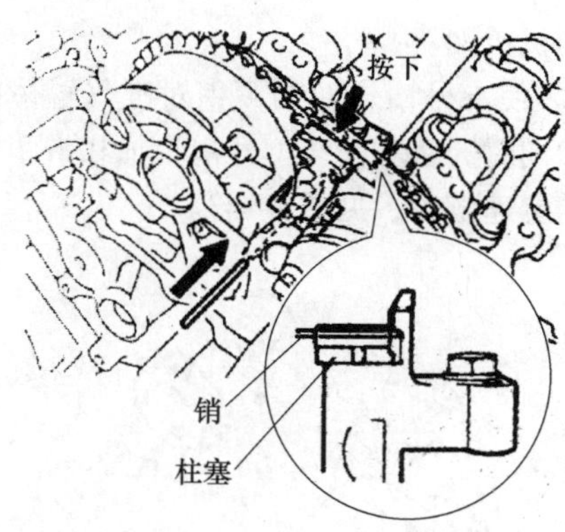

图 1-137 固定链条张紧器

② 用扳手固定住凸轮轴的六角头部分，并拆下 2 个螺栓和 2 个凸轮轴正时齿轮总成，如图 1-138 所示。

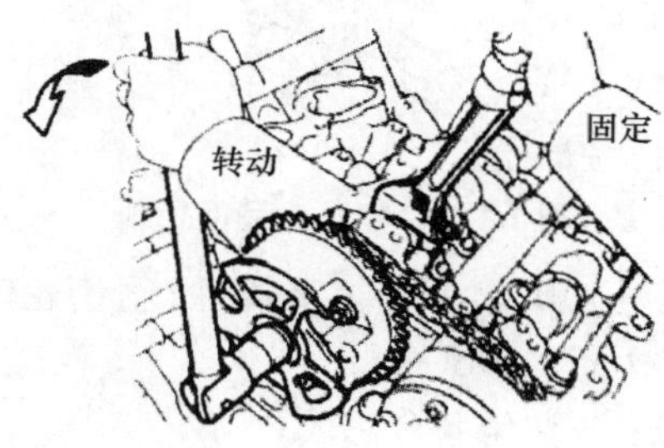

图 1-138 拆卸凸轮轴正时齿轮总成

③ 拆下 2 号链条分总成。

3. 正时链单元的安装

1）左侧凸轮轴壳分总成的安装。

① 连续涂抹密封胶。

② 安装左侧凸轮轴壳分总成，并按图 1-139 中数字所示顺序紧固 13 个螺栓。

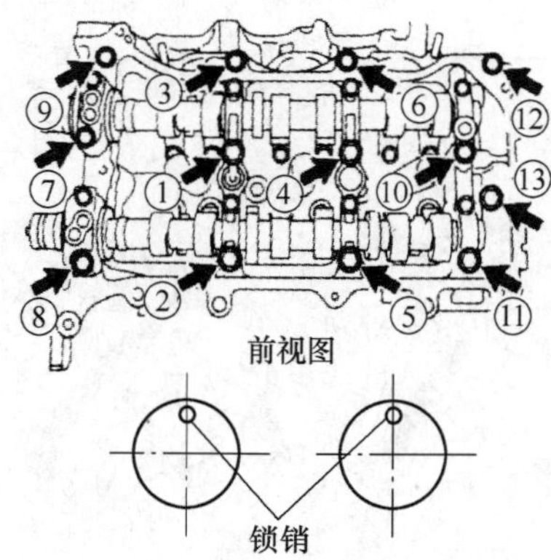

图 1-139 紧固凸轮轴轴承螺栓

• 力矩：28N · m。

③ 按图 1-140 中数字所示顺序紧固 8 个螺栓。

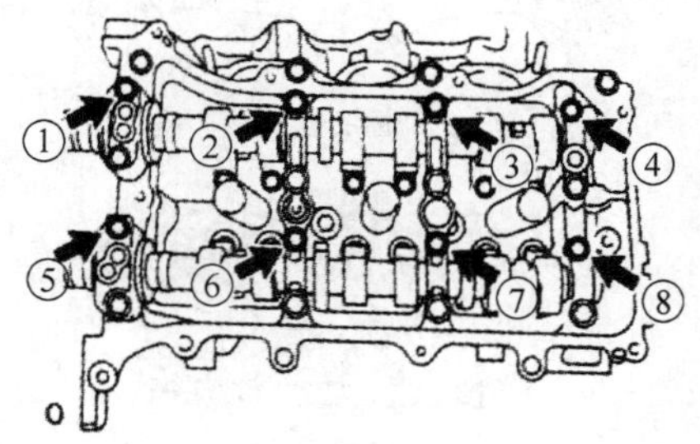

图 1-140 紧固凸轮轴轴承螺栓

• 力矩：16N · m。

2）安装 2 号链条张紧器总成。

① 用螺栓安装 2 号链条张紧器总成。

• 力矩：21N · m。

② 推入张紧器的同时，将直径为 1.0mm 的销插入孔中以将其固定，见图 1-141。

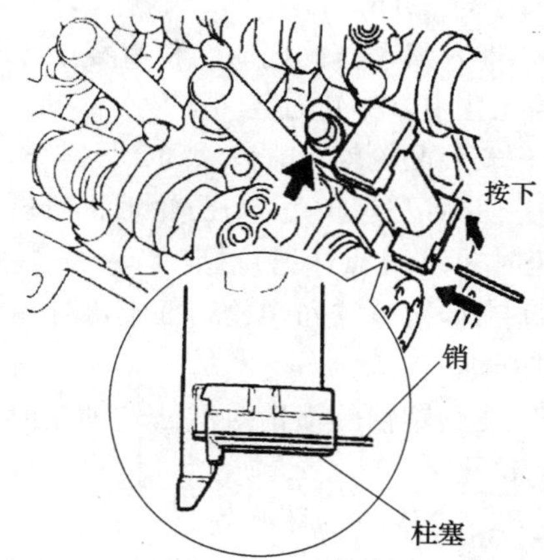

图 1-141 用插销固定张紧器

3）安装凸轮轴正时齿轮和 2 号链条(B1)。

① 如图 1-142 所示，使标记板(黄色)与凸轮轴正时齿轮总成的正时标记(单点标记)对准。

② 在螺栓螺纹和螺栓座面上涂抹一薄层发动机机油。

③ 使凸轮轴的锁销对准凸轮轴正时齿轮总成的销孔。

④ 在安装好 2 号链条分总成的情况下，安装凸轮轴正时齿轮总成和右侧排气凸轮轴正时齿轮。

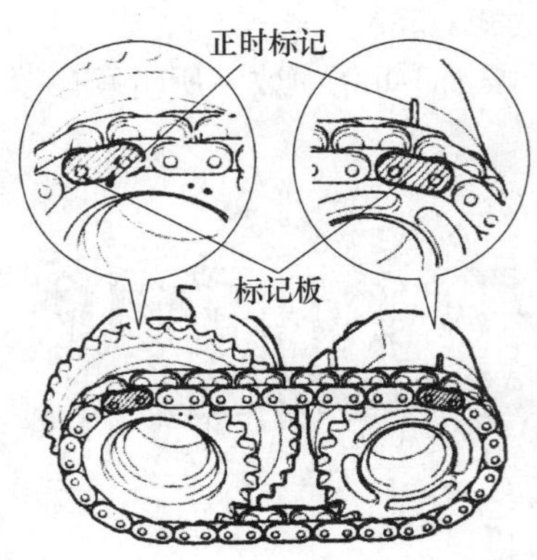

图 1-142　对准正时标记

⑤ 用扳手固定住凸轮轴的六角头部位，并紧固 2 个螺栓和 2 个凸轮轴正时齿轮总成。

• 力矩：100N · m。

⑥ 从 2 号链条张紧器总成上拆下锁销。

4）安装 3 号链条张紧器总成。

① 用螺栓安装 3 号链条张紧器总成。

• 力矩：21N · m。

② 推入张紧器的同时，将直径为 1.0mm 的销插入孔中以将其固定。

5）安装凸轮轴正时齿轮和 2 号链条。

① 使标记板（黄色）与凸轮轴正时齿轮总成的正时标记（2 点标记）对准。

② 在螺栓螺纹和螺栓座面上涂抹一薄层发动机机油。

③ 使凸轮轴的锁销对准凸轮轴正时齿轮总成的销孔。

④ 在安装好 2 号链条分总成的情况下，安装凸轮轴正时齿轮总成和左侧排气凸轮轴正时齿轮。

⑤ 用扳手固定凸轮轴的六角头部分并紧固 2 个螺栓。

• 力矩：100N · m。

⑥ 从 3 号链条张紧器总成上拆下销。

6）用两个螺栓安装 1 号链条振动阻尼器。

• 力矩：23N · m。

7）安装两个 2 号链条振动阻尼器。

8）安装两个键和曲轴正时链轮。

9）安装怠速链轮总成。

① 在 1 号惰轮轴的旋转表面上涂抹一薄层发动机机油。

② 使 1 号惰轮轴的锁销对准气缸体的锁销槽的同时，暂时安装 1 号惰轮轴和带 2 号惰轮轴的怠速链轮，见图 1-143。

图 1-143　安装 1 号惰轮轴

③ 用 10mm 六角扳手紧固 2 号惰轮轴。

• 力矩：60N · m。

10）安装链条分总成。

① 如图 1-144 所示对准标记板和正时标记，并安装链条。

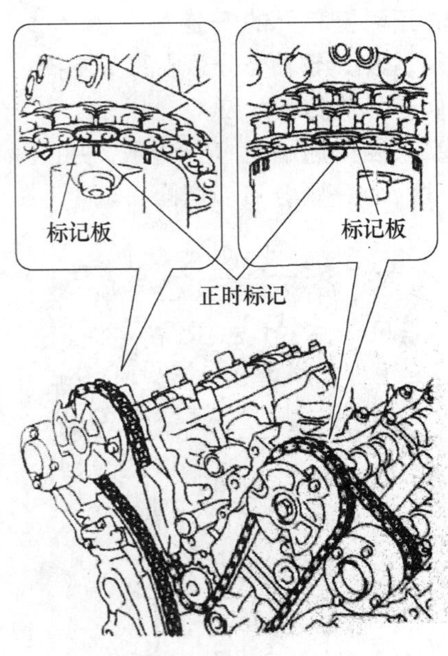

图 1-144　安装正时链分总成

② 不要将链条穿过曲轴，只需暂时将其放在曲轴上。

③ 逆时针转动凸轮轴正时齿轮总成，以拉紧气缸组间的链条，见图1-145。

> **注意：**
> 重复使用张紧链轮总成时，将链条板对准其原来所在位置的标记，以紧固气缸组间的链条。

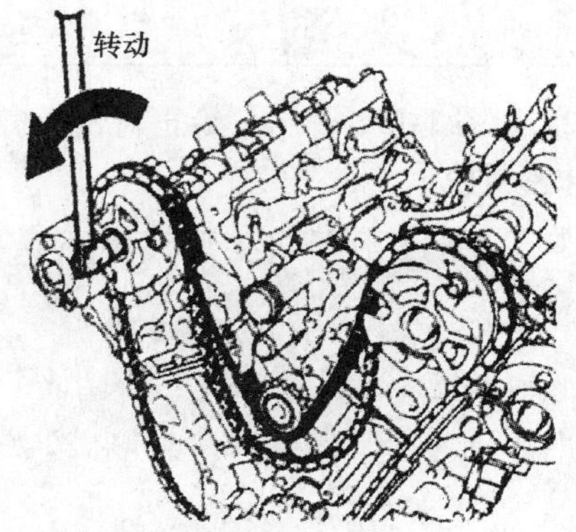

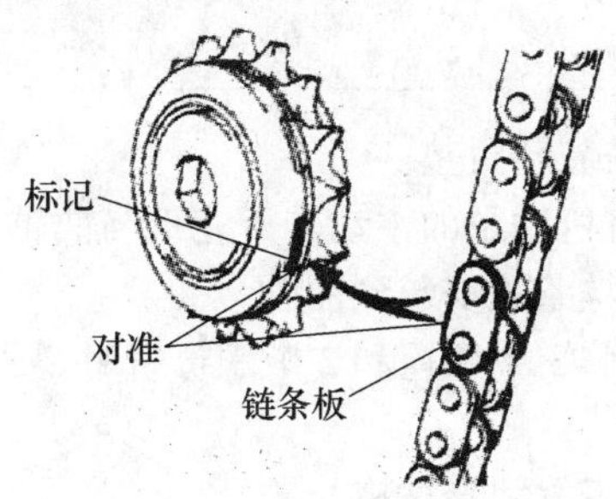

图1-145　逆时针转动凸轮轴正时齿轮

④ 如图1-146所示，对准标记板和正时标记，并将链条安装到曲轴正时链轮上。

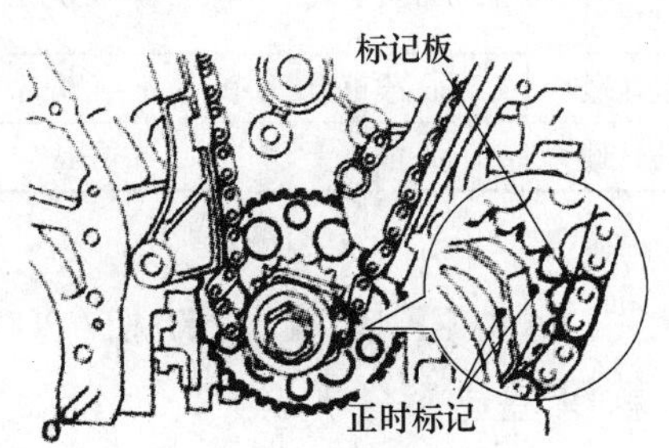

图1-146　正时对准设置

> **提示：**
> 曲轴标记板为黄色。

⑤ 暂时紧固带轮固定螺栓。

⑥ 顺时针转动曲轴，将其定位至右侧缸体孔径中心线(压缩行程上止点)位置，见图1-147。

11）安装链条张紧器导板。

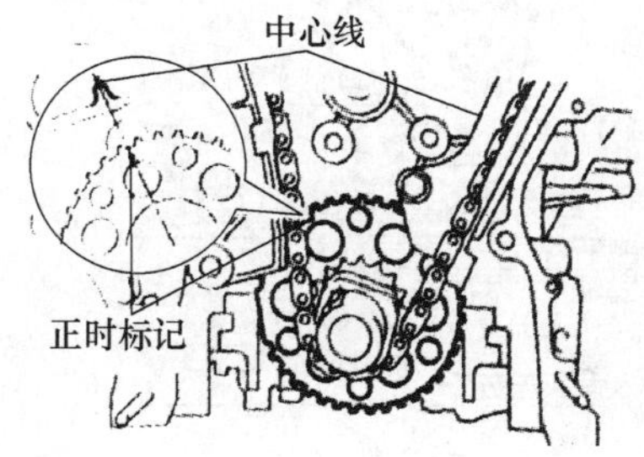

图1-147　顺时针转动曲轴

12）安装1号链条张紧器总成。

① 向上移动挡片以松开锁止，并将柱塞推入张紧器。

② 向下移动挡片以卡紧锁扣，并将六角扳手插入挡片孔，见图1-148。

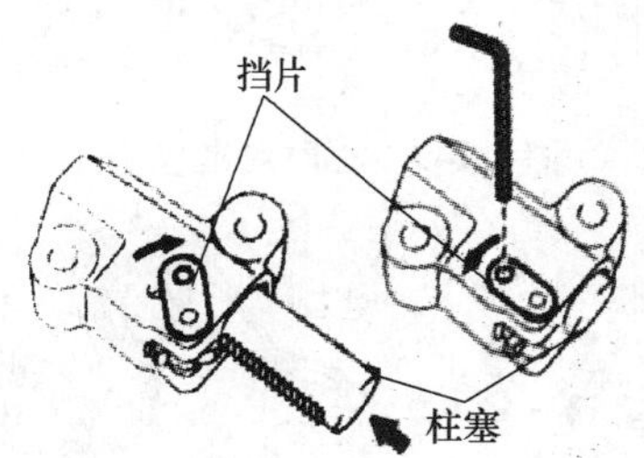

图1-148　六角扳手插入挡片孔

③ 用两个螺栓安装1号链条张紧器总成。

- 力矩：10N·m。

④ 从1号链条张紧器总成上拆下六角扳手。检查并确认各正时标记在压缩行程上止点位置时对准曲轴，见图1-149。

⑤ 拆下带轮固定螺栓。

13）安装正时链条箱油封。用专用工具敲入一个新的正时链条箱油封，直到其表面与正时齿轮箱边缘齐平。

14）安装水泵总成。用8个螺栓安装一个新水泵衬垫和水泵总成。

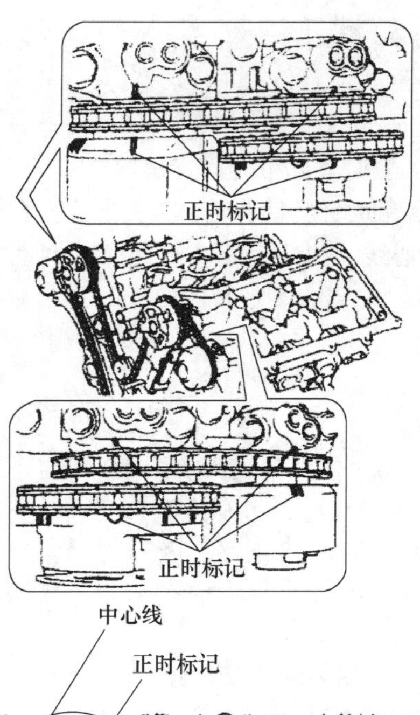

图 1-149　正时对准检查

图 1-150　水泵螺栓位置

• 力矩：9. 1N · m。

注意：

• 图 1-150 中字母 A 所示的螺栓必须更换，或者在涂抹粘合剂 1344 后方可继续使用。

15）安装正时链条盖分总成。

① 如图 1-151 所示，给发动机各接触面连续涂抹密封胶。

注意：

• 一定要清洁和去除接触面的油脂，尤其是图 1-151 中字母 C 所示的表面。

• 如果接触面潮湿，则在涂抹密封胶前用无油抹布擦拭。

• 在 3min 内安装链条盖。

• 安装后至少 2h 内不要起动发动机。

② 如图 1-152 所示，给正时链条盖边连续涂抹密封胶。

注意：

• 如果接触面潮湿，则在涂抹密封胶前用无油抹布擦拭。

• 涂抹密封胶后 3min 内安装链条盖，并在 15min 内紧固螺栓。

• 安装后至少 2h 内不要起动发动机。

③ 安装新衬垫。

④ 将机油泵的主动转子花键与曲轴对准。将花键和链条盖安装到曲轴上。

⑤ 用 23 个螺栓和 2 个螺母暂时紧固正时链条盖。

按如下方式涂抹密封胶：

部位	密封胶直径	密封线以内的涂抹位置
连续线区域	4. 5mm 或更大	3. 0 ~ 4. 0mm
长线和虚线交替区域	3. 5mm 或更大	2. 0 ~ 3. 0mm
虚线区域	3. 5mm 或更大	3. 0 ~ 4. 0mm
斜线区域	6. 0mm 或更大	5. 0mm

二、1AR-FE 2. 7L 发动机（2007—2012 款汉兰达装备）

1. 正时链单元分解

正时链单元分解见图 1-153。

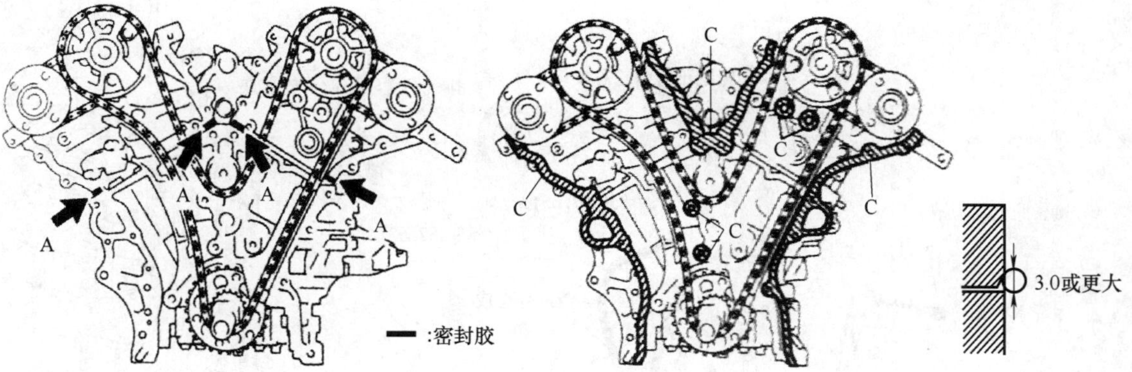

图 1-151　涂抹密封胶

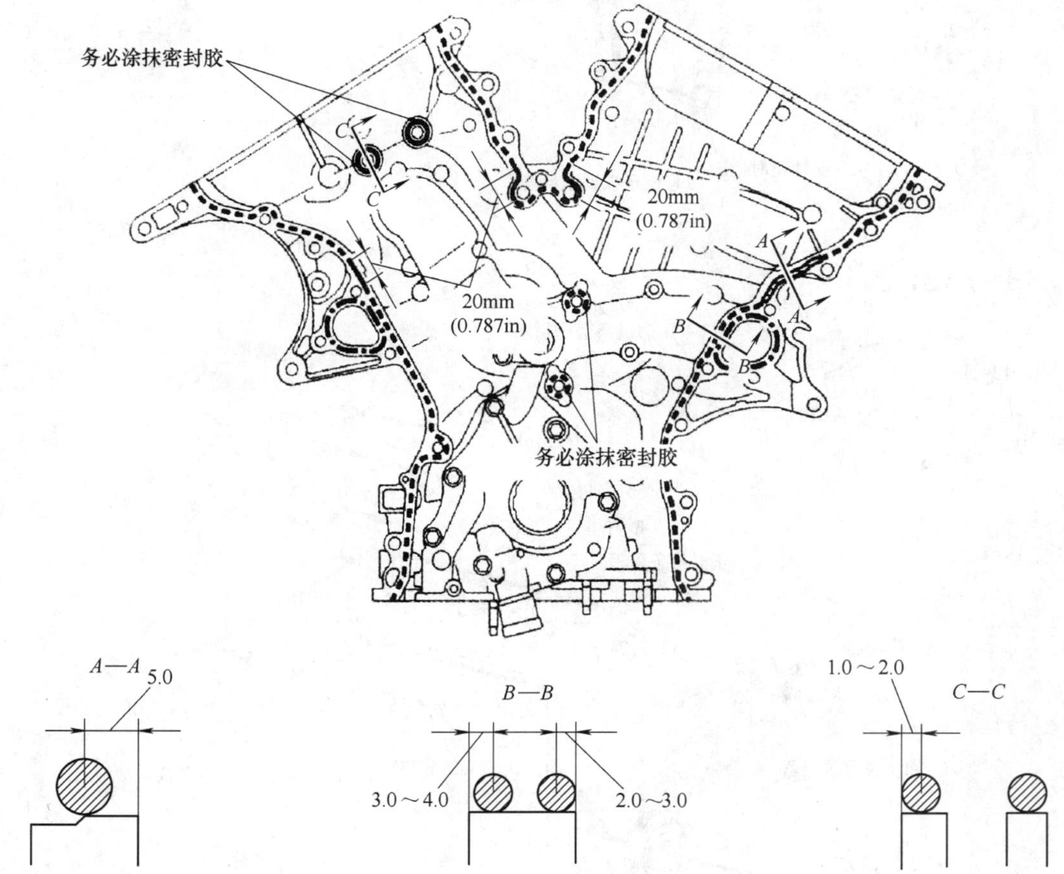

虚线区域
(密封胶：丰田原厂黑密封胶、Three Bond 1207B或同等产品)

实线区域:
(密封胶：丰田原厂黑密封胶、Three Bond 1207B或同等产品)

长、短虚线交替区域
(密封胶：丰田原厂黑密封胶1282B、Three Bond 1282B或同等产品)

斜线区域:(密封胶：丰田原厂黑密封胶、Three Bond 1207B或同等产品)

图 1-152　向正时盖涂抹密封胶

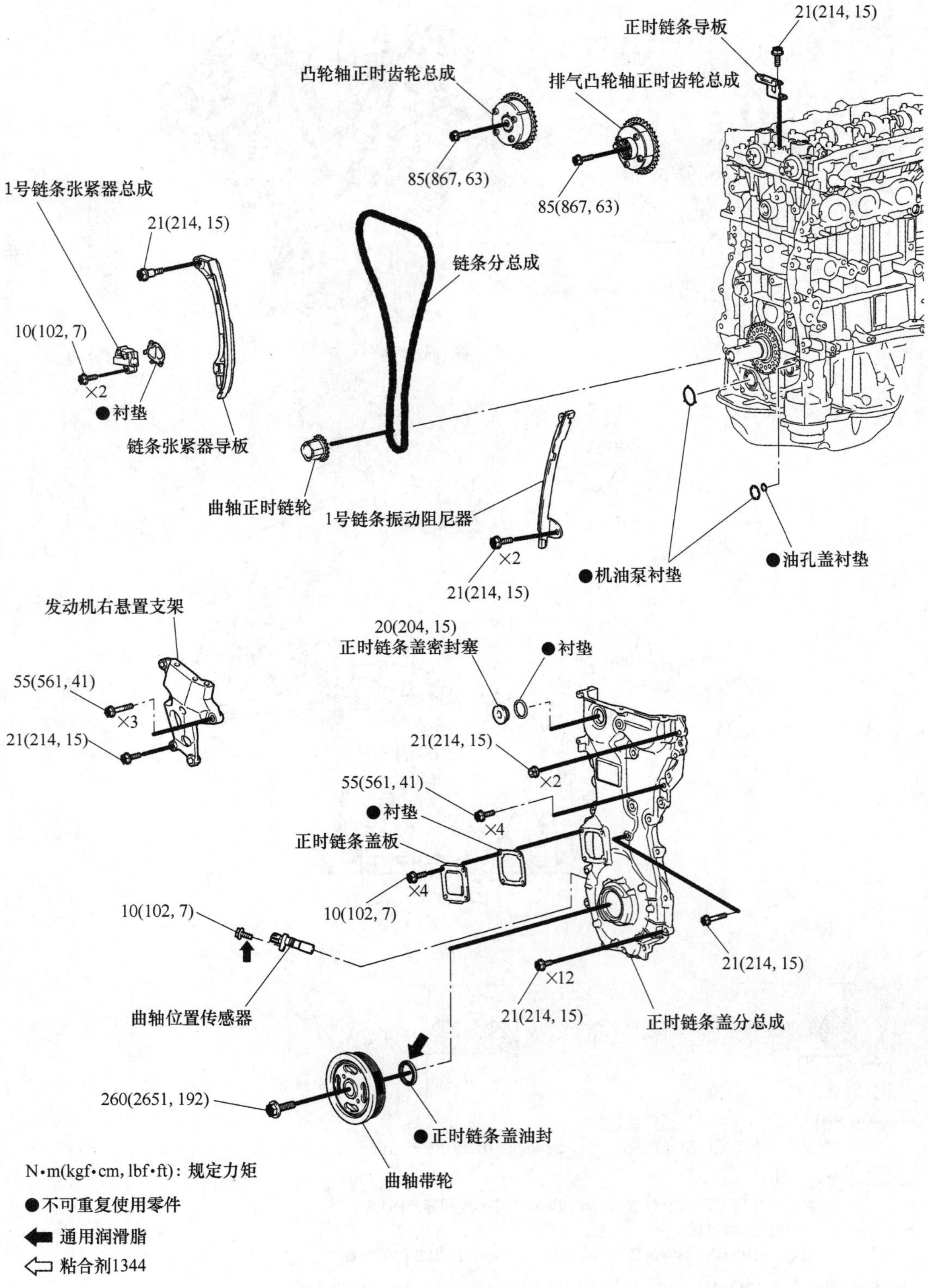

21(214, 15)
正时链条导板
凸轮轴正时齿轮总成
排气凸轮轴正时齿轮总成
85(867, 63)
85(867, 63)
1号链条张紧器总成
21(214, 15)
链条分总成
10(102, 7)
×2
●衬垫
链条张紧器导板
曲轴正时链轮
1号链条振动阻尼器
×2
21(214, 15)
●机油泵衬垫
●油孔盖衬垫
发动机右悬置支架
20(204, 15)
正时链条盖密封塞
●衬垫
55(561, 41)
×3
21(214, 15)
21(214, 15)
×2
55(561, 41)
●衬垫
×4
正时链条盖板
×4
10(102, 7)
10(102, 7)
21(214, 15)
×12
曲轴位置传感器
21(214, 15)
正时链条盖分总成
260(2651, 192)
●正时链条盖油封
曲轴带轮

N•m(kgf•cm, lbf•ft): 规定力矩
●不可重复使用零件
通用润滑脂
粘合剂1344

图 1-153　正时链单元分解

2. 正时链单元拆解方法

1）拆卸正时链条盖分总成。

2）将1号气缸设置到压缩行程上止点（TDC）位置。

① 暂时安装曲轴带轮螺栓。

> **提示：**
> 图1-154中的标记A并非正时标记。

② 顺时针旋转曲轴，以使曲轴正时齿轮和凸轮轴正时齿轮上的正时标记的位置如图1-154所示。

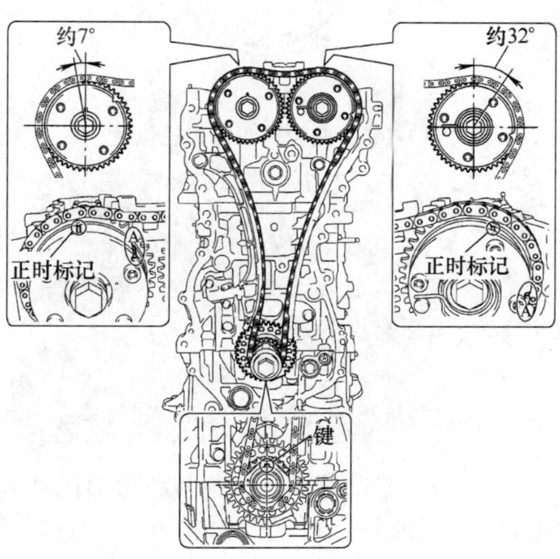

图1-154　正时标记对准

> **提示：**
> 如果正时标记没有对准，则再次顺时针旋转曲轴以将其对准。

③ 拆下曲轴带轮螺栓。

3）拆下螺栓和正时链条导板，见图1-155。

4）拆卸1号链条张紧器总成。

① 稍微伸长柱塞，然后逆时针旋转挡片并松开锁。一旦松开锁后，将柱塞推入张紧器，见图1-156。

② 顺时针移动挡片以卡紧锁，并将锁定销插入挡片孔中，见图1-157。

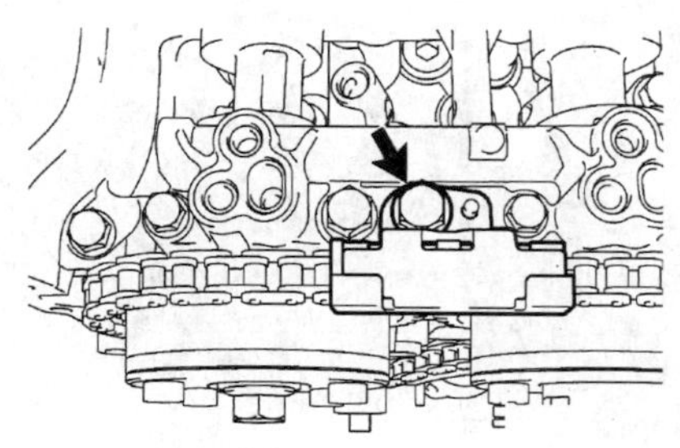

图1-155　拆下正时链导板

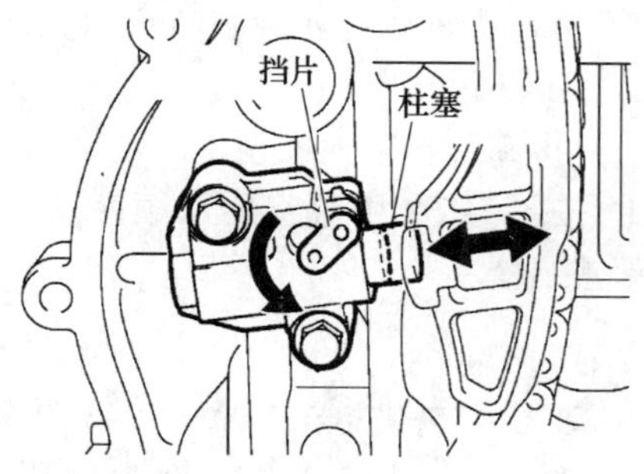

图1-156　柱塞推入张紧器

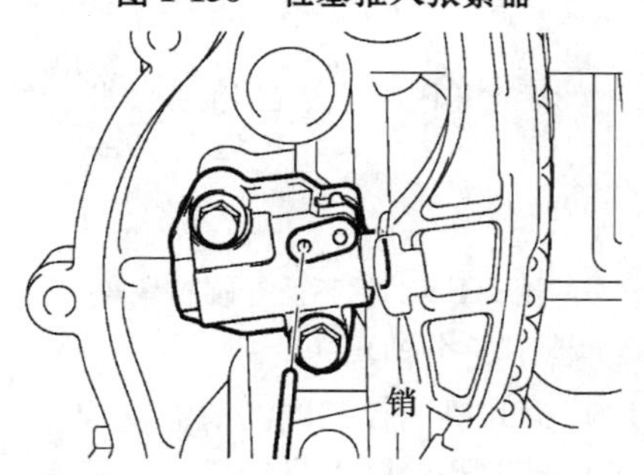

图1-157　将锁定销插入挡片

③ 拆下2个螺栓、链条张紧器和衬垫。

5）拆下螺栓和链条张紧器导板。

6）拆卸链条分总成。

7）拆下2个螺栓和链条振动阻尼器。

8）拆卸凸轮轴正时齿轮总成。用扳手固定凸轮轴的六角部位，并拆下螺栓和凸轮轴正时齿轮。

9）拆卸排气凸轮轴正时齿轮总成。用扳手固定凸轮轴的六角部位，并拆下螺栓和排气凸轮轴正时齿轮。

10）拆卸凸轮轴壳分总成。

① 按图1-158中数字所示顺序，均匀地拧松并拆下20个轴承盖螺栓。

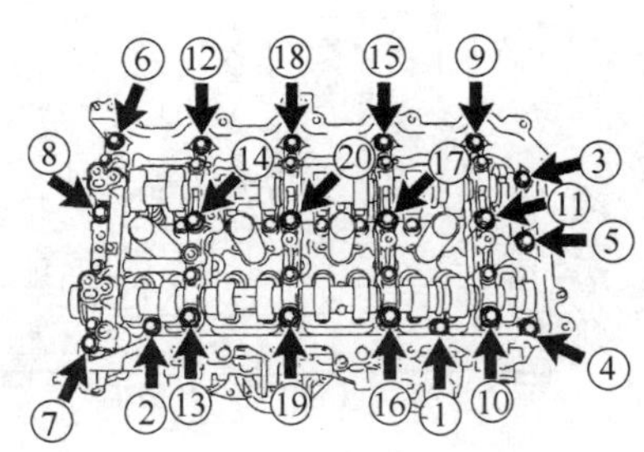

图1-158　拧下轴承盖螺栓

② 用旋具撬动气缸盖和凸轮轴壳之间的部位，拆下凸轮轴壳。

11）拆卸凸轮轴轴承盖。

① 按图1-159中数字所示顺序，拆下11个轴承盖螺栓。

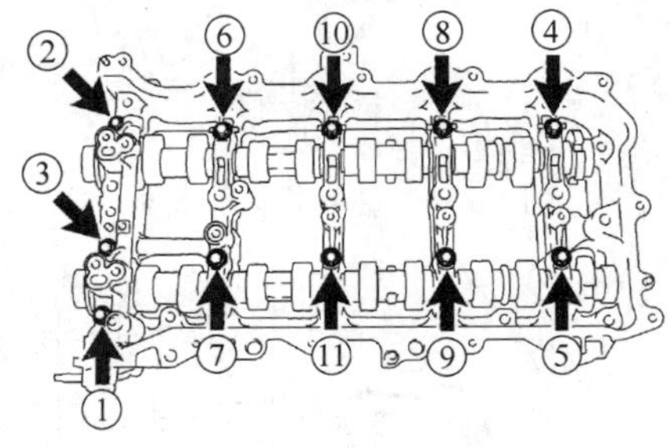

图1-159　拆下凸轮轴轴承盖

② 拆下5个轴承盖。

12）拆卸机油控制阀滤清器。

13）拆卸凸轮轴1号轴承。

14）拆下1号和2号凸轮轴。

15）拆卸凸轮轴2号轴承。

16）拆卸1号气门摇臂分总成。从气缸盖上拆下16个气门摇臂。

17）拆卸气门间隙调节器总成。从气缸盖上拆下16个气门间隙调节器。

3. 正时链单元安装步骤

1）设置凸轮轴正时齿轮总成。

> **提示：**
>
> • 安装凸轮轴正时齿轮时，松开锁销并在安装前将凸轮轴正时齿轮设置在提前位置。

① 检查凸轮轴正时齿轮位置，如图1-160所示。

提前位置:

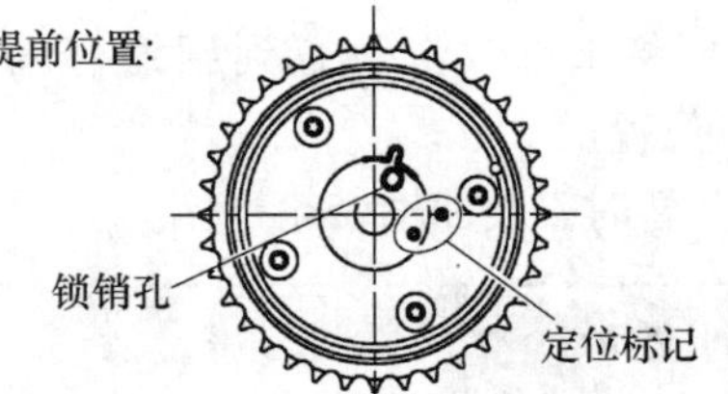

延迟位置:

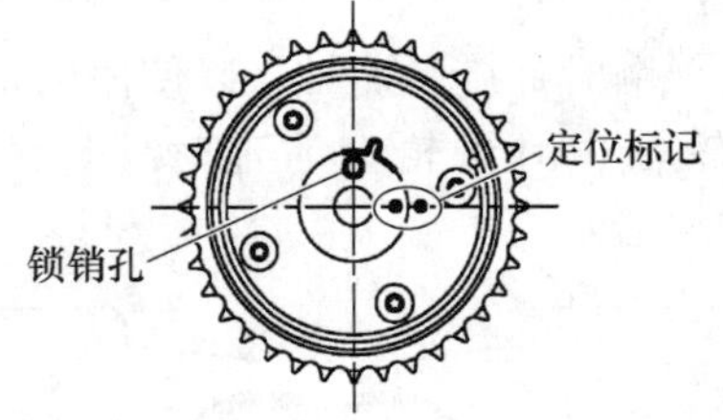

图1-160　凸轮轴正时齿轮位置

> **注意：**
>
> • 如果将凸轮轴正时齿轮设置在提前位置，则在安装过程中不要让凸轮轴正时齿轮顺时针旋转。
>
> • 如果凸轮轴正时齿轮旋转至延迟位置，则松开锁销并将其设置在提前位置。

② 将1号凸轮轴的锁销与凸轮轴正时齿轮的销孔对准并装上。

③ 检查并确认凸轮轴正时齿轮与凸轮轴法兰之间无间隙。

④ 用手固定凸轮轴，然后用手安装凸轮轴正时齿轮的安装螺栓。

⑤ 松开锁销。

a. 使用非残留性溶剂清洁凸轮轴轴颈。

b. 如图1-161所示，用聚氯乙烯绝缘带盖住凸轮轴颈上的4个油道。

> **提示：**
>
> • 凸轮轴凹槽中有4个油道。用橡胶塞住其中3个油道。

c. 如图1-161所示，在端口A处打开一个孔。

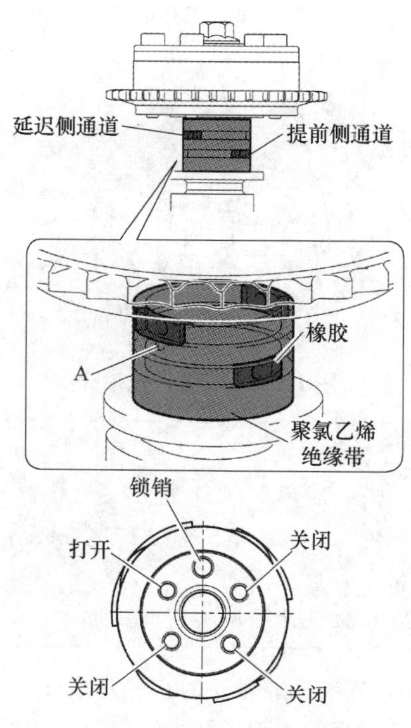

图 1-161 在端口 A 处开孔

d. 向油道施加约 200kPa（2.0kgf/cm²，29lbf/in²）的空气压力时，向提前方向（逆时针）强行转动凸轮轴正时齿轮总成，见图 1-162。

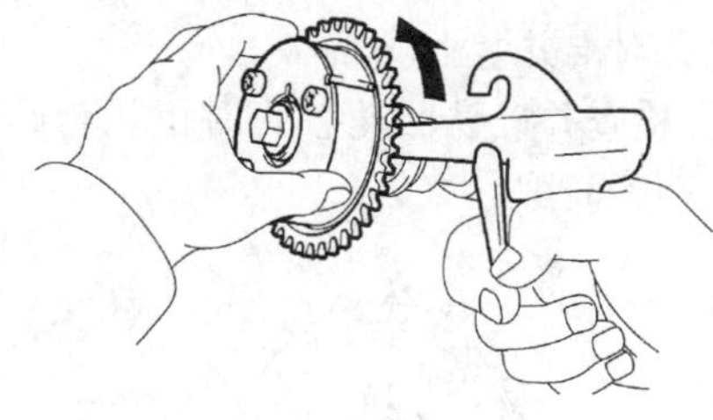

图 1-162 逆时针转动齿轮

> **注意：**
>
> ● 施加压力时用布盖住通道以防止机油飞溅。

> **提示：**
>
> ● 无需施加任何压力，凸轮轴正时齿轮总成也可能向提前方向转动。
>
> ● 如果由于端口空气泄漏而无法施加足够的空气压力，则可能很难松开锁销。

e. 从凸轮轴上拆下聚氯乙烯绝缘带和橡胶块。

⑥ 拆下螺栓和凸轮轴正时齿轮。

> **注意：**
>
> ● 不要让凸轮轴正时齿轮总成锁止。如果其锁止，则再次松开锁销。

2）安装气门间隙调节器总成。

① 安装前检查气门间隙调节器。

② 将 16 个气门间隙调节器安装到气缸盖上。

3）安装 1 号气门摇臂分总成。

① 在间隙调节器顶端和气门杆盖处涂抹发动机机油。

② 如图 1-163 所示，安装 16 个气门摇臂。

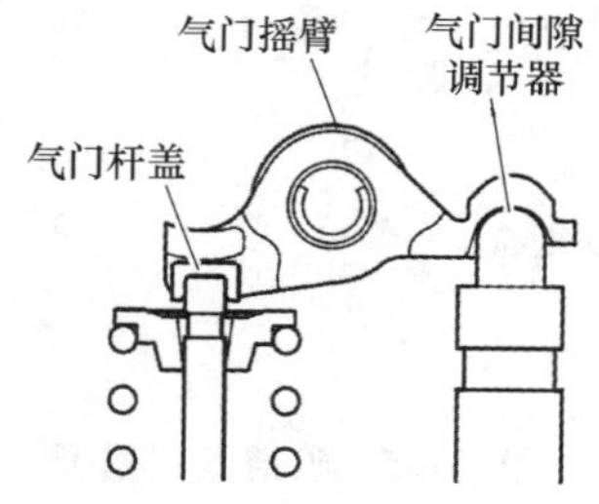

图 1-163 安装气门摇臂

4）安装凸轮轴 2 号轴承。

5）安装凸轮轴 1 号轴承。

6）安装机油控制阀滤清器。

7）安装凸轮轴。

① 清洁凸轮轴轴颈、凸轮轴壳和轴承盖。

② 在凸轮轴轴颈、凸轮轴壳和轴承盖上涂抹一薄层发动机机油。

③ 将 1 号和 2 号凸轮轴安装到凸轮轴壳上。

8）安装凸轮轴轴承盖。

① 确认凸轮轴轴承盖上的标记和编号并将其分别置于正确的位置和方向。

② 按图 1-164 中数字所示顺序安装 11 个螺栓。

● 力矩：16N · m（163kgf · cm，12lbf · ft）

9）安装凸轮轴壳分总成。

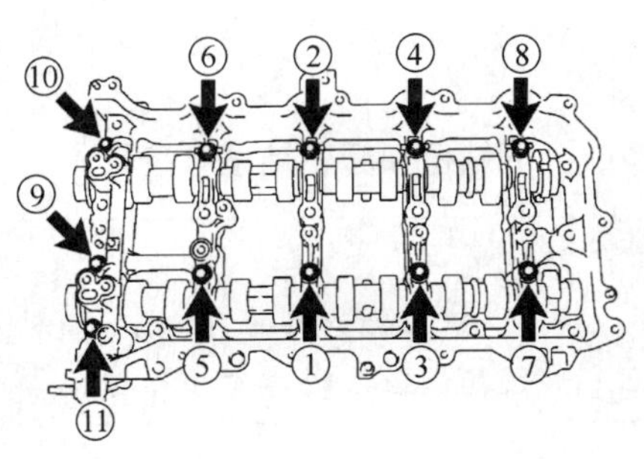

图 1-164　安装凸轮轴轴承盖螺栓

① 检查并确认已经按图 1-165 中所示安装气门摇臂。

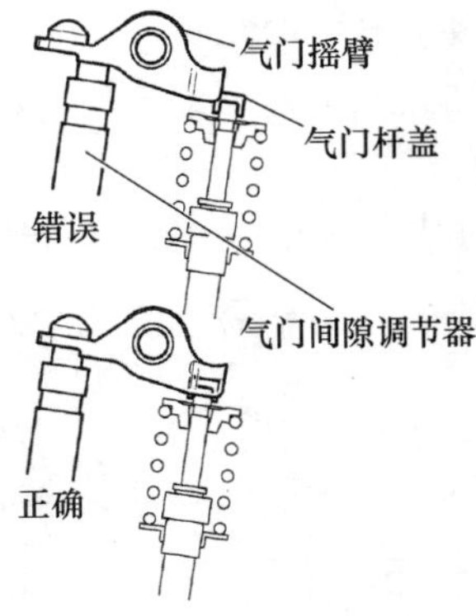

图 1-165　安装气门摇臂

② 连续涂抹密封胶。

> **注意：**
> - 清除接触面的所有机油。
> - 涂抹密封胶后 3min 内安装凸轮轴壳，并在 10min 内紧固螺栓。

③ 将 1 号和 2 号凸轮轴的锁销置于如图 1-166所示位置。

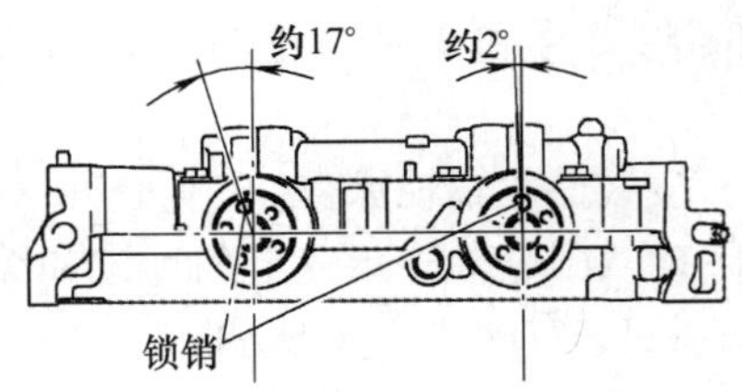

图 1-166　装入凸轮轴锁销

④ 安装凸轮轴壳并按图 1-167 中数字所示顺序安装 20 个螺栓。

• 力矩：27N · m(275kgf · cm,20lbf · ft)

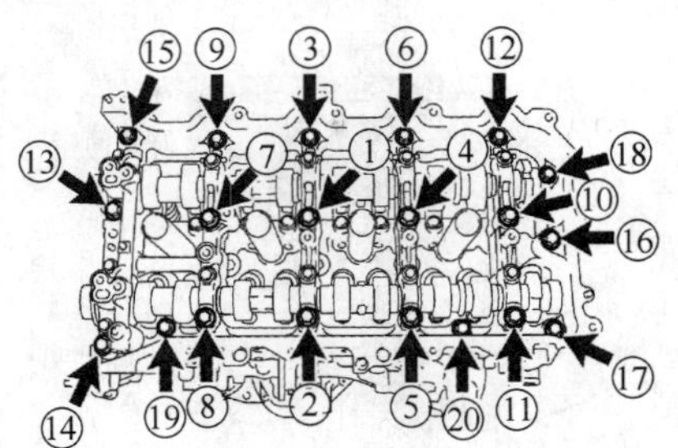

图 1-167　安装凸轮轴壳

> **注意：**
> - 安装后至少 4h 内不要涂抹机油。
> - 安装后至少 4h 内不要起动发动机。
> - 彻底清除所有密封胶。

10）安装凸轮轴正时齿轮总成。

① 检查凸轮轴正时齿轮位置，如图 1-168 所示。

② 如果凸轮轴正时齿轮未置于提前位置，则松开锁销，并重置凸轮轴正时齿轮。

③ 将 1 号凸轮轴的锁销与凸轮轴正时齿轮的销孔对准并装上。

④ 检查并确认凸轮轴正时齿轮与凸轮轴法兰之间无间隙。

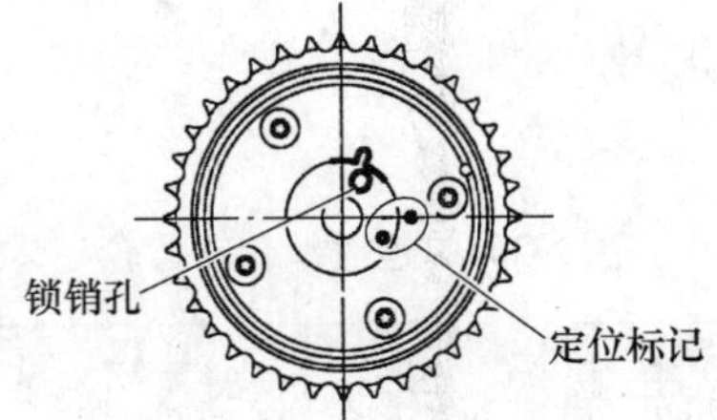

图 1-168　检查正时齿轮标记

⑤ 用扳手固定 1 号凸轮轴的六角部位，安装螺栓。

• 力矩：85N · m(867kgf · cm,63lbf · ft)

11）安装排气凸轮轴正时齿轮总成。

① 将 2 号凸轮轴的锁销与排气凸轮轴正时齿轮的销孔对准并装上。

② 检查并确认排气凸轮轴正时齿轮与凸

轮轴法兰之间无间隙。

③ 用扳手固定 2 号凸轮轴的六角部位，安装螺栓。

• 力矩：85N·m(867kgf·cm,63lbf·ft)

12）添加发动机机油。向油孔中添加 50mL 的发动机机油。

说明：

• 拆下气门间隙调节器后必须添加机油。

• 确保低压室和气门间隙调节器油道注满发动机机油。

13）将 1 号气缸设置到压缩行程上止点（TDC）位置。

① 暂时安装曲轴带轮螺栓。

② 如图 1-169 所示，将曲轴逆时针转动 40°，以定位曲轴带轮键。

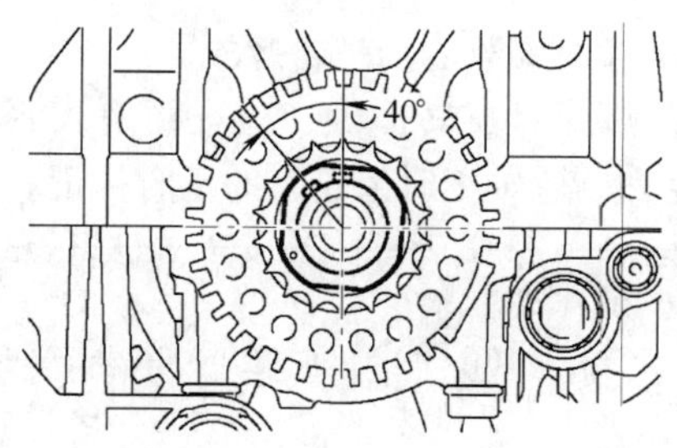

图 1-169　逆时针转动曲轴 40°

③ 检查并确认凸轮轴正时齿轮的正时标记如图 1-170 所示。

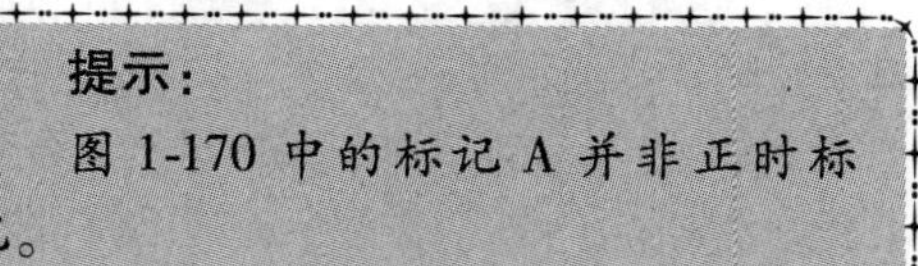
提示：

图 1-170 中的标记 A 并非正时标记。

14）安装 1 号链条振动阻尼器。用 2 个螺栓安装链条振动阻尼器。

• 力矩：21N·m(214kgf·cm,15lbf·ft)

15）安装链条分总成。

① 将链条置于凸轮轴正时齿轮和曲轴正时链轮上。

② 将链条的标记板（黄色或金色）与排气凸轮轴正时齿轮的正时标记对准，并将链条安装到排气凸轮轴正时齿轮上，见图 1-171。

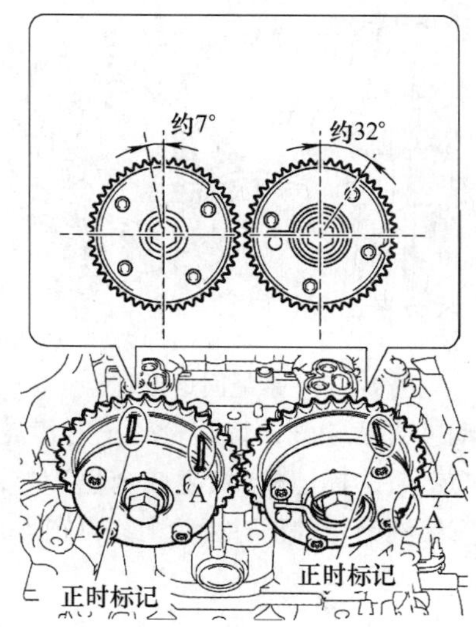

图 1-170　检查凸轮轴齿轮正时标记

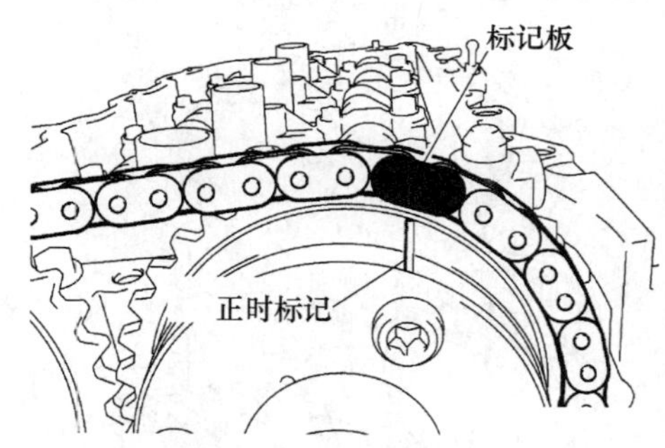

图 1-171　对准正时标记

③ 将链条的标记板（粉红色或金色）与曲轴正时链轮的正时标记对准，并将链条安装到曲轴正时链轮上，见图 1-172。

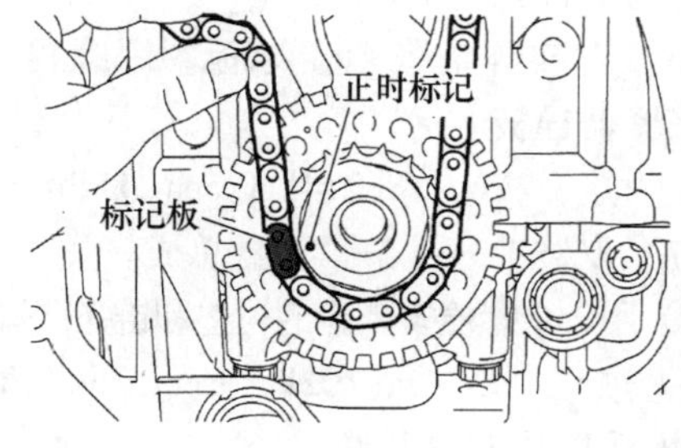

图 1-172　安装正时链到曲轴齿轮上

④ 在曲轴正时链轮上系一根绳子以确保链条牢固，见图 1-173。

⑤ 使用进气凸轮轴的六角部位，用扳手逆

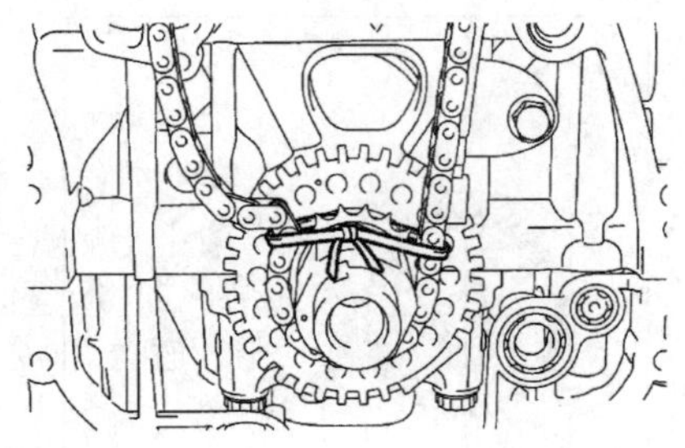

图1-173　系绳固定正时链

时针转动进气凸轮轴，将凸轮轴正时齿轮的正时标记与链条的标记板（黄色或金色）对准，并将链条安装到凸轮轴正时齿轮上，见图1-174。

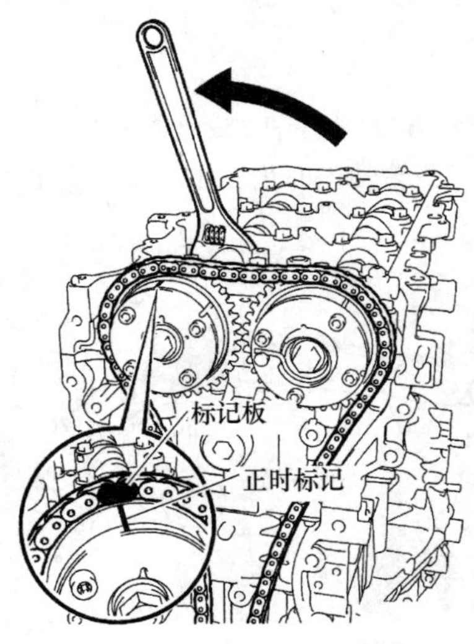

图1-174　安装正时链

⑥ 拆下曲轴正时链轮上的绳子，顺时针转动曲轴，并松开链条以安装链条张紧器导板，见图1-175。

16）安装链条张紧器导板。用螺栓安装链条张紧器导板。

- 力矩：21N·m（214kgf·cm，15lbf·ft）

17）安装1号链条张紧器总成。

① 用2个螺栓安装新的衬垫和链条张紧器。

- 力矩：10N·m（102kgf·cm，7lbf·ft）

② 从挡片上拆下销。

18）安装正时链条导板。用螺栓安装正时链条导板。

- 力矩：21N·m（214kgf·cm，15lbf·ft）

19）检查1号气缸压缩行程上止点（TDC）位置。

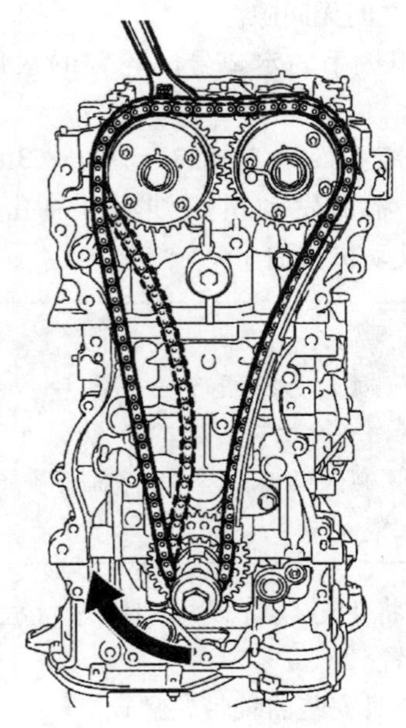

图1-175　安装正时链条张紧器导板

① 暂时安装曲轴带轮螺栓。

② 顺时针旋转曲轴，检查并确认曲轴正时链轮和凸轮轴正时齿轮上的正时标记。

> **提示：**
> 图1-170中的标记A并非正时标记。

③ 拆下曲轴带轮螺栓。

20）安装正时链条盖分总成。

三、3AZ-FXE 2.4L发动机（2010—2012款凯美瑞装备）

与1AZ-FE发动机相比，3AZ-FXE的正时链结构相同，下面给出它的正时链单元分解图，如图1-176所示。其拆卸与安装步骤及正时校对方法请参考1AZ-FE发动机一节的内容。

四、2AZ-FE 2.4L发动机（2006—2012款凯美瑞装备）

该款发动机的正时链结构分解及拆装、正时校对方法和1AZ-FE发动机相同，请参考1AZ-FE发动机一节的内容。

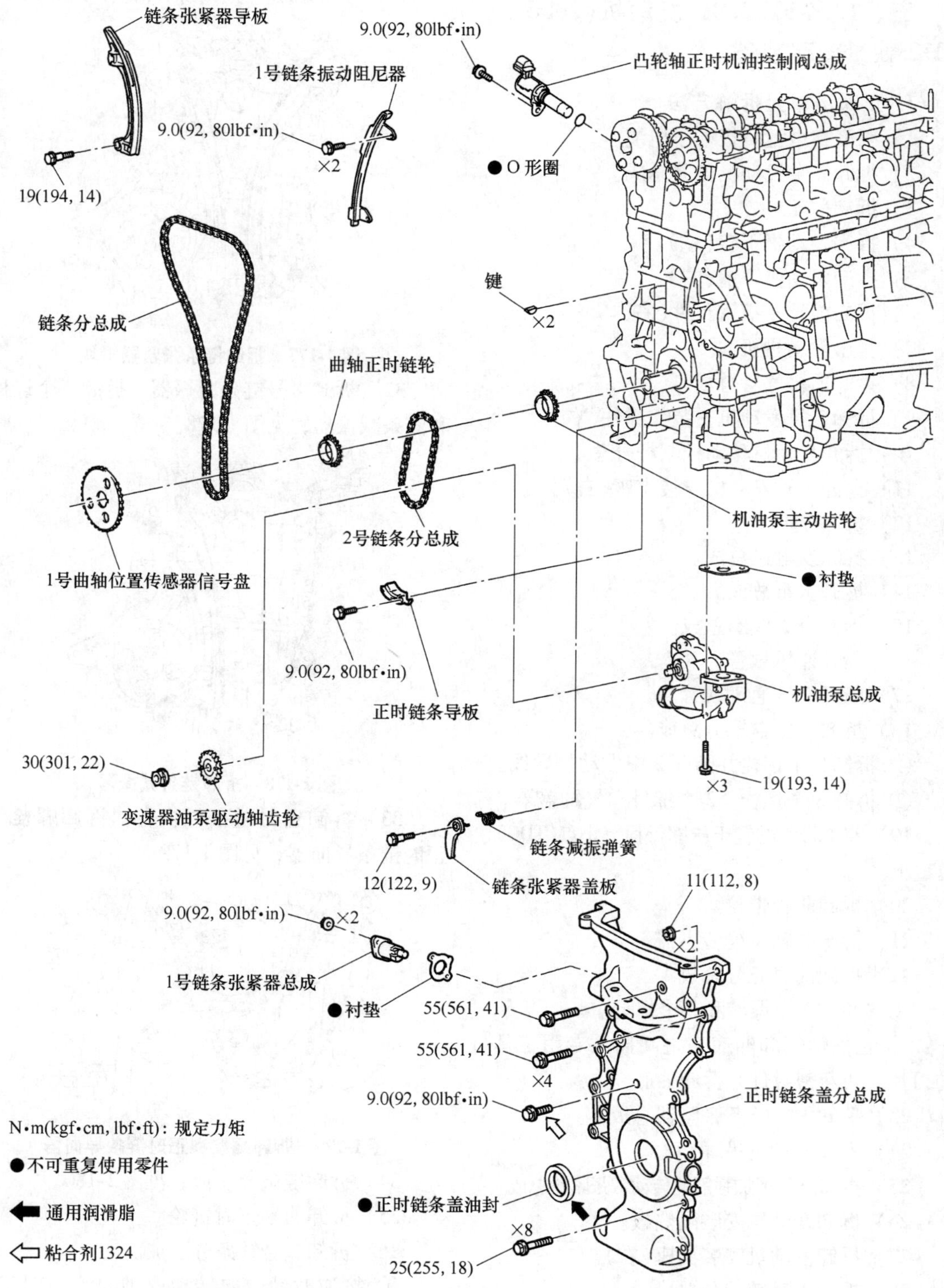

图 1-176　3AZ-FXE 发动机正时链单元分解图

五、1AZ-FE 2.0L发动机(2006—2012款凯美瑞装备)

1. 正时链单元拆解方法

1）断开蓄电池负极端子电缆。

2）拆卸1号发动机盖分总成。

3）拆卸前轮(右)。

4）拆卸发动机下盖(左)。

5）拆卸发动机下盖(右)。

6）拆卸前翼子板密封件(右)。

7）排出发动机机油。

8）拆卸前排气管总成。

9）拆卸2号发动机安装支撑件(右)。

10）拆卸发动机移动控制杆分总成。

11）拆卸2号发动机安装支座(右)。

12）拆卸V带。

13）拆卸发电机总成。

14）拆卸水泵总成。

15）拆卸点火线圈总成。

16）断开通风软管。

17）断开2号通风软管。

18）拆卸气缸盖罩分总成。

① 拆卸2个螺栓并断开2根发动机导线。

② 拆卸8个螺栓、2个螺母和气缸盖罩。

19）将1号气缸置于压缩行程上止点(TDC)位置上。

20）拆卸曲轴带轮。

21）拆卸曲轴位置传感器。

22）拆卸油底壳分总成。

① 拆卸12个螺栓和2个螺母。

② 在曲轴箱和油底壳之间插入专用工具的刀片。切断密封件并拆卸油底壳。

23）拆卸1号链条张紧器总成。

24）安装发动机吊耳。

25）拆卸带V形加强筋的传动带张紧轮总成。

26）拆卸发动机安装隔热板。

27）拆卸发动机安装支座(右)。

28）拆卸正时链盖分总成。

29）拆卸正时链条箱油封。

30）拆卸1号曲轴位置传感器信号盘。

31）拆卸螺栓和链条张紧器滑块，见图1-177。

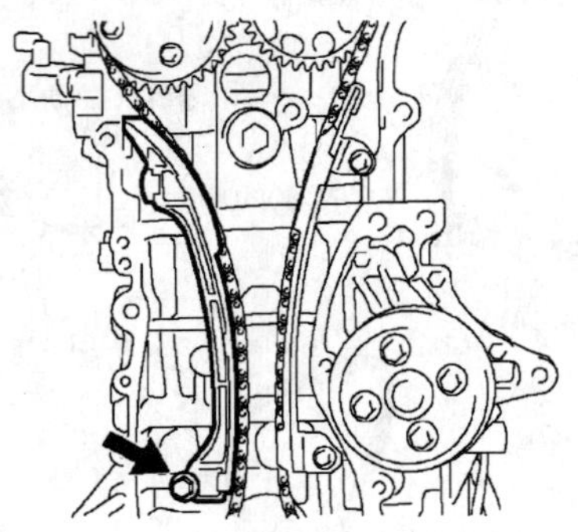

图1-177 拆卸链条张紧器滑块

32）拆卸1号链条减振器。拆卸2个螺栓和链条减振器，见图1-178。

图1-178 拆卸链条减振器

33）拆卸正时链条导向器。拆卸螺栓和正时链条导向器，见图1-179。

图1-179 拆卸螺栓和正时链条导向器

34）拆卸链条分总成，见图1-180。

35）拆卸曲轴正时链轮。

36）拆卸2号链条分总成。

① 按逆时针方向转动曲轴90°，使机油泵驱动轴链轮的调节孔与机油泵的槽对准，见图1-181。

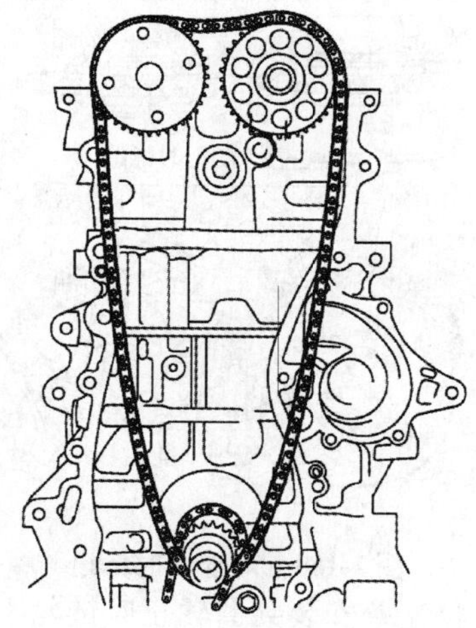

图 1-180　拆卸正时链条总成

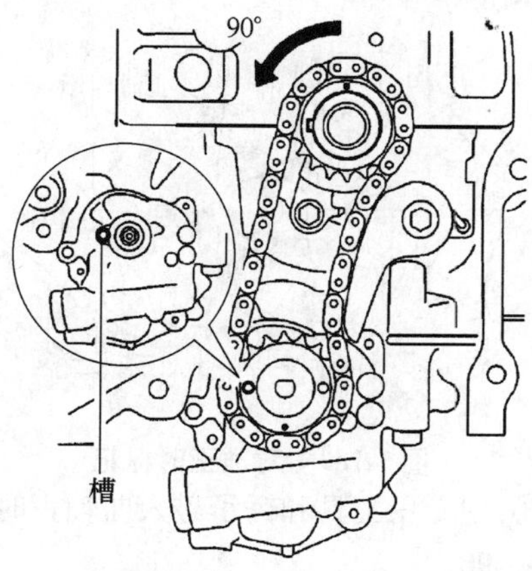

图 1-181　对正调节孔

② 将一个直径为 4mm 的钢条插入机油泵驱动轴链轮的调节孔内，将齿轮锁止，然后拆卸螺母，见图 1-182。

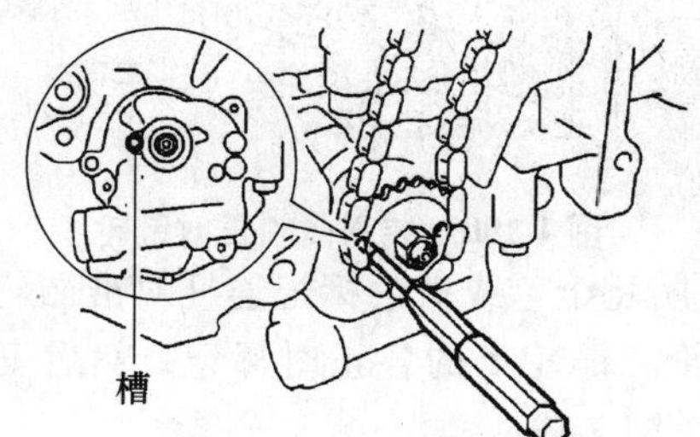

图 1-182　锁止机油泵齿轮

③ 拆卸螺栓、链条张紧器板和弹簧，见图 1-183。

④ 拆卸链条张紧器、机油泵从动链轮和链条，见图 1-184。

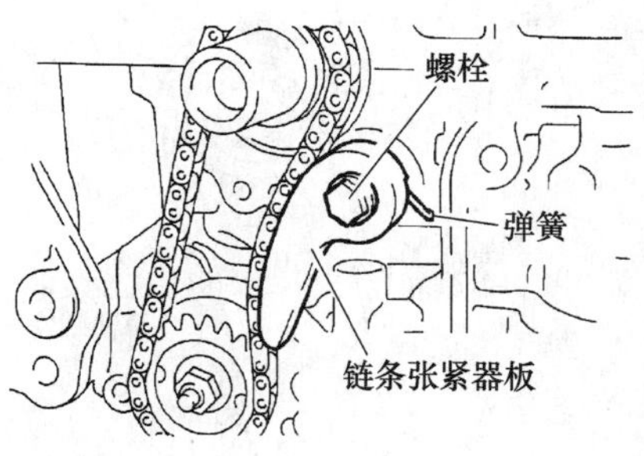

图 1-183　拆卸链条张紧器

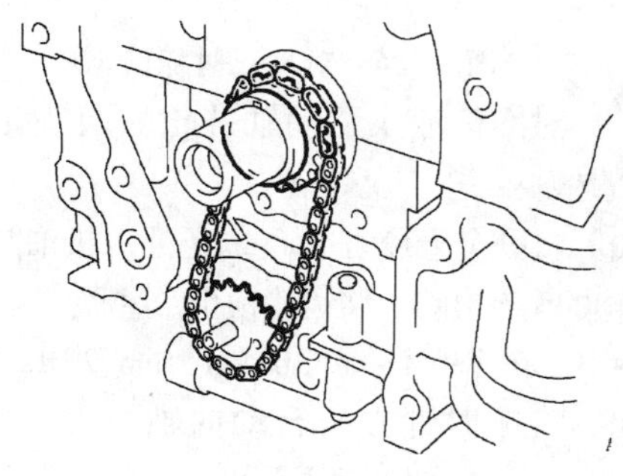

图 1-184　拆卸机油泵从动链轮

2. 正时链单元安装步骤

1）安装 2 号链条分总成

① 将曲轴键置于左侧水平位置。

② 转动驱动轴，使缺口朝上，见图 1-185。

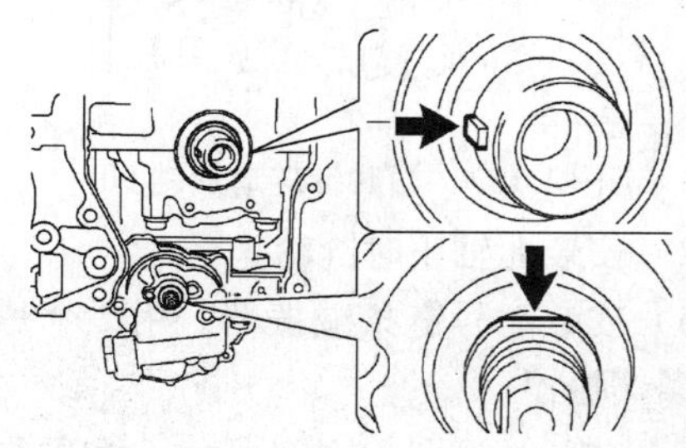

图 1-185　转动驱动轴

③ 如图 1-186 所示，将黄色标记连杆与各齿轮的正时标记对准。

④ 用齿轮上的链条，将链轮安装到曲轴和机油泵上。

⑤ 用螺母暂时拧紧机油泵驱动轴链轮。

⑥ 将缓冲弹簧插入调节孔内，然后用螺栓安装链条张紧器板。

- 力矩：12N · m(122kgf · cm,9lbf · ft)

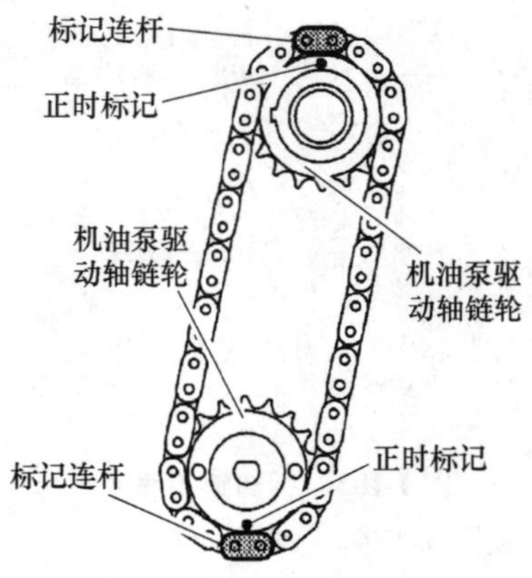

图1-186　对准正时标记

⑦ 对准机油泵驱动轴链轮的调节孔与机油泵的槽。

⑧ 将一个直径为4mm的条插入机油泵驱动轴齿轮的调节孔内，将齿轮锁止，然后拧紧螺母。

• 力矩：30N·m(301kgf·cm,22lbf·ft)

⑨ 按顺时针方向转动曲轴90°，并将曲轴键朝上，如图1-187所示。

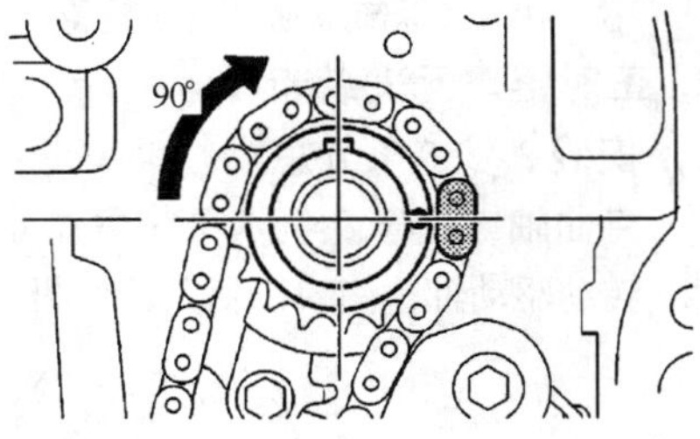

图1-187　顺时针转动曲轴90°

2）安装曲轴正时链轮。

3）安装1号链条减振器。用2个螺栓安装链条调振器。

• 力矩：9.0N·m(92kgf·cm,80lbf·in)

4）安装链条分总成。

① 将1号气缸设定为压缩行程上止点(TDC)位置。

a. 用扳手转动凸轮轴(使用六角部分的顶部)，使凸轮轴正时齿轮的各正时标记与1号以及2号轴承盖上的各正时标记均对准，如图1-188所示。

b. 用曲轴带轮螺栓，将曲轴转动到曲轴键朝上的位置。

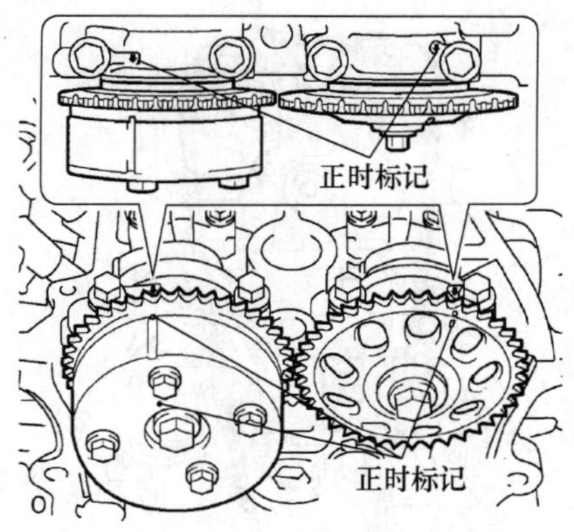

图1-188　对准正时标记

② 将链条安装到曲轴正时链轮上，使金色或粉色标记连杆与曲轴上的正时标记对准，见图1-189。

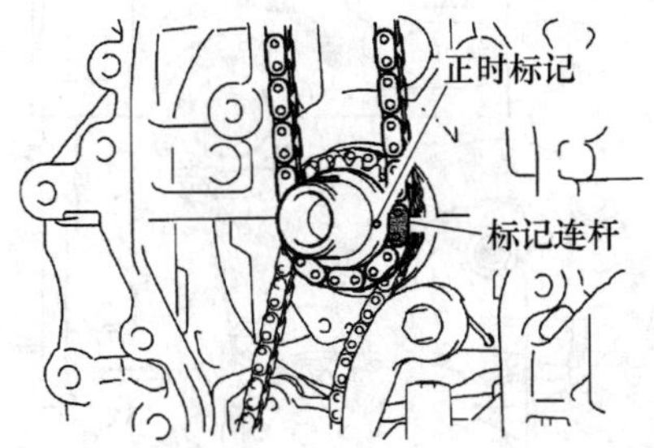

图1-189　对准正时标记

③ 用专用工具和锤子敲入曲轴正时链轮，见图1-190。

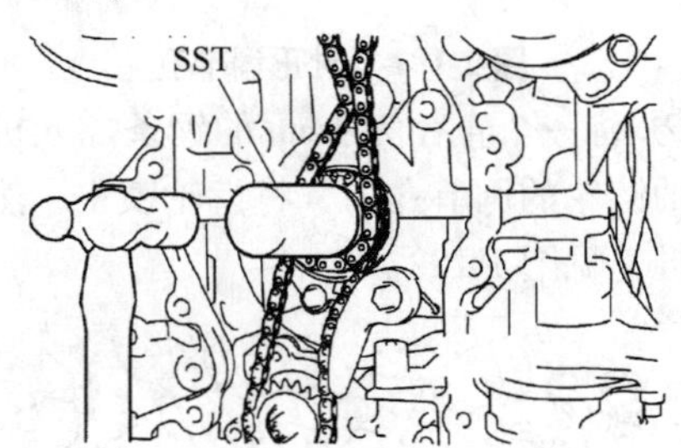

图1-190　装入曲轴正时链轮

④ 将金色或黄色标记连杆对准凸轮轴正时齿轮和链轮上的各正时标记，然后安装链条，见图1-191。

5）用螺栓安装链条张紧器滑块。

• 力矩：19N·m(194kgf·cm,14lbf·ft)

6）用螺栓安装正时链条导向器。

• 力矩：9.0N·m(92kgf·cm,80lbf·in)

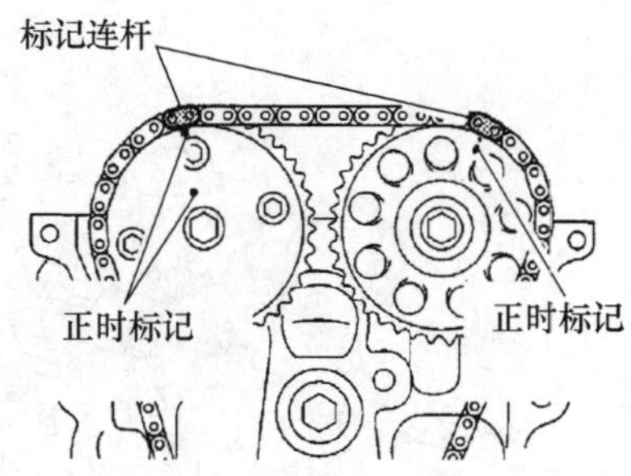

图 1-191　对准正时标记

7）安装 1 号曲轴位置传感器信号盘。安装传感器信号盘时让“F”标记朝上，见图 1-192。

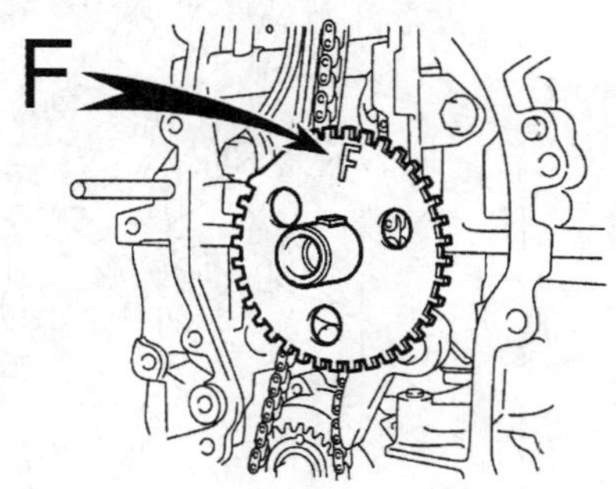

图 1-192　安装 1 号曲轴位置传感器信号盘

8）安装正时链条箱油封。

9）安装正时链盖分总成。

10）安装带 V 形加强筋的传动带张紧轮总成。用螺栓和螺母安装带 V 形加强筋的传动带张紧轮。

- 力矩：60N · m(607kgf · cm,44lbf · ft)

11）安装发动机安装支座(右)。用 3 个螺栓安装安装支座。

- 力矩：54N · m(551kgf · cm,40lbf · ft)

12）安装发动机安装隔热板。

13）拆卸发动机吊耳。

14）安装油底壳分总成。

15）安装曲轴位置传感器。

16）安装曲轴带轮。

17）安装 1 号链条张紧器总成。

① 松开棘轮爪，然后将柱塞完全推入并将卡钩钩住销，以使柱塞保持在如图 1-193 所示位置。

② 用 2 个螺母安装新垫片和链条张紧器。

- 力矩：9. 0N · m(92kgf · cm,80lbf · in)

③ 按逆时针方向转动曲轴，然后从卡钩上断开柱塞定位销。

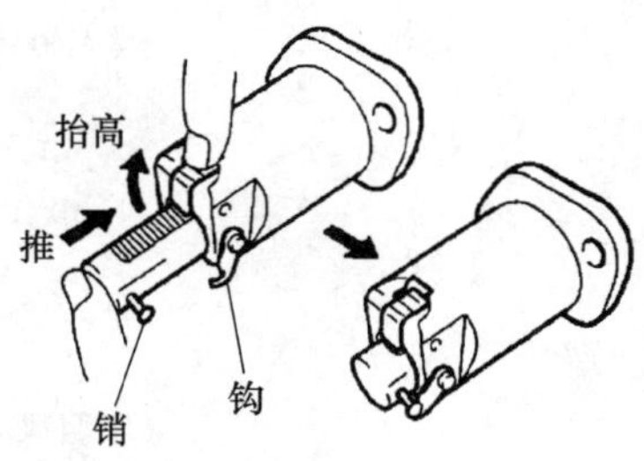

图 1-193　安装链条张紧器

④ 按顺时针方向转动曲轴，然后检查柱塞是否伸出。

18）安装气缸盖罩分总成。

19）安装 2 号通风软管。

20）安装通风软管。

21）安装点火线圈总成。用 4 个螺栓安装 4 个点火线圈。

- 力矩：9. 0N · m(92kgf · cm,80lbf · in)

22）安装叶轮泵总成。

23）安装发电机总成。

24）安装 V 带。

25）安装 2 号发动机安装支座(右)。

26）安装发动机移动控制杆分总成。

27）安装 2 号发动机安装支撑件(右)。

28）安装前排气管总成。

29）添加发动机机油。

30）将电缆连接到蓄电池负极端子上。

31）检查发动机机油是否泄漏。

32）检查有无废气泄漏。

33）检查点火正时。

34）安装前翼子板密封件(右)。

35）安装发动机下盖(左)。

36）安装发动机下盖(右)。

37）安装前轮(右)。

38）安装 1 号发动机盖分总成。

六、4ZR-FE 1. 6L 发动机(2008—2010 款雅力士装备)

1. 正时链单元分解图

正时链单元分解见图 1-194。

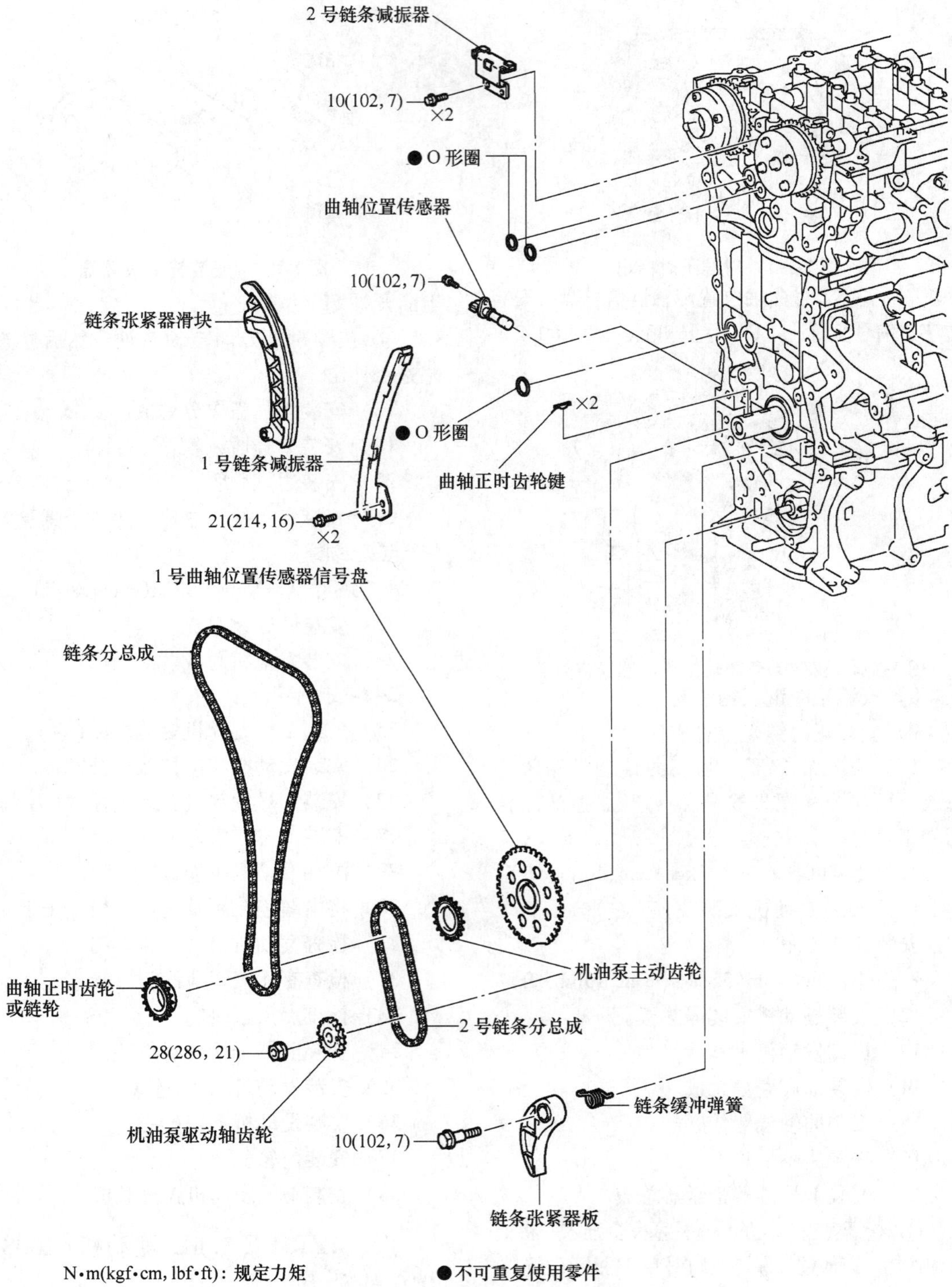

2 号链条减振器
10(102, 7)
×2
● O 形圈
曲轴位置传感器
10(102, 7)
链条张紧器滑块
● O 形圈
×2
1 号链条减振器
曲轴正时齿轮键
21(214, 16)
×2
1 号曲轴位置传感器信号盘
链条分总成
机油泵主动齿轮
曲轴正时齿轮
或链轮
2 号链条分总成
28(286, 21)
机油泵驱动轴齿轮
链条缓冲弹簧
10(102, 7)
链条张紧器板

N•m(kgf•cm, lbf•ft): 规定力矩　　●不可重复使用零件

图 1-194　4ZR-FE 发动机正时链单元分解

2. 正时链单元拆解方法

1）从正时链条或正时带盖分总成上拆下垫片。

2）拆卸正时链盖油封。用旋具和锤子拆下油封。

3）拆卸进水口外壳。拆下 3 个螺栓、垫片和进水口外壳。

4）拆卸 1 号发电机支架。拆下 4 个螺栓和发电机支架。

5）拆卸 2 号链条减振器。拆下 2 个螺栓，然后拆下 2 号链条减振器。

6）拆卸链条张紧器滑块。从气缸体上拆下链条张紧器滑块。

7）拆卸 1 号链条减振器。拆下 2 个螺栓和链条减振器。

8）拆卸链条分总成。

① 用扳手固定凸轮轴的六角部分，逆时针转动凸轮轴正时齿轮总成，以松开凸轮轴正时齿轮之间的链条。

② 链条松开后，从凸轮轴正时齿轮总成上松开链条，将其放置在凸轮轴正时齿轮总成上。

③ 顺时针转动凸轮轴将其回归原位，并拆下链条，见图 1-195。

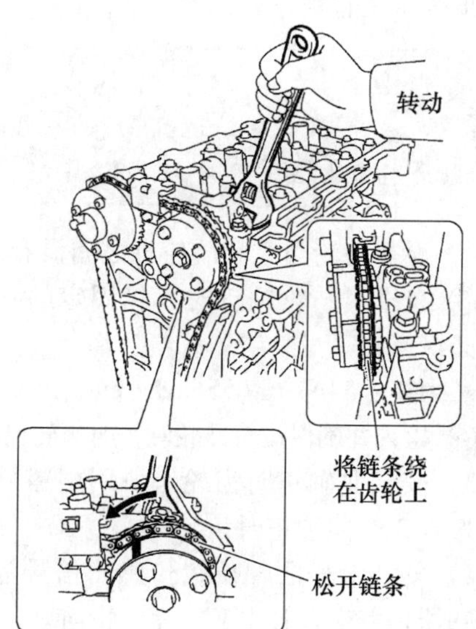

图 1-195　拆下正时链分总成

9）拆卸曲轴正时齿轮或链轮。

10）拆卸 2 号链条分总成。

① 顺时针转动曲轴 90°，将机油泵驱动轴链轮的调节孔与机油泵的槽对准，见图 1-196。

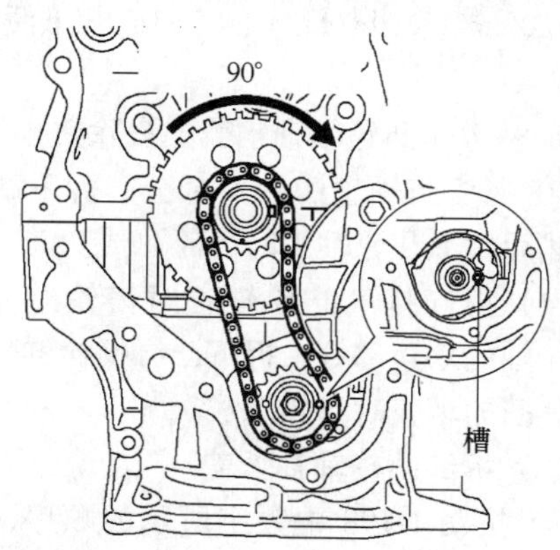

图 1-196　拆卸 2 号链条分总成

② 将一根直径为 4mm 的钢条插入机油泵驱动轴齿轮的调节孔内，将齿轮锁止入位，然后拆下螺母，见图 1-197。

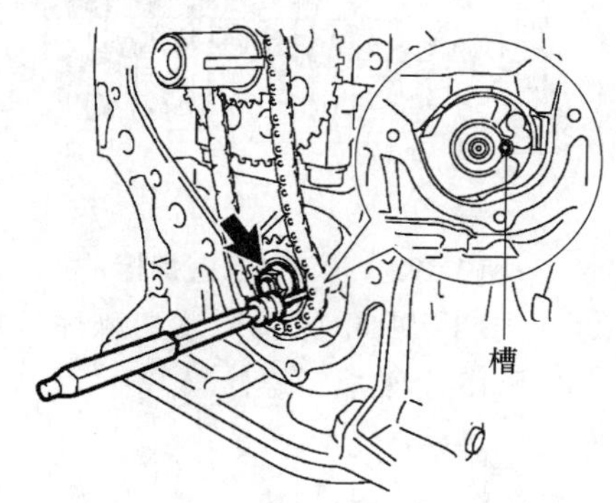

图 1-197　锁止机油泵齿轮

③ 拆下螺栓、链条张紧器板和弹簧。

④ 拆下机油泵驱动轴齿轮、机油泵主动齿轮和链条。

11）拆卸 1 号曲轴位置传感器齿板。

12）拆卸曲轴正时齿轮键。用旋具拆下 2 个曲轴正时齿轮键。

13）拆卸凸轮轴正时齿轮总成。

① 检查凸轮轴正时齿轮锁止。

② 松开锁销。

a. 清洁并去除 1 号凸轮轴轴承盖进气侧 V. V. T. 油孔的油渍后，用粘合胶带或同类产品完全密封油孔，以防止气体泄漏。

b. 在用来覆盖油孔的胶带上刺一个孔（步骤A）。

c. 向步骤A中所刺的孔施加约150kPa（1.5kgf/cm²，22lbf/in²）的气压，以便松开锁销。

d. 从1号凸轮轴轴承盖上去除粘合胶带。

③ 握住凸轮轴的六角部分，拆下凸缘螺栓，然后拆下凸轮轴正时齿轮总成。

14）拆卸排气凸轮轴正时齿轮总成。握住凸轮轴的六角部分，拆下凸缘螺栓，然后拆下排气凸轮轴正时齿轮总成。

15）拆卸凸轮轴轴承盖。

① 按图1-198中数字所示的顺序，均匀松开并拆下10个轴承盖螺栓。

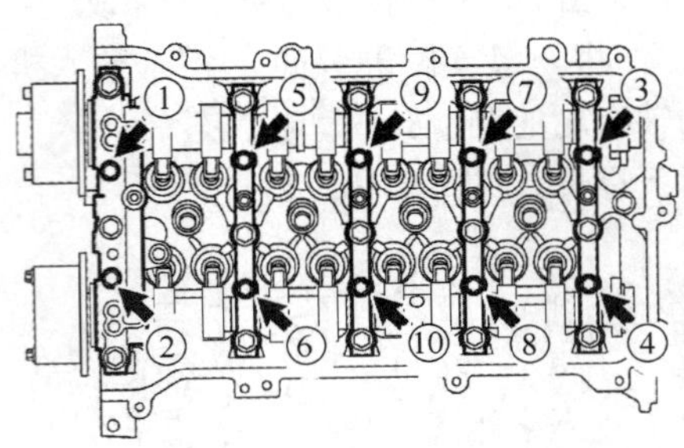

图1-198　拆下轴承盖螺栓

② 按图1-199中数字所示的顺序，均匀松开并拆下15个轴承盖螺栓。

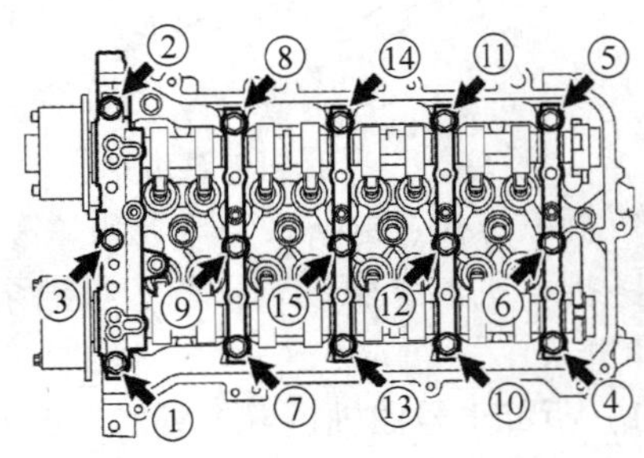

图1-199　拆下15个轴承盖螺栓

③ 拆下5个轴承盖。

④ 拆下凸轮轴和2号凸轮轴。

3. 正时链单元的安装步骤

1）凸轮轴正时齿轮和凸轮轴的安装。

① 将凸轮轴正时齿轮和凸轮轴安装在一起，直销和键槽不对准。

② 转动凸轮轴正时齿轮，同时将其轻轻压向凸轮轴。将直销进一步推入键槽中。

③ 测量齿轮和凸轮轴之间的间隙，如图1-200所示。

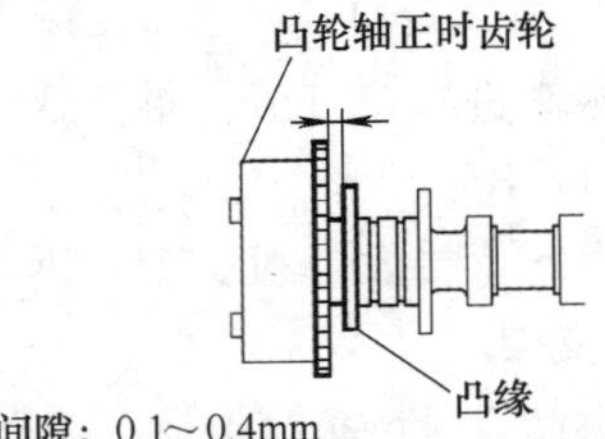

图1-200　测量齿轮与凸轮轴间的间隙

- 间隙：0.1～0.4mm（0.004～0.016in）

④ 凸轮轴正时齿轮固定就位时，拧紧凸缘螺栓。

- 力矩：54N·m（551kgf·cm，40lbf·ft）

⑤ 检查并确认凸轮轴正时齿轮可移动到延迟角侧（朝右方向），且锁止到最大延迟位置。

2）安装排气凸轮轴正时齿轮总成。

① 检查并确认定位销安装在凸轮轴上。

② 通过对准键槽和直销将排气凸轮轴正时齿轮和凸轮轴安装在一起。

③ 将齿轮轻轻压向凸轮轴，并转动齿轮。进一步按压使直销进入键槽。

> **备注：**
> - 一定不要朝延迟方向（朝右）转动排气凸轮轴正时齿轮。

④ 检查齿轮凸缘和凸轮轴之间没有间隙。

⑤ 在排气凸轮轴正时齿轮固定的状态下拧紧凸缘螺栓。

- 力矩：54N·m（551kgf·cm，40lbf·ft）

⑥ 检查并确保排气凸轮轴正时齿轮已锁止。

3）安装曲轴正时齿轮键。用塑料贴面的锤子敲入2个曲轴正时齿轮键。

4）安装1号曲轴位置传感器信号盘。安装传感器信号盘，让“F”标记朝前。

5）安装2号链条分总成。

① 如图1-201所示设置曲轴键。

② 转动驱动轴，使缺口朝右。

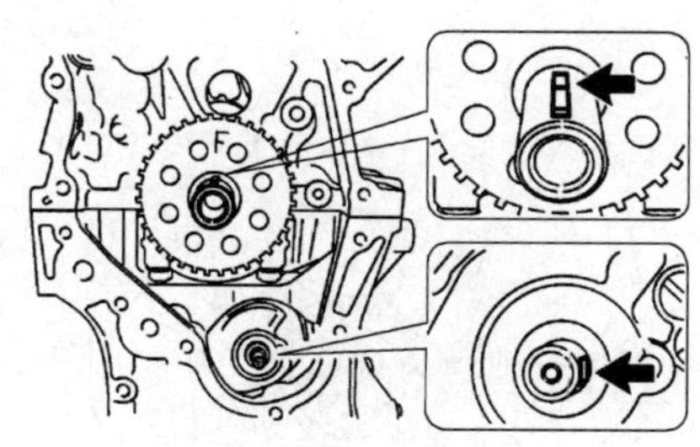

图 1-201　设置曲轴键

③ 如图 1-202 所示，将黄色标记连杆与各齿轮的正时标记对准。

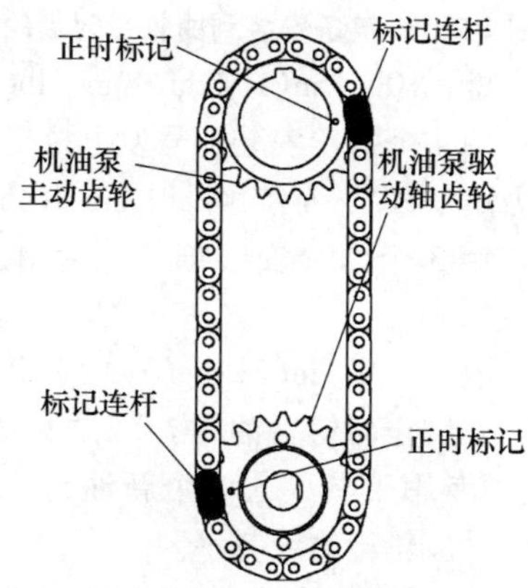

图 1-202　正时记号对准

④ 链条安装在齿轮上时，将齿轮安装到曲轴和机油泵轴上。

⑤ 用螺母暂时拧紧机油泵驱动轴齿轮。

⑥ 将缓冲弹簧插入调节孔内，然后用螺栓安装链条张紧器板。

• 力矩：10N · m(102kgf · cm,7lbf · ft)

⑦ 将机油泵驱动轴齿轮的调节孔与机油泵的槽对准。

⑧ 将一根直径为 4mm 的钢条插入机油泵驱动轴齿轮的调节孔内，将齿轮锁止，然后拧紧螺母。

• 力矩：28N · m(286kgf · cm,21lbf · ft)

6）安装曲轴正时齿轮或链轮。

7）用 2 个螺栓安装 1 号链条减振器。

• 力矩：21N · m(214kgf · cm,16lbf · ft)

8）安装链条分总成。

① 检查 1 号气缸压缩行程上止点（TDC）位置的标记。

a. 暂时拧紧曲轴带轮螺栓。

b. 逆时针转动曲轴，直到正时齿轮键向上，见图 1-203。

c. 拆下曲轴带轮螺栓。

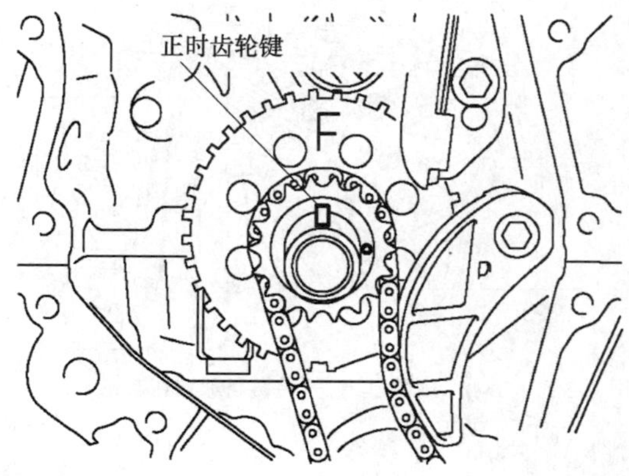

图 1-203　正时齿轮键向上

d. 检查各凸轮轴正时齿轮上的正时标记，如图 1-204 所示。

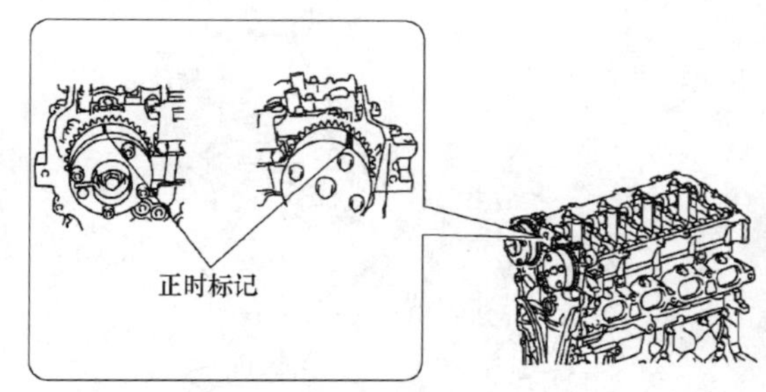

图 1-204　正时标记检查

② 如图 1-205 所示，将标记牌（橙色）和正时标记对准，并安装链条。

③ 不要将链条绕在曲轴上，放在曲轴上即可。

④ 用扳手固定凸轮轴的六角部分，并逆时针转动凸轮轴正时齿轮总成，以将标记牌（橙色）与正时标记对准，如图 1-206 所示。

⑤ 用扳手固定凸轮轴的六角部分，并顺时针转动凸轮轴正时齿轮总成。

⑥ 将标记牌（黄色）与正时标记对准，并将链条安装到曲轴正时齿轮上，如图 1-207 所示。

⑦ 重新检查压缩行程上止点（TDC）处的各正时标记。（见图 1-208）

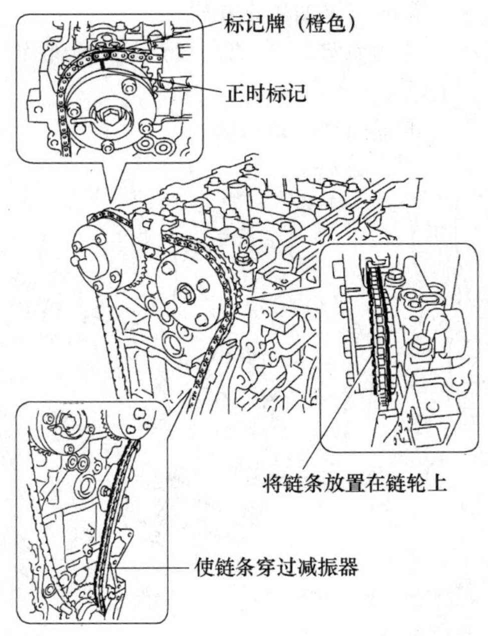

图1-205　安装正时链条

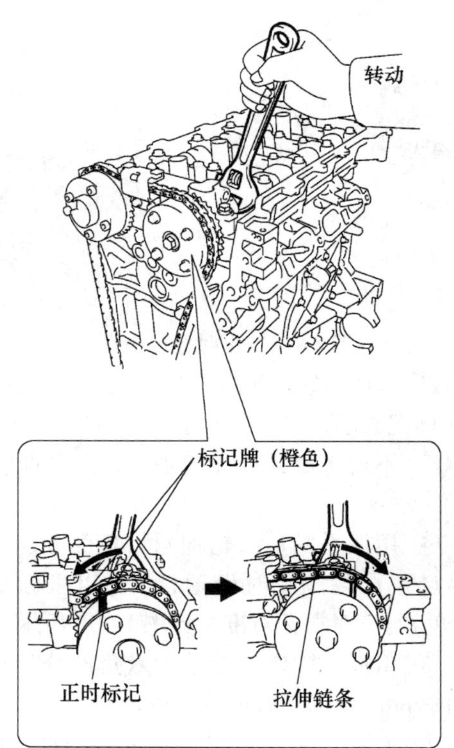

图1-206　正时标记对准操作

9）安装链条张紧器滑块。

10）用2个螺栓安装2号链条减振器。

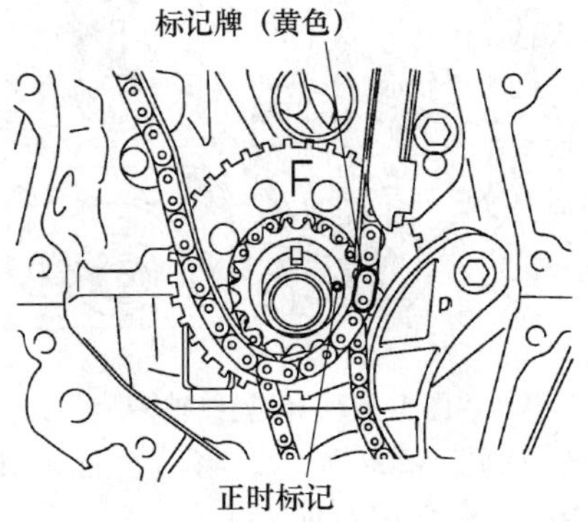

图1-207　链条安装到曲轴正时齿轮

- 力矩：10N·m(102kgf·cm,7lbf·ft)

11）用4个螺栓安装1号发电机支架。

- 力矩：21N·m(214kgf·cm,16lbf·ft)

12）用3个螺栓安装新的垫片和进水口外壳。

- 力矩：21N·m(214kgf·cm,16lbf·ft)

13）安装正时链盖油封。

① 用专用工具敲入一个新油封，直至其表面与正时齿轮箱边缘齐平。

② 在油封唇部涂抹一薄层MP润滑脂。

14）安装正时链条或正时带盖分总成。

① 清除所有旧的密封(FIPG)材料，小心不要将任何机油滴落到正时链盖、气缸盖和气缸体的接触表面上。

② 安装3个新O形圈，见图1-209。

③ 如图1-210所示，涂上密封材料。

备注：

- 除去接触表面上的所有油液。
- 在涂抹密封材料后的3min内安装链盖。
- 安装后至少2h内不要起动发动机。

七、2NZ-FE 1.3L发动机(2008—2012款雅力士,2008-2012款威驰装备)

1. 正时链单元分解

正时链单元分解见图1-211。

2. 正时链单元的拆解方法

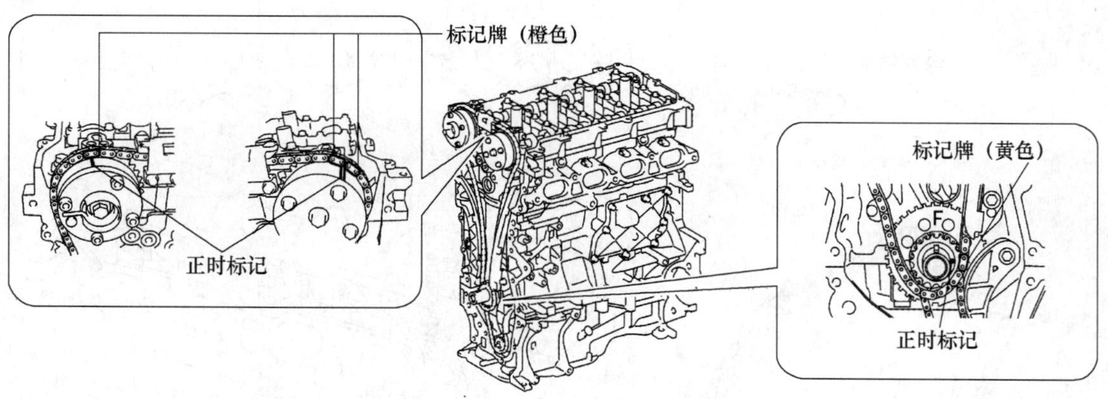

图 1-208　正时标记检查

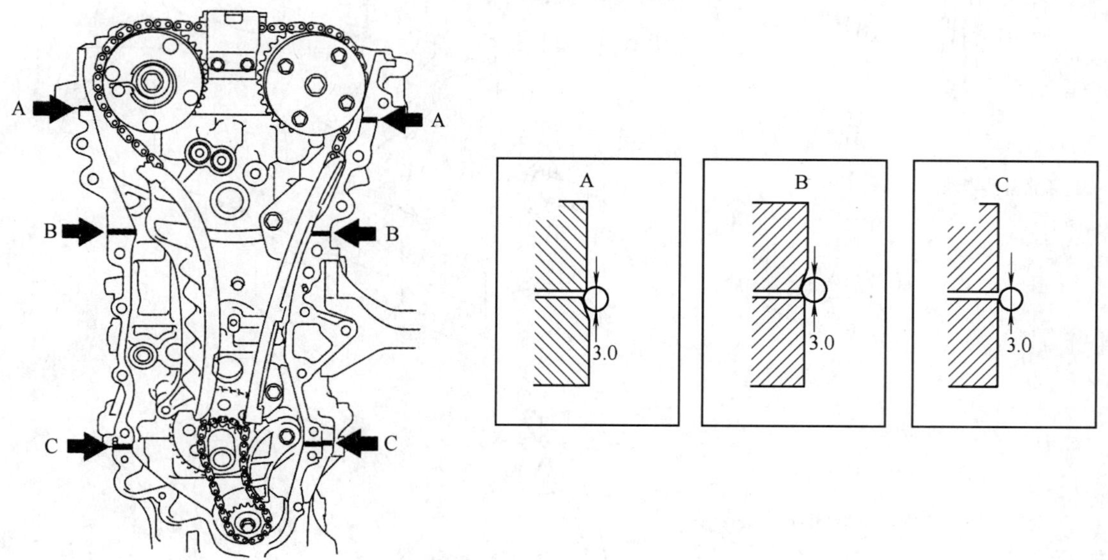

图 1-209　正时室罩盖上涂上密封材料

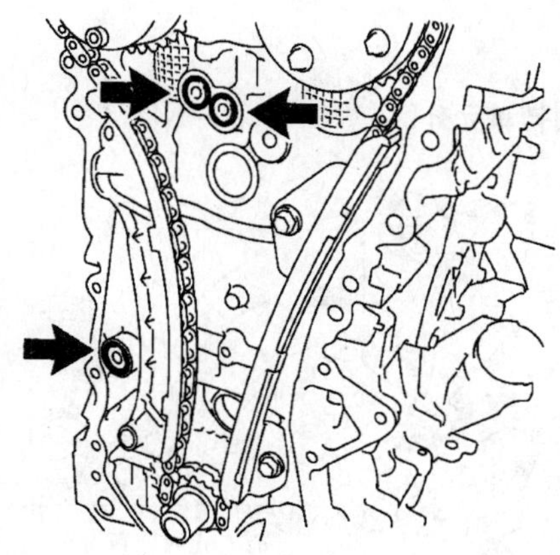

图 1-210　新的 O 形圈安装位置

1）从气缸盖罩上拆下机油加注口盖。

2）用端部缠绕保护带的旋具，从机油加注口盖上拆下垫片。

3）拆卸曲轴位置传感器。

4）从气缸盖罩上拆下通风阀。

5）拆卸气缸盖罩分总成。拆下 9 个螺栓、2 个螺母和 2 个密封垫圈，然后拆下气缸盖罩分总成。

6）从气缸盖罩上拆下垫片。

7）拆下螺栓和凸轮轴正时机油控制阀。

8）拆下螺栓和油位计导管。

9）拆卸水泵带轮。

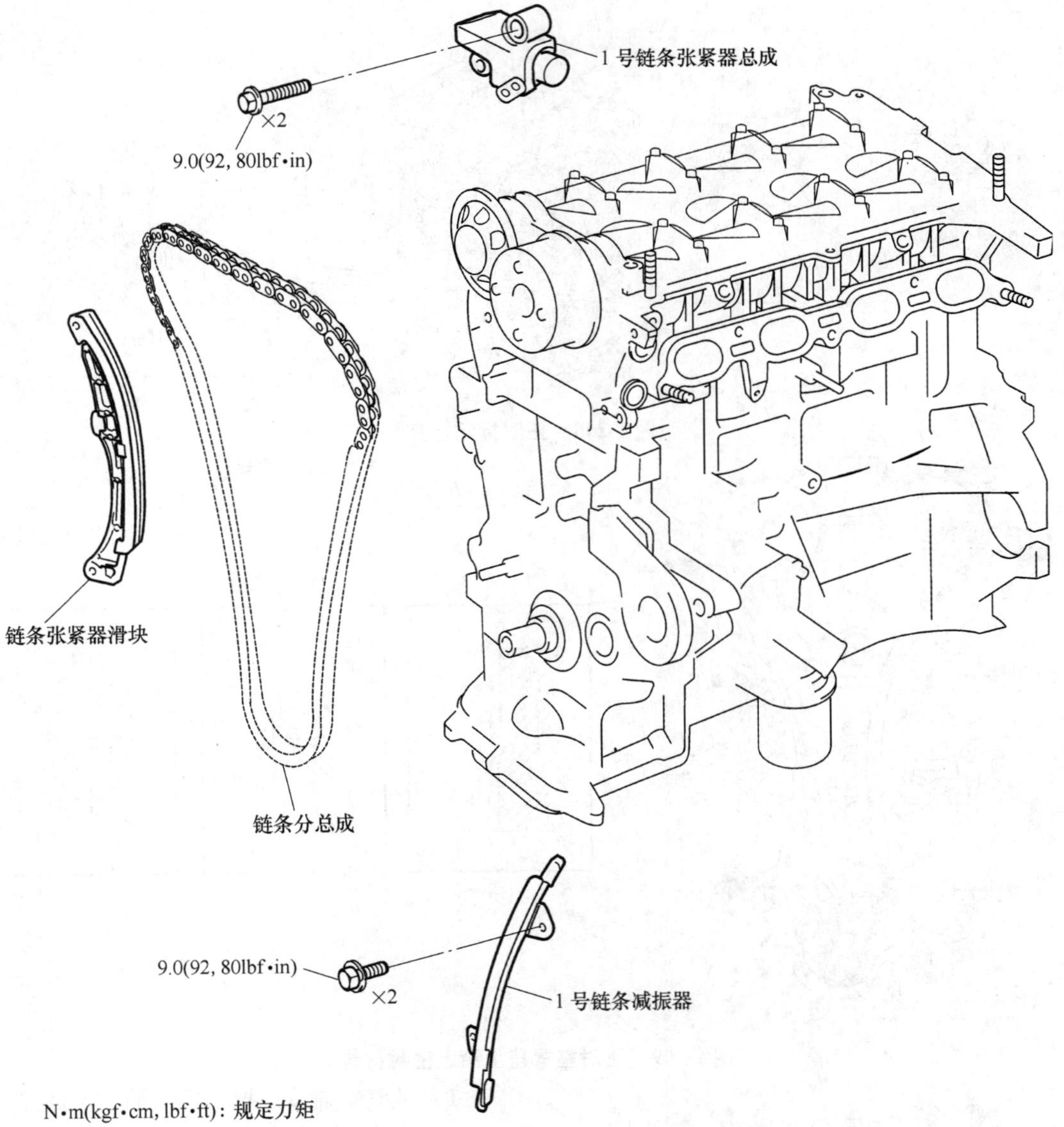

1号链条张紧器总成

×2

9.0(92, 80lbf•in)

链条张紧器滑块

链条分总成

9.0(92, 80lbf•in)

×2

1号链条减振器

N•m(kgf•cm, lbf•ft)：规定力矩

图1-211　2NZ-FE发动机正时链单元分解

10）拆卸曲轴减振器分总成。

① 将1号气缸设置在压缩行程上止点(TDC)位置上。

a. 转动曲轴减振器分总成，并将分总成上的正时缺口与机油泵的正时标记“0”对准，见图1-212。

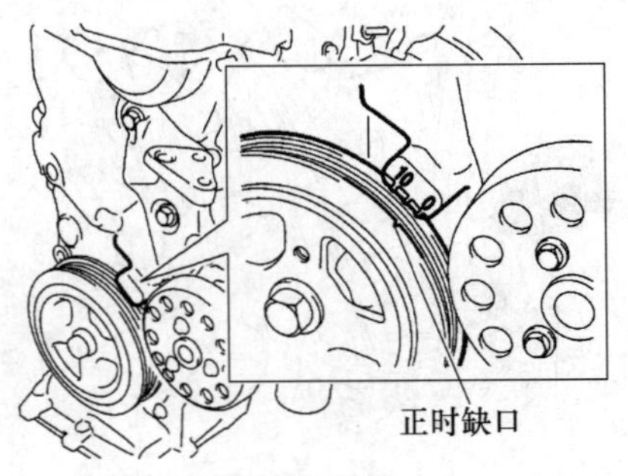

图1-212　设置TDC位置

b. 检查并确认凸轮轴正时链轮和凸轮轴正时齿轮上的正时标记朝上，如图1-213所示。

c. 如果未朝上，则转动曲轴1周(360°)

对准上述标记。

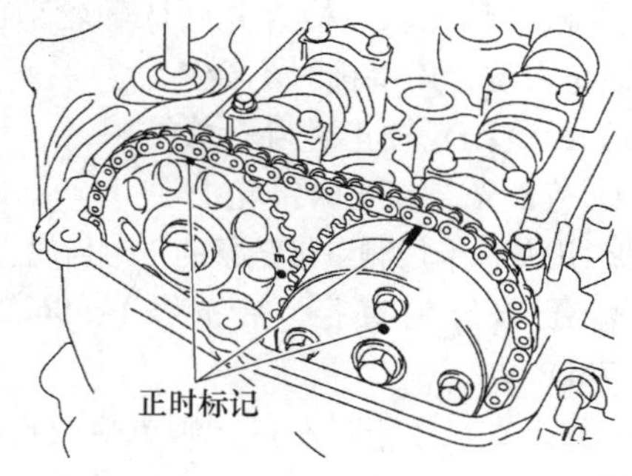

图 1-213　正时标记朝上设定

② 用 2 个专用工具固定住曲轴减振器分总成的同时松开螺栓。

③ 拆下专用工具和螺栓。

④ 拆下曲轴减振器分总成。

11）拆下 4 个螺栓和横置发动机安装支架。

12）拆卸水泵总成。

13）拆卸机油泵总成。

14）拆卸机油泵密封件。

① 用端部缠绕保护带的旋具拆下油封。

② 松开锁，向上拉锁止板，将锁止板固定。

15）拆卸 1 号链条张紧器总成。

> **注意：**
>
> • 拆下链条张紧器后不要转动曲轴。
>
> • 在正时链条被拆下的状态下转动凸轮轴时，先从 TDC 位置逆时针转动曲轴 40°，见图 1-214。

① 将链条张紧器柱塞解锁，然后将其推到端部，如图 1-215 所示。

② 柱塞推至端部后，拉下锁止板，锁住柱塞。

③ 将直径为 3mm（0. 12in）的钢条插入锁止板的孔中，锁住柱塞。

④ 拆下 2 个螺栓，拆下 1 号链条张紧器总成。

16）拆下链条张紧器滑块。

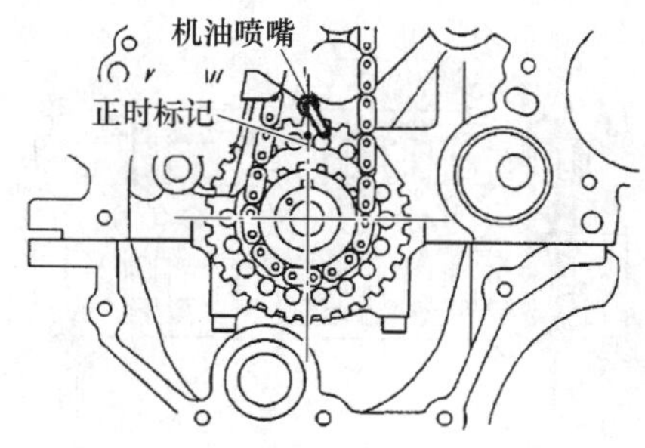

图 1-214　转动曲轴齿轮

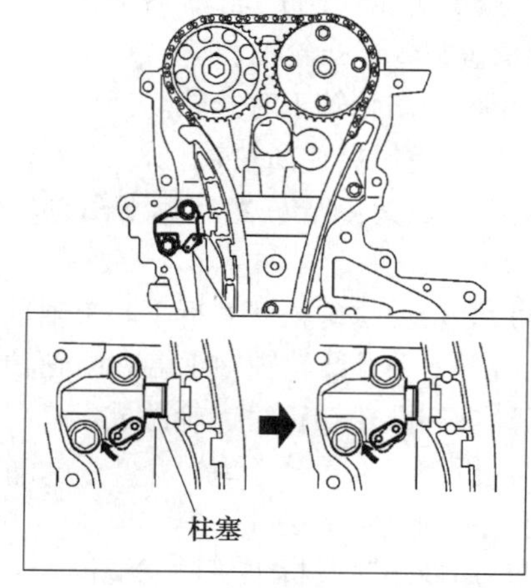

图 1-215　解锁张紧器柱塞

17）拆下 2 个螺栓，然后拆下 1 号链条减振器。

18）拆卸链条分总成。

19）拆卸输油管分总成。

20）拆卸 1 号输油管隔圈。

21）拆卸喷油器隔振器。

22）拆卸喷油器总成。

23）拆下螺栓和凸轮轴位置传感器。

24）拆卸 2 号凸轮轴。

> **注意：**
>
> • 在正时链条被拆下的状态下转动凸轮轴时，先从 TDC 位置逆时针转动曲轴减振器 40°，然后将机油喷嘴孔对准油漆标记。这样可以避免活塞触碰到气门。

① 按图 1-216 中数字所示顺序，分步骤

均匀松开并拆下 11 个轴承盖螺栓。

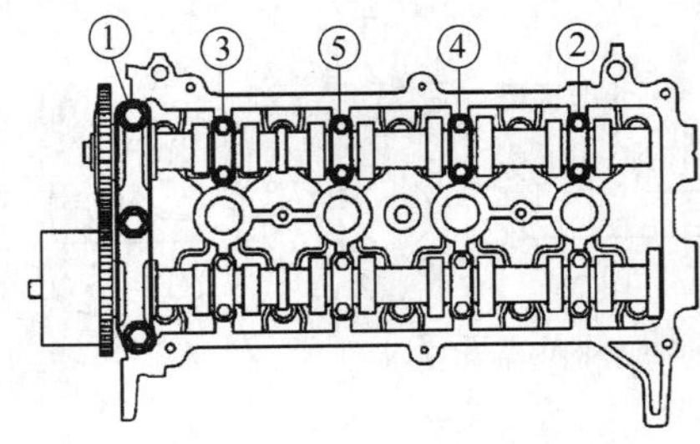

图 1-216　拆下凸轮轴轴承盖

② 然后拆下 1 号凸轮轴轴承盖、2 号凸轮轴轴承盖和 2 号凸轮轴。

25）拆卸凸轮轴正时链轮。

① 用台虎钳夹住凸轮轴。

② 拆下凸缘螺栓，然后拆下凸轮轴正时链轮。

26）分步骤均匀松开并拆下 8 个轴承盖螺栓，然后拆下 2 号凸轮轴轴承盖和凸轮轴。

27）拆卸凸轮轴正时齿轮总成。

28）拆卸气缸盖分总成。

29）拆卸气缸盖垫片。

30）用专用工具拆下机油滤清器。

31）用 12mm(0.47in)六角扳手拆下机油滤清器接头。

3. 正时链单元的检查

1）检查链条分总成。用弹簧秤在正时链条上施加 140N(14.3kgf,31.5lbf)的力，然后测量其长度，如图 1-217 所示。

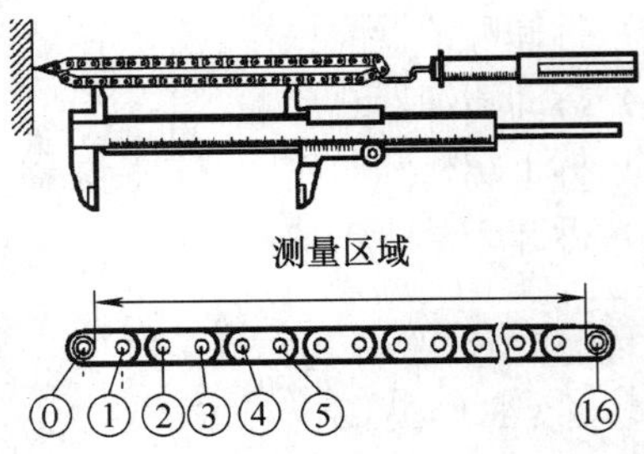

图 1-217　测量正时链的长度

- 最大链条长度：123.2mm(4.850in)
- 如果长度大于最大值，则更换链条。

2）检查 1 号链条张紧器总成。

① 用手指抬起棘轮爪时，检查并确认柱塞平稳地移动。

② 松开棘轮爪，检查并确认棘轮爪已将柱塞锁止入位，用手推时不会移动。

3）检查凸轮轴正时齿轮总成。

① 将链条绕在正时链轮上。

② 用游标卡尺测量带链条的正时齿轮直径。

- **最小齿轮直径**（带链条）：**96.2mm**(3.787in)
- 如果直径小于最小值，则更换凸轮轴正时齿轮。

4）检查凸轮轴正时链轮。

① 将链条绕在正时链轮上。

② 用游标卡尺测量带链条的正时齿轮直径。

- **最小齿轮直径**（带链条）：**96.2mm**(3.787in)
- 如果直径小于最小值，则更换凸轮轴正时链轮。

5）检查链条张紧器滑块，见图 1-218。

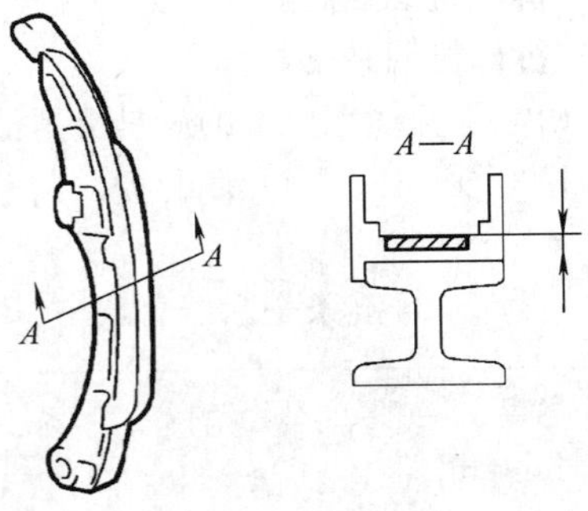

图 1-218　检查张紧器滑块厚度

- **最小厚度：1.0mm**(0.039in)
- 如果厚度小于最小值，则更换链条张紧器滑块。

6）检查 1 号链条减振器。

① 检查减振器，如图 1-219 所示。

- **最小厚度：1.0mm**(0.039in)

② 如果厚度小于最小值，则更换链条减振器。

7）检查气缸盖定位螺栓

① 用游标卡尺测量从底座到端部的气缸盖定位螺栓的长度，见图 1-220。

- **标准长度：143.5 mm**(5.6496 in)

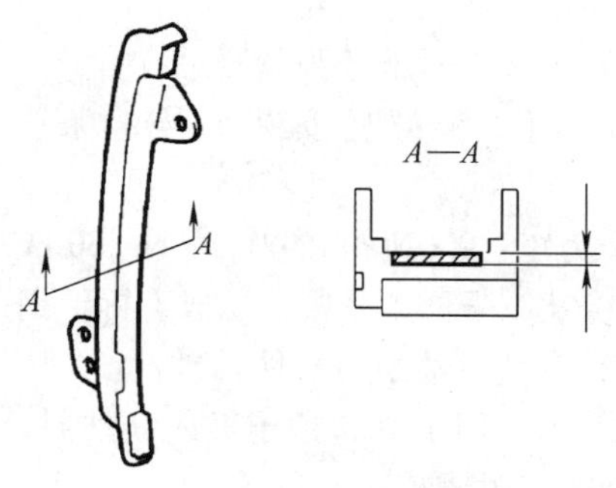

图 1-219　检查减振器厚度

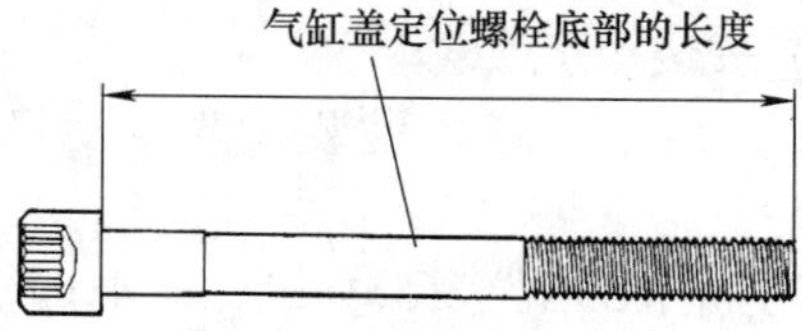

图 1-220　检查气缸盖定位螺栓长度

• **最大长度：144. 2 mm**(5. 6772 in)

② 如果螺栓长度大于最大值，则更换螺栓。

4. 正时链单元的安装步骤

1）安装凸轮轴正时链轮。

① 用台虎钳夹住凸轮轴。

② 将凸轮轴正时链轮上的定位销孔与凸轮轴定位销对准，并用凸缘螺栓安装凸轮轴正时链轮。

•力矩：64N · m(653kgf · cm,47lbf · ft)

2）安装 2 号凸轮轴。

① 在凸轮轴轴颈部分涂抹一薄层发动机机油。

② 将凸轮轴安装在气缸盖上，凸轮轴正时齿轮的正时标记朝上。

③ 检查 1 号和 2 号凸轮轴轴承盖上的朝前标记和号码，检查并确认顺序分步骤均匀拧紧螺栓。

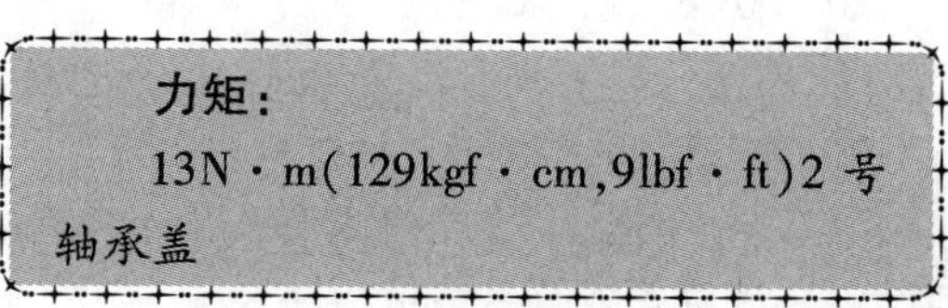

力矩：

13N · m(129kgf · cm,9lbf · ft)2 号轴承盖

23N · m(235kgf · cm,17lbf · ft)1 号轴承盖

3）安装凸轮轴位置传感器。

① 在 O 形圈上涂抹发动机机油。

② 用螺栓安装凸轮轴位置传感器。

• 力矩：8. 0N · m(82kgf · cm,71lbf · in)

4）安装链条分总成。

① 确保所有正时标记位于图中所示的位置(TDC)，见图 1-221。

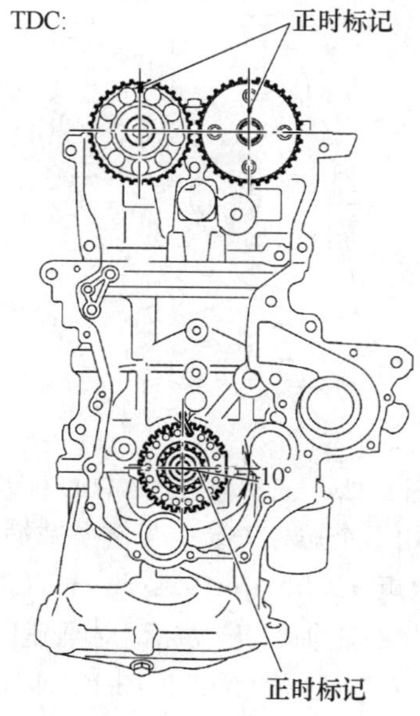

图 1-221　正时标记位置

② 如图 1-222 所示，将曲轴的正时标记置于 40°至 140°ATDC 之间。

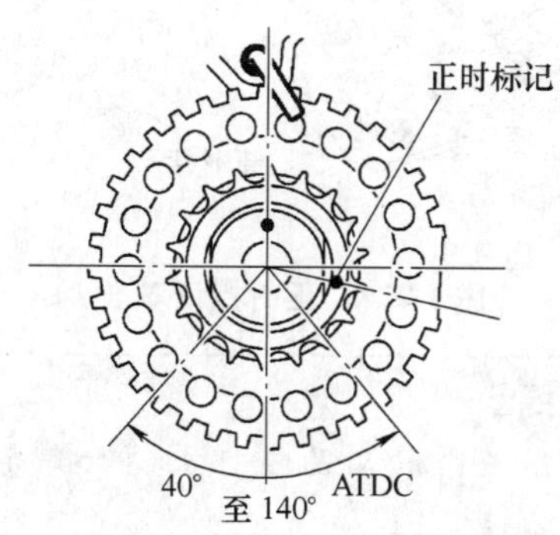

图 1-222　调整曲轴正时标记位置

③ 将凸轮轴正时齿轮和凸轮轴正时链轮置于如图1-223中所示的位置(20°ATDC)。

④ 将曲轴置于如图1-223中所示的位置(20°ATDC)。

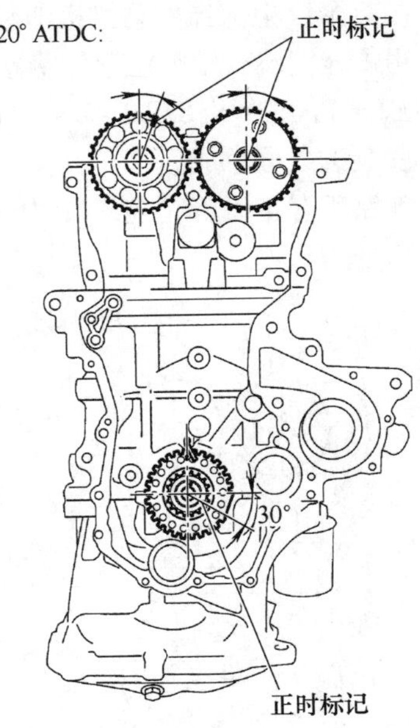

图1-223 正时标记的ATDC位置

⑤ 用2个螺栓安装1号链条减振器。

• 力矩：9.0N·m(92kgf·cm,80lbf·in)

⑥ 将凸轮轴的正时标记对准正时链条的标记牌，安装正时链条，见图1-224。

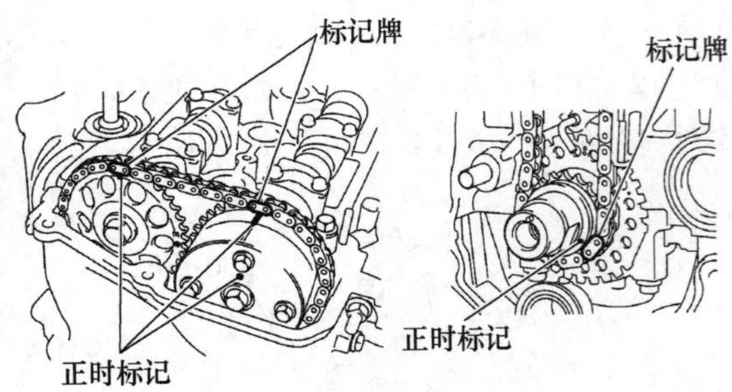

图1-224 正时标记对准

> **提示：**
> 用扳手转动凸轮轴上的六角形维修部位的同时，将正时标记对准标记牌。

5）安装链条张紧器滑块。

6）安装1号链条张紧器总成。

① 用2个螺栓安装1号链条张紧器总成。

• 力矩：9.0N·m(92kgf·cm,80lbf·in)

② 从1号链条张紧器总成上拆下钢条。

7）安装机油泵密封件。

① 用专用工具和锤子敲入新油封，直至其表面与正时链盖边缘齐平。

② 在油封唇部施涂MP润滑脂。

8）安装机油泵总成。

9）安装水泵总成。

10）用4个螺栓安装横置发动机安装支架。

• 力矩：55N·m(561kgf·cm,41lbf·ft)

11）安装曲轴减振器分总成。

① 将曲轴减振器的销孔对准销的位置，然后安装曲轴减振器分总成。

② 暂时安装螺栓。

③ 用2个专用工具固定住曲轴减振器分总成的同时拧紧螺栓。

• 力矩：128N·m(1305kgf·cm,95lbf·ft)

12）安装水泵带轮。

13）检查气门间隙。

14）调整气门间隙。

15）安装凸轮轴正时机油控制阀总成。

① 在新O形圈上涂抹一薄层发动机机油，然后将其安装到凸轮轴正时机油控制阀上。

② 用螺栓安装凸轮轴正时机油控制阀。

• 力矩：7.5N·m(76kgf·cm,66lbf·in)

16）安装喷油器总成。

17）安装喷油器隔振器。

18）安装1号输油管隔圈。

19）安装输油管分总成。

20）安装气缸盖罩分总成。

① 将垫片安装到气缸盖罩上。

② 在气缸盖上涂抹密封材料。

③ 用9个螺栓、2个螺母和2个密封垫圈暂时安装气缸盖罩分总成。

④ 按图1-225中数字所示顺序拧紧9个螺栓和2个螺母。

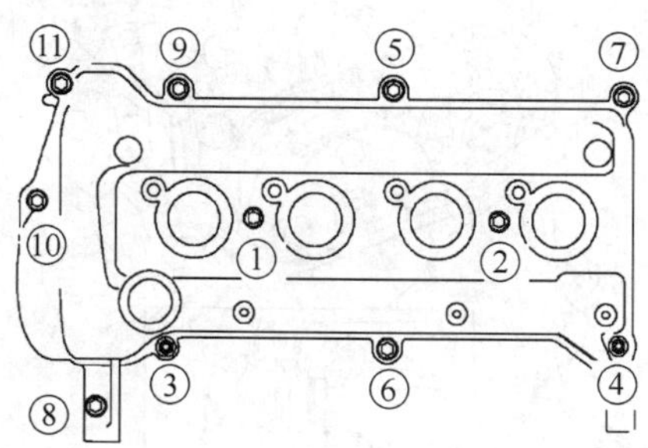

图1-225　装好气缸盖罩

•力矩：10N · m(102kgf · cm,7lbf · ft)

5. 气门间隙的调整

1）拆卸发动机下盖(右)。

2）拆卸2号气缸盖罩。

3）拆卸1号点火线圈。

4）断开通风软管。

5）断开2号通风软管。

6）拆卸气缸盖罩分总成。

7）检查气门间隙。

> **提示：**
> 发动机冷态时检查气门间隙。

① 将1号气缸设置在压缩行程上止点(TDC)位置上。

a. 转动曲轴减振器，将减振器上的正时缺口对准机油泵上的正时标记“0”。

b. 检查并确认凸轮轴正时链轮和凸轮轴正时齿轮上的两个正时标记均朝上。

> **提示：**
> 如果未朝上，则转动曲轴1周(360°)对准上述标记。

② 检查图1-226中所示的气门。

a. 用塞尺测量气门挺杆和凸轮轴之间的间隙。

• 气门间隙(冷态)：

＊进气：

0. 15 ~ 0. 25mm(0. 006 ~ 0. 010in)

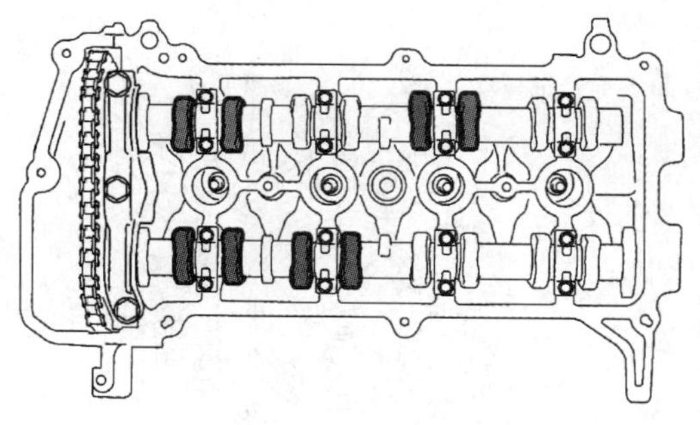

图1-226　检查气门间隙

＊排气：

0. 25 ~ 0. 35mm(0. 010 ~ 0. 014in)

b. 记录任何超出范围的气门间隙测量值。这些值将在以后用于确定所需更换的调整垫片。

③ 转动曲轴1周(360°)，将曲轴上的正时缺口对准机油泵上的正时标记“0”，见图1-228。

④ 检查图中1-227所示的气门。

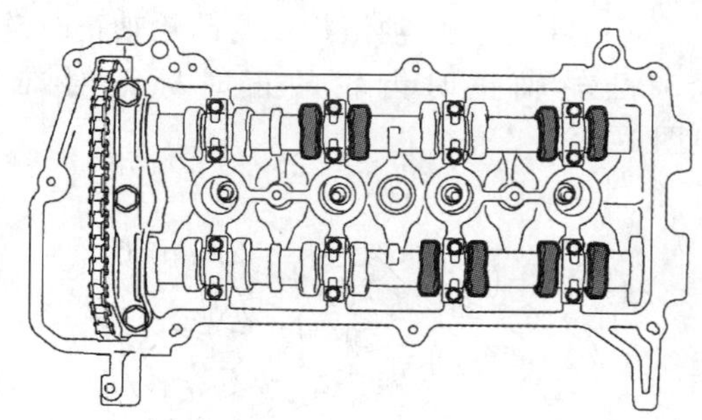

图1-227　检查气门间隙

a. 用塞尺测量气门挺杆和凸轮轴之间的间隙。

• 气门间隙(冷态)：

＊进气：

0. 15 ~ 0. 25mm(0. 006 ~ 0. 010in)

＊排气：

0. 25 ~ 0. 35mm(0. 010 ~ 0. 014in)

b. 记录任何超出范围的气门间隙测量值。这些值将在以后用于确定所需更换的调整垫片。

8）调整气门间隙(见图1-228)。

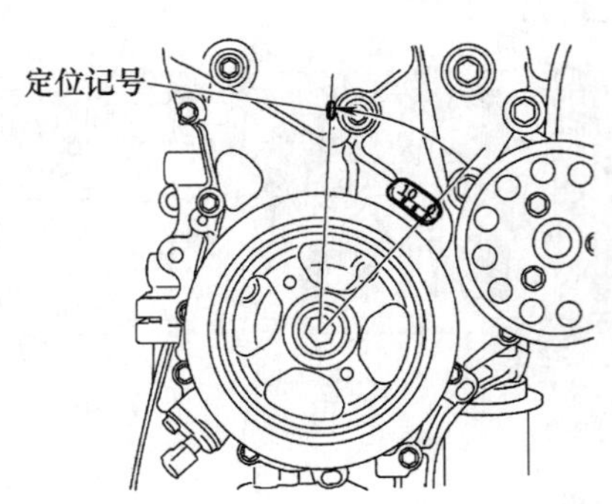

图 1-228　调整气门间隙

① 拆下风扇和发电机 V 带。

② 拆下发动机安装隔离件分总成。

③ 将 1 号气缸设置在压缩行程上止点(TDC)位置上。

a. 转动曲轴减振器，将减振器上的正时缺口对准机油泵上的正时标记“0”。

b. 检查并确认凸轮轴正时链轮和凸轮轴正时齿轮上的两个正时标记均朝上。

④ 将链条上的油漆标记与凸轮轴正时链轮和凸轮轴正时齿轮的正时标记对准，见图 1-229。

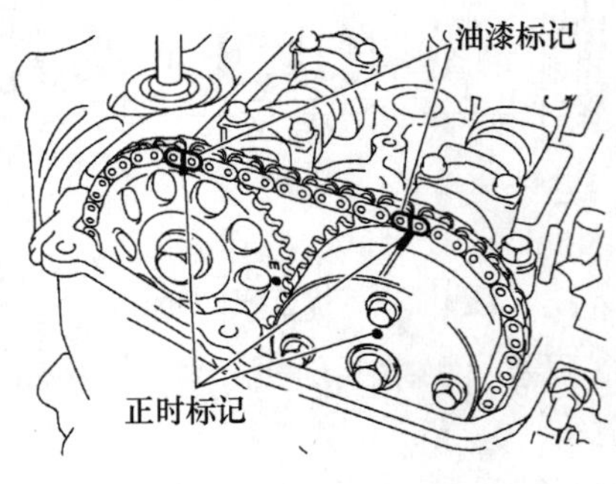

图 1-229　对准正时标记

⑤ 用 8mm (0. 31in) 六角扳手拆下螺旋塞。

⑥ 将旋具插入链条张紧器上的维修孔内，将链条张紧器的锁止板向上拉，见图 1-230。

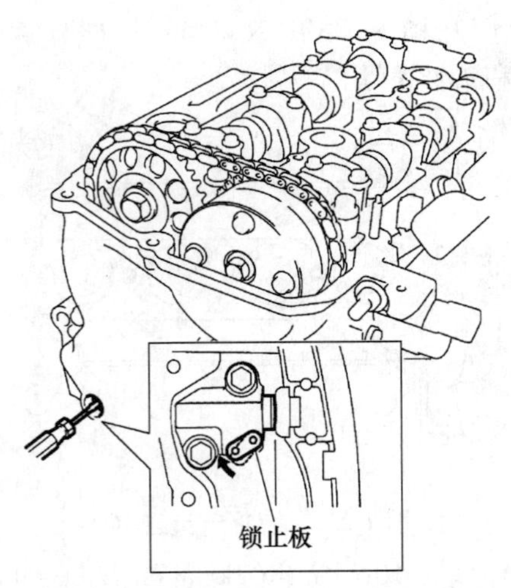

图 1-230　用工具插入张紧器维修孔

备注:

在正时链条被拆下的状态下转动凸轮轴时，从 TDC 位置逆时针转动曲轴减振器 40°，将正时缺口对准正时链盖上的定位记号，以避免活塞接触到气门。

⑦ 用扳手顺时针转动 2 号凸轮轴，将链条张紧器的柱塞推进去。

⑧ 从维修孔中拿掉旋具，然后将锁止板上的孔对准维修孔，将直径为 3mm(0. 12in)的钢条插入这两个孔以固定锁止板，见图 1-231。

⑨ 用扳手固定 2 号凸轮轴的六角凸起部分，拆下凸缘螺栓。

⑩ 按图 1-232 中所示顺序，分步骤均匀松开并拆下 11 个轴承盖螺栓，然后拆下 1 号和 2 号凸轮轴轴承盖。

⑪ 拆下凸缘螺栓，然后拆下凸轮轴正时链轮。

⑫ 拆下 2 号凸轮轴。

⑬ 按图 1-233 中所示顺序，分步骤均匀松开并拆下 8 个轴承盖螺栓，然后拆下 2 号凸轮轴轴承盖。

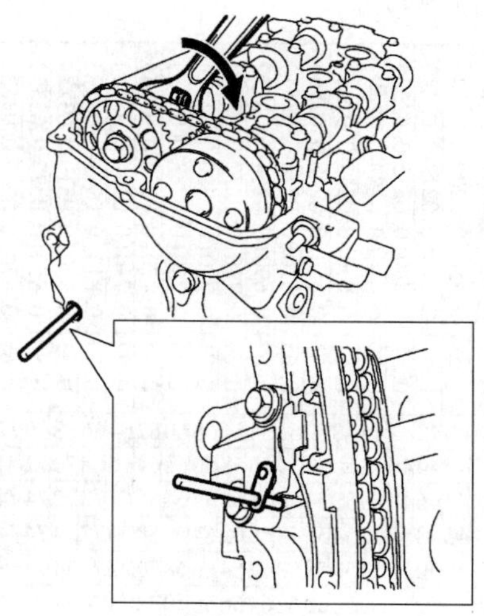

图 1-231　用钢条固定锁止板

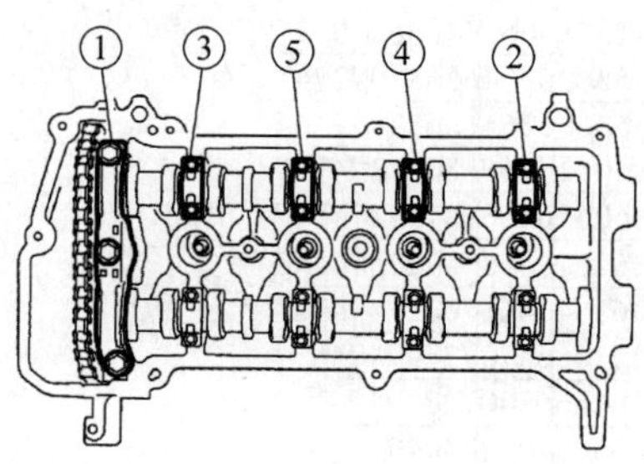

图 1-232　拆卸下凸轮轴轴承盖

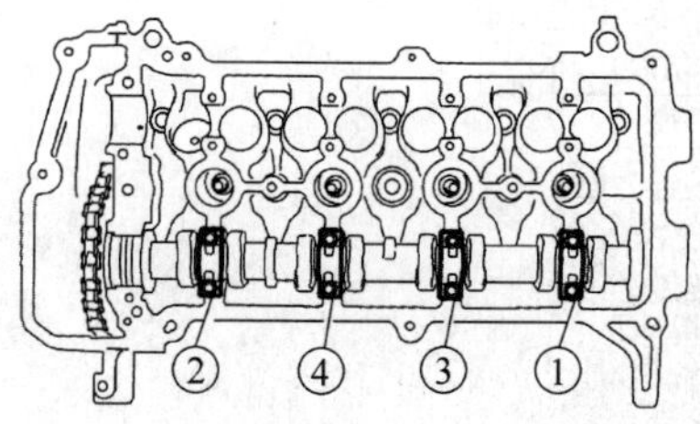

图 1-233　拆轴承盖螺栓

⑭ 用手固定正时链条，拆下凸轮轴和凸轮轴正时齿轮总成。

⑮ 如图 1-234 所示，用一根绳子系住正时链条。

⑯ 拆下 16 个气门挺杆。

⑰ 用千分尺测量拆下的气门挺杆厚度。

⑱ 计算新气门挺杆的厚度，使气门间隙达到规定值，见图 1-235。

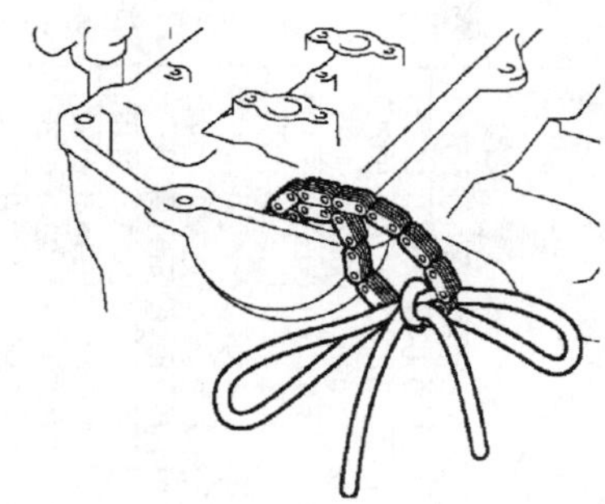

图 1-234　系住正时链条

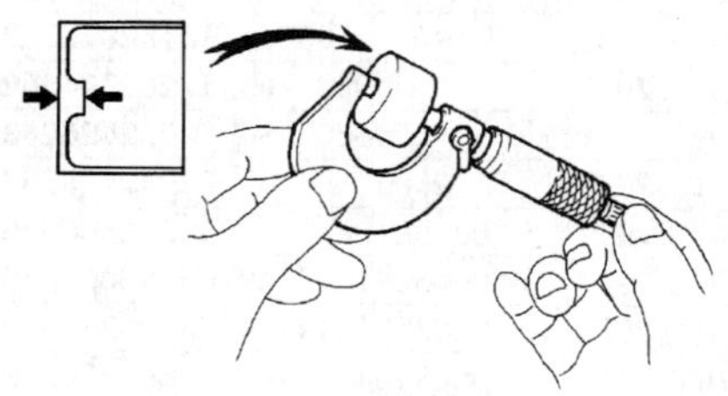

图 1-235　测量气门挺杆厚度

A	新气门挺杆的厚度
B	旧气门挺杆的厚度
C	测量的气门间隙

气门间隙：

进气 A = B + [C - 0.20mm(0.008in)]

排气 A = B + [C - 0.30mm(0.012in)]

⑲ 选择一个厚度尽可能接近计算值的新气门挺杆

提示：

气门挺杆有 35 种尺寸可供选择，从 5.060 ~ 5.740mm(0.192 ~ 0.2260in)，每隔 0.020mm(0.0008in) 为一种，参见表 1-216。

- **进气气门间隙**(冷态)：

＊0.15 ~ 0.25mm(0.006 ~ 0.010in)

示例：

安装了 5.250mm(0.2067in) 的气门挺杆，其测量间隙是 0.400mm(0.0158in)，则用新的 46 号气门挺杆更换 5.250mm(0.2067in) 气门挺杆，见表 1-15 ~ 表 1-17。

表 1-15　新垫片厚度的选择(规范数据表)

安装的连杆厚度/mm(in) \ 测量的间隙/mm(in)	0. 000-0. 030(0. 0000-0. 0012)	0. 031-0. 050(0. 0012-0. 0020)	0. 051-0. 070(0. 0020-0. 0028)	0. 071-0. 090(0. 0028-0. 0035)	0. 091-0. 110(0. 0036-0. 0043)	0. 111-0. 130(0. 0044-0. 0051)	0. 131-0. 149(0. 0052-0. 0059)	0. 150-0. 250(0. 0059-0. 0098)	0. 251-0. 270(0. 0099-0. 0106)	0. 271-0. 290(0. 0107-0. 0114)	0. 291-0. 310(0. 0115-0. 0122)	0. 311-0. 330(0. 0122-0. 0130)	0. 331-0. 350(0. 0130-0. 0138)	0. 351-0. 370(0. 0138-0. 0146)	0. 371-0. 390(0. 0146-0. 0154)	0. 391-0. 410(0. 0154-0. 0161)	0. 411-0. 430(0. 0162-0. 0169)	0. 431-0. 450(0. 0170-0. 0177)	0. 451-0. 470(0. 0178-0. 0185)	0. 471-0. 490(0. 0185-0. 0193)	0. 491-0. 510(0. 0193-0. 0201)	0. 511-0. 530(0. 0201-0. 0209)	0. 531-0. 550(0. 0209-0. 0217)	0. 551-0. 570(0. 0217-0. 0224)	0. 571-0. 590(0. 0225-0. 0232)	0. 591-0. 610(0. 0233-0. 0240)	0. 611-0. 630(0. 0241-0. 0248)	0. 631-0. 650(0. 0248-0. 0256)	0. 651-0. 670(0. 0256-0. 0264)	0. 671-0. 690(0. 0264-0. 0272)	0. 691-0. 710(0. 0272-0. 0280)	0. 711-0. 730(0. 0280-0. 0287)	0. 731-0. 750(0. 0288-0. 0295)	0. 751-0. 770(0. 0296-0. 0303)	0. 771-0. 790(0. 0304-0. 0311)	0. 791-0. 810(0. 0311-0. 0319)	0. 811-0. 830(0. 0319-0. 0327)	0. 831-0. 850(0. 0327-0. 0335)	0. 851-0. 870(0. 0335-0. 0343)	0. 871-0. 890(0. 0343-0. 0350)	0. 891-0. 910(0. 0351-0. 0358)	0. 911-0. 930(0. 0359-0. 0366)
5. 060(0. 1992)									12	14	16	18	20	22	24	26	28	30	32	34	36	38	40	42	44	46	48	50	52	54	56	58	60	62	64	66	68	70	72	74	74	74
5. 080(0. 2000)							06		14	16	18	20	22	24	26	28	30	32	34	36	38	40	42	44	46	48	50	52	54	56	58	60	62	64	66	68	70	72	74	74	74	
5. 100(0. 2008)						06	06		16	18	20	22	24	26	28	30	32	34	36	38	40	42	44	46	48	50	52	54	56	58	60	62	64	66	68	70	72	74	74	74		
5. 120(0. 2016)					06	06	06		18	20	22	24	26	28	30	32	34	36	38	40	42	44	46	48	50	52	54	56	58	60	62	64	66	68	70	72	74	74	74			
5. 140(0. 2024)				06	06	06	08		20	22	24	26	28	30	32	34	36	38	40	42	44	46	48	50	52	54	56	58	60	62	64	66	68	70	72	74	74	74				
5. 160(0. 2031)			06	06	06	08	10		22	24	26	28	30	32	34	36	38	40	42	44	46	48	50	52	54	56	58	60	62	64	66	68	70	72	74	74	74					
5. 180(0. 2039)		06	06	06	08	10	12		24	26	28	30	32	34	36	38	40	42	44	46	48	50	52	54	56	58	60	62	64	66	68	70	72	74	74	74						
5. 200(0. 2047)		06	06	08	10	12	14		26	28	30	32	34	36	38	40	42	44	46	48	50	52	54	56	58	60	62	64	66	68	70	72	74	74	74							
5. 210(0. 2051)	06	06	08	10	12	14	16		28	30	32	34	36	38	40	42	44	46	48	48	52	54	56	58	60	62	64	66	68	70	72	74	74	74								
5. 220(0. 2055)	06	06	08	10	12	14	16		28	30	32	34	36	38	40	42	44	46	48	50	52	54	56	58	60	62	64	66	68	70	72	74	74	74								
5. 230(0. 2059)	06	08	10	12	14	16	18		30	32	34	36	38	40	42	44	46	48	50	52	54	56	58	60	62	64	66	68	70	72	74	74	74									
5. 240(0. 2063)	06	08	10	12	14	16	18		30	32	34	36	38	40	42	44	46	48	50	52	54	56	58	60	62	64	66	68	70	72	74	74	74									
5. 250(0. 2067)	06	10	12	14	16	18	20		32	34	36	38	40	42	44	46	48	50	52	54	56	58	60	62	64	66	68	70	72	74	74	74										
5. 260(0. 2071)	08	10	12	14	16	18	20		32	34	36	38	40	42	44	46	48	50	52	54	56	58	60	62	64	66	68	70	72	74	74	74										
5. 270(0. 2075)	10	12	14	16	18	20	22		34	36	38	40	42	44	46	48	50	52	54	56	58	60	62	64	66	68	70	72	74	74	74											
5. 280(0. 2079)	10	12	14	16	18	20	22		34	36	38	40	42	44	46	48	50	52	54	56	58	60	62	64	66	68	70	72	74	74	74											
5. 290(0. 2083)	12	14	16	18	20	22	24		36	38	40	42	44	46	48	50	52	54	56	58	60	62	64	66	68	70	72	74	74	74												
5. 300(0. 2083)	12	14	16	18	20	22	24		36	38	40	42	44	46	48	50	52	54	56	58	60	62	64	66	68	70	72	74	74	74												
5. 310(0. 2091)	14	16	18	20	22	24	26		38	40	42	44	46	48	50	52	54	56	58	60	62	64	66	68	70	72	74	74	74													
5. 320(0. 2094)	14	16	18	20	22	24	26		38	40	42	44	46	48	50	52	54	56	58	60	62	64	66	68	70	72	74	74	74													
5. 330(0. 2098)	16	18	20	22	24	26	28		40	42	44	46	48	50	52	54	56	58	60	62	64	66	68	70	72	74	74	74														
5. 340(0. 2102)	16	18	20	22	24	26	28		40	42	44	46	48	50	52	54	56	58	60	62	64	66	68	70	72	74	74	74														
5. 350(0. 2106)	18	20	22	24	26	28	30		42	44	46	48	50	52	54	56	58	60	62	64	66	68	70	72	74	74	74															
5. 360(0. 2110)	18	20	22	24	26	28	30		42	44	46	48	50	52	54	56	58	60	62	64	66	68	70	72	74	74	74															
5. 370(0. 2114)	20	22	24	26	28	30	32		44	46	48	50	52	54	56	58	60	62	64	66	68	70	72	74	74	74																
5. 380(0. 2118)	20	22	24	26	28	30	32		44	46	48	50	52	54	56	58	60	62	64	66	68	70	72	74	74	74																
5. 390(0. 2122)	22	24	26	28	30	32	34		46	48	50	52	54	56	58	60	62	64	66	68	70	72	74	74	74																	
5. 400(0. 2126)	22	24	26	28	30	32	34		46	48	50	52	54	56	58	60	62	64	66	68	70	72	74	74	74																	
5. 410(0. 2130)	24	26	28	30	32	34	36		48	50	52	54	56	58	60	62	64	66	68	70	72	74	74	74																		
5. 420(0. 2134)	24	26	28	30	32	34	36		48	50	52	54	56	58	60	62	64	66	68	70	72	74	74	74																		
5. 430(0. 2138)	26	28	30	32	34	36	38		50	52	54	56	58	60	62	64	66	68	70	72	74	74	74																			
5. 440(0. 2142)	26	28	30	32	34	36	38		50	52	54	56	58	60	62	64	66	68	70	72	74	74	74																			
5. 450(0. 2146)	28	30	32	34	36	38	40		52	54	56	58	60	62	64	66	68	70	72	74	74	74																				
5. 460(0. 2150)	28	30	32	34	36	38	40		52	54	56	58	60	62	64	66	68	70	72	74	74	74																				
5. 470(0. 2154)	30	32	34	36	38	40	42		54	56	58	60	62	64	66	68	70	72	74	74	74																					
5. 480(0. 2157)	30	32	34	36	38	40	42		54	56	58	60	62	64	66	68	70	72	74	74	74																					
5. 490(0. 2161)	32	34	36	38	40	42	44		56	58	60	62	64	66	68	70	72	74	74	74																						
5. 500(0. 2165)	32	34	36	38	40	42	44		56	58	60	62	64	66	68	70	72	74	74	74																						
5. 510(0. 2169)	34	36	38	40	42	44	46		58	60	62	64	66	68	70	72	74	74	74																							
5. 520(0. 2173)	34	36	38	40	42	44	46		58	60	62	64	66	68	70	72	74	74	74																							
5. 530(0. 2177)	36	38	40	42	44	46	48		60	62	64	66	68	70	72	74	74	74																								
5. 540(0. 2181)	36	38	40	42	44	46	48		60	62	64	66	68	70	72	74	74	74																								
5. 550(0. 2185)	38	40	42	44	46	48	50		62	64	66	68	70	72	74	74	74																									
5. 560(0. 2189)	38	40	42	44	46	48	50		62	64	66	68	70	72	74	74	74																									
5. 570(0. 2193)	40	42	44	46	48	50	52		64	66	68	70	72	74	74	74																										

（续）

测量的间隙/mm(in) 安装的连杆厚度/mm(in)	0. 000-0. 030(0. 0000-0. 0012)	0. 031-0. 050(0. 0012-0. 0020)	0. 051-0. 070(0. 0020-0. 0028)	0. 071-0. 090(0. 0028-0. 0035)	0. 091-0. 110(0. 0036-0. 0043)	0. 111-0. 130(0. 0044-0. 0051)	0. 131-0. 149(0. 0052-0. 0059)	0. 150-0. 250(0. 0059-0. 0098)	0. 251-0. 270(0. 0099-0. 0106)	0. 271-0. 290(0. 0107-0. 0114)	0. 291-0. 310(0. 0115-0. 0122)	0. 311-0. 330(0. 0122-0. 0130)	0. 331-0. 350(0. 0130-0. 0138)	0. 351-0. 370(0. 0138-0. 0146)	0. 371-0. 390(0. 0146-0. 0154)	0. 391-0. 410(0. 0154-0. 0161)
5. 580(0. 2197)	40	42	44	46	48	50	52		64	66	68	70	72	74	74	74
5. 590(0. 2201)	42	44	46	48	48	52	54		66	68	70	72	74	74	74	
5. 600(0. 2205)	42	44	46	48	50	52	54		66	68	70	72	74	74	74	
5. 620(0. 2213)	44	46	48	50	52	54	56		68	70	72	74	74	74		
5. 640(0. 2220)	46	48	50	52	54	56	58		70	72	74	74	74			
5. 660(0. 2228)	48	50	52	54	56	58	60		72	74	74	74				
5. 680(0. 2236)	50	52	54	56	58	60	62		74	74	74					
5. 700(0. 2244)	52	54	56	58	60	62	64		74	74						
5. 720(0. 2252)	54	56	58	60	62	64	66		74							
5. 740(0. 2260)	56	58	60	62	64	66	68									

测量的间隙/mm(in) 安装的连杆厚度/mm(in)	0. 411-0. 430(0. 0162-0. 0169)	0. 431-0. 450(0. 0170-0. 0177)	0. 451-0. 470(0. 0178-0. 0185)	0. 471-0. 490(0. 0185-0. 0193)	0. 491-0. 510(0. 0193-0. 0201)	0. 511-0. 530(0. 0201-0. 0209)	0. 531-0. 550(0. 0209-0. 0217)	0. 551-0. 570(0. 0217-0. 0224)	0. 571-0. 590(0. 0225-0. 0232)	0. 591-0. 610(0. 0233-0. 0240)	0. 611-0. 630(0. 0241-0. 0248)	0. 631-0. 650(0. 0248-0. 0256)	0. 651-0. 670(0. 0256-0. 0264)	0. 671-0. 690(0. 0264-0. 0272)	0. 691-0. 710(0. 0272-0. 0280)	0. 711-0. 730(0. 0280-0. 0287)	0. 731-0. 750(0. 0288-0. 0295)	0. 751-0. 770(0. 0296-0. 0303)	0. 771-0. 790(0. 0304-0. 0311)	0. 791-0. 810(0. 0311-0. 0319)	0. 811-0. 830(0. 0319-0. 0327)	0. 831-0. 850(0. 0327-0. 0335)	0. 851-0. 870(0. 0335-0. 0343)	0. 871-0. 890(0. 0343-0. 0350)	0. 891-0. 910(0. 0351-0. 0358)	0. 911-0. 930(0. 0359-0. 0366)
5. 580(0. 2197)																										
5. 590(0. 2201)																										
5. 600(0. 2205)																										
5. 620(0. 2213)																										
5. 640(0. 2220)																										
5. 660(0. 2228)																										
5. 680(0. 2236)																										
5. 700(0. 2244)																										
5. 720(0. 2252)																										
5. 740(0. 2260)																										

表 1-16　新垫片厚度(进气气门)

垫片编号	厚度/mm(in)	垫片编号	厚度/mm(in)	垫片编号	厚度/mm(in)
06	5. 060(0. 1992)	30	5. 300(0. 2087)	54	5. 540(0. 2181)
08	5. 080(0. 2000)	32	5. 320(0. 2094)	56	5. 560(0. 2189)
10	5. 100(0. 2008)	34	5. 340(0. 2102)	58	5. 580(0. 2197)
12	5. 120(0. 2016)	36	5. 360(0. 2110)	60	5. 600(0. 2205)
14	5. 140(0. 2024)	38	5. 380(0. 2118)	62	5. 620(0. 2213)
16	5. 160(0. 2031)	40	5. 400(0. 2126)	64	5. 640(0. 2220)
18	5. 180(0. 2039)	42	5. 420(0. 2134)	66	5. 660(0. 2228)
20	5. 200(0. 2047)	44	5. 440(0. 2142)	68	5. 680(0. 2236)
22	5. 220(0. 2055)	46	5. 460(0. 2150)	70	5. 700(0. 2244)
24	5. 240(0. 2063)	48	5. 480(0. 2157)	72	5. 720(0. 2252)
26	5. 260(0. 2071)	50	5. 500(0. 2165)	74	5. 740(0. 2260)
28	5. 280(0. 2079)	52	5. 520(0. 2173)		

表 1-17　新垫片厚度的选择（实测数据表）

测量的间隙/mm(in) 安装的连杆厚度/mm(in)	0.000-0.030(0.0000-0.0012)	0.031-0.050(0.0012-0.0020)	0.051-0.070(0.0020-0.0028)	0.071-0.090(0.0028-0.0035)	0.091-0.110(0.0036-0.0043)	0.111-0.130(0.0044-0.0051)	0.131-0.149(0.0052-0.0059)	0.150-0.250(0.0059-0.0098)	0.251-0.270(0.0107-0.0114)	0.271-0.290(0.0107-0.0114)	0.291-0.310(0.0115-0.0122)	0.311-0.330(0.0122-0.0130)	0.331-0.350(0.0130-0.0138)	0.351-0.370(0.0138-0.0146)	0.371-0.390(0.0146-0.0154)	0.391-0.410(0.0154-0.0161)	0.411-0.430(0.0162-0.0169)	0.431-0.450(0.0170-0.0177)	0.451-0.470(0.0178-0.0185)	0.471-0.490(0.0185-0.0193)	0.491-0.510(0.0193-0.0201)	0.511-0.530(0.0201-0.0209)	0.531-0.550(0.0209-0.0217)	0.551-0.570(0.0217-0.0224)	0.571-0.590(0.0225-0.0232)	0.591-0.610(0.0233-0.0240)	0.611-0.630(0.0241-0.0248)	0.631-0.650(0.0248-0.0256)	0.651-0.670(0.0256-0.0264)	0.671-0.690(0.0264-0.0272)	0.691-0.710(0.0272-0.0280)	0.711-0.730(0.0280-0.0287)	0.731-0.750(0.0288-0.0295)	0.751-0.770(0.0296-0.0303)	0.771-0.790(0.0304-0.0311)	0.791-0.810(0.0311-0.0319)	0.811-0.830(0.0319-0.0327)	0.831-0.850(0.0327-0.0335)	0.851-0.870(0.0335-0.0343)	0.871-0.890(0.0343-0.0350)	0.891-0.910(0.0351-0.0358)	0.911-0.930(0.0359-0.0366)	0.931-0.950(0.0367-0.0374)	0.951-0.970(0.0374-0.0382)	0.971-0.990(0.0382-0.0390)	0.991-1.010(0.0390-0.0398)	1.011-1.030(0.0398-0.0406)
5.060(0.1992)																																															
5.080(0.2000)																																															
5.100(0.2008)																																															
5.120(0.2016)																																															
5.140(0.2024)																																															
5.160(0.2031)																																															
5.180(0.2039)																																															
5.200(0.2047)																																															
5.210(0.2051)																																															
5.220(0.2055)																																															
5.230(0.2059)																																															
5.240(0.2063)																																															
5.250(0.2067)																																															
5.260(0.2071)																																															
5.270(0.2075)																																															
5.280(0.2079)																																															
5.290(0.2083)																																															
5.300(0.2087)																																															
5.310(0.2091)																																															
5.320(0.2094)																																															
5.330(0.2098)																																															
5.340(0.2102)																																															
5.350(0.2106)																																															
5.360(0.2110)																																															
5.370(0.2114)																																															
5.380(0.2118)																																															
5.390(0.2122)																																															
5.400(0.2126)																																															
5.410(0.2130)																																															
5.420(0.2134)																																															
5.430(0.2138)																																															
5.440(0.2142)																																															
5.450(0.2146)																																															

（续）

测量的间隙/mm(in) 安装的连杆厚度/mm(in)	0.000-0.030(0.0000-0.0012)	0.031-0.050(0.0012-0.0020)	0.051-0.070(0.0020-0.0028)	0.071-0.090(0.0028-0.0035)	0.091-0.110(0.0036-0.0043)	0.111-0.130(0.0044-0.0051)	0.131-0.149(0.0052-0.0059)	0.150-0.250(0.0059-0.0098)	0.251-0.270(0.0107-0.0114)	0.271-0.290(0.0107-0.0114)	0.291-0.310(0.0115-0.0122)	0.311-0.330(0.0122-0.0130)	0.331-0.350(0.0130-0.0138)	0.351-0.370(0.0138-0.0146)	0.371-0.390(0.0146-0.0154)	0.391-0.410(0.0154-0.0161)	0.411-0.430(0.0162-0.0169)	0.431-0.450(0.0170-0.0177)	0.451-0.470(0.0178-0.0185)	0.471-0.490(0.0185-0.0193)	0.491-0.510(0.0193-0.0201)	0.511-0.530(0.0201-0.0209)	0.531-0.550(0.0209-0.0217)	0.551-0.570(0.0217-0.0224)	0.571-0.590(0.0225-0.0232)	0.591-0.610(0.0233-0.0240)	0.611-0.630(0.0241-0.0248)	0.631-0.650(0.0248-0.0256)	0.651-0.670(0.0256-0.0264)	0.671-0.690(0.0264-0.0272)	0.691-0.710(0.0272-0.0280)	0.711-0.730(0.0280-0.0287)	0.731-0.750(0.0288-0.0295)	0.751-0.770(0.0296-0.0303)	0.771-0.790(0.0304-0.0311)	0.791-0.810(0.0311-0.0319)	0.811-0.830(0.0319-0.0327)	0.831-0.850(0.0327-0.0335)	0.851-0.870(0.0335-0.0343)	0.871-0.890(0.0343-0.0350)	0.891-0.910(0.0351-0.0358)	0.911-0.930(0.0359-0.0366)	0.931-0.950(0.0367-0.0374)	0.951-0.970(0.0374-0.0382)	0.971-0.990(0.0382-0.0390)	0.991-1.010(0.0390-0.0398)	1.011-1.030(0.0398-0.0406)
5.460(0.2150)																																															
5.470(0.2154)																																															
5.480(0.2157)																																															
5.490(0.2161)																																															
5.500(0.2165)																																															
5.510(0.2169)																																															
5.520(0.2173)																																															
5.530(0.2177)																																															
5.540(0.2181)																																															
5.550(0.2185)																																															
5.560(0.2189)																																															
5.570(0.2193)																																															
5.580(0.2197)																																															
5.590(0.2201)																																															
5.600(0.2205)																																															
5.620(0.2213)																																															
5.640(0.2220)																																															
5.660(0.2228)																																															
5.680(0.2236)																																															
5.700(0.2244)																																															
5.720(0.2252)																																															
5.740(0.2260)																																															

排气气门间隙(冷态)：

0.25～0.35mm(0.010～0.014in)

示例：

安装了5.340mm(0.2102in)的气门挺杆，其测量间隙是0.440mm(0.0173in)，则用新的48号气门挺杆更换5.340mm(0.2102in)气门挺杆，见表1-18。

⑳ 安装所选的气门挺杆。

表1-18 新垫片厚度(排气气门)

垫片编号	厚度/mm(in)	垫片编号	厚度/mm(in)	垫片编号	厚度/mm(in)
06	5.060(0.1992)	30	5.300(0.2087)	54	5.540(0.2181)
08	5.080(0.2000)	32	5.320(0.2094)	56	5.560(0.2189)
10	5.100(0.2008)	34	5.340(0.2102)	58	5.580(0.2197)
12	5.120(0.2016)	36	5.360(0.2110)	60	5.600(0.2205)
14	5.140(0.2024)	38	5.380(0.2118)	62	5.620(0.2213)
16	5.160(0.2031)	40	5.400(0.2126)	64	5.640(0.2220)
18	5.180(0.2039)	42	5.420(0.2134)	66	5.660(0.2228)
20	5.200(0.2047)	44	5.440(0.2142)	68	5.680(0.2236)
22	5.220(0.2055)	46	5.460(0.2150)	70	5.700(0.2244)
24	5.240(0.2063)	48	5.480(0.2157)	72	5.720(0.2252)
26	5.260(0.2071)	50	5.500(0.2165)	74	5.740(0.2260)
28	5.280(0.2079)	52	5.520(0.2173)		

㉑ 在凸轮轴和凸轮轴轴颈部分涂抹一薄层发动机机油。

㉒ 将正时链条安装到凸轮轴正时齿轮上，如图1-236所示，使油漆标记对准凸轮轴正时齿轮上的正时标记。

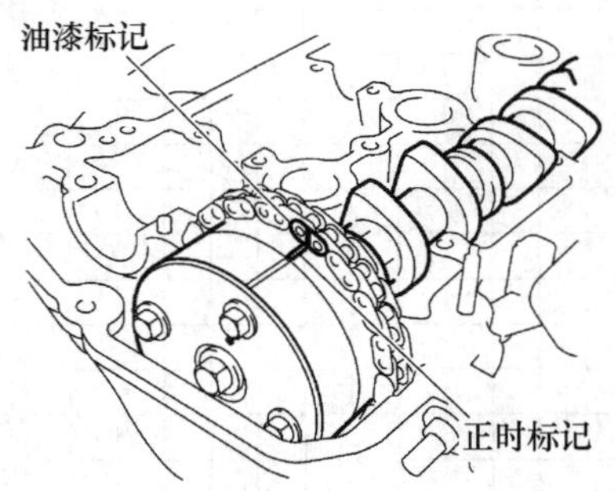

图1-236 检查正时标记

㉓ 检查2号凸轮轴轴承盖的朝前标记和号码，检查并确认顺序如图1-237所示。然后按图中所示顺序，分步骤均匀拧紧螺栓。

- 力矩：13N·m(129kgf·cm,9lbf·ft)

㉔ 安装2号凸轮轴。

㉕ 固定住正时链条，将凸轮轴正时链轮上的正时标记与正时链条的油漆标记对准。

㉖ 将凸轮轴正时链轮上的销孔与凸轮轴的销对准，并将链轮安装到凸轮轴上，见图1-238。

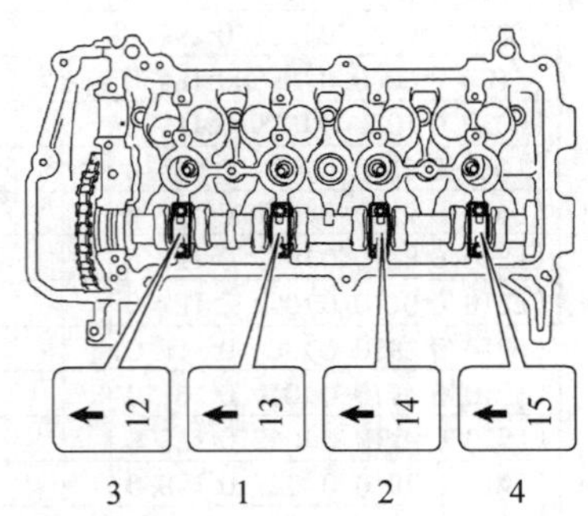

图1-237 检查轴承盖朝前标记

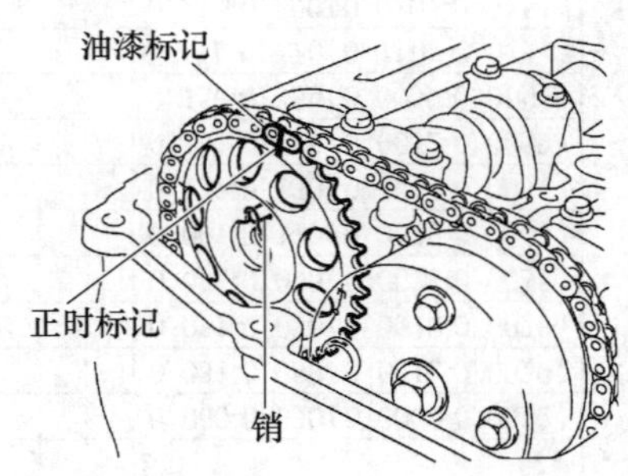

图1-238 对正正时标记

㉗ 暂时安装凸缘螺栓。

㉘ 检查1号和2号凸轮轴轴承盖的朝前标记和号码，检查并确认顺序。然后按顺序分步骤均匀拧紧螺栓。

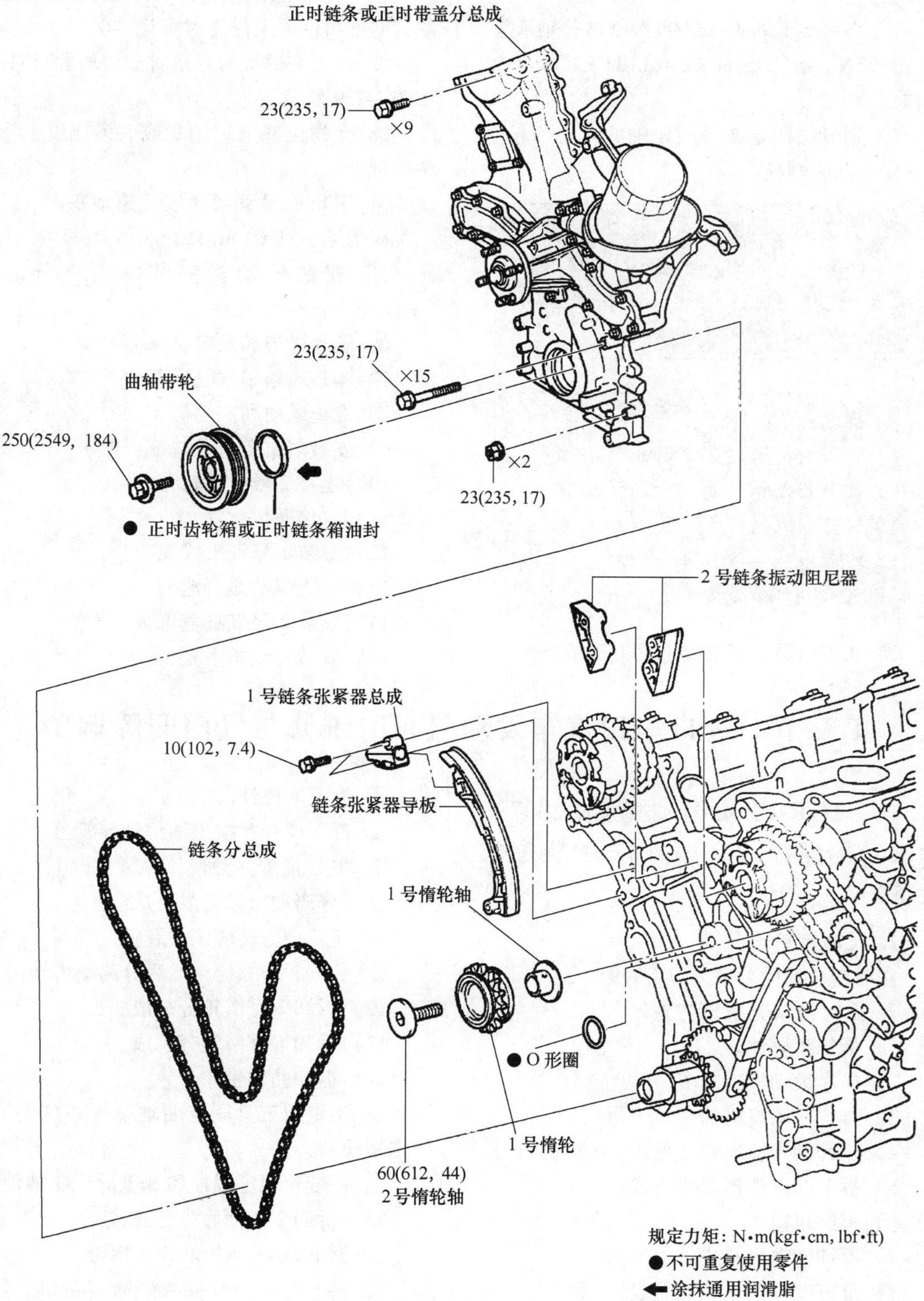

图 1-239　1GR-FE 发动机正时链单元分解

力矩：

＊**13N·m**(129kgf·cm,9lbf·ft)**2号轴承盖**

＊**23N·m**(235kgf·cm,17lbf·ft)**1号轴承盖**

㉙ 用管钳固定2号凸轮轴的六角凸起部分，安装凸缘螺栓。

> **力矩：**
>
> 64N·m(653kgf·cm,47lbf·ft)不和管钳一起使用时；59N·m(602kgf·cm,44lbf·ft)和管钳一起使用时。

> **提示：**
>
> • 用力臂长度为300mm(11.8in)的扭力扳手和力臂长度为25mm(0.984in)的管钳可以达到此力矩值。
>
> • 管钳与扭力扳手平行时，此力矩值有效。

㉚ 从正时链条张紧器上拆下钢条。

㉛ 转动曲轴减振器，将减振器上的正时缺口对准机油泵上的正时标记“0”。

㉜ 检查并确认所有正时标记均配对对准，如图1-229所示。

㉝ 在螺旋塞末端的2或3条螺纹上涂抹粘合剂。

㉞ 用8mm六角扳手安装螺旋塞。

• 力矩：15N·m(153kgf·cm,11lbf·ft)

㉟ 安装发动机安装隔离件分总成(右)。

㊱ 安装风扇和发电机V带。

㊲ 调整风扇和发电机V带。

㊳ 检查风扇和发电机V带。

9）安装气缸盖罩分总成。

10）连接2号通风软管。

11）连接通风软管。

12）安装1号点火线圈。

13）检查机油是否泄漏。

14）安装2号气缸盖罩。

15）安装发动机下盖(右)。

第三节　进口丰田汽车发动机正时维修与气门间隙调整

一、1GR-FE 4.0L发动机(2007—2012款酷路泽,2010—2012款普拉多装备)

1. 正时链单元分解

正时链单元的分解见图1-239。

2. 正时链单元拆解方法

1）拆卸蓄电池。

2）排净发动机冷却液。

3）排空发动机机油。

4）拆卸动力转向拉杆总成。

5）拆下前差速器支架总成。

6）拆卸风扇。

7）拆卸发电机总成。

8）分离制冷剂压缩机总成。

9）拆卸V带张紧器总成。

10）拆卸油位计导管。

① 拆下油位计。

② 拆下螺栓并拉出油位计导管。

③ 将O形圈从油位计导管上拆下。

11）分离动力转向泵总成。

① 断开动力转向压力开关连接器。

② 拆下2个螺栓，然后分离动力转向泵。

12）拆卸2号惰轮分总成。

13）拆卸1号惰轮分总成。

14）拆卸曲轴带轮。

① 用专用工具固定曲轴带轮并拧松带轮固定螺栓。

② 用带轮固定螺栓和SST拆下曲轴带轮。

15）拆卸2号油底壳分总成。

① 拆下10个螺栓和2个螺母。

② 将SST的刃片插入到油底壳和2号油底壳之间，切开涂抹的密封胶并拆下2号油底壳。

16）拆卸滤油网分总成。

17）拆卸油底壳分总成。

① 拆下4个外壳螺栓。

② 拆下飞轮壳底罩。

③ 拆下17个螺栓和2个螺母。

④ 使用旋具，通过撬动油底壳和气缸体之间的部位拆下油底壳。

⑤ 从油泵上拆下O形圈。

18）拆卸空气滤清器总成。

19）拆卸节气门体支架。

20）拆卸挡油板。

21）拆卸进气稳压罐1号撑条。

22）拆卸进气稳压罐2号撑条。

23）拆卸进气稳压罐。

24）拆卸点火线圈总成。

25）拆卸凸轮轴正时机油控制阀总成。

26）拆卸V. V. T. 传感器。

27）拆卸进水口。

28）拆卸气缸盖罩分总成。

29）拆卸左侧气缸盖罩分总成。

30）拆卸正时链条或正时带盖分总成。

① 拆下24个螺栓和2个螺母。

② 用旋具撬动正时链条盖和气缸盖或气缸体之间的部位，拆下正时链条盖。

③ 从左侧气缸盖上拆下O形圈。

31）拆卸正时齿轮箱或正时链条箱油封。

32）将1号压缩设置到TDC/压缩位置。

① 使用曲轴带轮固定螺栓，转动曲轴使曲轴定位键对准气缸体正时线，见图1-240。

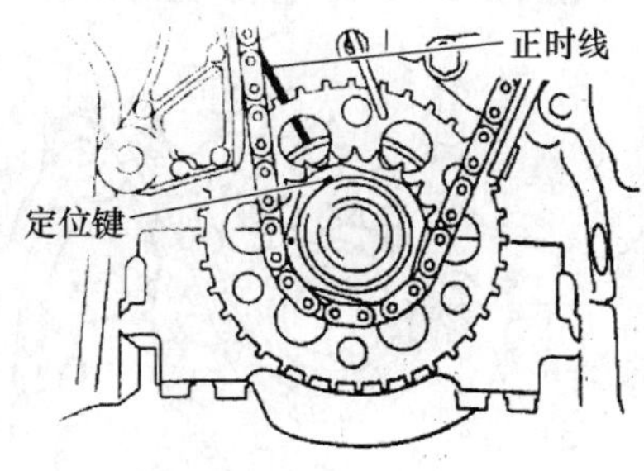

图1-240　曲轴定位键对正时线

② 检查并确认凸轮轴正时齿轮的正时标记如图1-241所示对准轴承盖的正时标记。

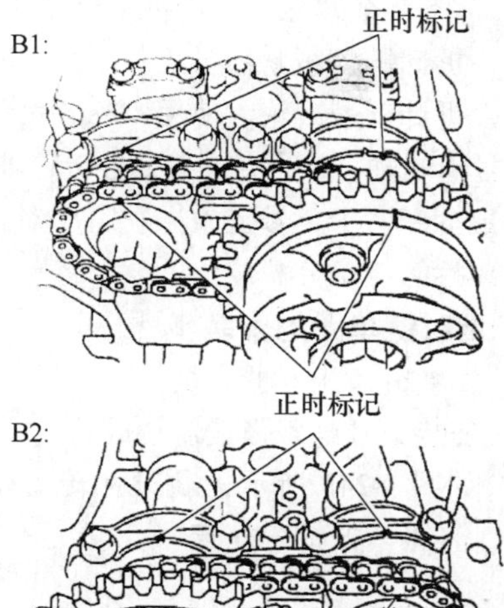

图1-241　正时标记对正检查

③ 如果没有对准，则转动曲轴1圈（360°），使上述正时标记对准。

33）拆卸1号链条张紧器总成。

> **注意：**
>
> • 在拆下链条张紧器后，切勿转动曲轴。
>
> • 在拆下链条张紧器后转动凸轮轴时，先从TDC位置逆时针转动曲轴40°。

① 如图1-242所示，向上转动张紧器挡片时，将链条张紧器推入柱塞中。

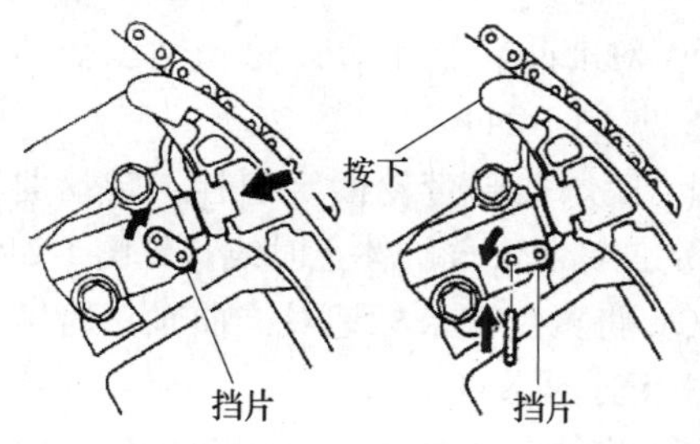

图1-242　固定张紧器挡片

② 当向下转动张紧器挡片时，将一个ϕ3.5mm的杆插入到挡片和张紧器，以固定挡片。

③ 拆下 2 个螺栓，然后拆下链条张紧器。

34）拆卸链条张紧器导板。

35）拆卸 1 号惰轮。使用 10mm 六角扳手拆下 2 号惰轮轴、1 号惰轮和 1 号惰轮轴。

36）拆卸两个 2 号链条振动阻尼器。

37）拆卸链条分总成。

3. 正时链单元的安装步骤

1）安装链条张紧器导板。

2）安装 1 号链条张紧器总成。

① 如图 1-243 所示，顺时针转动张紧器挡片时，将张紧器推入柱塞中。

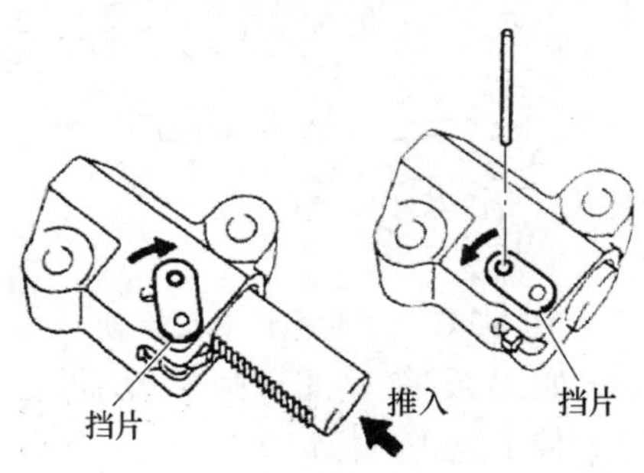

图 1-243　调整张紧器

② 当逆时针转动张紧器挡片时，将一个 ϕ35mm 的杆插入到挡片和张紧器孔，以固定挡片。

③ 用 2 个螺栓安装链条张紧器。

• 力矩：10N · m。

3）安装链条分总成。

① 将 1 号气缸设置到压缩行程上止点（TDC）位置。

a. 对准凸轮轴正时齿轮和轴承盖的正时标记，见图 1-244。

b. 使用曲轴带轮固定螺栓，转动曲轴使曲轴定位键对准气缸体正时线，见图 1-245。

② 将黄色链条标记对准曲轴正时链轮的正时标记，见图 1-246。

③ 将橙色链条标记对准凸轮轴正时齿轮的正时标记，并安装链条，见图 1-247。

4）安装两个 2 号链条振动阻尼器。

5）安装 1 号惰轮轴。

① 在 1 号惰轮轴的旋转表面上涂抹一薄

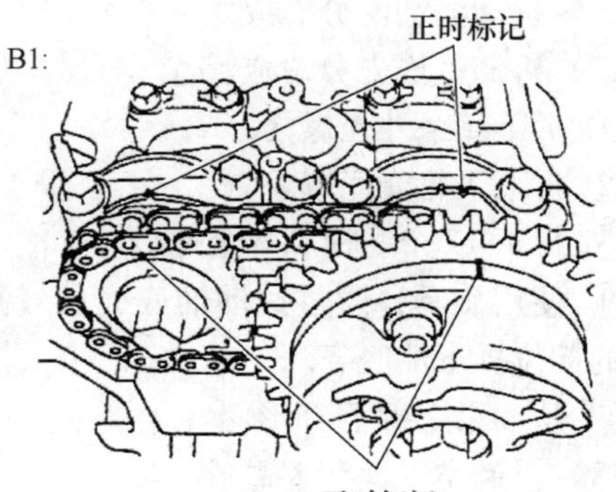

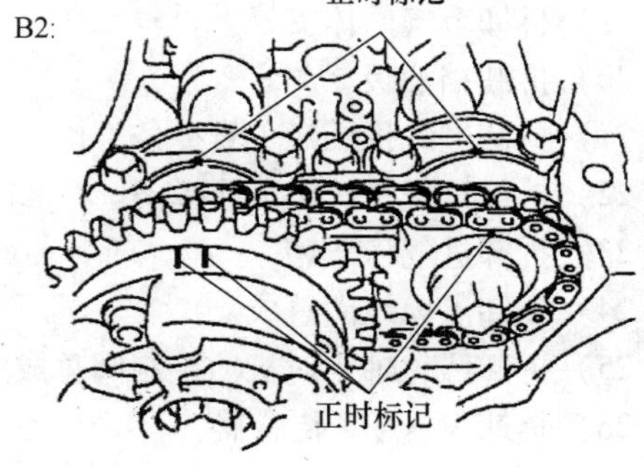

图 1-244　设置 1 号气缸 TDC 位置

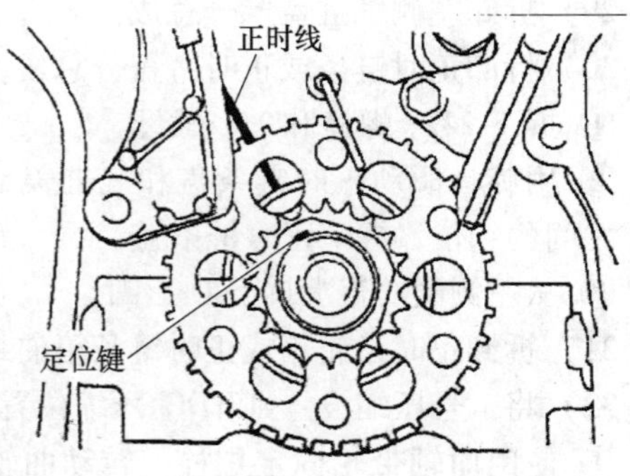

图 1-245　对准气缸体正时线

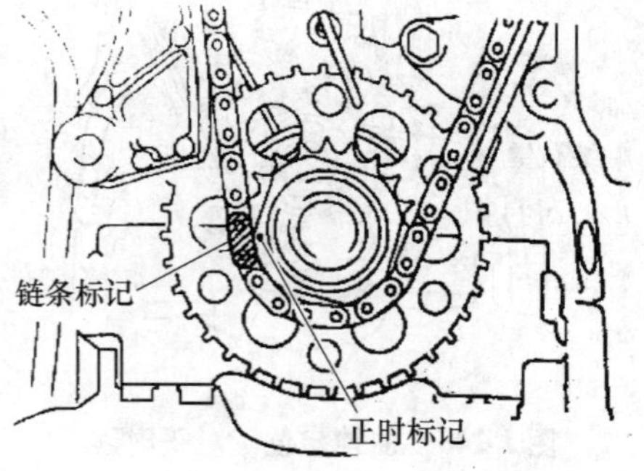

图 1-246　黄色链节正时标记对准

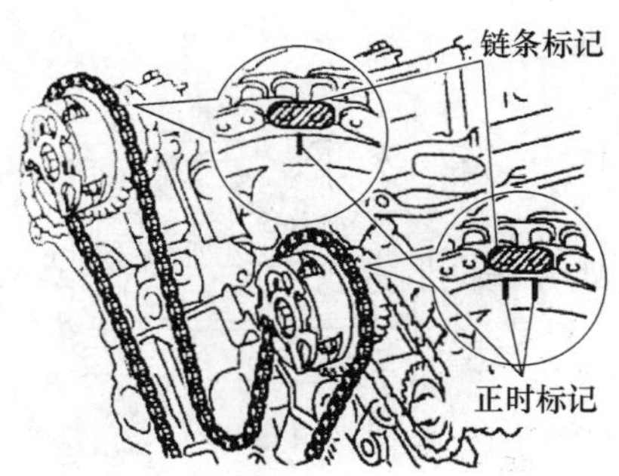

图 1-247 橙色链节正时标记对准

层发动机机油。

② 使1号惰轮轴的锁销对准气缸体的锁销槽的同时，暂时安装1号惰轮轴和2号惰轮轴。

③ 用10mm六角扳手紧固2号惰轮轴。

• 力矩：60N·m。

④ 从链条张紧器上拆下杆。

6）安装正时齿轮箱或正时链条箱油封。

7）安装正时链条或正时带盖分总成。

① 清除所有旧密封胶(FIPG)涂料。

② 如图1-248所示，将一个新的O形圈安装到气缸盖B2上。

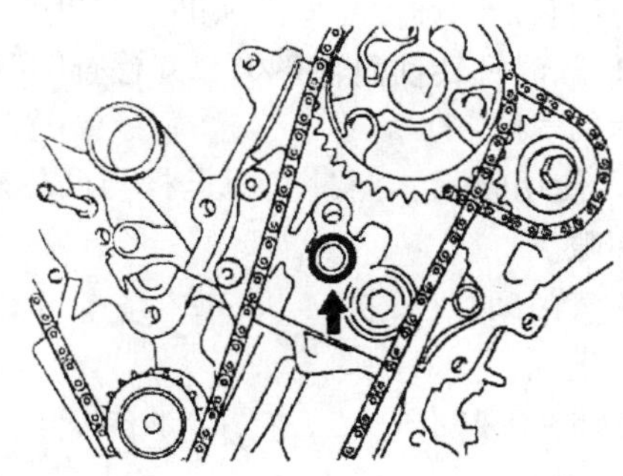

图 1-248 安装新的O形圈

③ 在图中1-249所示的4个部位上涂抹一条连续的密封胶(直径3~4mm)。

• 密封胶：

丰田原厂黑密封胶、THREE BOND 12078或同等产品。

④ 在安装链条盖前，保持气缸体和气缸盖之间的密封表面没有机油。

⑤ 在正时链条盖上涂抹一条连续的密封胶(直径3~4mm)。

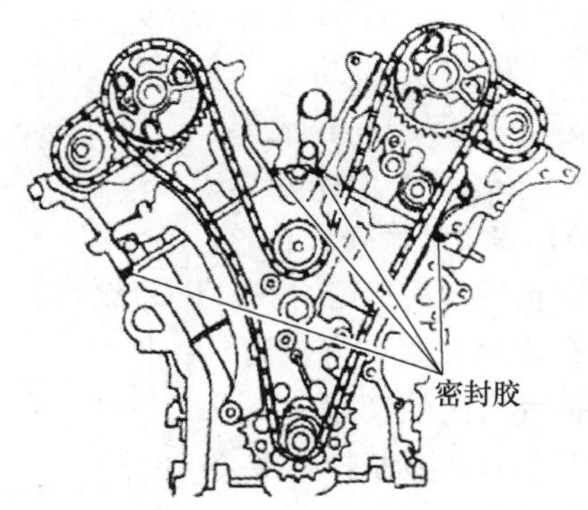

图 1-249 涂抹密封胶位置

⑥ 将油泵主动转子的键槽与曲轴正时齿轮的矩形部件对准，并将正时链条盖滑动到位。

⑦ 用24个螺栓和2个螺母安装正时链条盖。分几个步骤均匀地紧固螺栓和螺母，见图1-250。

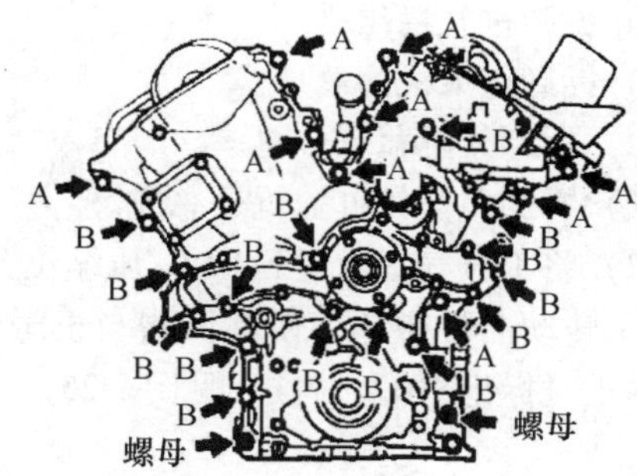

图 1-250 紧固正时链条盖螺栓螺母

• 力矩：23N·m。

• 各螺栓的长度见表1-19。

表 1-19 各螺栓的长度(参见图1-250)

螺 栓	长度/mm
A	25
B	55

8）安装左侧气缸盖罩分总成。

9）安装气缸盖罩分总成。

10）安装进水口。

11）安装VVT传感器。

12）安装凸轮轴正时机油控制阀总成。

13）安装点火线圈总成。

14）安装进气稳压器。

15）安装稳压器2号撑条。

16）安装稳压器1号撑条。

17）安装挡油板。

18）安装节气门体支架。

19）安装空气滤清器总成。

20）安装油底壳分总成。

① 清除所有旧密封胶(FIPG)涂料。

② 将新O形圈安装到油泵上。

4. 气门间隙调整

1）排净发动机冷却液。

2）拆卸V形气缸组盖。

3）拆卸空气滤清器总成。

4）拆卸节气门体支架。

5）拆卸挡油板。

6）拆卸进气稳压罐1号撑条。

7）拆卸进气稳压罐2号撑条。

8）拆卸进气稳压罐。

9）拆卸点火线圈总成。

10）拆卸气缸盖罩分总成。

11）拆卸左侧气缸盖罩分总成。

12）将1号气缸设置到TDC/压缩位置。

① 转动曲轴带轮，使其凹槽与正时链条盖上的正时标记“0”对准，见图1-251。

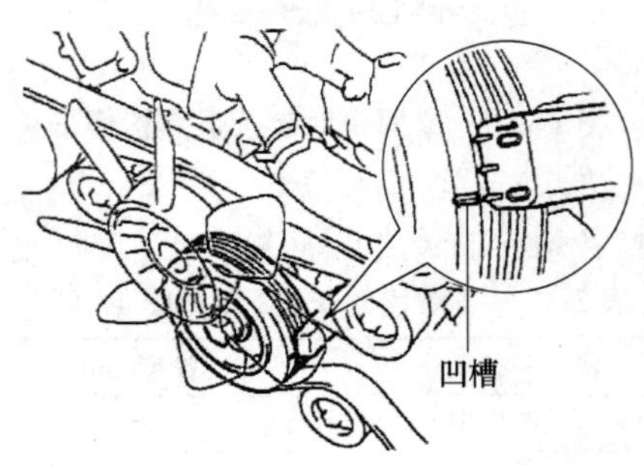

图1-251 曲轴带轮对准正时标记

② 检查并确认凸轮轴正时齿轮的正时标记对准轴承的正时标记。

③ 如果没有对准，则转动曲轴1圈(360°)，使上述正时标记对准。

13）检查气门间隙。

① 检查图1-252中所示的气门。

a. 使用塞尺，测量气门挺杆与凸轮轴之间的间隙。

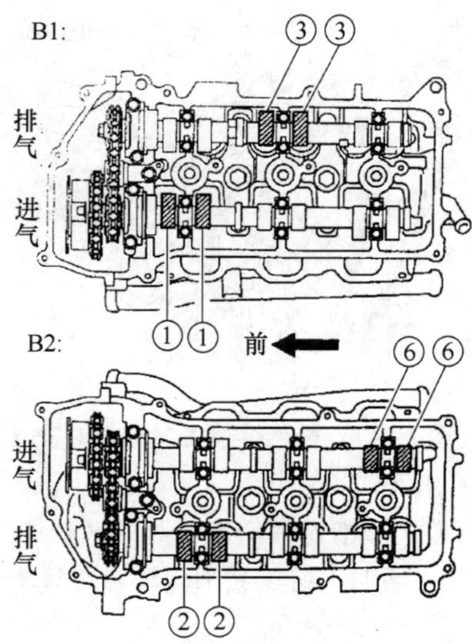

图1-252 测量气门间隙

• 气门间隙(冷机)：

*进气：

0.15～0.25mm。

*排气：

0.29～0.39mm。

b. 记录任何超出规格的气门间隙测量值。以后将用它们来确定需要更换的气门挺杆。

② 顺时针转动曲轴240°，并检查图1-253中所示的气门。

a. 使用塞尺，测量气门挺杆与凸轮轴之间的间隙。

• 气门间隙(冷机)：

*进气：

0.15～0.25mm。

*排气：

0.29～0.39mm。

b. 记录任何超出规格的气门间隙测量值。以后将用它们来确定需要更换的气门挺杆。

③ 顺时针转动曲轴240°，并检查图1-254中所示的气门。

a. 使用塞尺，测量气门挺杆与凸轮轴之间的间隙。

• 气门间隙(冷机)：

*进气：

0.15～0.25mm。

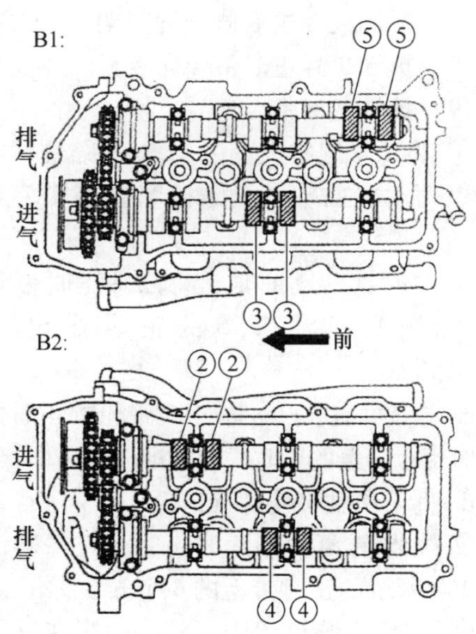

图 1-253　检查气门

＊排气：

0.29～0.39mm。

b. 记录任何超出规格的气门间隙测量值。以后将用它们来确定需要更换的气门挺杆。

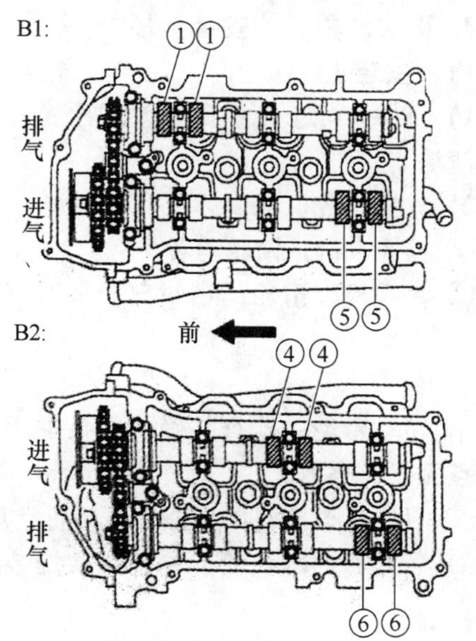

图 1-254　检查气门

14）调整气门间隙。

① 将 1 号气缸设置到 TDC/压缩位置。

a. 转动曲轴带轮，使其凹槽与正时链条盖上的正时标记"0"对准。

b. 检查并确认凸轮轴正时齿轮的正时标记如图 1-251 所示对准轴承盖的正时标记。

c. 如果没有对准，则转动曲轴 1 圈（360°），使上述正时标记对准。

d. 对应于凸轮轴正时齿轮正时标记。在 1 号链条上设置油漆标记，见图 1-255。

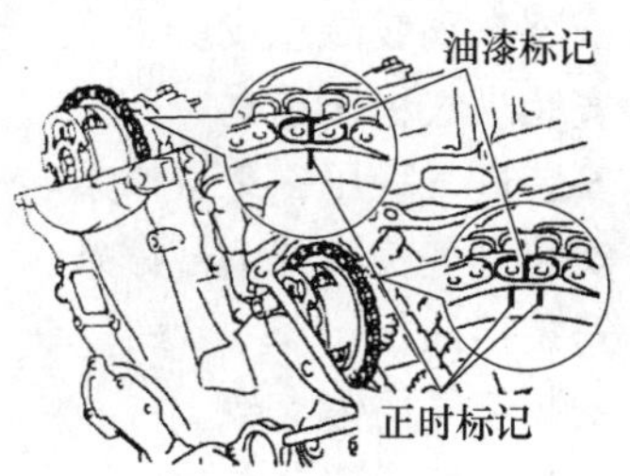

图 1-255　在正时链上设置油漆标记

② 拆下 1 号链条张紧器总成。

③ 拆下 2 号凸轮轴。

④ 拆下 2 号链条张紧器总成。

⑤ 拆下凸轮轴。

⑥ 拆下 4 号凸轮轴分总成。

⑦ 拆下 3 号链条张紧器总成。

⑧ 拆下 3 号凸轮轴分总成。

⑨ 拆下气门挺杆。

⑩ 根据以下公式，确定更换的气门挺杆尺寸：

a. 用千分尺测量拆下的挺杆厚度。

b. 计算新挺杆的厚度，以使气门间隙在规定值内。

T：拆下的挺杆厚度

A：测得的气门间隙

N：新挺杆的厚度

进气：

N = T +（A－0.20mm）

排气：

N = T +（A－0.34mm）

c. 选择一个厚度与计算值最接近的新挺杆。

⑪ 安装 3 号凸轮轴分总成。

⑫ 安装 3 号链条张紧器总成。

⑬ 安装 4 号凸轮轴分总成。

⑭ 安装凸轮轴。

⑮ 安装 2 号链条张紧器总成。

⑯ 安装2号凸轮轴。

⑰ 安装1号链条张紧器总成。

⑱ 检查并确认凸轮轴正时齿轮的正时标记对准轴承盖的正时标记。

15）安装左侧气缸盖罩分总成。

16）安装气缸盖罩分总成。

17）安装点火线圈总成。

18）安装进气稳压罐。

19）安装进气稳压罐2号撑条。

20）安装进气稳压罐1号撑条。

21）安装挡油板。

22）安装节气门体支架。

23）安装空气滤清器总成。

24）添加发动机冷却液。

25）检查冷却液是否泄漏。

26）检查点火正时。

27）安装V形气缸组盖。

二、3MZ-FE 3.3L发动机（2005款起雷克萨斯RX400H、ES300装备）

1. 正时链单元分解

发动机正时带单元分解如图1-256、图1-257所示。

2. 正时链单元拆卸步骤

1）拆卸火花塞。

2）拆卸通风阀分总成。

3）拆卸加油口盖分总成。

4）拆卸机油加注口盖衬垫。

5）拆卸气缸盖罩分总成。

6）拆卸气缸盖罩衬垫。

7）拆卸左侧气缸盖罩分总成。

8）拆卸2号气缸盖罩衬垫。

9）拆卸凸轮轴正时机油控制阀总成。

10）拆卸VVT传感器。

11）拆卸发动机机油油位传感器。

12）拆卸机油油位计分总成。

13）拆卸机油油位计导管。

14）拆卸曲轴带轮。

15）拆卸1号正时带盖。

16）拆卸2号正时带盖。

17）拆卸发动机右侧悬置支架。

18）拆卸2号正时带导向装置。

19）拆卸正时带。

① 将1号气缸设置为TDC/压缩位置。

a. 暂时将曲轴带轮螺栓和垫圈安装到曲轴上。

b. 顺时针转动曲轴，将曲轴正时带轮的正时标记与机油泵体的正时标记对准（图1-258）。

c. 检查并确认凸轮轴正时带轮的正时标记与正时带3号盖的正时标记对准（图1-259）。

d. 拆下曲轴带轮螺栓。

② 如果重复使用正时带，检查并确认如图1-260所示的正时带上的4个安装标记。

③ 如果安装标记已经消失，则在拆下前要在正时带上作好新的安装标记。

④ 将1号气缸设置为约60°BTDC/压缩位置。

⑤ 逆时针转动曲轴约60°（图1-261）。

⑥ 拆下正时带张紧器。

⑦ 按照下列顺序拆下正时带（图1-262）。

3. 正时链单元的安装步骤

（1）安装正时带

1）清除带轮上所有的机油或水，并使其保持清洁。

2）检查惰轮。

① 检查并确认惰轮运转平稳。

② 目视检查惰轮的密封部分是否有机油泄漏。

3）检查水泵。

① 转动带轮，检查并确认水泵轴承运转平稳且无任何噪声。

② 目视检查排放口是否有冷却液泄漏。

4）暂时将曲轴带轮螺栓和垫圈安装到曲轴上。

5）逆时针转动曲轴约60°。

> **注意：**
>
> • 为防止接触到活塞顶部和气门头部，将曲轴带轮设置在60°BTDC/压缩位置。

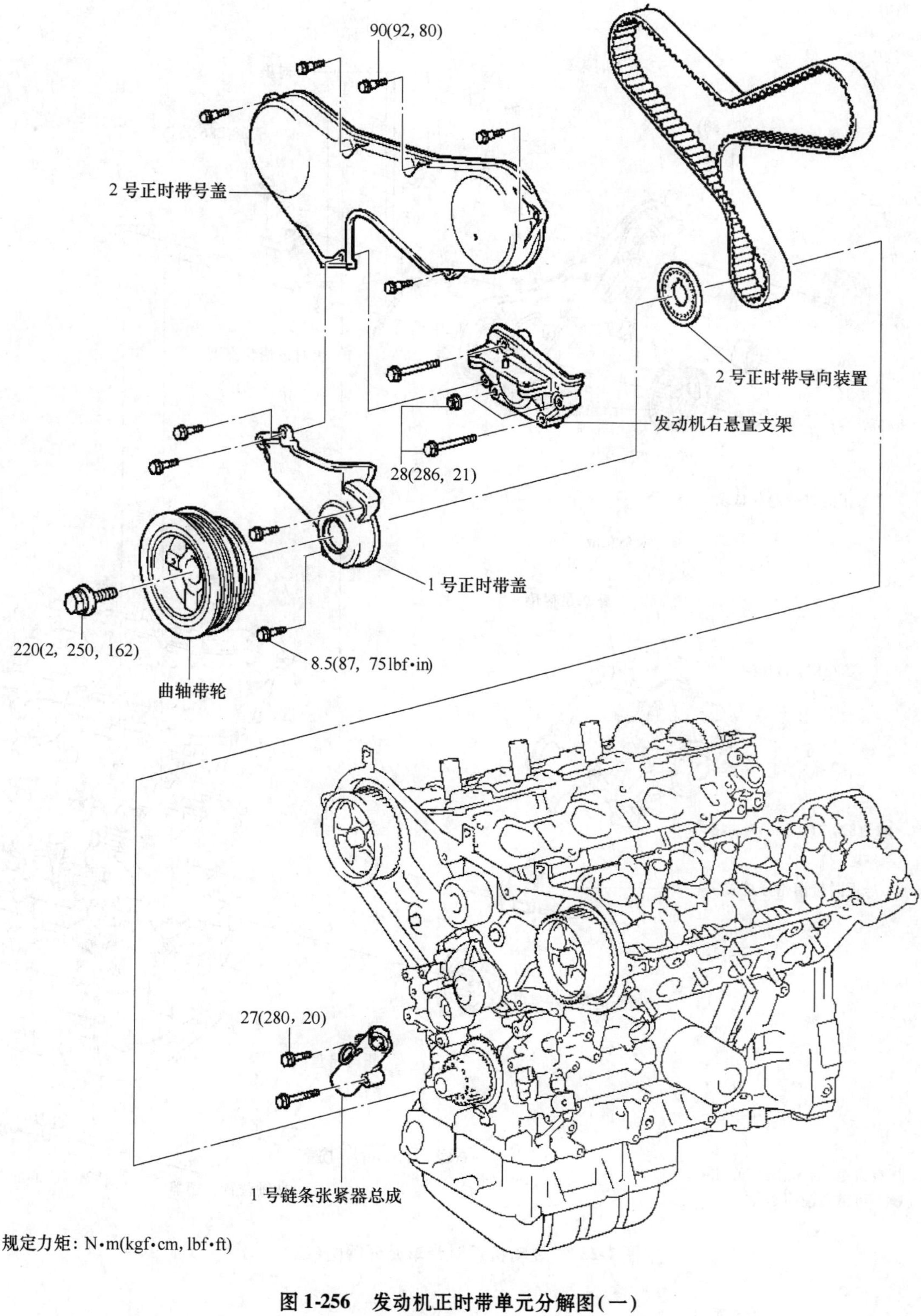

图 1-256　发动机正时带单元分解图(一)

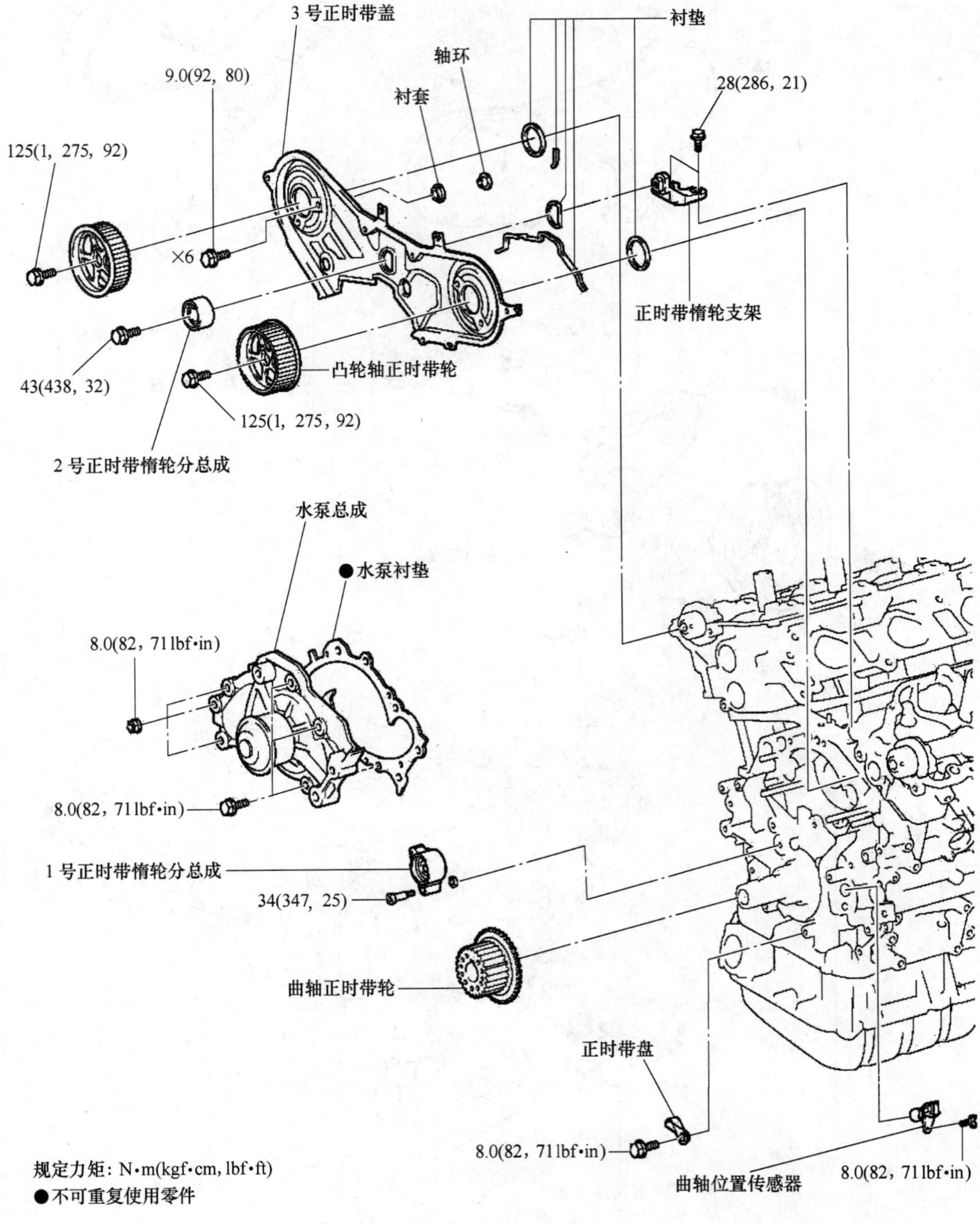

图1-257　发动机正时带单元分解图(二)

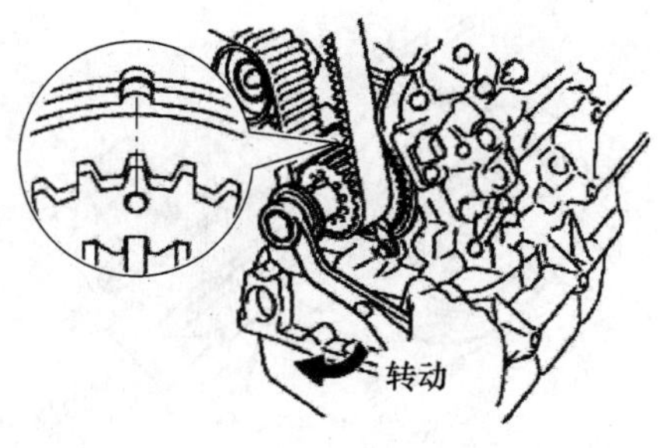

图 1-258　将曲轴正时带轮的正时标记与机油泵体的正时标记对准

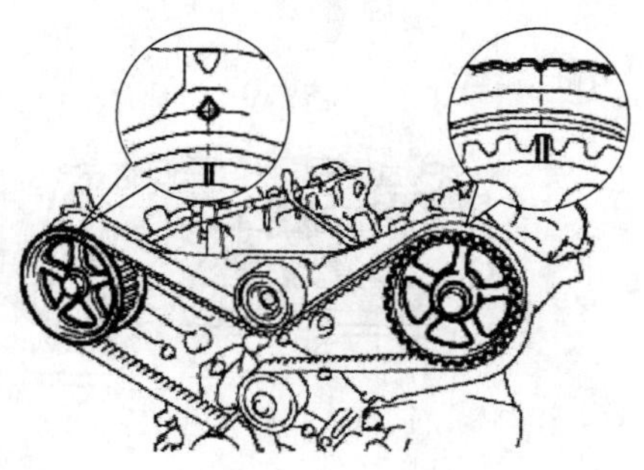

图 1-259　对准凸轮轴正时带轮标记

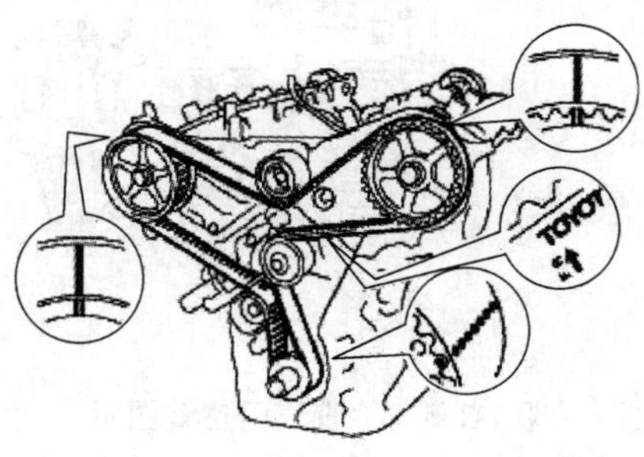

图 1-260　正时带上做安装标记

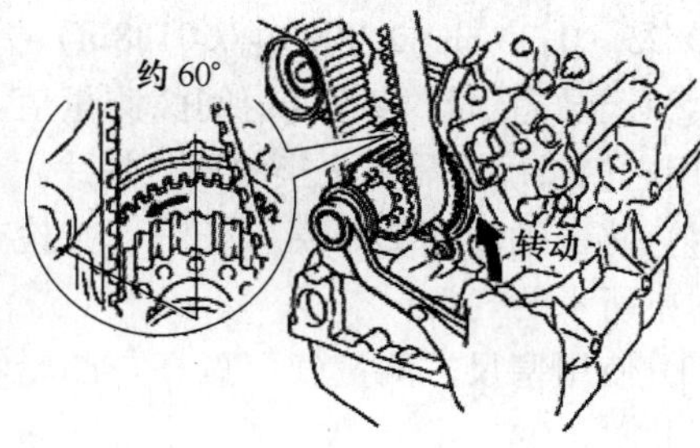

图 1-261　设置 1 号气缸 BTDC 位置

6）使用专用工具，转动曲轴带轮，使正时带轮正时标记和正时带 3 号盖的正时标记对准。

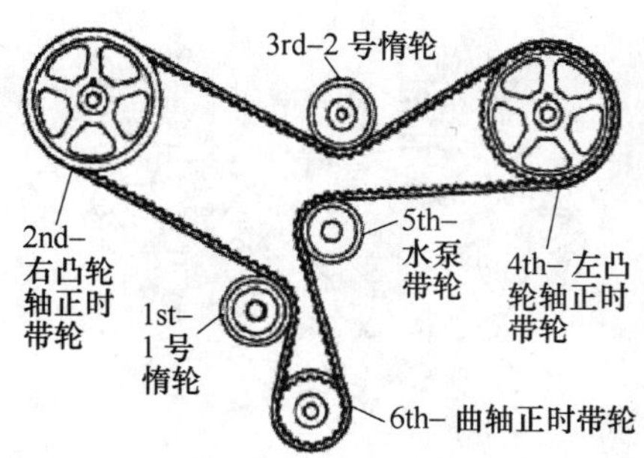

图 1-262　拆下正时带顺序图解

7）转动曲轴，使曲轴正时带轮的正时标记与机油泵体的正时标记对准。

8）使正时带的朝前标记朝前。

9）将正时带上的安装标记与曲轴正时带轮上的正时标记对准。

10）将正时带上的安装标记与凸轮轴正时带轮上的正时标记对准。

11）安装正时带。

（2）安装 1 号链条张紧器总成

1）将正时带张紧器直立地放置在压力机上。

2）缓慢地压入推杆。

注意：

• 对推杆施加的压力不要超过 9.8kN(1 000kgf,2 205lbf)。

3）将推杆上的孔与壳体上的孔对准，将 1.5mm 的六角扳手穿过孔，使推杆保持在设定位置。

4）松开压力机。

5）用 2 个螺栓暂时安装张紧器，交替紧固 2 个螺栓。

• 力矩：27N · m{275kgf · cm,20lbf · ft}

6）将 1.5mm 六角扳手从张紧器上拆下。

7）顺时针缓慢地转动曲轴 2 圈，使曲轴正时带轮的正时标记与机油泵体的正时标记对准。

8）检查右侧和左侧正时带轮的正时标记，是否如图 1-263 所示对准 3 号正时带盖上的正时标记。

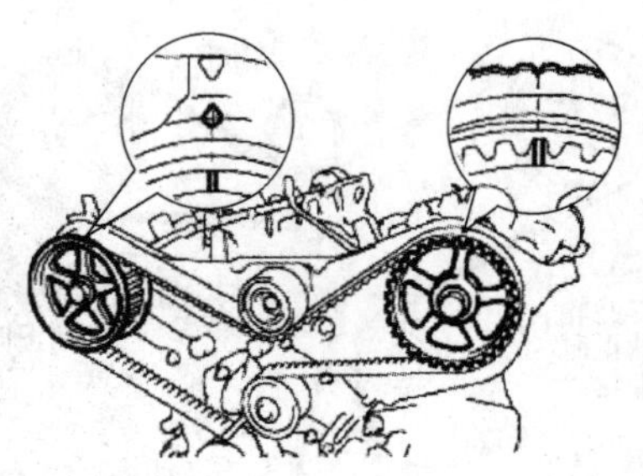

图1-263　对准3号正时带盖上的正时标记

9）拆下曲轴带轮螺栓。

（3）安装其他部件

1）安装2号正时带导向装置。

2）安装发动机右侧悬置支架。

3）安装2号正时带盖。

4）安装1号正时带盖。

5）安装曲轴带轮。

6）安装发动机机油油位传感器。

7）安装VVT传感器。

8）安装凸轮轴正时机油控制阀总成。

9）安装2号气缸盖罩衬垫。

10）安装左侧气缸盖罩分总成。

11）安装气缸盖罩衬垫。

12）安装气缸盖罩分总成。

13）安装机油加注口盖衬垫。

14）安装加油口盖分总成。

15）安装通风阀分总成。

16）安装火花塞。

4. 气门间隙的检查与调整方法

(1)检查气门间隙

1）转动曲轴带轮，并将正时凹槽与1号正时皮带盖的正时标记“0”对准。

2）检查并确认1号气缸上的气门挺杆(进气门和排气门)都松动。如果没有对准，转动曲轴1圈(360°)，然后如图1-264所示对准标记。

3）检查图1-265中所示的气门。

① 使用塞尺，测量气门挺杆与凸轮轴之间的间隙。

• 气门间隙(冷机)：

＊进气：

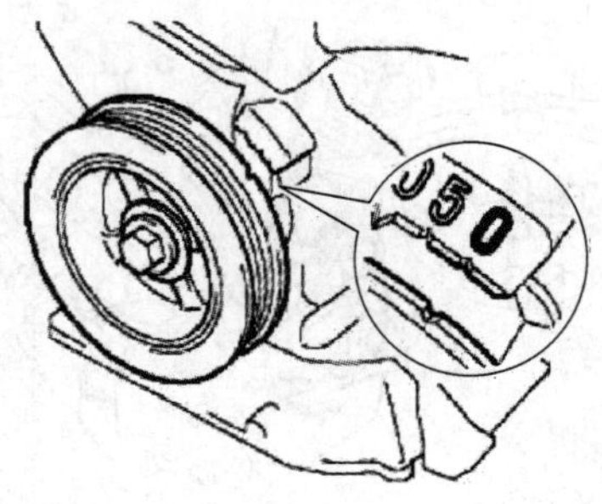

图1-264　将正时凹槽与1号正时带盖的正时标记“0”对准

右侧气缸组：

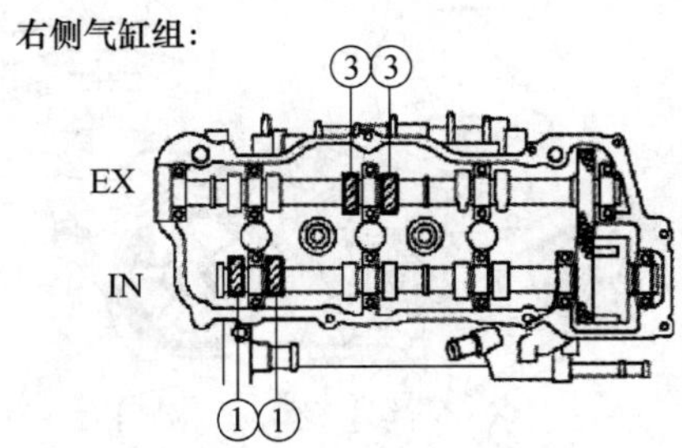

左侧气缸组：

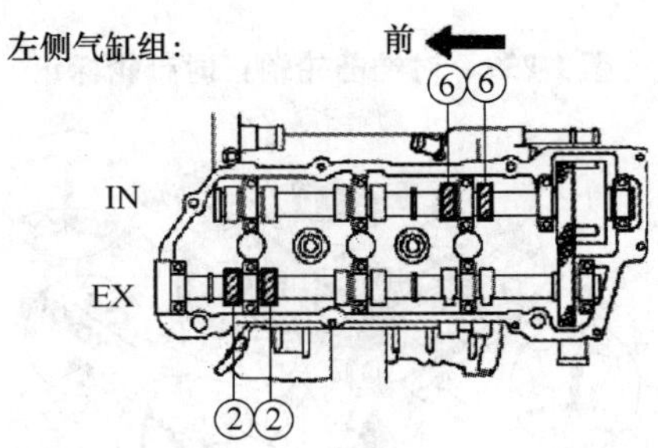

图1-265　检查气门位置图示

0. 15 ~ 0. 25mm(0. 0059 ~ 0. 0098in)；

＊排气：

0. 25 ~ 0. 35mm(0. 0098 ~ 0. 0138in)

② 记录超出规格的气门间隙测量值。以后将用它们来确定需要更换的调整垫片。

4）将曲轴转动2/3圈(240°)，并检查图1-266中所示的气门。

① 使用塞尺，测量气门挺杆与凸轮轴之间的间隙。

• 气门间隙(冷机)：

＊进气：

0. 15 ~ 0. 25mm(0. 0059 ~ 0. 0098in)；

＊排气：

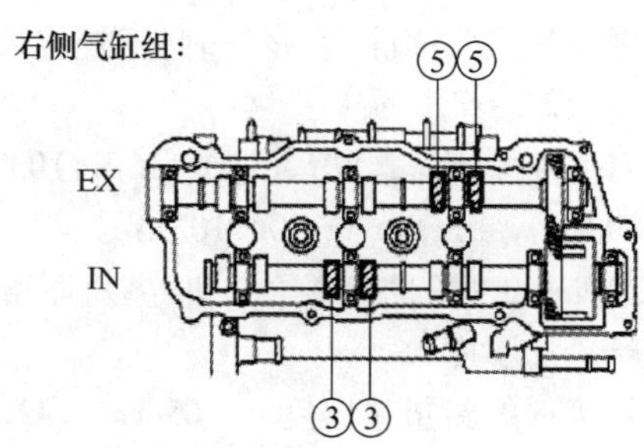

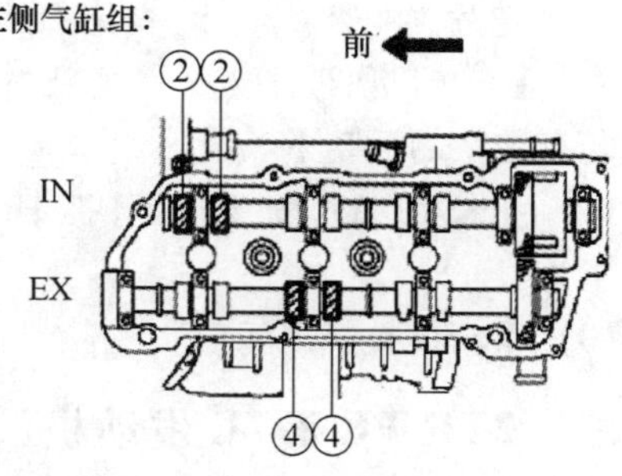

图 1-266　检查气门位置图示

0. 25 ~0. 35mm(0. 0098 ~0. 0138in)

② 记录超出规格的气门间隙测量值。以后将用它们来确定需要更换的调整垫片。

5）将曲轴转动 2/3 圈(240°)，并检查图中图 1-267 所示的气门。

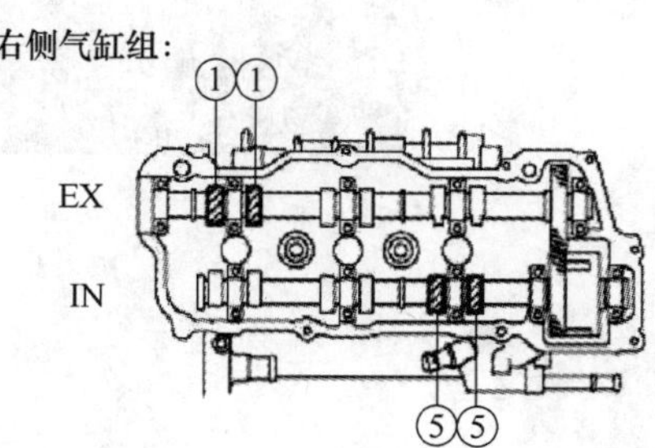

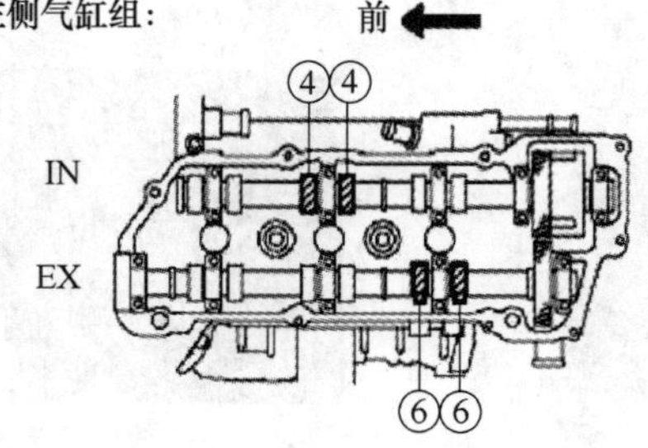

图 1-267　检查气门位置图示

① 使用塞尺，测量气门挺杆与凸轮轴之间的间隙。

● 气门间隙(冷机)：

＊进气：

0. 15 ~0. 25mm(0. 0059 ~0. 0098in)；

＊排气：

0. 25 ~0. 35mm(0. 0098 ~0. 0138in)

② 记录超出规格的气门间隙测量值。以后将用它们来确定需要更换的调整垫片。

（2）调整气门间隙

1）旋转凸轮轴，使凸轮凸角面朝上。

2）用旋具旋转气门挺杆，使凹槽与凸轮轴垂直(图 1-268)。

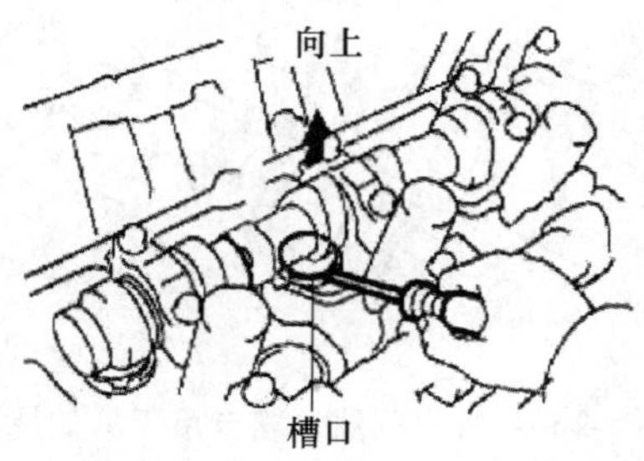

图 1-268　调整气门间隙

3）使用 SST(A)，按下气门挺杆并将 SST(B)放置在凸轮轴和气门挺杆之间。拆 SST(A)。

提示：

在标记了“9”或“7”一侧的如图 1-269 所示位置，以小角度使用 SST(B)。

SST(B)插入太深会被垫片夹住。为了防止卡住，应从进口处以小角度轻轻插入。

4）用旋具和磁棒拆下调整垫片。

5）用千分尺测量拆下的垫片厚度。

6）计算新垫片的厚度，以使气门间隙在规定值内。

7）选择一个厚度与计算值最接近的新垫片。

例如(进气)：测得的气门间隙 = 0. 45mm (0. 0177in)；0. 45mm (0. 0177in) − 0. 20mm (0. 0079in) = 0. 25mm(0. 0098in)

1 号和 2 号气缸前部：

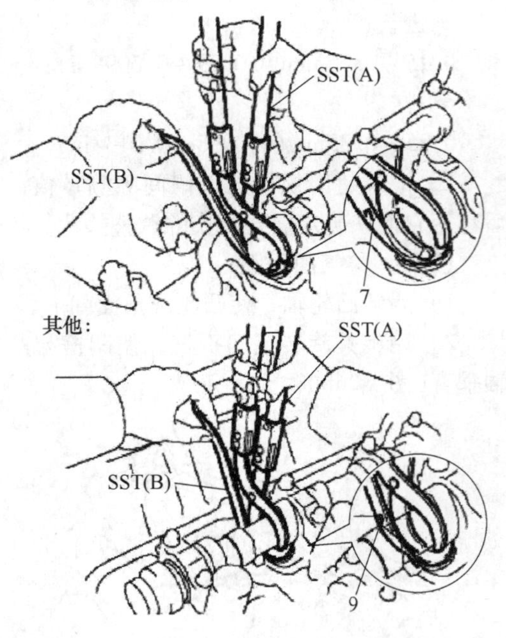

图 1-269　气门间隙调整专用工具的使用

测得的气门间隙值 - 气门间隙规定值 = 过量的间隙值。

旧垫片厚度 = 2.80mm（0.1102in）0.25mm（0.0098in）+ 2.80mm（0.1102in）= 3.05mm（0.1201in）（过量的间隙值 + 旧垫片厚度 = 理想的新垫片厚度）。

最接近的新垫片厚度 = 3.05mm（0.1201in），选择 12 号垫片。

8）在气门挺杆上放置一个新的调整垫片，印有数字的面朝下。

9）用 SST（A）按下气门挺杆，拆下 SST（B）。

10）重新检查气门间隙。

三、2TR-FE 2.7L 发动机（2004—2012 款普拉多装备）

2TR-FE 发动机正时链单元拆装正时标记对准位置如图 1-270 所示。

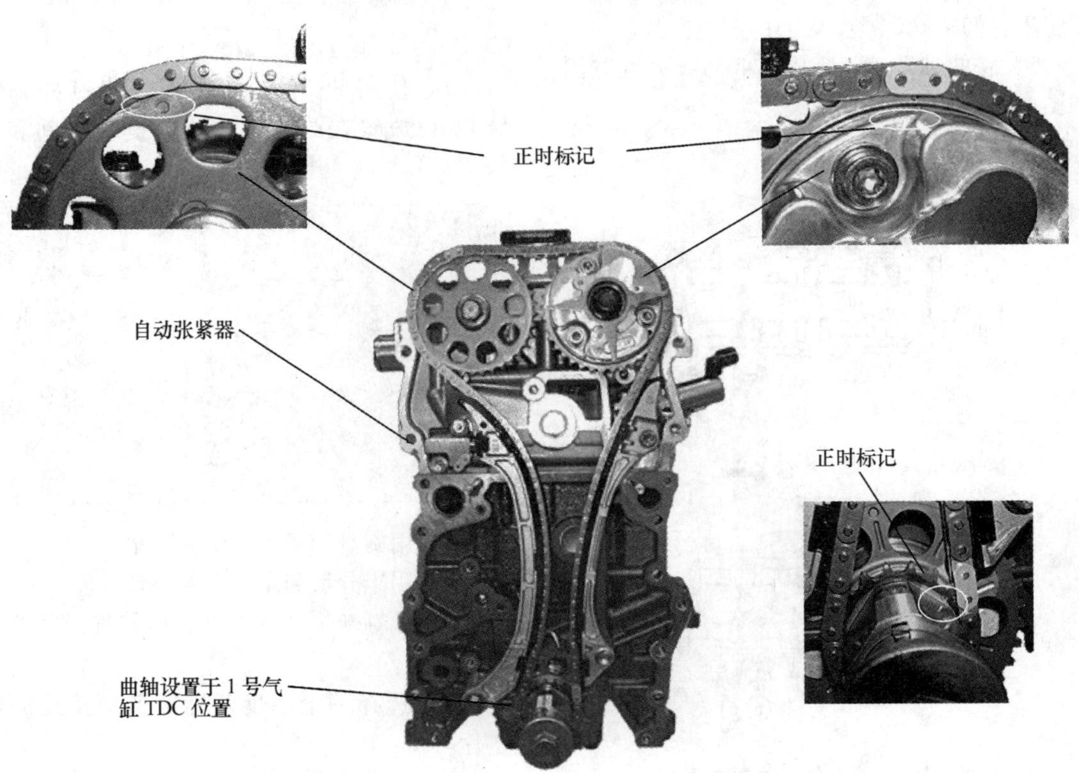

图 1-270　发动机正时链正时标记对正图

（1）正时链条（凸轮轴用）

1）对准各个链轮和链条的正时标记。

2）2TR-FE 发动机正时驱动链条拆装正时对准标记如图 1-271 所示。

（2）传动链条（平衡轴用）　对正链条和链轮上的正时标记。

图 1-271　发动机平衡轴传动链正时标记对正图

四、5ZR-FXE 1.8L 发动机（2011—2012 款普锐斯，雷克萨斯 CT200H 装备）

1. 正时链单元分解

正时链单元分解图如图 1-272 所示。

2. 正时链单元拆卸步骤

1）拆卸机油加注口盖分总成。

2）拆卸机油加注口盖衬垫。

3）拆卸发动机盖接头螺栓。

4）拆卸线束卡夹支架。

5）拆卸火花塞。

6）拆卸凸轮轴位置传感器。

7）拆卸凸轮轴正时机油控制阀总成。

8）拆卸曲轴位置传感器。

9）拆卸发动机机油压力开关总成。

10）拆卸爆燃传感器。

11）拆卸发动机冷却液温度传感器。

12）拆卸气缸盖罩分总成。

13）拆卸气缸盖罩衬垫。

14）拆卸火花塞套管衬垫。

15）拆卸机油滤清器盖总成。

16）拆卸进水口分总成。

17）拆卸进水口分总成双头螺柱。

18）将 1 号气缸设定至 TDC/压缩。转动曲轴带轮，直至其槽口与正时链条盖上的正时标记“0”对准，见图 1-273。

> **提示：**
>
> • 凸轮轴正时链轮上有 3 个标记。确保正时标记（长方形）位于顶部。如图 1-273 所示，检查并确认凸轮轴正时链轮和凸轮轴正时齿轮上的正时标记朝上。如果没有朝上，则转动曲轴 1 整圈（360°），然后如上所示对准标记。

19）拆卸曲轴带轮。

20）拆卸 1 号链条张紧器总成。

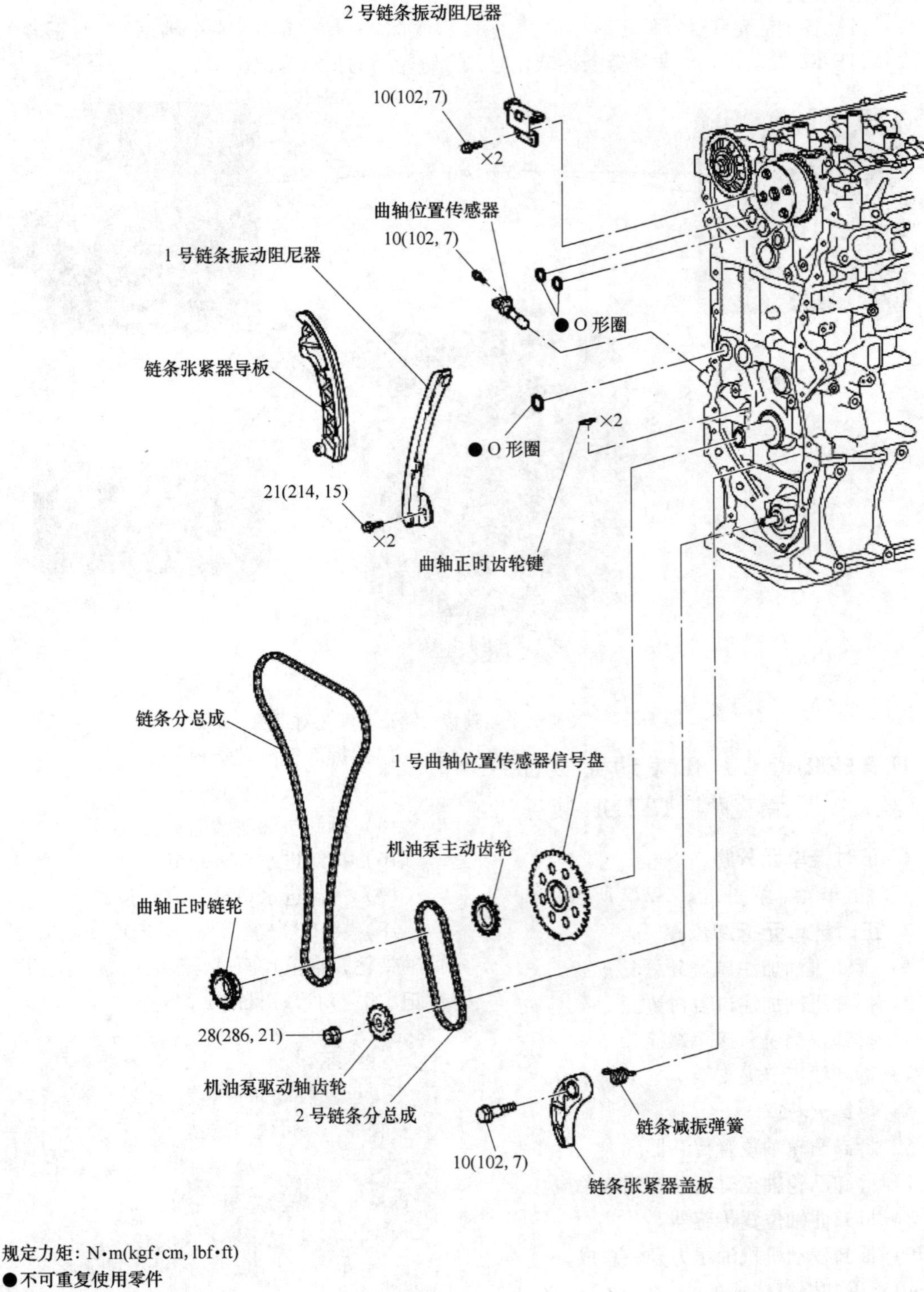

规定力矩：N·m(kgf·cm, lbf·ft)
●不可重复使用零件

图 1-272　正时链单元分解图

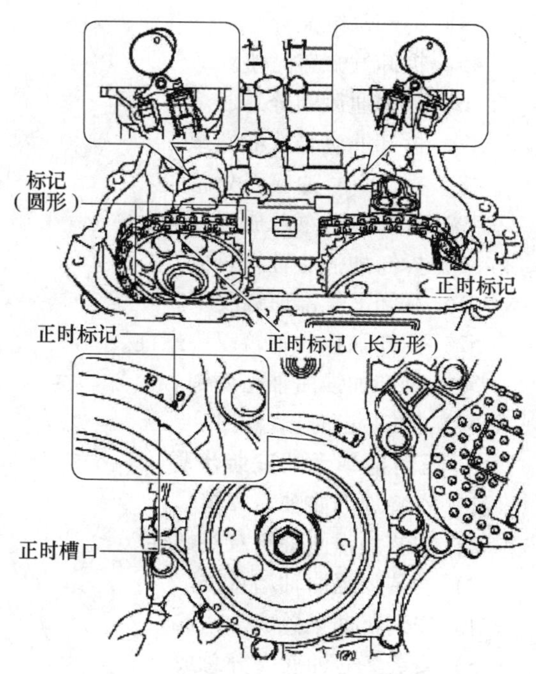

图 1-273　将 1 号气缸设置于 TDC 位置

21）拆卸正时链条盖分总成。

22）拆卸链条张紧器导板。

23）拆卸 1 号链条振动阻尼器。

24）拆卸 2 号链条振动阻尼器。

25）拆卸链条分总成。

> **提示：**
>
> 用扳手固定凸轮轴的六角部位，逆时针转动凸轮轴正时齿轮以松开凸轮轴正时齿轮之间的链条。链条松弛的情况下，从凸轮轴正时齿轮上松开链条，并将其放在凸轮轴正时齿轮上。务必从链轮上完全松开链条。顺时针转动凸轮轴以将其恢复原位并拆下链条，见图 1-274。

26）拆卸曲轴正时链轮。

27）拆卸 2 号链条分总成。

① 暂时紧固曲轴带轮和曲轴带轮螺栓。

② 使用 SST，固定住曲轴带轮的同时，拆下机油泵驱动轴链轮螺母。

③ 拆下 SST、曲轴带轮和曲轴带轮螺栓。

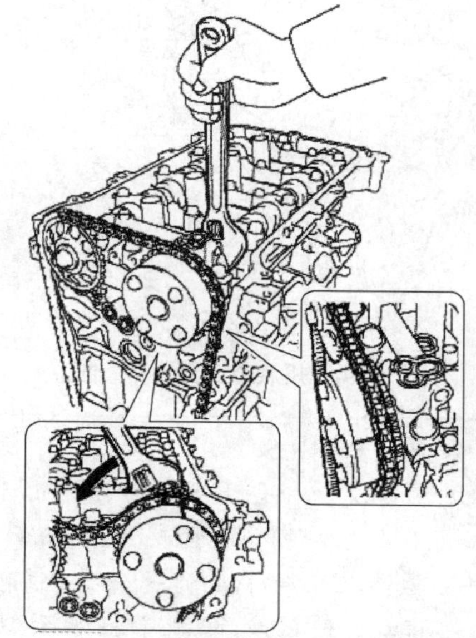

图 1-274　拆卸链条分总成

④ 拆下螺栓、链条张紧器盖板和链条减振弹簧。

⑤ 拆下机油泵主动齿轮、机油泵驱动轴齿轮和 2 号链条分总成，见图 1-275。

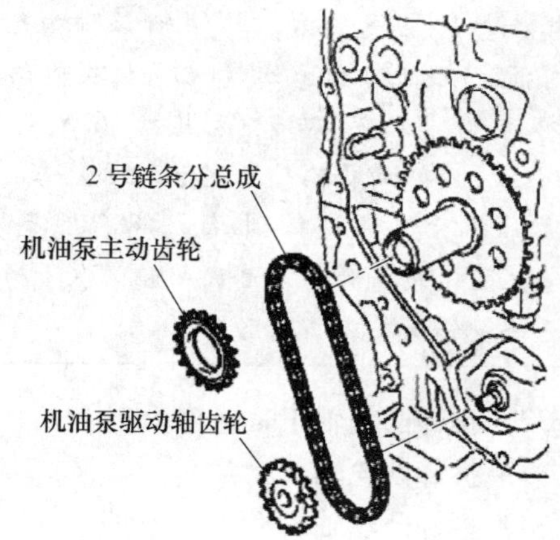

图 1-275　拆卸 2 号链条分总成

28）拆卸 1 号曲轴位置信号盘。

29）拆卸曲轴正时齿轮键。

30）检查凸轮轴正时齿轮总成。

① 检查凸轮轴正时齿轮的锁止情况。

② 清洁并去除 1 号凸轮轴轴承盖进气侧的 VVT 油孔的油脂后，如图 1-276 所示，用胶带或同等产品完全密封油孔，防止漏气。

31）拆卸凸轮轴正时齿轮总成。

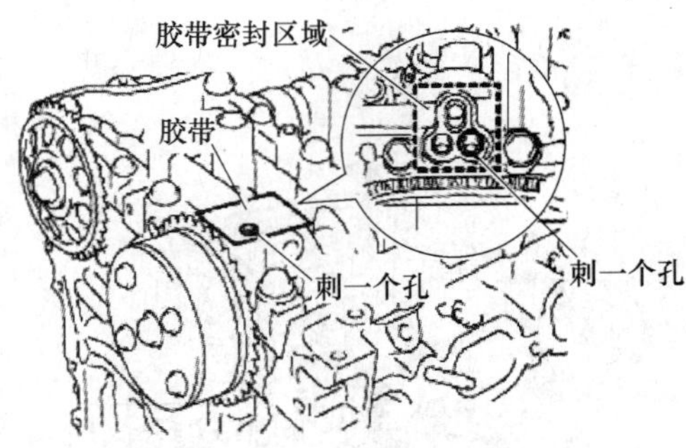

图1-276 用胶带密封VVT油孔

注意：

• 务必完全遮盖油孔，因为由于密封不足造成的漏气将阻止锁销松开。在遮盖油孔的胶带上刺一个孔（程序A）。向程序A中的刺孔施加大约150kPa（1.5kgf/cm², 22lbf/in²）的空气压力以松开锁销。如果漏气，则重新粘贴胶带。施加空气压力时用布遮盖油孔以防止机油喷出。朝提前方向用力转动凸轮轴正时齿轮（逆时针）。根据施加的空气压力，凸轮轴正时齿轮可能会在无辅助力的情况下朝提前方向转动。在可转动范围（26.5°~28.5°）内转动凸轮轴正时齿轮2次或3次，但不要将其转到最大延迟位置。确保凸轮轴正时齿轮旋转平稳。从1号凸轮轴轴承盖上拆下胶带。

32）拆卸凸轮轴正时链轮。
33）拆卸凸轮轴轴承盖。
34）拆卸凸轮轴。
35）拆卸2号凸轮轴。
36）拆卸凸轮轴壳直销。
37）拆卸1号气门摇臂分总成。
38）拆卸气门间隙调节器总成。
39）拆卸气门杆盖。
40）拆卸机油控制阀滤清器。
41）拆卸1号凸轮轴轴承。
42）拆卸2号凸轮轴轴承。
43）拆卸凸轮轴壳分总成。
44）拆卸气缸盖分总成。
45）拆卸气缸盖衬垫。
46）拆卸通风阀分总成。
47）拆卸油底壳放油螺塞。
48）拆卸2号油底壳分总成。
49）拆卸机油泵总成。
50）拆卸加强曲轴箱总成。
51）拆卸1号锥形螺纹塞。
52）拆卸加强曲轴箱双头螺柱。
53）拆卸加强曲轴箱环销。
54）拆卸发动机后油封。

3. 正时链单元的安装步骤

1）安装加强曲轴箱环销。
2）安装加强曲轴箱双头螺柱。
3）安装加强曲轴箱总成。
4）安装机油泵总成。
5）安装2号油底壳分总成。
6）安装油底壳放油螺塞。
7）安装发动机后油封。
8）安装1号锥形螺纹塞。
9）安装通风阀分总成。
10）安装气缸盖衬垫。
11）安装气缸盖分总成。
12）安装气门杆盖。
13）安装气门间隙调节器总成。
14）安装1号气门摇臂分总成。
15）安装凸轮轴壳直销。
16）安装1号凸轮轴轴承。
17）安装机油控制阀滤清器。
18）安装2号凸轮轴轴承。
19）安装2号凸轮轴。
20）安装凸轮轴。
21）安装凸轮轴轴承盖。
22）安装凸轮轴壳分总成。
23）安装凸轮轴正时链轮。
24）安装凸轮轴正时齿轮总成。
25）安装曲轴正时齿轮键。
26）安装1号曲轴位置信号盘。
27）安装2号链条分总成。
① 暂时安装曲轴带轮螺栓。

② 逆时针转动曲轴以将正时齿轮键置于9点钟方向。

③ 转动驱动轴以使切口朝向12点钟方向，见图1-277。

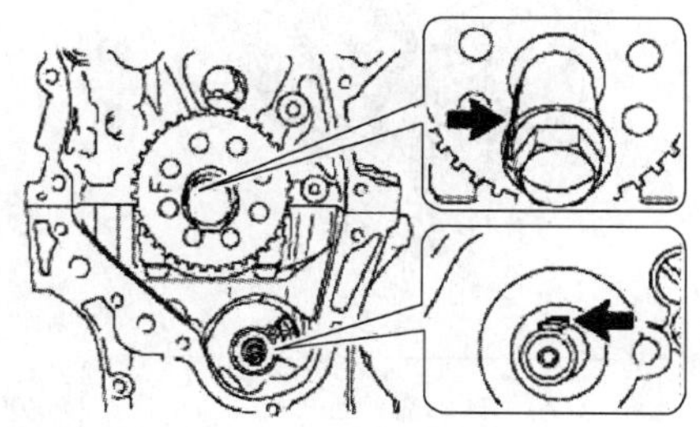

图1-277　安装曲轴带轮

④ 如图1-278所示，使黄色链条标记与各齿轮的正时标记对准。

> **提示：**
> - 确保将标记板置于发动机前侧。

⑤ 将链轮安装到曲轴和机油泵轴上，使链条环绕齿轮上。

⑥ 暂时用螺母紧固机油泵驱动轴齿轮。

⑦ 将减振弹簧插入调节孔，然后用螺栓安装链条张紧器盖板。

- 力矩：10N · m(102kgf · cm,7lbf · ft)

⑧ 暂时用螺栓紧固曲轴带轮。

⑨ 使用SST，固定住曲轴带轮的同时，安装机油泵驱动轴齿轮螺母。

- 力矩：28N · m{286kgf · cm,21lbf · ft}

⑩ 拆下曲轴带轮和螺栓。

28）安装曲轴正时链轮。

29）安装1号链条振动阻尼器。

30）将1号气缸设定至TDC/压缩。

① 暂时安装曲轴带轮螺栓。

② 转动曲轴以便将正时齿轮键置于顶部，见图1-279。

③ 检查并确认凸轮轴正时齿轮和凸轮轴正时链轮上的正时标记如图1-280所示对准。

④ 拆下曲轴带轮螺栓。

31）安装链条分总成。

① 如图1-281所示，对准标记板(橙色)

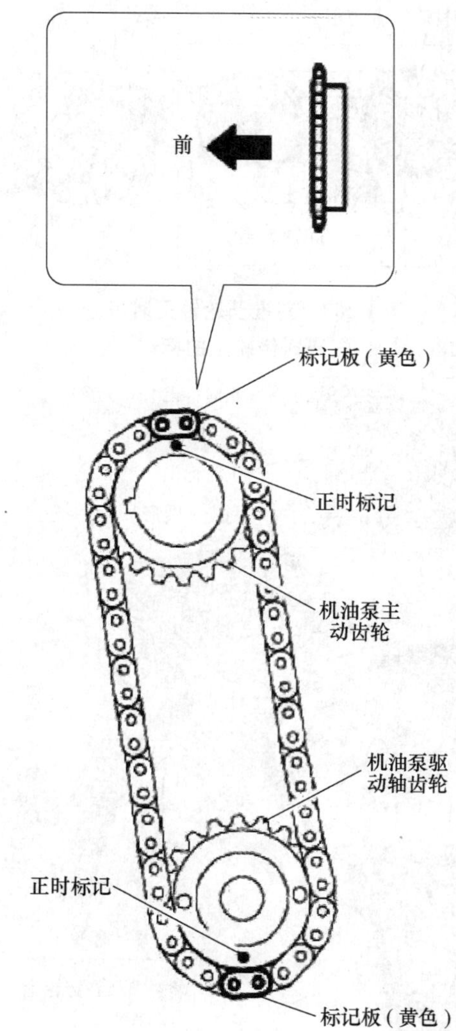

图1-278　对准正时链正时标记

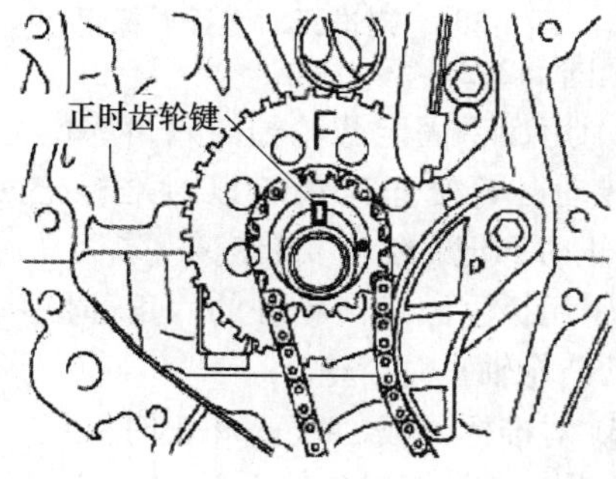

图1-279　将正时齿轮键置于曲轴正时链轮顶部

和正时标记(长方形)并安装链条。

② 将链条置于凸轮轴上，不要使其缠绕

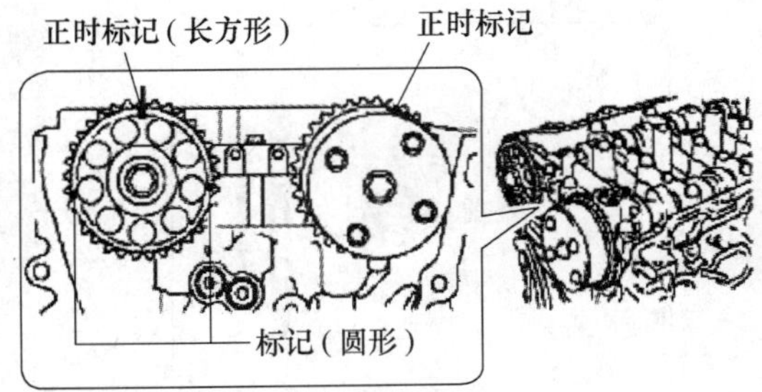

图 1-280 对准凸轮轴正时齿轮与正时链轮上的标记

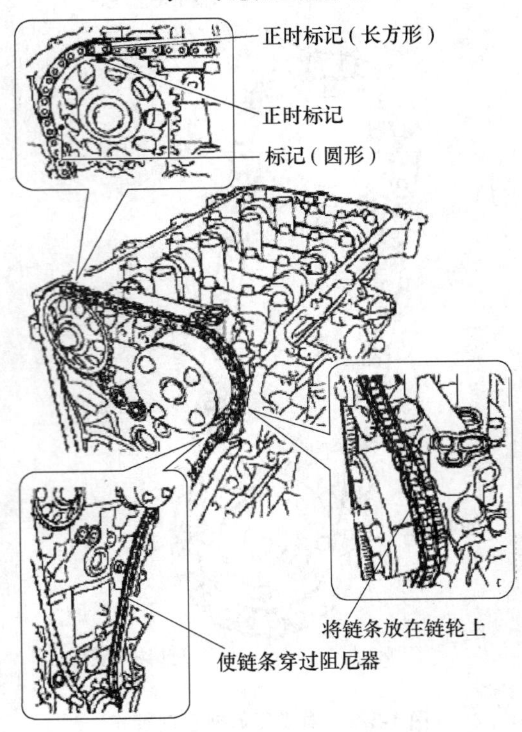

图 1-281 对准正时链正时标记

轴，见图 1-282。

③ 用扳手固定凸轮轴的六角部位，并逆时针转动凸轮轴正时齿轮以对准标记板（橙色）和正时标记，然后安装链条。

④ 用扳手固定凸轮轴的六角部位并顺时针转动凸轮轴正时齿轮。

⑤ 对准标记板（黄色）和正时标记，并将链条安装到曲轴正时齿轮上（图 1-283）。

提示：

- 曲轴侧的标记板为粉红色。

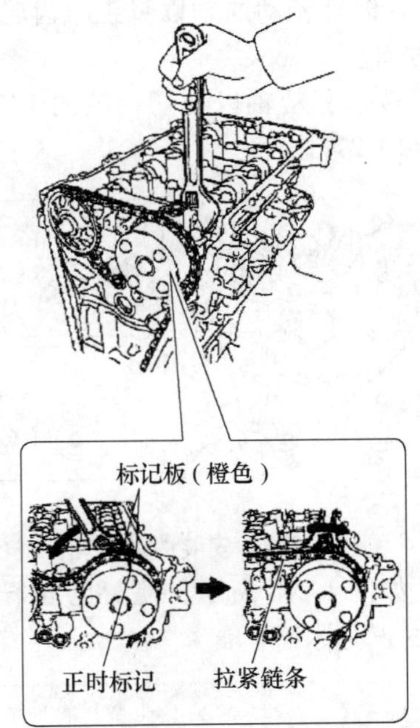

图 1-282 安装正时链

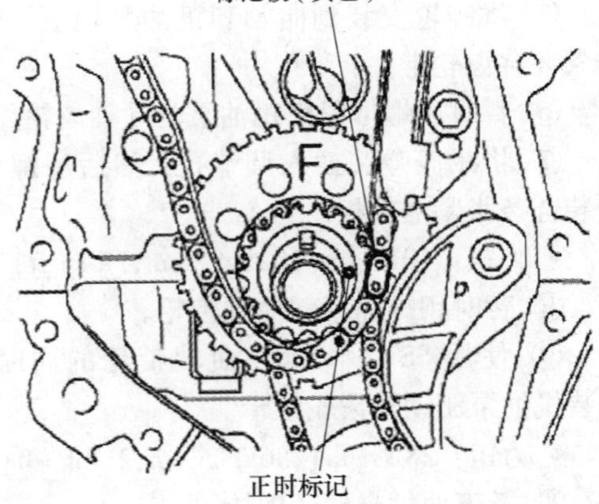

图 1-283 对准正时链正时标记

32）检查 1 号气缸是否位于 TDC/压缩位置。检查 TDC/压缩位置上的各正时标记，见图 1-284。

33）安装链条张紧器导板。

34）安装 2 号链条振动阻尼器。

35）安装进水口分总成双头螺柱。

36）安装进水口分总成。

37）安装正时链条盖分总成。

38）安装正时链条盖油封。

39）安装曲轴带轮。

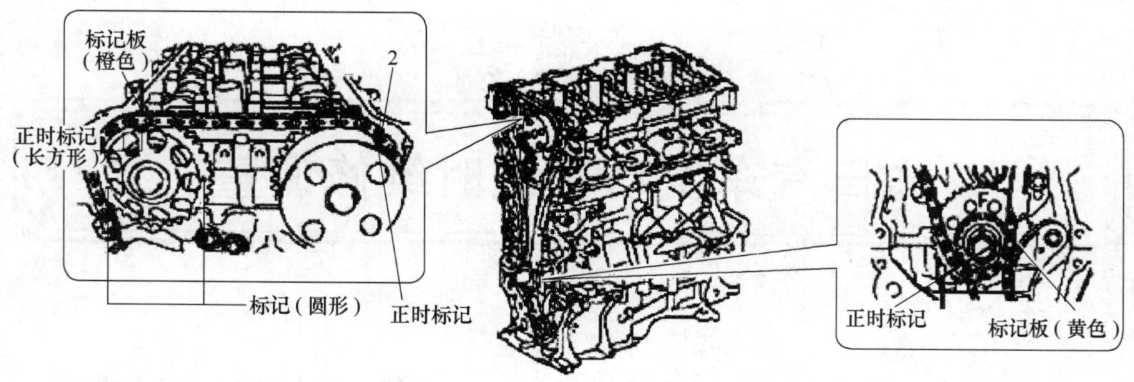

图 1-284　检查 TDC 位置的正时标记

40）安装 1 号链条张紧器总成。

41）安装机油滤清器盖总成。

42）安装火花塞套管衬垫。

43）安装气缸盖罩衬垫。

44）安装气缸盖罩分总成。

45）安装发动机机油压力开关总成。

46）安装发动机冷却液温度传感器。

47）安装爆振传感器。

48）安装曲轴位置传感器。

49）安装凸轮轴正时机油控制阀总成。

50）安装凸轮轴位置传感器。

51）安装火花塞。

52）安装发动机盖接头螺栓。

53）安装线束卡夹支架。

54）安装机油加注口盖衬垫。

55）安装机油加注口盖分总成。

第二章

本田汽车发动机正时维修调整

第一节　广州本田汽车发动机正时维修与气门间隙调整

一、J35Z2 3.5L 发动机（2008—2012 款雅阁，2011—2012 款歌诗图装备）

1. 正时带单元的安装步骤

1）清理正时带轮、正时带导向板和正时带单元上、下盖。

2）通过将正时带驱动轮齿上的 TDC 标记（A）对准机油泵上的指针（B），将正时带驱动轮设定到上止点（TDC），见图 2-1。

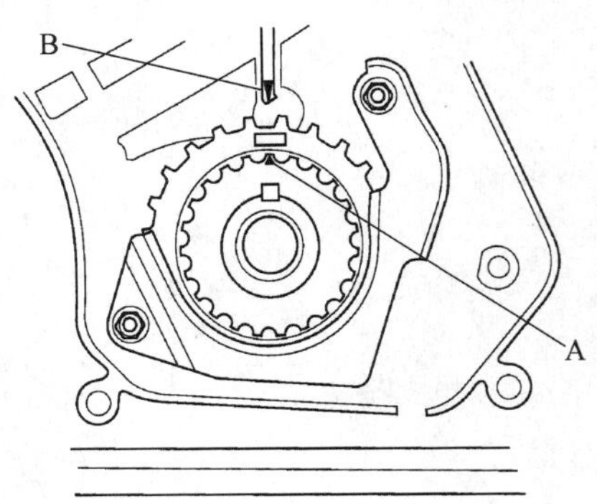

图 2-1　TDC 标记对准机油泵指针

3）通过将凸轮轴带轮上的 TDC 标记（A）对准后盖上的指针（B），将凸轮轴带轮设定到 TDC 位置，见图 2-2。

4）用一个新的惰轮螺栓松弛地安装惰轮，使惰轮能移动但不会脱落。

5）如果自动张紧器已张开且不能安装正时带，则执行正时带更换程序。

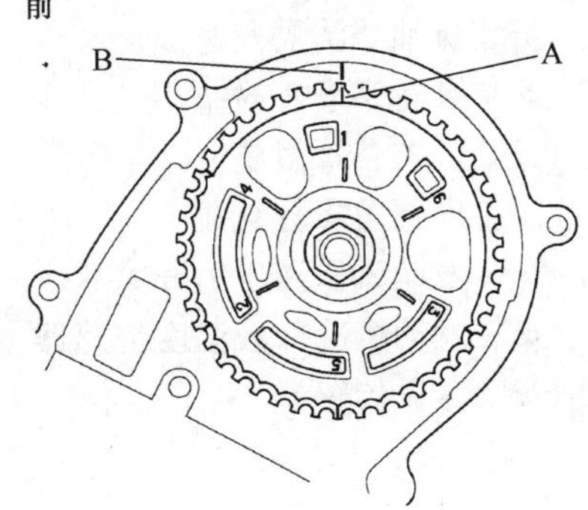

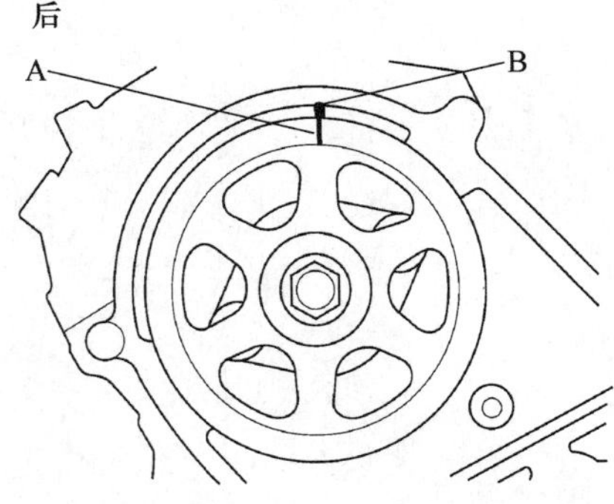

图 2-2　凸轮轴带轮设定到 TDC 位置

6）从驱动轮开始，按逆时针顺序安装正时带。安装时，小心不要损坏正时带。

7）紧固惰轮螺栓，见图 2-3。

8）将蓄电池夹紧螺栓从后盖上拆下。

9）安装发动机侧支座托架的下半部分。

10）安装正时带导向板。

11）安装下盖，见图 2-4。

12）安装前上盖(A)和后上盖(B)，见图 2-5。

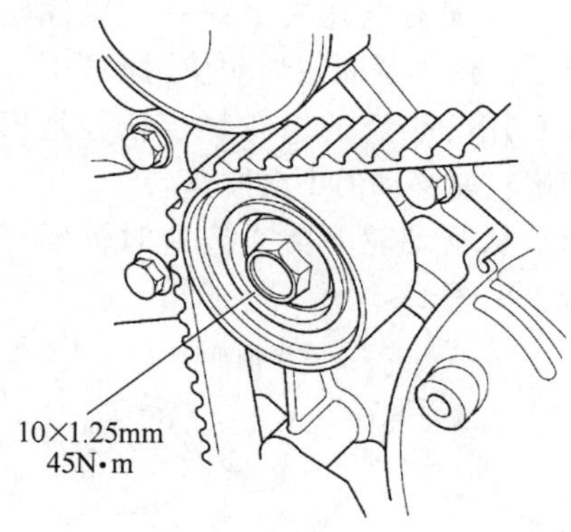

图 2-3　紧固惰轮螺栓

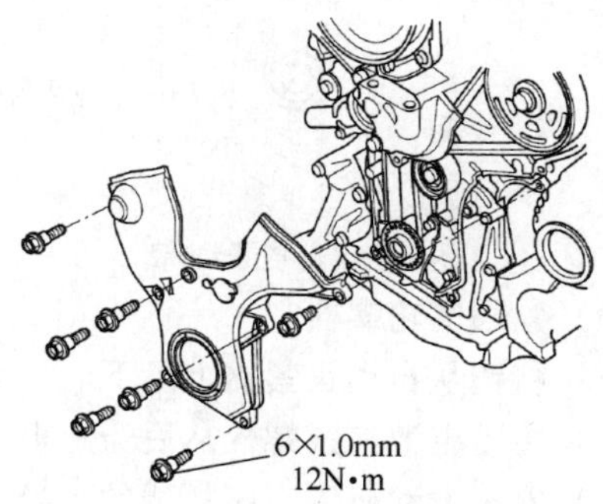

图 2-4　安装下盖

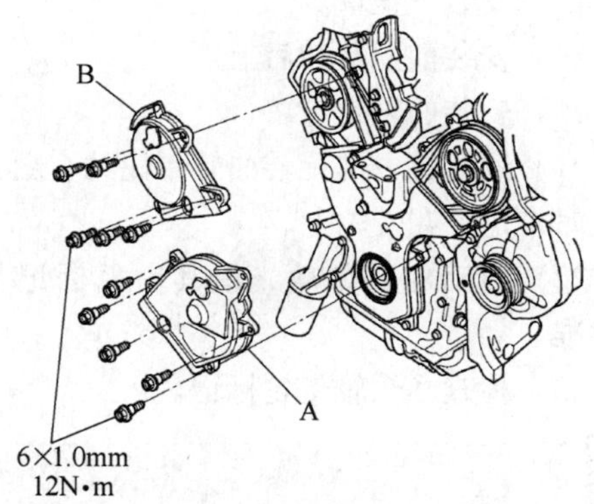

图 2-5　安装前上盖和后上盖

13）安装曲轴带轮。

14）顺时针方向旋转曲轴带轮约 6 圈，以将正时带定位在带轮上。

15）转动曲轴带轮，使其白色标记(A)与指针(B)对准，见图 2-6。

16）检查凸轮轴带轮标记。

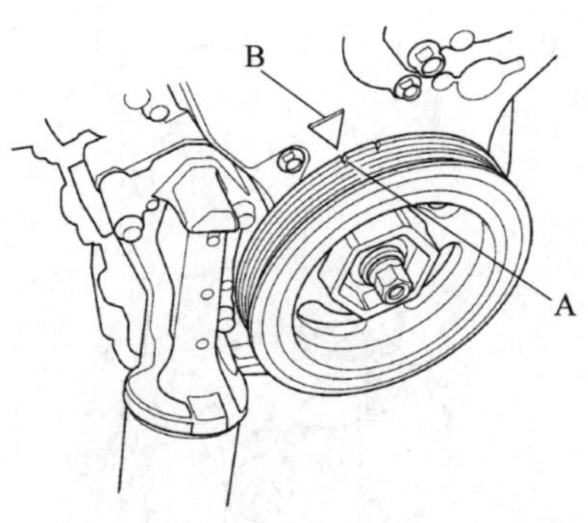

图 2-6　曲轴带轮对准标记

注意：

• 如果标记未对准，转动曲轴 360°，并重新检查凸轮轴带轮标记。

① 如果凸轮轴带轮标记在 TDC 位置，则转至步骤 17）。

② 如果凸轮轴带轮标记不在 TDC 位置，则拆下正时带并重复步骤 2）到步骤 16)，见图 2-7。

17）安装发动机侧支座托架的上半部分，然后紧固安装螺栓。

18）安装接地电缆。

19）安装传动带自动张紧器。

20）安装挡泥板。

21）安装右前轮。

22）执行曲轴位置(CKP)模式清除/曲轴位置模式学习程序。

2. 正时带单元更换方法

1）拆下正时带。

2）清理正时带轮、正时带导向板和正时带单元上、下盖。

3）通过将正时带轮齿上的 TDC 标记对准机油泵上的指针，将正时带轮设定到上止点(TDC)。

4）通过将凸轮轴带轮上的 TDC 标记对准后盖上的指针，将凸轮轴带轮设定到 TDC 位置。

5）将蓄电池夹紧螺栓从后盖上拆下。

6）拆下自动张紧器。

7）将连杆上的孔与自动张紧器的壳体对准，见图 2-8。

前

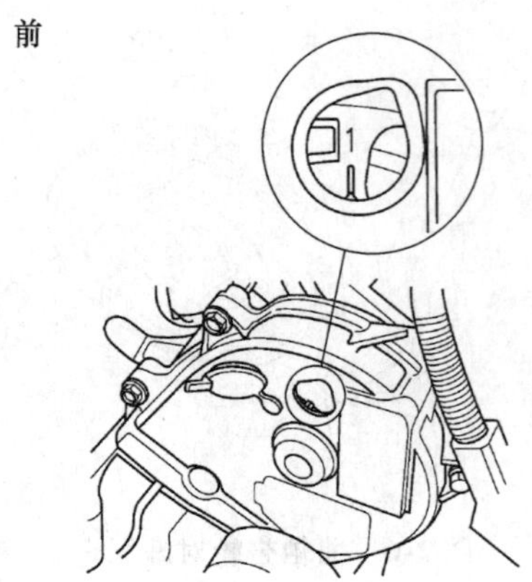

后

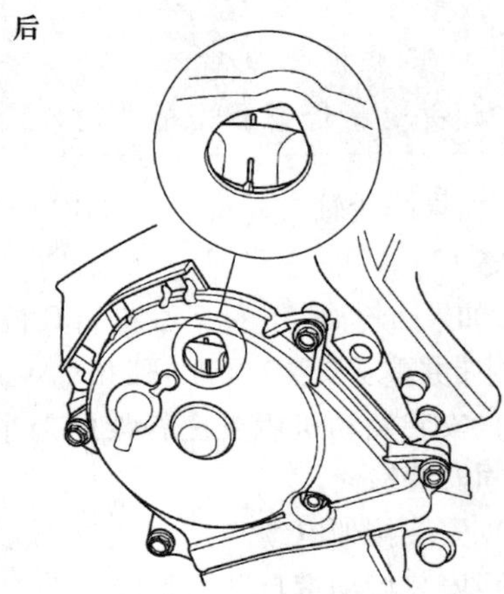

图2-7　检查凸轮轴带轮标记

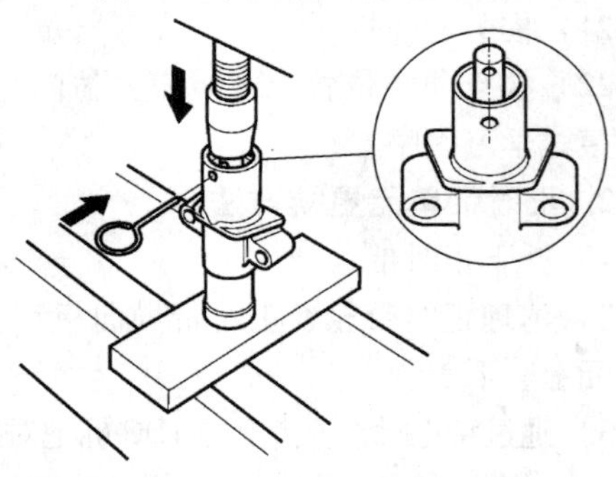

图2-8　对准连杆孔

8）使用液压调节器缓慢地压缩自动张紧器。将一个2.0mm的销插入壳体和连杆中。

注意：

压缩压力不应超过9800N(1000kgf)。

9）安装自动张紧器。

10）紧固蓄电池夹紧螺栓，以固定正时带调节器。用手紧固，切勿使用扳手。

11）用一个新的惰轮螺栓松弛地安装惰轮，使惰轮能移动但不会脱落。

12）从驱动轮开始，按逆时针顺序安装正时带，见图2-9。

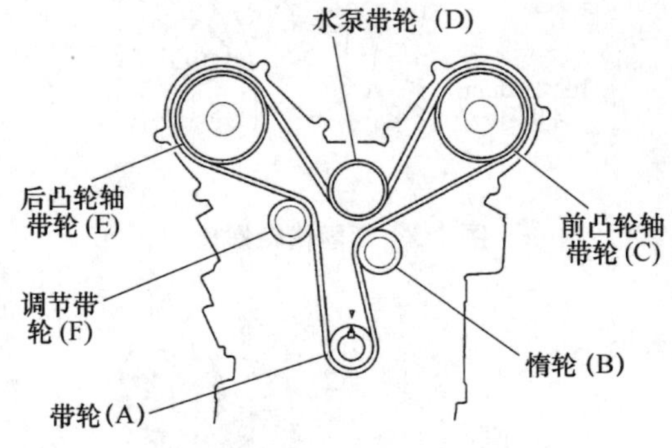

图2-9　安装正时带

13）紧固惰轮螺栓。

14）将销从自动张紧器上拆下。

15）将蓄电池夹紧螺栓从后盖上拆下。

16）安装发动机侧支座托架的下半部分。

17）安装正时带导向板。

18）安装下盖罩。

19）安装前上盖和后上盖。

20）安装曲轴带轮。

21）顺时针方向旋转曲轴带轮约6圈，以将正时带定位在带轮上。

22）转动曲轴带轮，使其白色标记与指针对准。

23）检查凸轮轴带轮标记。

注意：

• 如果标记未对准，转动曲轴360°，并重新检查凸轮轴带轮标记。

• 如果凸轮轴带轮标记在TDC位置，则转至步骤24)。

• 如果凸轮轴带轮标记不在TDC位置，则拆下正时带并重复步骤3)到步骤23)。

24）安装发动机侧支座托架的上半部分，

然后紧固安装螺栓。

25）安装接地电缆。

26）安装传动带自动张紧器。

27）安装挡泥板。

28）安装右前轮。

29）执行曲轴位置（CKP）模式清除/曲轴位置模式学习程序。

① 拆下正时带。

② 将蓄电池夹紧螺栓从后盖上拆下。

③ 拆下自动张紧器。

④ 拆下螺栓（A），然后拆下正时带调节器（B）和护圈（C），见图2-10。

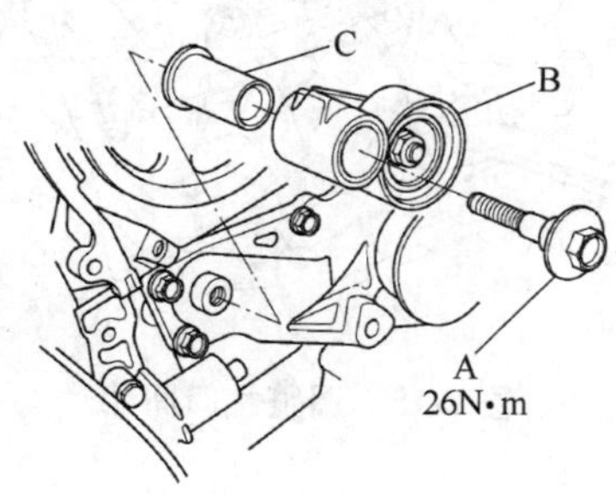

图2-10　拆下正时带调节器

⑤ 按照与拆卸相反的顺序安装正时带。

⑥ 安装正时带。

3. 气门间隙的调整方法

1）拆下气门室盖。

2）使1号活塞在上止点（TDC）位置。将前上盖上的指针（A）与前凸轮轴带轮上的1号活塞TDC标记（B）对准，见图2-11。

3）对于进行检查的气门，选择厚度合适的塞尺，见图2-12和图2-13。

4）将塞尺插入调节螺钉与1号气缸上的气门杆端部之间，并前后滑动；应该感觉到轻微的拖滞，见图2-14。

5）如果感觉到拖滞太大或太小，则松开锁紧螺母并转动调整螺钉，直到塞尺的拖滞合适，见图2-15。

6）用旋具固定调整螺钉时，紧固锁紧螺母并重新检查间隙。如有必要，重复调整。

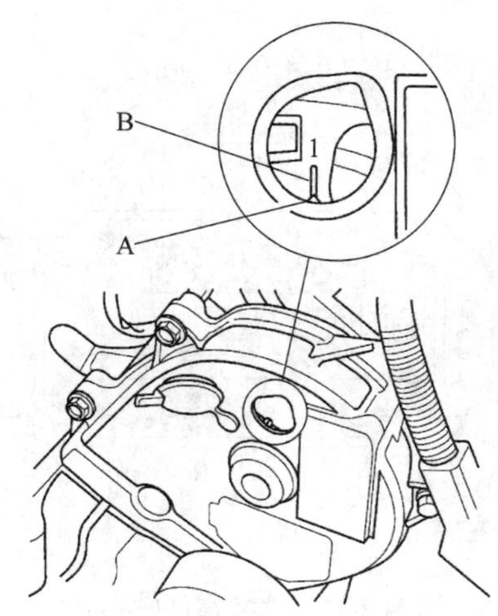

图2-11　1号活塞位于TDC位置

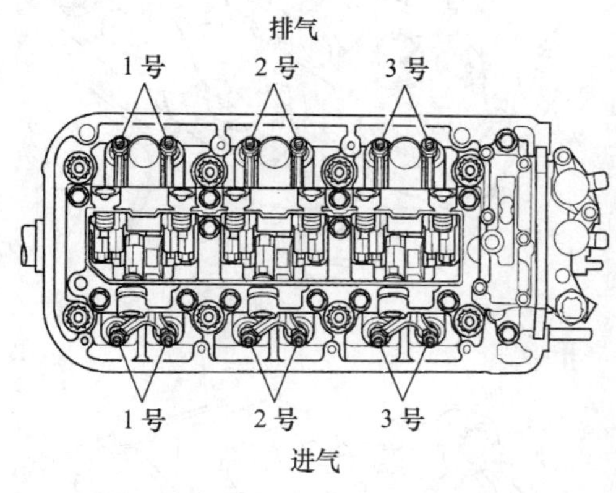

图2-12　选择塞尺（一）

> **规定力矩：**
>
> 1号、2号、3号和4号气缸：
>
> 20N·m(2.0kgf·m)
>
> 在螺母的螺纹上涂抹新的发动机机油。
>
> 5号和6号气缸：
>
> 14N·m(1.4kgf·m)
>
> 在螺母的螺纹上涂抹新的发动机机油。

7）顺时针旋转曲轴。将前上盖上的指针（A）与前凸轮轴带轮上的4号活塞TDC标记

气门间隙
排气：0.28～0.32mm

前

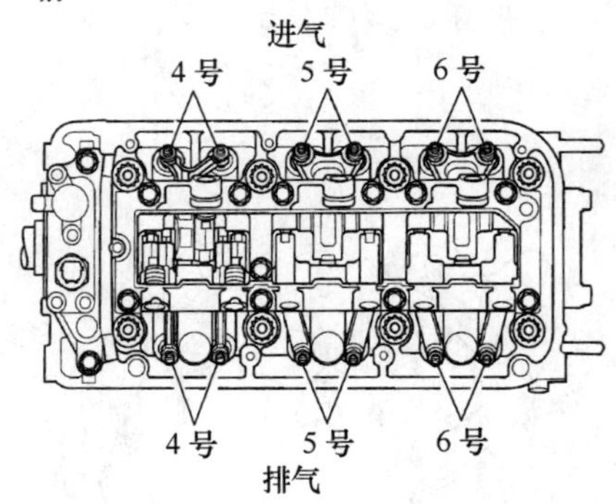

图 2-13　选择塞尺(二)

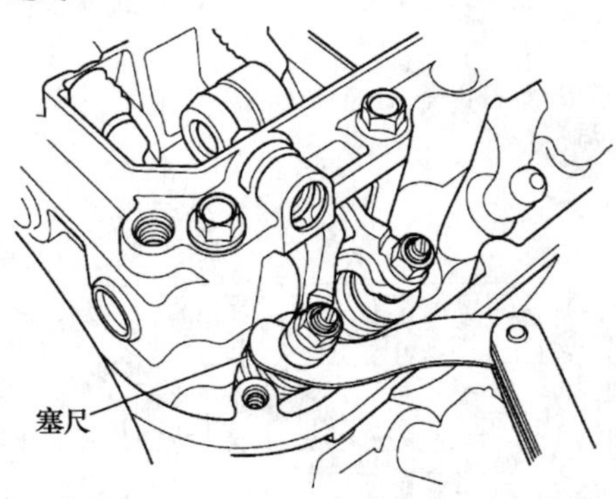

排气

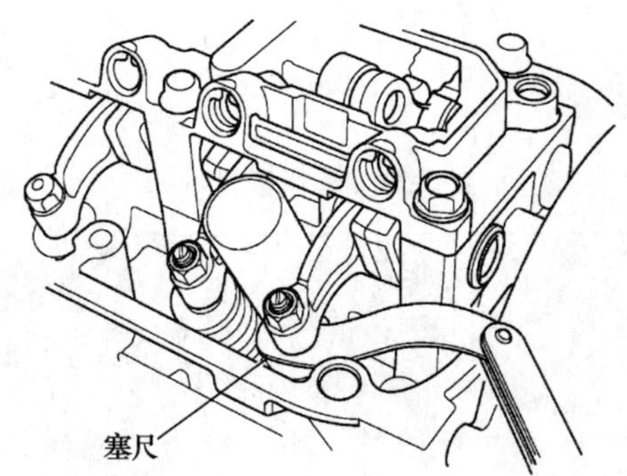

图 2-14　测量气门间隙

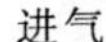

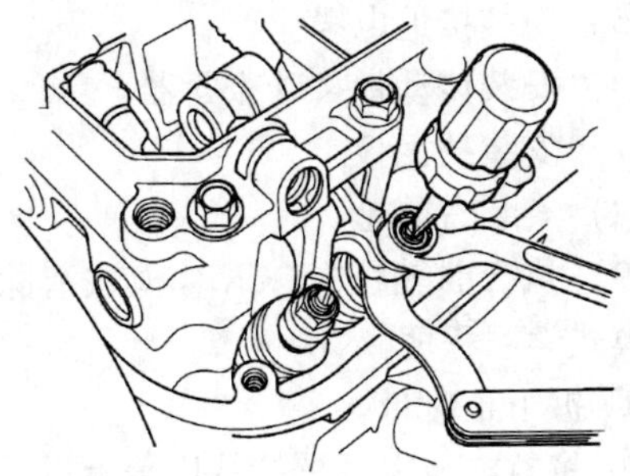

排气

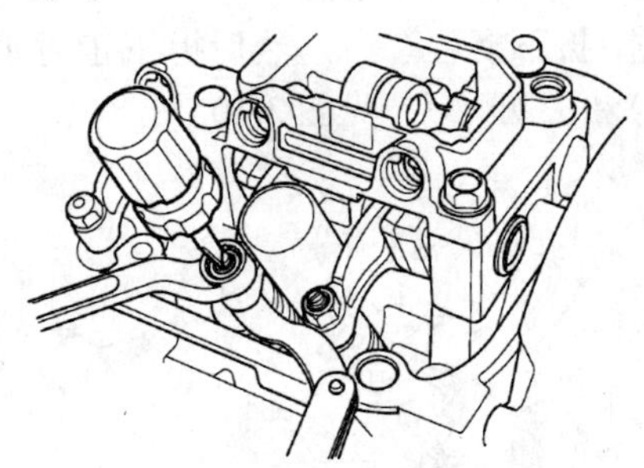

图 2-15　调整气门间隙

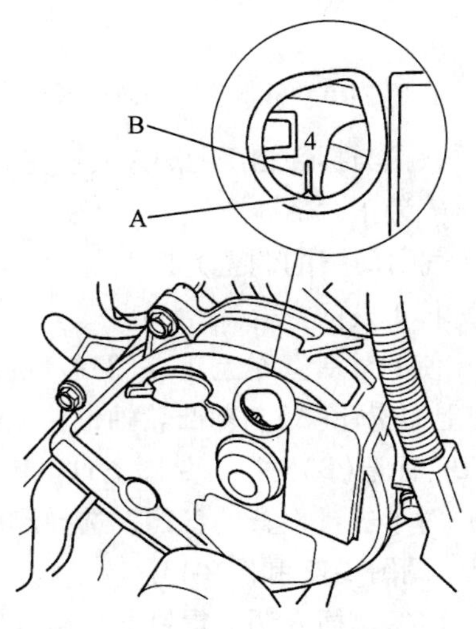

图 2-16　顺时针旋转曲轴

(B)对准，见图 2-16。

8）如有必要，检查并调整 4 号气缸上的气门间隙。

9）顺时针旋转曲轴。将前上盖上的指针(A)与前凸轮轴带轮上的 2 号活塞 TDC 标记(B)对准，见图 2-16。

10）如有必要，检查并调整 2 号气缸上的气门间隙。

11）顺时针旋转曲轴。将前上盖上的指针与前凸轮轴带轮上的 5 号活塞 TDC 标记对准。

12）如有必要，检查并调整 5 号气缸上的气门间隙。

13）顺时针旋转曲轴。将前上盖上的指针与前凸轮轴带轮上的3号活塞TDC标记对准。

14）如有必要，检查并调整3号气缸上的气门间隙。

15）顺时针旋转曲轴。将前上盖上的指针与前凸轮轴带轮上的6号活塞TDC标记对准。

16）如有必要，检查并调整6号气缸上的气门间隙。

17）安装气门室盖。

二、J30A4 3.0L发动机（2003—2007款第七代雅阁装备）

1. 正时带单元的拆解方法

1）旋转曲轴使白色标记（A）与指针（B）对齐，见图2-17。

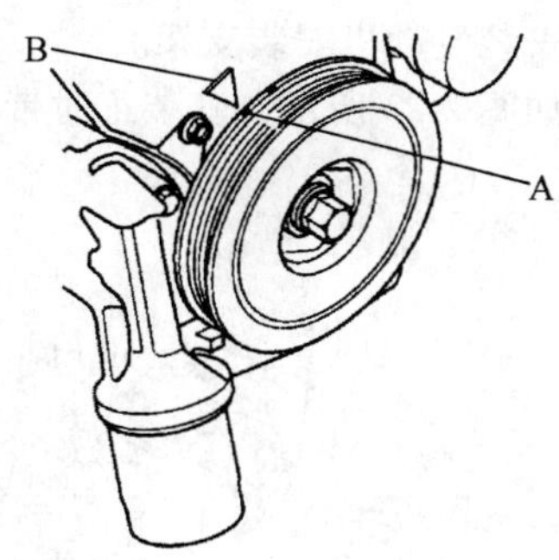

图2-17　曲轴白色标记对齐指针

2）检查前凸轮轴带轮1号活塞上的上止点（TDC）标记（A）是否与前上盖上的标记（B）对齐，见图2-18。

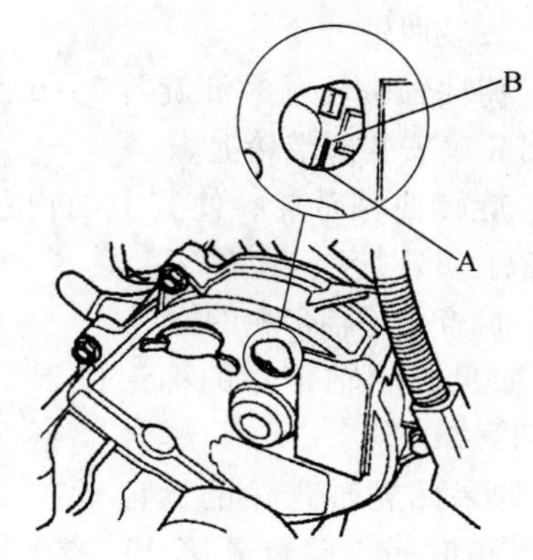

图2-18　前凸轮轴TDC标记对齐盖上标志

3）拆下前胎/车轮。

4）拆下挡泥板。

5）拆下传动带。

6）在油底壳下方，借助千斤顶和木块支撑发动机。

7）拆除接地电缆，并拆除发动机侧面安装支架。

8）拆除曲轴带轮。

9）拆下前上盖和后上盖。

10）拆除下盖。

11）从蓄电池托盘上拆除一根蓄电池夹紧螺栓，并将其末端磨成如图2-19所示的形状。

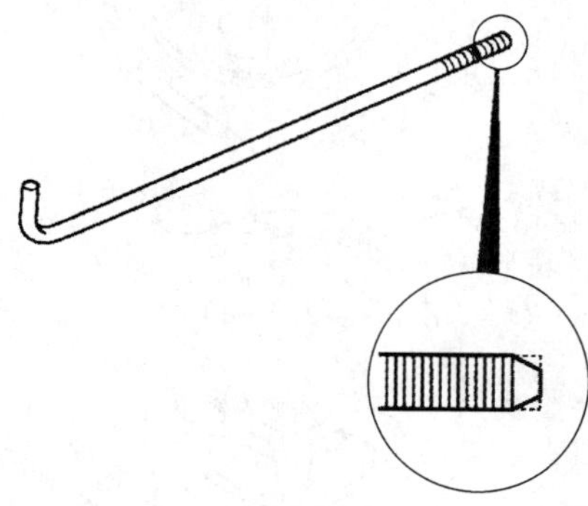

图2-19　磨削蓄电池夹紧螺栓

12）按图2-20所示，将蓄电池夹紧螺栓拧进，将正时带调节器固定在当前位置上，用手拧即可，请勿使用扳手。

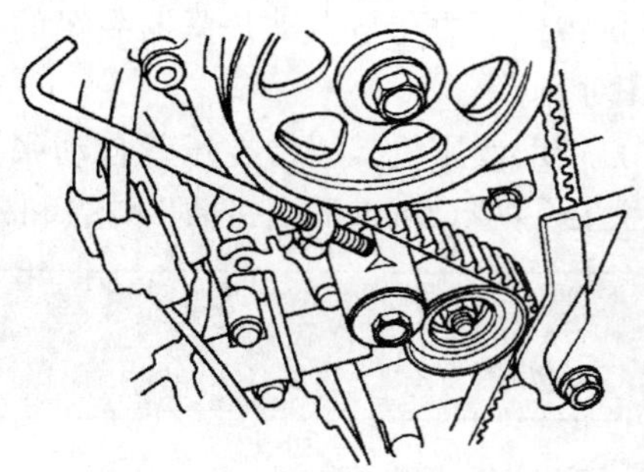

图2-20　固定正时带调节器

13）拆下发动机安装支架。

14）拆下怠速带轮螺栓和怠速带轮，然后拆下正时带。

2. 正时带单元的更换步骤（新带）

1）清洗正时带、带轮、正时带导板、上

盖及下盖。

2）通过将正时带主动带轮轮齿上的TDC标记(A)与油泵上的指针(B)对齐，将正时带主动带轮定在上止点(TDC)位置，见图2-21。

3）通过将凸轮轴带轮上的TDC标记(A)对齐后与后盖上的指针(B)对齐，将凸轮轴带轮固定在TDC位置，见图2-21。

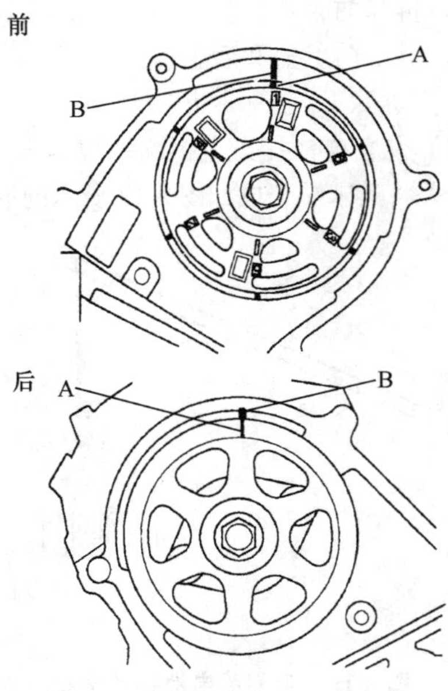

图2-21　对准TDC标记与指针

4）从后盖上拆下蓄电池夹紧螺栓。

5）拆下自动张紧装置。

6）将杆上的孔与自动张紧器装置的外壳上的孔对齐。

7）借助液压机，缓慢在压紧自动张紧装置。将直径为2.0mm的销钉插入外壳和杆。

注意：

压力不得超过9 800N。

8）安装自动张紧装置。

9）在惰轮螺栓上涂上液体螺纹止动剂，然后松松地套上惰轮。

10）从主动带轮开始，按逆时针顺序安装正时带，见图2-22。

① 主动带轮(A)，见图2-22。

② 惰轮(B)，见图2-22。

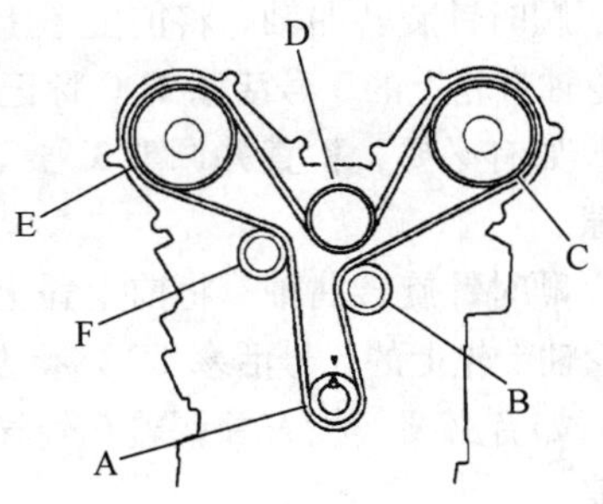

图2-22　逆时针顺序安装正时带

③ 前凸轮轴带轮(C)，见图2-22。

④ 水泵带轮(D)，见图2-22。

⑤ 后凸轮轴带轮(E)，见图2-22。

⑥ 调整带轮(F)，见图2-22。

11）锁紧惰轮螺栓。

12）从自动张紧装置上拆下销钉。

13）安装发动机安装支架。

14）如图2-23所示，安装正时带导板。

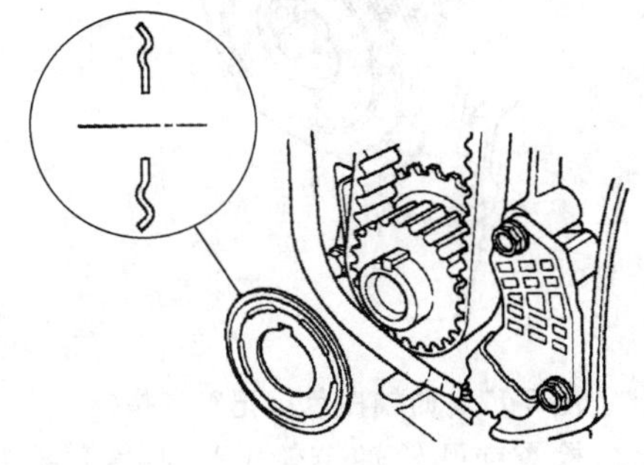

图2-23　安装正时带导板

15）安装下盖。

16）安装前上盖和后上盖。

17）安装曲轴带轮。

18）将曲轴带轮顺时针旋转5～6圈，以便正时带正确安装到带轮上。

19）旋转曲轴带轮，使其上的白色标记(A)与指针(B)对齐，见图2-24。

20）检查凸轮轴带轮的标记。

① 如果凸轮轴带轮的标记位于TDC位置，转到第21）步。

② 如果凸轮轴带轮的标记不在TDC位置，拆下正时带，并重复第2）步到第20）步，如图2-25所示。

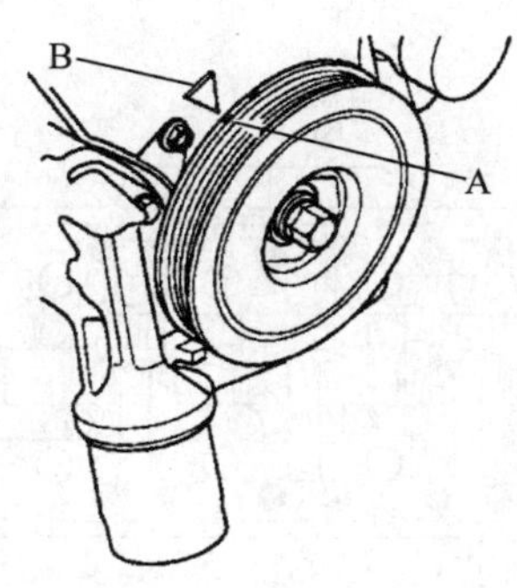

图 2-24　对齐曲轴白色标记与指针

前凸轮轴带轮：

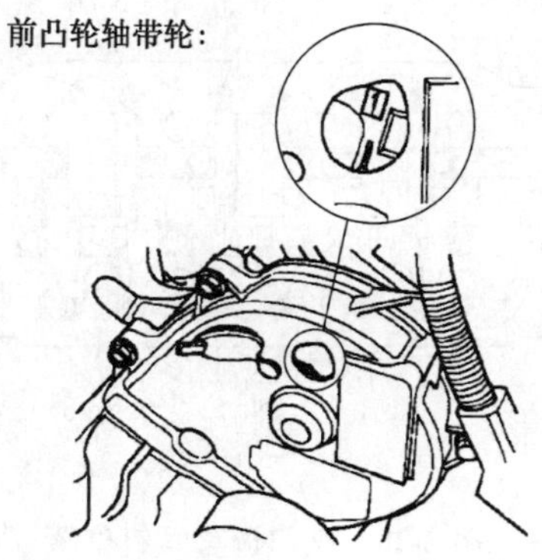

后凸轮轴带轮：

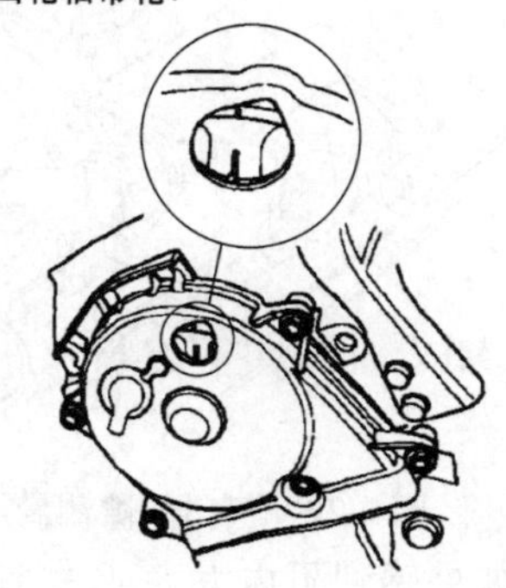

图 2-25　检查凸轮轴带轮上标记

21）安装传动带。

22）安装发动机侧面安装支架，然后锁紧螺栓。

23）安装接地电缆。

24）执行动力系统控制模块（PCM）复位程序。

25）执行曲轴位置（CKP）模式清除/CKP 模式判断程序。

3. 正时带单元的安装步骤（旧带）

装旧正时带时，请遵从下列操作程序。

1）清洗正时带轮、正时带导板、上盖及下盖。

2）通过将正时带主动带轮齿轮上的 TDC 标记（A）与油泵上的指针（B）对齐，把正时带主动带轮定在 TDC 位置，如图 2-26 所示。

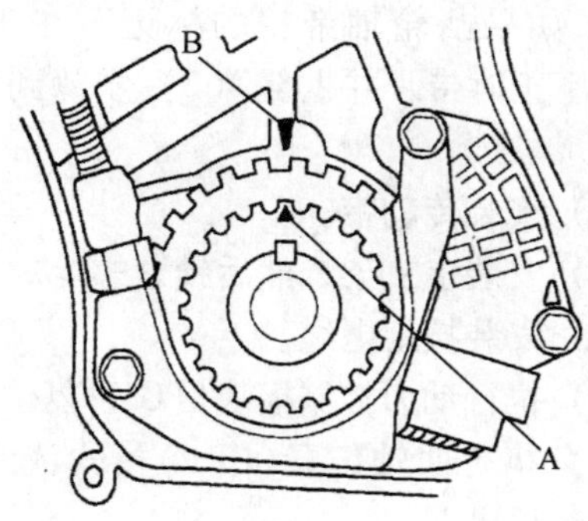

图 2-26　将正时带主动带轮定在 TDC 位置

3）通过将凸轮轴带轮上的 TDC 标记与后盖上的指针对齐，将凸轮轴带轮定在 TDC 位置。

4）在惰轮螺栓上涂上液体螺纹止动剂，然后松松地套上惰轮。

5）如果自动张紧装置已经展开，且正时带无法安装，则执行新正时带安装程序。

6）从主动带轮开始，按逆时针顺序安装正时带。在安装过程中注意保护正时带，勿使其受损坏。

① 主动带轮。

② 惰轮。

③ 前凸轮轴带轮。

④ 水泵带轮。

⑤ 后凸轮轴带轮。

⑥ 调整带轮。

7）锁紧惰轮螺栓。

8）从后盖上拆下蓄电池夹紧螺栓。

9）安装发动机安装支架。

10）安装正时带导板。

11）安装下盖。

12）安装前上盖和后上盖。

13）安装曲轴带轮。

14）将曲轴带轮顺时针旋转 5～6 圈，以使正时带正确安装到带轮上。

15）旋转曲轴带轮，使其上的白色标记应与指针对齐。

16）检查凸轮轴带轮的标记。

① 如果凸轮轴带轮的标记位于 TDC 位置，转到第 17）步。

② 如果凸轮轴带轮的标记不在 TDC 位置，拆下正时带，并重复第 2）步骤到第 16）步骤。

17）安装传动带。

18）安装上支架，然后锁紧螺栓。

19）安装接地电缆。

20）执行动力控制模块（PGM）复位程序。

21）执行曲轴位置（CKP）模式清除/CKP 模式判断程序。

4. 气门间隙的调整方法

1）拆下缸盖罩。

2）将 1 号活塞设在上止点（TDC）。使前上盖上的指针（A）与前凸轮轴带轮的 1 号活塞 TDC 标记（B）对准，见图 2-27。

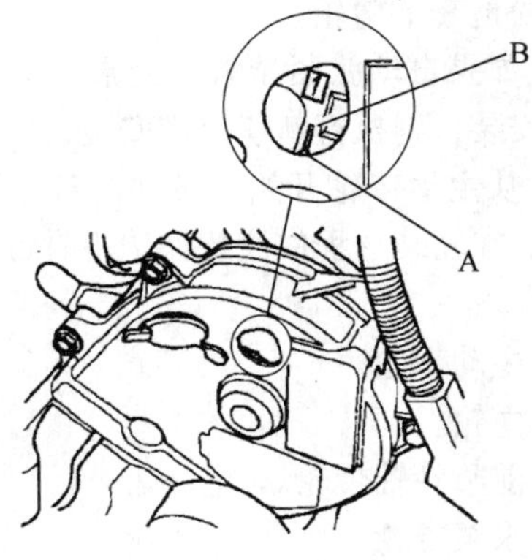

图 2-27　1 号活塞设为 TDC 位置

3）为要检查的气门选择适当厚度的塞尺，见图 2-28。

- 进气门：0. 20～0. 24mm
- 排气门：0. 28～0. 32mm
- 气门调整螺钉位置见图 2-28。

4）将塞尺插入调节螺钉及气门挺杆端部之间，前后滑动：应该能感觉到存在轻微的阻力，见图 2-29。

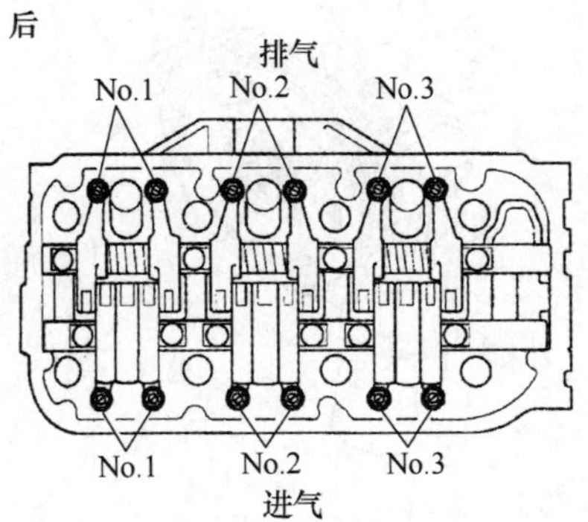

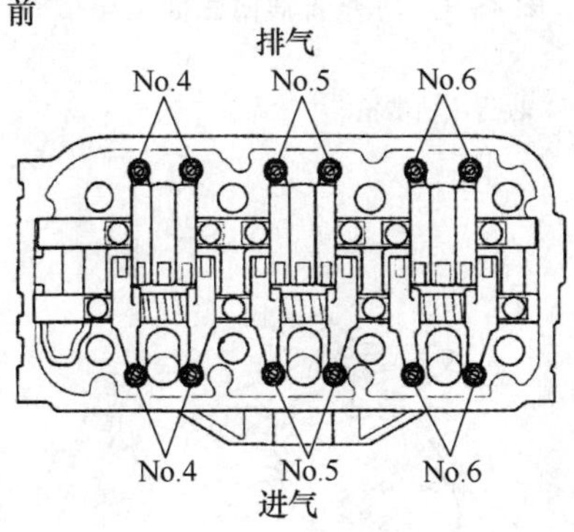

图 2-28　气门调整螺钉位置

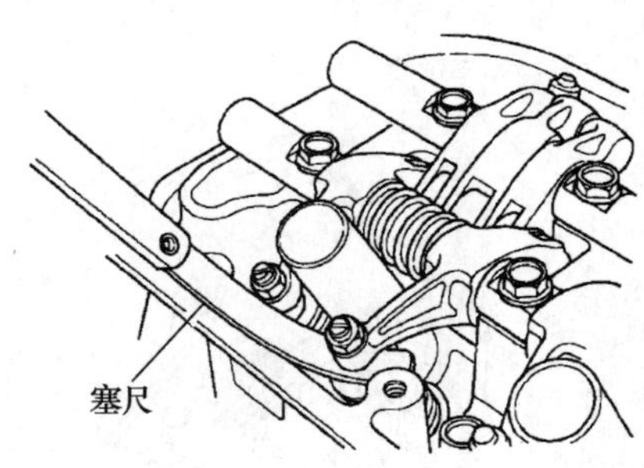

图 2-29　气门间隙测量

5）如果感到阻力太大或太小，松开防松螺母（A）并旋转调整螺钉（B），直到拖动塞尺时产生的阻力适当为止，见图 2-30。

6）锁紧预松螺栓，并重新检查间隙，如有必要，重复上述过程。

7）顺时针旋转曲轴。将前上盖上的指针与前凸轮轴带轮的 4 号活塞上的 TDC 标记对齐。

8）检查 4 号气缸的气门间隙，如有必要，请加以调整。

9）顺时针旋转曲轴。将前上盖上的指针

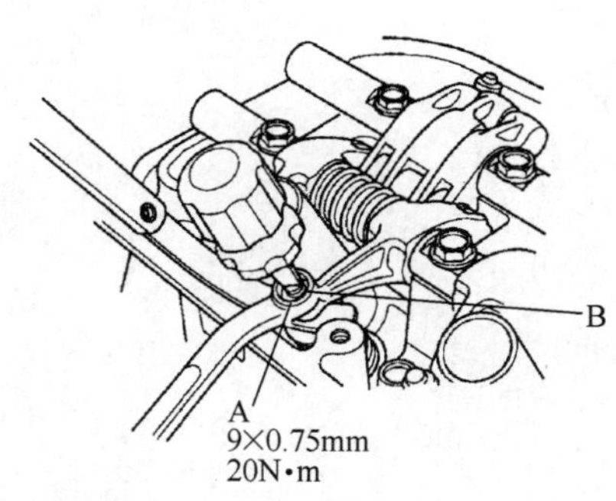

图 2-30 气门间隙调整

(A)与前凸轮轴带轮的2号活塞上的TDC标记(B)对齐，见图2-27。

10）检查2号气缸的气门间隙，如有必要，请加以调整。

11）顺时针旋转曲轴。将前上盖上的指针(A)与前凸轮轴带轮5号活塞上的TDC标记(B)对齐，见图2-27。

12）检查5号气缸的气门间隙，如有必要，请加以调整。

13）顺时针旋转曲轴。将前上盖上的指针(A)与前凸轮轴带轮3号活塞上的TDC标记(B)对齐，见图2-27。

14）检查3号气缸的气门间隙，如有必要，请加以调整。

15）顺时针旋转曲轴。将前上盖上的指针(A)与前凸轮轴带轮6号活塞上的TDC标记(B)对齐。

16）检查6号气缸的气门间隙，如有必要，请加以调整。

17）安装气缸盖罩。

三、J30A3 3.0L发动机(2002—2008款奥德赛装备)

该发动机的正时带单元拆卸与安装步骤与J30A4一样，相关内容可参考本节“二、”小节。

四、K24A4 2.4L发动机(2005—2006款奥德赛装备)

1. 正时链单元分解

正时链单元分解见图2-31。

2. 正时链单元的拆解方法

1）转动曲轴带轮，使其上止点(TDC)标记(A)与指针(B)对齐，见图2-32。

2）拆除前胎/车轮。

3）拆除挡泥板。

4）拆除传动带。

5）卸下缸盖罩。

6）确认可变气门正时控制(VTC)执行器和排气凸轮轴链轮上的1号活塞TDC标记对齐，见图2-33。

7）卸下曲轴带轮。

8）断开曲轴位置(CKP)传感器插头(A)与VTC机油控制电磁阀插头。

9）拆下VTC机油控制电磁阀。

10）在油底壳下方，借助千斤顶和木块支撑好发动机。

11）拆除地线，然后拆除上支架。

12）拆除侧发动机安装座托架。

13）拆除正时链壳体。

14）松松地安装曲轴带轮。

15）逆时针转动曲轴，以压缩自动张紧装置。

16）将锁(A)和自动张紧装置(B)上的孔对准，然后，在孔内插入一条直径1.2mm(0.05 in)的销子或锁销(C)。顺时针转动曲轴，紧固销子或锁销，如图2-34所示。

17）拆除自动张紧装置。

18）卸下正时链导板。

19）拆下正时链导板和张紧装置。

20）拆除正时链。

3. 正时链单元的安装步骤

1）将曲轴置于上止点(TDC)。将曲轴链轮上的TDC标记(A)与气缸体上的指针(B)对准，见图2-35。

2）将凸轮轴置于TDC，可变气门正时控制(VTC)执行器上的冲孔标记(A)、排气凸轮轴链轮上的冲孔标记(B)应位于顶端。将VTC执行器和排气凸轮轴链轮上的TDC标记(C)对齐，见图2-36。

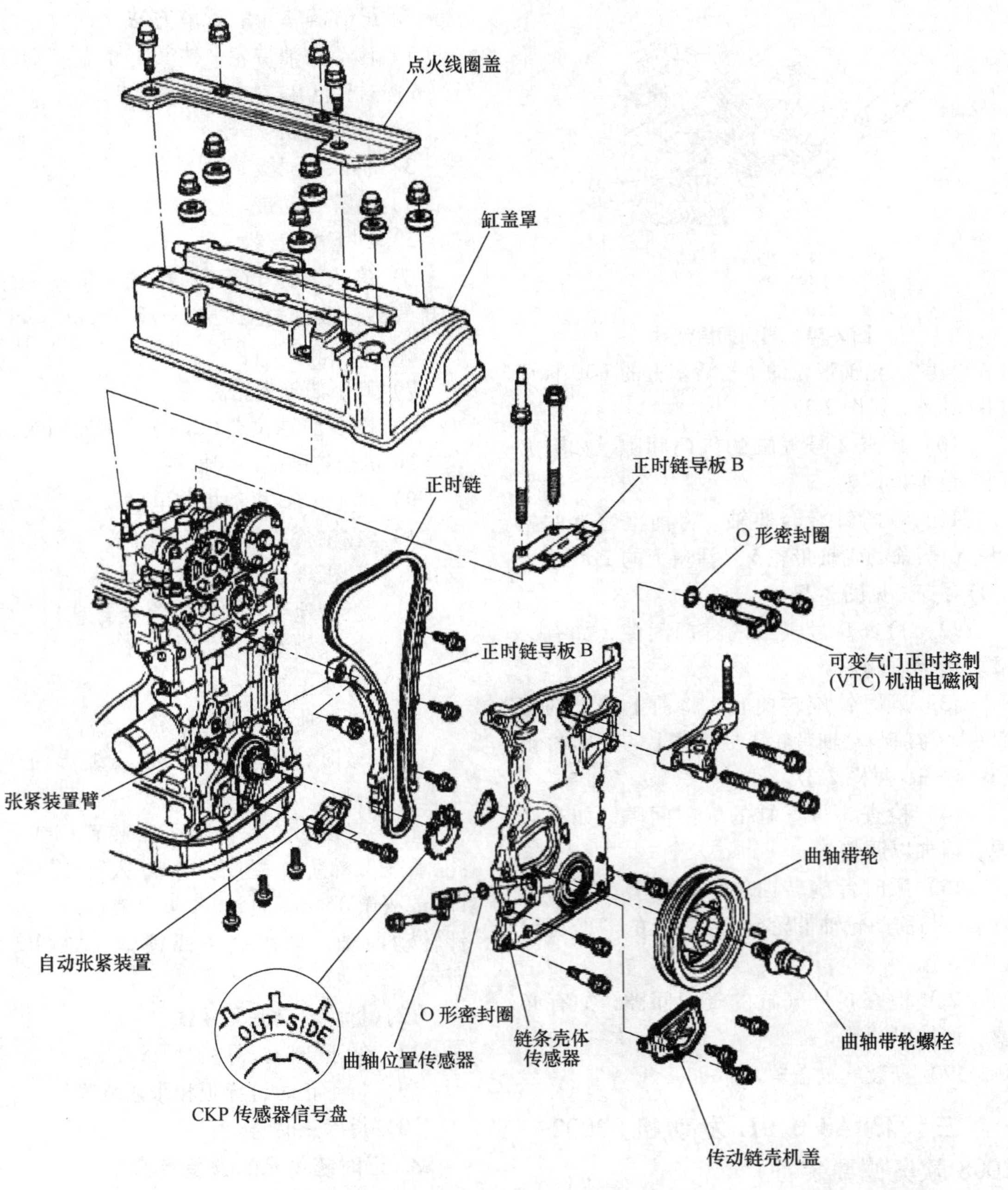

图 2-31　K24A4 发动机正时链单元分解

3）将正时链安装在曲轴链轮上，色片（A）要对准曲轴链轮上的标记（B），见图 2-37。

4）将冲孔标记（A）与两块色片（B）的中心对准，将正时链安装到 VTC 执行器和排气凸轮轴链轮上，见图 2-38。

5）安装正时链导板 A（A）和张紧装置臂（B），见图 2-39。

6）安装自动张紧装置。

7）安装正时链导板 B，见图 2-40。

8）将销子或锁销从自动张紧装置上拆除。

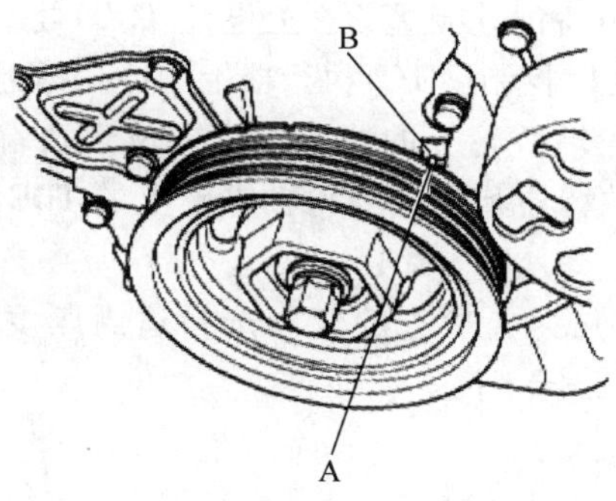

图 2-32　曲轴 TDC 标志与指针对齐

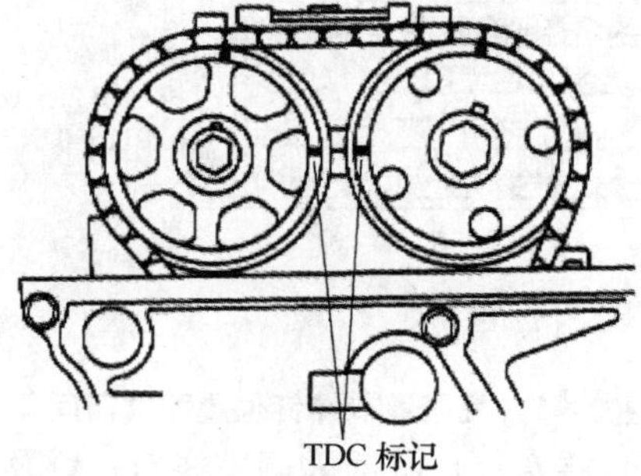

图 2-33　VTC 执行器与 1 号活塞 TDC 标记对齐

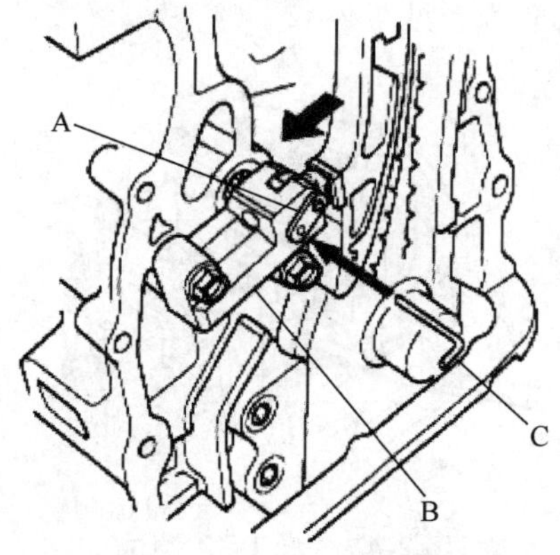

图 2-34　用锁销固定自动张紧器

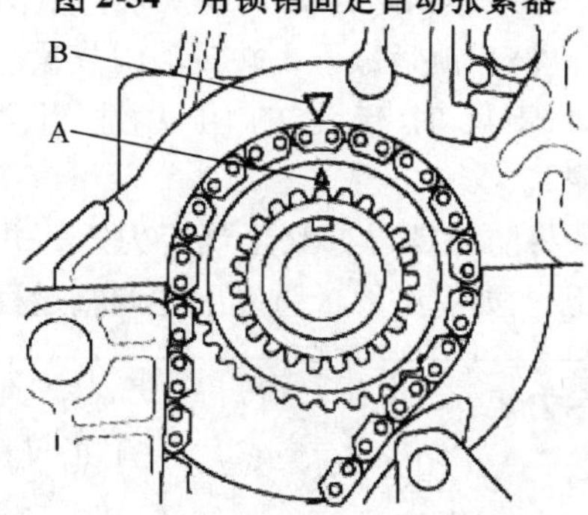

图 2-35　曲轴 TDC 标记对准指针

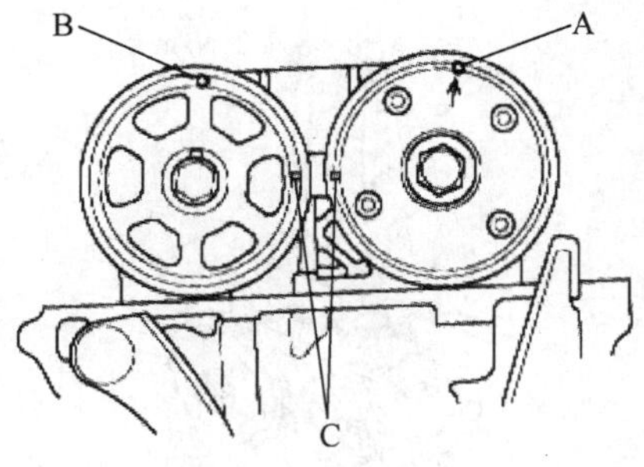

图 2-36　将凸轮轴置于 TDC

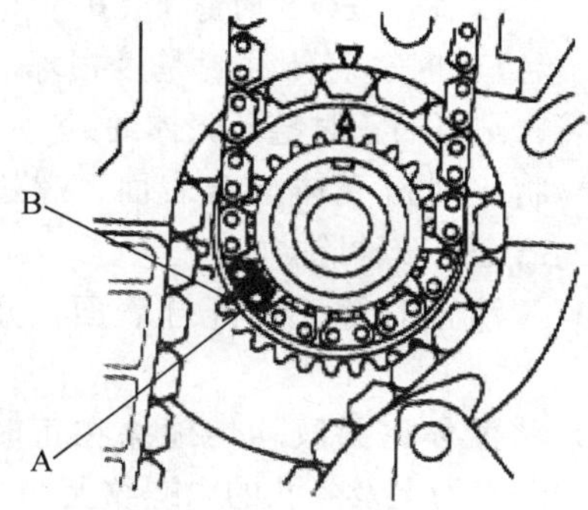

图 2-37　色片对准曲轴链轮标记

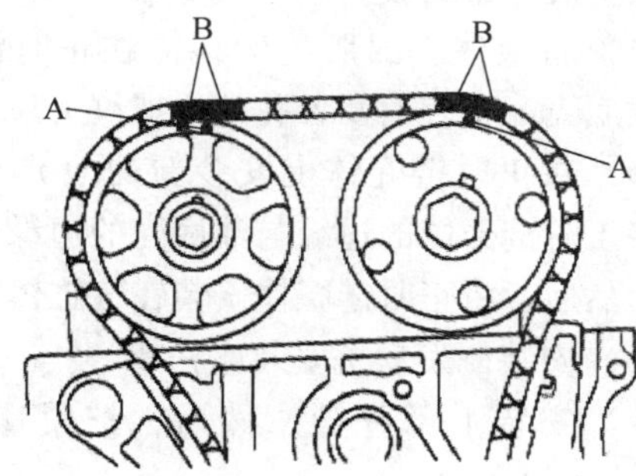

图 2-38　冲孔标记与两色片的中间对准

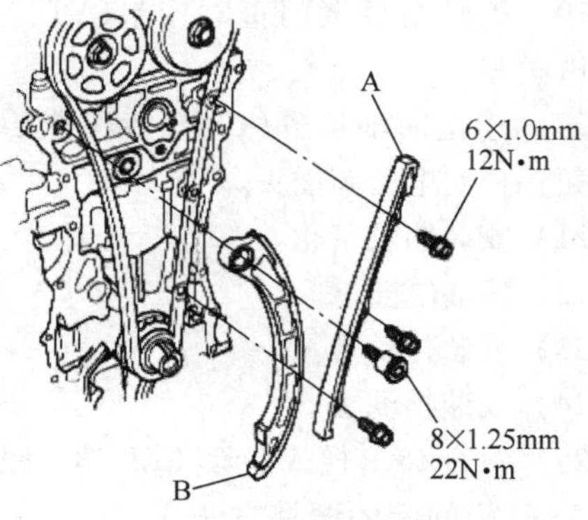

图 2-39　安装导板与张紧臂

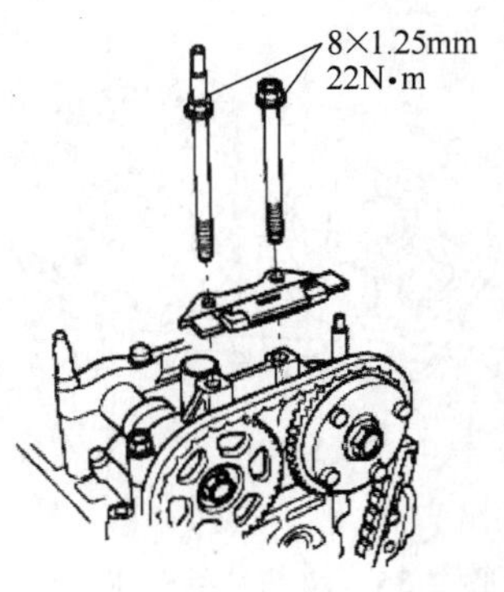

图2-40 安装正时链导板B

9）检查正时链壳体油封是否损坏。如果油封损坏，则更换正时链条壳体油封。

10）将正时链壳体配合表面、螺栓和螺栓孔上的旧密封胶清除。

11）清洁正时链壳体配合表面，并将其干燥。

12）将液体密封胶均匀地涂在正时链壳体缸体配合表面上及各孔的内螺纹上。

13）给正时链壳体上的气缸体上表面接触区涂上液体密封胶。

14）将液体密封胶均匀地涂在正时链壳体的油底壳配合表面及各孔的内螺纹上。

15）在正时链壳体上安装新的O形密封圈。将正时链壳体的边缘与油底壳的边缘放在一起，然后，将正时链壳体安装在气缸体上。

16）安装侧发动机安装座托架。

17）安装上部托架，然后，拧紧螺栓/螺母。

18）连接地线。

19）安装可变气门正时控制（VTC）机油控制电磁阀。

20）连接曲轴位置（CKP）传感器插头与VTC机油控制电磁阀插头。

21）安装曲轴带轮。

22）安装缸盖罩。

23）安装传动带。

24）安装挡泥板。

25）执行CKP模式清除/CKP学习程序。

4. 气门间隙的调整方法

1）卸下缸盖罩。

2）将1号活塞设在上止点（TDC）处。可变气门正时控制（VTC）执行器上的冲孔标记、排气凸轮轴链轮上的冲孔标记应位于顶端。将VTC执行器和排气凸轮轴链轮上的TDC标记对齐。

3）为要检查的气门选择适当厚度的塞尺，见图2-41。

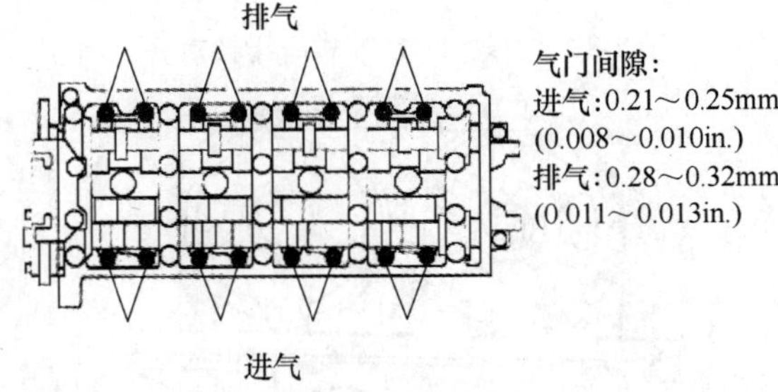

图2-41 气门调节螺钉位置和气门间隙

4）将塞尺（A）插入调整螺钉（B）及气门挺杆端部之间，前后滑动；应该能感觉到存在轻微的阻力，见图2-42。

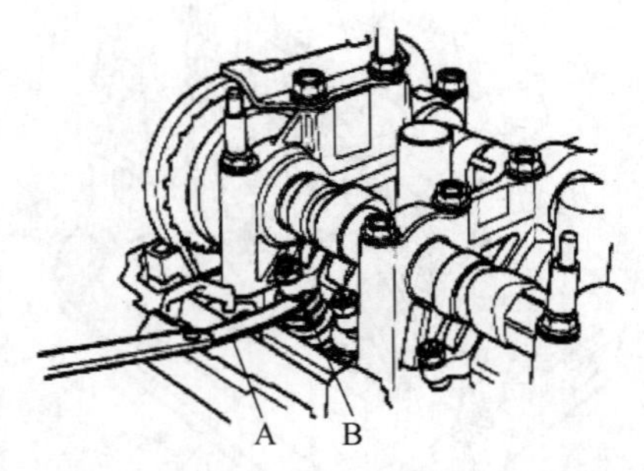

图2-42 气门间隙测试

5）如果感到阻力太大或太小，则借助专用工具，松开锁紧螺母，并转动调节螺钉，直到拖动塞尺时产生的阻力适当为止，见图2-43。

6）将防松螺母拧紧至规定力矩，并重新检查间隙。如有必要，重复上述调整过程。

规定力矩：

进气：20N·m(2.0kgf·m,14lbf·ft)

排气：14N.m(1.4kgf·m,10lbf·ft)

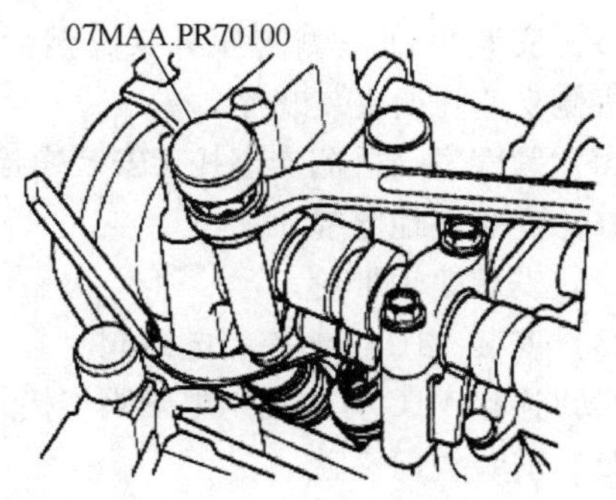

图 2-43 气门间隙调整

7）将曲轴顺时针旋转 180°（凸轮轴链轮转动 90°），见图 2-44。

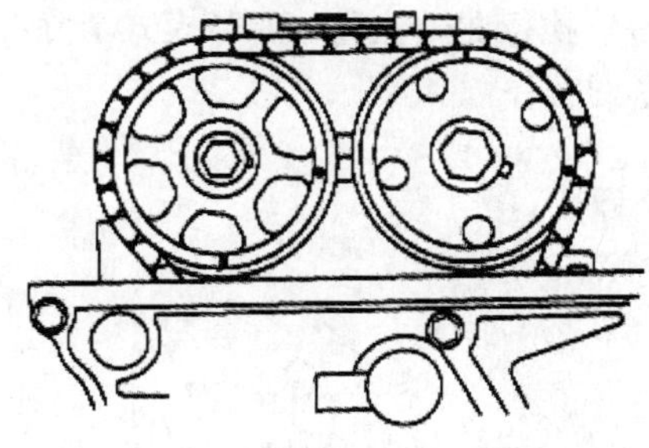

图 2-44 顺时针转动曲轴

8）检查 3 号气缸的气门间隙，如有必要，请加以调整。

9）将曲轴顺时针旋转 180°（凸轮轴链轮转动 90°）。

10）检查 4 号气缸的气门间隙，如有必要，请加以调整。

11）将曲轴顺时针旋转 180°（凸轮轴链轮转动 90°）。

12）检查 2 号气缸的气门间隙，如有必要，请加以调整。

13）安装缸盖罩。

五、K24A6 2.4L 发动机（2002—2006 款奥德赛装备）

该发动机正时链单元的拆卸与安装与 K24A4 相同，相关内容请参考本节“四、”小节。

六、K24Z2 2.4L 发动机（2008—2012 款雅阁装备）

1. 正时链单元的安装步骤

1）将曲轴设置在上止点（TDC）位置。将曲轴链轮上的 TDC 标记与发动机气缸体上的指针对准。

2）将凸轮轴设置在上止点位置。可变气门正时控制执行器上的冲印标记和排气凸轮轴链轮上的冲印标记应该在顶部。对准可变气门正时控制执行器和排气凸轮轴链轮上的 TDC 标记。

3）握住进气凸轮轴，将可调摇臂轴插入到凸轮轴位置（CMP）传感器信号盘 A 的保养孔内，并穿过 5 号摇臂轴支架，见图 2-45。

4）握住排气凸轮轴，将可调摇臂轴插入到凸轮轴位置（CMP）传感器信号盘 B 的保养孔内，并穿过 5 号摇臂轴支架，见图 2-45。

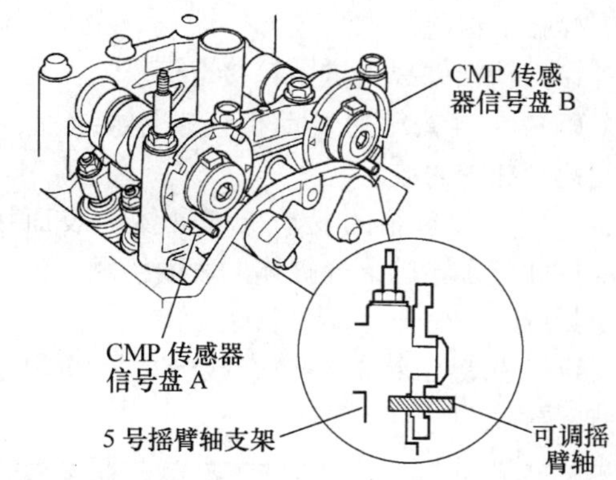

图 2-45 插入止动臂轴

5）将凸轮轴链条安装在曲轴链轮上，使涂色的链节与曲轴链轮上的标记对准。

6）将凸轮轴链条安装在 VTC 执行器和排气凸轮轴链轮上，使冲印标记与两个涂色的链节的中心对准。

7）安装凸轮轴链条导板和张紧器臂。

8）安装自动张紧器，如图 2-46 所示。

注意：

• 检查自动张紧器凸轮位置。如果位置没有对准，使第一凸轮在齿条第一边缘位置。

9）安装凸轮轴链条导板。

10）将销或锁销从自动张紧器上拆下。

11）拆下可变的止动臂轴。

12）检查链条箱油封是否损坏。如果油

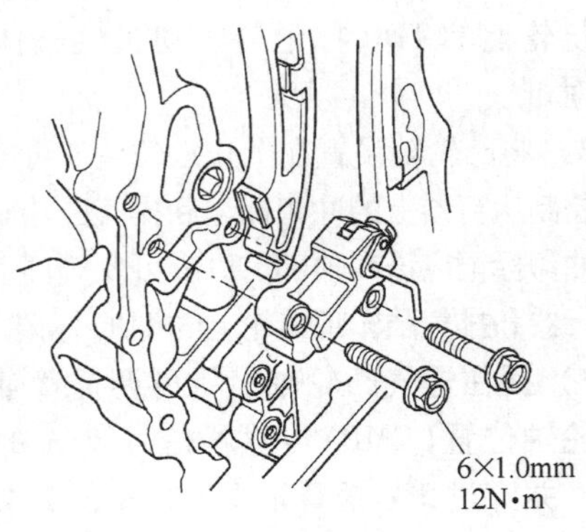

图2-46　安装自动张紧器

封损坏，更换链条箱油封。

13）将旧密封胶从链条箱接合面、螺栓和螺栓孔上清除。

14）清洁并风干链条箱接合面。

15）在链条箱的发动机气缸体接合面上均匀地涂抹密封胶。

16）在链条箱的发动机气缸体上表面接触部位和链条箱的下气缸体上表面接触部位涂抹密封胶。

17）在链条箱的油底壳接合面上均匀地涂抹密封胶。

注意：

• 如果涂抹密封胶后经过5min或更长时间，不要安装零部件。并且，清除旧的残胶后重新涂抹密封胶。

18）安装隔圈（A），然后将新的O形圈（B）安装到链条箱上。将链条箱（C）的边缘固定到油底壳（D）的边缘上，然后将链条箱安装到发动机气缸体（E）。清除油底壳和链条箱接合部位多余的密封胶，如图2-47所示。

注意：

• 安装链条箱时，切勿将底面滑到油底壳安装表面上。

• 在加注发动机机油前，至少等待30min。

• 安装链条箱后，至少3h内不要运行发动机。

19）安装发动机侧支座托架，然后紧固发动机侧支座托架安装螺栓。

20）紧固发动机侧支座托架安装螺栓。

21）安装接地电缆。

22）安装曲轴带轮。

23）安装VTC机油控制电磁阀。

24）连接VTC机油控制电磁阀连接器。

25）安装气门室盖。

26）安装传动带。

27）安装挡泥板。

28）安装前轮。

29）执行曲轴位置（CKP）模式清除/曲轴位置学习程序。

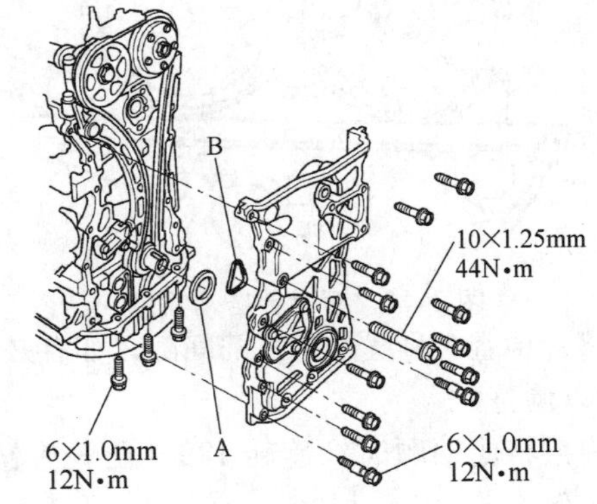

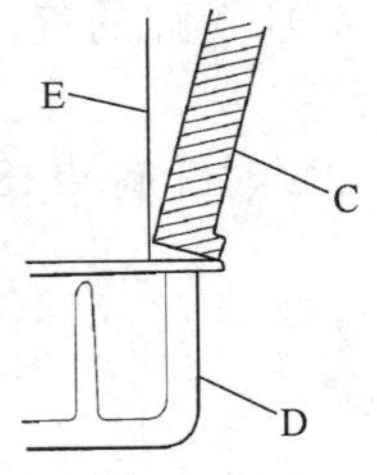

图2-47　安装链条箱盖

2. 气门间隙的调整

注意：

• 仅在气缸盖温度低于38°C时调整气门。

1）拆下气门室盖。

2）使1号活塞在上止点（TDC）位置。可变气门正时控制（VTC）执行器上的冲印标记和排气凸轮轴链轮上的冲印标记应该在顶部。对

准可变气门正时控制执行器和排气凸轮轴链轮上的 TDC 标记。

3）对于进行检查的气门，选择厚度合适的塞尺，见图 2-48。

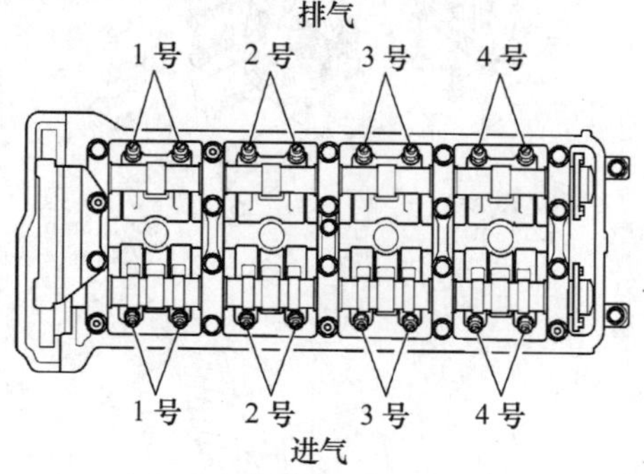

图 2-48　选择合适塞尺

4）将塞尺（A）插入调节螺钉（B）与气门杆端部之间，并前后滑动；应该感觉到轻微的拖滞，见图 2-49。

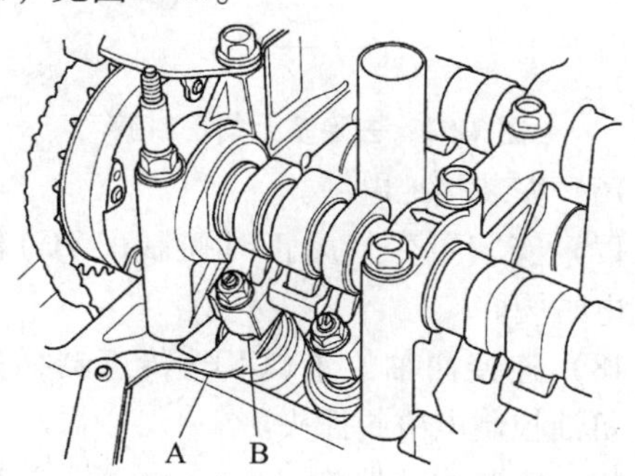

图 2-49　测量气门间隙

5）如果感觉到拖滞太大或太小，则用挺杆调节扳手组件松开锁紧螺母，并转动调整螺钉，直到塞尺的拖滞程度合适，见图 2-50。

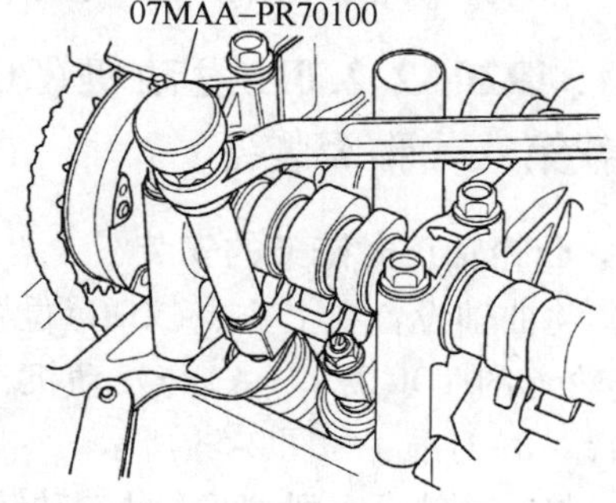

图 2-50　进行间隙调整

6）紧固锁紧螺母至规定力矩，并重新检查气门间隙。如有必要，重复调整。

规定力矩：

进气：

7×0.75mm

14N · m(1.4kgf · m)

在螺母的螺纹上涂抹新的发动机机油。

排气：

7×0.75mm

14N · m(1.4kgf · m)

在螺母的螺纹上涂抹新的发动机机油。

7）顺时针旋转曲轴 180°（凸轮轴带轮旋转 90°），见图 2-51。

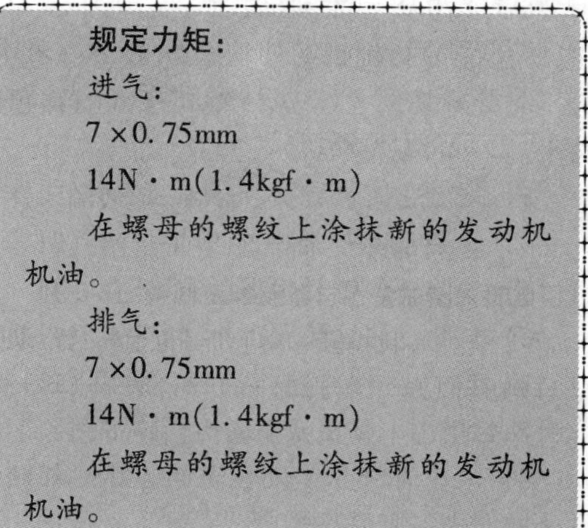

图 2-51　顺时针旋转曲轴

8）如有必要，检查并调整 3 号气缸上的气门间隙。

9）顺时针旋转曲轴 180°（凸轮轴带轮旋转 90°）。

10）如有必要，检查并调整 4 号气缸上的气门间隙。

11）顺时针旋转曲轴 180°（凸轮轴带轮旋转 90°）。

12）如有必要，检查并调整 2 号气缸上的气门间隙。

13）安装气门室盖。

七、K20A7/K20A8/K24A8 发动机（2003—2007 款第七代雅阁装备）

正时链单元的安装

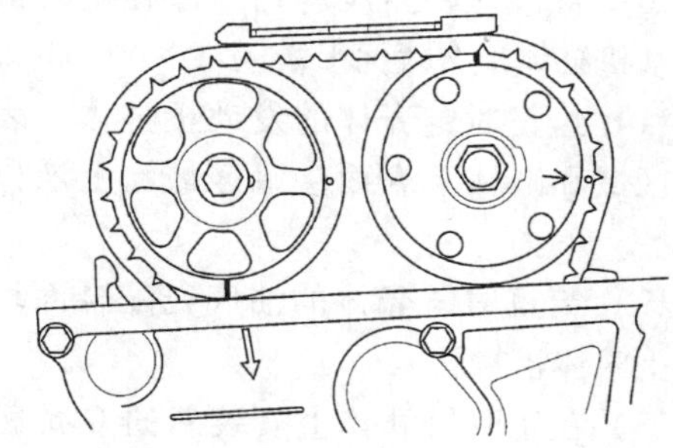

1）在VTC执行器和排气凸轮轴链轮上安装正时链，冲孔标记要与两块色片对准（K20A7、K20A8型发动机）。

2）将冲孔标记与两块色片的中心对准，将正时链安装到VTC执行器和排气凸轮轴链轮上（K24A8型发动机）。

3）安装正时链导板和张紧装置臂。

4）安装自动张紧装置。

5）安装正时链导板B。

6）从自动张紧装置上拆下销钉。

7）检查正时链壳体油封，看有无损坏。如果油封损坏，则更换正时链壳体油封。

8）将正时链壳体配合表面、螺栓和螺栓孔上的旧密封胶清除干净。

9）清洁正时链壳体配合表面，并将其干燥。

10）将液体密封胶均匀地涂在正时链壳体发动机缸体配合表面上。

11）给正时链壳体的发动机缸体上表面接触区域和缸体下表面接触区域涂上液体密封胶。

12）给正时链壳体的油底壳配合面均匀地涂上液体密封胶。

13）在正时链壳体上安装新的O形密封圈（A）。将正时链壳体（B）的边缘与油底壳（C）边缘放在一起，然后，将正时链壳本安装在发动机缸体（D）上。将油底壳与正时链壳体配合面上多余的液体密封胶擦除，见图2-52。

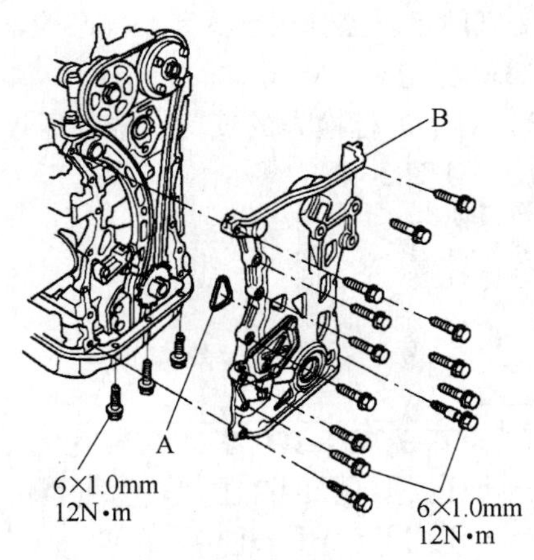

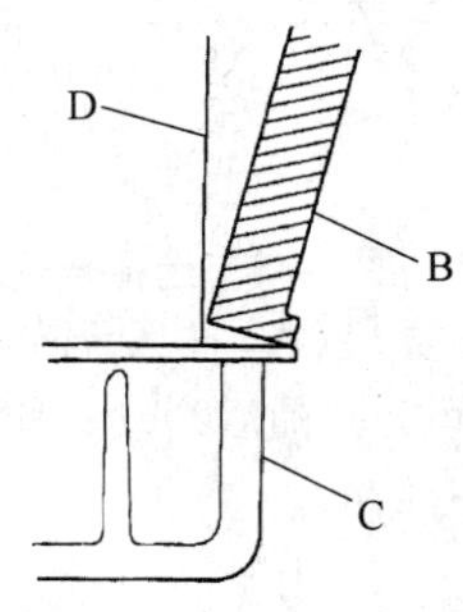

图2-52　去除多余的密封胶

> **注意：**
>
> • 安装正时链壳体时，请勿让其底面在油底壳安装面上滑动。
>
> • 等待至少30min，方可给发动机注油。
>
> • 安装正时链后3h之内不得运行发动机。

14）安装侧发动机安装座托架。

15）安装上部托架，然后，拧紧螺栓/螺母。

16）安装接地电缆。

17）安装可变气门正时控制（VTC）机油控制电磁阀。

18）连接曲轴位置（CKP）传感器插头与VTC机油控制电磁阀插头。

19）安装曲轴带轮。

20）安装缸盖罩。

21）安装传动带。

22）安装挡泥板。

23）执行CKP模式清除/CKP学习程序。

八、R20A2 2.0L发动机（2008—2012款第八代雅阁装备）

1. 凸轮轴正时链条的安装

1）将曲轴设置在上止点（TDC）位置。将曲轴链轮上的TDC标记（A）与发动机气缸体上的指针（B）对准，如图2-53所示。

2）将凸轮轴设定到TDC。凸轮轴链轮上

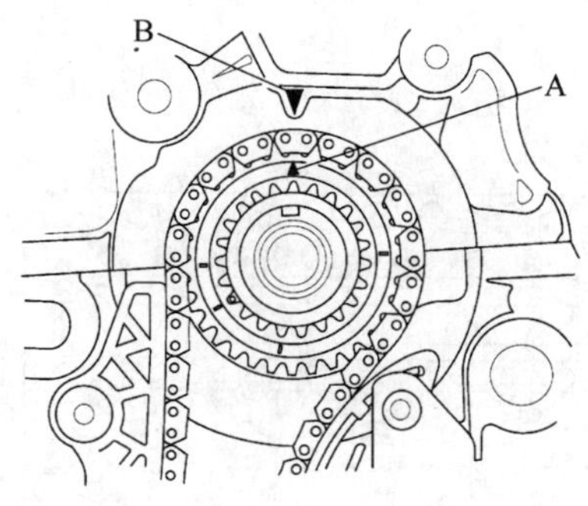

图 2-53　曲轴设置在 TDC 位置

的“UP”标记(A)应在顶部，并且凸轮轴链轮上的 TDC 凹槽(B)应与气缸盖的顶部边缘对准，见图 2-54。

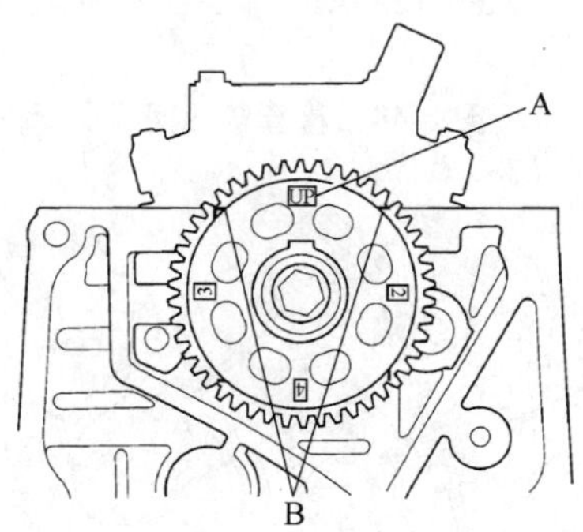

图 2-54　凸轮轴设定在 TDC 位置

3）将凸轮轴链条安装在曲轴链轮上，使涂色的链节(A)与曲轴链轮上的标记(B)对准，见图 2-55。

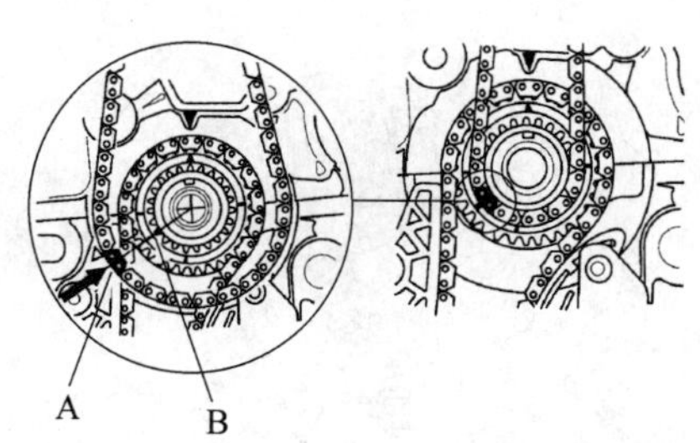

图 2-55　对齐涂色链节与曲轴链轮标记

4）将凸轮轴链条安装在凸轮轴链轮上，使涂色的链节(A)与凸轮轴链轮上的标记(B)对准，见图 2-56。

5）安装凸轮轴链条导板(A) 和凸轮轴链条张紧器臂(B)，见图 2-57。

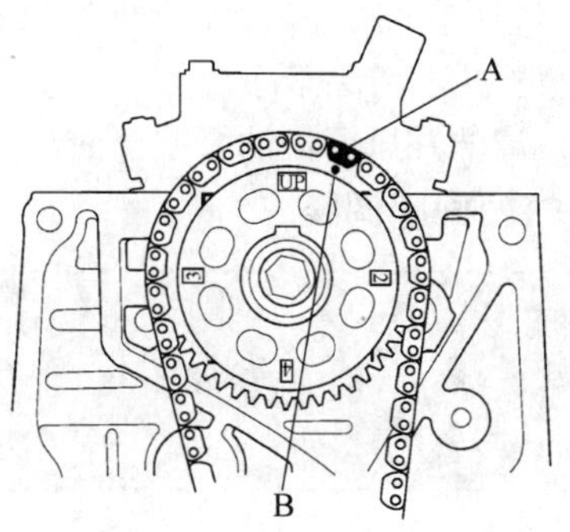

图 2-56　对准涂色链节与凸轮轴链轮标记

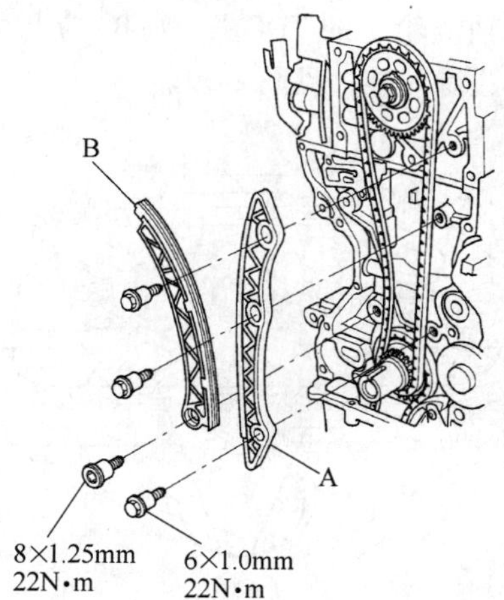

图 2-57　安装张紧器臂

6）安装自动张紧器，见图 2-58。

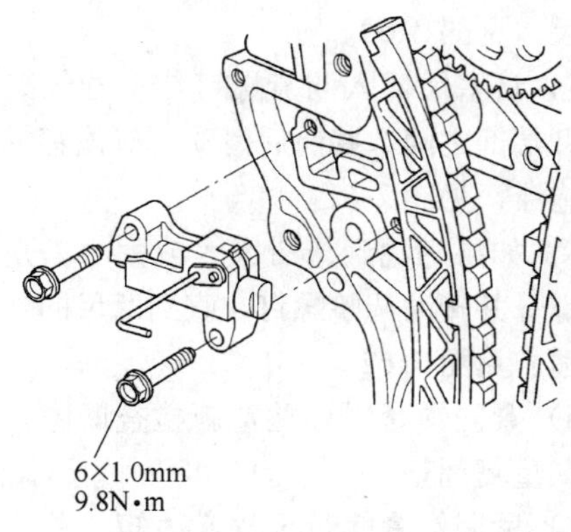

图 2-58　安装自动张紧器

7）将销或锁销从自动张紧器上拆下。

8）检查机油泵油封是否损坏。如果油封损坏，则更换油封。

9）将所有旧的密封胶从机油泵接合面、螺栓和螺栓孔上清除干净。

10）清洁并风干机油泵接合面。

2. 气门间隙调整

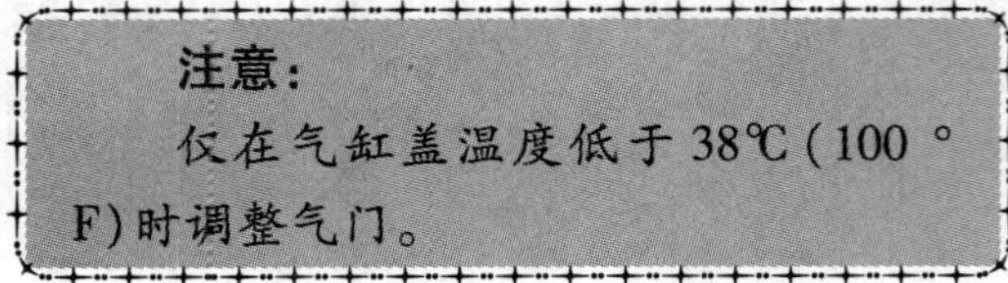

注意：

仅在气缸盖温度低于38℃（100°F）时调整气门。

1）拆下气门室盖。

2）使1号活塞在上止点（TDC）位置。凸轮轴链轮上的“UP”标记（A）应在顶部，并且凸轮轴链轮上的TDC凹槽（B）应与气缸盖的顶部边缘对准，见图2-59。

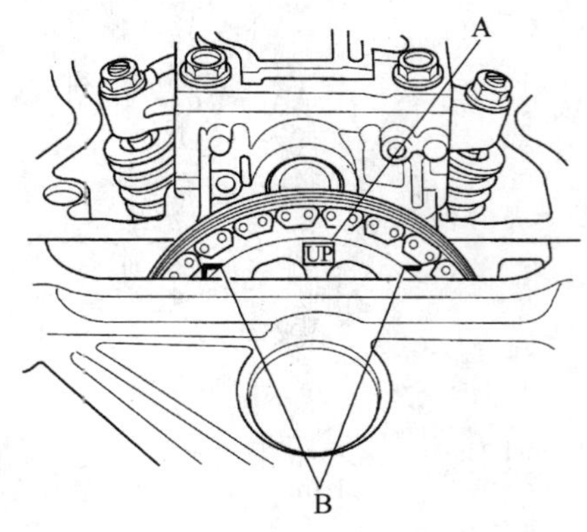

图2-59　使1号活塞位于TDC位置

3）对于进行检查的气门，选择厚度合适的塞尺，见图2-60。

4）将塞尺插入调节螺钉与1号气缸上的气门杆端部之间，并前后滑动；应该感觉到轻微地拖滞，见图2-61。

5）如果感觉到拖滞太大或太小，则松开锁紧螺母并转动调整螺钉，直到塞尺的拖滞程度合适，见图2-62。

6）紧固锁紧螺母并重新检查间隙。如有必要，重复调整。

7）紧固锁紧螺母至规定力矩，并重新检查气门间隙。如有必要，重复调整。

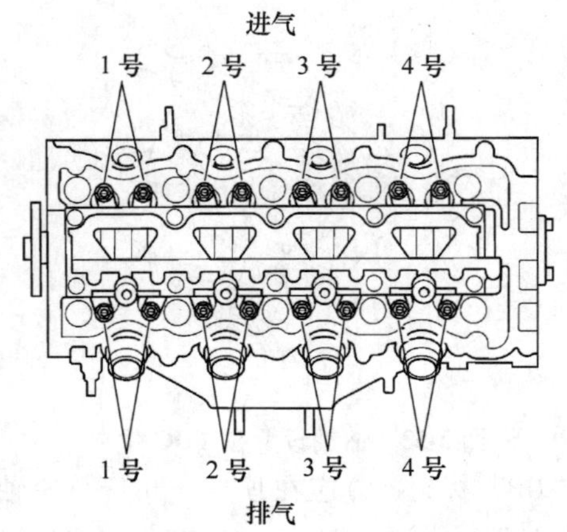

气门间隙
进气：0.18～0.22mm
排气：0.23～0.27mm

图2-60　检查气门间隙

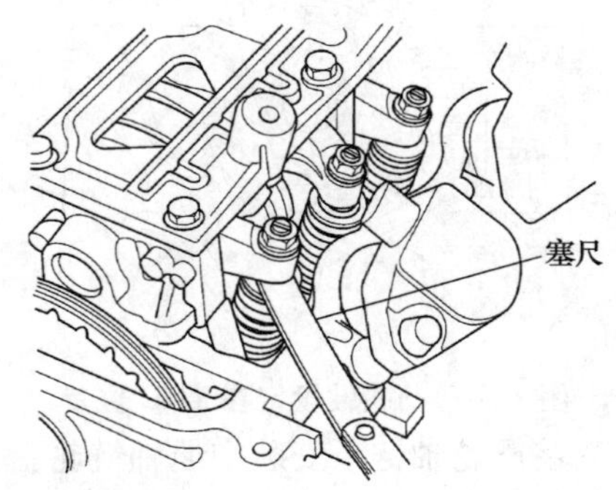

图2-61　用塞尺测气门间隙

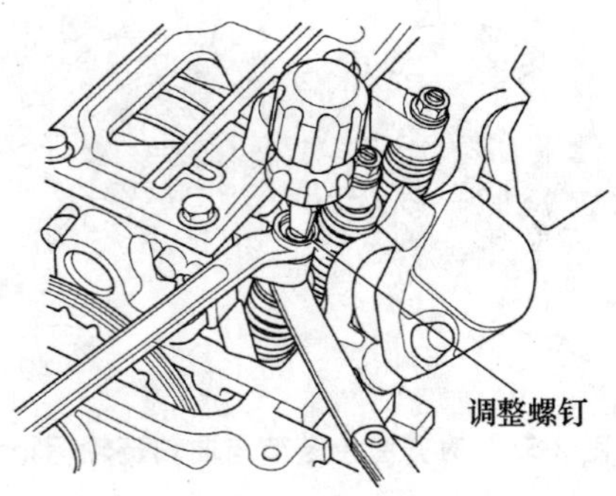

图2-62　调整气门间隙

规定力矩：
7×0.75mm
14N·m(1.4kgf·m)
在螺母的螺纹上涂抹新的发动机机油。

8）顺时针旋转曲轴。将凸轮轴链轮上的3号活塞TDC凹槽与气缸盖的顶部边缘对准，见图2-63。

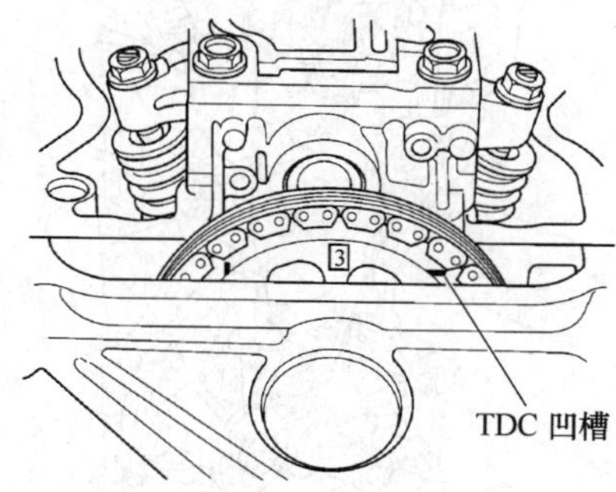

图2-63　设定3号活塞TDC位置

9）如有必要，检查并调整3号气缸上的气门间隙。

10）顺时针旋转曲轴。将凸轮轴链轮上的4号活塞TDC凹槽与气缸盖的顶部边缘对准。

11）如有必要，检查并调整4号气缸上的气门间隙。

12）顺时针旋转曲轴。将凸轮轴链轮上的2号活塞TDC凹槽与气缸盖的顶部边缘对准。

13）如有必要，检查并调整2号气缸上的气门间隙。

14）安装气门室盖。

九、L15A7 1.5L发动机(2009—2012款锋范装备)

1. 正时链单元分解

正时链单元分解见图2-64。

2. 正时链单元的拆解方法

1）拆下前轮。

2）拆下挡泥板。

3）拆下传动带自动张紧器。

4）拆下缸盖罩。

5）使1号活塞在上止点(TDC)位置。凸轮轴链轮上的“UP”标记应在顶部，并且凸轮轴链轮上的TDC凹槽应与气缸盖的顶部边缘对准。

6）拆下曲轴箱强制通风(PCV)软管。

7）拆下曲轴带轮。

8）在油底壳下放置一个千斤顶和木块，以支撑发动机。

9）拆下固定空调管路的螺栓，然后拆下上扭杆。

10）拆下接地电缆，然后拆下发动机侧支座/托架总成。

11）拆下机油泵。

12）测量张紧器体和张紧器连杆平面部分底部之间的张紧器连杆长度。如果长度超出公差，则更换凸轮轴链条，见图2-65。

- 张紧器连杆长度使用极限：14.5mm(0.57in)

13）松松地安装曲轴带轮。

14）逆时针旋转曲轴，以压缩自动张紧器。

15）将锁(A)上的孔与自动紧张器(B)的孔对准，然后将一个1.0mm(0.04in)直径的销(C)插入孔中。顺时针转动曲轴以固定销，见图2-66。

16）拆下自动张紧器。

17）拆下曲轴带轮。

18）拆下凸轮轴链条导板和凸轮轴链条张紧器臂。

19）拆下凸轮轴链条。

3. 正时链单元的安装步骤

1）将曲轴置于上止点(TDC)。将曲轴链轮上的TDC标记(A)与发动机气缸体上的指针(B)对准，见图2-67。

2）将凸轮轴设定到TDC。凸轮轴链轮上的“UP”标记应在顶部，并且凸轮轴链轮上的TDC凹槽应与气缸盖的顶部边缘对准。

3）将凸轮轴链条安装在曲轴链轮上，使

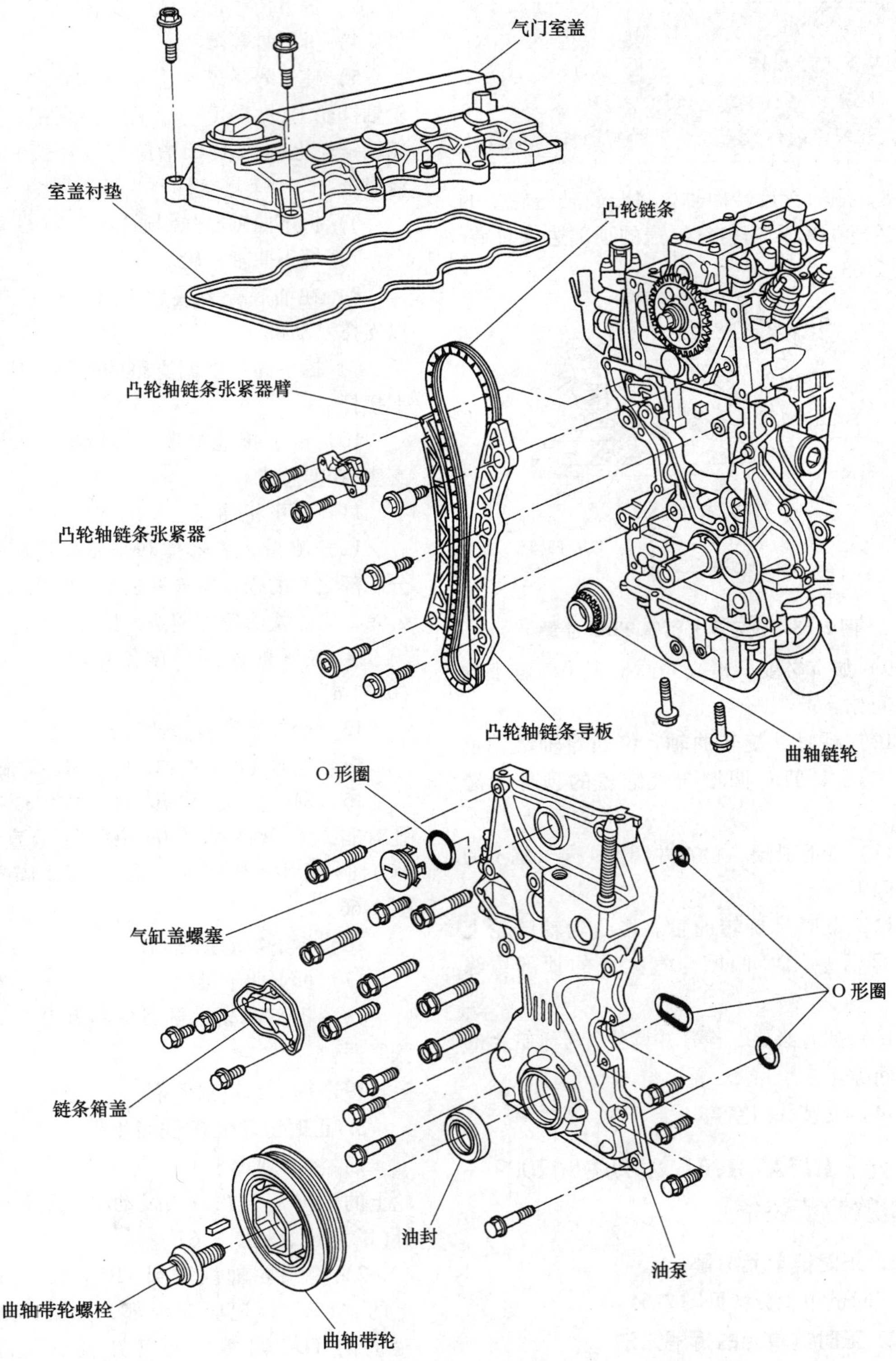

图 2-64　发动机正时链单元分解图

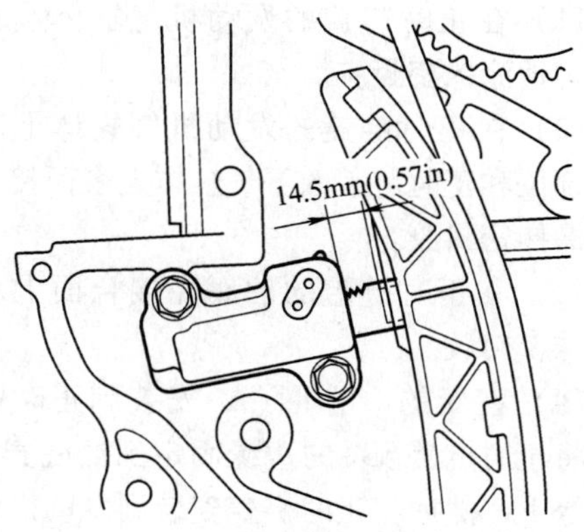

图 2-65　测量张紧器连杆长度

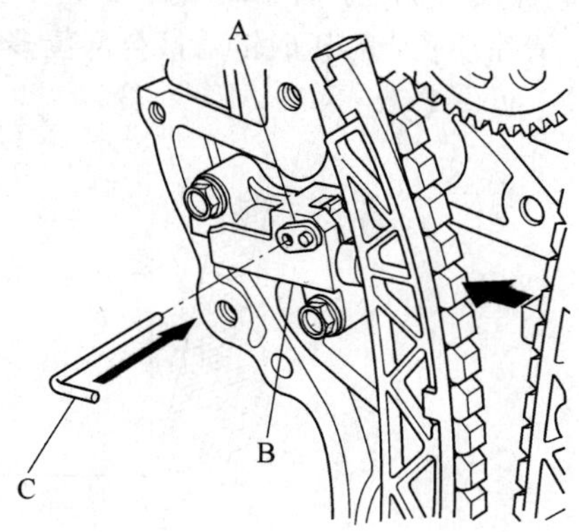

图 2-66　将销插入张紧器

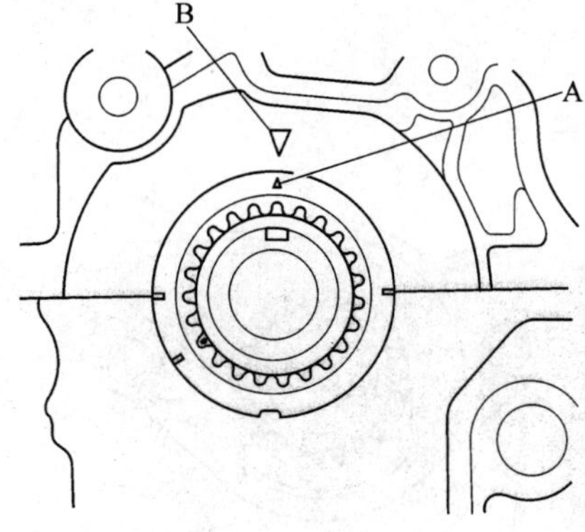

图 2-67　设定曲轴于 TDC 位置

涂色的链节（A）与曲轴链轮上的标记（B）对准，见图 2-68。

4）将凸轮轴链条安装在凸轮轴链轮上，使涂色的链节（A）与凸轮轴链轮上的标记（B）对准，见图 2-69。

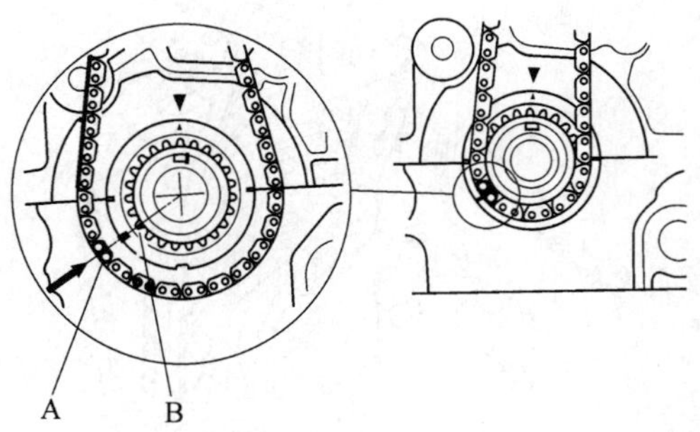

图 2-68　涂色链节对准曲轴标志

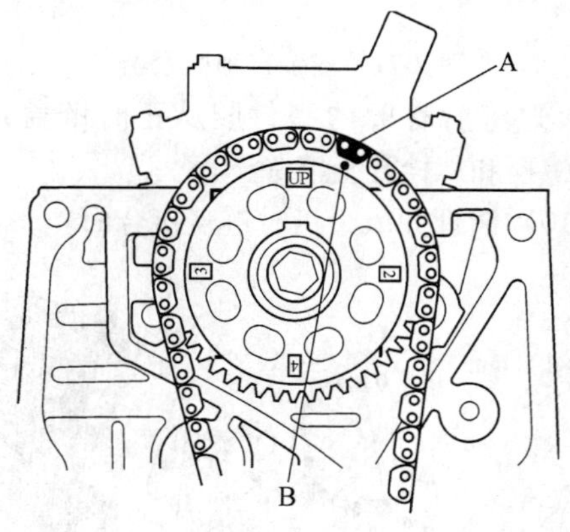

图 2-69　涂色链节对准凸轮轴标志

5）安装凸轮轴链条导板（A）和凸轮轴链条张紧器臂（B），见图 2-70。

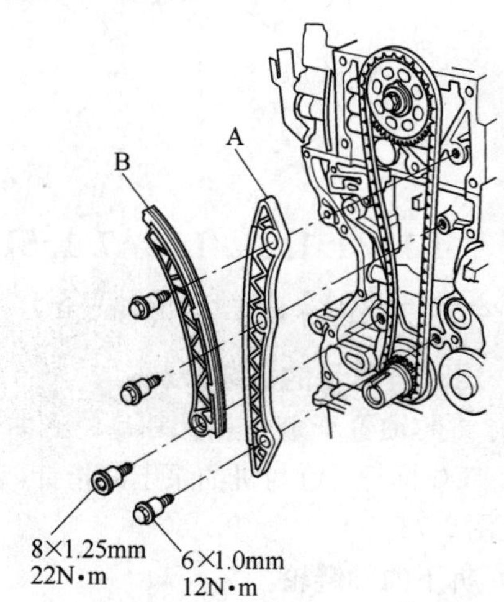

图 2-70　安装链条导板

6）安装自动张紧器，见图 2-71。

7）将销或锁销从自动张紧器上拆下。

8）检查正时链盖油封是否损坏。如果油封损坏，则更换油封。

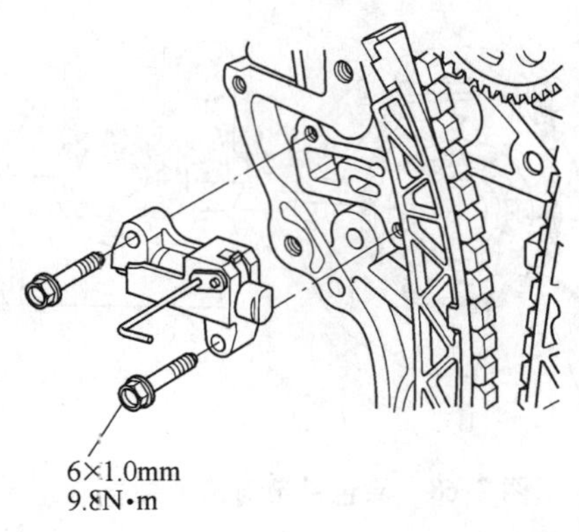

图2-71　安装自动张紧器

9）将所有旧的密封胶从正时链盖接合面、螺栓和螺栓孔上清除干净。

10）清理并风干正时链盖接合面。

11）在正时链盖的发动机气缸体接合面上均匀地涂抹密封胶。

12）在正时链盖的发动机气缸体上表面接触部位和正时链盖的下气缸体上表面接触部位上涂抹密封胶。

13）在正时链盖的油底壳接合面上均匀地涂抹密封胶。

14）将新的O形圈（A）安装到正时链盖上。将正时链盖（B）的边缘固定到油底壳（C）的边缘上，然后将正时链盖安装到发动机气缸体（D）上，松松地安装定位螺栓（E），然后紧固8mm螺栓（F）。紧固6mm螺栓（G）和定位螺栓。清除油底壳和正时链盖接合部位多余的密封胶，见图2-72。

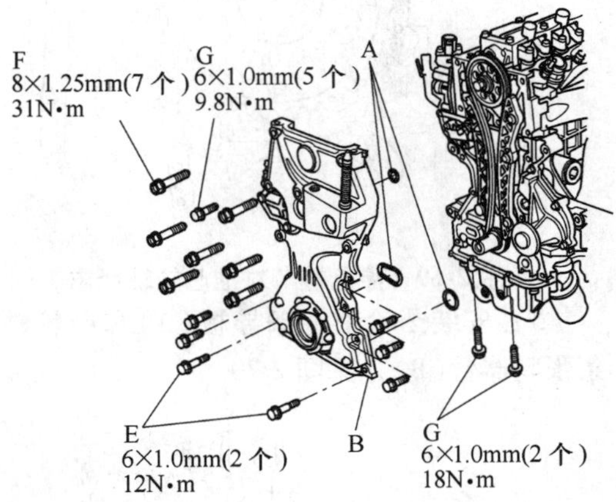

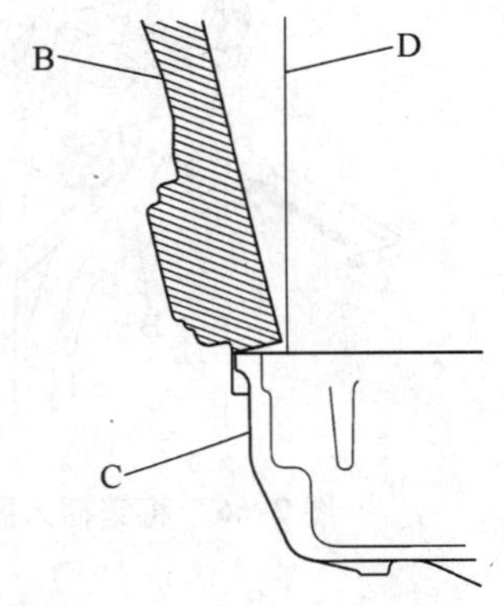

图2-72　安装正时链盖

十、L13Z1 1.3L/L15A7 1.5L发动机（2009—2012款新飞度装备）

1. 正时链单元的安装步骤

1）将曲轴置于上止点（TDC）。将曲轴链轮上的TDC标记（A）与机油泵上的指针（B）对准，见图2-73。

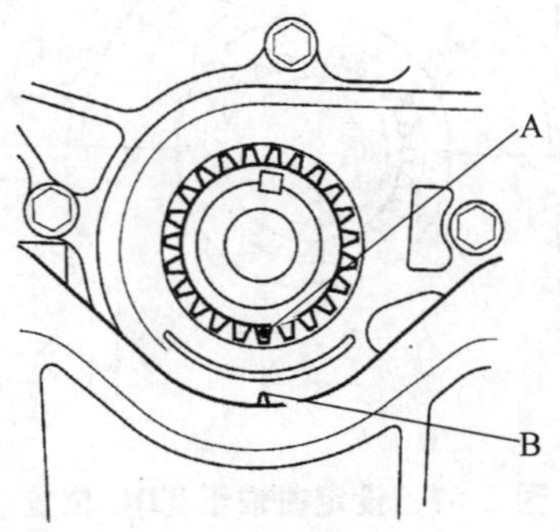

图2-73　TDC标记对准机油泵上指针

2）拆下曲轴链轮。

3）将凸轮轴设定到TDC。凸轮轴链轮上的“UP”标记应在顶部，并且凸轮轴链轮上的TDC凹槽应与气缸盖的顶部边缘对准。

4）将凸轮链条安装在曲轴链轮上，使涂色的链节（A）与曲轴链轮上的TDC标记（B）对准，然后将曲轴链轮安装到曲轴上，见图2-74。

5）L15A7发动机：将凸轮链条安装到凸

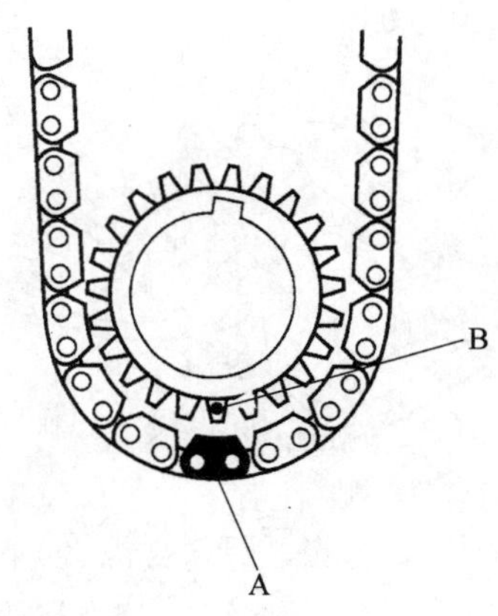

图 2-74　涂色链节对准 TDC 标记

轮轴链轮上，使指针(A)与三个涂色链节(B)对准，如图 2-75 所示。

6）L13Z1 发动机：将凸轮链条安装到凸轮轴链轮上，使指针(A)对准两个涂色链节(B)的中间，如图 2-76 所示。

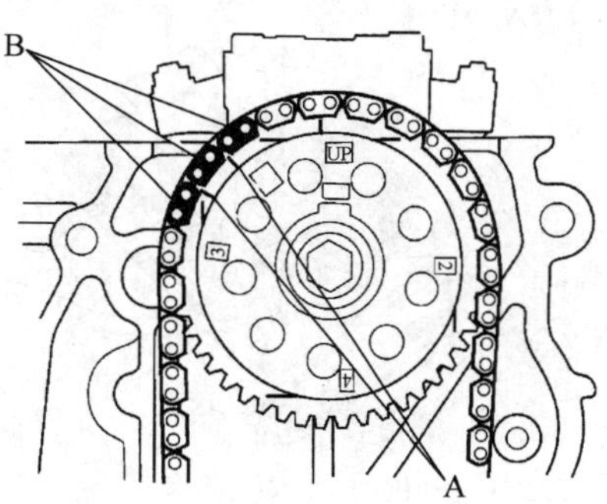

图 2-75　指针对三个涂色链节

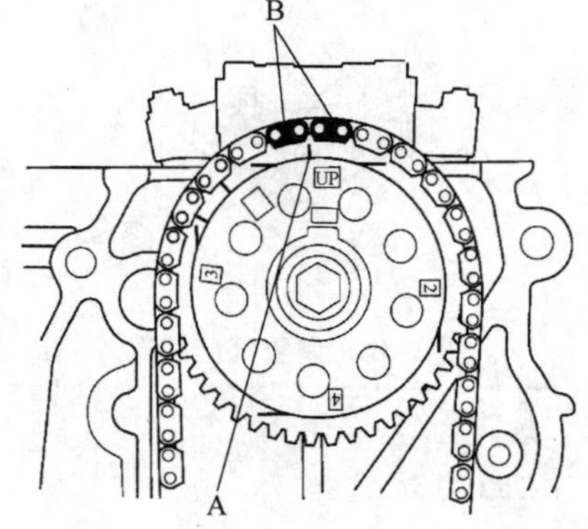

图 2-76　指针对准两个涂色链节的中间

7）安装正时链条张紧器(A)和正时链条导板(B)，见图 2-77。

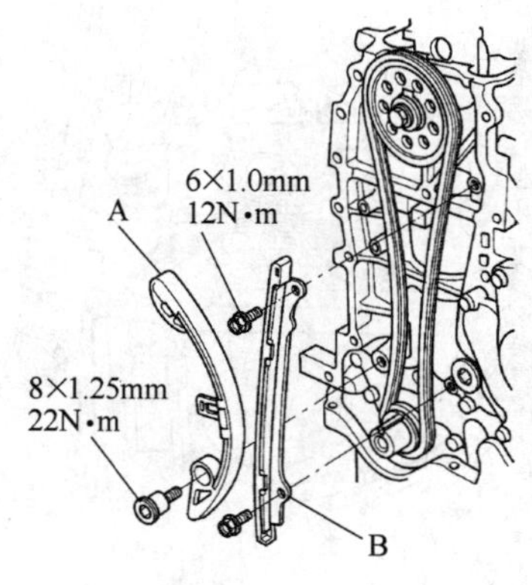

图 2-77　安装正时链导板

8）安装正时链条张紧器滑块，并松松地紧固螺栓。

9）在正时链条张紧器滑块的滑动表面上涂抹新的发动机机油。

10）顺时针转动正时链条张紧器滑块以压紧正时链条张紧器，安装剩余的螺栓，然后紧固螺栓。

11）检查链条箱油封是否损坏。如果油封损坏，更换链条箱油封。

12）将所有旧的密封胶从链条箱接合面、螺栓和螺栓孔上清除。

13）清洁并风干链条箱接合面。

14）在链条箱的发动机气缸体接合面和螺栓孔的内螺纹上均匀地涂抹密封胶。

15）在链条箱的油底壳接合面和螺栓孔的内螺纹上均匀地涂抹密封胶。

2. 气门间隙的调整方法

1）拆下缸盖罩。

2）使 1 号活塞在上止点(TDC)位置。凸轮轴链轮上的“UP”标记(A)应在顶部，并且凸轮轴链轮上的 TDC 凹槽(B)应与气缸盖的顶部边缘对准，见图 2-78。

3）对于进行检查的气门，选择厚度合适的塞尺，见图 2-79。

气门间隙

进气：0.15～0.19mm(0.006～0.007in)

排气：0.26～0.30mm(0.010～0.012in)

4）将塞尺插入调节螺钉与 1 号气缸上的气门挺杆端部之间，并前后滑动；应该感觉到

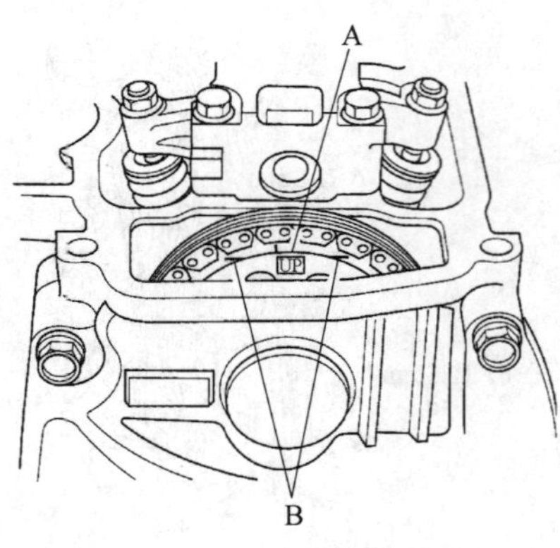

图2-78 设1号活塞于TDC位置

L15A7发动机

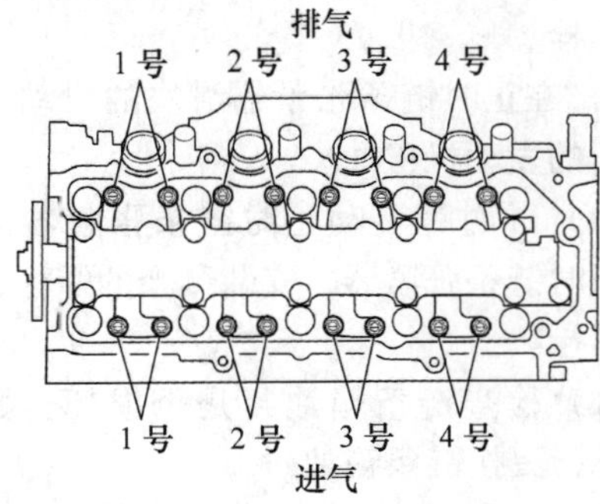

L13Z1发动机

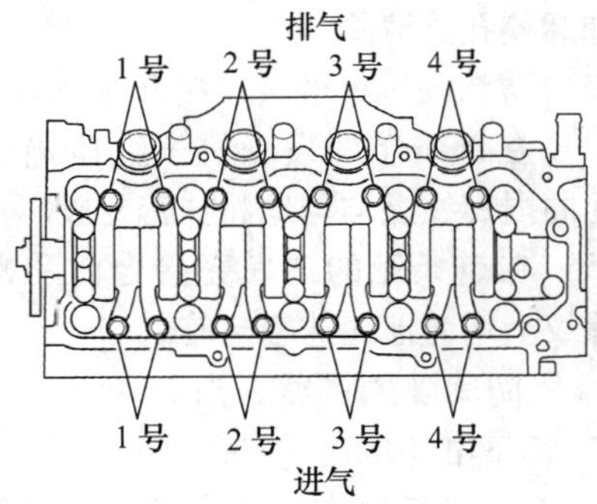

图2-79 需检查气门的位置

轻微地拖滞，见图2-80。

5）如果感觉到拖滞太大或太小，则松开锁紧螺母并转动调整螺钉，直到塞尺的拖滞程度合适，见图2-81。

6）紧固锁紧螺母并重新检查间隙。如有必要，重复调整。

7）紧固锁紧螺母至规定力矩，并重新检查气门间隙。如有必要，重复调整。

L15A7发动机

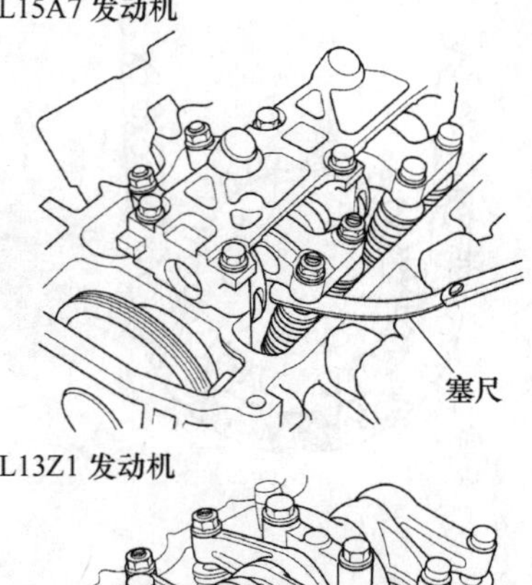

L13Z1发动机

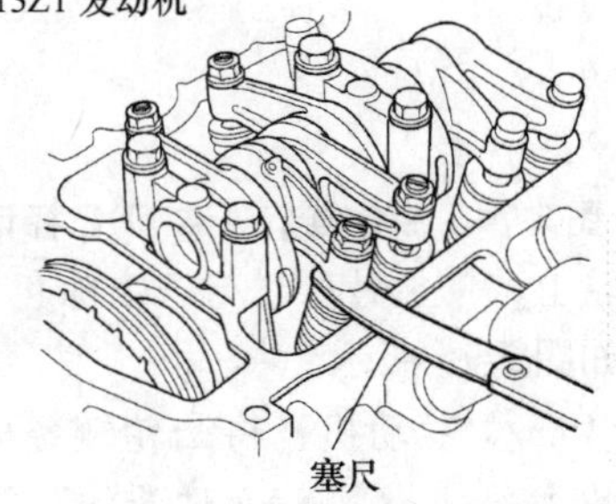

图2-80 测量气门间隙

L15A7发动机

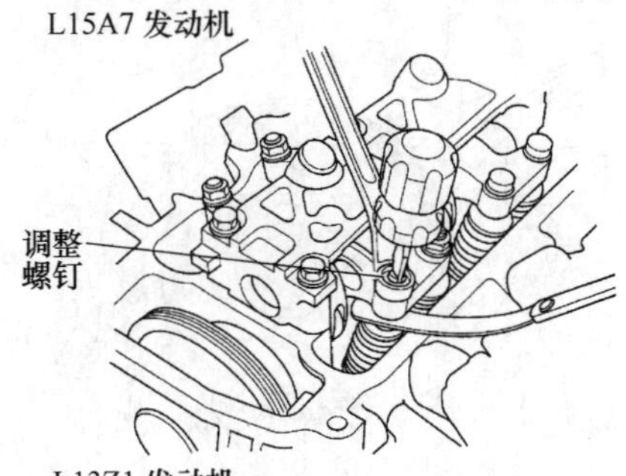

L13Z1发动机

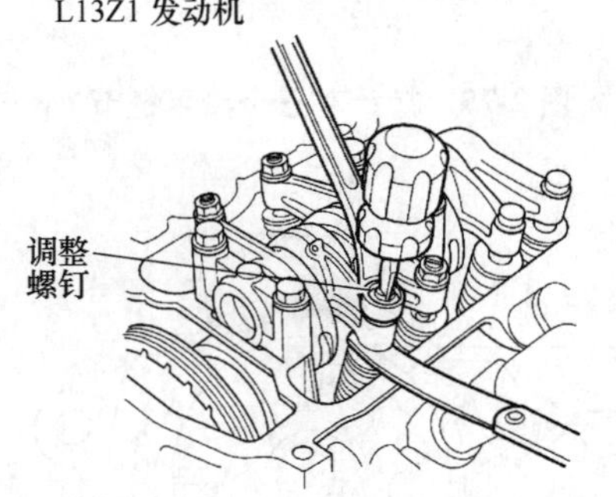

图2-81 调整气门间隙

规定力矩：

7×0.75mm

14N·m(1.4kgf·m,10lbf·ft)

在螺母的螺纹上涂抹新的发动机机油。

8）顺时针旋转曲轴。将凸轮轴链轮上的3号活塞TDC凹槽与气缸盖的顶部边缘对准，见图2-82。

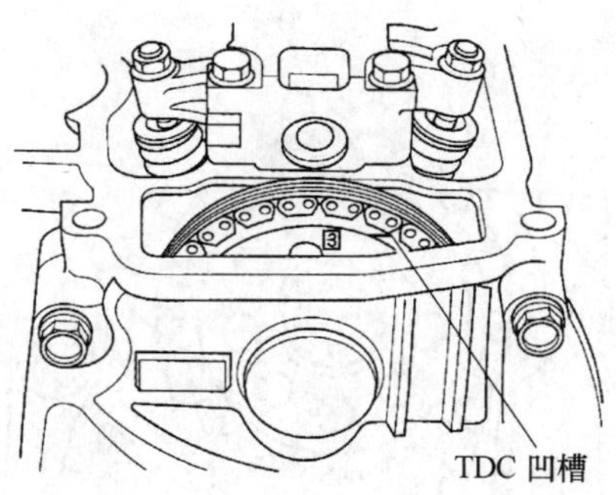

图2-82　旋转曲轴对齐标记

9）如有必要，检查并调整3号气缸上的气门间隙。

10）顺时针旋转曲轴。将凸轮轴链轮上的4号活塞TDC凹槽与气缸盖的顶部边缘对准。

11）如有必要，检查并调整4号气缸上的气门间隙。

12）顺时针旋转曲轴。将凸轮轴链轮上的2号活塞TDC凹槽与气缸盖的顶部边缘对准。

13）如有必要，检查并调整2号气缸上的气门间隙。

14）安装缸盖罩。

十一、L13A3 1.3L/L15A2 1.5L/L15A1 1.5L发动机（2003款起飞度装备）

1. 正时链单元的拆解方法

1）拆下传动带。

2）拆下交流发电机托架的装配螺栓，然后，拧松交流发电机的装配螺栓。

3）拆除惰轮。

4）转动曲轴带轮，使其上止点（TDC）标记（A）与指针（B）对齐，如图2-83所示。

5）拆下水泵带轮。

6）拆下缸盖罩。

7）拆下曲轴带轮。

8）拆下油底壳。

9）断开曲轴位置（CKP）传感器插接器，

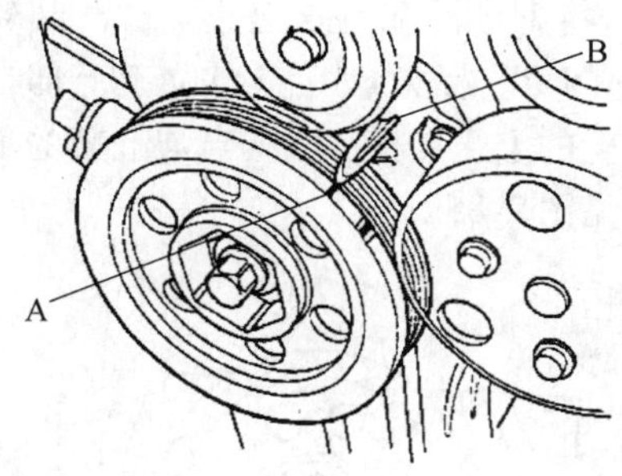

图2-83　TDC对齐指针标记

然后拆下线束夹。

10）在缸体下方，用千斤顶和木块支撑发动机。

11）拆除接地电缆，然后，拆下发动机侧安装支架/托架总成。

12）使交流发电机远离传动链壳体。拆下传动链壳体，然后拆下传感器信号盘。

13）给正时链收紧装置滑块表面涂上发动机机油。

14）用旋具撬开正时链张紧器滑块上的孔，然后拧下螺栓。

15）拆除正时链张紧器滑块。

16）拆下正时链张紧器和正时链导板。

17）取下正时链。

2. 正时链单元的安装步骤

1）将曲轴置于上止点（TDC）位置。将曲轴链轮上的TDC标记（A）与机油泵上的指针（B）对齐，见图2-84。

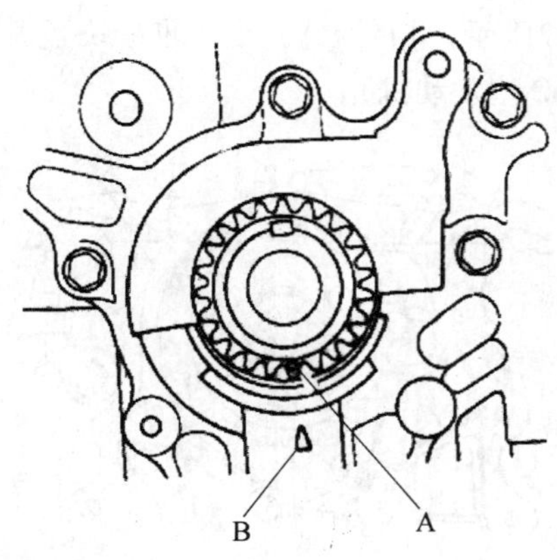

图2-84　将曲轴链轮TDC标记对准机油泵指针

2）将 1 号活塞置于上止点位。凸轮轴链轮上的“UP”标记（A）应当位于上部，而凸轮轴链轮的上止点槽（B）应当与缸盖的上边缘对齐，见图 2-85。

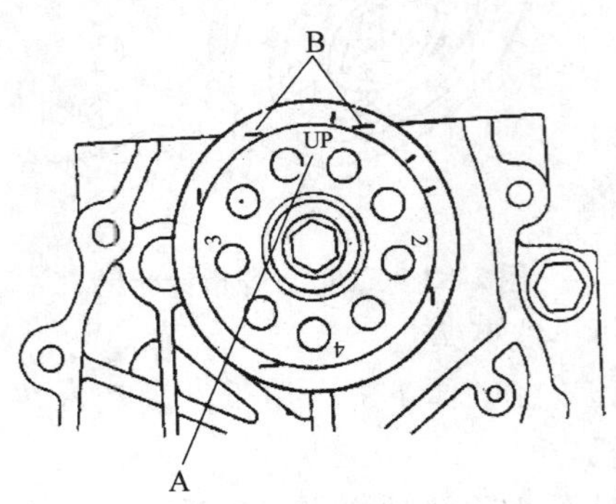

图 2-85　将 1 号活塞置于 TDC 位置

3）将正时链安装在曲轴链轮上，色片（A）要对准曲轴链轮上的 TDC 标记（B），见图 2-86。

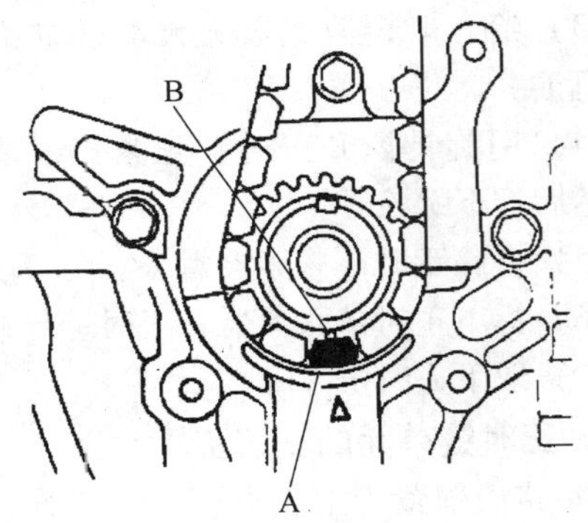

图 2-86　色片链节对准曲轴 TDC 标记

4）将正时链安装到凸轮轴链轮上，如图 2-87所示，指针（A）要对准三块色片（B）（L15A2 型发动机）。

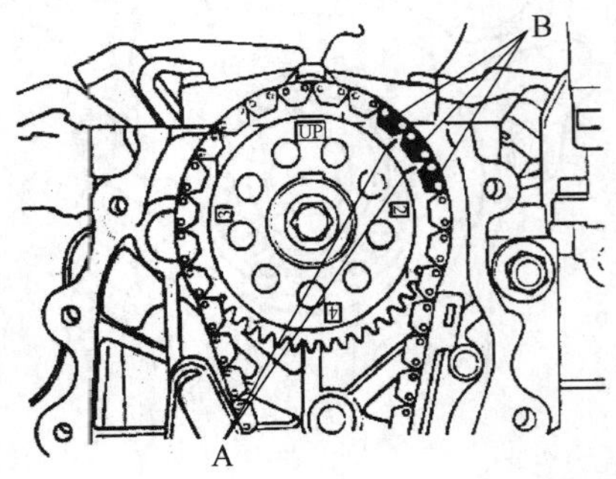

图 2-87　三块色片对准 TDC 标记

5）将正时链安装到凸轮轴链轮上，指针（A）要与两块色片（B）的中心对齐（L13A3，L12A3 型发动机），见图 2-88。

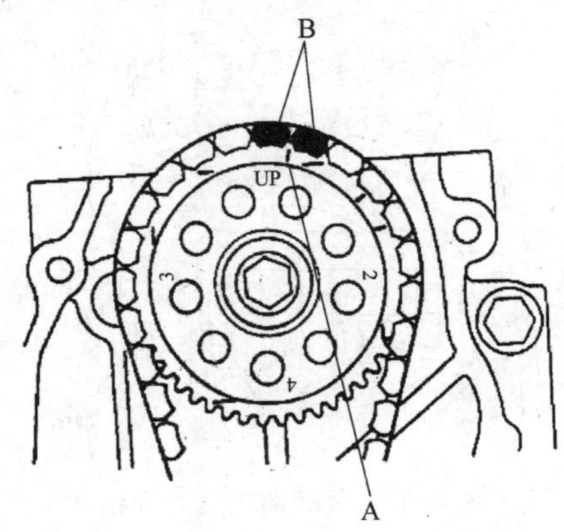

图 2-88　两块色片中间位置对准 TDC 标记

6）给正时链张紧器装配螺栓的螺纹涂上发动机机油。

7）安装正时链张紧器和正时链导板。

8）安装正时链张紧器滑块，并轻轻拧上螺栓。

9）给正时链张紧器滑块的滑动面涂上发动机机油。

10）顺时针旋转正时链张紧器滑块，来压紧正时链张紧器，安装剩余的螺栓，并将其锁紧。

11）检查正时链壳体油封有无损坏。如果油封损坏，则更换正时链壳体油封。

12）将正时链壳体配合表面、螺栓和螺栓孔上的旧密封胶清除干净。

13）清洁正时链壳体配合表面，并进行干燥。

14）将液体密封胶均匀地涂在正时链壳体的缸体配合表面及各孔的内螺纹上。

15）安装脉冲板及正时链壳体。

16）安装线束夹，并连接曲轴位置（CKP）传感器插接器。

17）安装发动机侧安装支架/托架总成，然后，锁紧装配螺栓及支承螺母。

18）安装接地电缆。

19）安装油底壳。

20）安装曲轴带轮。

21）安装缸盖罩。

22）安装水泵带轮。

23）安装惰轮。

24）安装交流发电机安装支架装配螺栓。

25）安装并调整传动带。

3. 气门间隙的调整方法

1）拆卸缸盖罩。

2）将1号活塞置于上止点(TDC)。凸轮轴链轮上的“UP”标记应当位于顶部，而凸轮轴链轮的上止点凹槽应当与缸盖的上边缘对齐。

3）为需要进行检查的气门选择适当厚度的塞尺，见图2-89。

进气气门：0. 15 ~0. 19mm。

排气气门：0. 26 ~0. 30mm。

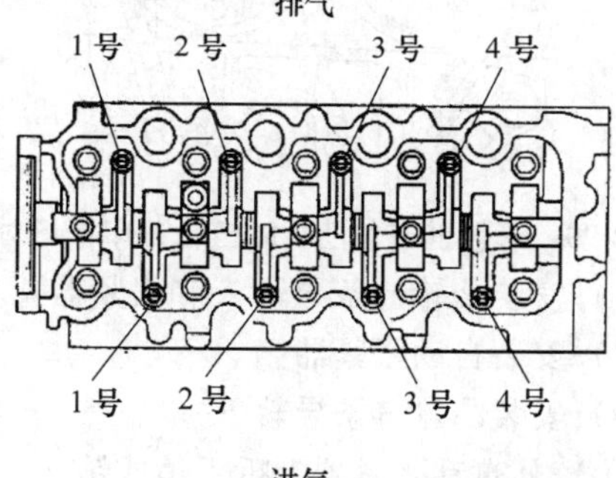

图2-89　需检查气门的位置

4）将塞尺插入调整螺钉及气门挺杆端部之间将其前后滑动；应该能感觉到存在轻微的阻力。

5）如果感到阻力太大或太小，松开防松螺母，然后，旋转调整螺钉，直到拖动塞尺时产生的阻力适当为止。

6）拧紧锁紧螺母，并重新检查间隙，如有必要，重复上述调整过程。

7）顺时针旋转曲轴。将凸轮轴链轮上的3号活塞上止点凹槽与缸盖上边缘对齐，见图2-90。

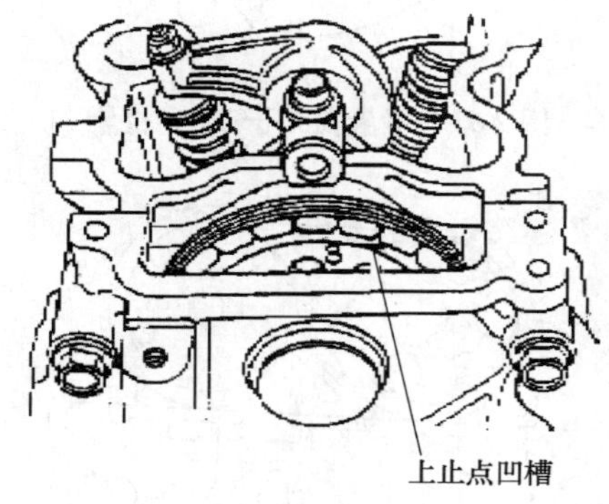

图2-90　旋转曲轴使标记对齐

8）检查3号气缸的气门间隙，如有必要，请加以调整。

9）顺时针旋转曲轴。将凸轮轴链轮上的4号活塞上止点凹槽与缸盖上边缘对齐。

10）检查4号气缸的气门间隙，如有必要，请加以调整。

11）顺时针曲轴。将凸轮轴链轮上的2号活塞上止点凹槽与缸盖上边缘对齐。

12）检查2号气缸的气门间隙，如有必要，请加以调整。

13）安装缸盖罩。

第二节　东风本田汽车发动机正时维修与气门间隙调整

一、K24Z1 2. 4L发动机(2007—2012款CRV装备)

1. 正时链单元的安装步骤

1）将曲轴置于上止点(TDC)位置。将曲轴链轮上的TDC标记(A)与发动机体上的指示标(B)对齐，见图2-91。

2）将凸轮轴置于上止点(TDC)位置。可调气门正时控制(VTC)执行器上的冲印标记(A)和排气门凸轮轴链轮上的冲印标记(B)应位于顶部。将VTC执行器上的TDC标记(C)和排气门凸轮轴链轮上的TDC标记(C)对齐，见图2-92。

3）为固定进气门凸轮轴，将可调摇臂轴

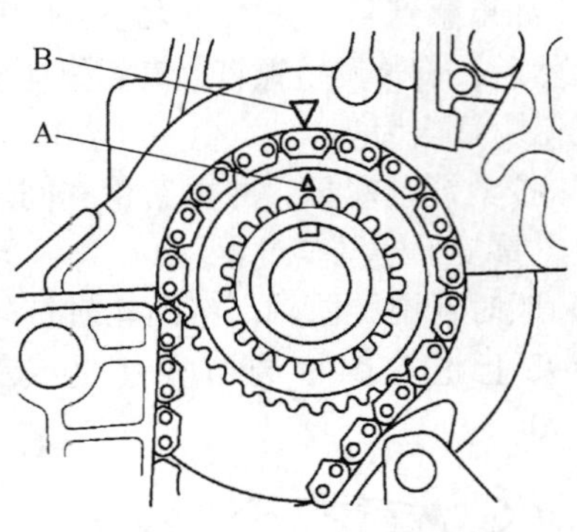

图2-91 设置曲轴于TDC位置

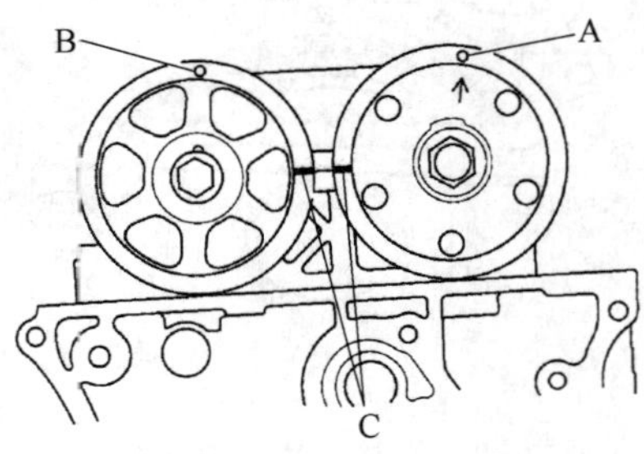

图2-92 设置凸轮轴于TDC位置

插入凸轮轴位置(CMP)传感器信号盘A中的检修孔，并穿过5号摇臂轴保持架，见图2-93。

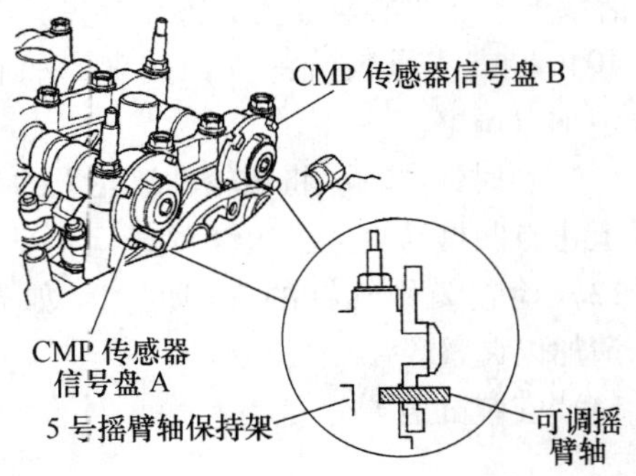

图2-93 固定进气门凸轮轴

4）为固定排气门凸轮轴，将可调摇臂轴插入CMP传感器摇臂轴B中的检修孔，并穿过5号摇臂轴保持架。

5）将凸轮链条安装在曲轴链轮上，使彩色链板(A)与曲轴链轮上的冲印标记(B)对齐，见图2-94。

6）将凸轮链条安装在VTC执行器和排气门凸轮轴链轮上，使冲印标记(A)与两个彩色

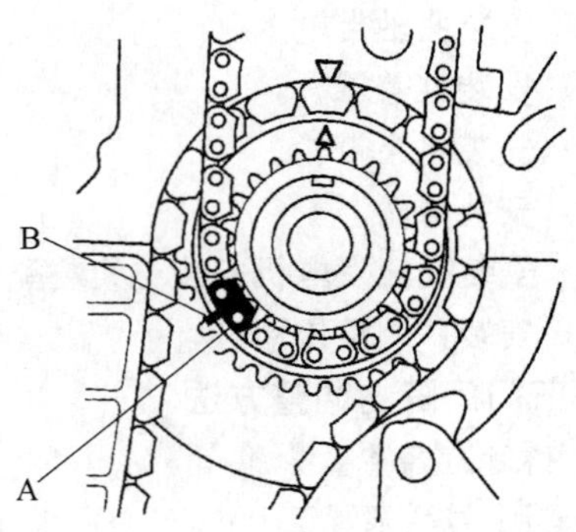

图2-94 彩色链节与曲轴链轮冲印标记对正

链板(B)的中心对齐，见图2-95。

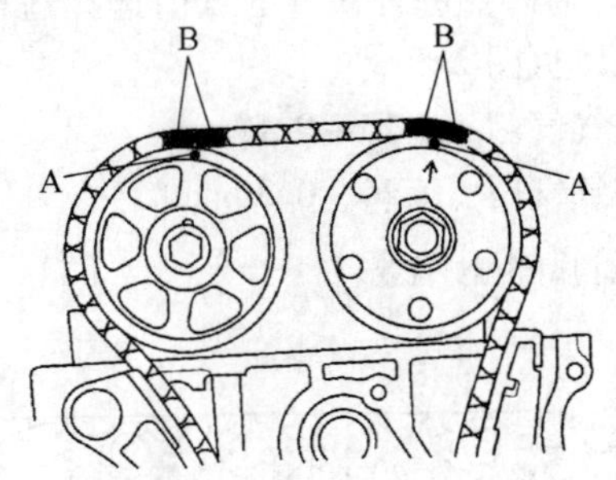

图2-95 彩色链节与凸轮轴链轮冲印标记对正

7）安装凸轮链条导轨A和张紧器臂。

8）安装自动张紧器。

9）安装凸轮链条导轨B。

10）从自动张紧器上拆下销或锁。

11）拆下转换扳手臂轴。

12）检查链条壳油封是否损坏。如果损坏，则更换链条壳体油封。

13）清除链条壳配合面、螺栓和螺栓孔上的所有旧密封剂。

14）清洁链条壳配合面，并晾干。

15）在链条壳发动机体配合面上，均匀地涂抹液体密封剂。

16）在/链条壳的发动机体上表接触区域和链条壳的底座上表接触区域上，涂抹液体密封剂。

17）在链条壳的油底壳配合面上，均匀地涂抹液体密封剂。

18）将新O形密封圈、发动机侧装配支架和装配螺栓安装到壳体上。先将壳体的边缘

与油底壳的边缘对齐固定，然后再将链条壳安装到发动机体上。擦去油底壳与链条壳配合面上的剩余液体密封剂。

2. 气门间隙的调整方法

1）拆下缸盖罩。

2）将1号活塞置于上止点（TDC）位置。可调气门正时控制（VTC）执行器上的冲印标记和排气门凸轮轴链轮上的冲印标记应位于顶部。将VTC执行器上的TDC标记和排气门凸轮轴链轮上的TDC标记对齐。

3）应根据所有待检查的气门选择相应厚度的塞尺，见图2-96。

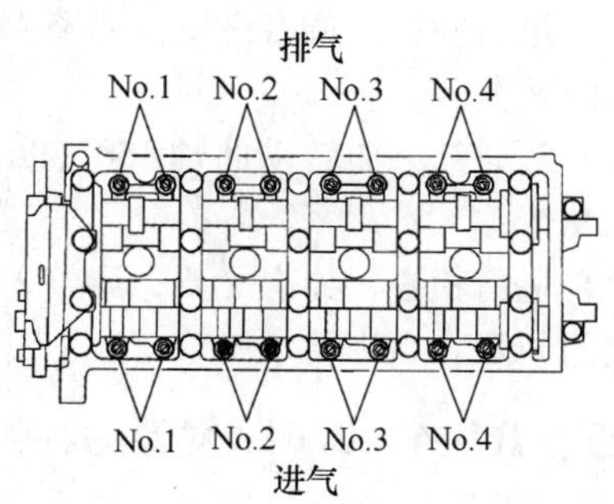

图2-96　需检查气门的位置

- **进气门间隙**

* 进气：0.21 ~ 0.25mm（0.008 ~ 0.010in）

* 排气：0.28 ~ 0.32mm（0.011 ~ 0.013in）

4）将塞尺（A）插入调节螺钉（B）与气门挺杆端部之间，并前后滑动塞尺，这时应感觉有轻微的阻力。

5）如果感觉阻力过大或太小，则使用专用工具旋松锁紧螺母，并转动调节螺钉，直至感觉塞尺上的阻力适当为止。

6）拧紧锁紧螺母至规定力矩，并重新检查间隙。如果有必要，重复间隙调节的操作。

规定力矩：

- **进气**

*7×0.75mm

*20N·m(2.0kgf·m,14lbf·ft)

*在螺母螺纹上涂沫新机油。

- **排气**

*7×0.75mm

*14N·m(1.4kgf·m,10lbf·ft)

*在螺母螺纹上涂沫新机油。

7）顺时针方向旋转曲轴180°（凸轮轴带轮旋转90°）。

8）重新检查气门间隙。如果有必要，调节3号气缸的气门间隙。

9）顺时针方向旋转曲轴180°（凸轮轴带轮旋转90°）。

10）进行检查，如果有必要，调整4号气缸上的气门间隙。

11）顺时针方向旋转曲轴180°（凸轮轴带轮旋转90°）。

12）进行检查，如果有必要，调节2号气缸上的气门间隙。

13）安装缸盖罩。

二、K24Z5 2.4L 发动机（2010—2012款思铂睿装备）

该款发动机正时链结构，拆装与K24Z1发动机相同，相关内容请参考本节中“一、”小节。

三、K20A4 2.0L 发动机（2003款CRV,2010—2012款思铂睿装备）

1. 正时链单元的安装步骤

1）将曲轴置于上止点（TDC）。将曲轴链轮上的TDC标记与缸体上的指示标对齐。

2）将凸轮轴置于TDC。可变气门正时控制（VTC）执行器上的一个冲印箭头标记和排气凸轮轴链轮上的冲印标记应位于顶部。将VTC执行器与排气凸轮轴链轮上TDC标记对齐。

3）使彩色链节与曲轴链轮上的冲印标记对齐，将正时链条安装在曲轴链轮上。

4）使冲印标记与两个彩色链节对齐，将正时链条安装在VTC执行器和排气凸轮轴链轮上。

5）安装正时链条导向装置和张紧器臂。

6）安装自动张器。

7）安装正时链条导向装置，紧固螺栓拧紧力矩：22N·m。

8）从自动张紧器上卸下固定销。

9）检查链条壳体油封是否损坏。如果损坏，则更换链条壳体油封。

10）清除链条壳体配合面、螺栓和螺栓孔上的旧密封剂。

11）清洗链条壳体配合面并将其晾干。

12）在链条壳体的缸体配合面和螺栓孔的内螺纹上，均匀地施加液体密封剂。

13）在链条壳体的缸体上部配合面上，施加液体密封剂。

14）在链条壳体的油底壳配合面和螺栓孔的内螺纹上，均匀地施加液体密封剂。

2. 气门间隙的调整方法

1）拆下气门室盖。

2）将1号活塞置于上止点（TDC）。可变气门正时控制（VTC）执行器上的一个冲印箭头标记和排气凸轮轴链轮上的冲印标记应位于顶部。将VTC执行器与排气凸轮轴链轮上TDC标记对齐。

3）应就所检查的气门，选择相应厚度的塞尺，见图2-97。

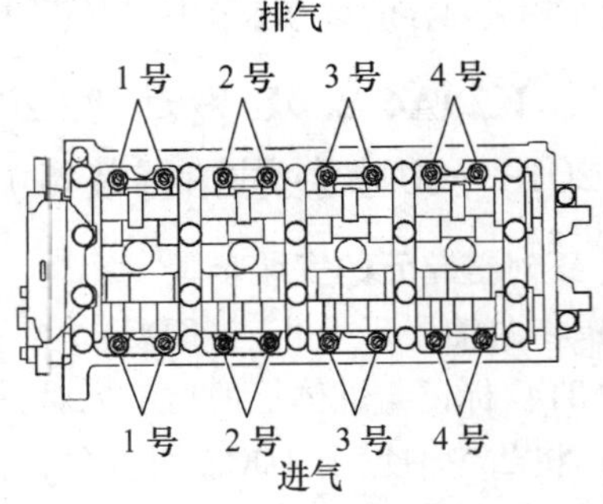

图2-97 需检查气门的位置

- 进气：0.21～0.25mm（0.008～0.010in）
- 排气：0.28～0.32mm（0.011～0.013in）

4）将塞尺插入调节螺钉与气门挺杆端部之间，并前后滑动塞尺，这时应感觉有轻微的阻力。

5）如果感觉阻力过大或太小，则旋松锁紧螺母，并转动调整螺钉，直至感觉塞尺上的阻力适当为止，调节力矩：

- 进气：20N·m
- 排气：14N·m

6）紧固锁紧螺母，并重新检查间隙。如有必要，重复间隙调整的操作。

7）顺时针方向转动曲轴180°（凸轮轴带轮转动90°）。

8）进行检查，如有必要，调整3号气缸上的气门间隙。

9）顺时针方向转动曲轴180°（凸轮轴带轮转动90°）。

10）进行检查，如有必要，调整4号气缸上的气门间隙。

11）顺时针方向转动曲轴180°（凸轮轴带轮转动90°）。

12）进行检查，如有必要，调整2号气缸上的气门间隙。

四、R20A1 2.0L发动机（2004—2007款CRV装备）

1. 正时链单元的安装步骤

> **说明：**
> 使凸轮链条远离磁场。

1）将曲轴置于上止点（TDC）位置。将曲轴链轮上的TDC标记（A）与发动机体上的指示标（B）对齐，见图2-98。

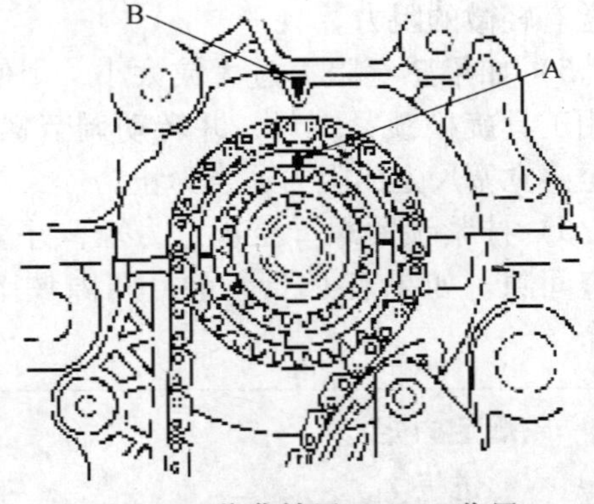

图2-98 将曲轴置于TDC位置

2）将凸轮轴置于上止点（TDC）位置。凸

轮轴链轮上的一个“向上”标记(A)应位于顶部。凸轮轴链轮上的TDC冲印标记(B)应与缸盖的顶部边缘对齐，见图2-99。

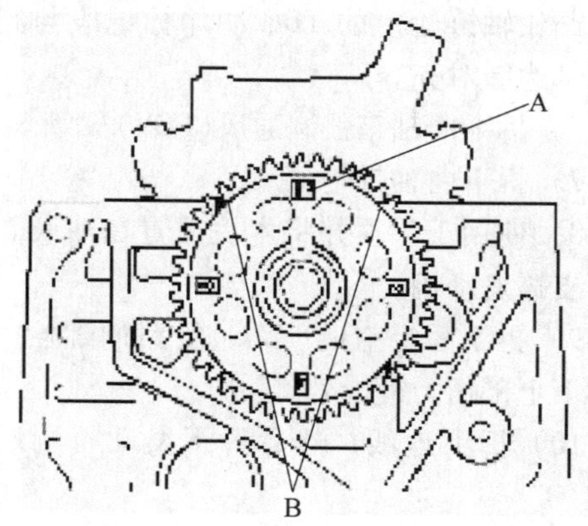

图2-99　将凸轮轴置于TDC位置

3）使彩色链板(A)与曲轴链轮上的标记(B)对齐，将凸轮链条安装在曲轴链轮上，见图2-100。

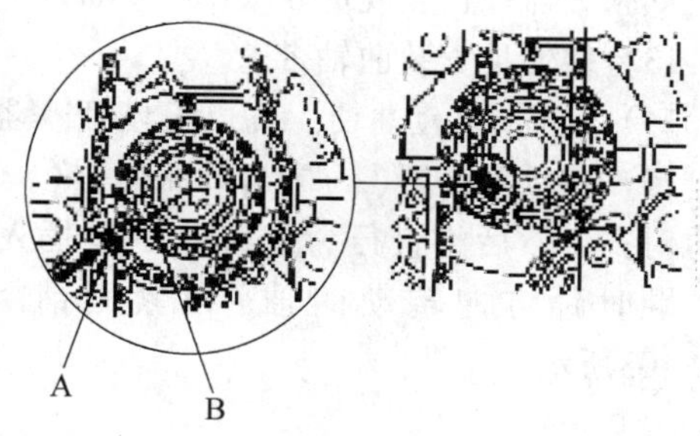

图2-100　有色链节与曲轴链轮标记对正

4）使彩色链板(A)与凸轮轴链轮上的标记(B)对齐，将凸轮链条安装在凸轮轴链轮上，见图2-101。

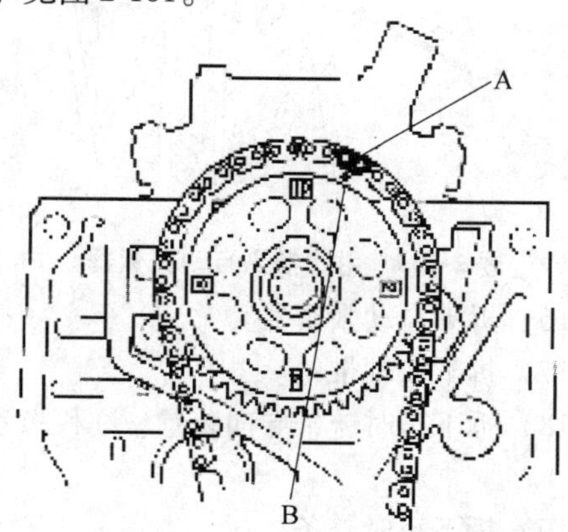

图2-101　有色链节与凸轮轴链轮标记对正

5）安装凸轮链条导轨和张紧器臂。

6）安装自动张紧器。

7）从自动张紧器上拆下销或锁销。

8）检查油泵油封是否损坏。如果损坏，则更换链条壳体油封。

9）清除油泵配合面、螺栓和螺栓孔上的所有旧密封剂。

10）清洁油泵配合面，并晾干。

11）在油泵发动机体配合面上，均匀地涂抹液体密封剂。

12）在油泵的发动机体上表面接触区域和油泵的底座上表面接触区域上，涂抹液体密封剂。

13）在油泵的油底壳配合面上，均匀地涂抹液体密封剂。

14）在油泵上安装新的O形密封圈。先将油泵壳体的边缘与油底壳的边缘对齐固定，然后再将油泵安装到发动机体上。

15）松弛地安装暗销螺栓，然后紧固8mm螺栓。紧固6mm螺栓与暗销螺栓。擦去油底壳与油泵配合面上的剩余液体密封剂。

2. 气门间隙的调整方法

1）拆下缸盖罩。

2）将1号活塞置于上止点(TDC)位置。凸轮轴链轮上的一个“向上”标记(A)应位于顶部。凸轮轴链轮上的TDC冲印标记(B)应与缸盖的顶部边缘对齐，见图2-99。

3）应根据所有检查的气门选择相应厚度的塞尺，见图2-102。

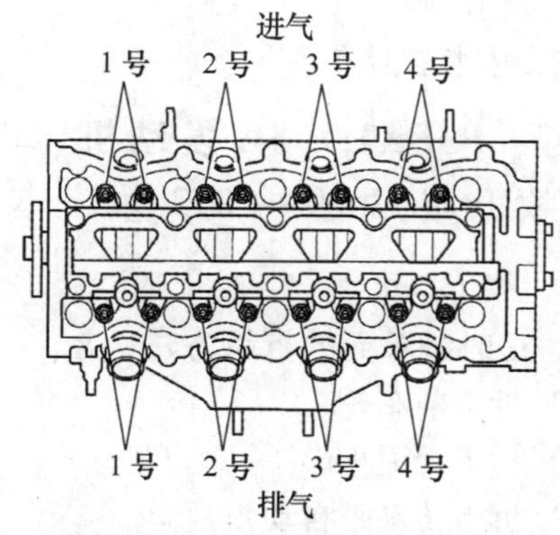

图2-102　需检查气门的位置

进气门间隙：

- 进气：0.18～0.22mm(0.007～0.009in)
- 排气：0.23～0.27mm(0.009～0.011in)

4）将塞尺插入调节螺钉与1号气缸气门挺杆端部之间，并前后滑动塞尺，这时应感觉有轻微的阻力。

5）如果感觉阻力过大或太小，则旋松锁紧螺母，并转动调节螺钉，直至感觉塞尺上的阻力适当为止。

6）紧固锁紧螺母，并重新检查间隙。如果有必要，重复间隙调节的操作。

7）拧紧锁紧螺母。

> **规定力矩：**
> 7×0.75mm
> 14N·m(1.4kgf·m,10lbf·ft)

8）重新检查气门间隙。如果有必要，重新调节气门间隙。

9）顺时针方向转动曲轴。将凸轮轴链轮上的3号活塞TDC标记对齐缸盖顶部边缘。

10）进行检查，如果有必要，调整3号气缸上的气门间隙。

11）顺时针方向转动曲轴。将凸轮轴链轮上的4号活塞TDC标记对齐缸盖顶部边缘。

12）进行检查，如果有必要，调节4号气缸上的气门间隙。

13）顺时针方向转动曲轴。将凸轮轴链轮上的2号活塞TDC标记对齐缸盖顶部边缘。

14）进行检查，如果有必要，调节2号气缸上的气门间隙。

15）安装缸盖罩。

五、R18A1 1.8L发动机(2006—2012款思域,2009—2012款广本锋范装备)

1. 正时链单元的拆解方法

1）拆下前车轮。

2）拆下挡泥板。

3）拆下传动带自动张紧器。

4）拆下气门室盖。

5）将1号活塞置于上止点(TDC)位置。凸轮轴链轮上的一个“向上”标记应位于顶部。凸轮轴链轮上的TDC冲印标记应与缸盖的顶部边缘对齐。

6）拆下曲轴箱强制通风(PCV)软管。

7）拆下曲轴带轮。

8）使用千斤顶并将木块放置在油底壳下部，支撑发动机。

9）拆下固定空调(A/C)管路的螺栓，然后拆下上部扭力杆。

10）拆下地线，然后拆下发动机侧装配支架。

11）拆下油泵。

12）测量张紧器与张紧器臂平面部分之间的张紧器杆长度。如果长度超出规定值，则更换正时链条。

- 张紧器杆长度规定要求：14.5mm。

13）缓慢地安装曲轴带轮。

14）逆时针转动曲轴，以压紧自动张紧器。

15）将锁定装置(A)和自动张紧器(B)上的也对齐，然后将直径为1.0mm的销插入孔内。顺时针方向转动曲轴，以紧固销，如图2-103所示。

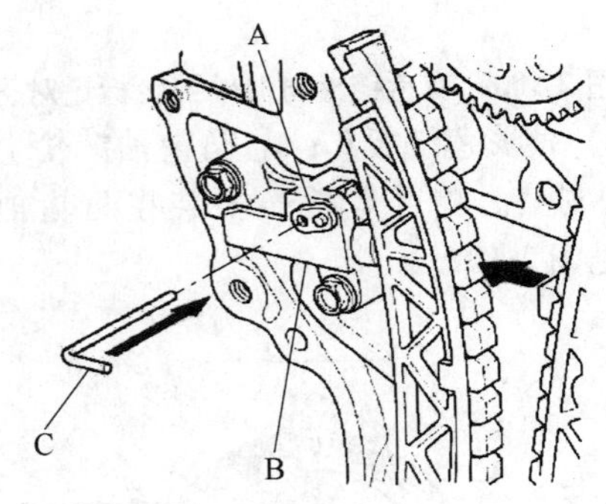

图2-103　用销插入自动张紧器

16）拆下自动张紧器。

17）拆下曲轴带轮。

18）拆下正时链条导向装置(A)和张紧器臂(B)。

19）拆下正时链条。

2. 正时链单元的安装步骤

1）将曲轴置于上止点（TDC）位置。将曲轴链轮上的 TDC 标记（A）与发动机体上的指示标（B）对齐，如图 2-104 所示。

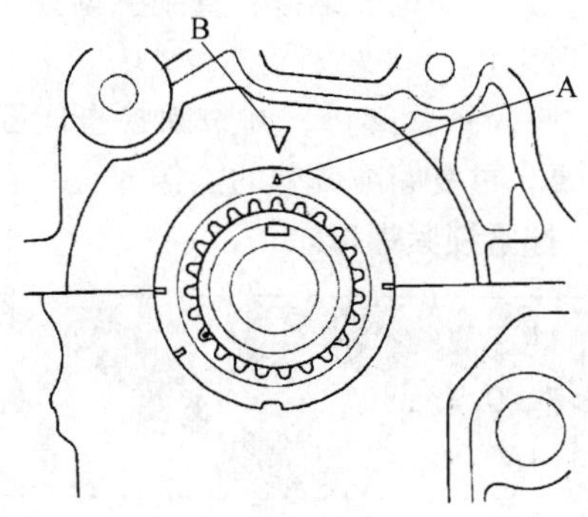

图 2-104　将曲轴置于 TDC 位置

2）将凸轮轴置于上止点（TDC）位置。凸轮轴链轮上的一个“向上”标记应位于顶部。凸轮轴链轮上的 TDC 冲印标记应与缸盖的顶部边缘对齐。

3）使彩色链节（A）与曲轴链轮上的标记（B）对齐，将正时链条安装在曲轴链轮上，如图 2-105 所示。

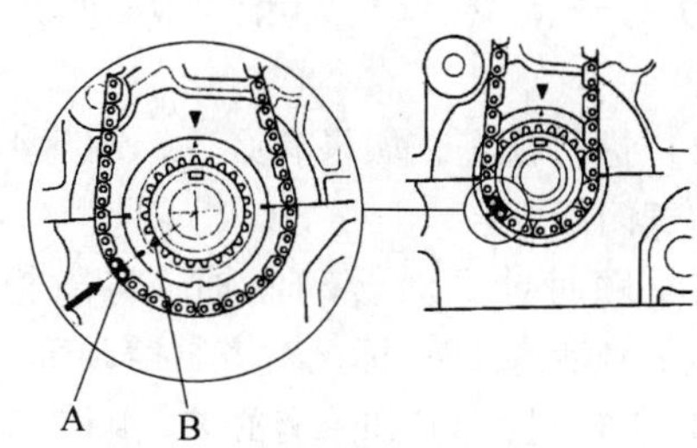

图 2-105　使彩色链节对正曲轴链轮标记

4）使彩色链节（A）与凸轮轴链轮上的标记（B）对齐，将正时链条安装在凸轮轴链轮上，如图 2-106 所示。

5）安装正时链条导向装置和张紧器臂。

6）安装自动张紧器。

7）从自动张紧器上拆下销或锁销。

8）检查正时链箱油封是否损坏。如果损坏，则更换正时链箱油封。

9）清除正时链箱配合面、螺栓和螺栓孔上的所有旧密封剂。

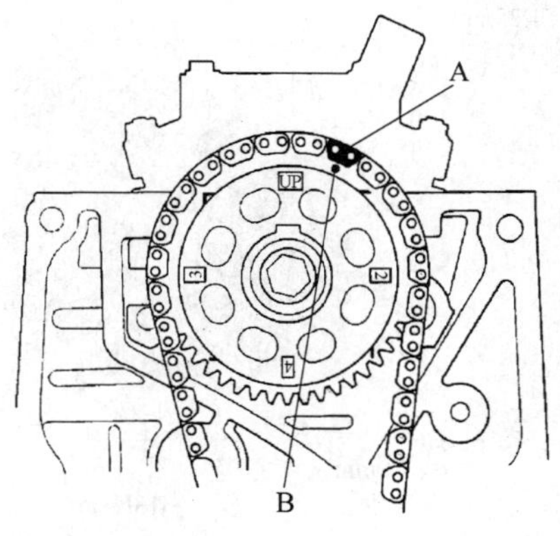

图 2-106　使彩色链节对正凸轮轴链轮标记

10）清洁正时链箱配合面，并晾干。

11）在正时链箱与发动机体配合面上，均匀地涂抹液体密封剂。

12）在正时链箱的发动机体上表接触区和正时链箱的底座上表接触区域上，涂抹液体密封剂。

13）在正时链箱的油底壳配合面上，均匀地涂抹液体密封剂。

14）在正时链箱上安装新的 O 形密封圈（A）。先将正时链箱（B）的边缘与油底壳（C）的边缘对齐固定，然后再将正时链箱安装到发动机体上（D）。缓慢地安装配合螺栓（E），然后紧固 8mm 螺栓（F）。紧固 6mm 螺栓（G）与配合螺栓。擦去油底壳与正时链箱配合面上的剩余液体密封剂，如图 2-107 所示。

3. 气门间隙的调整方法

1）拆下气门室盖。

2）将 1 号活塞置于上止点（TDC）位置。凸轮轴链轮上的一个“向上”标记应位于顶部。凸轮轴链轮上的 TDC 冲印标记应与缸盖的顶部边缘对齐。

3）应根据所有检查的气门选择相应厚度的塞尺。

进气门间隙，如图 2-108 所示。

进气：0. 18 ~ 0. 22mm

排气：0. 23 ~ 0. 27mm

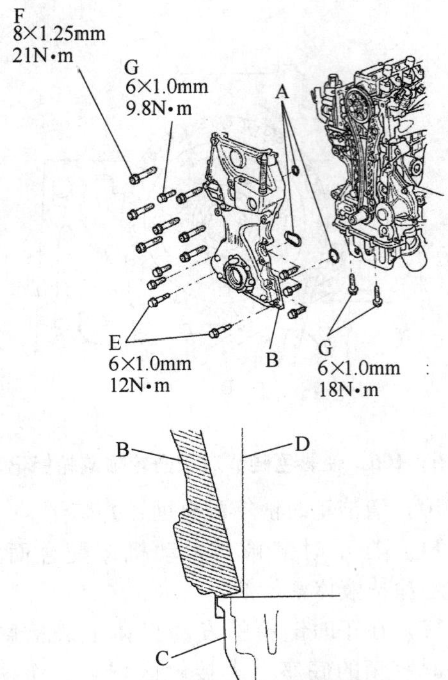

图 2-107　安装正时链箱

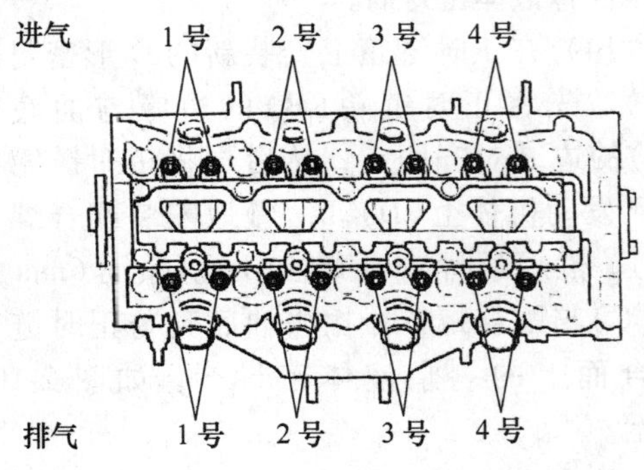

图 2-108　调节气门间隙的位置

4）将塞尺插入调节螺钉与 1 号气缸气门挺杆端部之间，并前后滑动塞尺，这里应感觉有轻微的阻力。

5）如果感觉阻力过大或过小，则旋松锁紧螺母，并转动调节螺钉，直到感觉塞尺上的阻力适当为止。

6）坚固锁紧螺母，并重新检查间隙。如果有必要，重复间隙调节的操作。

7）拧紧锁紧螺母。

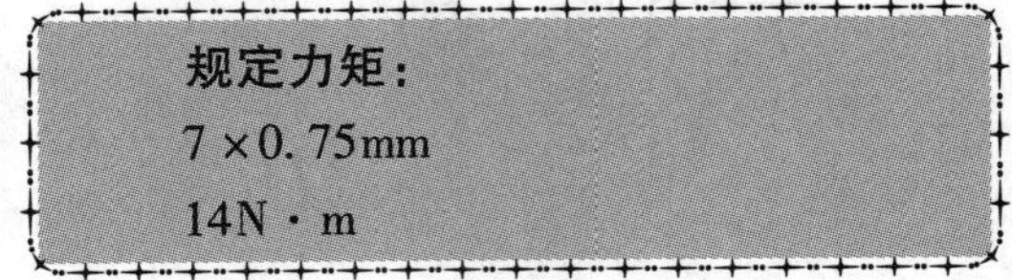
规定力矩：

7 ×0. 75mm

14N · m

8）重新检查气门间隙。如果有必要，重新调节气门间隙。

9）顺时针方向转动曲轴。将凸轮轴链轮上的 3 号活塞 TDC 标记对齐缸盖顶部边缘。

10）进行检查，如果有必要，调整 3 号气缸上的气门间隙。

11）顺时针方向转动曲轴。将凸轮轴链轮上的 4 号活塞 TDC 标记对齐缸盖顶部边缘。

12）进行检查，如果有必要，调节 4 号气缸上的气门间隙。

13）顺时针方向转动曲轴。将凸轮轴链轮上的 2 号活塞 TDC 标记对齐缸盖顶部边缘。

14）进行检查，如果有必要，调节 2 号气缸上的气门间隙。

15）安装气门室盖。

第三节　进口本田/讴歌汽车发动机正时维修与气门间隙调整

一、J35Z6 3. 5L 发动机（2009—2012 款讴歌 TL 装备）

1. 正时链单元分解。

正时链单元分解见图 2-109。

2. 正时带的拆解方法

1）拆下发动机室盖板。

2）转动曲轴使其白色标记（A）与指针（B）对齐，如图 2-110 所示。

3）检查并确认前凸轮轴带轮上的 1 号活塞上止点（TDC）标记（A）与前上盖的指针（B）对齐，如图 2-111 所示。

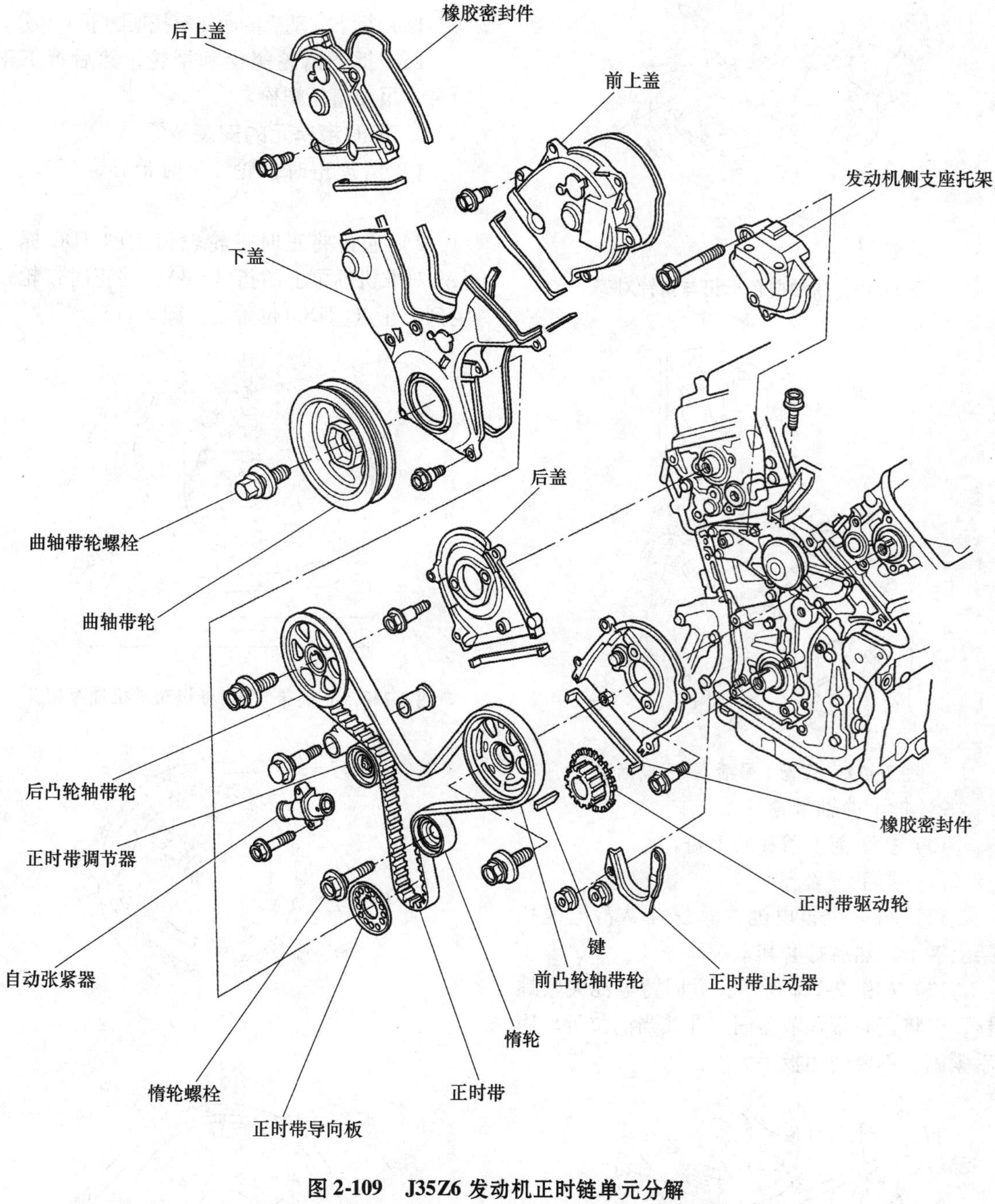

橡胶密封件
后上盖
前上盖
发动机侧支座托架
下盖
后盖
曲轴带轮螺栓
曲轴带轮
后凸轮轴带轮
正时带调节器
橡胶密封件
自动张紧器
正时带驱动轮
键
前凸轮轴带轮
正时带止动器
惰轮
惰轮螺栓
正时带
正时带导向板

图 2-109　J35Z6 发动机正时链单元分解

> **注意：**
>
> 如果标记未对准，转动曲轴 360°，并重新检查凸轮轴带轮标记。

4）用举升机举升车辆，然后拆下右前车轮。

5）拆下挡泥板。

6）拆下传动带自动张紧器。

7）在油底壳下放置一个千斤顶和木块，以支撑发动机。

8）拆下接地电缆，然后拆下发动机侧支座托架上半部分。

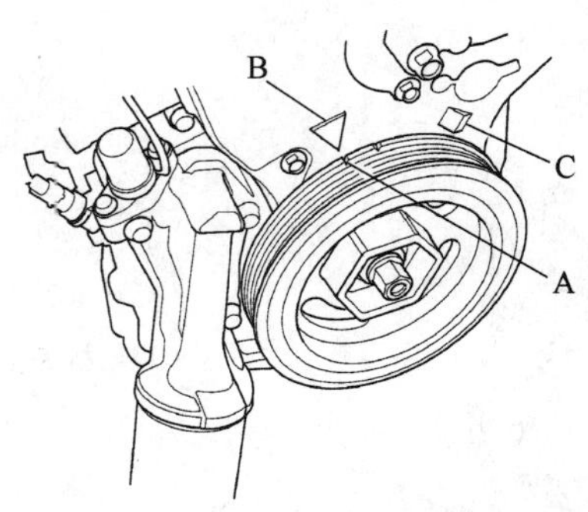

图2-110　曲轴白色标记与指针对齐

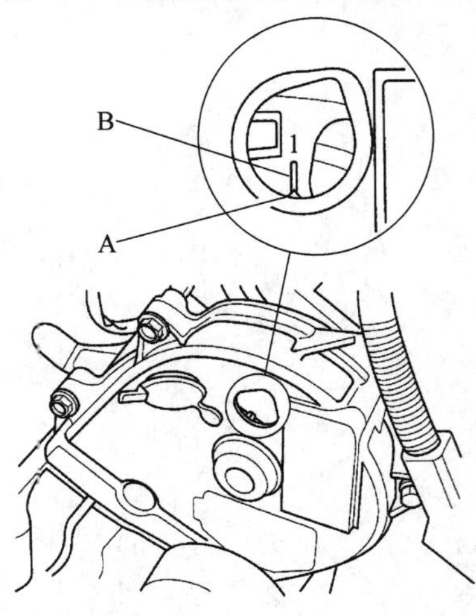

图2-111　检查1号活塞TDC标记

9）拆下曲轴带轮。

10）拆下前上盖和后上盖。

11）拆下下盖。

12）将一个蓄电池夹紧螺栓从蓄电池托架上拆下，然后打磨其末端。

13）如图2-112所示，紧固蓄电池夹紧螺栓，以将正时带调节器固定在其当前位置。用手紧固，不要使用扳手。

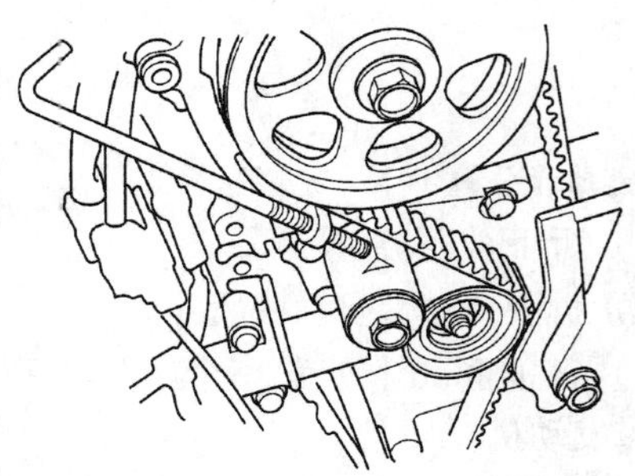

图2-112　固定正时带调节器

14）拆下正时带导向板。

15）拆下发动机侧面支座托架的下半部分。

16）拆下惰轮螺栓和惰轮，然后拆下正时带。报废惰轮螺栓。

3. 正时带单元的安装步骤

1）清理正时带轮、正时带导向板和上、下盖。

2）通过将正时带轮轮齿上的TDC标记(A)对准机油泵上的指针(B)，将正时带轮设定到上止点(TDC)位置，见图2-113。

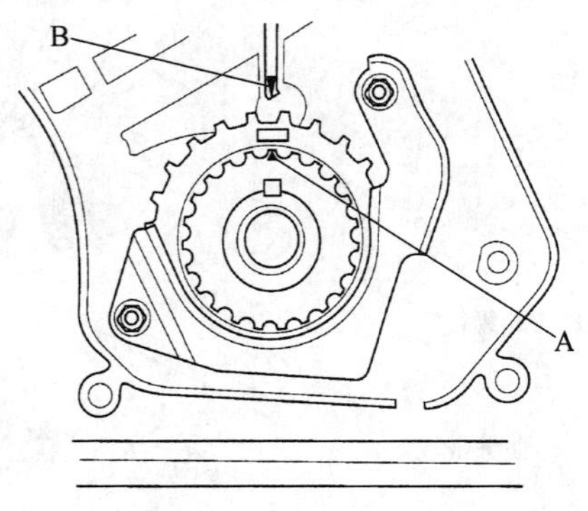

图2-113　正时带TDC标记对准机油泵指针

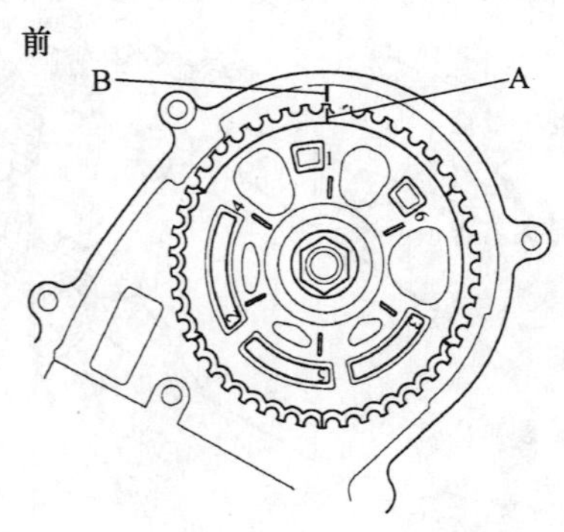

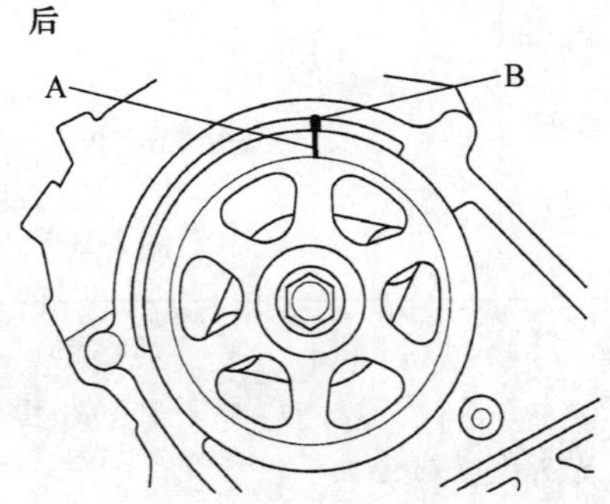

图2-114　凸轮轴带轮设定到TDC位置

3）通过将凸轮轴带轮上的 TDC 标记（A）对准后盖上的指针（B），将凸轮轴带轮设定到 TDC 位置，见图 2-114。

4）用一个新的惰轮螺栓松松地安装惰轮，使惰轮能移动但不会脱落。

5）如果自动张紧器已张开且不能安装正时带，则执行正时带更换程序。

6）如图 2-115 所示从主动带轮开始，按逆时针顺序安装正时带。安装时，小心不要损坏正时带。

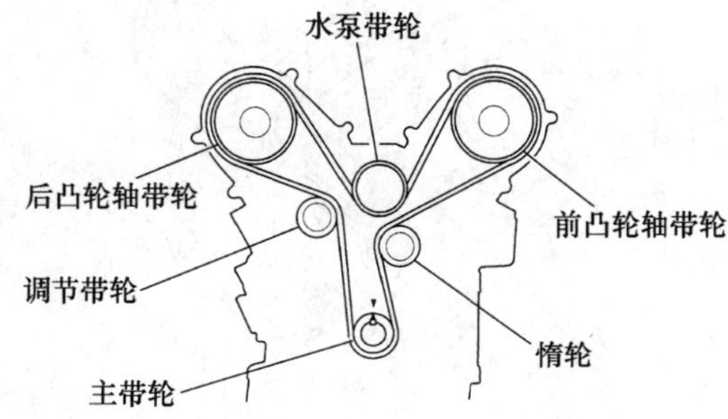

图 2-115　安装正时带

7）紧固惰轮螺栓。

8）将蓄电池夹紧螺栓从后盖上拆下。

9）安装发动机侧支座托架的下半部分。

10）安装正时带导向板。

11）安装下盖。

12）安装前上和后上盖。

13）安装曲轴带轮。

14）顺时针方向旋转曲轴带轮大约 6 圈，以将正时带定位在带轮上。

15）转动曲轴带轮，使其白色标记与指针对齐。

16）检查凸轮轴带轮标记，见图 2-116。

注意：

如果标记未对准，转动曲轴 360°，并重新检查凸轮轴带轮标记。

- 如果凸轮轴带轮标记在 TDC，则转至步骤 17）。
- 如果凸轮轴带轮标记不在 TDC，则拆下正时带并重复到步骤 2）到步骤 16）。

前

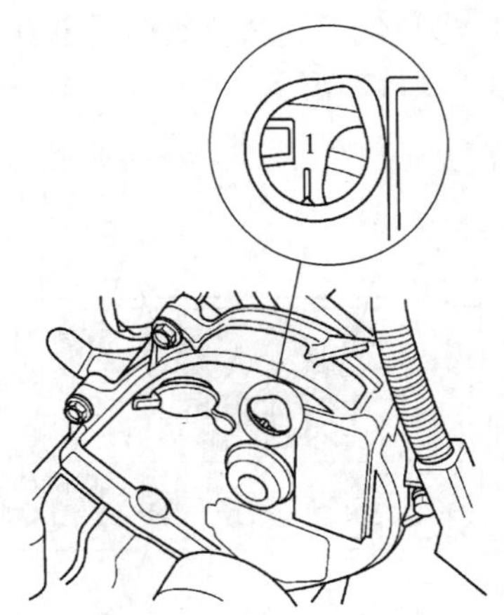

后

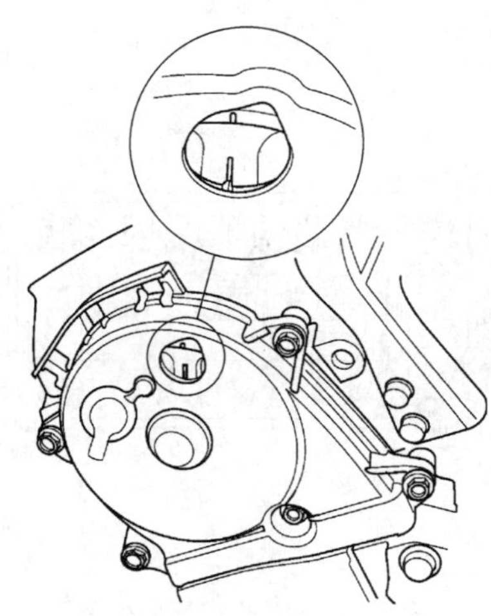

图 2-116　检查凸轮轴带轮标记

17）安装发动机侧支座托架上半部分，然后紧固安装螺栓。

18）安装接地电缆。

19）安装传动带自动张紧器。

20）安装挡泥板。

21）安装右前轮。

22）安装发动机室盖板。

23）执行曲轴位置（CKP）模式清除/曲轴位置模式学习程序。

4. 气门间隙的调整方法

1）拆下气缸盖罩。

2）使 1 号活塞在上止点（TDC）位置。将前上盖上的指针与前凸轮轴带轮上的1号活塞TDC标记对齐。

3）进行气门间隙检查时，选择合适的塞尺，如图2-117所示。

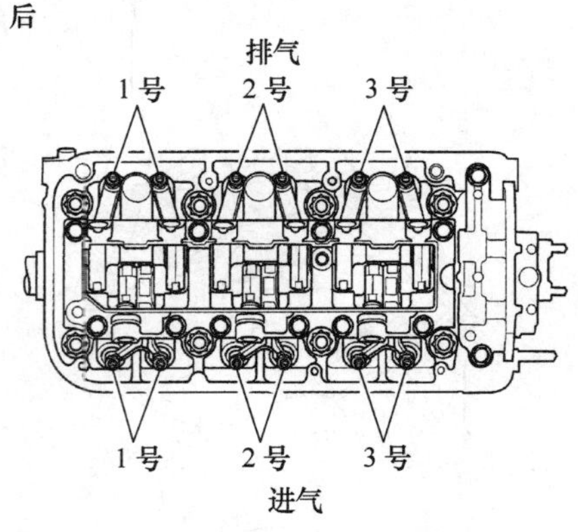

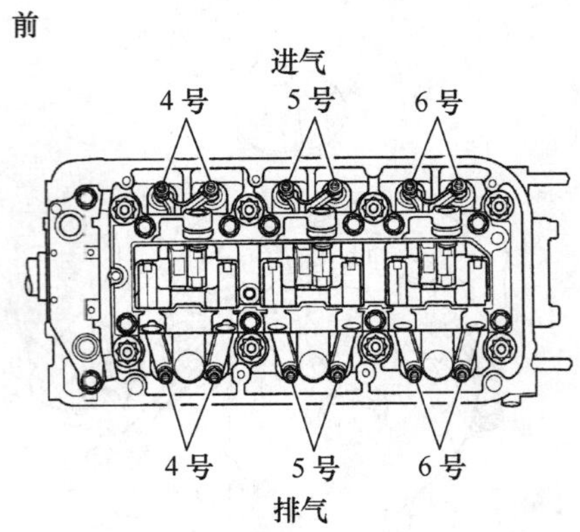

图2-117　需检查气门的位置

- 气门间隙

＊进气：0. 20～0. 24mm

＊排气：0. 28～0. 32mm

4）将塞尺插入调节螺钉与1号气缸上的气门杆端部之间，并前后滑动；应该感觉到轻微地拖滞，见图2-118。

5）如果感觉到拖滞太大或太小，则松开锁紧螺母并转动调整螺钉，直到塞尺的拖滞程度合适，见图2-119。

6）用旋具固定调节螺钉时，紧固锁紧螺母，然后重新检查间隙。如有必要，重复调整。

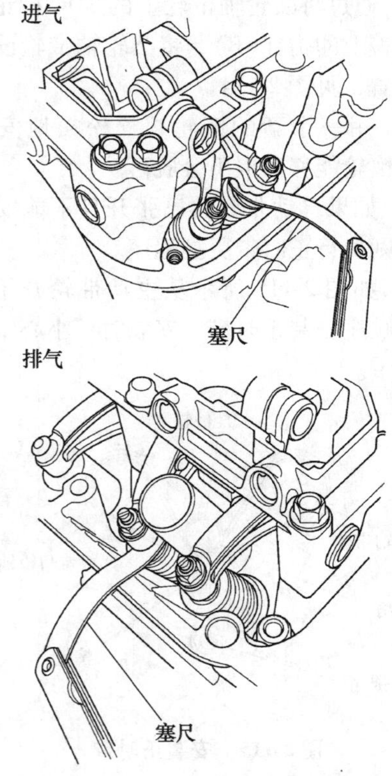

图2-118　检查气门间隙

规定力矩：

- 进气：20N · m(2.0kgf · m)

在螺母的螺纹上涂抹新的发动机机油。

- 排气：14N · m(1.4kgf · m)

在螺母的螺纹上涂抹新的发动机机油。

7）顺时针旋转曲轴。将前上盖上的指针与前凸轮轴带轮上的4号活塞TDC标记对齐。

8）如有必要，检查并调节4号气缸上的气门间隙。

9）顺时针旋转曲轴。将前上盖上的指针与前凸轮轴带轮上的2号活塞TDC标记对齐。

10）如有必要，检查并调节2号气缸上的气门间隙。

11）顺时针旋转曲轴。将前上盖上的指

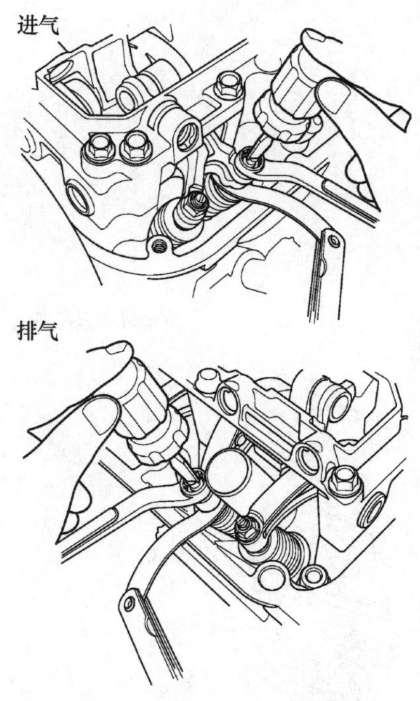

图 2-119　调整气门间隙

针与前凸轮轴带轮上的 5 号活塞 TDC 标记对齐。

12）如有必要，检查并调节 5 号气缸上的气门间隙。

13）顺时针旋转曲轴。将前上盖上的指针与前凸轮轴带轮上的 3 号活塞 TDC 标记对齐。

14）如有必要，检查并调节 3 号气缸上的气门间隙。

15）顺时针旋转曲轴。将前上盖上的指针与前凸轮轴带轮上的 6 号活塞 TDC 标记对齐。

16）如有必要，检查并调节 6 号气缸上的气门间隙。

17）安装气缸盖罩。

二、J32A3 3.2L 发动机（2006—2008 款 TL 装备）

该发动机正时带单元结构与拆装步骤与 J35Z6 相同，请参考本节“一”小节的相关内容。

三、J35A8 3.5L 发动机（2006 款起讴歌 RL 装备）

该发动机的正时单元拆装、校正以及气门间隙的调整方法与 J35Z6 发动机相同，相关内容请参考本节“一”小节的相关内容，这里仅给出正时带单元分解图（见图 2-120）以供参考。

四、J37A1 3.7L 发动机（2007 款起 MDX 装备）

该发动机正时带单元结构与拆装步骤与 J35Z6 相同，请参考本节“一”小节的相关内容。

五、K20A1 2.0L 发动机（2001—2004 款时韵装备）

该发动机正时链单元拆装与 K20A4 相同，请参考本节“一”小节的相关内容。

六、LDA2 1.3L 发动机（2007—2009 款思域混合动力车型装备）

1. 正时带单元分解

正时带单元分解见图 2-121。

2. 正时带的拆解方法

> **说明：**
> 使凸轮轴远离强磁场。

1）拆下前车轮。

2）拆下挡泥板与发动机下盖。

3）拆下传动带。

4）转动曲轴带轮使其上止点（TDC）标记（A）与指针（B）对齐，见图 2-122。

5）拆下水泵带轮。

6）拆下缸盖罩。

7）拆下曲轴带轮。

8）拆下油底壳。

9）使用千斤顶并将木块放置在发动机体下，支撑发动机。

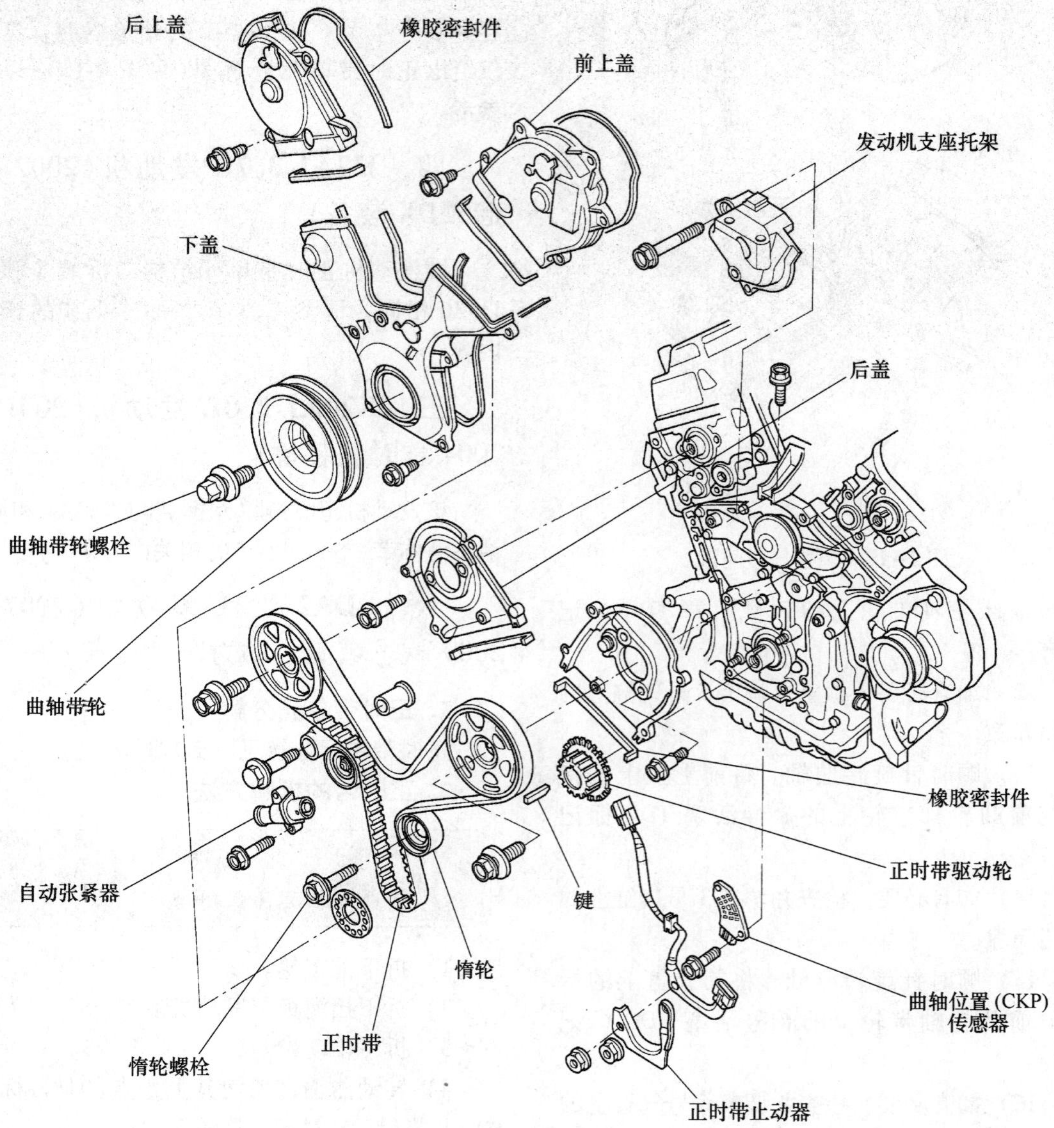

图2-120　J35A8发动机正时带单元分解

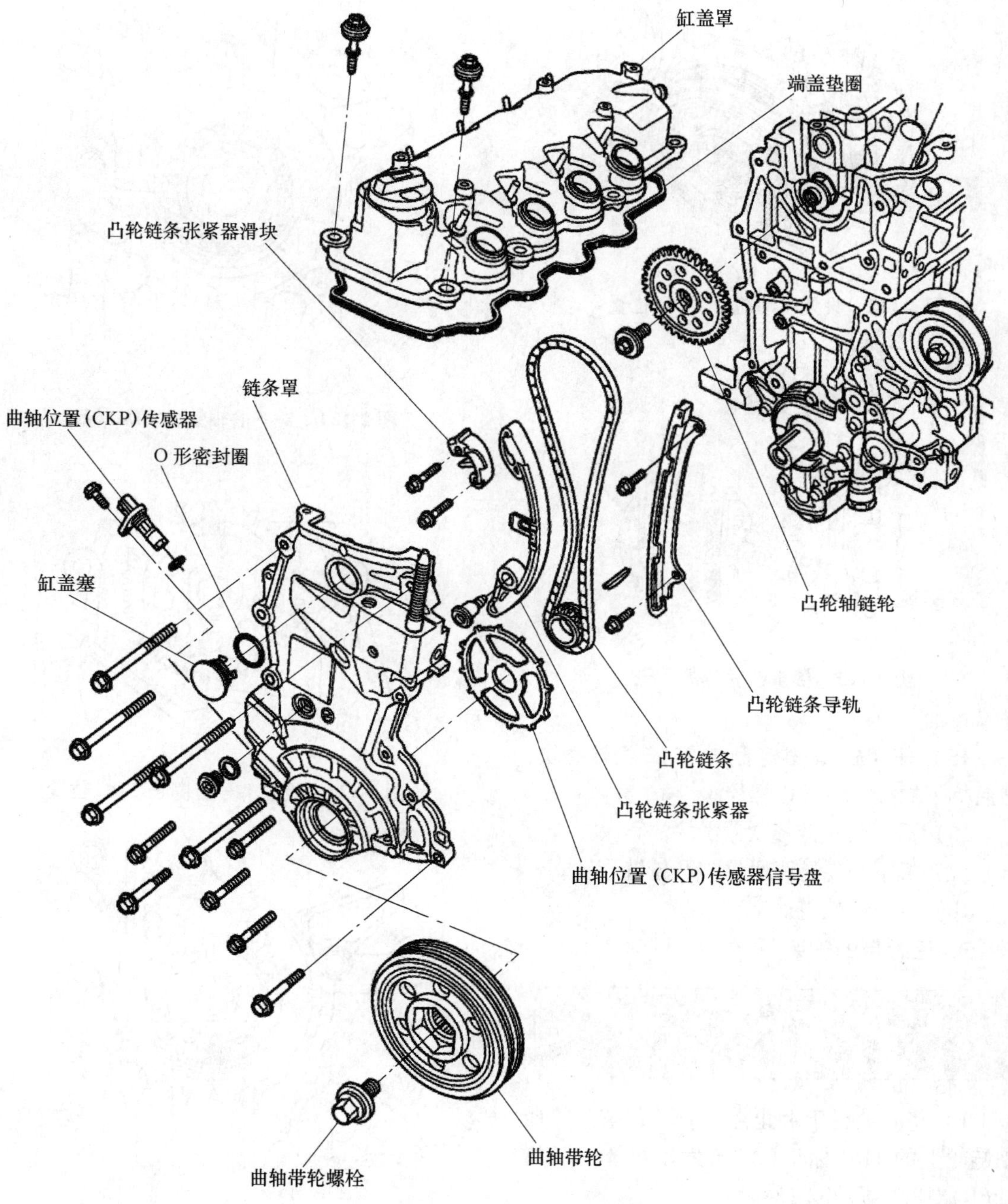

图 2-121　LDA2 1.3L 发动机正时带单元分解

10）拆下地线，然后拆下发动机侧装配支架。

11）断开曲轴位置（CKP）传感器插头，然后拆下量油计软管装配螺栓与线束夹具。

12）拆下链条罩，然后拆下曲轴位置（CKP）传感器信号盘。

13）测量凸轮链的间隔。如果间隔小于维修极限，则更换凸轮链与凸轮链张紧器，见图 2-123。

- 标准值：19mm(0.75in)
- 维修极限：15mm(0.59in)

14）在凸轮链张紧器滑块的滑动面上涂

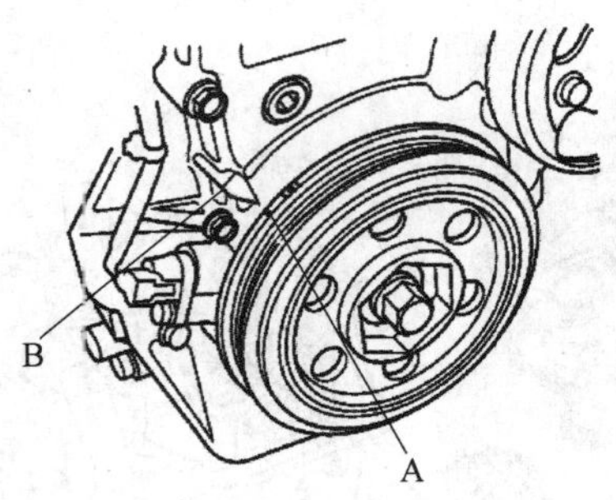

图 2-122 设置发动机于 TDC 位置

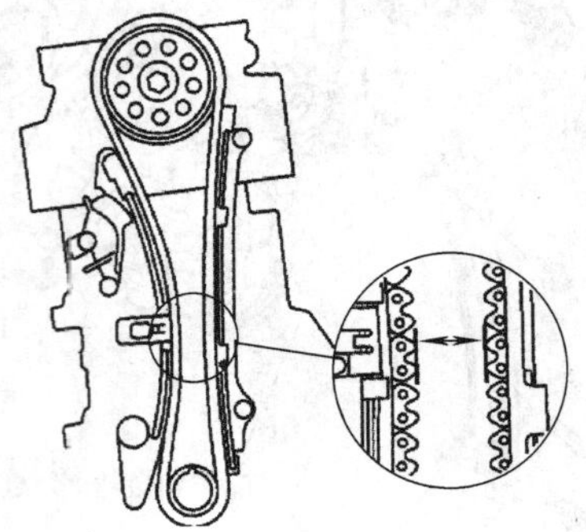

图 2-123 测量凸轮链的间隔

抹新机油。

15）使用旋具固定凸轮链张紧器滑块，然后拆下螺栓，并拧松螺栓。

16）拆下凸轮链张紧器滑块。

17）拆下凸轮链张紧器与凸轮链导轨。

18）拆下凸轮链。

3. 正时带的安装

> **说明：**
> 使凸轮轴远离强磁场。

1）将曲轴置于上止点（TDC）位置。将曲轴链轮上的 TDC 标记（A）与发动机体上的指针（B）对齐，见图 2-124。

2）将 1 号活塞置于上止点（TDC）位置。凸轮轴链轮上的一个“向上”标记（A）应位于顶部，且凸轮轴链轮上的 TDC 冲印标记（B）应与缸盖的顶部边缘对齐，见图 2-125。

3）使彩色链节（A）与曲轴链轮上的 TDC 标记（B）对齐，将正时链安装在曲轴链轮上，见图 2-126。

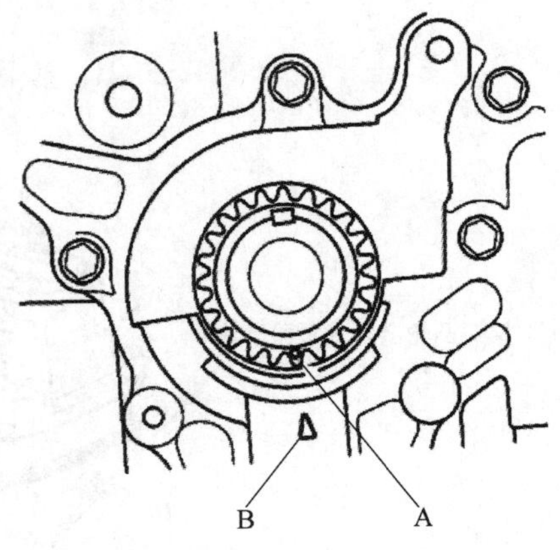

图 2-124 对齐曲轴链轮 TDC 标记

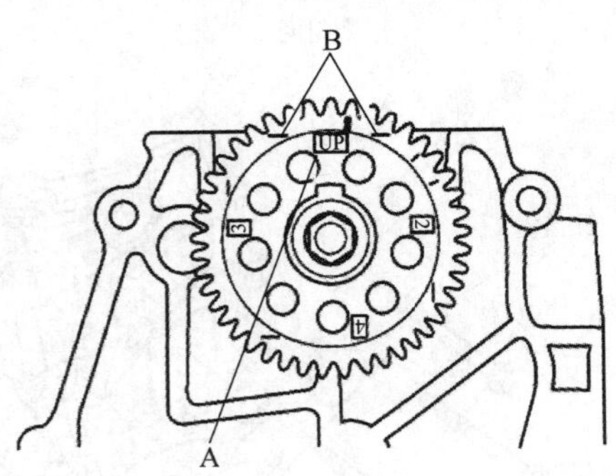

图 2-125 设置 1 号活塞于 TDC 位置

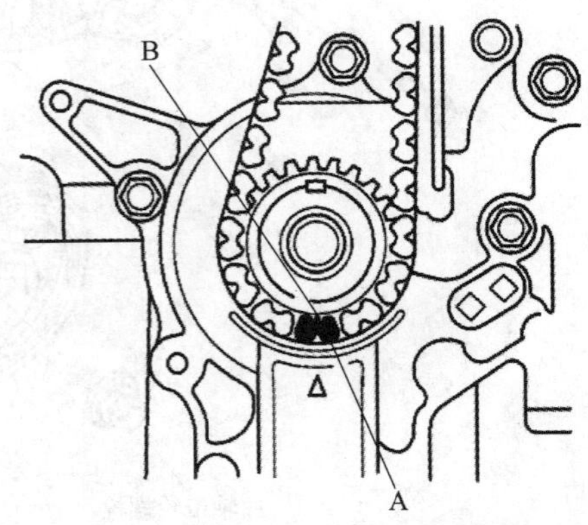

图 2-126 对齐彩色链节与曲轴链轮标记

4）将指针（A）与两个彩色链节（B）的中间对齐，将正时链安装在凸轮轴链轮上，见图 2-127。

5）在凸轮链张紧器装配螺栓的螺纹上涂抹新机油。

6）安装凸轮链张紧器与凸轮链导轨。

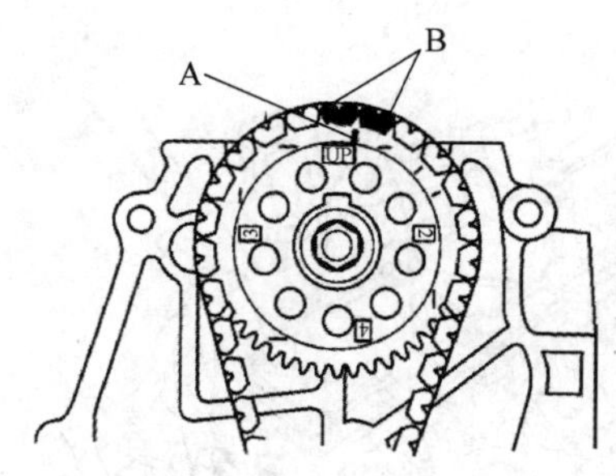

图 2-127　对齐凸轮轴与正时链正时标记

7）安装凸轮链张紧器滑块，并松弛地拧入下侧螺栓。

8）在凸轮链张紧器滑块的滑动面上涂抹新机油。

9）顺时针转动凸轮链张紧器压紧凸轮链张紧器滑块。安装剩下的螺栓并将其拧紧。

10）检查链条罩油封是否损坏。如果油封损坏，则更换链条罩油封。

11）清除链条罩配合面、螺栓和螺栓孔上的所有旧密封剂。

12）清洁链条罩配合面，并将其晾干。

13）在链条罩缸体配合面与螺栓孔内螺纹上涂抹液体密封剂。

14）在链条罩油底壳配合面与螺栓孔内螺纹上涂抹液体密封剂。

15）安装曲轴位置(CKP)传感器信号盘与链条罩。

16）安装线束夹具与油量计软管装配螺栓，然后连接 CKP 传感器插头。

17）安装侧发动机装配支架，然后按照规定顺序拧紧装配螺栓与螺母。

18）安装地线。

19）拆下千斤顶与木块。

20）安装油底壳。

21）安装曲轴带轮。

22）安装缸盖罩。

23）安装水泵带轮。

24）安装传动带。

25）安装挡泥板与发动机下盖。

26）安装前车轮。

4. 气门间隙的调节

说明：

仅在缸盖温度低于 38℃(100°F)时，方可调节气门间隙。

1）拆下缸盖罩。

2）将 1 号活塞置于上止点(TDC)位置。凸轮轴链轮上的一个“向上”标记应位于顶部。凸轮轴链轮上的 TDC 冲印标记应与缸盖的顶部边缘对齐。

3）应根据所有检查的气门选择相应厚度的塞尺。

气门间隙

进气：0.15～0.19mm(0.006～0.007in)

排气：0.24～0.28mm(0.009～0.011in)

4）将塞尺插入调节螺钉与 1 号气缸气门挺杆端部之间，并前后滑动塞尺，这时应感觉有轻微的阻力，见图 2-128。

5）如果感觉阻力过大或太小，则旋松锁紧螺母(A)，并转动调节螺钉(B)，直至感觉塞尺上的阻力适当为止，见图 2-129。

6）紧固锁紧螺母，并重新检查间隙。如果有必要，重复间隙调节的操作。

- 规定力矩：

20N·m(2.0kgf·m,14lbf·ft)

- 在螺母螺纹上涂抹新的机油。

7）顺时针方向转动曲轴。将凸轮轴链轮上的 3 号活塞 TDC 标记对齐链条罩顶部边缘。

8）检查 3 号气缸上的气门间隙，如果有必要，进行调节。

9）顺时针方向转动曲轴。将凸轮轴链轮上的 4 号活塞 TDC 标记对齐链条顶部边缘。

10）检查 4 号气缸上的气门间隙，如果有必要，进行调节。

11）顺时针方向转动曲轴。将凸轮轴链轮上的 2 号活塞 TDC 标记对齐缸盖顶部边缘。

12）检查 2 号气缸上的气门间隙，如果有必要，进行调节。

13）安装缸盖罩。

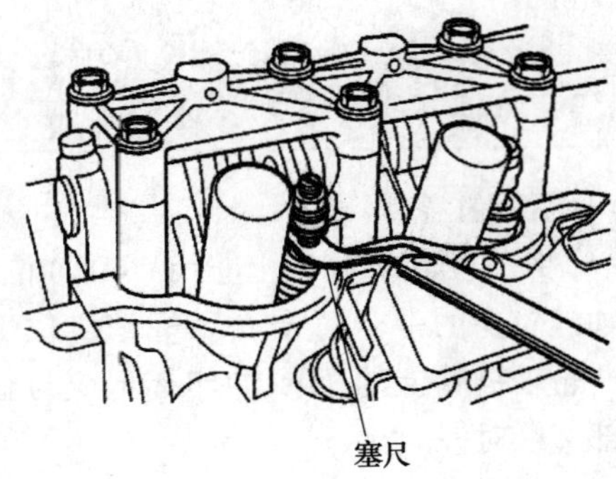

图2-128　测量气门间隙

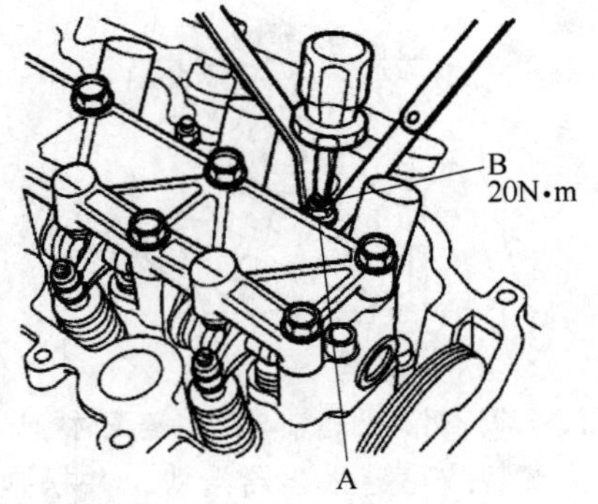

图2-129　调整气门间隙

第三章

日产汽车发动机正时维修调整

第一节　东风日产汽车发动机正时维修与气门间隙调整

一、VQ25DE 2.5L/VQ35DE 3.5L发动机(2008—2012款天籁装备)

1. 正时链单元分解

正时链单元分解见图3-1。

2. 正时链单元拆卸方法

1）排放发动机机油。

2）排出发动机中的冷却液。

3）拆下进气管总成。

4）拆下摇臂盖(气缸侧体一和二)。

5）拆下油底壳(上和下)和机油集滤器。

6）拆下传动带、惰轮带轮和支架。

7）从前正时链条箱上拆卸它们的支架来分离发动机线束。

8）拆下气门正时控制盖。

◆ 按如图3-2所示的相反顺序松开装配螺栓。

9）如图3-3所示获取1缸压缩行程上止点(TDC)位置：

① 顺时针旋转曲轴带轮将正时标记(无色槽沟线,见图3-3中⬅处标记)对准正时指示器。

② 确认1缸(气缸侧体一发动机前端)上的进气和排气凸轮尖端。

◆ 如果没有，旋转曲轴一圈(360°)并对对标记。

10）拆卸曲轴带轮。

11）拆卸前正时链条箱：

① 松开装配螺栓。

② 将合适的工具插入前正时链条箱顶部的槽口。

③ 移动工具撬开链条箱。

◆ 使用油封刮刀清除密封胶，以便拆卸。

12）从前正时链条箱上拆下水泵盖。

◆ 使用油封刮刀清除密封胶，以便拆卸。

13）使用合适的工具从前正时链条箱上拆下前油封。

◆ 使用旋具进行拆卸。

14）从后正时链条箱上拆下O形圈。

15）拆卸正时链条张紧器(主)。

16）拆下内链条导轨、张紧导板和松紧导杆。

17）拆卸正时链条(主)和曲轴链轮。

> **注意：**
>
> 拆卸正时链条张紧器(主)后，不要分别旋转曲轴和凸轮轴，否则气门会碰撞活塞。

18）如图3-4所示，拆卸正时链条(副)和凸轮轴链轮：

① 在气缸侧体一(A)和气缸侧体二(C)正时链条张紧器(副)上安装合适的定位销(B)，如图3-4所示。

> **注意：**
>
> • 用直径大约为0.5mm(0.02in)的硬金属销作为限位器销。

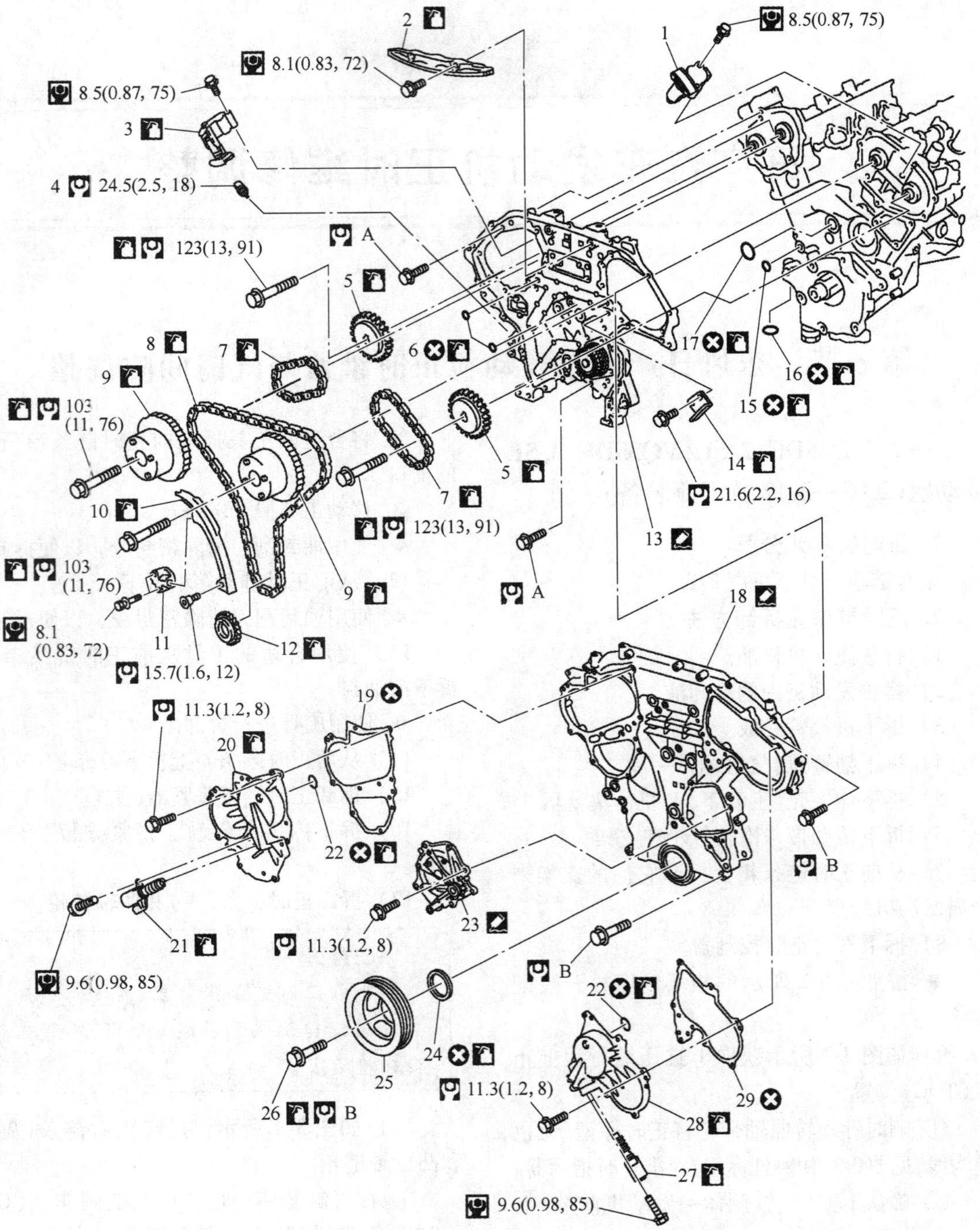

图 3-1　VQ25DE/VQ35DE 发动机正时链单元分解

1—正时链条张紧器(副)(气缸侧体 2)　2—内链条导轨　3—正时链条张紧器(副)(气缸侧体 1)　4—机油温度传感器　5—凸轮轴链轮(排气)　6—O 形圈　7—正时链条(副)　8—正时链条(主)　9—凸轮轴链轮(进气)　10—松紧导杆　11—正时链条张紧器(主)　12—曲轴链轮　13—后正时链条箱　14—张紧导板　15、16、17—O 形圈　18—前正时链条箱　19—气门正时控制盖衬垫(气缸侧体 1)　20—气门正时控制盖(气缸侧体 1)　21—进气门正时控制电磁阀(气缸侧体 1)　22—密封圈　23—水泵盖　24—前油封　25—曲轴带轮　26—曲轴带轮螺栓　27—进气门正时控制电磁阀(气缸侧体 2)　28—气门正时控制盖(气缸侧体 2)　29—气门正时控制盖衬垫(气缸侧体 2)

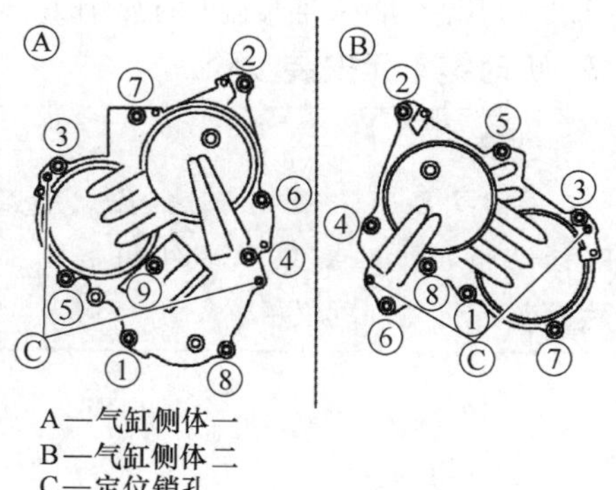

图 3-2　拆下气门正时控制盖螺栓

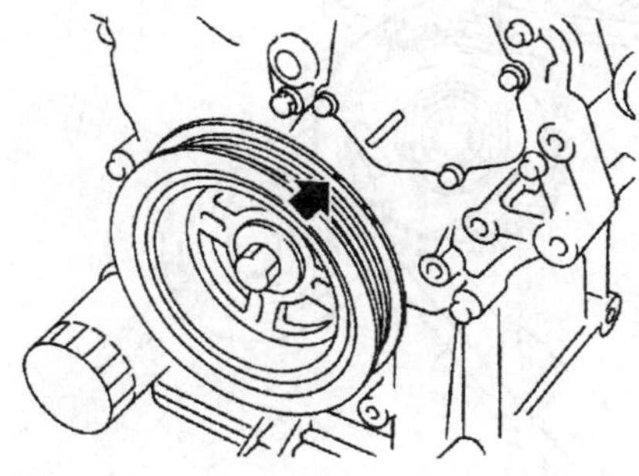

图 3-3　将 1 缸置于 TDC 位置

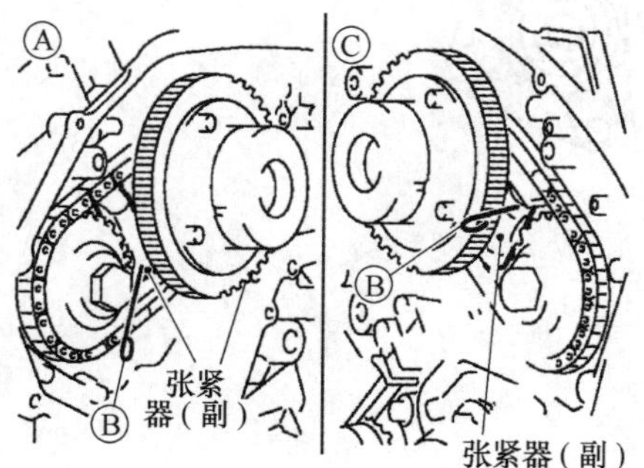

图 3-4　拆下副正时链与凸轮轴链轮

② 拆下凸轮轴链轮(进气和排气)装配螺栓。

◆ 使用扳手固定凸轮轴的六边形部分来松开装配螺栓。

③ 将正时链条(副)与凸轮轴链轮一起拆卸，如图 3-5 所示。

a. 稍微转动凸轮轴固定正时链条张紧器(副)侧的正时链条松紧度。

b. 将 0.5mm(0.020in)厚的金属板或树脂板插入正时链条和正时链条张紧器柱塞(导板)(E)之间。从导管槽沟松开正时链条，将正时链条(副)与凸轮轴链轮一起拆卸，见图 3-5。

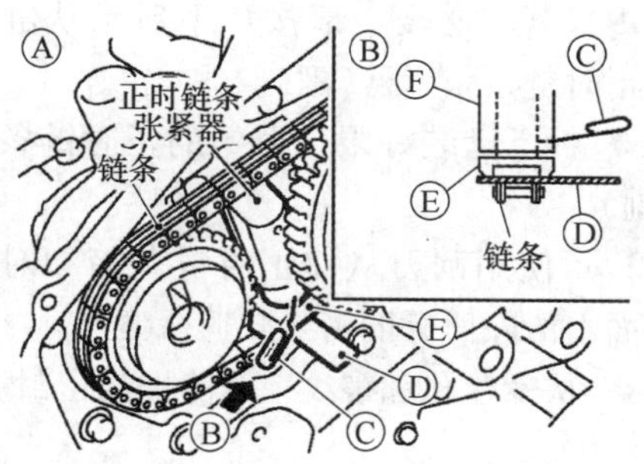

图 3-5　将副正时链条与凸轮轴链轮拆卸

注意：

拆卸正时链条(副)时小心柱塞不要脱落。因为正时链条张紧器(副)的柱塞会在操作时移动，导致固定限位器销脱落。

c. 凸轮轴链轮(进气)是用于正时链条(主)和正时链条(副)的二合一结构链轮。

d. 如图 3-6 所示是气缸侧体一的示例。

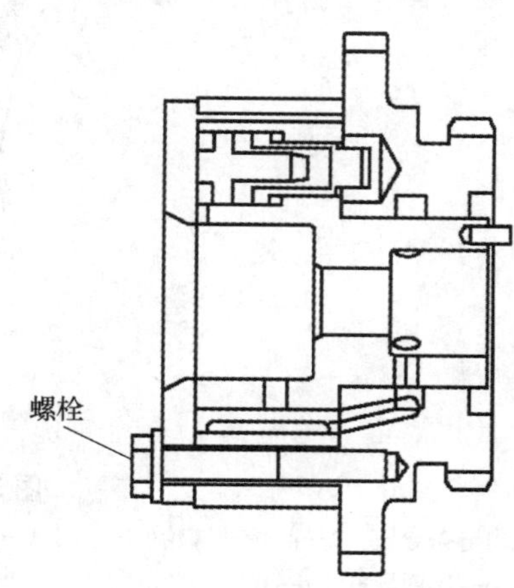

图 3-6　凸轮轴链轮整体

e. 当处理凸轮轴链轮(进气)时，请注意以下事项：

注意事项：

- 小心操作，避免振动凸轮轴链轮。
- 切勿分解凸轮轴链轮，切勿松开螺栓。

19）若有必要，请按如下所示从缸盖上拆卸正时链条张紧器(副)。

◆ 拆下已装好限位器销的正时链条张紧器(副)。

20）使用刮刀从前正时链条箱和对面的配合面上清除所有旧密封胶遗留痕迹。

◆ 从螺栓孔和螺纹上清除旧的密封胶。

21）使用刮刀除去油泵盖上的所有旧密封胶。

3. 正时链单元安装步骤

> **注意：**
>
> 图 3-7 显示了每个正时链条上的匹配标记和相应的安装了部件的链轮上的匹配标记之间的关系。

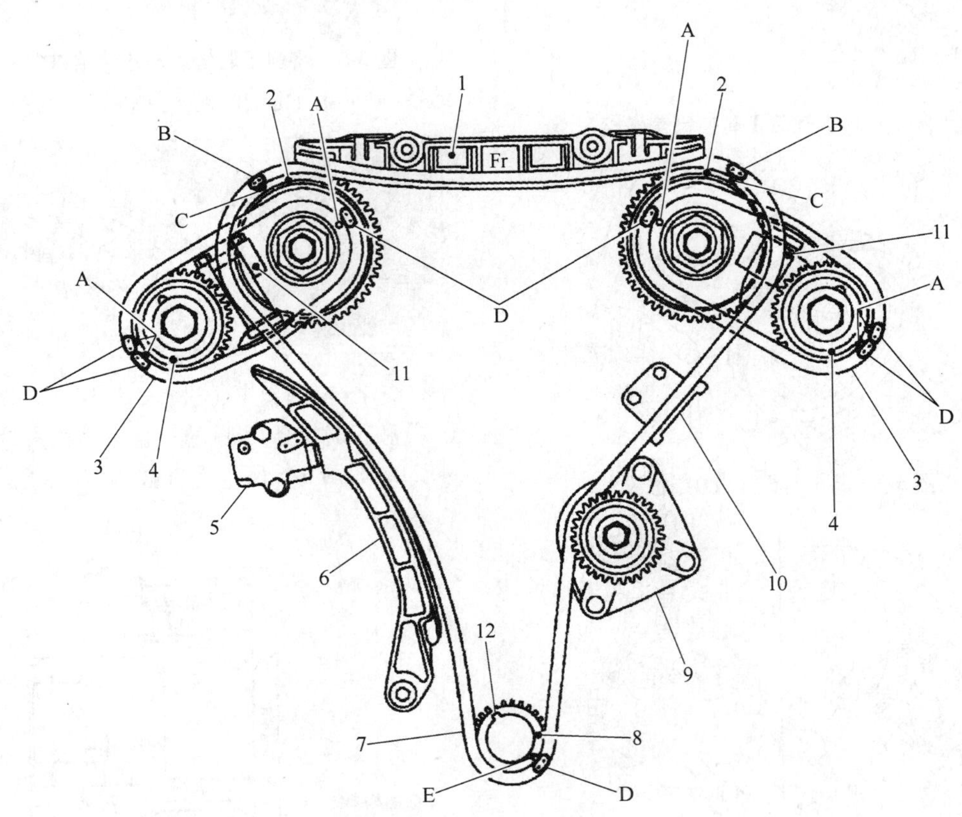

图 3-7 正时链匹配标记

1—内链条导轨 2—凸轮轴链轮(进气) 3—正时链条(副) 4—凸轮轴链轮(排气) 5—正时链条张紧器(主) 6—松紧导杆 7—正时链条(主) 8—曲轴链轮 9—水泵 10—张紧导板 11—正时链条张紧器(副) 12—曲轴键 A—匹配标记(冲孔) B—匹配标记(粉色链节) C—匹配标记(冲孔) D—匹配标记(橙色) E—匹配标记(有缺口)

1）若必要，请按如下所示将正时链条张紧器(副)安装到缸盖上。

◆ 安装已装有限位器销和新 O 形圈的正时链条张紧器(副)。

2）确认定位销和曲轴键如图 3-8 所示定位(1 号气缸压缩行程上止点)。

> **注意：**
>
> 即使凸轮轴没有停在如图 3-8 所示的位置，对于凸轮轴前端的放置，通常仍是将凸轮轴按图 3-8 中相同的方向放置。

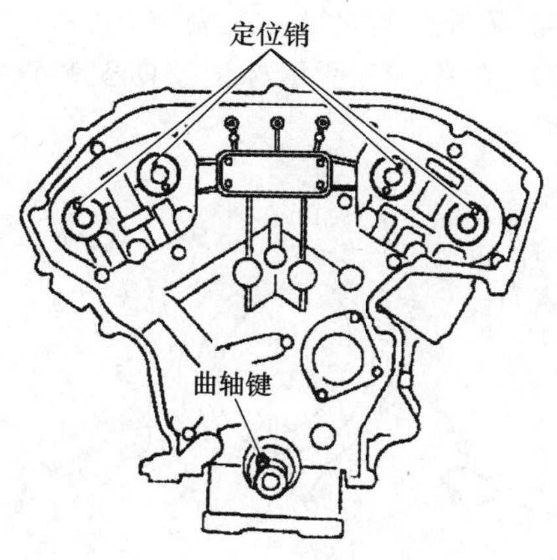

图 3-8 装入定位销

- 凸轮轴定位销：在每个气缸侧体的缸盖面朝上侧。
- 曲轴键：在气缸侧体一的缸盖侧。

注意：

小直径侧的孔必须用作进气侧定位销孔。不要识别错(忽略大直径侧)。

3）如图 3-9 所示，安装正时链条(副)和凸轮轴链轮(进气和排气)：

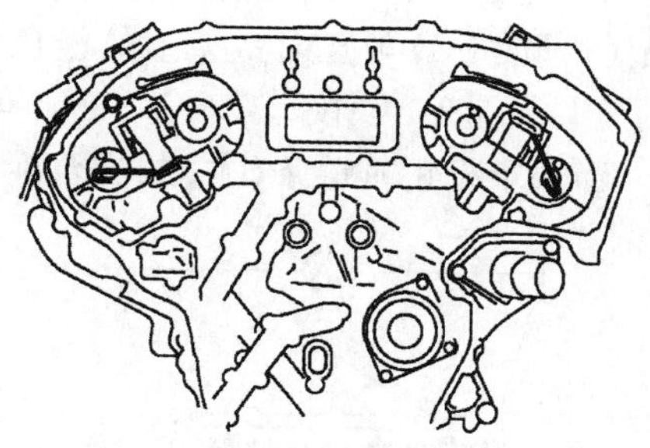

图 3-9 安装链条和链轮

注意：

正时链条和链轮之间的匹配标记很易错位。安装时重复确认所有匹配标记位置。

① 按下正时链条张紧器(副)的柱塞，并用限位器销保持按下状态。

② 安装正时链条(副)和凸轮轴链轮(进气和排气)，如图 3-10 所示。

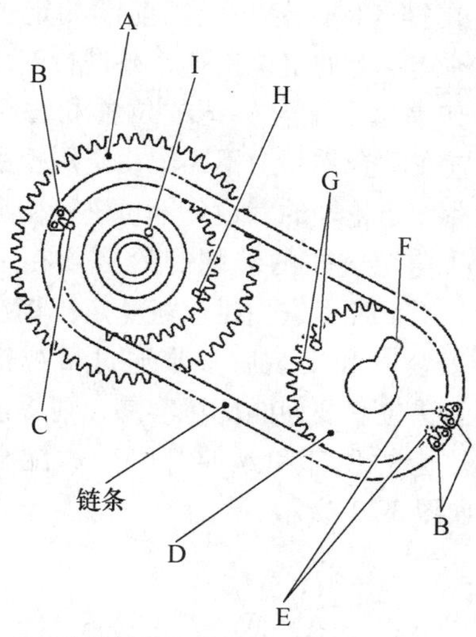

A—凸轮轴链轮(进气)背面
B—橙色链节
C—匹配标记(圆圈)
D—凸轮轴链轮(排气)背面
E—匹配标记(前面上的 2 个圆圈)
F—定位销槽
G—匹配标记(前面上的 2 个椭圆)
H—匹配标记(椭圆)
I—定位销孔

图 3-10 安装副正时链条

注意：

图说明了气缸侧体一(后视图)。

a. 将正时链条(副)(橙色链节)上的匹配标记对准凸轮轴链轮(进气和排气)冲孔上的标记，并进行安装。

注意：

- 凸轮轴链轮(进气)的匹配标记位于凸轮轴链轮(副)的背面。
- 有两种类型的匹配标记，圆形和椭圆形。它们应分别用于气缸侧体一和气缸侧体二。

- 气缸侧体一：使用圆形。
- 气缸侧体二：使用椭圆形。

b. 对齐凸轮轴上定位销与链轮上的槽，并安装。

c. 在进气侧，将凸轮轴前端的定位销对准凸轮轴链轮背面的定位销孔，并进行安装。

d. 在排气侧，将凸轮轴前端的定位销对准凸轮轴链轮上的定位销孔，并进行安装。

e. 如果每个配合标记的位置和每个定位销的位置在配合零件上不匹配，请用扳手或同等工具握住凸轮轴的六边形部位进行微调。

f. 凸轮轴链轮的装配螺栓必须在下一步中拧紧。用手拧紧它们足以避免定位销错位。

g. 安装时和安装后很难通过目视检查匹配标记的错位。要使匹配更容易，请提前用油漆在链轮齿的顶部和延伸管路上做配合标记(A)，如图3-11所示。

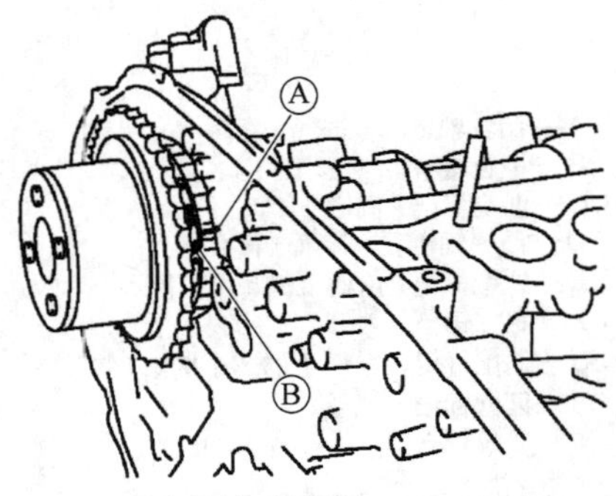

A—配合标记(油漆)
B—匹配标记(橙色链节)

图3-11　凸轮轴链轮做匹配标记

③ 确认配合标记已对齐后，拧紧凸轮轴链轮装配螺栓。

◆ 用扳手固定凸轮轴的六角部分，以拧紧装配螺栓。

④ 从正时链条张紧器(副)上拉出限位器销(B)，如图3-12所示。

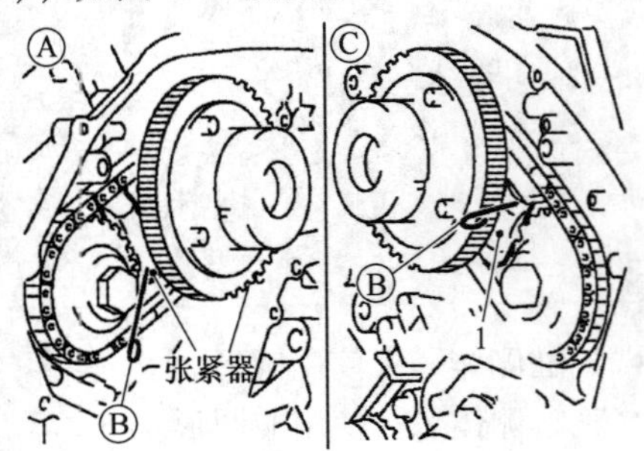

A—气缸侧体一
B—限位器销
C—气缸侧体二

图3-12　拉出张紧器限位器销

4）安装张紧导板。

5）按图3-13所示标记朝向安装正时链条(主)：

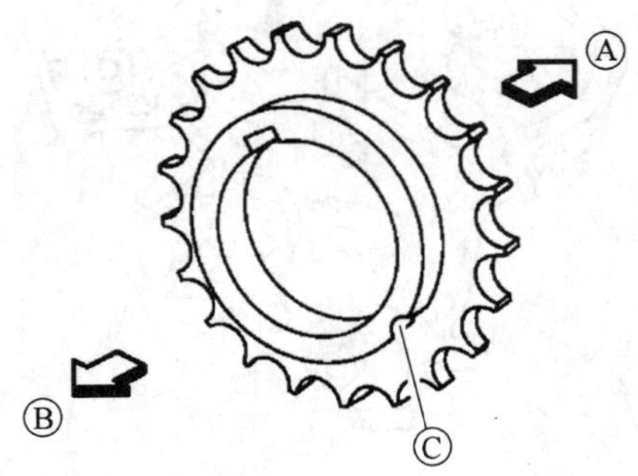

A—曲轴侧
B—发电机前侧
C—匹配标记(前侧)

图3-13　曲轴链轮标记朝向

① 安装曲轴链轮。

◆ 确认曲轴链轮上的配合标记朝向发动机前端。

② 安装正时链条(主)。

a. 安装正时链条(主)，使凸轮轴链轮(进气)1上的匹配标记(冲孔)(B)与正时链条上的粉色链节(A)对齐，同时曲轴链轮2上的匹配标记(冲孔)(C)与正时链条上的橙色链节(D)对齐，如图3-14所示。

b. 当很难将正时链条(主)的配合标记对

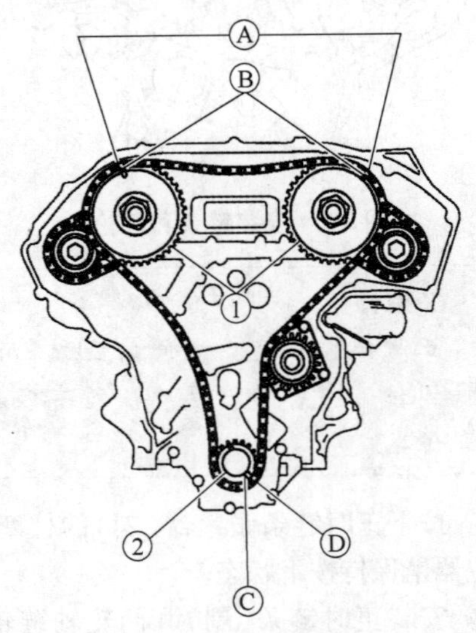

图3-14　安装正时链条

准每个链轮时，请使用扳手握住六边形部分慢慢转动凸轮轴使其与配合标记对齐。

c. 定位时，小心避免正时链条（副）的配合标记定位发生错位。

6）安装内链条导轨 1 和松紧导杆 2（参见图 3-7）。

7）按照以下步骤安装正时链条张紧器（主），如图 3-15 所示：

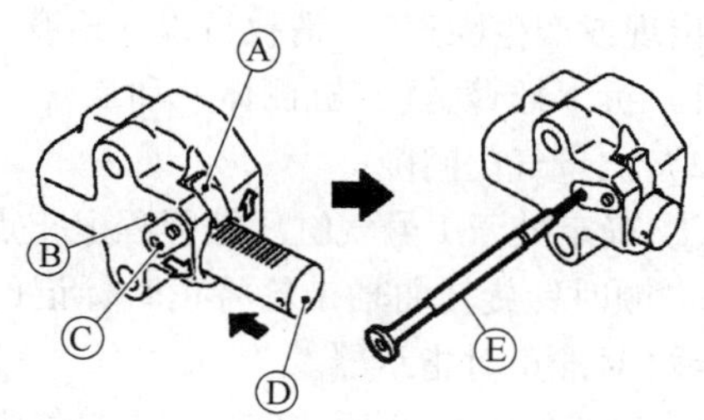

图 3-15　设置张紧器

> **注意：**
>
> 柱塞限位器凸耳和杆（C）是同步的，如图 3-15 所示。

① 向上拉出柱塞限位器凸耳（A）（或向下转动杆）以拆卸柱塞棘齿（D）上的限位器，如图 3-15 所示。

② 向张紧器中压入柱塞。

③ 使柱塞限位器凸耳与棘齿端啮合，在完全压紧的位置按住柱塞。

④ 从杆孔中（B）将限位器销（E）插入张紧器孔中以固定杆，如图 3-15 所示。

◆ 杆零件和限位器凸耳是同步的。因此，在这种情况下可固定柱塞。

> **注意：**
>
> 图 3-16 中是使用直径为 1.2mm（0.047in）的旋具作为限位器销。

⑤ 安装正时链条张紧器（主）。

◆ 彻底清除正时链条张紧器（主）背面和安装表面上的污垢及异物。

⑥ 安装后将限位器销拉出，然后松开柱塞，如图 3-16 所示。

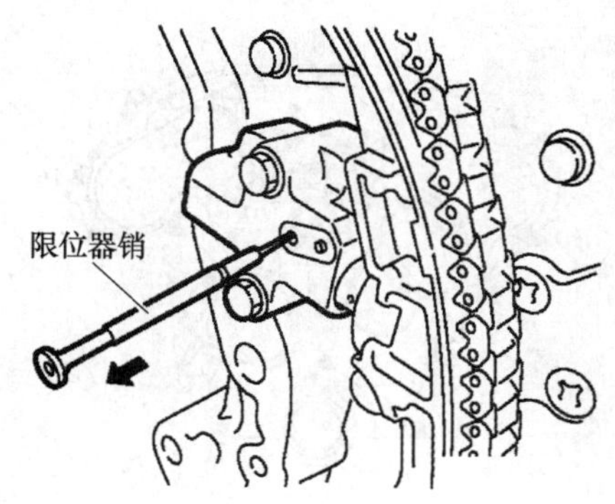

图 3-16　安装张紧器

8）再次确认每个链轮和各正时链条上的配合标记都没有错位。

9）将新 O 形圈安装到后正时链条箱上。

10）将新的前油封安装到前正时链条箱上。

① 在油封唇和尘封唇上涂抹新发动机机油。

② 安装时确定每个密封唇的方向。

③ 使用适当的冲头［外径：60mm（2.36in）］，压下固定油封，直至与前正时链条箱端面齐平。

④ 确认箍簧到位，密封唇还未翻转。

11）在前正时链条箱上安装水泵盖。

① 用管压缩器（通用维修工具）将密封胶连续地涂抹到水泵盖。

② 请使用原装密封胶或同等产品。

12）安装前正时链条箱：

① 用管压缩器（通用维修工具）在前正时链条箱背面涂抹连续的密封胶。

② 请使用原装密封胶或同等产品。

③ 安装前正时链条箱，使它的定位销孔适合后正时链条箱上的定位销。

④ 按照如图 3-17 所示的数字顺序拧紧装配螺栓到规定力矩。

◆ 有两种类型的装配螺栓。有关螺栓位置请参阅以下内容。

M8 螺栓：1、2（图 3-17）

：28.4N·m（2.9kgf·m，21lbf·ft）

M6 螺栓：3～22（图 3-17）

：12.7N·m（1.3kgf·m，9lbf·ft）

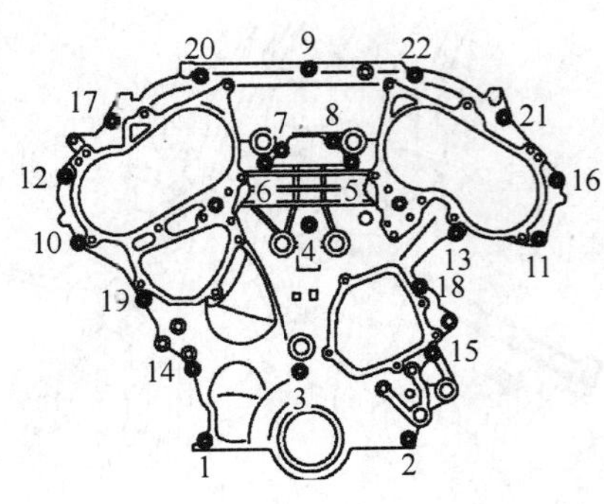

图 3-17　安装正时链条箱盖

⑤ 如果不在标准范围内，重复安装步骤。

13）安装进气门正时控制盖：

① 将新密封圈安装到轴槽沟中。

② 小心不要将密封圈从安装槽沟中移开，将前正时链条箱上的定位销对准孔来安装进气门正时控制盖。

③ 按如图 3-2 所示的数字顺序拧紧装配螺栓。

14）如图 3-18 所示安装曲轴带轮：

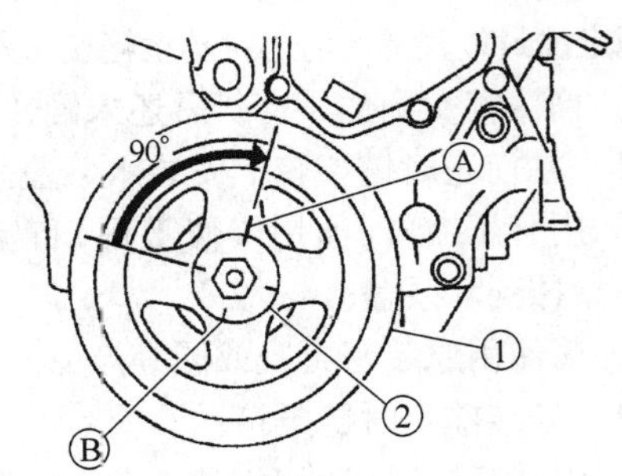

图 3-18　安装曲轴带轮

① 安装曲轴带轮，小心不要损坏前油封。

◆ 使用塑料锤敲下固定曲轴带轮时，请敲击其中央位置（非边缘位置）。

② 用带轮夹具（通用维修工具）固定曲轴。

③ 拧紧曲轴带轮螺栓。

：44. 1N · m(4. 5kgf · m,33lbf · ft)

④ 在曲轴带轮（1）上作一个油漆标记（A），它与曲轴带轮螺栓（2）的角标记（B）对齐。拧紧螺栓 90°（角度拧紧），如图 3-18 所示。

15）沿正常方向旋转曲轴带轮（从发动机前端查看时是顺时针方向）确认其转动灵活。

16）此步之后按照拆卸的相反顺序安装。

4. 气门间隙的调整方法

在拆卸或更换凸轮轴或气门相关的零部件，或由于气门间隙变化导致发动机运行异常时，请执行以下检查。

在拆卸/安装或更换凸轮轴和气门相关零件时，或由于气门间隙变化导致（在起动或怠速时出现或产生噪声），请执行以下检查：

1）拆下摇臂盖（气缸侧体一和二）。

2）测量气门间隙：

① 确定处于 1 号气缸压缩行程上止点。

a. 顺时针旋转曲轴带轮将正时标记（无色槽沟线）对准正时指示器。

b. 确认如图 3-19 所示定位的 1 号气缸（气缸侧体一发动机前端）上的进气和排气凸轮尖端。

c. 如果没有，请按图 3-19 所示方向旋转曲轴一圈（360°）并对齐。

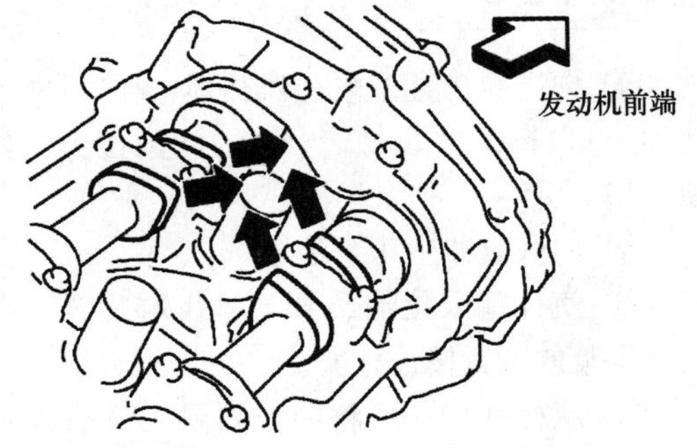

图 3-19　旋转曲轴对齐方向

② 使用塞尺测量气门挺柱和凸轮轴之间的间隙，如图 3-20 所示。

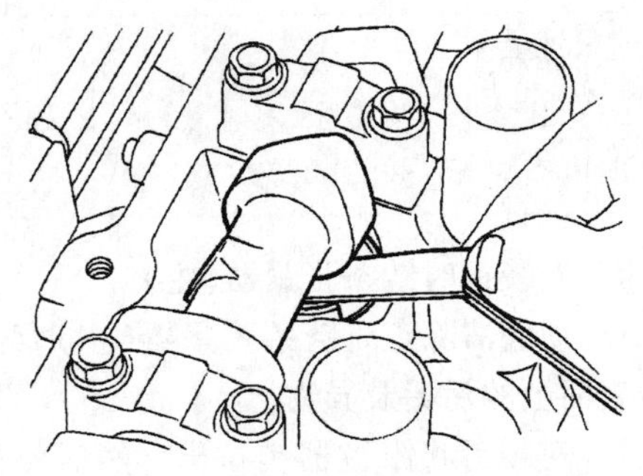

图 3-20　测量气门间隙

a. 测量图 3-21 和表 3-1 中所示“×”标记处的气门间隙。

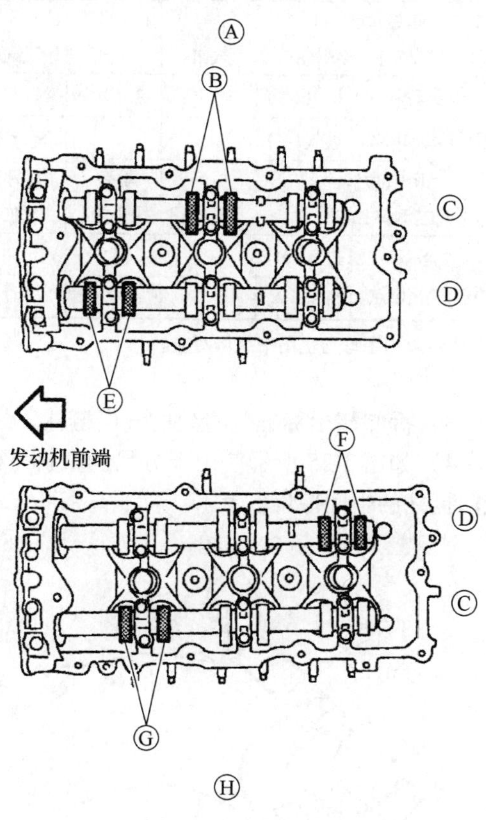

图 3-21 测量气门间隙位置

b. 1 号气缸压缩上止点时测量位置见表 3-1。

表 3-1 测量位置

测量位置［气缸侧体一(A)］		1 号气缸	3 号气缸	5 号气缸
1 号气缸压缩上止点	排气(C)		×(B)	
	进气(D)	×(E)		
测量位置［气缸侧体二(H)］		2 号气缸	4 号气缸	6 号气缸
1 号气缸压缩上止点	进气(D)			×(F)
	排气(C)	×(G)		

注：表中字母与图 3-21 中字母对应。

③ 顺时针旋转曲轴 240°(从发动机前端看)对准处于压缩行程上止点的 3 号缸，见图 3-22。

注意：

如图 3-22 所示，在距离曲轴带轮装配螺栓六角形部分的 240°(图 3-22 中Ⓑ)处画上标记。使用六角形部分作为辅助。

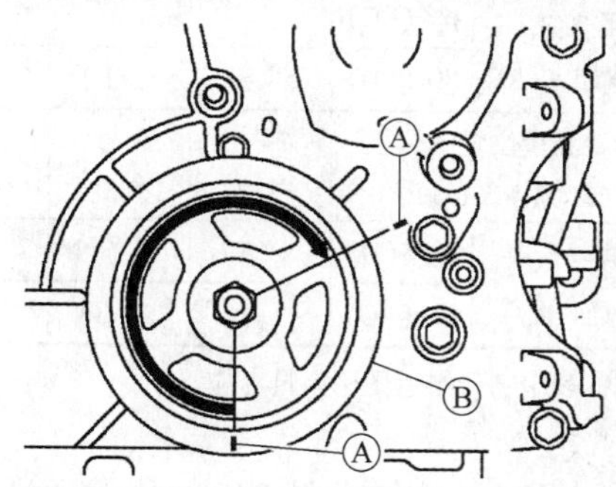

A—油漆标记 B—曲轴带轮

图 3-22 设置 3 号气缸于上止点位置

a. 参照图 3-23 和表 3-2 中所示“×”标记处测量气门间隙。

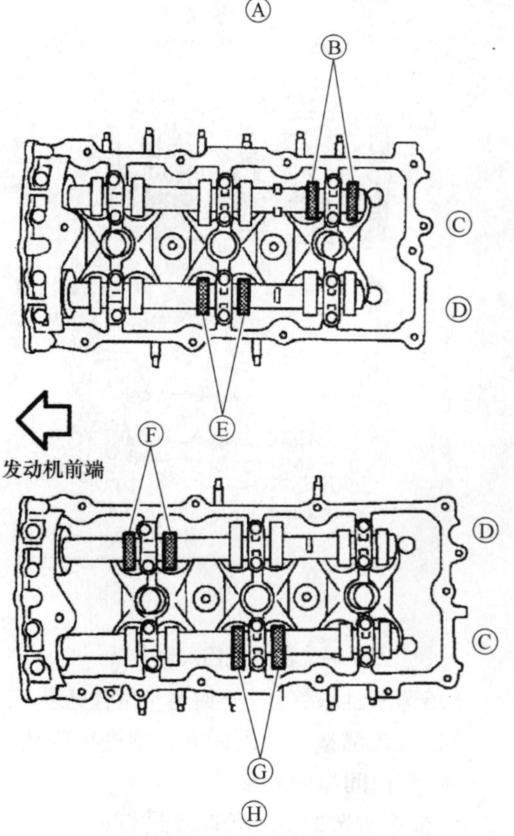

图 3-23 测量气门间隙位置

b. 3号气缸压缩上止点时测量位置见表3-2。

表3-2 测量位置

测量位置［气缸侧体一(A)］		1号气缸	3号气缸	5号气缸
3号气缸的压缩上止点	排气(C)			×(B)
	进气(D)		×(E)	
测量位置［气缸侧体二(H)］		2号气缸	4号气缸	6号气缸
3号气缸的压缩上止点	进气(D)	×(F)		
	排气(C)		×(G)	

注：表中字母与上图中字母对应。

④ 顺时针旋转曲轴240°(从发动机前端看)对准处于压缩行程上止点的5号缸。

a. 参照图3-24和表3-3中所示“×”标记处测量气门间隙。

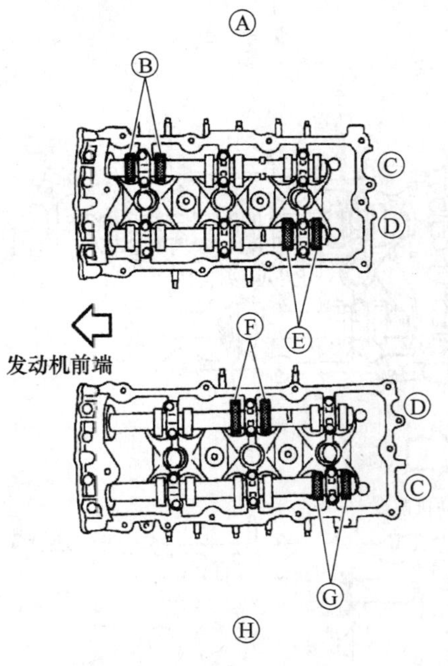

图3-24 测量气门间隙位置

b. 5号气缸压缩上止点时测量位置见表3-3。

3）如果测量值超出标准，则进行调整。

◆ 气门间隙的调整

• 根据所选的挺柱盖厚度进行调整。

1）测量气门间隙。

2）拆卸凸轮轴。

表3-3 测量位置

测量位置［气缸侧体一(A)］		1号气缸	3号气缸	5号气缸
5号气缸的压缩上止点	排气(C)	×(B)		
	进气(D)			×(E)
测量位置［气缸侧体二(H)］		2号气缸	4号气缸	6号气缸
5号气缸的压缩上止点	进气(D)		×(F)	
	排气(C)			×(G)

注：表中字母与上图中字母对应。

3）拆卸超出标准位置处的气门挺柱。

4）如图3-25所示使用千分尺测量拆下的气门挺柱的中间厚度。

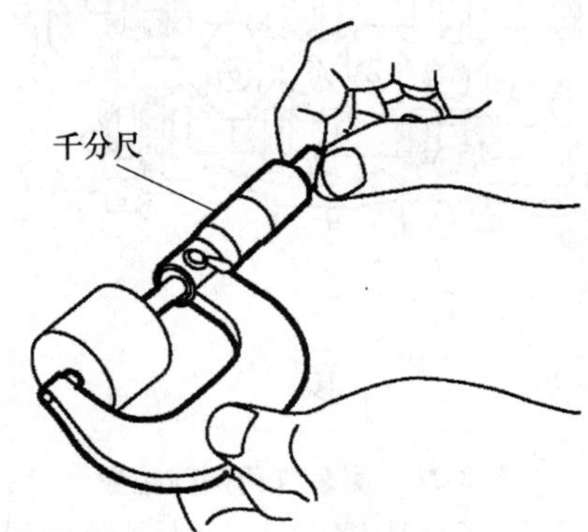

图3-25 用千分尺测量气门挺柱

5）使用以下等式计算要更换的气门挺柱厚度。

◆ 气门挺柱厚度计算：$t = t1 + (C1 - C2)$

• t = 要更换的气门挺柱厚度

• t1 = 拆下的气门挺柱厚度

• C1 = 测量的气门间隙

• C2 = 标准气门间隙：

• 进气：0.30mm(0.012in)。

• 排气：0.33mm(0.013in)。

① VQ25DE

◆ 新气门挺柱的厚度可以通过相反侧(缸内部)的印记识别，如图3-26所示。

• 印记788P代表厚度为7.88mm(0.3102in)。(进气侧)印记666U代表厚度为6.66mm(0.2622in)。

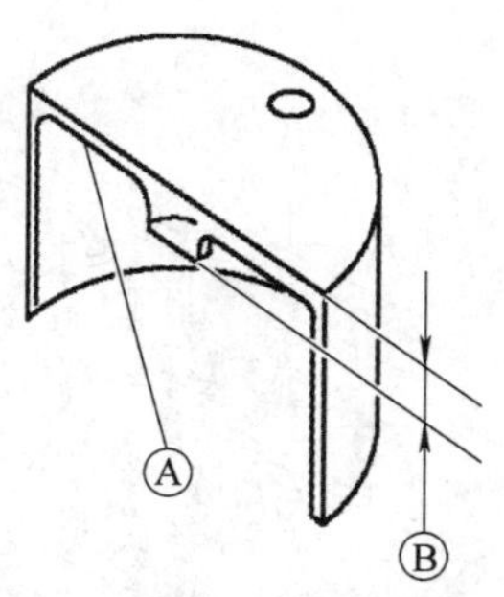

A—印记　B—气门挺柱厚度

图 3-26　识别气门挺柱的厚度

• 气门挺柱可用厚度：从 7.88 ~ 8.40mm（0.3102 ~ 0.3307in）（进气侧）和 6.66 ~ 7.18mm（0.2622 ~ 0.2827in）（排气侧），间隔 0.02（0.0008in）（当配用原厂部件时），共 27 种尺寸。

> **注意：**
> 在每个合适位置的一端安装识别字母“P”和“U”。（注意进气和排气之间不要安装错误）。

② VQ35DE

◆ 新气门挺柱的厚度可以通过相反侧（缸内部）的印记识别。

• 印记 788P 代表厚度为 7.88mm（0.3102in）。

• 气门挺柱可用厚度：从 7.88 ~ 8.40mm（0.3102 ~ 0.3307in），间隔 0.02mm（0.0008in）（当配用原厂部件时），共 27 种尺寸。

6）安装所选气门挺柱。

7）安装凸轮轴。

8）手动旋转曲轴带轮几圈。

9）参照规定值确认冷态发动机的气门间隙在规定范围内。

10）按照与拆卸相反的顺序安装上所有拆下的零件。

11）发动机暖机，检查是否有异常噪声和振动。

二、VQ35DE 发动机（2006 款起天籁装备）

1. 正时链单元分解

正时链单元分解见图 3-27。

2. 正时链单元拆卸方法

1）从汽车上拆卸发动机总成，再从发动机上分离前悬置和变速驱动桥。

2）使用发动机支架轴将发动机分附件安装到缸体右侧，然后升起发动机并将它安装到发动机支架上。

3）排放发动机机油。

4）排出发动机中的冷却液。

5）拆卸进气歧管总管（上下）。

6）拆卸摇臂盖（右和左气缸体）。

7）拆卸上下油底壳和机油集滤器。

8）拆卸导轮和支架。

9）从前正时传动链室上拆卸它们的支架来分离发动机线束。

10）拆卸右侧和左侧进气门正时控制盖。

11）从前正时传动链室机油孔（左侧和右侧）拆卸 O 形圈。

12）如图 3-28 所示设定 1 号气缸压缩行程上止点（TDC）：

① 顺时针旋转曲轴带轮将正时标记（无色槽沟线）对准正时指示器。

② 确认如图 3-28 所示定位的 1 号气缸（右气缸体发动机前端）上的进气和排气凸轮前端。

③ 如果没有，如图 3-29 所示旋转一圈（360°）并对齐。

13）拆卸曲轴带轮：

14）拆卸前正时传动链室：

① 松开固定螺栓。

② 如图 3-30 中箭头①所示，将合适的工具插入前正时传动链室顶部的槽口中。

③ 如图 3-30 中箭头②所示，移动工具撬开前正时链室盖。

④ 使用油封刮刀切开密封垫进行拆卸。

15）从后正时传动链室上拆卸 O 形圈，如图 3-31 所示。

16）从前正时传动链室上拆卸水泵盖和链条张紧器盖。

• 使用油封刮刀切开密封垫进行拆卸。

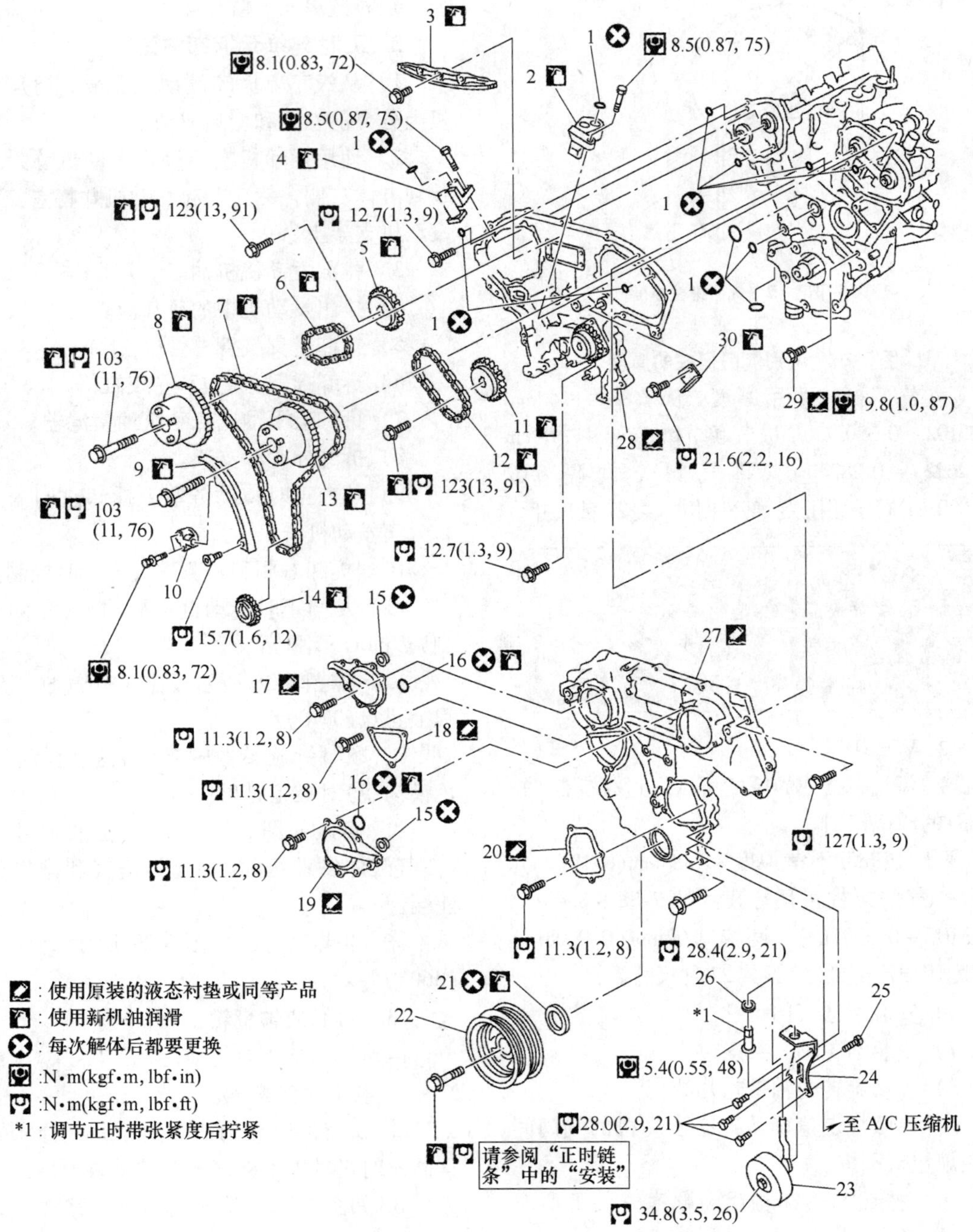

请参阅“正时链条”中的“安装”

至 A/C 压缩机

: 使用原装的液态衬垫或同等产品
: 使用新机油润滑
: 每次解体后都要更换
:N•m(kgf•m, lbf•in)
:N•m(kgf•m, lbf•ft)
*1: 调节正时带张紧度后拧紧

图 3-27 VQ35DE 发动机正时链单元分解

1—O 形圈 2—正时链条张紧器(副) 3—内链条导板 4—正时链条张紧器(副) 5—凸轮轴链轮(EXH) 6—正时链条(副) 7—正时链条(主) 8—凸轮轴链轮(进气) 9—松紧导杆 10—正时链条张紧器(主) 11—凸轮轴链轮(EXH) 12—正时链条(副) 13—凸轮轴链轮(进气) 14—曲轴链轮 15—环状 O 形圈 16—密封环 17—进气门正时控制盖 18—链条张紧器盖 19—进气门正时控制盖 20—水泵盖 21—前油封 22—曲轴带轮 23—惰轮 24—惰轮支架 25—中间轴 26—垫圈 27—前正时传动链室 28—后正时传动链室 29—放水塞(前) 30—张紧导板

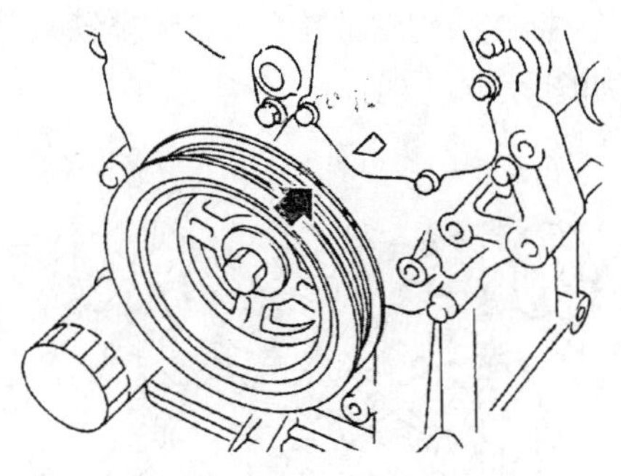

图 3-28 设定 1 号气缸 TDC 位置

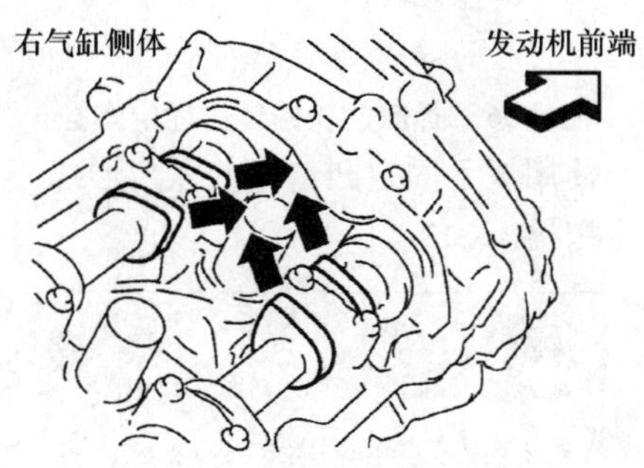

图 3-29 进排气凸轮位置

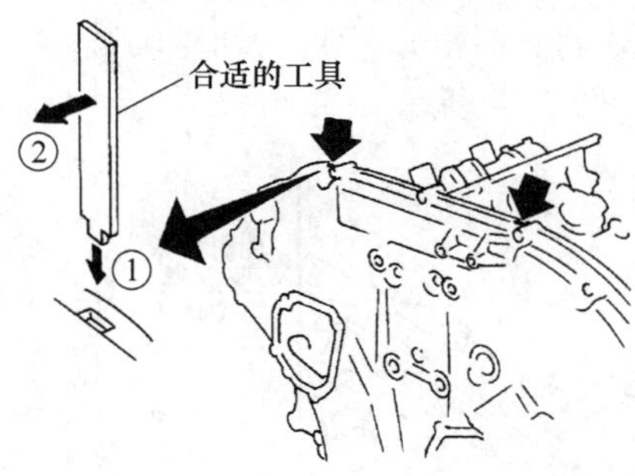

图 3-30 撬开前正时链室盖

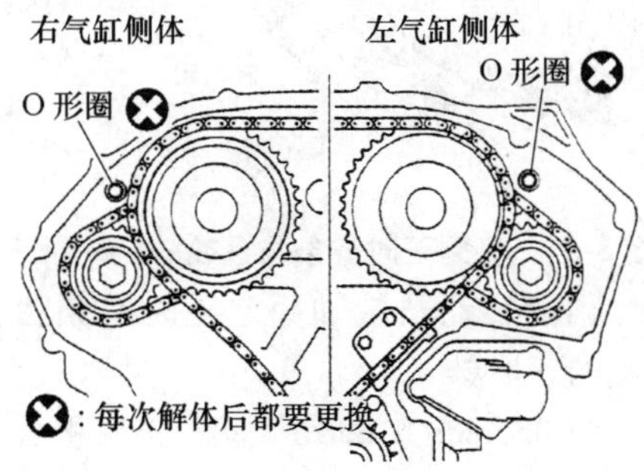

图 3-31 拆下后链室的 O 形圈

17）使用合适的工具从前正时传动链室上拆卸前油封。

• 使用旋具进行拆卸。

18）按如图 3-32 所示拆卸正时链条张紧器(主)：

① 拉下操纵杆，松开柱塞限位器凸起。

• 可以推起柱塞限位器凸起将其松开(与操纵杆同轴结构)。

② 将限位销插入张紧器孔中支撑横杆，不要固定柱塞限位器凸起。

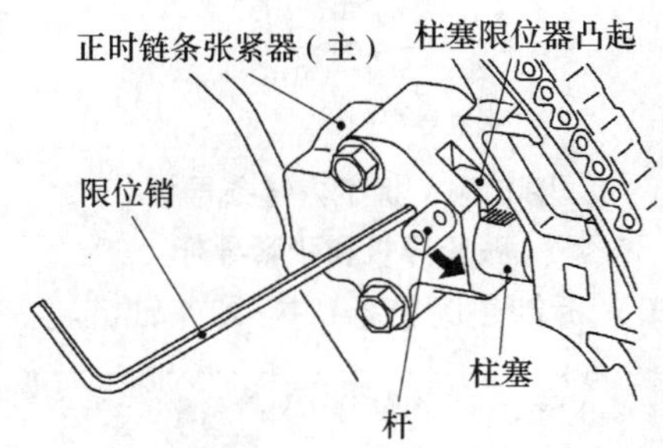

图 3-32 将限位销插入张紧器

注意：

图 3-32 所示为利用内六角扳手[2.5mm(0.098in)]制成的限位销。

③ 通过压正时链导轨来将柱塞压入张紧器中。

④ 按住松紧导杆，推入限位销横穿横杆孔和张紧器孔固定柱塞。

⑤ 拆卸固定螺栓并拆卸正时链条张紧器(主)，如图 3-33 所示。

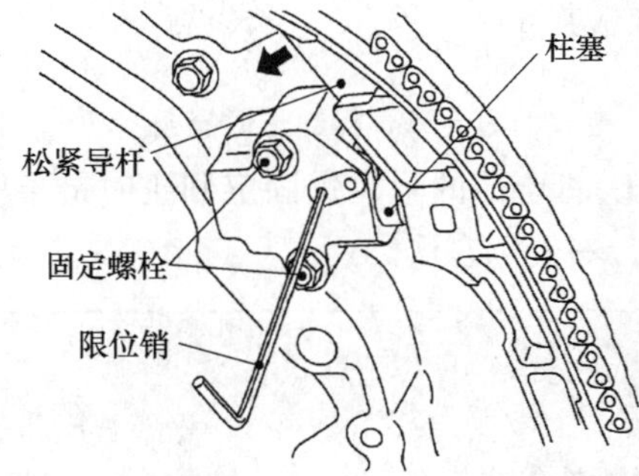

图 3-33 拆卸正时链条张紧器

19）拆卸内链条导板、张紧导板和张紧

导杆，如图 3-34 所示。

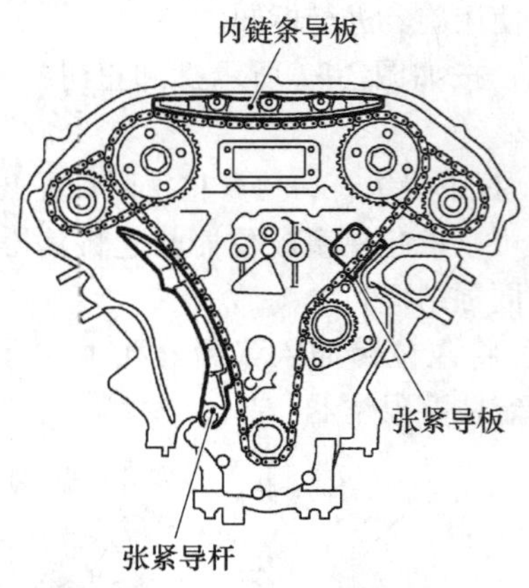

图 3-34　拆下内链条导板、张紧导板和张紧导杆

20）拆卸正时链条（主）和曲轴链轮。

> **注意：**
>
> 拆卸正时链条（主）后，请勿分别旋转曲轴和凸轮轴，否则气门会碰撞活塞。

21）如图 3-35 所示，拆卸正时链条（副）和凸轮轴链轮：

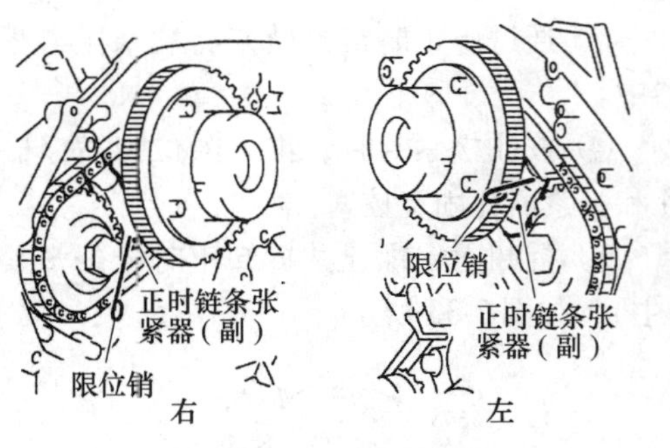

图 3-35　拆卸正时链条

① 将合适的限位销固定到正时链条张紧器（副）右侧和左侧。

> **注意：**
>
> • 使用直径大约为 0.5mm（0.02in）的硬金属销作为限位销。
>
> • 拆卸正时链条张紧器（副）时需要拆卸凸轮轴支架（1 号）。

② 拆卸凸轮轴链轮（进气和排气）固定螺栓，如图 3-36 所示。

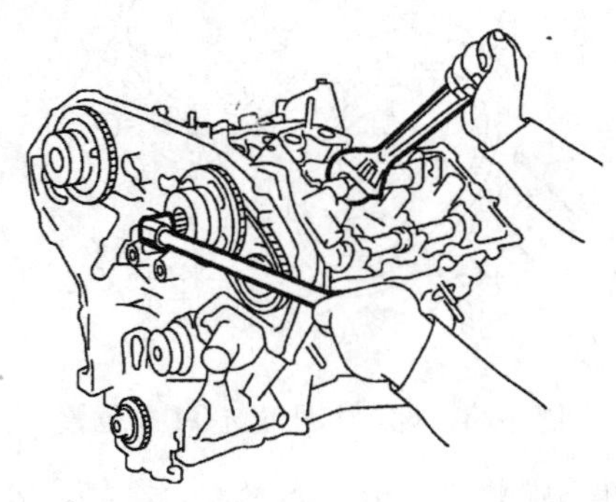

图 3-36　拆卸凸轮轴链轮固定螺栓

• 使用扳手固定凸轮轴的六角形部分来松开固定螺栓。

> **注意：**
>
> 请勿松开固定螺栓，而固定凸轮轴六边形以外的其他部分或张紧正时链条。

③ 将正时链条（副）与凸轮轴链轮一起拆卸，如图 3-37 所示。

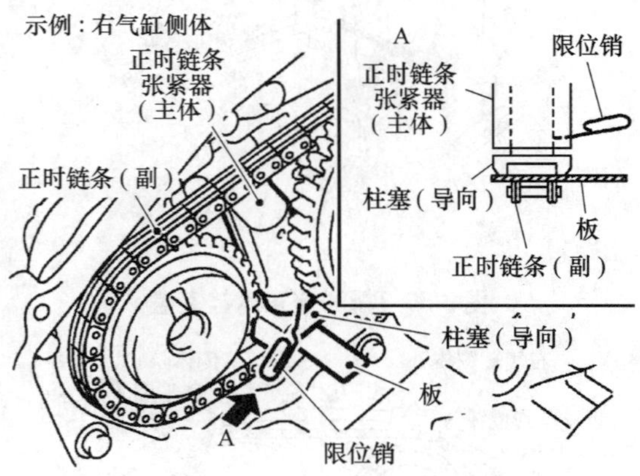

图 3-37　将副正时链条与凸轮轴链轮拆下

a. 稍微转动凸轮轴固定正时链条张紧器（副）侧的正时链条。

b. 将 0.5mm（0.020in）厚的金属板或树脂板插入正时链条和正时链条张紧器柱塞（导板）之间。从导管槽沟松开正时链条，将正时链条（副）与凸轮轴链轮一起拆卸。

22）拆卸水泵。

23）拆卸后正时传动链室。

24）从缸盖上拆卸 O 形圈。

25）从缸体上拆卸 O 形圈。

26）若必要，从缸盖上拆卸正时链条张紧器（副）。

27）使用刮刀从前、后正时传动链室和对面的配合面上清除所有旧密封垫。

28）使用刮刀从水泵盖、链条张紧器盖和进气阀正时控制盖上清除所有旧密封垫。

3. 正时链单元的安装步骤

> **注意：**
> 图 3-38 显示了每个正时链条上的配合标记，和相应的安装了零部件的链轮上的配合标记之间的关系。

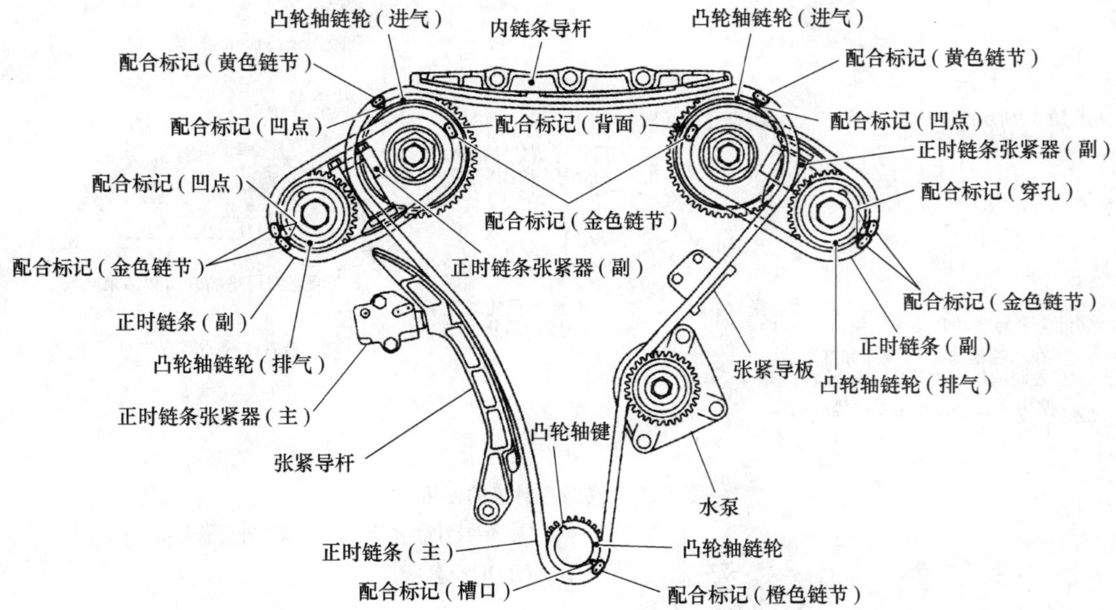

图 3-38　正时链条配合标记

1）若必要，将正时链条张紧器（副）安装到缸盖上。

2）安装后正时传动链室：

① 将新 O 形圈安装到缸体上。

② 将新 O 形圈安装到缸体上。

③ 使用压缩器在后正时传动链室背面使用连续的液态密封垫，如图 3-39 所示。

④ 请使用原装液态密封垫或同等产品。

⑤ 将后正时传动链室和水泵总成对准缸体上的定位销（右和左），并安装后正时传动链室。

• 确认 O 形圈在安装到缸体和缸盖时已固定到位。

⑥ 按如图 3-40 所示的数字顺序拧紧固定螺栓。

• 有两种类型的固定螺栓。有关螺栓位置请参阅以下内容。

螺栓长度	螺栓位置
20mm（0.79in）：	1，2，3，6，7，8，9，10
16mm（0.63in）：	除了以上位置其他螺栓

：12.7n · m（1.3kgf · m，9lbf · ft）

⑦ 拧紧所有螺栓时，按如图所示的数字顺序重新拧紧它们至规定力矩。

• 如果液态密封垫上有污渍，请立即清洗干净。

⑧ 安装后正时传动链室后，请检查油底壳（上）安装表面以下零部件之间的表面高度差别。

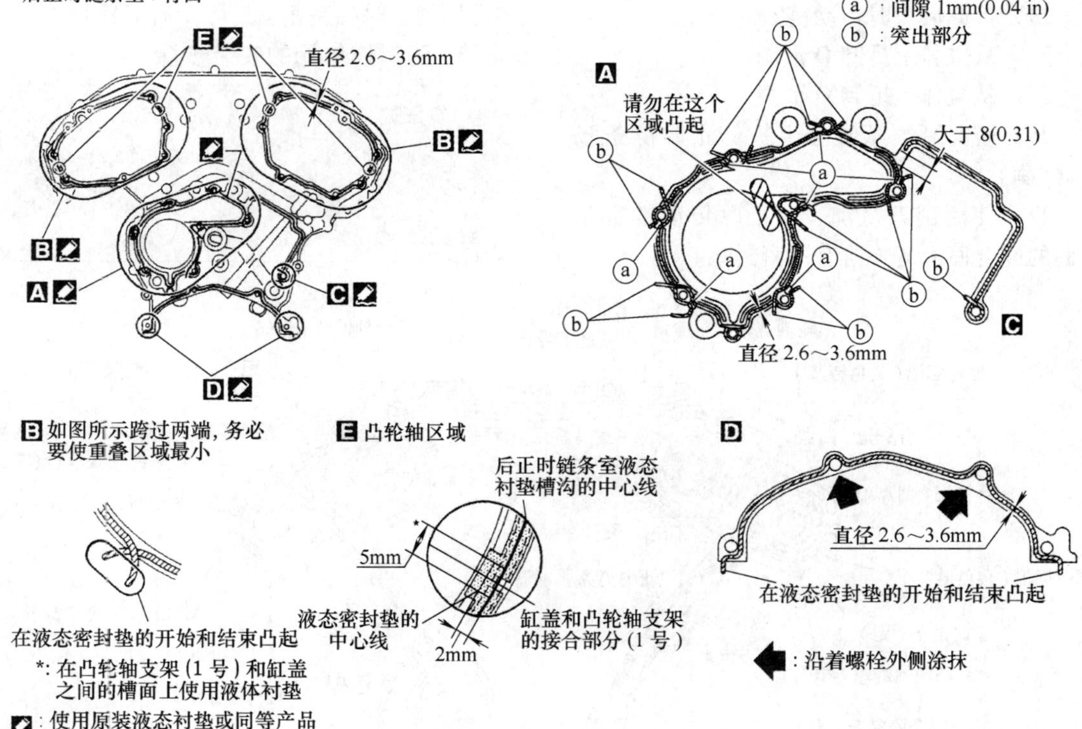

图3-39 液态密封垫的使用

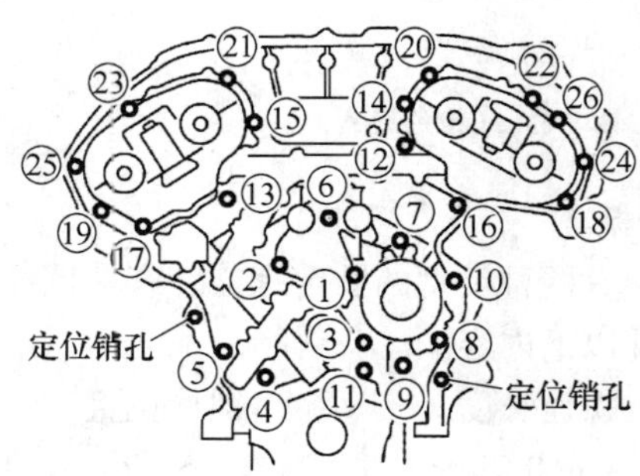

图3-40 紧固后传动链室螺栓

a. 如果不在标准范围内，请重复安装步骤。

* 标准

◆ 后正时传动链室至缸体：

-0.24～0.14mm(-0.009～0.006in)

b. 如果不在标准范围内，请重复安装步骤。

3）将新O形圈安装到水泵上。

4）确认定位销孔、定位销和曲轴键已按图3-41所示定位[1缸处于压缩行程上止点(TDC)处]。

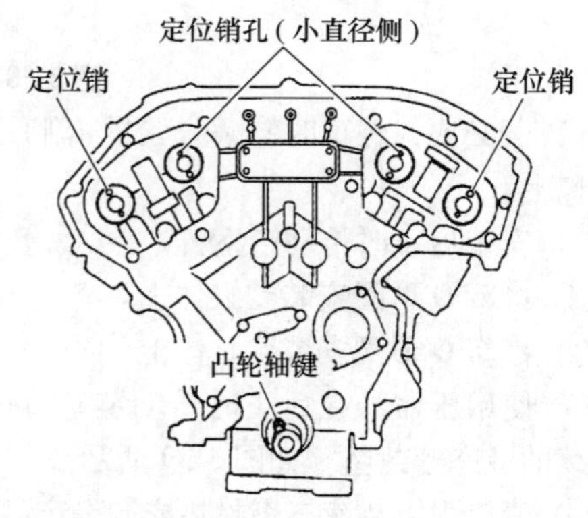

图3-41 安装定位销

* 凸轮轴定位销孔(进气侧)：

◆ 在每个气缸体的缸盖面朝上侧凸轮轴定位销(排气侧)。

◆ 在每个气缸体的缸盖面朝上侧曲轴键。

◆ 在右气缸体的缸盖侧。

注意：

小直径侧的孔必须用作进气侧定位销孔。请勿识别错(忽略大直径侧)。

5）如图3-42所示，安装正时链条(副)和凸轮轴链轮(进气和排气)：

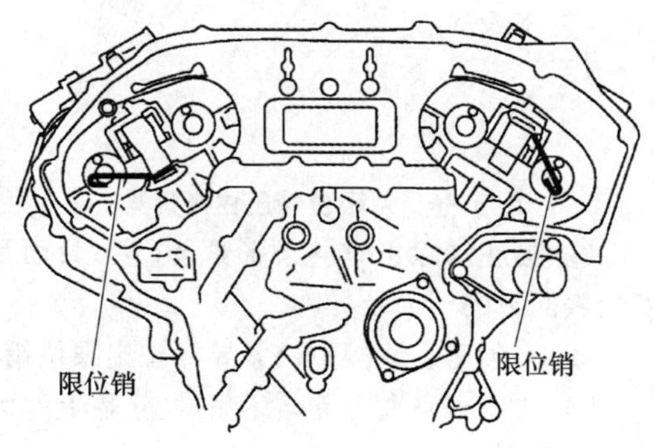

图3-42 推入限位销

① 推入链条张紧器(副)的柱塞，并插入限位销。

② 安装正时链条(副)和凸轮轴链轮(进气和排气)，如图3-43所示。

a. 将正时链条(副)(金色连杆)上的配合标记对准凸轮轴链轮(进气和排气)(凹点)上的标记，并进行安装。

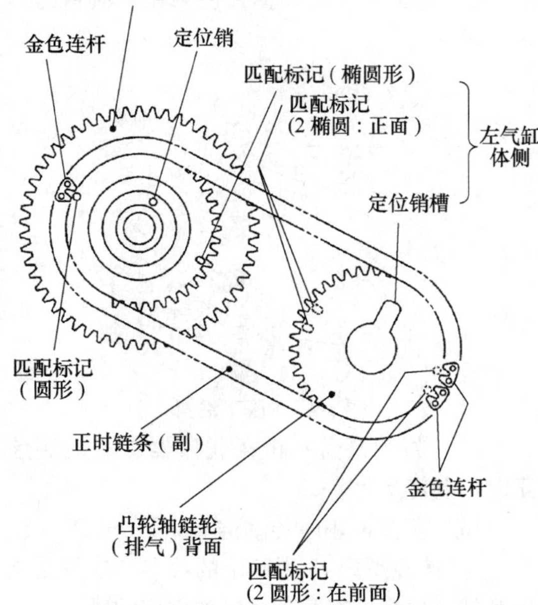

图3-43 安装正时链条(副)

注意：

• 凸轮轴链轮(INT)的配合标记位于凸轮轴链轮(副)的背面。

• 有两种类型的配合标记，圆形和椭圆形。应该分别用于右气缸体和左气缸体。

• 右气缸体：使用圆形。

• 左气缸体：使用椭圆形。

b. 将凸轮轴上的定位销和销孔对准链轮上的槽沟和定位销，并安装定位销。

c. 在进气侧，将凸轮轴前端的小直径侧上的销孔对准凸轮轴链轮背面的定位销，并进行安装。

d. 在排气侧，将凸轮轴前端的定位销对准凸轮轴链轮上的销槽沟，并进行安装。

e. 如果每个配合标记的位置和每个定位销的位置在配合零部件上不匹配，请用扳手或同等工具握住凸轮轴的六边形部位进行微调。

f. 凸轮轴链轮的固定螺栓必须在下一步中拧紧。用手拧紧它们以避免定位销错位。

g. 安装时和安装后通过目视检查配合标记的错位是很难的。要使匹配更容易，请提前用油漆在链轮齿的顶部和延伸管路上标明配合标记。

③ 确认配合标记已对齐后，拧紧凸轮轴链轮固定螺栓。

• 使用扳手固定凸轮轴的六边形部分来拧紧螺栓。

④ 从正时链条张紧器(副)上拉出限位销。

6）安装张紧导管。

7）安装正时链条(主)：

① 安装曲轴链轮。

• 确认曲轴链轮上的配合标记朝向发动机前端。

② 安装正时链条(主)。

a. 如图3-44所示安装正时链条(主)时，使曲轴链轮(进气)上的配合标记(凹点)对准正时链条的黄色链节，同时曲轴链轮上的配合标记(槽口)对准正时链条的橙色标记。

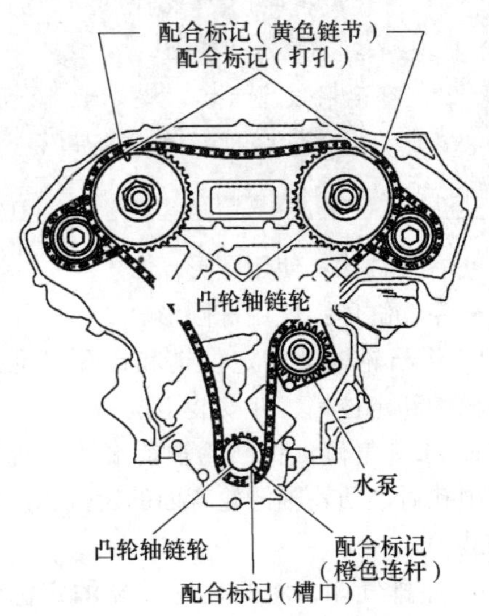

图3-44　安装正时链条

b. 当很难将正时链条(主)的配合标记对准每个链轮时，请使用扳手握住六边形部分慢慢转动凸轮轴使其与配合标记对齐。

c. 定位时，小心避免正时链条(副)的配合标记定位发生错位。

8) 安装内链条导板、松紧导杆和正时链条张紧器(主)，如图3-45所示。

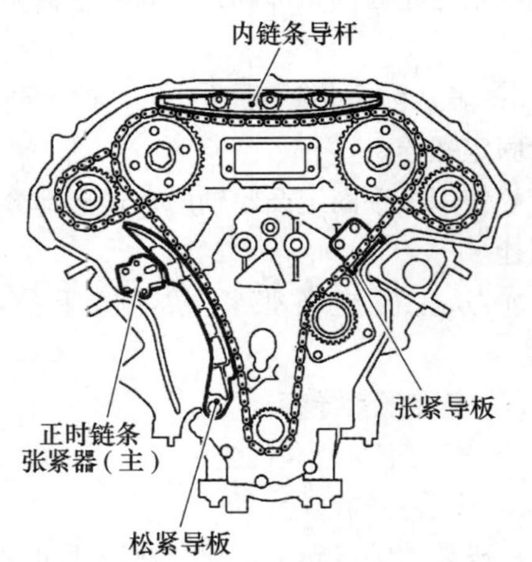

图3-45　安装内链条导板

① 安装正时链条张紧器(主)时，推入柱塞，并用限位销压住，见图3-46。

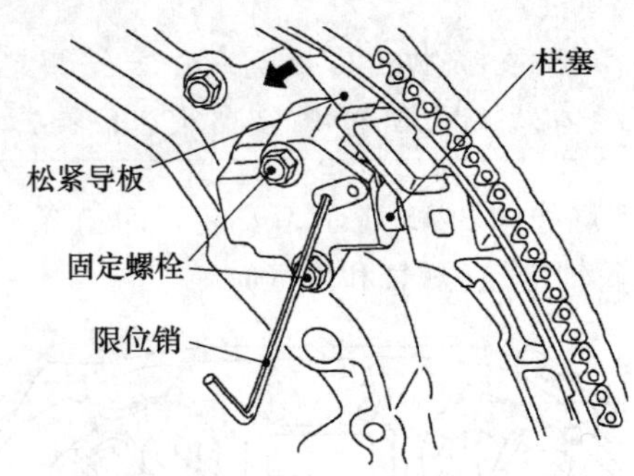

图3-46　用限位销压住张紧器

② 彻底清除正时链条张紧器(主)背面和安装表面上的污垢及异物。

③ 安装后，请按下松紧导杆拉出限位销。

9) 再次确认每个链轮和正时链条上的配合标记都没有错位。

10) 将新O形圈安装到后正时传动链室上。

11) 将新的前油封安装到前正时传动链室上。

① 使用合适的冲头[外直径：60mm(2.36in)]，压下固定油封，直至与前正时传动链室端面齐平，见图3-47。

② 确认环状螺旋弹簧已到位，而密封唇还未翻转。

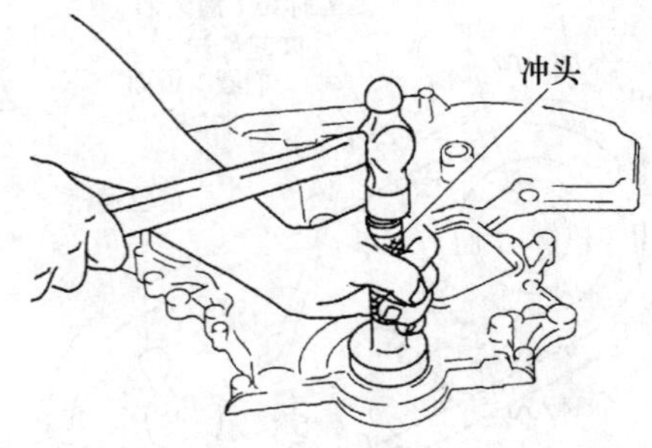

图3-47　压下油封

12) 将水泵盖和链条张紧器盖安装到前正时传动链室上。

13) 安装前正时传动链室：

① 按照图3-48中所示的数字顺序拧紧螺栓到规定力矩。有两种类型的固定螺栓。

② 有关螺栓位置请参阅以下内容。

- M8 螺栓：1，2

：28.4N · m(2.9kgf · m,21lbf · ft)

- M6 螺栓：除了以上位置的其他螺栓

：12.7N · m(1.3kgf · m,9lbf · ft)

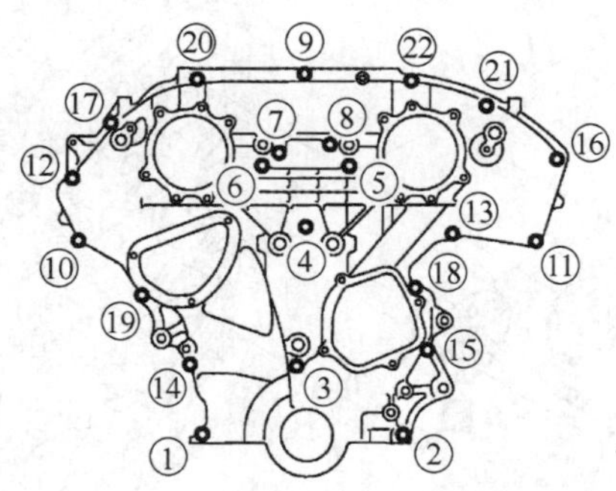

图 3-48　安装前正时链室螺栓顺序

14）安装右侧和左侧进气门正时控制盖

15）安装曲轴带轮：

三、MR20DE 2.0L 发动机(2008—2012 款天籁,2008—2012 款新奇骏装备)

1. 正时链单元分解

正时链单元分解见图 3-49。

2. 正时链单元拆卸步骤

> **说明：**
>
> 文中指示的旋转方向代表从发动机前端看到的全部方向。

1）拆卸摇臂盖。

2）在发动机冷却后排放发动机机油。

3）拆下传动带。

4）用下列步骤设置 1 号气缸压缩行程上止点：

① 顺时针转动曲轴带轮，并对齐上止点标记(B,非油漆标记)至前盖上的正时指示器(A)，如图 3-50 所示。

② 同时，检查 1 号气缸的凸轮凸起是否位于图 3-51 中(⬅)位置。

③ 如果没有，按如图 3-51 所示旋转曲轴带轮一圈(360°)并对齐。

5）用下列步骤拆下曲轴带轮：

① 用带轮支架(通用维修工具)固定曲轴带轮，松开曲轴带轮螺栓，并使螺栓座面偏离其原始位置 10mm(0.39in)。

② 在曲轴带轮的 M6 螺纹孔内安装带轮拔具，然后拆下曲轴带轮。

6）拆下动力转向泵传动带自动张紧器。请参见分解图。

7）拆下动力转向泵和动力转向泵支架。

8）拆下排气前管。

9）拆下后扭力杆。

10）拆卸油底壳(下)。

11）拆下动力转向泵的储液罐，将它移到一边。

12）用变速器千斤顶支撑发动机底部，然后拆下发动机固定支架(右)和发动机固定隔垫(右)。

13）拆卸进气门正时控制电磁阀。

14）拆下交流发电机、水泵和 A/C 压缩机传动带自动张紧器。

15）用下列步骤拆下前盖：

① 按如图 3-52 所示的相反顺序松开装配螺栓。

② 拆下动力转向泵支架。

③ 通过撬动、切割去除掉密封胶，然后拆下前盖。

16）从前盖上拆下前油封。

17）按照以下步骤拆下正时链条张紧器：

① 按下正时链条张紧器柱塞。

② 将限位器销插入主体孔内，然后按下柱塞并固定它，见图 3-53。

> **注意：**
>
> 使用直径大约为 1.5mm(0.059in)的硬金属销作为限位器销。

③ 拆下正时链条张紧器。

18）拆下松紧导杆 2，张紧导板 3 和正时链条 1，见图 3-54。

19）用下列步骤拆下曲轴链轮和平衡单元驱动部件：

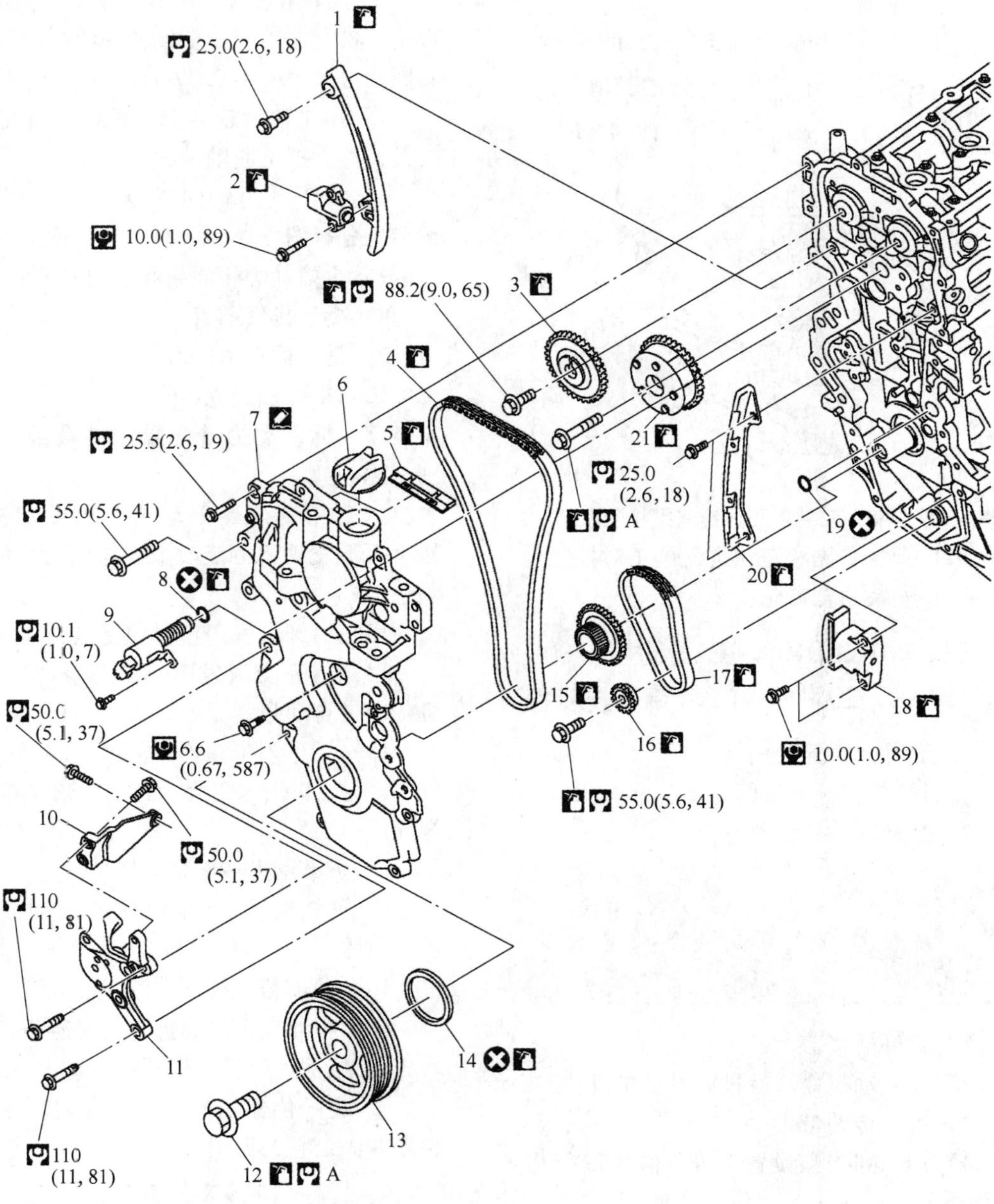

图 3-49　MR20DE 发动机正时链单元分解

1—导杆　2—正时链条张紧器　3—凸轮轴链轮(排气)　4—正时链条　5—张紧导板(前盖侧)　6—机油加注口盖　7—前盖　8—O 形圈　9—进气门正时控制电磁阀　10—动力转向泵支架　11—动力转向泵支架　12—曲轴带轮螺栓　13—曲轴带轮　14—前油封　15—曲轴链轮　16—平衡单元链轮　17—平衡单元正时链条　18—平衡单元正时链条张紧器　19—O 形圈　20—张紧导板　21—凸轮轴链轮(进气)

① 在图 3-55 所示方向按下限位器凸耳(A)，朝平衡单元正时链条张紧器方向推动正时链条松紧导杆(B)。

• 平衡单元正时链条松紧导杆通过按下限位器凸耳松开。随后可以移动平衡单元正时链条松紧导杆。

② 在张紧器主体孔(C)内插入限位器销(D)，以固定平衡单元正时链条松紧导杆，如

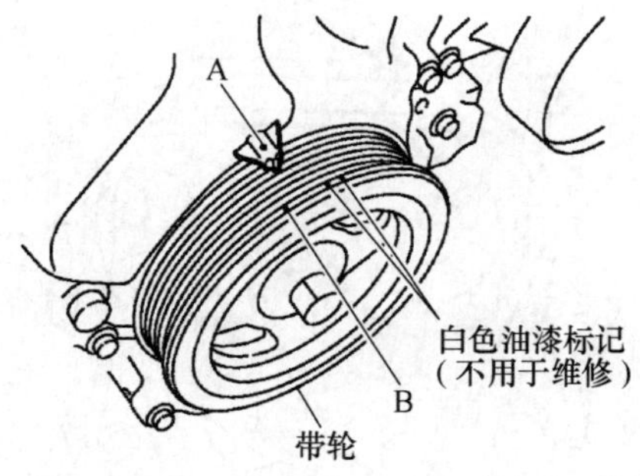

图 3-50　对齐上止点标记

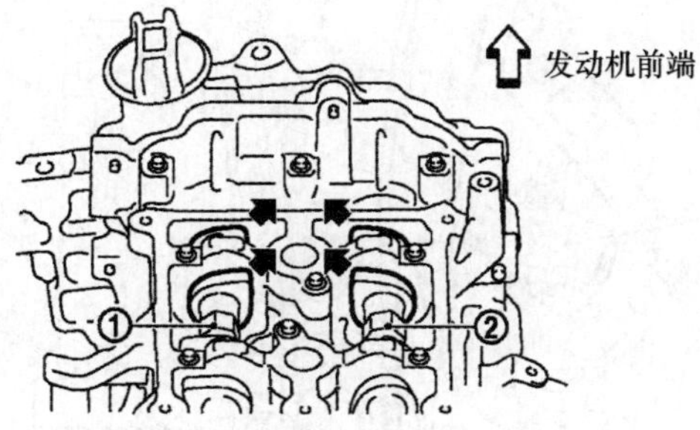

图 3-51　1 号气缸凸轮凸起位置

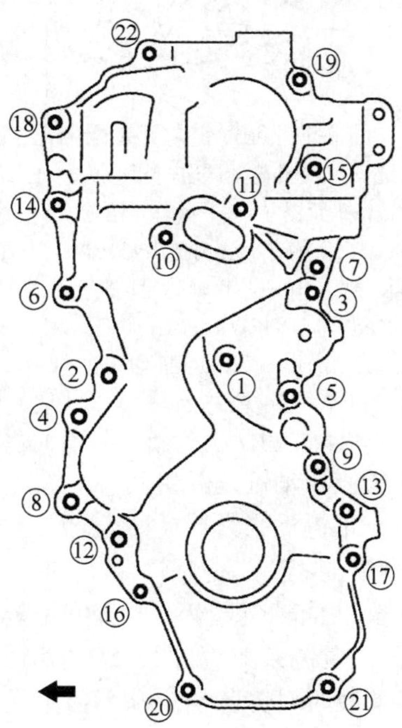

图 3-52　松开前盖螺栓顺序

图 3-55 所示。

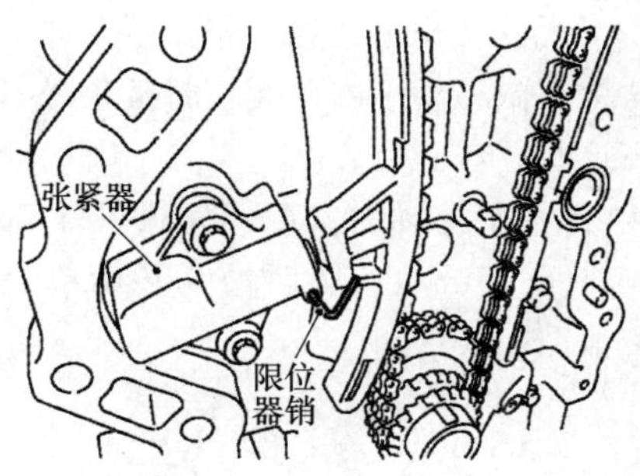

图 3-53　用限位器销固定张紧器

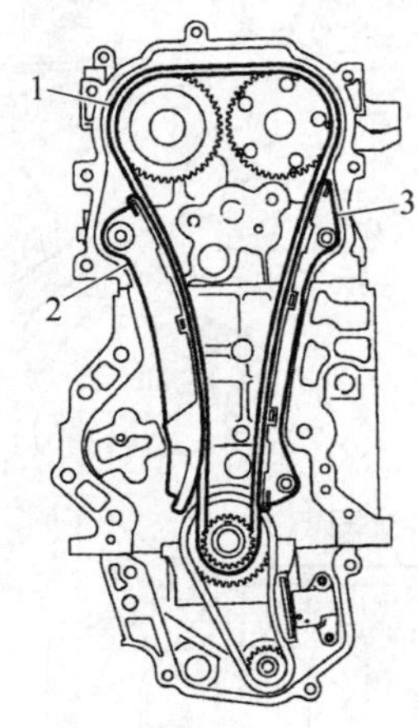

图 3-54　拆下正时链条张紧器

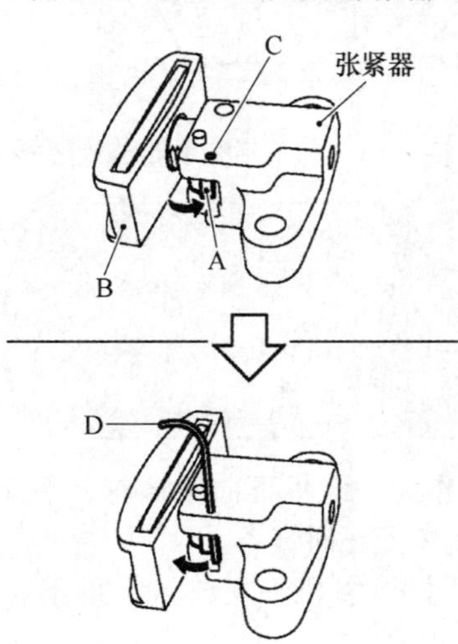

图 3-55　按下限位器

注意：

用直径约 1.2mm(0.047in)的硬金属销作为限位器销。

③ 拆下平衡单元正时链条张紧器。

• 当无法使杆上的孔和张紧器主体上的孔对齐时，略微移动平衡单元正时链条松紧导板来对齐这些孔。

④ 抓住平衡轴的WAF部分[WAF部分直径:19mm(0.75in)]，然后松开平衡单元链轮螺栓，如图3-56所示。

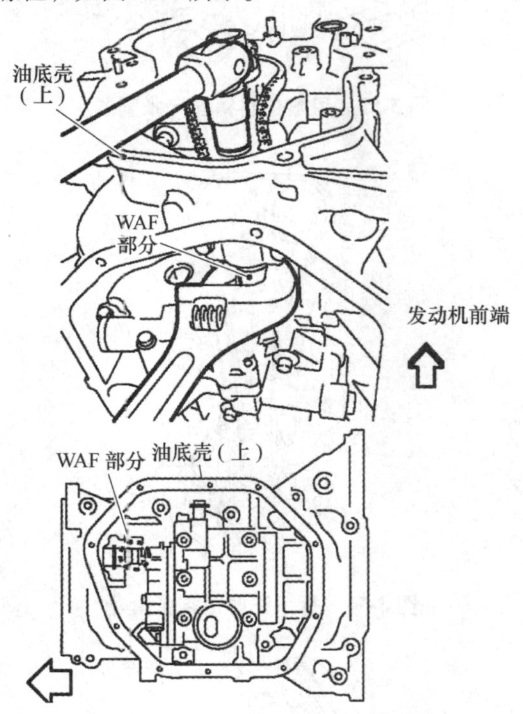

图3-56 拆下平衡单元链轮螺栓

> **注意：**
>
> • 用WAF部分固定平衡单元轴。
>
> • 切勿通过拧紧平衡单元驱动链条来松开平衡单元链轮螺栓。

⑤ 作为一组拆下曲轴链轮、平衡单元链轮和平衡单元正时链条。

20）如果需要，从前盖上拆下张紧导板（前盖侧）。

3. 正时链单元的安装步骤

> **注意：**
>
> 图3-57显示了各个正时链条上的匹配标记，和相应的安装了部件的链轮上的匹配标记之间的关系。

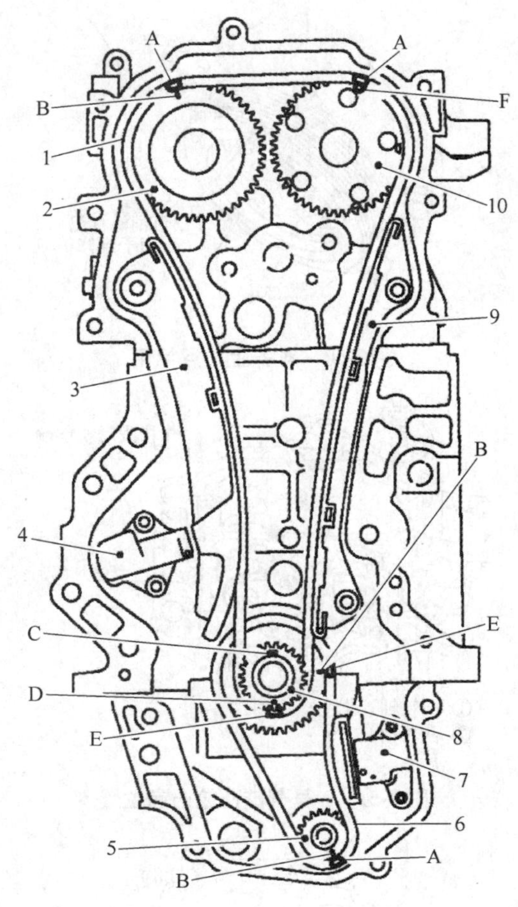

图3-57 正时链单元装配标记

1—正时链条 2—凸轮轴链轮（排气） 3—松紧导杆 4—正时链条张紧器 5—平衡单元链轮 6—平衡单元正时链条 7—平衡单元正时链条张紧器 8—曲轴链轮 9—张紧导板 10—凸轮轴链轮（进气） A—匹配标记（深蓝色链节） B—匹配标记（印记） C—曲轴键位置（垂直朝上） D—匹配标记（印记） E—匹配标记（橙色链节） F—匹配标记（外槽*） *：凸轮轴链轮（进气）内有两个外槽。较宽的一个是匹配标记

1）检查曲轴键是否朝上。

2）如果拆下张紧导板（前盖侧），则将其安装到前盖上。

3）安装曲轴链轮2、平衡单元链轮3和平衡单元正时链条1，如图3-58所示。

① 安装时对齐各链轮和平衡单元正时链条上的匹配标记。

② 如果这些匹配标记没有对齐，则略微转动平衡轴以修正位置。

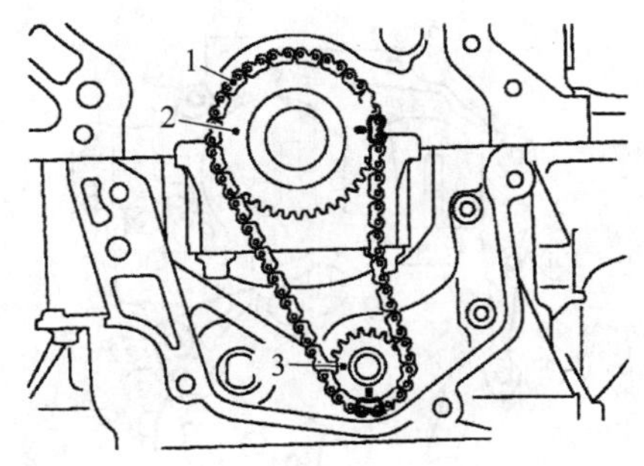

图 3-58　安装平衡轴正时链条

注意：

安装平衡单元正时链条后，检查各链轮的匹配标记位置。

4）抓住平衡轴的 WAF 部分[WAF 部分直径:19mm(0.75in)]，然后拧紧平衡轴链轮螺栓，如图 3-56 所示。

① 匹配标记(印记)。

② 匹配标记(橙色链节)。

③ 匹配标记(深蓝色链节)。

5）安装平衡单元正时链条张紧器，如图 3-59 所示。

① 用限位器销将柱塞固定在完全压缩位置，然后安装它，如图 3-59 所示。

② 安装平衡单元正时链条张紧器后，拉出限位器销。

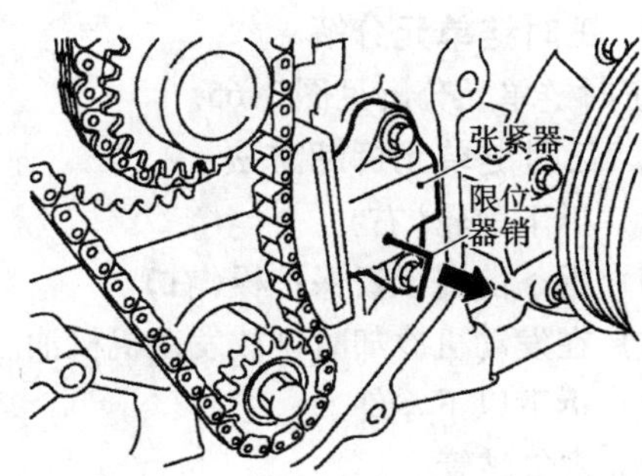

图 3-59　安装平衡单元正时链张紧器

• 再次检查平衡单元正时链条和各链轮的匹配标记位置。

6）对齐各链轮匹配标记与正时链条的匹配标记，如图 3-60 所示。

• 如果这些匹配标记没有对齐，则抓住六角形部分略微转动凸轮轴以修正位置。

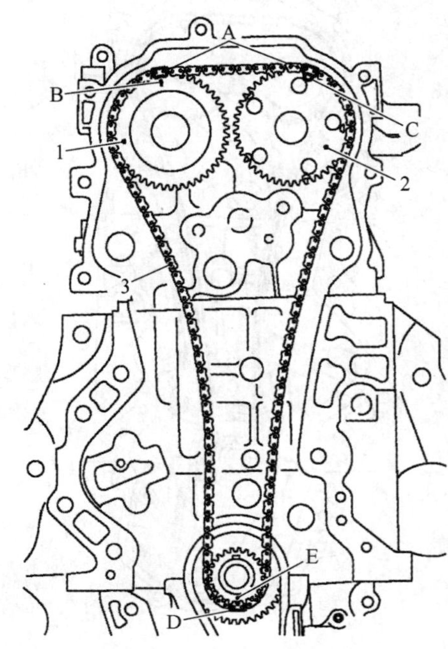

图 3-60　正时链安装正时标记匹配

1—凸轮轴链轮(排气)　2—凸轮轴链轮(进气)　3—正时链条　A—匹配标记(深蓝色链节)　B—匹配标记(印记)　C—匹配标记(外槽*)　D—匹配标记(橙色链节)　E—匹配标记(印记)

*：凸轮轴链轮(进气)内有两个外槽。较宽的一个是匹配标记

7）安装张紧导板 2 和松紧导杆 1，如图 3-61 所示。

8）安装正时链条张紧器，如图 3-62 所示。

① 用限位器销将柱塞固定在完全压缩位置，然后安装它，如图 3-62 所示。

② 在安装正时链条张紧器后，用力拉出限位器销。

9）再次检查正时链条和各链轮的匹配标记位置。

10）安装前油封。请参见拆卸和安装。

11）用下列步骤安装前盖：

① 将新 O 形圈安装到缸体上。

② 用压缩器(通用维修工具)将密封胶连续地涂抹到前盖上。

• 请使用原装密封胶或同等产品。

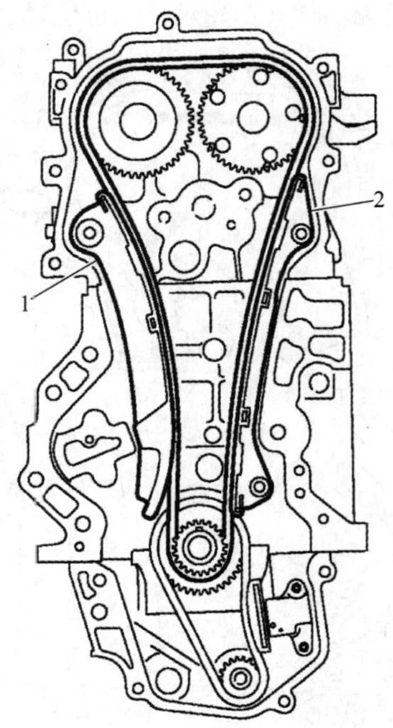

图 3-61　安装张紧导板

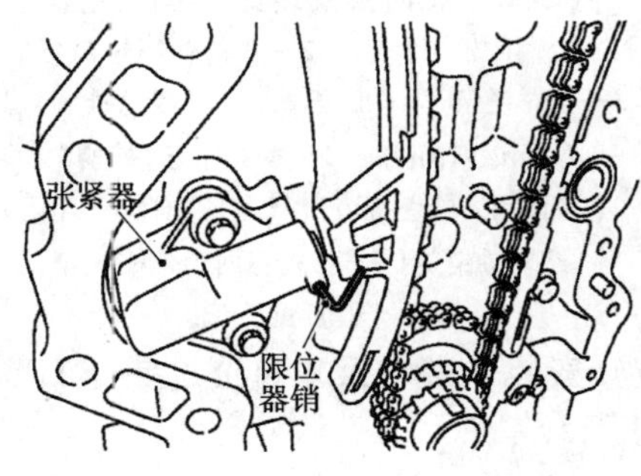

图 3-62　安装正时链条张紧器

③ 检查正时链条和各链轮的匹配标记是否仍然对齐。然后安装前盖。

④ 安装前盖和动力转向泵支架，并按图 3-63 中所示的数字顺序拧紧装配螺栓。

四、QR20DE 2.0L 发动机(2006—2008 款天籁装备)

该款发动机的正时单元拆装与校对方法和 MR20DE 相似，这里只给出它的正时链单元分解图，其拆装步骤请参见本节“三”小节的内容。

正时链单元分解图

正时链单元分解见图 3-64。

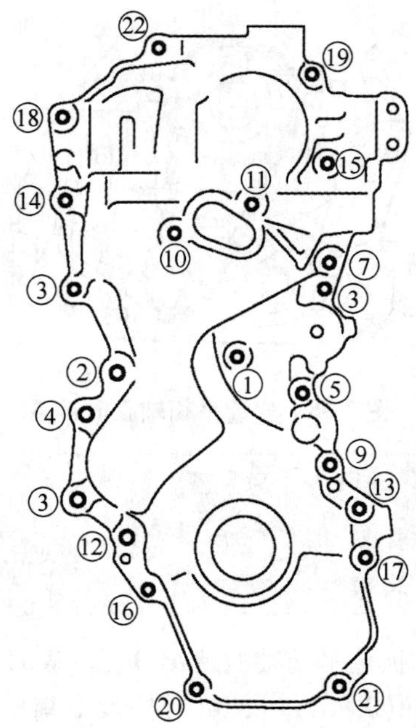

图 3-63　发动机前盖装配螺栓紧固顺序

- 有关螺栓的安装位置，请参见下列内容。

M6 螺栓：1 号

M10 螺栓：6，7，10，11，14 号

M12 螺栓：2，4，8，12 号

M8 螺栓：除了上述位置外的其他螺栓

五、HR16DE 1.6L 发动机(2007—2012 款骊威,2008—2012 款逍客,2010—2012 款郑州日产 NV200 装备)

1. 正时链单元分解

正时链单元分解见图 3-65。

2. 正时链单元拆卸方法

1）拆下前轮(右)。

2）拆下前翼子板保护板(右)。

3）在发动机冷却时排放发动机机油。

4）拆下以下零件。

① 进气歧管。

② 传动带。

③ 水泵带轮。

④ 接地电缆(右)

5）用变速器千斤顶支撑发动机底部，然后拆下发动机支撑支架和隔垫(右)。

6）拆卸摇臂盖。

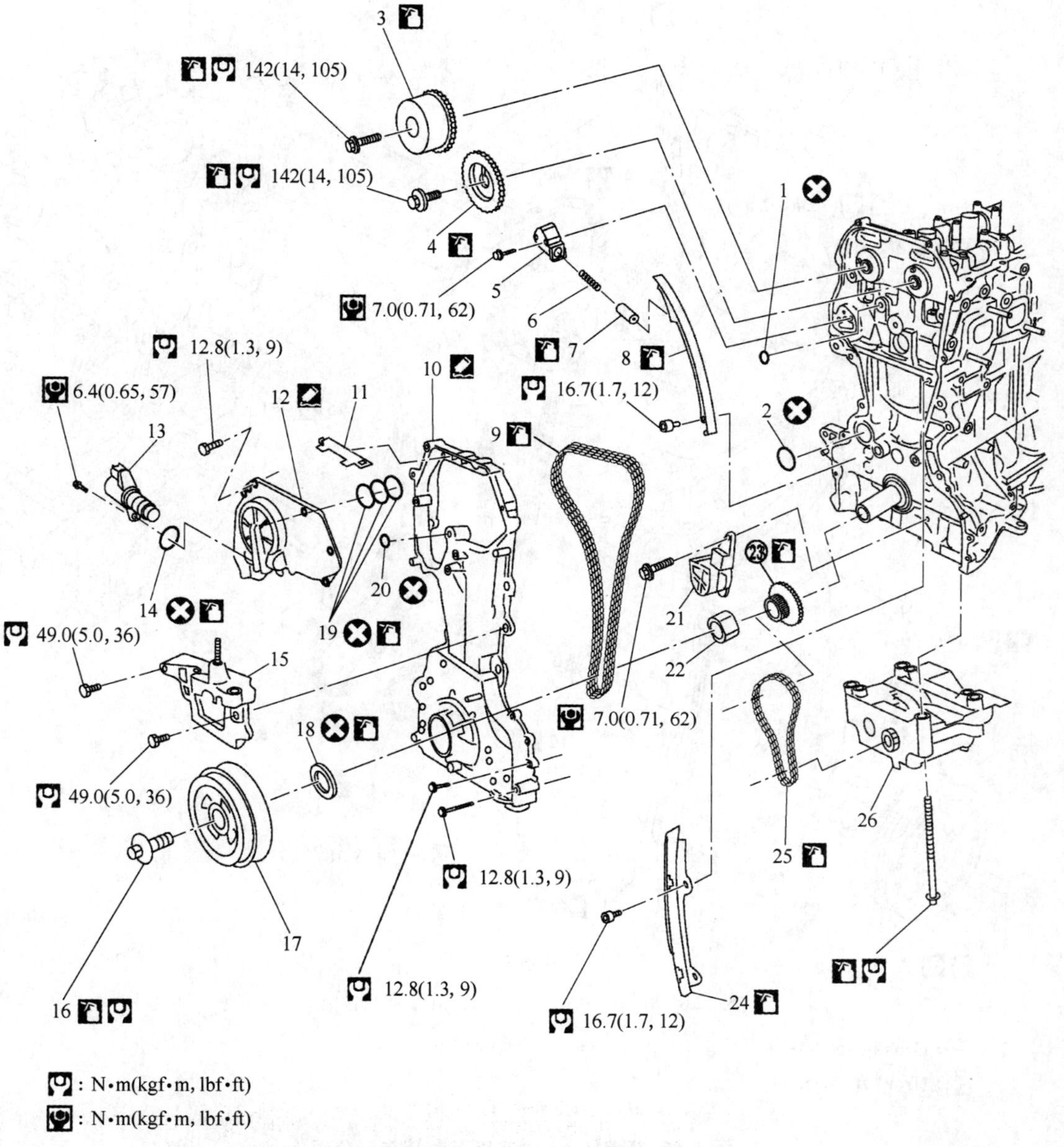

: N·m(kgf·m, lbf·ft)

: N·m(kgf·m, lbf·ft)

图 3-64　QR20DE 发动机正时链单元分解

1、2、14、20—O 形圈　3—凸轮轴链轮(进气)　4—凸轮轴链轮(排气)　5—链条张紧器　6—弹簧　7—链条张紧器柱塞　8—正时链条的松紧导杆　9—正时链条　10—前盖　11—链条导向器　12—进气阀正时控制盖　13—进气门正时控制电磁阀　15—发动机固定支架(右)　16—曲轴带轮螺栓　17—曲轴带轮　18—前油封　19—油环　21—平衡器装置正时链条张紧器　22—油泵驱动垫片　23—曲轴链轮　24—正时链条的张紧导杆　25—平衡器装置正时链条　26—平衡器装置

7）用下列步骤设置 1 缸压缩行程上止点(TDC)：

① 顺时针转动曲轴带轮 2，并对齐 TDC 标记(无油漆标记)至前盖上的正时指示器 1，如图 3-66 所示。

② 检查各凸轮轴链轮上的匹配标记是否如图 3-67 所示。

③ 如果不是，将曲轴带轮再转动一周，

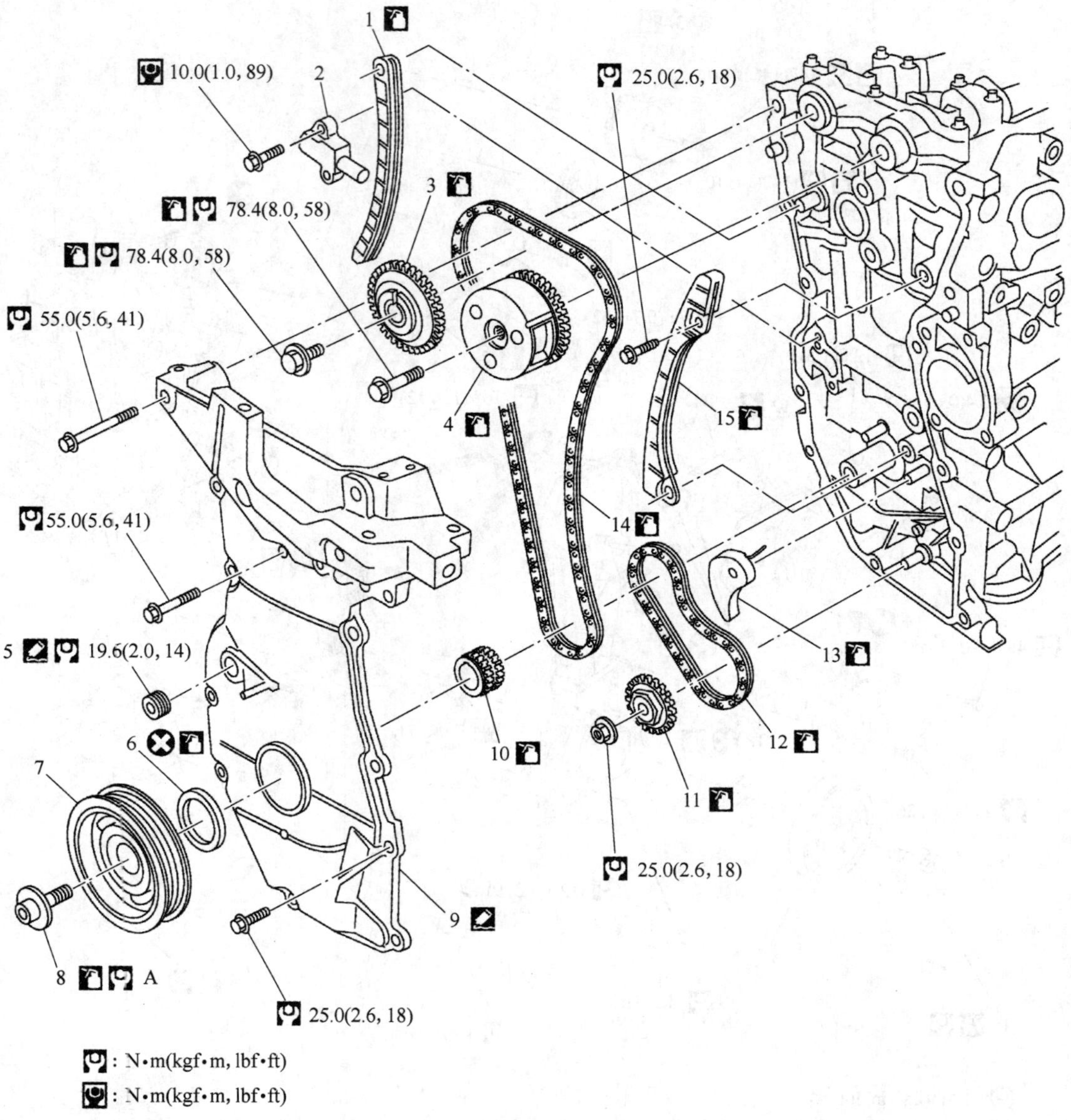

图3-65 HR16DE发动机正时链单元分解

1—正时链条导轨 2—正时链条张紧器 3—凸轮轴链轮(排气) 4—凸轮轴链轮(进气) 5—塞子 6—前油封 7—曲轴带轮 8—曲轴带轮螺栓 9—前盖 10—曲轴链轮 11—机油泵链轮 12—机油泵链条 13—链条张紧器(机油泵链条) 14—正时链条 15—正时链条张紧导轨 A—安装完成后必须紧固

对齐图3-67中所示的匹配标记。

8）拆下曲轴带轮

9）拆下发动机前盖。

10）从前盖上拆下前油封。

11）用图3-68中所示步骤拆下链条张紧器(对于正时链条)。

① 完全按下链条张紧器杆(A)，然后将柱塞(C)推入张紧器内侧，如图3-68所示。

• 通过完全按下杆，可以松开凸耳(B)。其结果就是可以移动柱塞，如图3-68所示。

② 拉起杆，并对齐它的孔位置与壳孔位置。

a. 当杆孔与壳孔位置对齐时，柱塞就固定了。

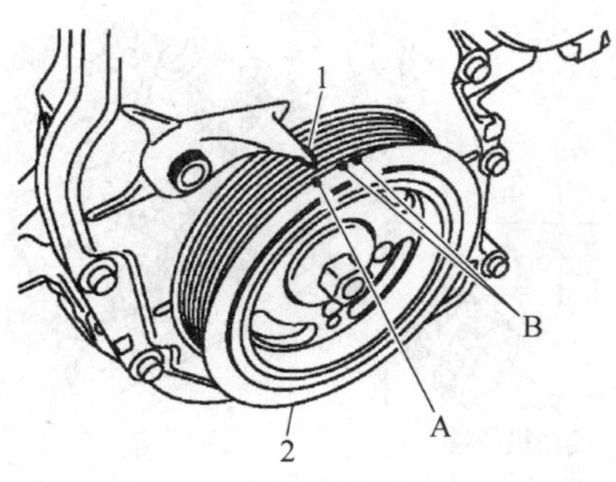

A—TDC 标记（无油漆标记）
B—白色油漆标记（不用于维修）

图 3-66　设置 1 缸 TDC 位置

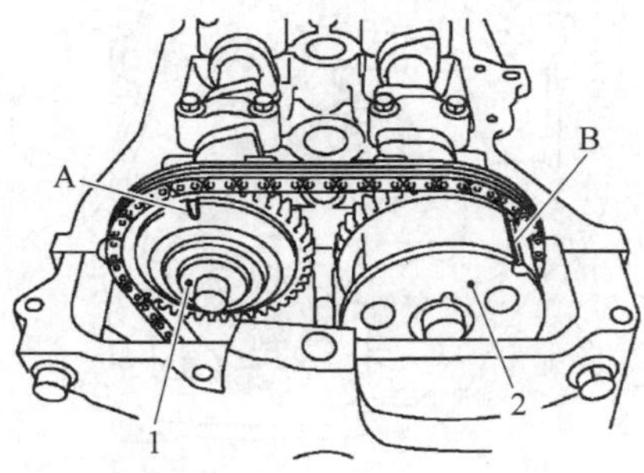

1 — 凸轮轴链轮（排气）
2 — 凸轮轴链轮（进气）
A— 匹配标记（印制）
B— 匹配标记（轮廓印记线）

图 3-67　检查凸轮轴链轮匹配标志

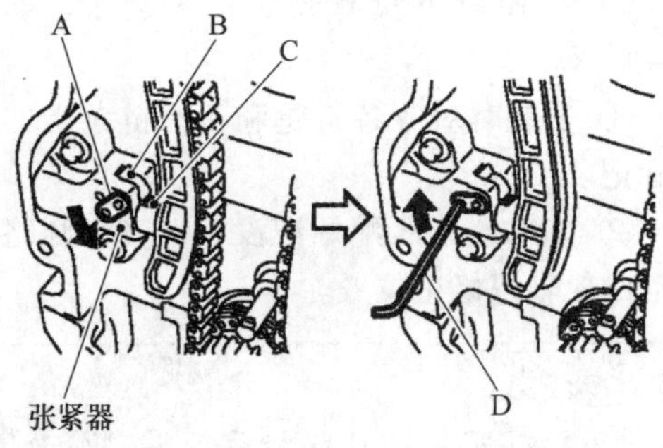

图 3-68　拆卸张紧器

b. 当柱塞棘齿的突起部分和凸耳彼此相对时，两个孔位置没有对齐。此时，通过略微移动柱塞使它们正确咬合并对齐这些孔位置。

③ 将限位销（D）穿过杠杆孔插入壳孔内，然后将缸盖固定在上位置处，如图 3-68 所示。

• 图示说明了使用 2. 5mm（0. 098in）的六角扳手的例子。

④ 拆下链条张紧器（对于正时链条）。

12）拆下张紧导杆 2 和松紧导杆 1，如图 3-69 所示。

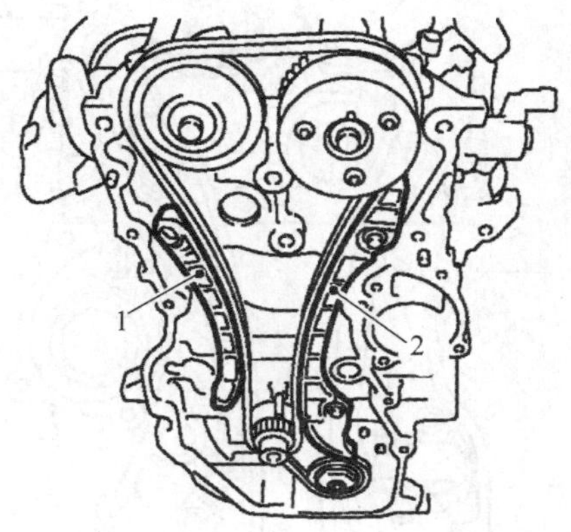

图 3-69　拆卸张紧导杆和松紧导杆

13）拆下正时链条 2，如图 3-70 所示。

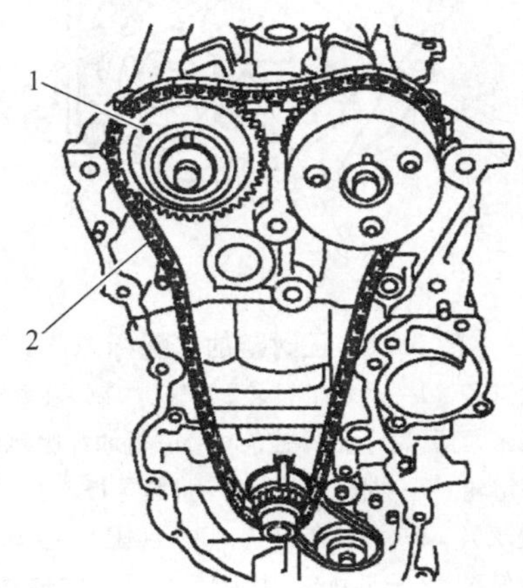

图 3-70　拆卸正时链条

• 朝凸轮轴链轮 1（排气）方向拉正时链条的松弛部分，然后拆下正时链条，并从凸轮轴链轮（排气）侧开始，如图 3-70 所示。

14）拆下曲轴链轮和油泵驱动相关零件。

3. 正时链单元安装步骤

> **注意：**
>
> 图 3-71 显示了各个正时链条上的配标记，和相应的安装了部件的链轮上的匹配标记之间的关系。

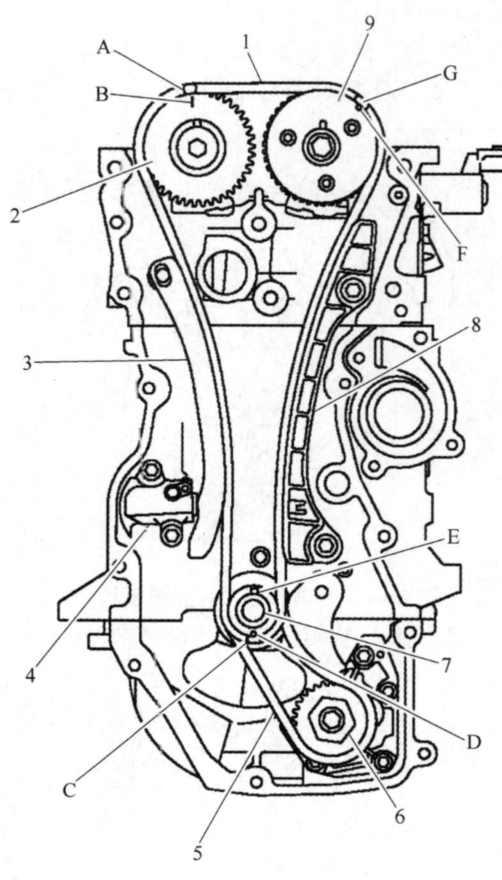

图 3-71 正时链的匹配标志

1—正时链条 2—凸轮轴链轮(排气) 3—松紧导杆 4—链条张紧器(对于正时链条) 5—机油泵驱动链条 6—油泵链轮 7—曲轴链轮 8—张紧导板 9—凸轮轴链轮(进气) A—深蓝色链节 B—匹配标记(印制) C—橙色链节 D—匹配标记(印制) E—曲轴键(垂直朝上) F—匹配标记(轮廓印记线) G—深蓝色链节

1) 用下列步骤安装曲轴链轮和油泵驱动相关零件:

① 同时安装曲轴链轮1、油泵驱动链条2和油泵链轮3，见图3-72。

a. 安装曲轴链轮，使其无效齿轮区域(A)朝向发动机后方，如图3-72所示。

b. 安装油泵链轮，使其六角形表面朝向发动机前方(B)，如图3-72所示。

② 用TORX套筒固定油泵轴的顶端，然后拧紧油泵链轮螺母。

③ 安装链条张紧器(对于油泵驱动链

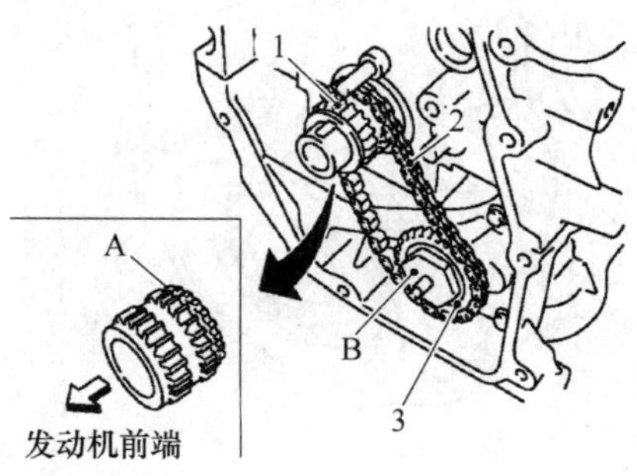

图 3-72 安装曲轴链轮与油泵链轮

条)，如图3-73所示。

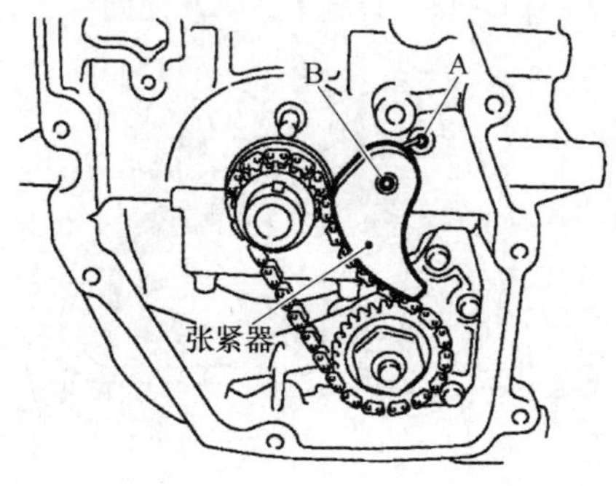

图 3-73 安装链条张紧器

a. 将壳体插入轴(B)，同时将弹簧插入缸体前表面的固定孔(A)，如图3-73所示。

b. 检查安装后油泵驱动链条是否张紧。

2) 按照以下步骤安装正时链条，如图3-74所示。

① 安装时对齐各链轮和正时链条上的匹配标记。

② 如果这些匹配标记没有对齐，则略微转动凸轮轴以修正位置。

注意:

• 在安装正时链条后，再次检查各链轮和正时链条的匹配标记位置，用手抓住来对齐匹配标记。

• 为避免跳齿，切勿转动曲轴和凸轮轴，直至安装前盖。

3) 安装张紧导杆和松紧导杆。

4) 安装链条张紧器(对于正时链条)。

5) 再次检查正时链条和各链轮的匹配标

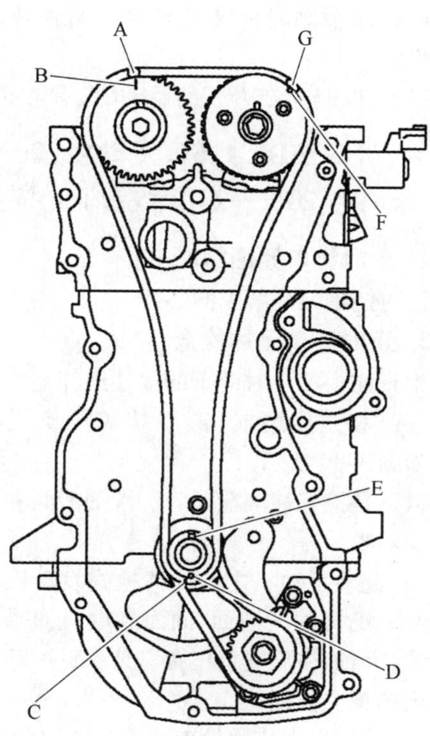

图 3-74　安装正时链条顺序

A—深蓝色链节　B—匹配标记(印制)　C—橙色链节　D—匹配标记(印制)　E—曲轴键(垂直朝上)　F—匹配标记(轮廓印记线)　G—深蓝色链节

记位置。

6）将前油封安装到前盖上。

7）用下列步骤安装前盖：

① 如图 3-75 所示，用压缩器(通用维修工具)将密封胶连续地涂抹到缸体上。

• 请使用原装密封胶或同等产品。

② 如图 3-76 所示，用压缩器(通用维修工具)将密封胶连续地涂抹到前盖上。

• 请使用原装密封胶或同等产品。

③ 按图 3-77 所示数字顺序拧紧螺栓。

图 3-77 中 A：密封胶涂抹区域 ϕ3. 0 ~ 4. 0mm(0. 118 ~ 0. 157in)

④ 拧紧所有螺栓后，按照图 3-77 中所示的数字顺序重新拧紧它们至规定力矩。

注意：

务必擦除表面上溢出的多余密封胶。

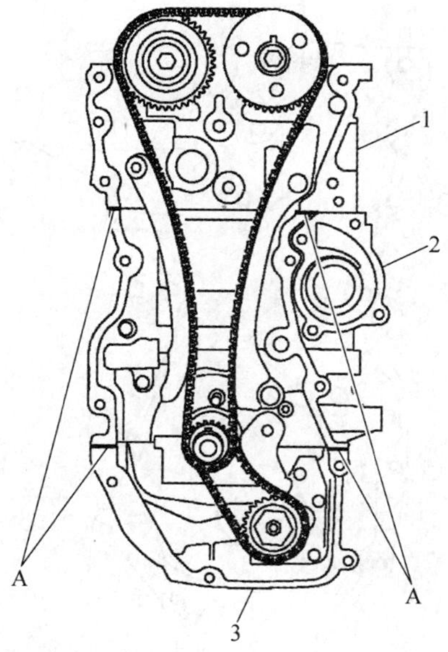

图 3-75　缸体上涂抹密封胶的位置

1—缸盖　2—缸体　3—油底壳(上)
A—密封胶涂抹区域 ϕ3. 0 ~ 4. 0mm (0. 118 ~ 0. 157in)

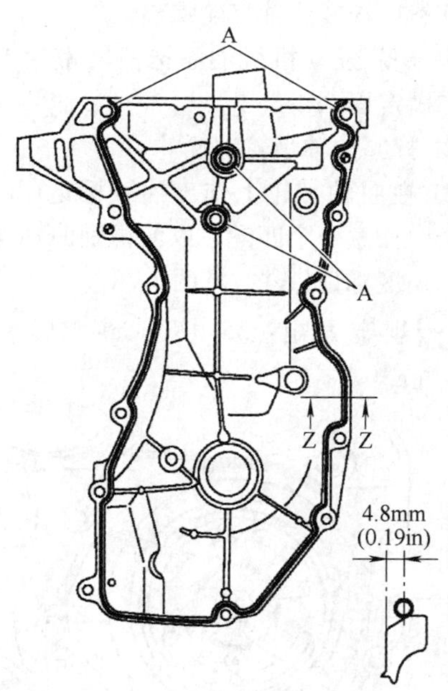

图 3-76　涂抹密封胶到前盖上

8）插入曲轴带轮，并与曲轴键对齐。

• 使用塑料锤插入曲轴带轮时，敲击其中央位置(非四周位置)。

9）用下列步骤拧紧曲轴带轮螺栓：

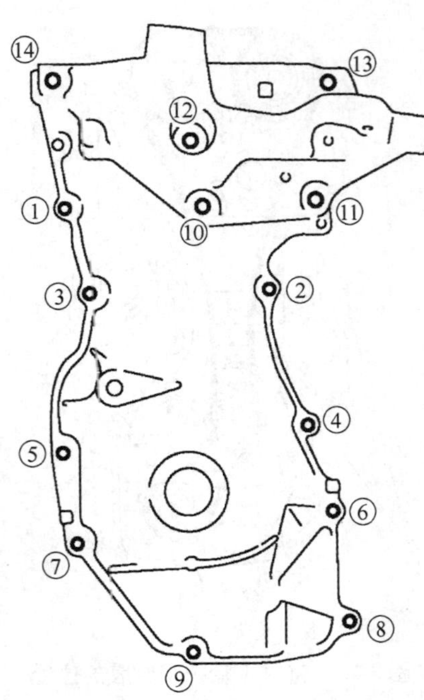

图 3-77　按图中顺序安装螺栓

• 用带轮夹具（通用维修工具）固定曲轴带轮，然后拧紧曲轴带轮螺栓。

① 用新发动机机油涂抹曲轴带轮螺栓的螺纹和固定面。

② 拧紧曲轴带轮螺栓。

③ 在曲轴带轮上作出油漆标记（B），它与六个中任意一个匹配，以便识别曲轴螺栓凸缘上的角度标记（A），见图 3-78。

规定力矩：35. 0N · m（3. 6kgf · m，26lbf · ft）

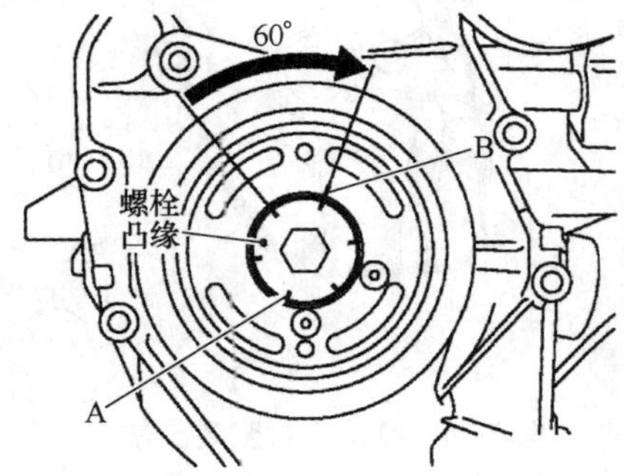

图 3-78　紧固曲轴带轮螺栓

④ 顺时针再转动 60°（定角度拧紧）。

• 用角度记号的移动检查拧紧角度。

10）用手顺时针转动来检查曲轴转动是否平稳。

11）按照与拆卸相反的顺序安装剩余零件。

六、HR15DE 1. 5L 发动机（2010—2012 款玛驰，2011—2012 款新阳光装备）

1. 正时链单元图解

正时链单元分解见图 3-79。

2. 正时链单元的检查

检查连板和正时链条的滚柱连杆上是否有裂纹（A）和过度磨损（B）。按需更换正时链条，如图 3-80 所示。

以下是检查油液泄漏、润滑剂泄漏和排气泄漏的步骤。

1）起动发动机之前，请检查发动机冷却液和发动机机油的液面/油面高度。如果少于所需量，请加注到规定位置。请参见冷却液和润滑剂的相关数据。

2）使用以下步骤检查是否有燃油泄漏。

① 转动发动机开关到“ON”位置（发动机停止时）。当油压作用于油管时，检查连接处有无燃油泄漏。

② 起动发动机。发动机加速时，再次检查连接处有无漏油。

3）运转发动机检查是否有异常噪声和振动。

注意：

如果拆卸/安装后链条张紧器内的液压降低，在发动机起动时或刚刚起动完松弛侧链条导轨会产生非常大的噪声。但是这并不说明异常。液压升高后噪声会停止。

4）彻底暖机后确认没有任何燃油/油液（包括发动机机油和发动机冷却液）泄漏。

5）从适用的管路（如冷却系统中的）管道和软管中放气。

6）发动机冷却下来后，重新检查油/液面高度（包括发动机机油和发动机冷却液）。如果

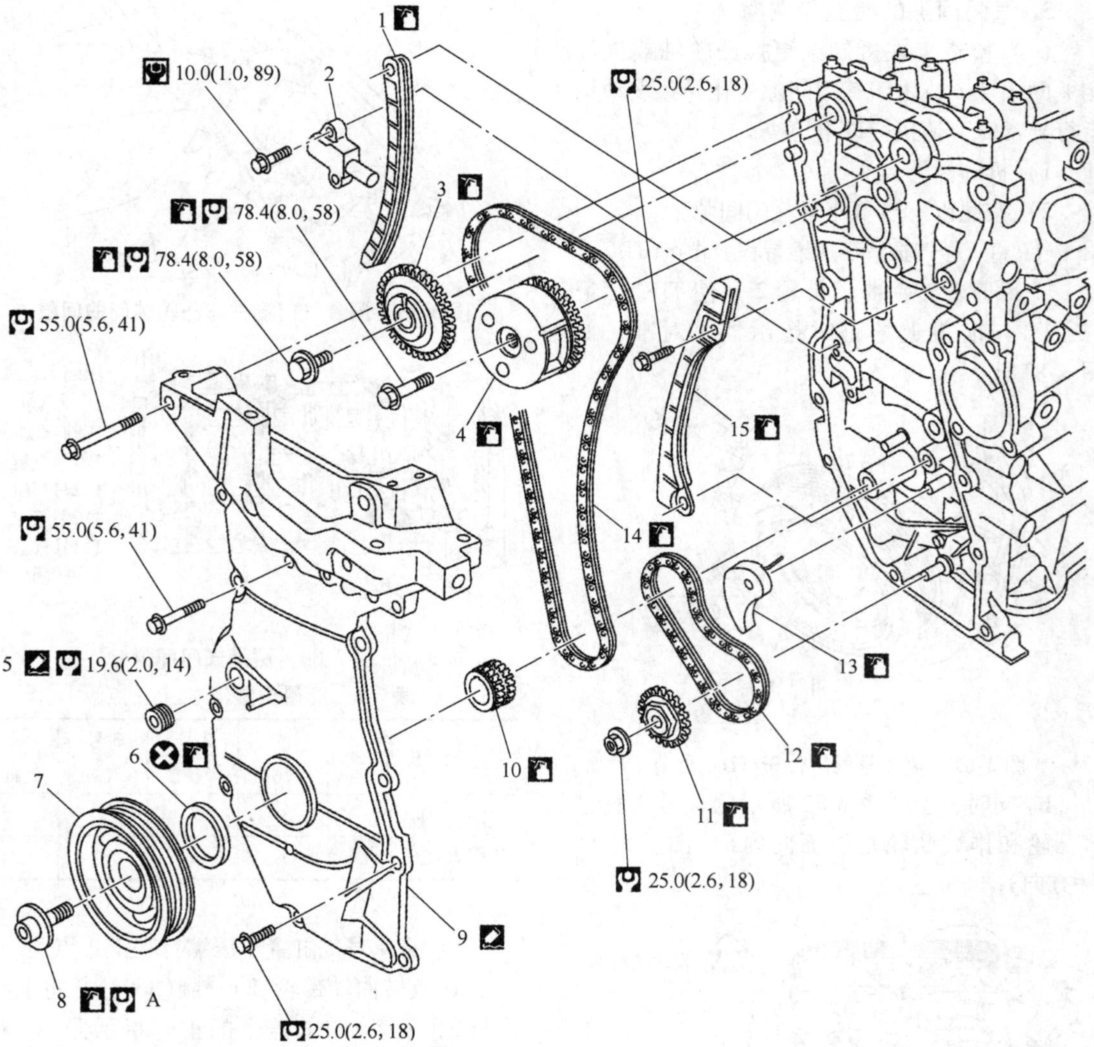

图 3-79　HR15DE 发动机正时链单元分解

1—正时链条松弛侧链条导轨　2—正时链条张紧器　3—凸轮轴链轮（排气）　4—凸轮轴链轮（进气）　5—孔塞　6—前油封　7—曲轴带轮　8—曲轴带轮螺栓　9—前盖　10—曲轴链轮　11—油泵链轮　12—机油泵驱动链条　13—链条张紧器（机油泵驱动链条用）　14—正时链条　15—正时链条张紧侧链条导轨　A—在完成安装步骤后，必须拧紧

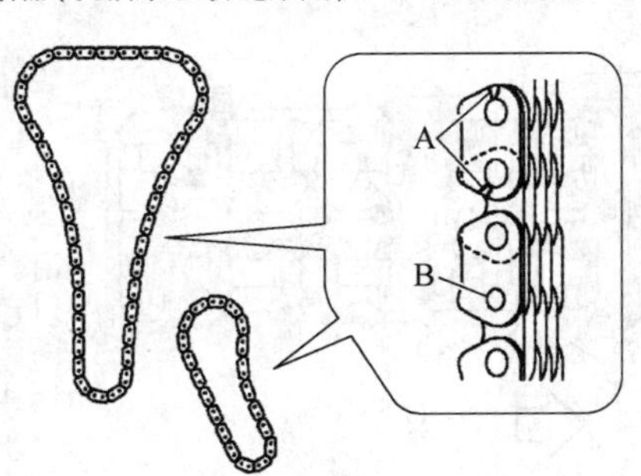

图 3-80　检查正时链条

有必要的话，请重新加注到规定液面高度。

7）检查项目概要见表 3-4。

表 3-4　检查项目

项目	起动发动机前	发动机运转	发动机停止后
发动机冷却液	液面高度	泄漏	液面高度
发动机机油	液面高度	泄漏	液面高度
其他油液①	液面高度	泄漏	液面高度
燃油	泄漏	泄漏	泄漏

① 自动变速器油、动力转向液、制动液等。

3. 气门间隙的检查与调整

（1）检查　在拆卸或更换凸轮轴或气门相关的零件，或由于气门间隙变化导致发动机运行异常时，请执行以下检查。

1）拆卸摇臂盖。

2）按照以下步骤测量气门间隙：

① 将1号气缸置于压缩行程上止点(TDC)。

a. 顺时针转动曲轴带轮2并使TDC标记(无漆)与前盖上的正时指示器1对准，如图3-81所示。

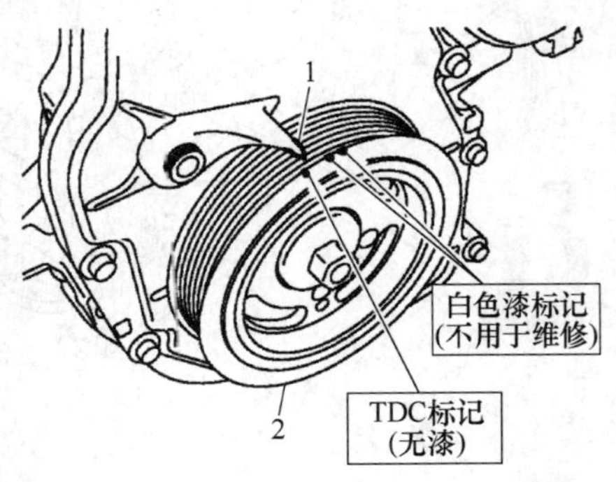

图3-81　使1号气缸位于TDC位置

b. 同时，检查图3-82所示的1号气缸进气凸轮和排气凸轮是否面向内部(图3-82中⬅方向)。

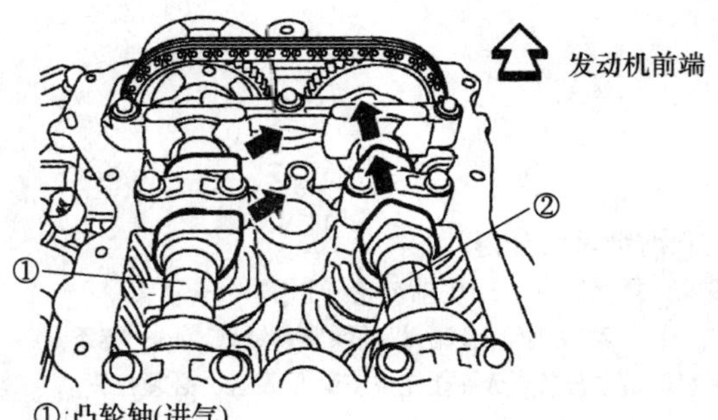

图3-82　检查进排气凸轮

c. 如果它们没有面朝里，请按图3-82所示再旋转曲轴带轮一圈(360°)并对齐。

② 使用塞尺测量气门挺柱和凸轮轴之间的间隙，如图3-83所示。

③ 参照图3-84，用塞尺测量表3-5［图3-84中黑色箭头(⬅)所示位置］所示“×”标记处的气门间隙。

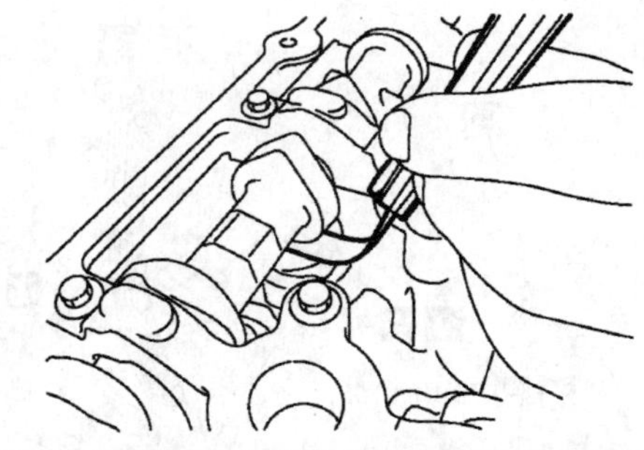

图3-83　测量气门挺柱与凸轮轴间的间隙

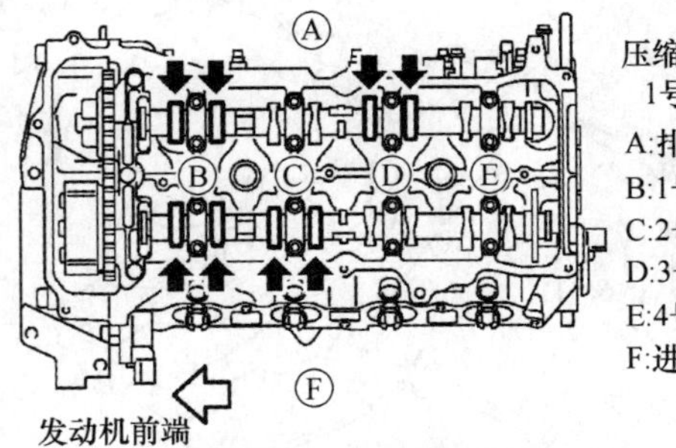

图3-84　测量气门间隙

表3-5　测量位置(1缸上止点)

测量位置		1号气缸	2号气缸	3号气缸	4号气缸
1号气缸处于压缩上止点	排气	×		×	
	进气	×	×		

3）将4号气缸置于压缩行程上止点。

a. 旋转曲轴带轮(2)一圈(360°)并将上止点标记(无漆)与前盖上的正时指示器(1)对齐，如图3-81所示。

b. 参照图3-85，用塞尺测量表3-6［图3-85中黑色箭头(⬅)所示位置］所示“×”标记处的气门间隙。

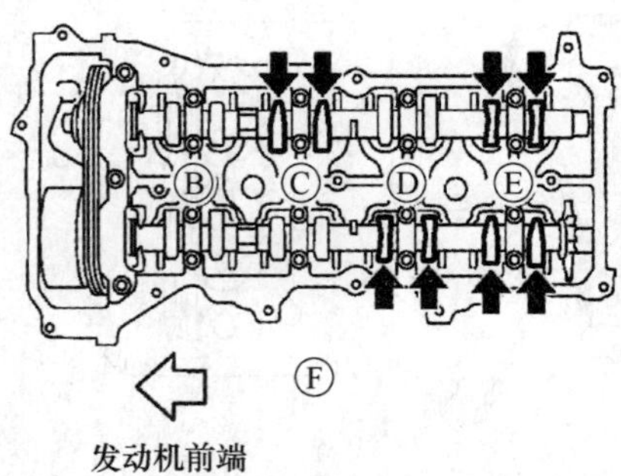

图3-85　测量气门间隙

表 3-6 测量位置(4 缸上止点)

测量位置		1号气缸	2号气缸	3号气缸	4号气缸
4号气缸处于压缩上止点	排气		×		×
	进气			×	×

④ 如果超出标准，则进行调整。

(2) 调整 根据所选的挺柱盖厚度进行调整。

1) 拆卸凸轮轴。

2) 拆卸超出标准位置处的气门挺柱。

3) 使用千分尺测量拆下的气门挺柱的中间厚度。

4) 使用以下等式计算要更换的气门挺柱厚度。

◆ 气门挺柱厚度计算：t = t1 + (C1 − C2)

- T = 要更换的气门挺柱厚度
- t1 = 拆下的气门挺柱厚度
- C1 = 测量的气门间隙
- C2 = 标准气门间隙：
- 进气：0.30mm(0.012in)
- 排气：0.33mm(0.013in)

① 新气门挺柱(B)的厚度可以通过相反侧(缸内部)的印记(A)识别，如图3-86所示。

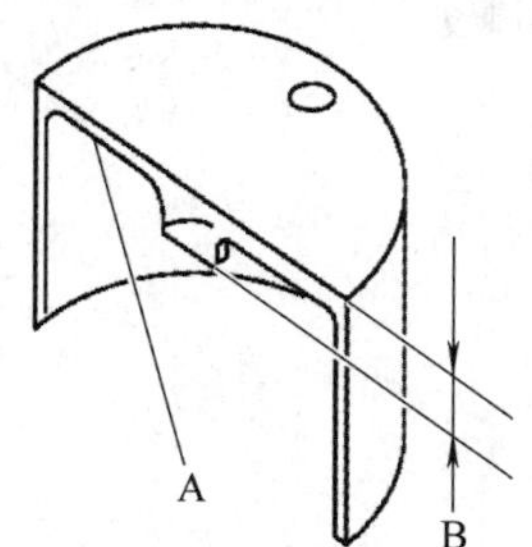

图 3-86 新气门挺柱标识

② 印记“302”代表厚度为 3.02mm (0.1189in)。

> **注意：**
>
> 可用气门挺柱厚度：在 0.02mm (0.0008in) 级的 3.00 ~ 3.50mm (0.1181 ~ 0.1378in) 范围内有26个尺寸(厂家制造)。

5) 安装所选气门挺柱。

6) 安装凸轮轴。

7) 安装正时链条和相关零件。

8) 手动旋转曲轴带轮几圈。

9) 确认气门间隙在标准范围内。

10) 按照与拆卸相反的顺序安装剩余零件。

11) 发动机暖机，检查是否有异常噪声和振动。

七、HR12DE 1.2L 发动机(2010—2012 款玛驰装备)

1. 正时链单元分解

正时链单元分解见图 3-87、图 3-88。

2. 正时链单元的拆卸方法

1) 按如下步骤将 1 号气缸置于压缩行程上止点(TDC)位置。

① 顺时针转动曲轴带轮 2 并使 TDC 标记(无漆)与前盖上的正时指示器 1 对准，如图 3-89 所示。

② 确认每个凸轮轴链轮匹配标记都处在图 3-90 所示的位置。

- 如果没有对齐的话，就再转动曲轴带轮一次，使匹配标记与图 3-90 中所示位置一致。

③ 确认 1 号气缸的凸轮前端是处于图 3-91中所示的位置。

2) 用下列步骤拆下曲轴带轮：

① 使用滑轮托(通用维修工具)固定曲轴带轮，如图 3-92 所示。

② 松开并拉出曲轴带轮螺栓。

③ 将带轮拆卸器置于曲轴带轮的 M6 螺纹孔处，然后拆下曲轴带轮，如图 3-93 所示。

3) 用下列步骤拆下前盖：

① 按如图 3-94 所示的相反顺序松开螺栓。

② 通过撬动图 3-95 中所示(⬅)位置来切断密封胶，然后拆下前盖。

4) 从前盖上拆下前油封。

- 使用合适的工具举起它，将其拆下。

5) 如图 3-96 所示，按照以下步骤拆下链条张紧器(适用于正时链条)。

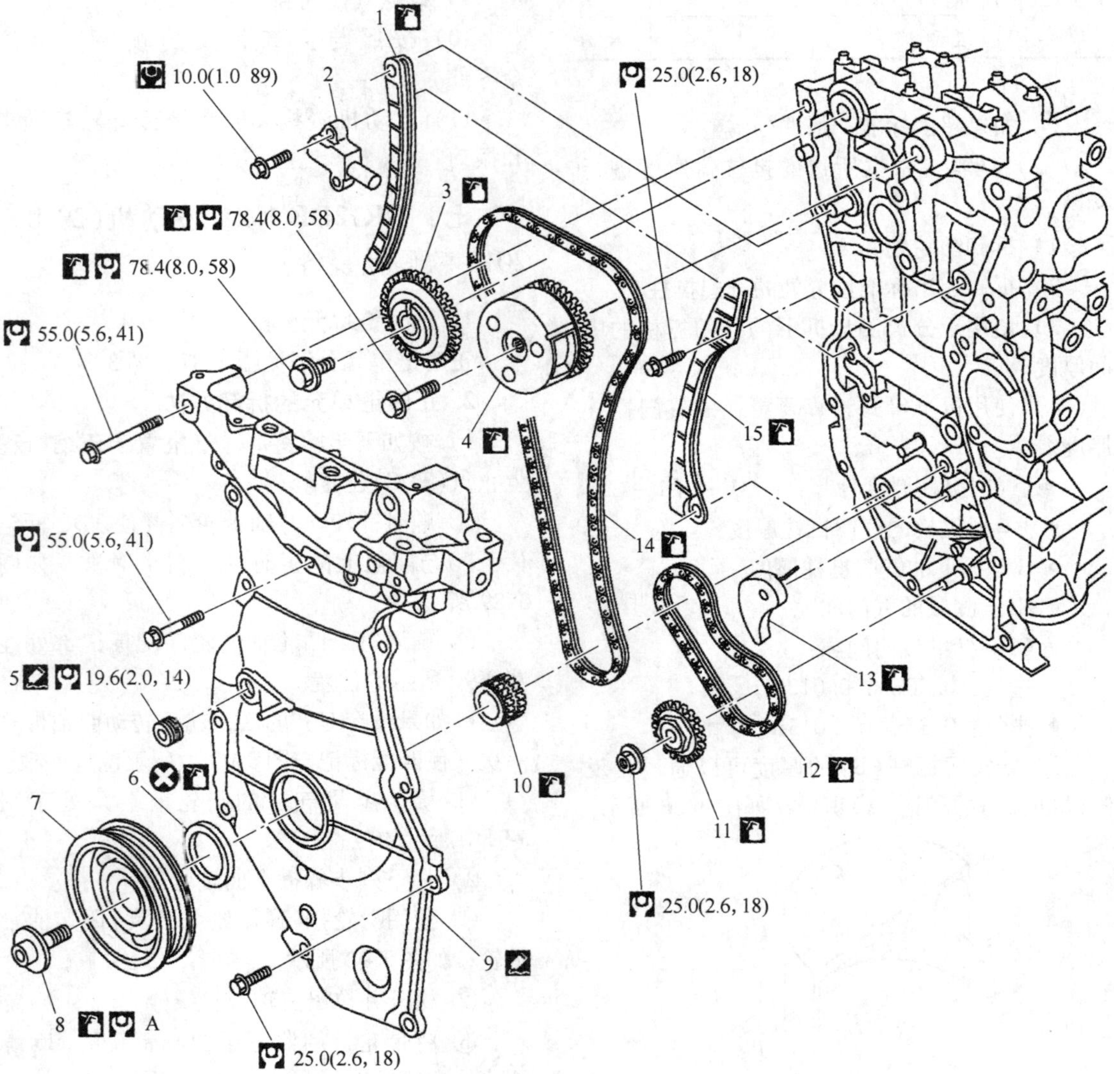

图 3-87　HR12DE 发动机正时链单元分解(类型一)

1—正时链条松弛侧链条导轨　2—链条张紧器(适用于正时链条)　3—凸轮轴链轮(排气)　4—凸轮轴链轮(进气)　5—孔塞　6—前油封　7—曲轴带轮　8—曲轴带轮螺栓　9—前盖　10—曲轴链轮　11—油泵链轮　12—机油泵驱动链条　13—链条张紧器(机油泵驱动链条用)　14—正时链条　15—正时链条张紧侧链条导轨

A—在完成安装步骤后，必须拧紧。

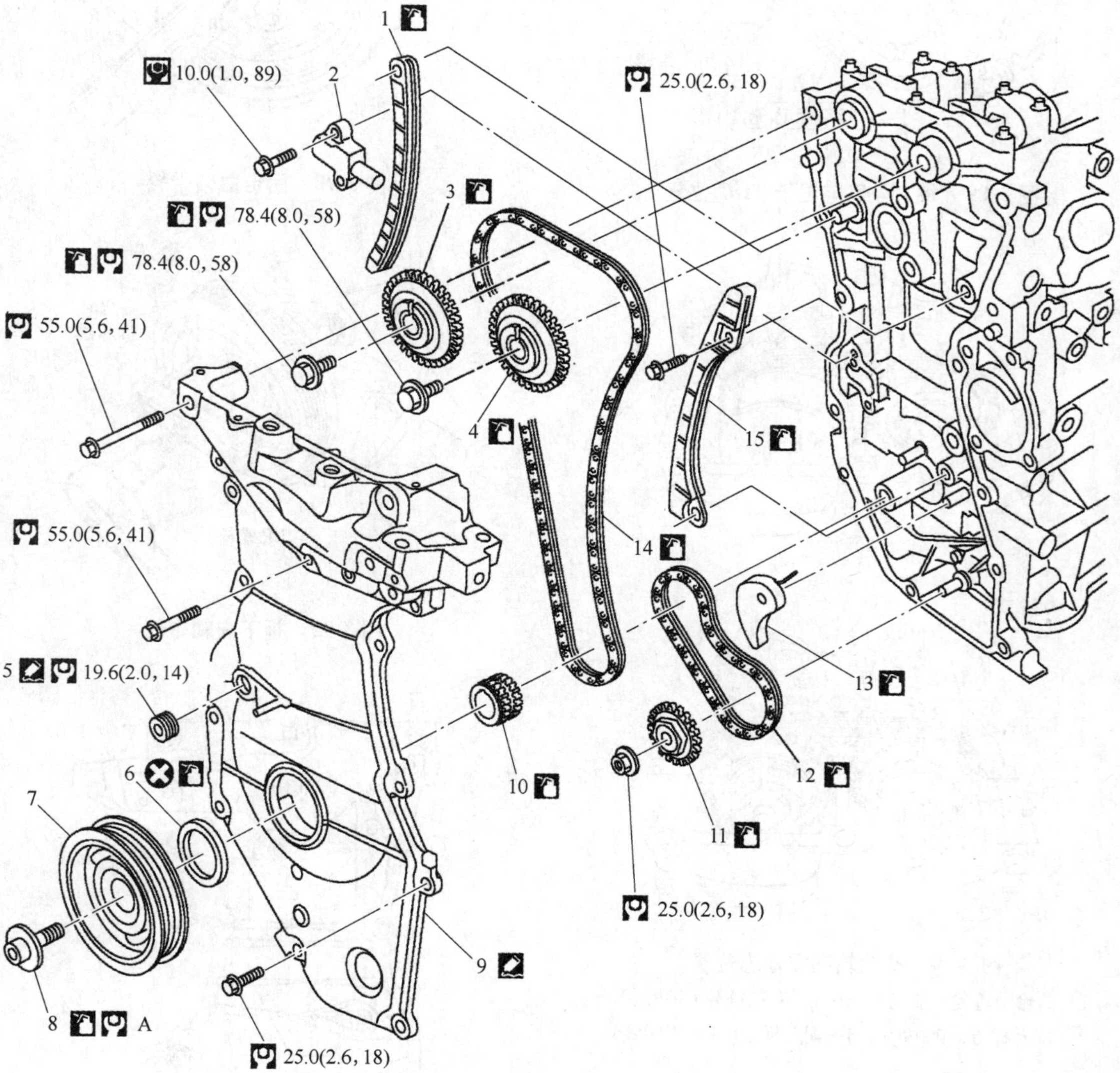

图 3-88　**HR12DE** 发动机正时链单元分解(类型二)

1—正时链条松弛侧链条导轨　2—链条张紧器(适用于正时链条)　3—凸轮轴链轮(排气)　4—凸轮轴链轮(进气)
5—孔塞　6—前油封　7—曲轴带轮　8—曲轴带轮螺栓　9—前盖　10—曲轴链轮　11—油泵链轮
12—机油泵驱动链条　13—链条张紧器(机油泵驱动链条用)　14—正时链条　15—正时链条张紧侧链条导轨

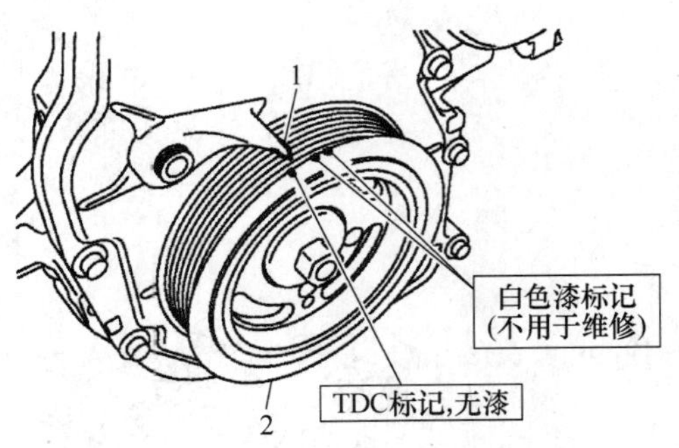

图 3-89　将 1 号气缸置于 TDC 位置

类型一

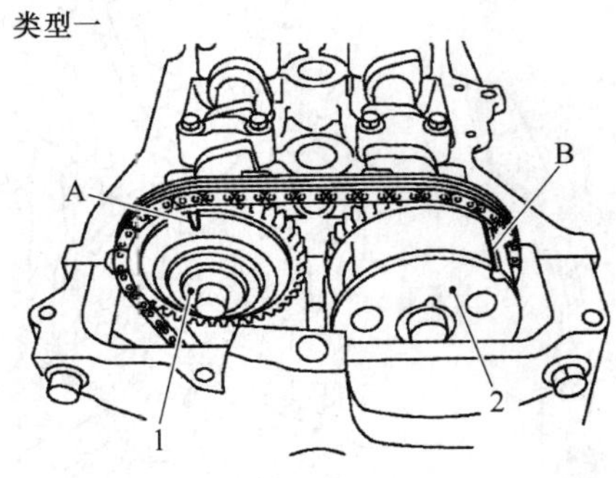

类型二

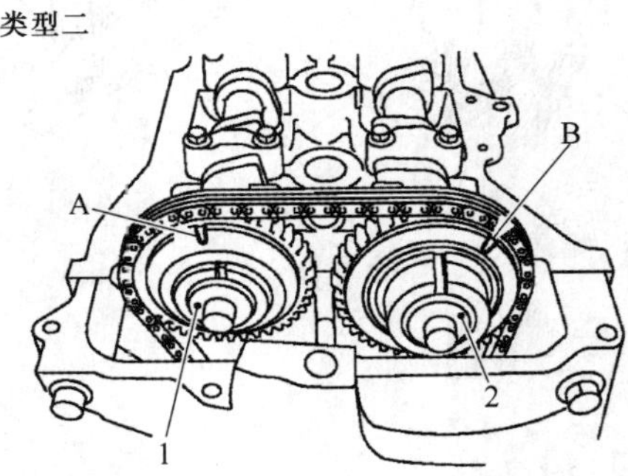

图 3-90　凸轮轴匹配标志位置

1—凸轮轴链轮（排气）　2—凸轮轴链轮（进气）
A—配合标记（印制处）　B—配合标记（外周压印线）

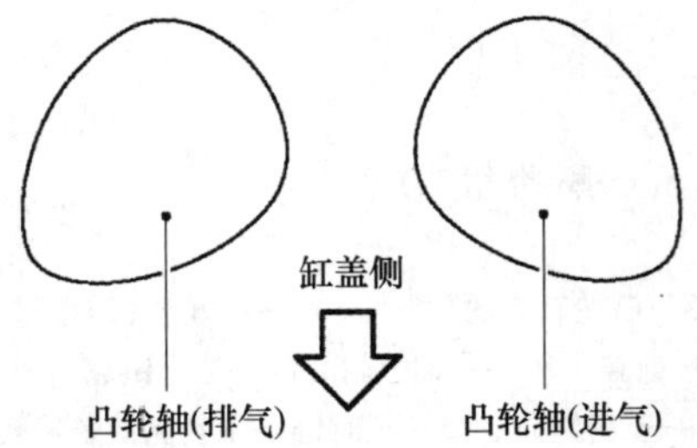

图 3-91　1 号气缸凸轮前端所处位置

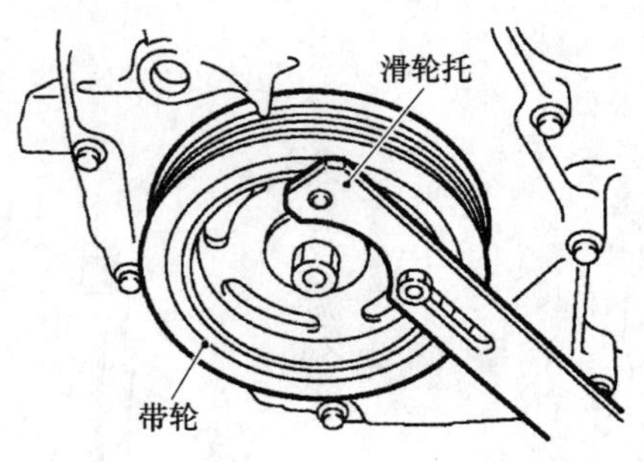

图 3-92　固定曲轴带轮

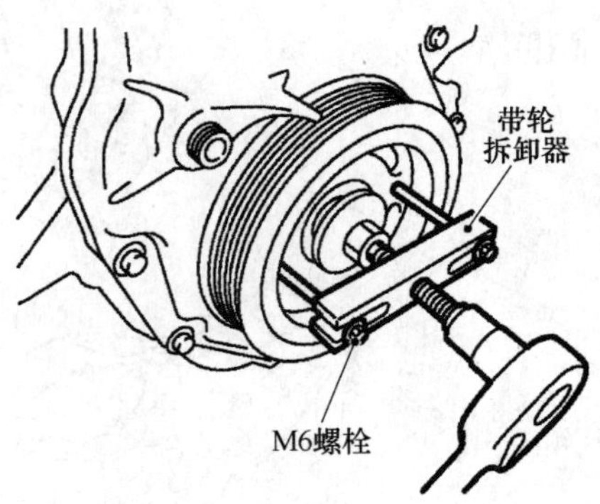

图 3-93　拆下曲轴带轮

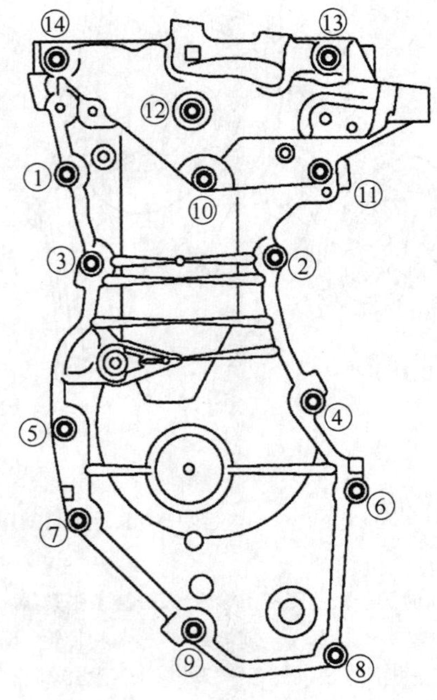

图 3-94　拆开前盖螺栓顺序

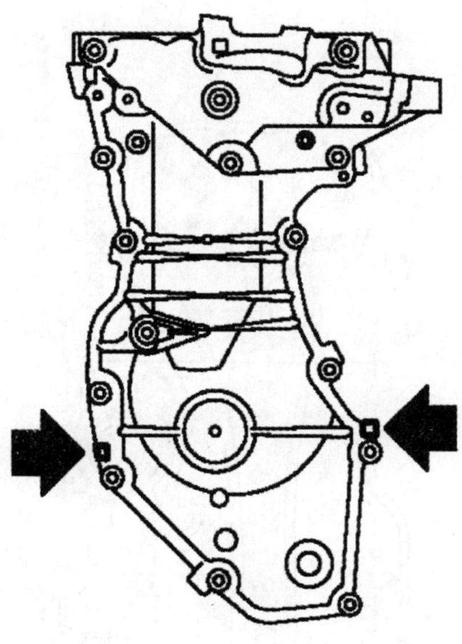

图 3-95 撬开前盖

① 完全推倒链条张紧器杆(A)，然后把柱塞(C)推入链条张紧器内(适用于正时链条)，如图 3-96 所示。

- 完全推倒链条张紧器杆后，限定器(B)就被释放出来了。这样，就可以移动柱塞了，如图 3-96 所示。

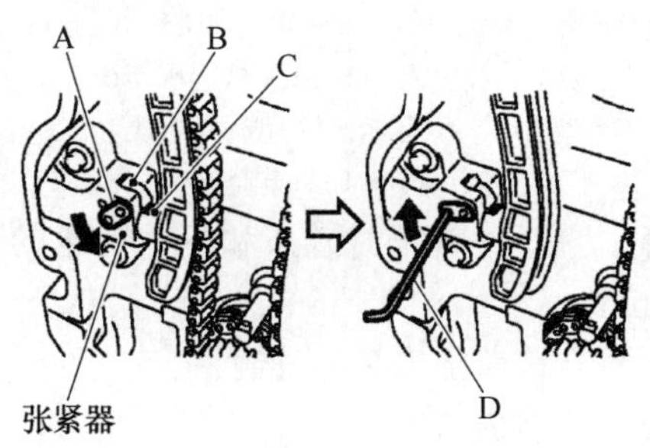

图 3-96 拆下链条张紧器

② 拉起杆，使其孔的位置与主题孔的位置对齐。

a. 当杆孔与柱塞孔的位置对齐时，柱塞也就被固定住了。

b. 当柱塞棘齿的突出部分和限位器相对时，双方的孔位就不会对齐了。同时，要使它们正确结合过轻轻移动栓塞来使这些孔的位置对齐。

③ 从杆孔中将限位销(D)插入张紧器孔中，然后在上方位置处固定住杆，如图 3-96 所示。

- 图 3-96 中所示的是一个使用六角扳手 2. 5mm(0. 098in)的例子。

④ 拆下链条张紧器(适用于正时链条)。

6) 拆下正时链条张紧侧链条导轨和正时链条松弛侧链条导轨。

> **注意:**
> 以上分解图以类型一为例。

7) 拆下正时链条。

- 朝凸轮轴链轮(排气侧)方向拉动正时链条的松动端，然后拆下正时链条并开始从凸轮轴链轮(排气侧)下。

8) 拆下曲轴链轮和与机油泵驱动相关的部件。

3. 正时链单元的安装步骤

> **注意:**
> 图 3-97 中显示了每个正时链条上的匹配标记，和相应的安装了部件的链轮上的匹配标记之间的关系。

- 以上分解图以凸轮轴匹配标记类型一为例。

1) 安装曲轴链轮和与机油泵驱动相关的部件。

2) 如图 3-98 所示，用下列步骤安装正时链条。

> **注意:**
> 以上凸轮轴匹配标记以类型一为例。

① 进行安装，使每个链轮和正时链条上的匹配标记对齐。

② 如果匹配标记没有对齐，就轻轻旋转凸轮轴，纠正其位置。

3) 安装正时链条张紧侧链条导轨和正时链条松弛侧链条导轨。

4) 安装链条张紧器(用于正时链条)。

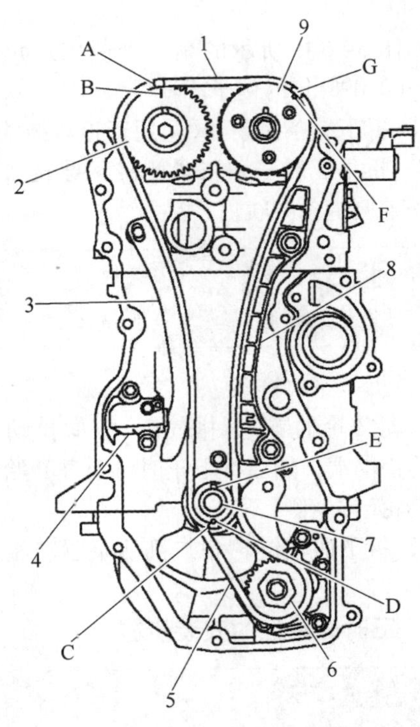

图 3-97　正时链条匹配标志

1—正时链条　2—凸轮轴链轮（排气）　3—正时链条松弛侧链条导轨　4—链条张紧器（适用于正时链条）　5—机油泵驱动链条　6—油泵链轮　7—曲轴链轮　8—正时链条张紧侧链条导轨　9—凸轮轴链轮（进气）　A—黄色链节（类型 1）　蓝色链节（类型 2）　B—配合标记（印制处）　C—橙色链节　D—配合标记（印制处）　E—曲轴钥匙（直接朝上）　F—配合标记[（外周压印线）（类型 1）]　配合标记[（印制处）（类型 2）]　G—黄色链节（类型 1）　蓝色链节（类型 2）

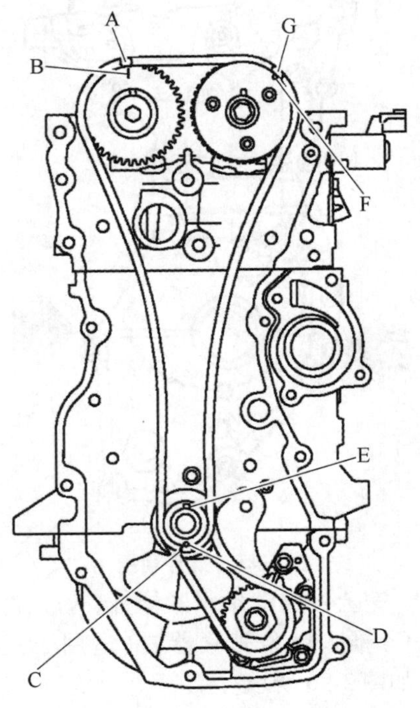

图 3-98　安装正时链条步骤

A—黄色链节（类型 1）　蓝色链节（类型 2）　B—配合标记（印制处）　C—橙色链节　D—配合标记（印制处）　E—曲轴钥匙（直接朝上）　F—配合标记[（外周压印线）（类型 1）]　配合标记[（印制处）（类型 2）]　G—黄色链节（类型 1）　蓝色链节（类型 2）

5）重新检查正时链条和每个链轮的匹配标记位置。

6）在前盖上安装前油封。

7）安装前盖。

第二节　郑州日产汽车发动机正时维修与气门间隙调整

一、QD29T/QD32T 3.2L 柴油发动机（2007 款起奥丁装备）

1. 正时带拆卸方法和步骤安装

（1）正时记号　根据正时标记号安装正时齿轮。惰轮压板倒角朝外，如图 3-99 所示。

（2）机油泵　注入机油后组装，组装时，每紧完一个螺栓都要转动齿轮，不得有阻滞现象，如图 3-100 所示。

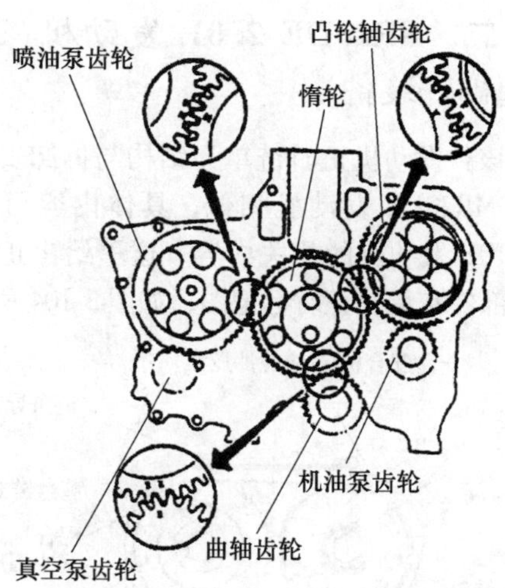

图 3-99　正时标记位置

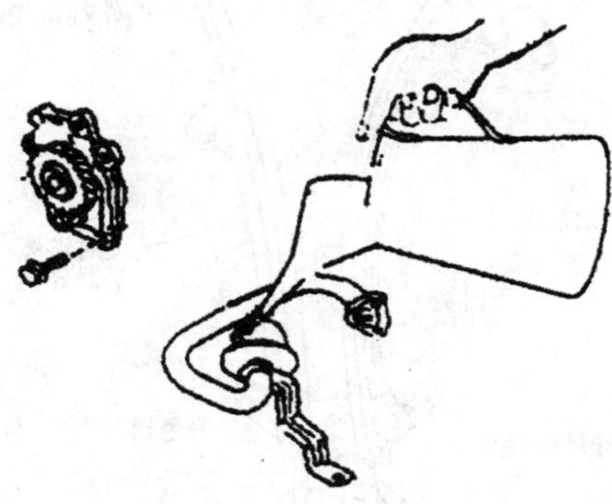

图 3-100　加注机油

(3) 飞轮壳(见图 3-101)　螺栓涂机油后安装。

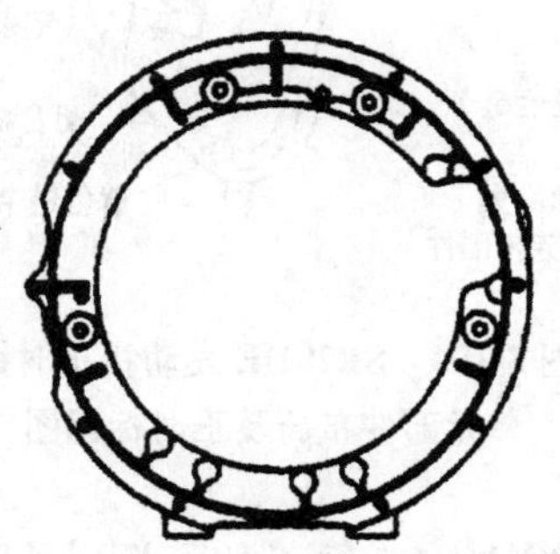

图 3-101　安装飞轮壳

• 力矩：60 ~ 70N · m

(4) 飞轮　将机油涂到螺栓的螺纹和头部端面上，然后按规定的数字顺序和要求的力矩拧紧，如图 3-102 所示。

• 力矩：167 ~ 186N · m

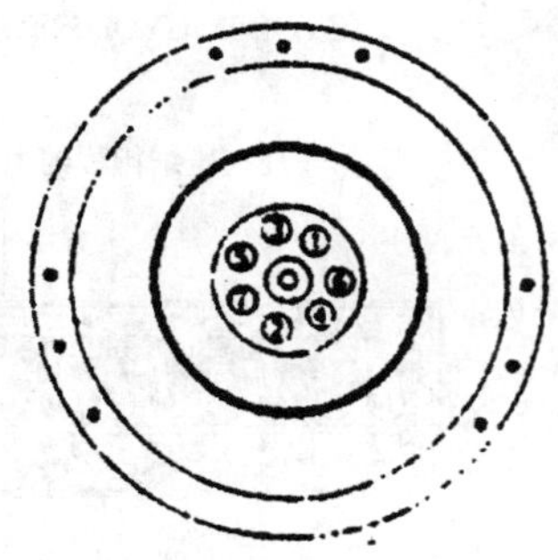

图 3-102　安装飞轮盘

2. 气门间隙的调整方法

用 QD290. CN101 气门间隙塞尺按下述方法调整气门间隙：

1) 按柴油机旋转方向转动曲轴，将曲轴带轮的上止点刻度与隔声罩上的正时刻度线对齐(CYQD29 与下端刻线对齐；CYQD29T 与上端刻线对齐)，使 1，4 缸活塞位于上止点。

2) 用手上、下摇动第一缸进气门和排气门摇臂，如二者有间隙，则表示第一缸活塞处于压缩行程上止点。

3) 如该摇臂没有间隙，但第四缸进气门和排气门摇臂有间隙，则表示第四缸活塞处于压缩行程上止点。

4) 共分两次将全部气门间隙调整完毕，如图 3-103 所示。

• 冷态气门间隙：

* 进、排气门：0. 35mm。

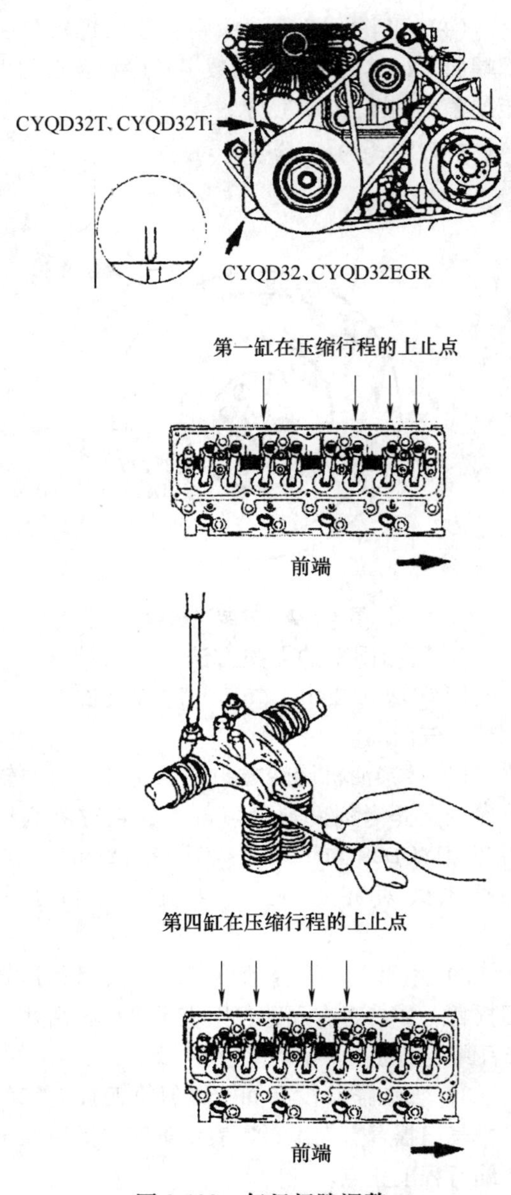

图3-103　气门间隙调整

二、SR20DE 2.0L 发动机(2007款起御轩装备)

该款发动机正时链单元结构与拆卸安装步骤与MR20DE发动机相似，具体内容可参考MR20DE发动机的相关内容，这里给出正时链单元部件布局及正时标记图，如图3-104所示。

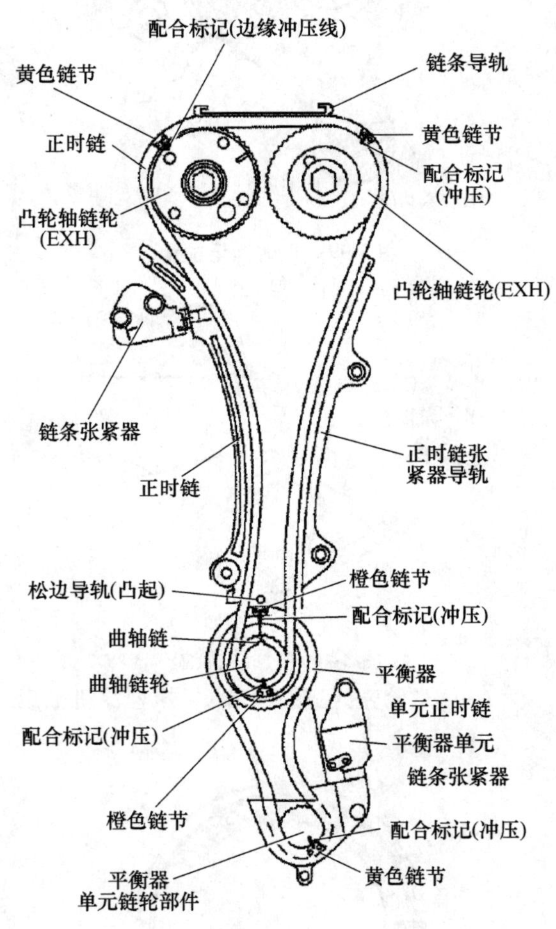

图3-104　SR20DE发动机正时链单元部件布局及正时标记图

第三节　进口日产汽车发动机正时维修与气门间隙调整

VQ20DE 2.0L/VQ30DE 3.0L 发动机(2000款起风度装备)

1. 正时链单元分解

正时链单元分解见图3-105。

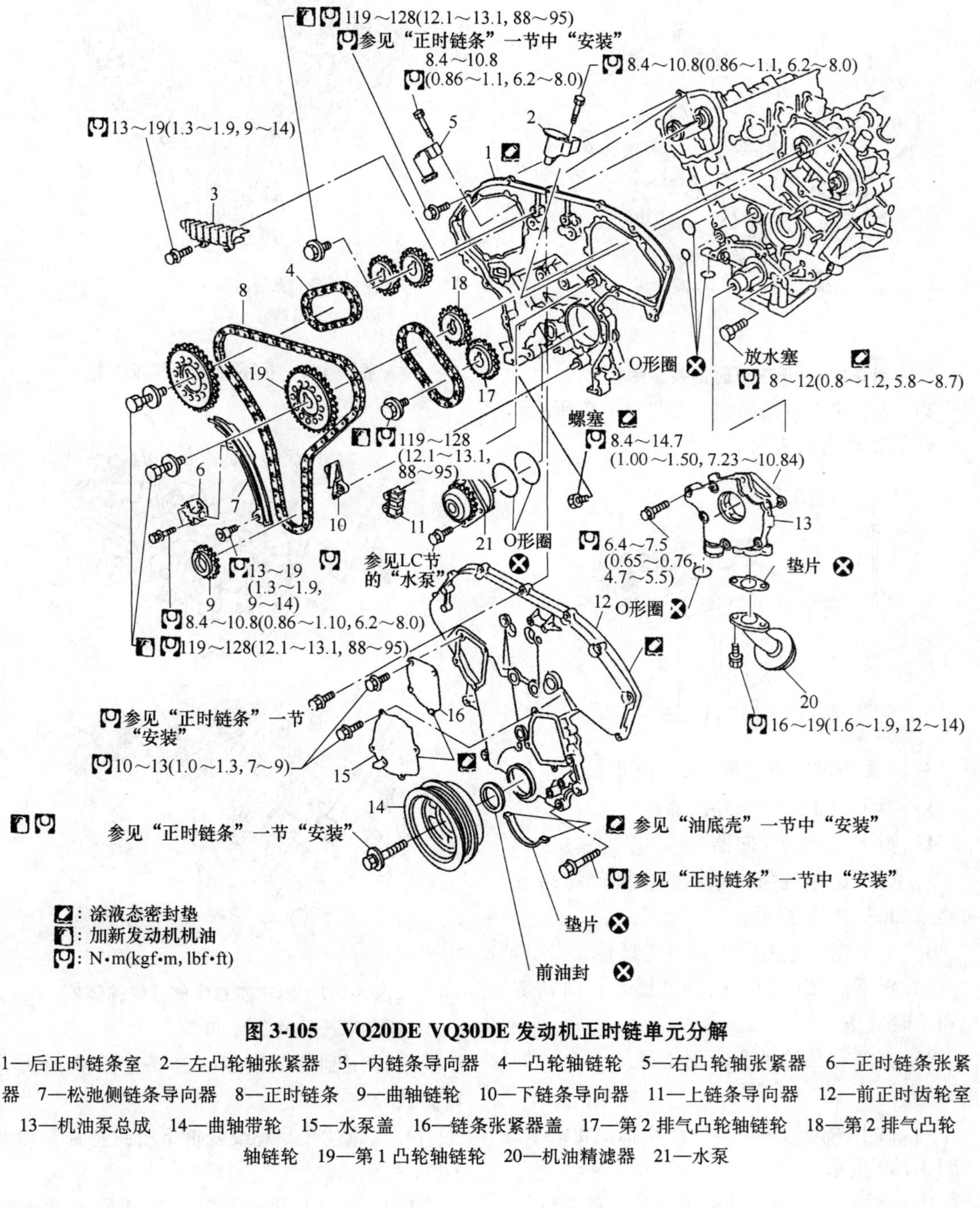

119～128(12.1～13.1, 88～95)
参见“正时链条”一节中“安装”
8.4～10.8
(0.86～1.1, 6.2～8.0)
8.4～10.8(0.86～1.1, 6.2～8.0)
13～19(1.3～1.9, 9～14)
放水塞
8～12(0.8～1.2, 5.8～8.7)
O形圈
螺塞
119～128
(12.1～13.1,
88～95)
8.4～14.7
(1.00～1.50, 7.23～10.84)
O形圈
参见LC节
的“水泵”
6.4～7.5
(0.65～0.76,
4.7～5.5)
垫片
O形圈
13～19
(1.3～1.9,
9～14)
8.4～10.8(0.86～1.10, 6.2～8.0)
119～128(12.1～13.1, 88～95)
参见“正时链条”一节
“安装”
10～13(1.0～1.3, 7～9)
16～19(1.6～1.9, 12～14)
参见“正时链条”一节“安装”
参见“油底壳”一节中“安装”
参见“正时链条”一节中“安装”
垫片
前油封

: 涂液态密封垫
: 加新发动机机油
: N•m(kgf•m, lbf•ft)

图 3-105 VQ20DE VQ30DE 发动机正时链单元分解

1—后正时链条室 2—左凸轮轴张紧器 3—内链条导向器 4—凸轮轴链轮 5—右凸轮轴张紧器 6—正时链条张紧器 7—松弛侧链条导向器 8—正时链条 9—曲轴链轮 10—下链条导向器 11—上链条导向器 12—前正时齿轮室 13—机油泵总成 14—曲轴带轮 15—水泵盖 16—链条张紧器盖 17—第 2 排气凸轮轴链轮 18—第 2 排气凸轮轴链轮 19—第 1 凸轮轴链轮 20—机油精滤器 21—水泵

2. 正时带拆卸方法

1）拆下前正时链条室螺栓。

• 按图 3-106 中所示数字顺序拧松螺栓。

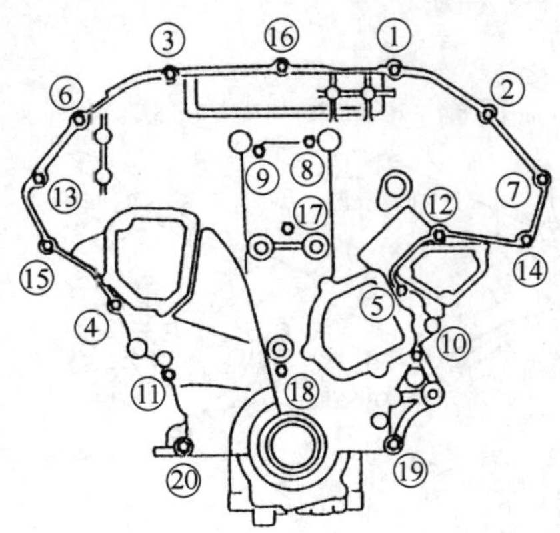

图 3-106 拆下正时链条室螺栓

2）拆下前正时链条室，如图 3-107 所示。

• 不要刮密封表面。

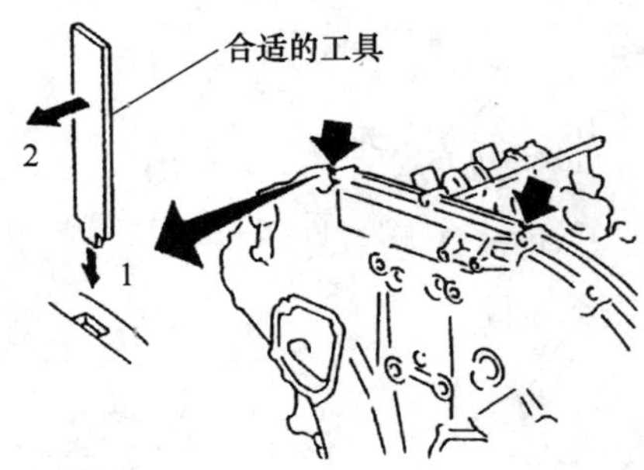

图 3-107 拆下前正时链条室

3）拆下内正时链条导向器。

4）拆下上链条导向器。

5）拆下正时链条张紧器和松弛侧链条导向器，如图 3-108 所示。

6）拆下第 1 左右凸轮轴链轮螺栓。

7）拆下两端的第 1 凸轮轴链轮、曲轴链轮和正时链条。

8）在左右凸轮轴张紧器上加一个合适的止推销。

9）拆下两侧的第 2 排气凸轮轴链轮链条，如图 3-109 所示。

10）拆下第 2 排气凸轮轴链轮、第 2 进气凸轮轴链轮以及两侧的凸轮轴链条，如图 3-110所示。

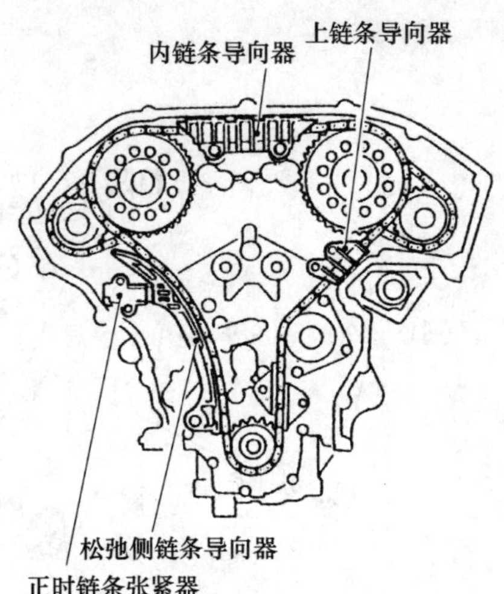

图 3-108 拆下导向器和张紧器

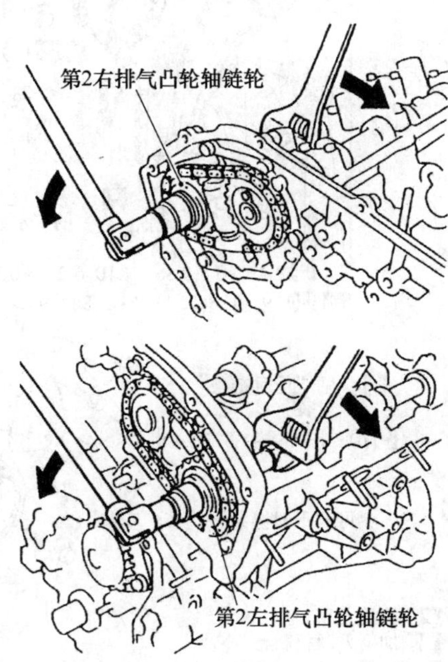

图 3-109 拆下左右排气凸轮轴链轮

11）拆下下链条导向器。

12）用刮刀从前正时链条室上除掉所有密封胶痕迹。

• 从螺栓孔及螺纹处拆下密封垫片，如图 3-111 所示。

13）用刮刀从水泵盖上除掉所有的密封胶痕迹。

＊ 检查：

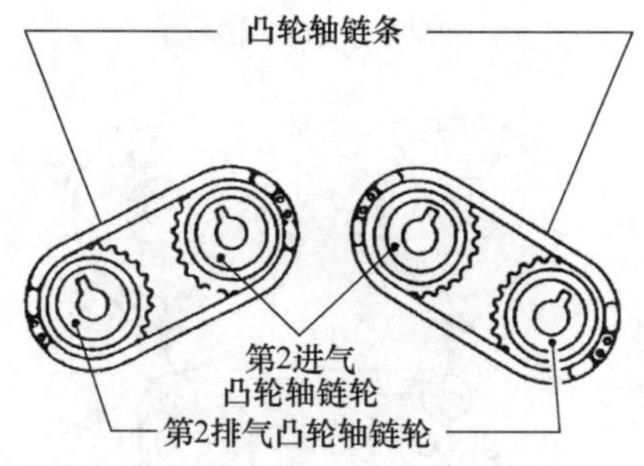

图 3-110　拆下第 2 进气、排气凸轮轴链条

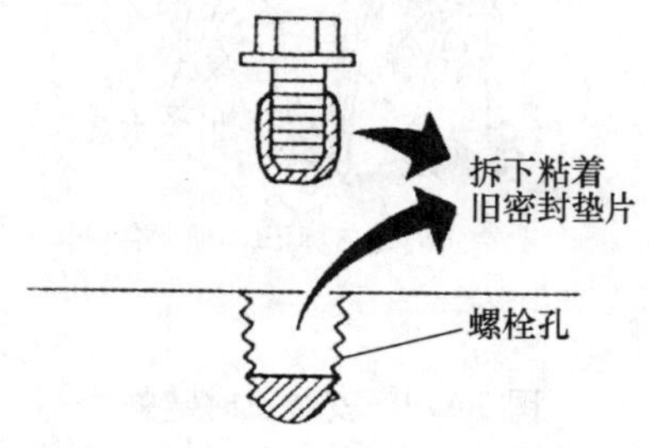

图 3-111　拆下密封垫片

检查滚柱链节是否有裂纹或磨损，必要时更换，如图 3-112 所示。

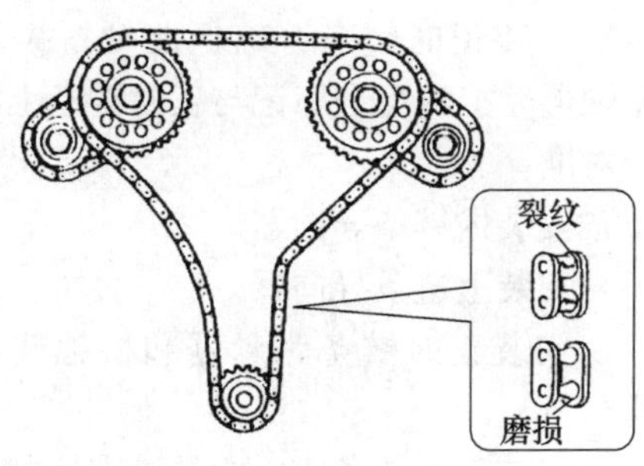

图 3-112　检查滚柱链节

3. 正时带单元的安装

1）将曲轴链轮装到曲轴上。

• 确认曲轴链轮的配合标记面向发动机前方，如图 3-113 所示。

2）转动曲轴使第一缸活塞处于压缩行程上止点(TDC)，如图 3-114 所示。

3）将下链条导向器安装在定位销上，导向器上的前向标记向上，如图 3-115 所示。

4）如图 3-116 所示，将左右进气凸轮轴链轮(第 2)、排气凸轮轴第 2 链轮上的标记与

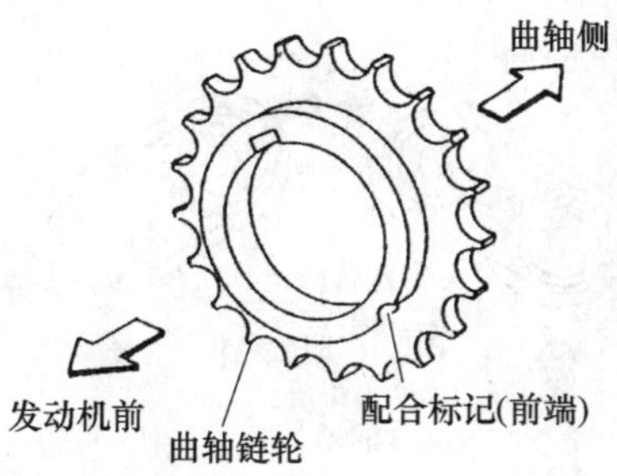

图 3-113　确认曲轴链轮配合标记

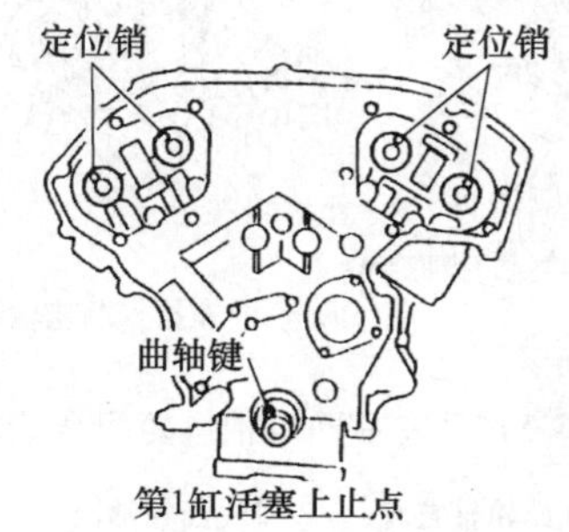

图 3-114　第一缸活塞设定于 TDC 位置

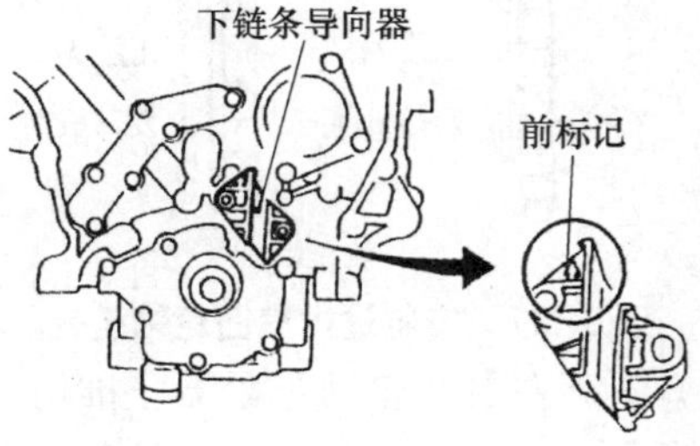

图 3-115　安装下链条导向器

凸轮轴链条的标记对准。

5）将左凸轮轴定位销放入凸轮轴链轮上的定位槽内，并将其安装在凸轮轴上，拧紧左排气凸轮轴第 2 链轮螺栓。

6）将右凸轮轴定位销放入凸轮轴链轮孔内，并将链轮装在凸轮轴上。

7）拧紧右排气凸轮轴第 2 链轮螺栓。

① 确保左右进气凸轮轴第 2 链轮上的正时标记与凸轮轴链条标记对准。

② 加新的发动机机油润滑凸轮轴链轮螺栓和螺纹。

8）安装进排气凸轮轴链轮、注意不要弄混(两者厚度不同)，如图 3-117 所示。

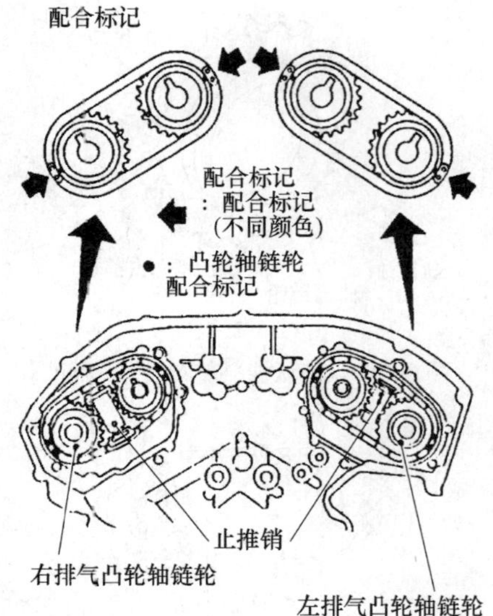

图 3-116 左右凸轮轴链轮配合标志

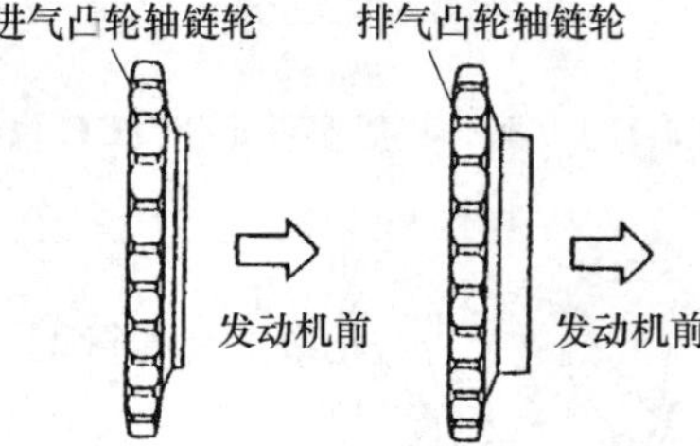

图 3-117 安装进排气凸轮轴链轮

9）拆下左右凸轮轴张紧器止推销，如图3-118所示。

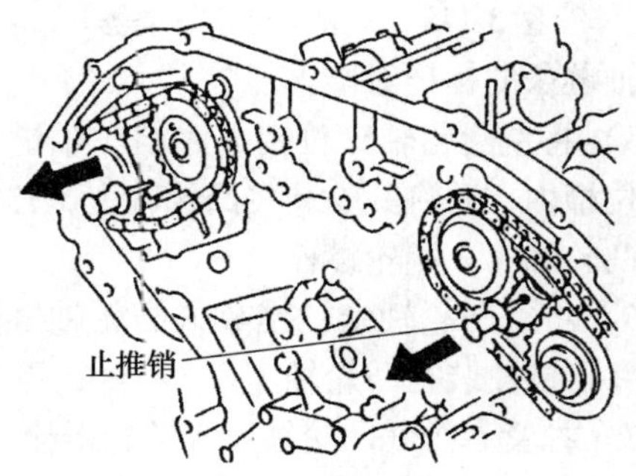

图 3-118 拆下凸轮轴张紧器止推销

10）将曲轴链轮的配合标记与图3-119中所示链条上的配合标记(金色)对准。

11）将下列正时链条将在水泵支架上。

12）将链轮定位槽与凸轮轴配合好后，

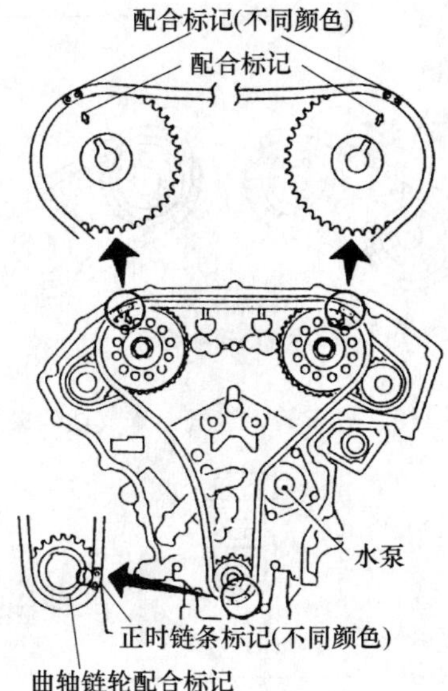

图 3-119 安装正时链条

将左右凸轮轴链轮(第一)装在正时链条上。

13）拧紧左右凸轮轴第一链轮螺栓。

• 螺栓座表面和螺纹涂抹新的发动机机油。

14）安装正时链条，确保曲轴链条和左右凸轮轴链轮上的配合标记与正时链条上的配合标记对准。

15）安装内链条导向器。

16）安装上链条导向器。

17）安装正时链条张紧器和松弛侧链条导向器。

18）在前正时链条室上涂抹液态密封垫。

19）将后室销装在前正时链条室上的定位销孔中。

20）按图3-120中数字所示顺序将螺栓拧紧至规定的力矩值。

• 拧紧后放置30min以上。

21）在水泵盖上涂液态密封垫。

22）安装水泵盖。

• 在水泵盖配合表面上连续加一圈液态密封垫。

23）在左右摇臂室罩上涂液态密封垫。

• 使用纯正液态密封垫或同类品。

24）安装左右摇臂室罩，如图3-121所示。

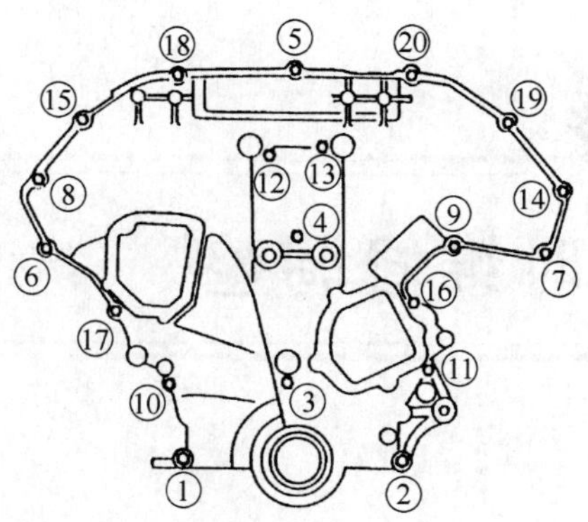

图 3-120　安装正时链室

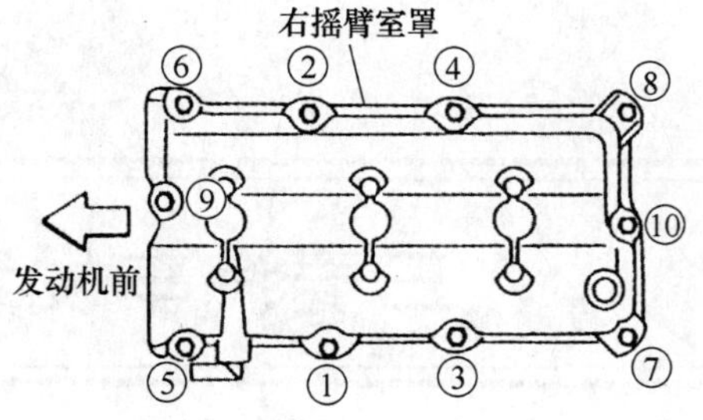

图 3-121　安装左右摇臂室罩

第四章

三菱汽车发动机正时维修调整

第一节　6G75 3.8L 发动机（2008—2012 款帕杰罗装备）

1. 正时带单元分解

正时带单元分解见图 4-1。

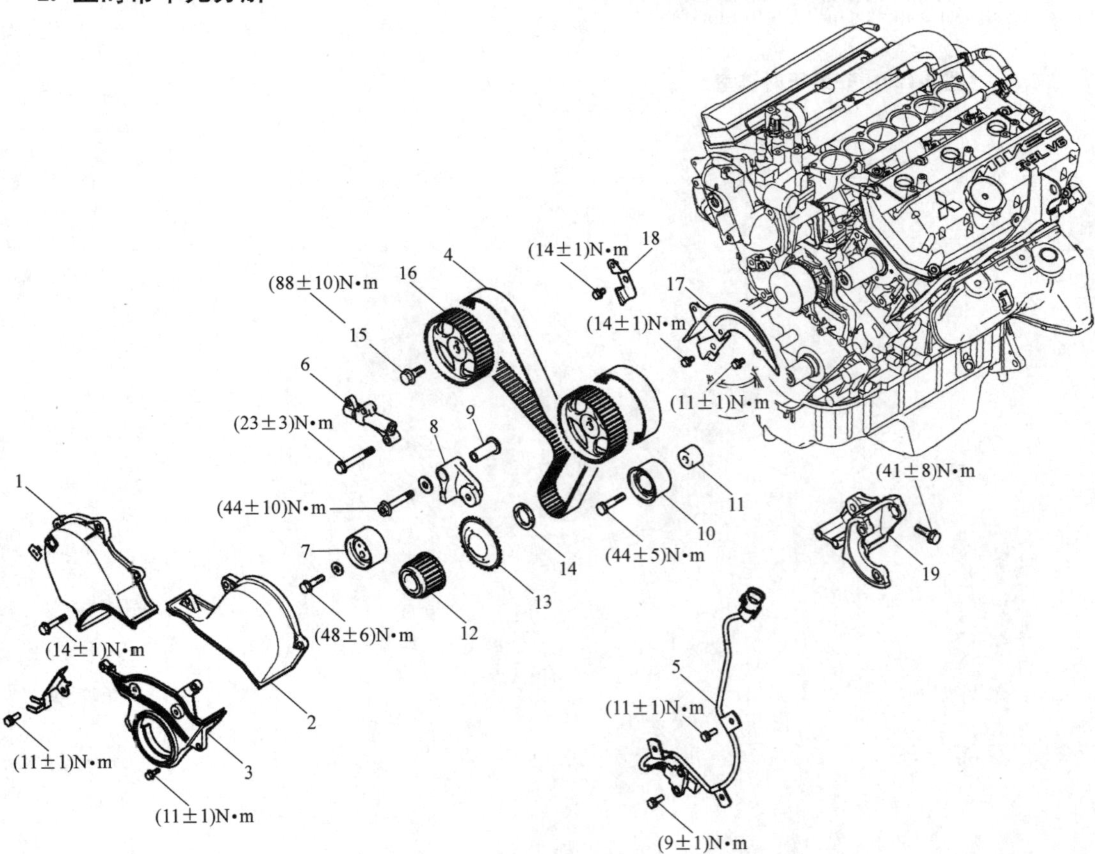

图 4-1　6G75 发动机正时带单元分解

拆卸步骤　1—正时带前部上盖，右侧　2—正时带前部上盖，左侧　3—正时带前盖下部　4—正时带　5—曲轴位置传感器　6—自动张紧器　7—张紧器传动带轮　8—张紧器臂　9—轴　10—张紧装置带轮　11—张紧装置带轮隔圈　12—曲轴链轮　13—曲轴角度传感器感应盘　14—曲轴隔圈　15—凸轮轴链轮螺栓　16—凸轮轴链轮　17—正时带后盖，左侧　18—正时带后盖，右侧　19—动力转向泵支架

2. 正时带单元的拆解方法

6G75 发动机正时带单元拆卸步骤和方法和6G74 相同，具体内容请参考本章第二节“6G74 3.5L 发动机”。

3. 正时带单元的安装步骤

1）安装凸轮轴链轮螺栓。

2）安装曲轴感应盘/曲轴隔圈/曲轴链轮。

3）安装自动张紧器。

4）安装正时带。

> **注意：**如果凸轮轴链轮处于第一缸活塞的压缩行程上止点（TDC）位置，则气门和活塞可能出现干涉。

① 将曲轴链轮正时标记移三个齿，使活塞稍稍降低到第一缸压缩行程上止点（TDC）以下，如图 4-2 所示。

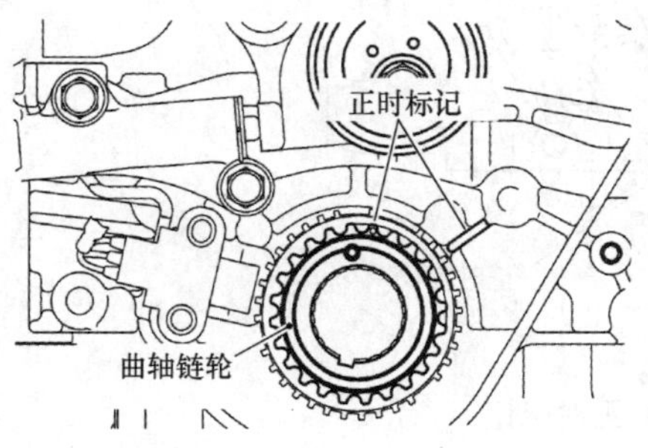

图 4-2　将曲轴正时标记移动三个齿

② 将左气缸组凸轮轴链轮的正时标记对齐。

③ 将右气缸组凸轮轴链轮的正时标记对齐，如图 4-3 所示。

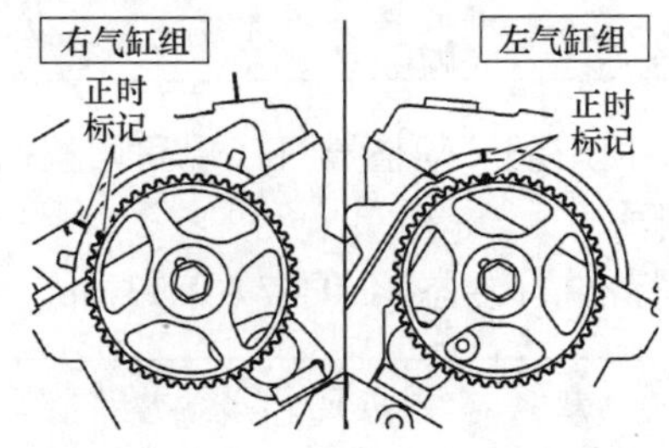

图 4-3　对齐左右凸轮轴链轮正时标记

④ 将曲轴链轮的正时标记对齐。

⑤ 按以下顺序安装每个链轮上的正时带。

a. 先后安装曲轴链轮和张紧装置带轮的正时带，同时要将其拉紧以避免松弛。

b. 将左气缸组凸轮轴链轮的正时标记对齐。

c. 安装水泵带轮正时带，同时将其拉紧避免松弛。

d. 将正时带安装到右气缸组的凸轮轴链轮上。

e. 将正时带安装到张紧器传动带轮上。

⑥ 将张紧轮稍稍压在正时带上，并暂时拧上中心螺栓。

⑦ 查看所有链轮的正时标记是否对齐。

⑧ 使用专用工具曲轴带轮隔圈，将曲轴沿逆时针方向转动四分之一圆周。然后再顺时针转回来以验证所有的正时标记对齐，如图 4-4 所示。

⑨ 将专用工具张紧轮套筒扳手和扭力扳手安装在张紧轮上。

⑩ 用扭力扳手将其拧紧至 4.4N · m。

⑪ 固定住张紧轮，同时将中心螺栓拧紧至规定力矩（48 ±6）N · m。

⑫ 顺时针转动曲轴两圈，并保持它不动大约 5min。

⑬ 当已安装自动张紧器时，检查是否可无阻力地拆下插入的金属线。

⑭ 如果能够无阻力地拆下金属线，表明传动带的张力适中。因此，拆下金属线。在此情况下，检查自动张紧器杆的伸出部分是否在标准值范围以内。

- 标准值：4.8 ~5.5mm。

⑮ 如果拆下金属线时存在阻力，则重复上述步骤⑨ ~ ⑫，直到达到合适的传动带张力。

4. 气门间隙的调整

1）拆下气门室盖和点火线圈。

> **注意：**任何时候都要顺时针转动曲轴。

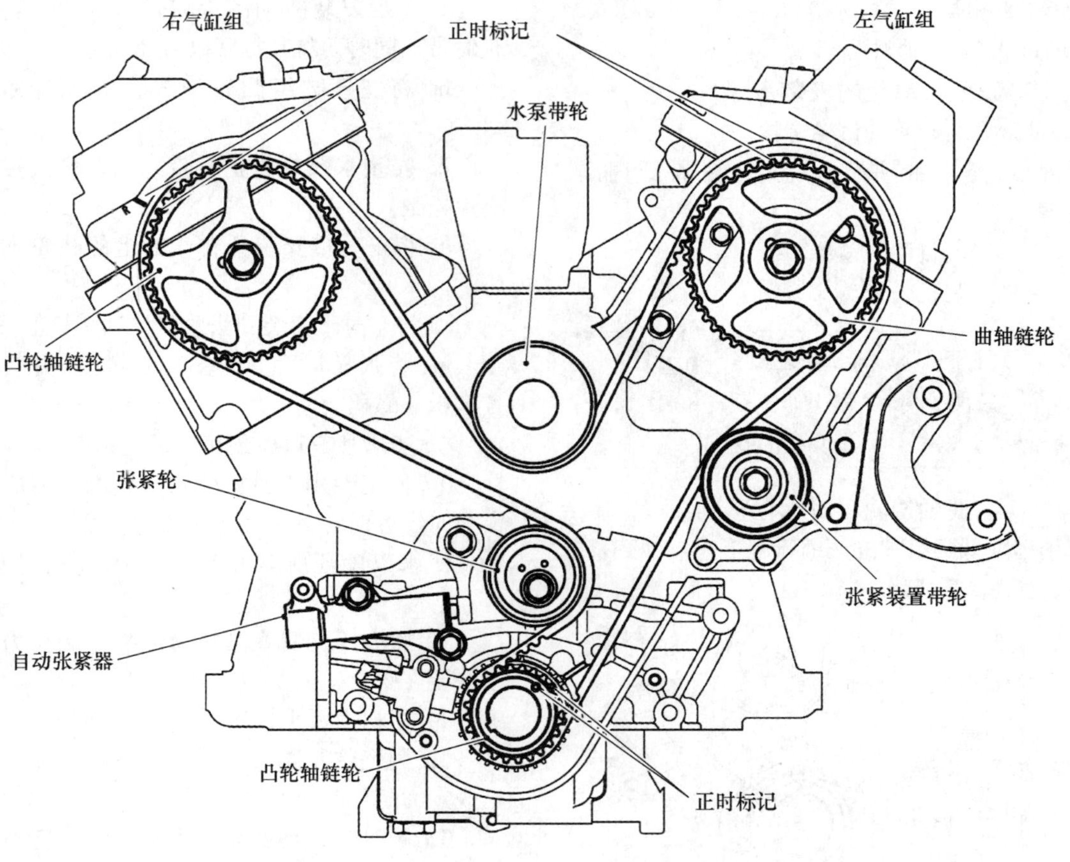

右气缸组
正时标记
左气缸组
水泵带轮
凸轮轴链轮
曲轴链轮
张紧轮
张紧装置带轮
自动张紧器
凸轮轴链轮
正时标记

图 4-4　安装正时带并检查正时标记

2）顺时针转动曲轴，将曲轴链轮的正时标记是否如图 4-4 中所示位置对齐。

3）此时，检查左、右侧凸轮轴链轮正时标记是否如图 4-4 中所示位置对齐。

4）测量图 4-5 所示的气门间隙。

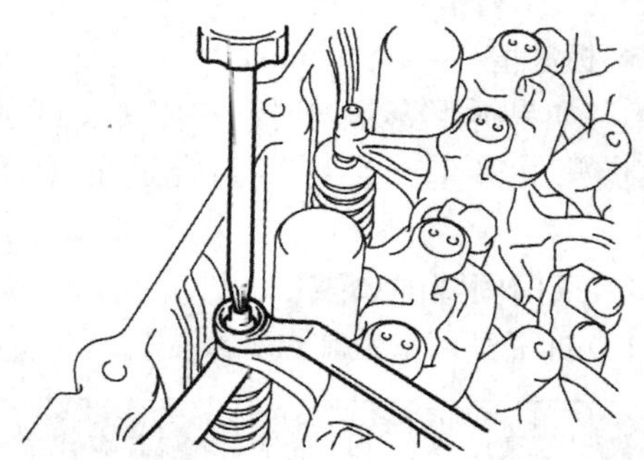

图 4-5　测量气门间隙

① 当第一缸的活塞位于压缩行程上止点时。

② 当第四缸的活塞位于压缩行程上止点时。

> **注意：**由于使用自动间隙调节器，不必对排气气门的间隙进行调整。

5）使用塞尺调整气门杆端和调整螺钉之间的间隙。

- 标准值(冷态)：0.07～0.13mm。

> **注意：**将发动机总成安装到车辆上以后，在发动机暖机状态下再次检查气门间隙。如有必要，请进行调整。

6）用一把旋具固定调整螺钉不要转动，然后拧紧锁紧螺母。

7）顺时针转动曲轴一次，然后将正时标记与曲轴链轮上的正时标记对齐。将第四缸活塞置于压缩行程上止点（TDC）位置，如图 4-6 所示。

8）调整其余气门的气门间隙。

9）安装气门室盖和点火线圈。

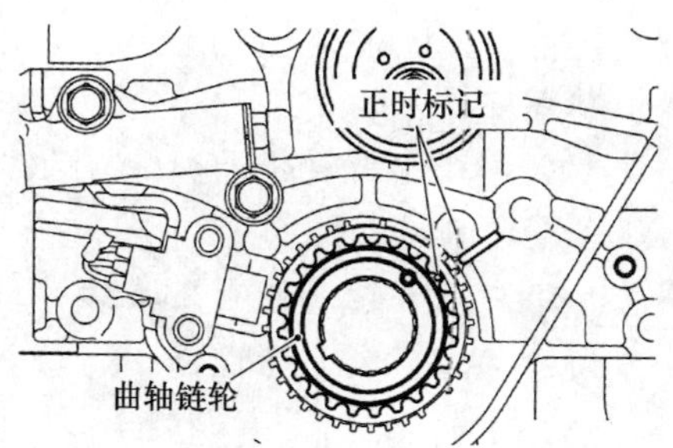

图 4-6　将第四缸设置于 TDC 位置

第二节　6G74 3.5L 发动机（2010—2012 款帕杰罗装备）

1. 正时带单元分解

正时带单元分解见图 4-7。

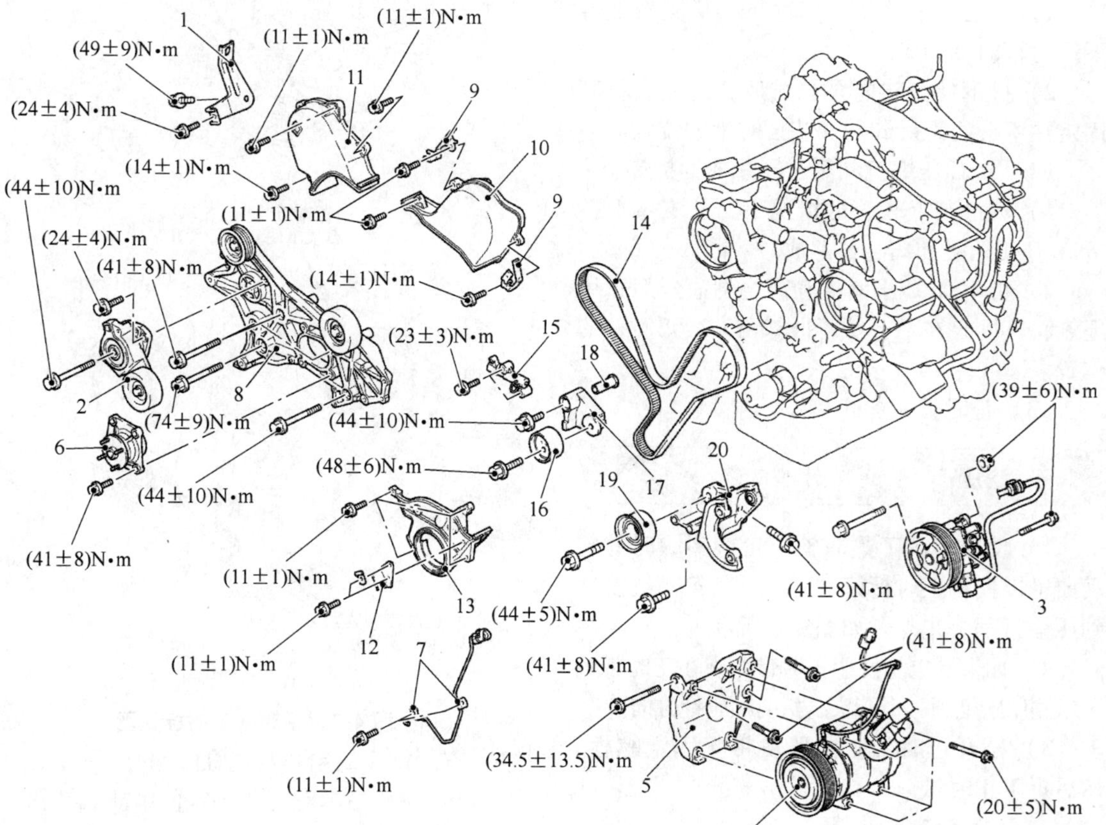

图 4-7　6G74 发动机正时带单元分解

拆卸步骤　1—附件支座支架　2—传动带自动张紧器　3—动力转向泵总成　4—A/C 压缩机和离合器总成　5—A/C 压缩机支架　6—冷却风扇支架　7—曲轴角度传感器夹子连接　8—附件支座总成　9—线束支架　10—正时带前上盖 <左侧>　11—正时带前上盖 <右侧>　12—正时带指示器支架　13—正时带前盖下部　14—正时带　15—正时带张紧器调节器　16—正时带张紧轮　17—正时带张紧器臂　18—正时带张紧器臂轴　19—正时带张紧装置带轮　20—动力转向泵支架

拆卸前操作：

- 拆卸下部滑动保护板和发动机室底盖（前部）。
- 拆卸蓄电池和蓄电池托架。
- 拆卸空气滤清器总成。
- 拆卸冷却风扇和冷却风扇带轮。
- 拆卸曲轴轴带轮。
- 拆卸交流发电机总成。

➡

安装后操作：

- 安装交流发电机总成。
- 安装曲轴轴带轮。
- 安装冷却风扇和冷却风扇带轮。
- 安装空气滤清器总成。
- 安装蓄电池和蓄电池托架。
- 检查传动带的张力。
- 安装下部滑动保护板和发动机室底盖（前部）。

2. 正时带的拆卸方法

（1）动力转向泵总成的拆卸

1）在已装上软管的情况下，从支架上拆下动力转向泵总成。

2）拆下动力转向泵总成后，用绳索将其固定在不会妨碍拆卸与安装正时带的位置。

（2）A/C压缩机和离合器总成的拆卸

1）在已装上软管的情况下，从支架上拆下A/C压缩机和离合器总成。

2）拆下A/C压缩机和离合器总成后，用绳索将其固定在不会妨碍拆卸与安装正时带的位置。

（3）正时带的拆卸

注意：切勿逆时针转动曲轴。

1）使用专用工具曲轴链轮垫圈顺时针转动曲轴以使各正时标记对准，并将第一缸设置到压缩行程上止点，如图4-8所示。

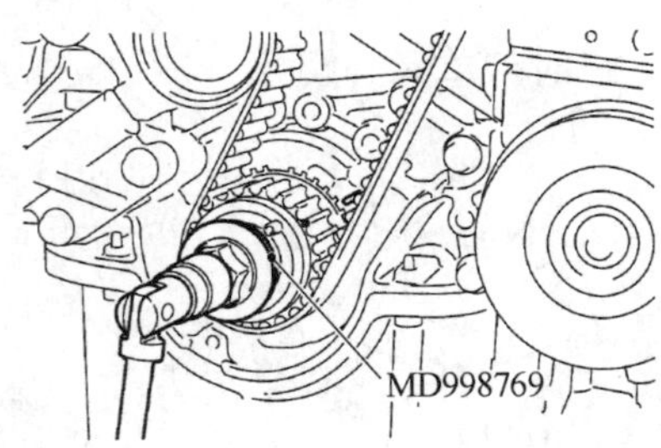

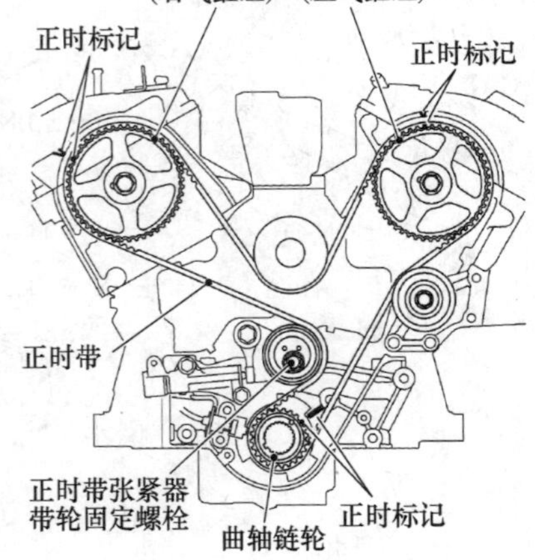

图4-8　正时带正时标记图

2）如果要重复使用正时带，则在正时带的平坦侧用粉笔画一个箭头，指明顺时针方向。

3）松开正时带张紧器皮带轮固定螺栓，然后拆下正时带。

3. 正时带安装步骤

（1）安装正时带张紧器调节器　如果正时带张紧器调节器推杆仍然完全伸出，按以下顺序进行设置。

1）将两块垫块放进台虎钳中，然后再放入正时带张紧器调节器。

2）慢慢地压正时带张紧器调节器的推杆，直到推杆的销孔与气缸的销孔对齐。

3）一旦二者对齐，将定位销插入销孔。

4）在发动机上安装正时带张紧器调节器。

（2）正时带的安装

注意：将右气缸组凸轮轴链轮正时标记与气缸盖“R”标记一侧的正时标记对齐。

1）将凸轮轴链轮上的正时标记与气门室盖上的正时标记对正，以及将曲轴凸轮轴传动链轮上的正时标记与缸体上的正时标记对齐。

> **注意：**
>
> • 将右气缸组凸轮轴链轮的正时标记与气缸盖“R”标记一侧的正时标记对齐。
>
> • 在弹簧力的作用下，凸轮轴链轮（右气缸组）容易转动，所以小心手指不要被碰到。

2）按照下列步骤安装正时带，以使正时带中各个链轮和带轮之间没有挠度。

① 曲轴凸轮轴传动链轮

② 正时带张紧装置皮带轮

③ 凸轮轴链轮（左气缸组）

④ 水泵带轮

⑤ 凸轮轴链轮（右气缸组）

⑥ 正时带张紧器带轮

3）逆时针转动凸轮轴链轮（右气缸组），直到张紧侧的正时带被拉紧。再次检查所有正时标记。

4）使用专用工具张紧轮套筒扳手将正时带张紧器带轮推入正时带，然后临时拧紧固定螺栓。

5）使用专用工具曲轴链轮隔圈（MD998769）先逆时针转动曲轴 1/4 圈，然后再顺时针转动，直到对齐正时标记。

6）松开正时带张紧器带轮的固定螺栓。使用专用工具和扭力扳手向正时带施加张紧力矩。然后将固定螺栓拧紧至规定力矩。

• 标准值：4.4N·m。

拧紧力矩：(48±6)N·m

7）拆下插入正时带张紧器调节器的定位销。

8）顺时针转动曲轴两次以对齐正时标记。

9）至少等待 5min，然后检查确认正时带张紧器调节器推杆的伸出量（A）处于标准值范围内，如图 4-9 所示。

• 标准值：4.8~5.5mm。

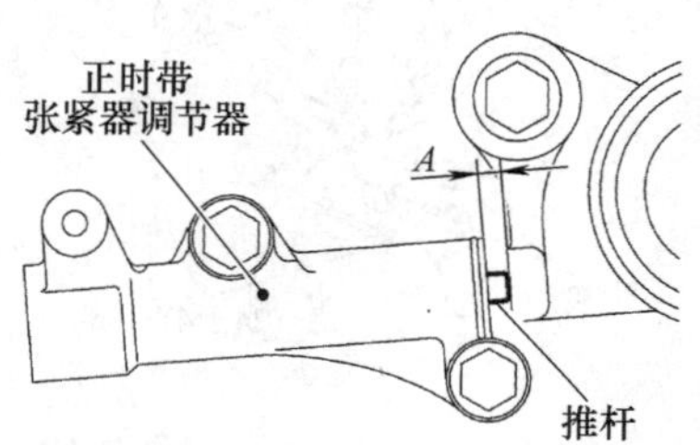

图 4-9　检查推杆伸出量

10）如果未处于标准值范围内，则重复步骤 1）~8）中的操作。

11）再次检查链轮的正时标记是否对齐。

（3）安装附件　安装附件支座总成和各附件。

第三节　4M41 3.2L 发动机（2009—2011 款帕杰罗装备）

1. 正时链单元分解

正时链单元分解见图 4-10。

2. 正时链的拆解方法

（1）动力转向泵总成的拆卸

1）在保持软管安装的情况下，从发动机总成上拆下动力转向泵总成。

2）拆下动力转向泵总成后，将其用绳固定在不妨碍拆卸与安装发动机总成的位置。

（2）正时链的拆卸　拆下拆卸气缸盖总成和气缸盖垫片时安装的专用工具凸轮轴链轮固定器组件。然后，拆下正时链。

3. 正时链的安装步骤

（1）正时链/凸轮轴链轮/惰轮垫片/弹簧销/机油喷嘴总成的安装

1）使用专用工具凸轮轴链轮固定器组件支撑凸轮轴链轮，如图 4-11 所示。

2）检查确认惰轮和链轮总成上的装配标记与曲轴齿轮上的装配标记对齐，如图 4-12 所示。

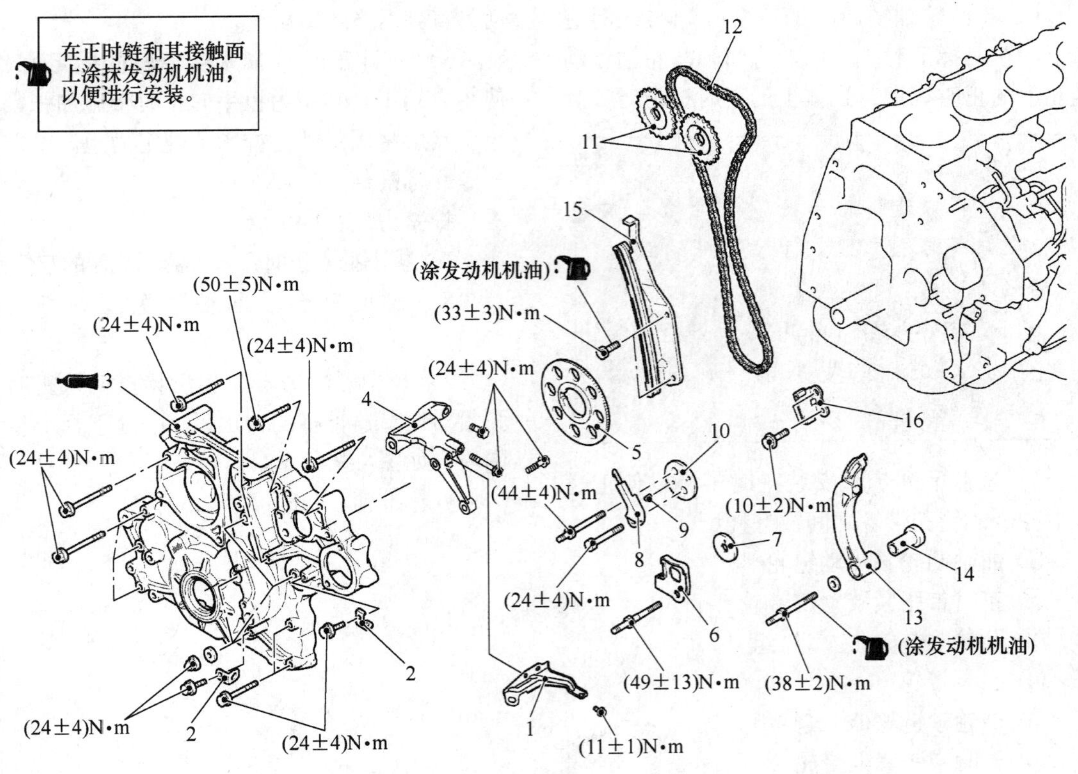

图 4-10　4M41 发动机正时链单元分解

拆卸步骤　● 带动力转向泵总成　1—线束支架　2—线束夹　3—正时齿轮箱总成　4—正时齿轮箱加强件　5—曲轴角度传感器感应盘　6—链条支架　7—惰轮 A 垫片　8—机油喷嘴总成　9—弹簧销　10—惰轮垫片　11—凸轮轴链轮　12—正时链　13—张紧杆总成　14—张紧杆轴　15—导向板　16—导向件下部板

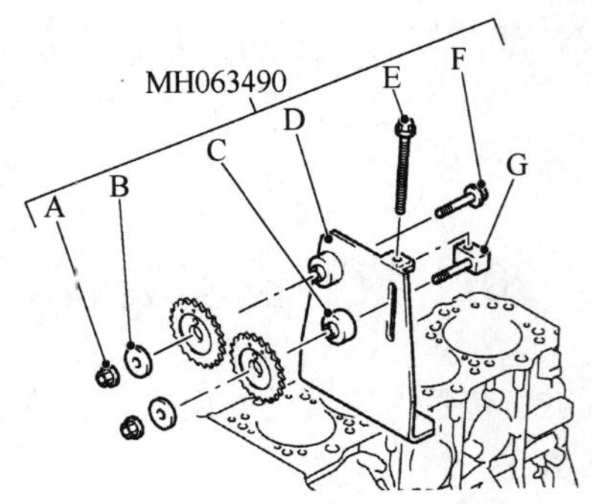

图 4-11　安装链轮固定器组件

A—螺母　B—垫片　C—垫圈　D—调节板　E—螺栓　F—螺栓　G—螺母

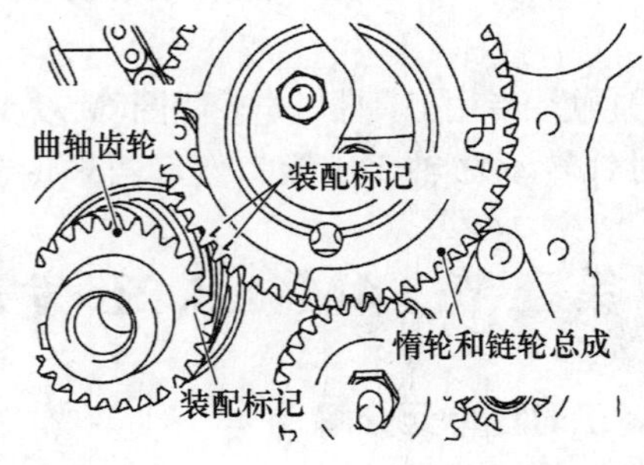

图 4-12　对齐惰轮装配标记

> **注意：** 正时链的惰轮和链轮总成侧有一个标记环板，每个凸轮轴链轮侧有两个标记环板。

3）将惰轮和链轮总成上的装配标记与正时链上的黄色标记环板对齐，如图 4-13 所示。

4）将标记环板与凸轮轴链轮装配标记对齐，如图 4-14 所示。

5）用绳绑住正时链和凸轮轴链轮，以防止装配标记对正不当。

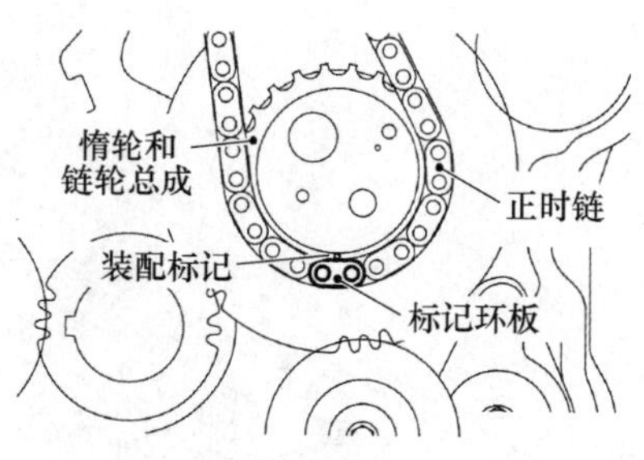

图 4-13　对齐标记环板和装配标记

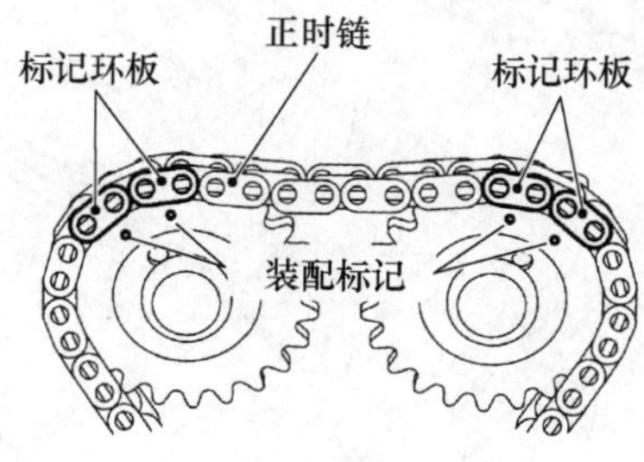

图 4-14　对齐凸轮轴链轮正时标记

6）安装惰轮垫片、弹簧销和机油喷嘴。惰轮垫片前部标记“F”必须朝向发动机前部。

（2）惰轮 A 的垫片/链条支架的安装　安装惰轮 A 垫圈和链条支架。惰轮 A 垫片前部标记“F”必须朝向发动机前部。

（3）正时齿轮箱总成的安装

1）用刮刀或钢丝刷清洁正时齿轮箱和固定板配合表面。

2）向正时齿轮箱配合表面上连续涂抹数滴规定密封剂。

• 规定密封剂：三菱纯正零件 MD970389 或等效品。

3）将固定螺母和螺栓安装到正时齿轮箱上图 4-15 所示位置，螺栓/螺母规格见表 4-1。

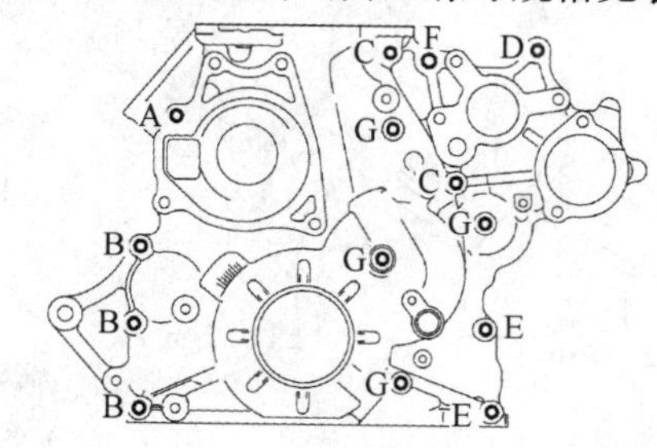

图 4-15　正时齿轮箱固定螺栓与螺母

表 4-1　螺栓/螺母规格

名　　称	符号	尺寸(名义直径×长度，mm×mm)
法兰螺栓	A	8×75
	B	8×85
	C	8×90
	D	8×55
	E	8×60
	f	10×60
盖螺母	G	—

第四节　6B31 3.0L 发动机(2007—2012 款欧蓝德装备)

1. 正时带单元分解

正时带单元分解见图 4-16。

2. 正时链单元的拆解方法

（1）自动张紧器的拆卸

1）拆下自动张紧器的上部紧固螺栓。

2）慢慢松开自动张紧器的紧固螺栓(下部)。将自动张紧器推杆从张紧器臂上拆下，倾斜自动张紧器到挡块位置。

3）拆下自动张紧器的下部紧固螺栓。

（2）正时带的拆卸

1）拆下正时带前，将凸轮轴链轮和曲轴链轮的标记与压缩行程的上止点处的 No. 1 对齐。

2）如图 4-17 所示，将正时带的运动方向作上标记，以便重新安装时参考。

> **注意：**拆下正时带后，不要转动曲轴链轮和凸轮轴链轮。

（3）张紧装置带轮的拆卸　使用对面宽度为 8mm 的六角形扳手拆卸张紧装置带轮。

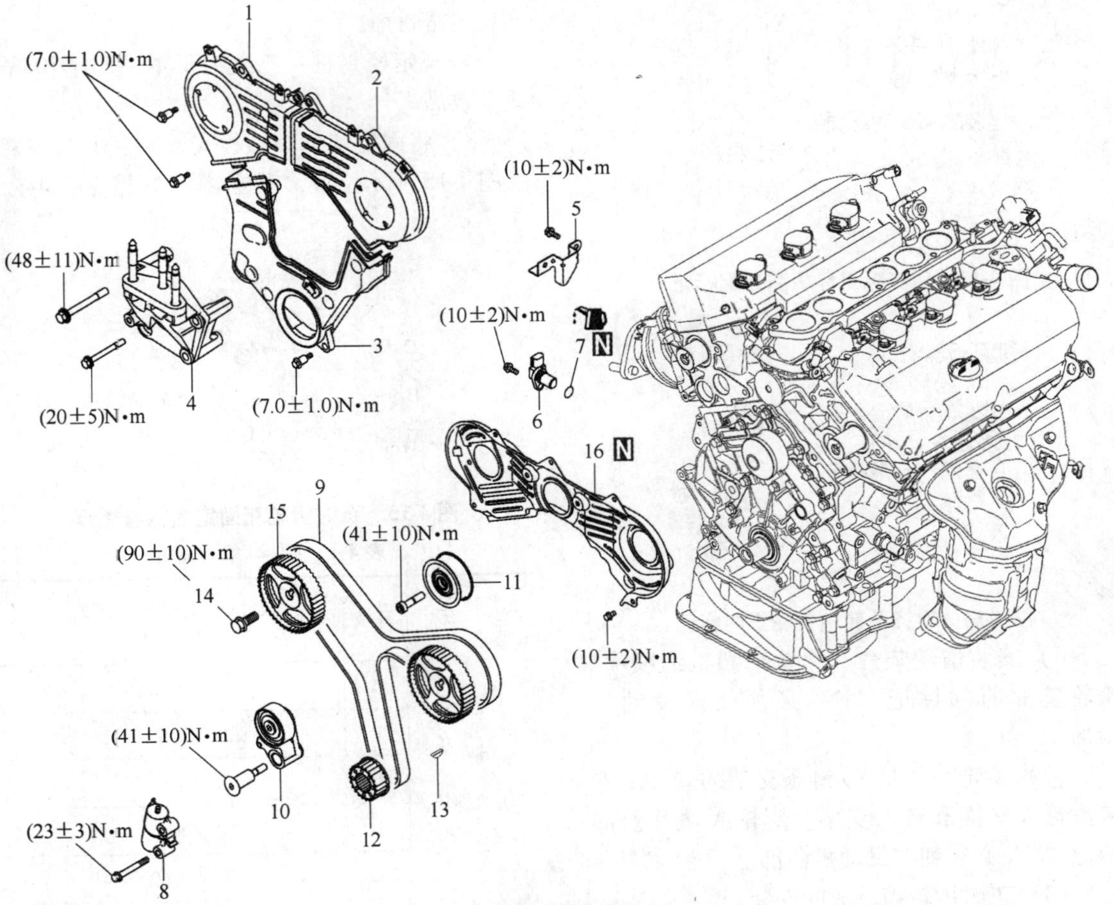

图 4-16　发动机正时带单元分解

拆卸步骤　1—正时带前部上盖，右侧　2—正时带前部上盖，左侧　3—正时带前盖下部　4—发动机支架，右侧　5—曲轴角度传感器盖　6—曲轴角度传感器　7—O 形圈　8—自动张紧器　9—正时带　10—张紧器臂　11—张紧装置带轮　12—曲轴链轮　13—键　14—凸轮轴链轮螺栓　15—凸轮轴链轮　16—正时带后盖

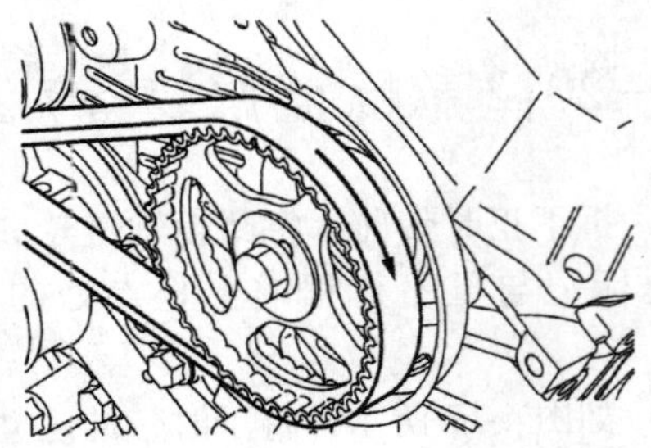

图 4-17　给正时带的转向方向作记号

（4）凸轮轴链轮螺栓的拆卸　使用专用工具叉头固定器和销(以防止凸轮轴链轮转动,然后松开凸轮轴链轮螺栓。

3. 正时带单元的安装步骤

1)凸轮轴链轮螺栓的安装　使用专用工具叉头固定器和销以防止凸轮轴链轮转动，然后拧紧凸轮轴链轮螺栓。

拧紧力矩：(90±10)N·m

2）曲轴链轮的安装：

① 清洁曲轴链轮中的孔。

② 清洁表面，并去除曲轴链轮装配表面的润滑脂。

③ 将曲轴链轮安装到曲轴上。

3）安装张紧装置皮带轮。

4）安装自动张紧器。

注意：安装自动张紧器前，一定要给自动张紧器放气。

5）正时带的安装：

> **注意：**拆卸和安装正时带，将曲轴链轮和凸轮轴链轮的标记与压缩行程的上止点处的No.1对齐。

① 检查曲轴链轮和凸轮轴链轮的标记是否与压缩行程的上止点处的No.1标记对齐，如图4-18所示。如果没对齐，那么再次对齐标记，注意气门和活塞是否干涉。

② 按以下顺序安装每个链轮上的正时带。

a. 安装曲轴链轮上的正时带，然后安装水泵传动带轮上的正时带，同时将正时带拉紧以防止松弛。

b. 将左气缸组凸轮轴链轮的正时标记对齐。

c. 将正时带安装到张紧装置带轮上，同时减小松弛度。

d. 将正时带安装到右气缸组的凸轮轴链轮上。

e. 将正时带安装到张紧器传动带轮上。

③ 查看链轮的所有正时标记是否对齐，如图4-19所示。

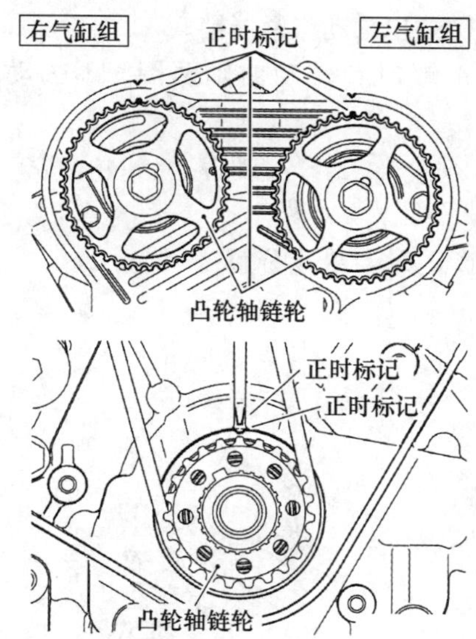

图4-18　设置1号气缸位于TDC位置

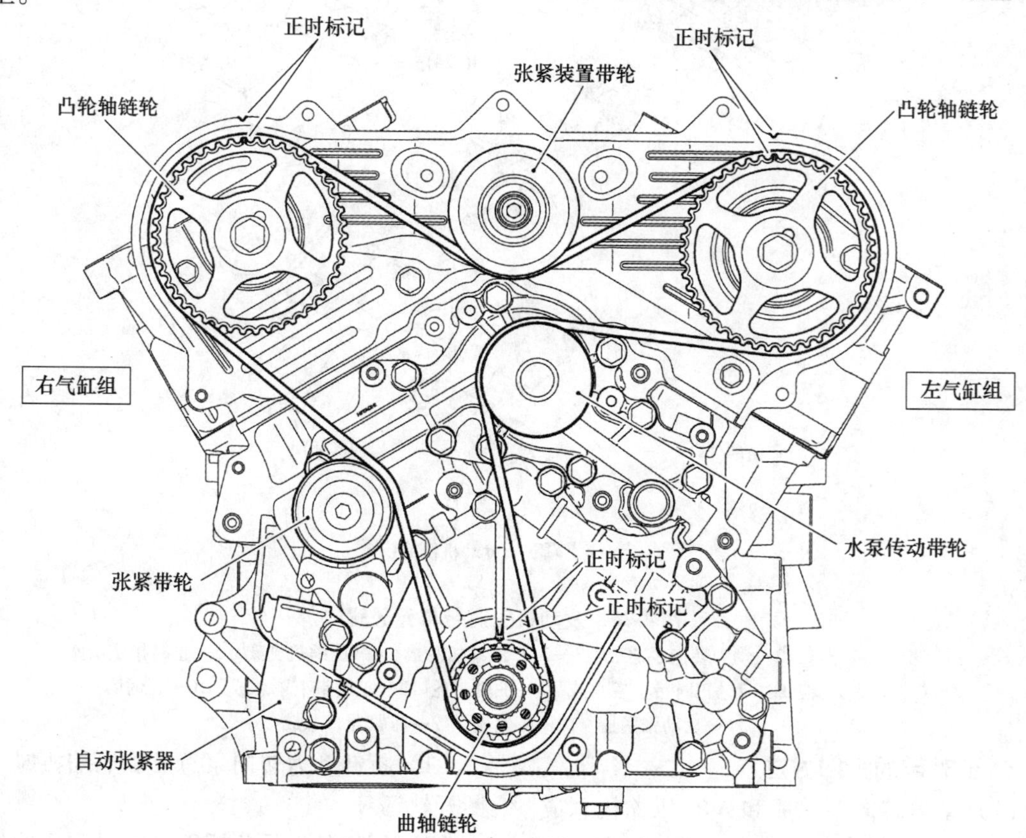

图4-19　安装正时带并检查正时标记

④ 使用专用工具曲轴扳手逆时针转动曲轴四分之一圈。然后再顺时针转回来以验证所有的正时标记对齐。

⑤ 拉出自动张紧器销。

⑥ 顺时针转动曲轴两圈，不去动它大约5min。

⑦ 检查自动张紧器推杆的伸出量是否在标准值范围内。

- 标准值：9.1～13.4mm。

第五节　6G72 3.0L发动机（2002—2012款帕杰罗装备）

1. 正时带单元分解

正时带单元分解见图4-20。

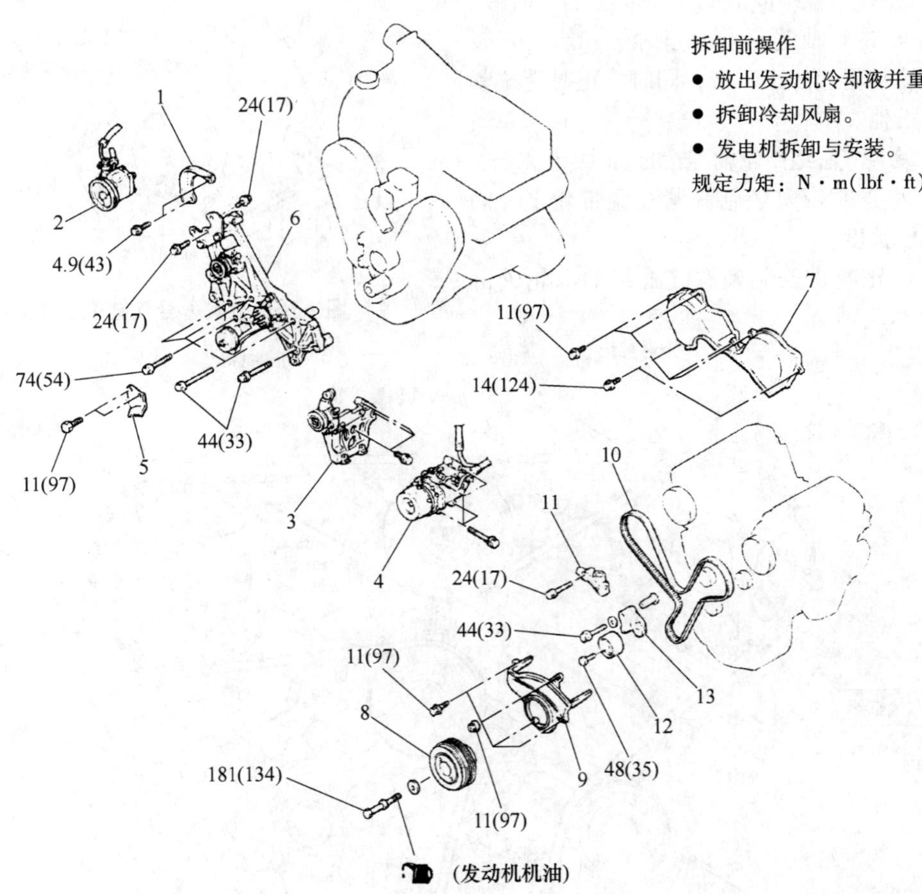

图4-20　发动机正时带单元分解

拆卸步骤　1—罩　2—动力转向泵总成　3—A/C压缩机总成　4—压缩机支架　5—正时指示器架　6—附件安装总成　7—正时带上罩总成　8—曲轴带轮　9—正时带下罩总成　10—正时带　11—自动张紧器　12—张紧轮　13—张紧器臂总成

2. 正时带的拆卸方法

（1）动力转向泵总成和A/C压缩机总成拆卸

1）拆卸动力转向泵总成和压缩机时不要断开软管

2）用钢丝等吊住拆下的油泵和压缩机以

便在拆卸时不会掉下来。

（2）曲轴带轮拆卸

使用专用工具和从曲轴上拆下带轮。

（3）正时带拆卸

> **注意：**切勿逆时针方向转动曲轴。

1）顺时针转动曲轴，对准每一个正时标记并将第一缸调整到压缩行程上止点，如图4-21所示。

2）如果正时带要重复使用，用粉笔在正时带的平面侧作指示顺时针方向的箭头记号。

3）松开张紧轮的中心螺栓，然后拆下正时带。

3. 正时带的安装步骤

（1）自动张紧器安装

1）用手抓住自动张紧轮，对着金属面（如缸体）用98～196N·m（72～145lbf·in）的力压推杆端部并测量推杆的压入量，如图4-22所示。

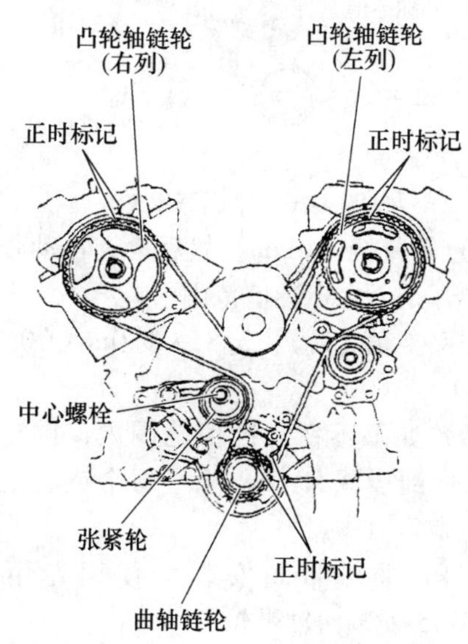

图4-21　正时带正时标记图

2）如果距离不在标准值范围内，更换自动张紧器。

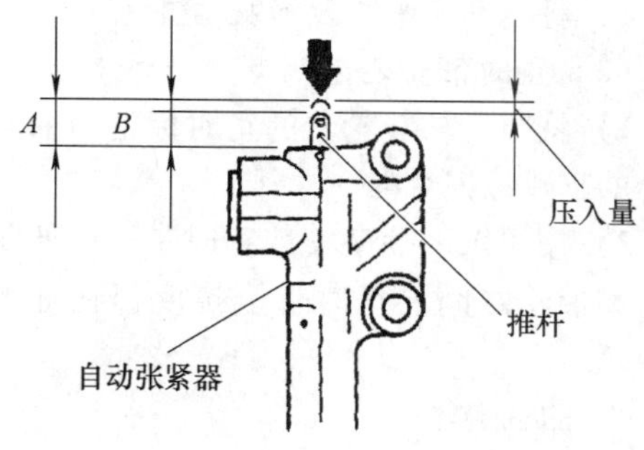

标准值：1mm(0.04in)以内：

- A：不施加力时的距离。
- B：施加力时的距离。
- A-B：压入量。

图4-22　自动张紧器的检查

> **注意：**
>
> • 将自动张紧器垂直放入台虎钳的钳口。
>
> • 如果在自动张紧器基面有螺塞，将一个平垫圈放到自动张紧器的端部以保护螺塞。

3）台虎钳上放两个垫块，然后将自动张紧器放在台虎钳上。

4）慢慢压缩自动张紧器的推杆，直到推杆上的销孔A与缸筒上的销孔B对准，如图4-23所示。

5）当两个销孔对准后，将定位销插入销孔中。

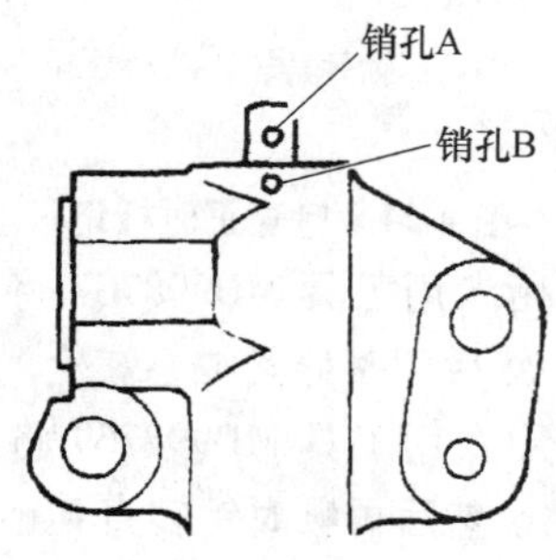

图4-23　对齐推杆的销孔

> **注意：**不要从自动张紧器拆下定位销。

6）将自动张紧器装到发动机上。

（2）正时带安装

1）将凸轮轴链轮上的正时标记与曲轴链轮上的正时标记对准。

2）按照以下顺序安装正时带，以便每个链轮和带轮之间的正时带上挠度都在标准范围内。

① 曲轴链轮。

② 惰轮。

③ 凸轮轴链轮左侧。

④ 水泵带轮。

⑤ 凸轮轴链轮右侧。

⑥ 张紧轮。

3）逆时针转动凸轮轴链轮，直到正时带张紧侧稳固拉紧再检查所有正时标记，如图4-24所示。

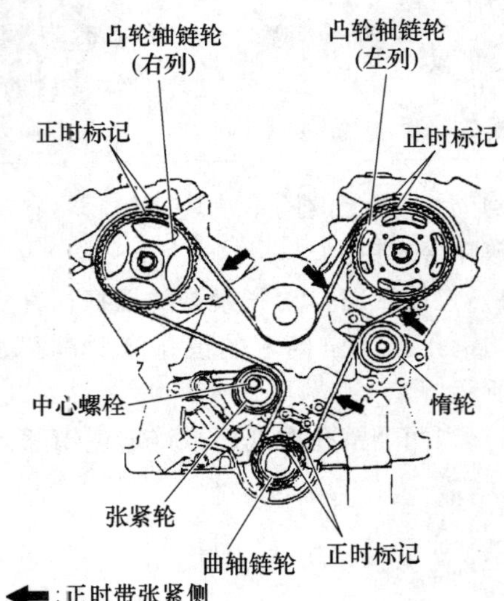

图4-24 检查正时标记

4）使用专用工具MD998767将张紧轮推入正时带，然后暂时拧紧中心螺栓。

5）使用专用工具MD998769将曲轴逆时针转1/4圈，然后再顺时针转直到正时标记对准，如图4-25所示。

6）松开张紧轮的中心螺栓。使用专用工具MD998767和扭力扳手，按图4-26所示施加标准力矩到正时带上。然后拧紧中心螺栓到规定力矩。

• 标准值：4.4N · m(39lbf · in)。

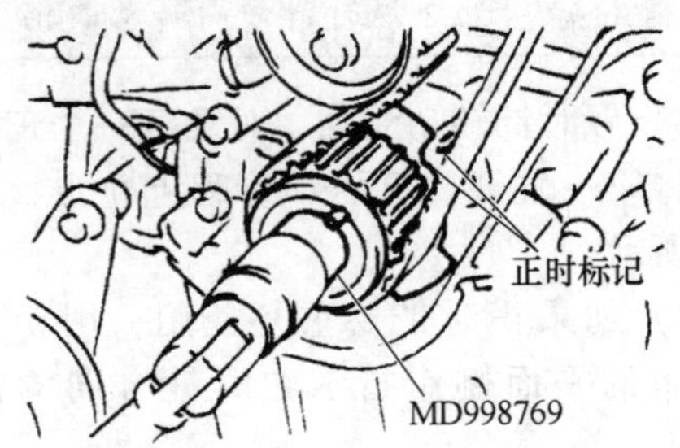

图4-25 转动曲轴对齐正时标记

• 拧紧力矩48N · m(35lbf · ft)

7）拆下已经插入自动张紧器的定位销。

8）顺时针转动曲轴两转以对准正时标记。

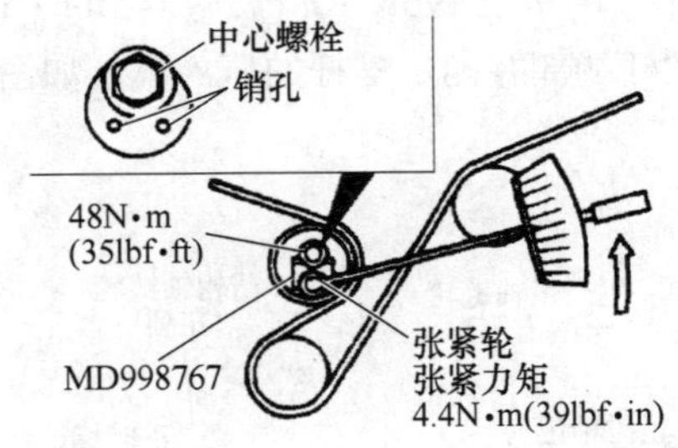

图4-26 紧固张紧轮

9）等待至少5min，然后检查自动张紧器推杆伸开是否在标准值范围内。

标准值（A）：3.8～5.0mm（0.15～0.20in）。

10）如果不在标准值范围内，重复上述步骤5）到步骤9），再检查每个链轮上的正时标记是否对准。

（3）曲轴带轮安装　使用专用工具MD998715安装曲轴带轮。

第六节　4M40 2.8L发动机（2009—2012款帕杰罗装备）

1. 正时链单元分解

正时链单元分解见图4-27。

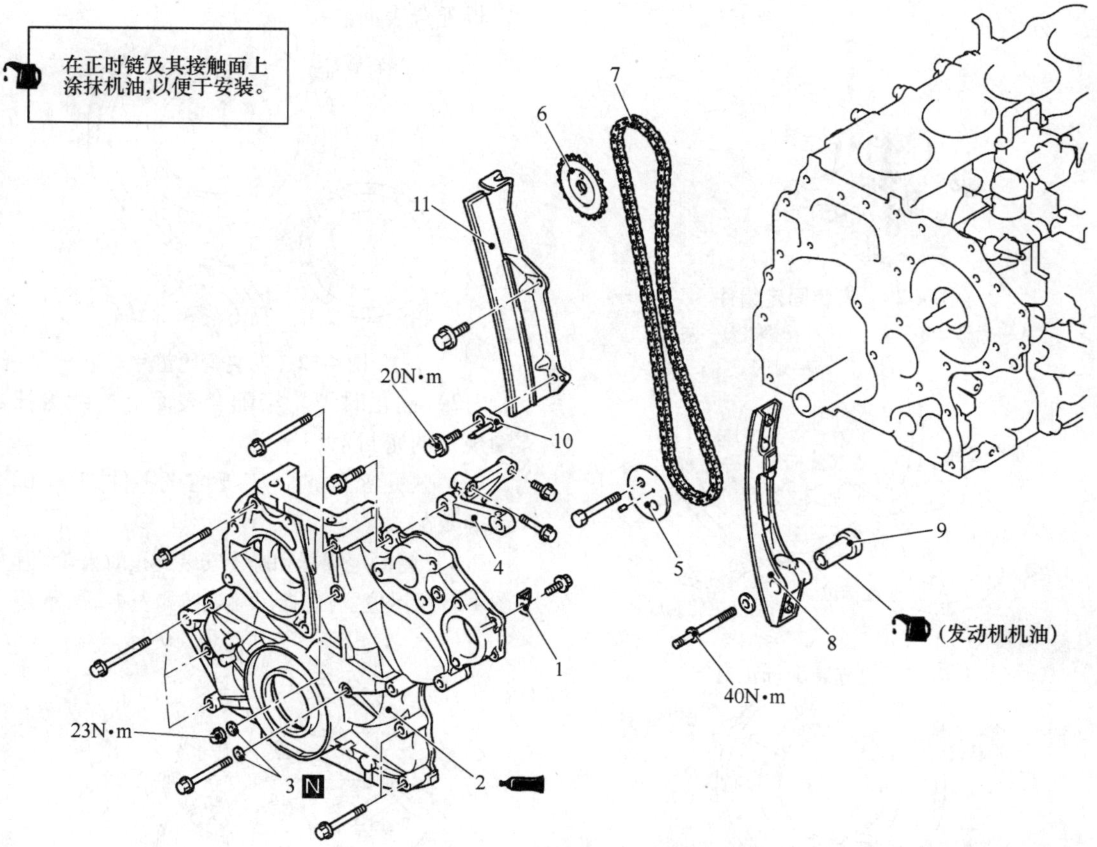

在正时链及其接触面上涂抹机油,以便于安装。

图 4-27 4M41 发动机正时链单元分解

拆卸步骤 ● 带动力转向泵总成 ● 带空调压缩机和空调压缩机支架

1—线束支架 2—正时齿轮箱总成 3—垫圈 4—正时齿轮箱加强件 5—惰轮垫片 6—凸轮轴链轮 7—正时链 8—张紧杆总成 9—张紧杆轴 10—发动机油喷嘴 11—正时链导向件

2. 正时链单元的拆卸方法

（1）动力转向泵总成的拆卸

1）在保持软管安装的情况下，从发动机总成上拆下动力转向泵总成。

2）拆下动力转向泵总成后，用绳将其固定在不妨碍正时链的拆卸与安装的位置。

（2）空调压缩机和空调压缩机支架的拆卸

1）在装上软管的情况下，从发动机总成上拆下空调压缩机总成。

2）拆下空调压缩机总成后，用绳将其固定在不妨碍正时链的拆卸与安装的位置。

3）从发动机总成上拆下空调压缩机支架。

（3）正时链的拆卸　将拆卸气缸盖总成和气缸盖垫片时安装的专用工具凸轮轴链轮固定器组件拆下。然后，拆下正时链。

3. 正时链的安装步骤

（1）正时链/凸轮轴链轮/惰轮垫片的安装

1）使用凸轮轴链轮固定器组件支撑凸轮轴链轮，如图 4-28 所示。

2）检查确认惰轮和链轮总成上的装配标记“1”与曲轴齿轮上的装配标记对齐，如图 4-29 所示。

注意：正时链的惰轮和链轮总成侧有一个标记板，凸轮轴链轮侧有两个标记板。

3）将惰轮和链轮总成上的装配标记与正时链上的亮白标记环板对齐，如图 4-30 所示。

4）将标记环板与凸轮轴链轮装配标记对齐，如图 4-31 所示。

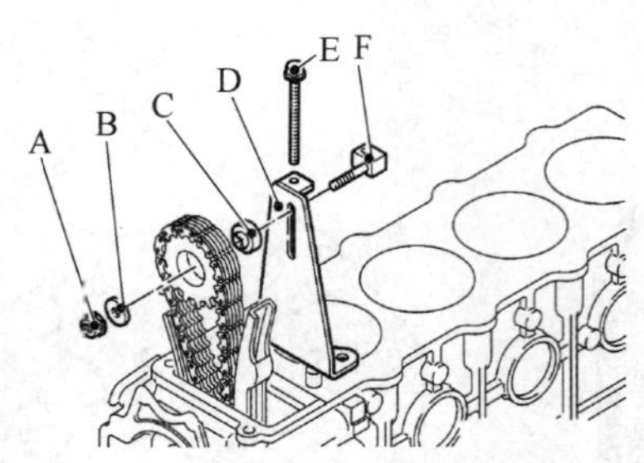

图 4-28　安装固定组件

A—螺母　B—垫片　C—垫圈　D—调节板　E—螺栓　F—螺母

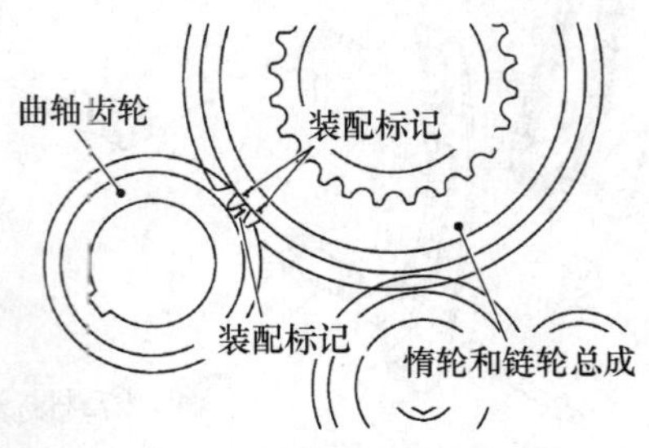

图 4-29　检查装配标记对齐

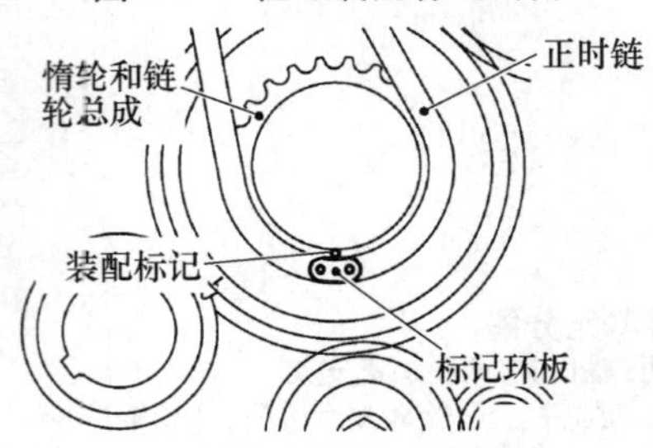

图 4-30　对齐装配标记

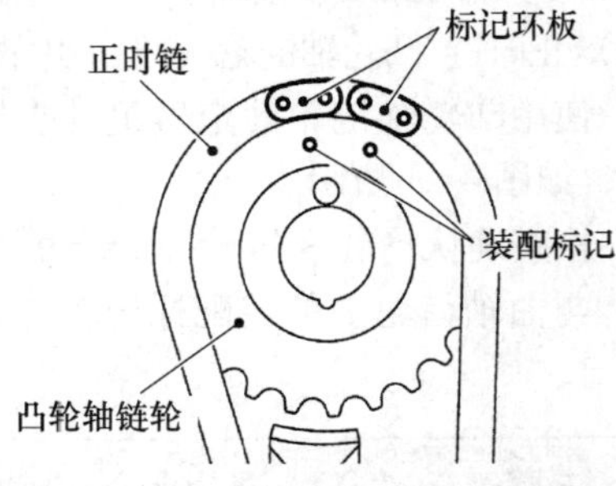

图 4-31　对齐凸轮轴链轮装配标记

5）用绳绑住正时链和凸轮轴链轮，以防止装配标记对正不当。

6）安装惰轮垫片。惰轮垫片前部标记“F”必须朝向发动机前部，如图 4-32 所示。

（2）正时齿轮箱总成的安装

1）用刮刀或钢丝刷清洁正时齿轮箱和固定板配合表面。

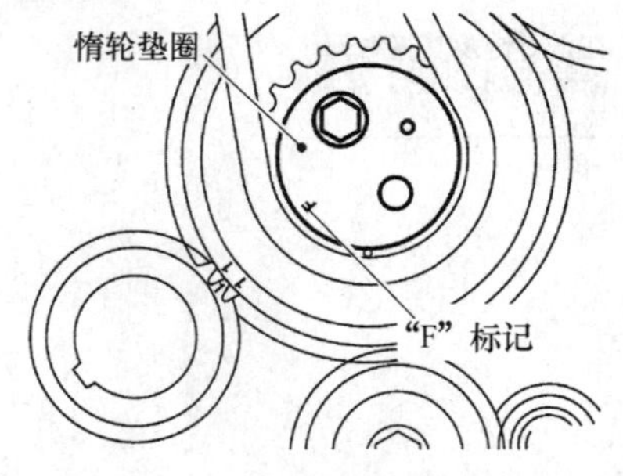

图 4-32　安装惰轮垫片

2）向正时齿轮箱配合表面上连续涂抹数滴规定的密封剂。

• 规定密封剂：三菱纯正零件 MD970389 或等效品。

3）将固定螺母和螺栓安装到正时齿轮箱上的图 4-33 所示位置（螺栓尺寸规格如表 4-2 所示）。

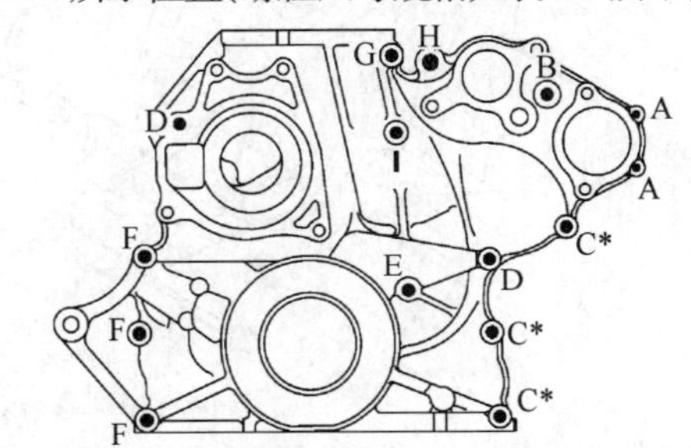

图 4-33　安装正时齿轮箱固定螺母与螺栓

表 4-2　螺栓尺寸规格

名称	符号	尺寸（名义直径×长度，mm×mm）
法兰螺栓	A	6×16
	B	8×50
	C①	8×60
	D	8×75
	E	8×80
	f	8×85
	G	8×90
	H	10×35
盖螺母	I	—

① 未装配 A/C 的车辆。

注意：安装后，在等待足够的时间（大于等于 1h）之前，不要向涂密封剂区域上涂抹机油或水，也不要起动发动机。

第七节　4G64 2.4L 发动机(2004—2006 款欧蓝德、帕杰罗装备)

1. 正时带单元分解

正时带单元分解见图 4-34。

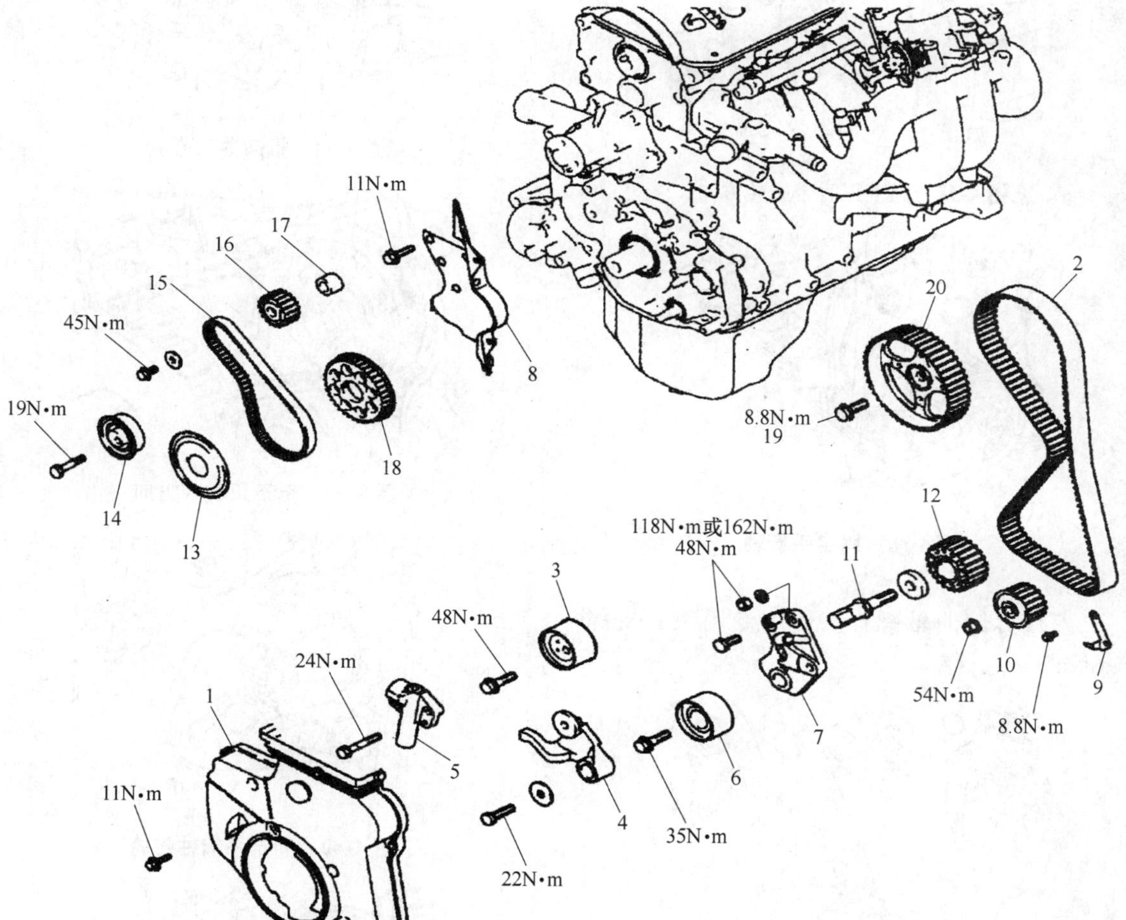

图 4-34　4G64 发动机正时带单元分解

拆卸步骤　1—正时带前下盖　2—正时带　3—张紧带轮　4—张紧臂　5—自动张紧器　6—中间带轮　7—张紧带轮支架　8—正时带后盖　9—正时带指示器　10—动力转向泵带轮　11—曲轴螺栓　12—曲轴带轮　13—法兰　14—张紧器 B　15—正时带 B　16—平衡轴带轮　17—衬套　18—曲轴带轮　19—凸轮轴带轮螺栓　20—凸轮轴带轮

2. 正时带单元的拆卸方法

(1) 正时带的拆卸

记下正时带旋转方向以确保复装时无误，如图 4-35 所示。

(2) 动力转向泵带轮的拆卸

1) 拆卸气缸体侧的旋塞。

2) 插入直径 8mm 的十字旋具，用以固定左侧平衡轴，如图 4-36 所示。

3) 拆卸动力转向泵带轮螺母。

4) 拆卸动力转向泵带轮。

(3) 曲轴螺栓的拆卸

1) 如图 4-37 所示，使用专用工具固定

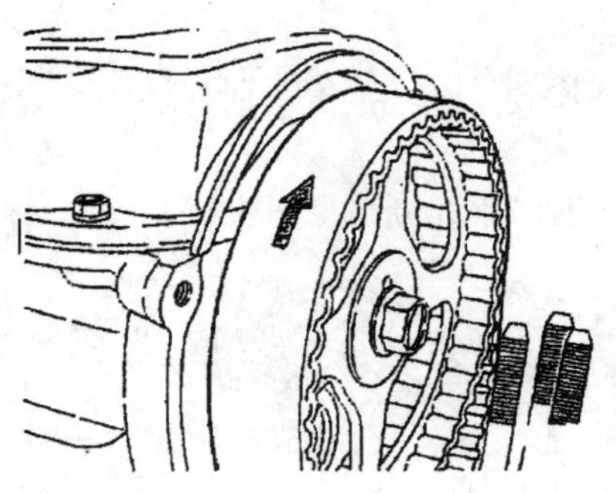
图 4-35　记下正时带旋转方向

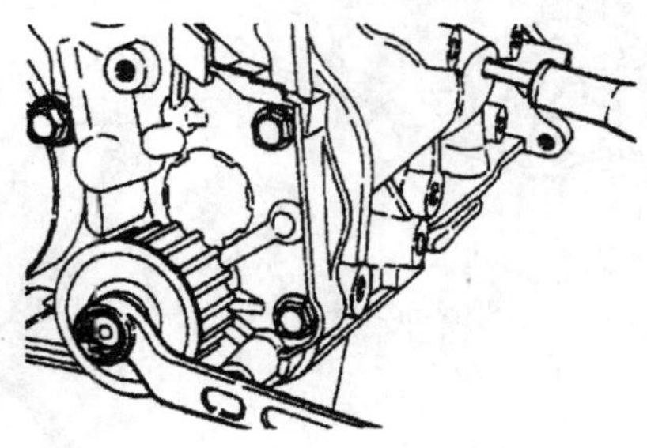
图 4-36　固定平衡轴

飞轮。

2）拆卸曲轴螺栓。使用专用工具支撑飞轮。

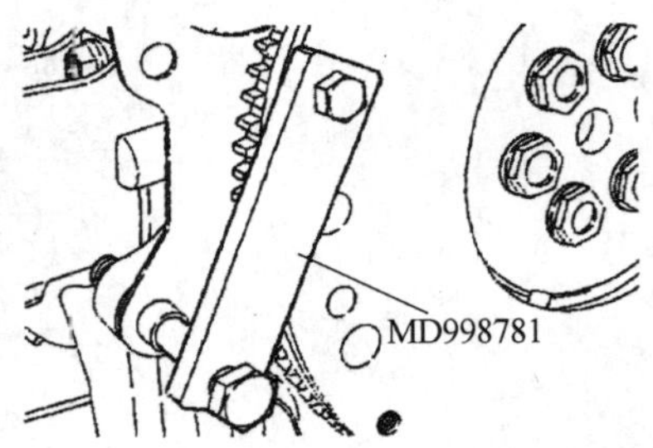

图 4-37　固定飞轮

（4）曲轴带轮的拆卸　若因粘着不易拆卸，请使用专用工具，如图 4-38 所示。

（5）正时带 B 拆卸　记下正时带旋转方向以期复装时无误，如图 4-39 所示。

（6）平衡带轮拆卸

1）使用如图 4-40 所示工具，固定平衡轴带轮。

2）拆卸平衡轴带轮。

（7）曲轴带轮 B 拆卸　若因粘着不易拆卸，请使用专用工具，如图 4-41 所示。

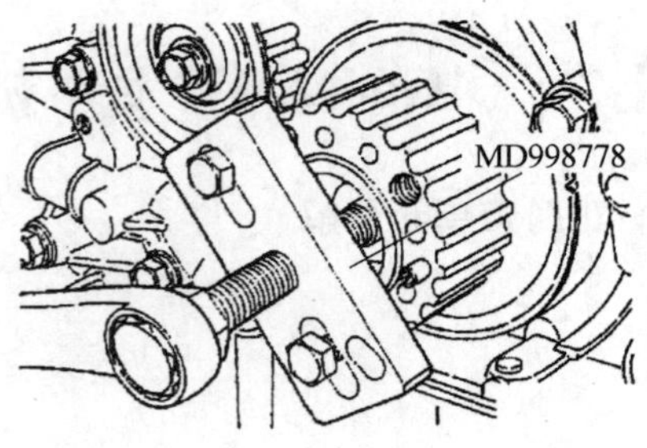

图 4-38　拆卸曲轴带轮

图 4-39　记下正时带方向

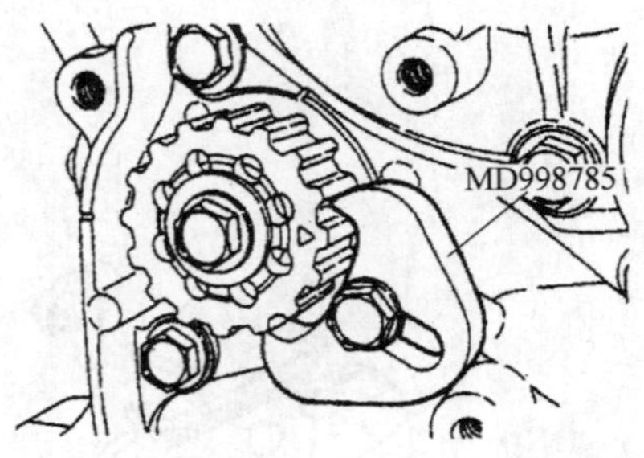

图 4-40　固定平衡轴带轮

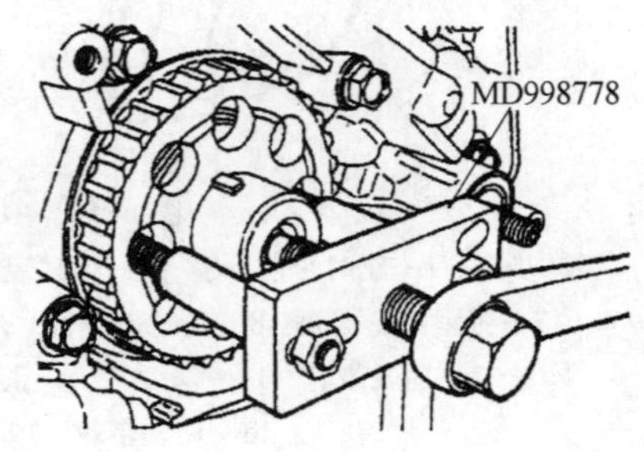

图 4-41　拆卸曲轴带轮

（8）凸轮轴带轮螺栓的拆卸

1）使用专用工具，固定凸轮轴正时带轮。

2）拆卸凸轮轴带轮螺栓，如图 4-42 所示。

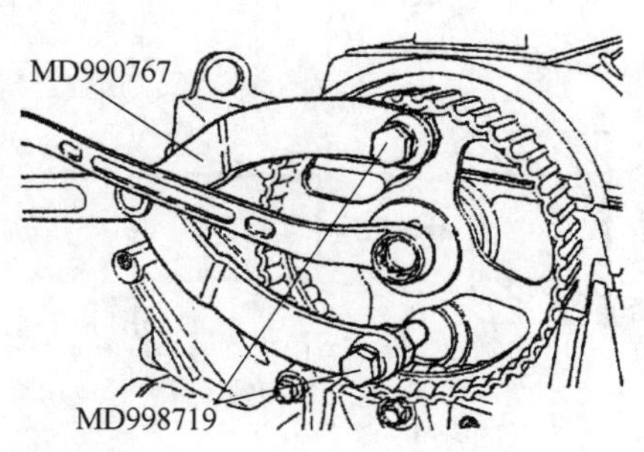

图 4-42　拆卸凸轮轴带轮

3. 正时带单元的检查

（1）正时带　仔细检查正时带各个部分，如有下述损伤时请换用新正时带。

1）背面橡胶老化反光，指甲划过无痕迹，没有弹力，如图 4-43 所示。

图 4-43　检查正时带是否老化

2）背面橡胶有裂痕。

3）帆布有裂痕、剥痕。

4）正时带齿底部有裂痕。

5）正时带侧面有裂痕，如图 4-44 所示。

6）正时带侧面异常磨损。当正时带侧面如快刀切过一样整齐时为正常。

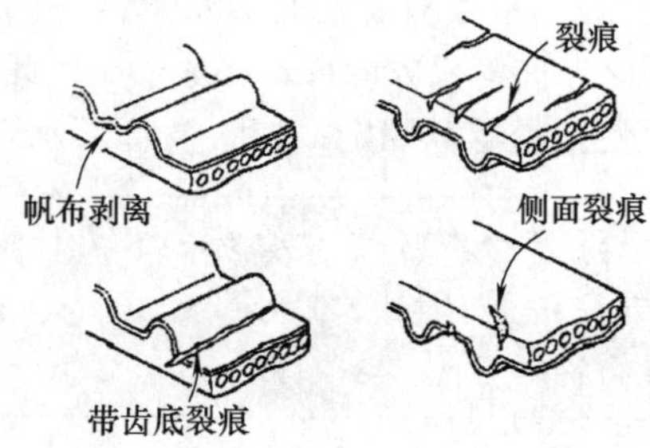

图 4-44　检查正时带有无损坏

7）正时带齿部异常磨损，如图 4-45 所示。

8）正时带掉齿，如图 4-46 所示。

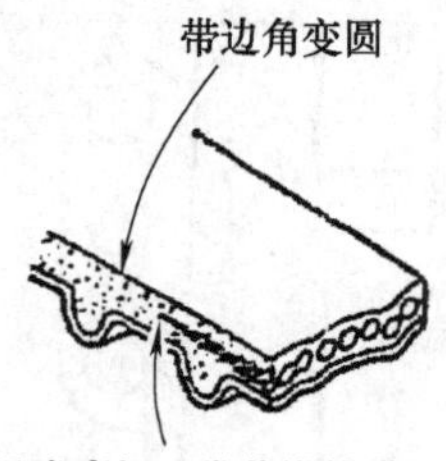

图 4-45　正时带齿部异常磨损

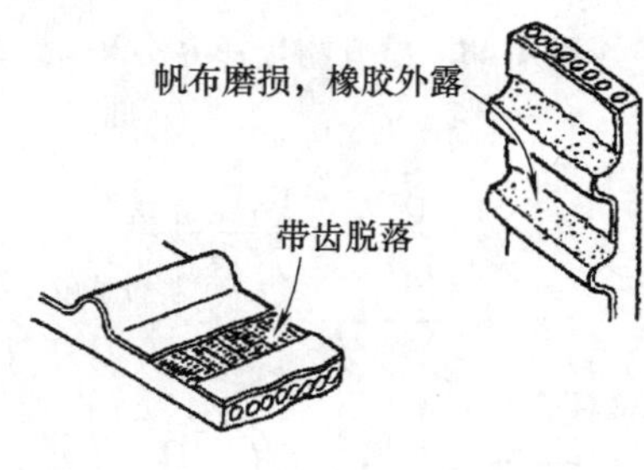

图 4-46　正时带掉齿现象

（2）自动张紧器

1）检查自动张紧器有无泄漏，必要时更换新件。

2）如图 4-47 所示，检查杆端有无磨损或损伤，必要时更换新件。

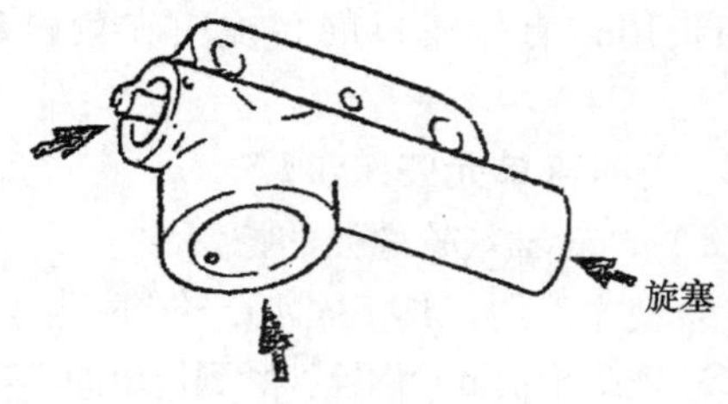

图 4-47　检查杆端

3）如图 4-48 所示，测量杆的突出量。若不符合标准，更换新的自动张紧器。

- 标准值：12mm。

4）用 98～196N 的力将杆压下，同时测量杆的位移量。

5）如果杆位移量比在第 3）项中测量的数值小 1mm 以上，应更换自动张紧器，如图 4-49 所示。

- 标准值：≤1mm。

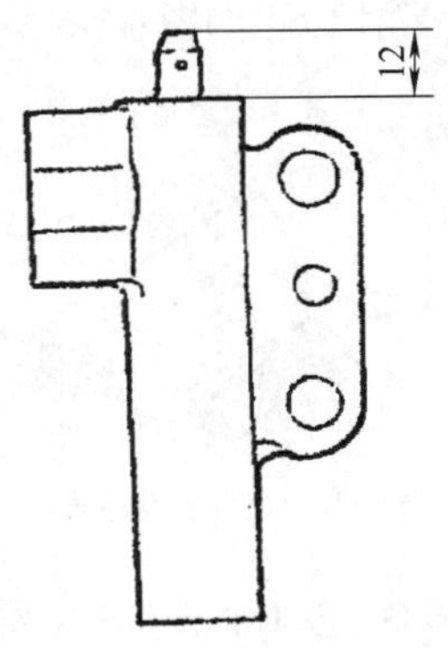

图4-48　检查测量杆突出量

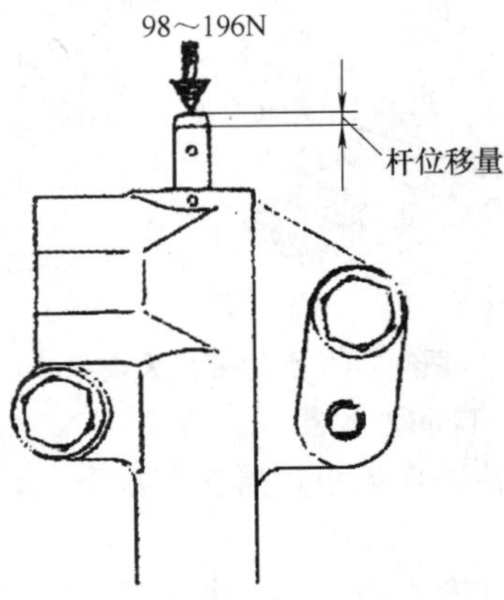

图4-49　检查杆的位移量

6）用带有软钳口的台虎钳夹紧自动张紧器。

4. 正时带单元安装步骤

（1）凸轮轴带轮螺栓的拧紧

1）使用专用工具，固定凸轮轴带轮。

2）把凸轮轴带轮螺栓拧紧到规定的力矩。

（2）衬套安装　安装衬套时，将有倒角的一侧朝向油封，如图4-50所示。

（3）平衡轴带轮安装

1）用工具固定平衡轴带轮。

2）拧紧螺栓至规定的力矩。

（4）正时带B安装

1）将曲轴带轮B及平衡轴带轮的标记分别与前盖上的标记对正。

2）在曲轴带轮B及平衡轴带轮上安装正时带B。张紧一侧不允许有松弛，如图4-51所示。

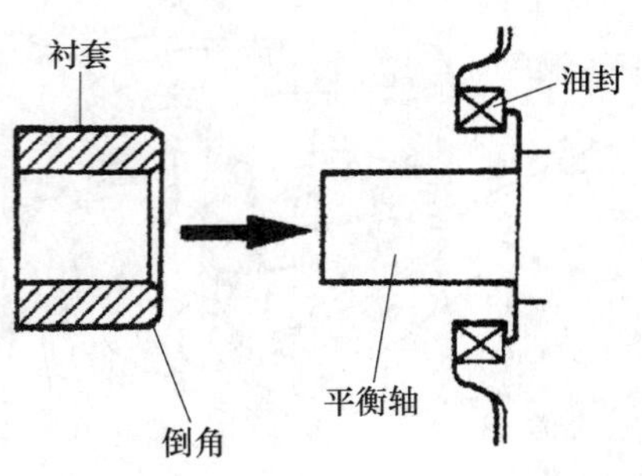

图4-50　安装衬套

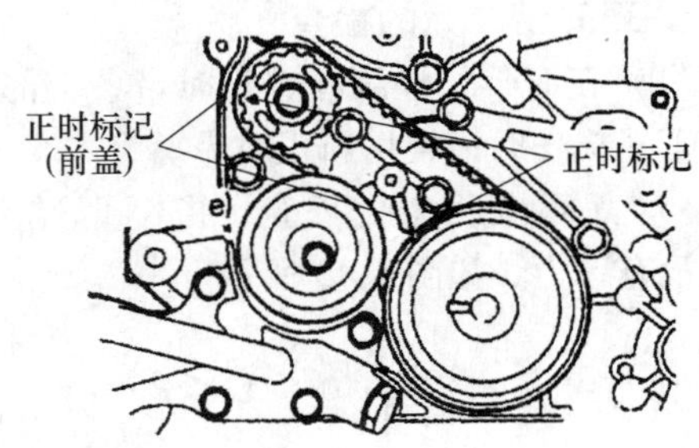

图4-51　安装正时带

3）确认张紧器轮中心与螺栓中心的位置如图4-52所示。

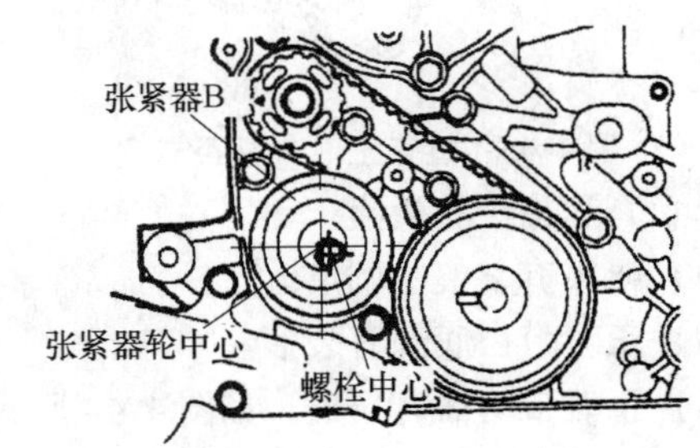

图4-52　安装张紧轮

4）在用手指对着正时带张紧器一侧施加力的同时，向箭头方向移动张紧器B。此时拧紧螺栓使张紧器B固定，如图4-52所示。

> **注意：**在拧紧螺栓时，不要让轴与带轮一起转动使正时带过紧，如图4-53所示。

5）确认带轮与前盖上的标记对齐。

6）用食指压下正时带B的张紧器一侧的中央部分，正时带压下量为5～7mm，如图4-54所示。

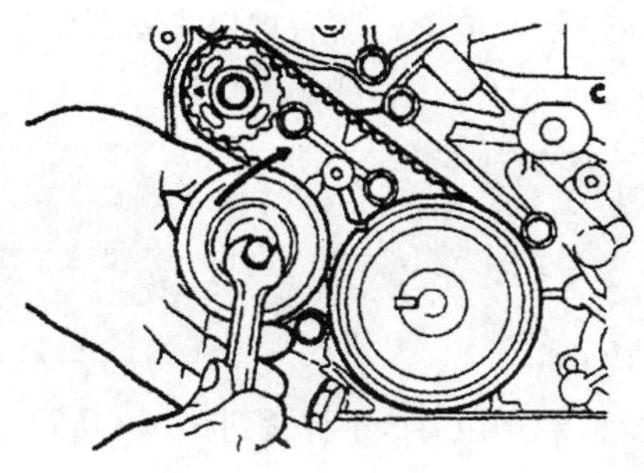

图 4-53　拧紧张紧轮螺栓

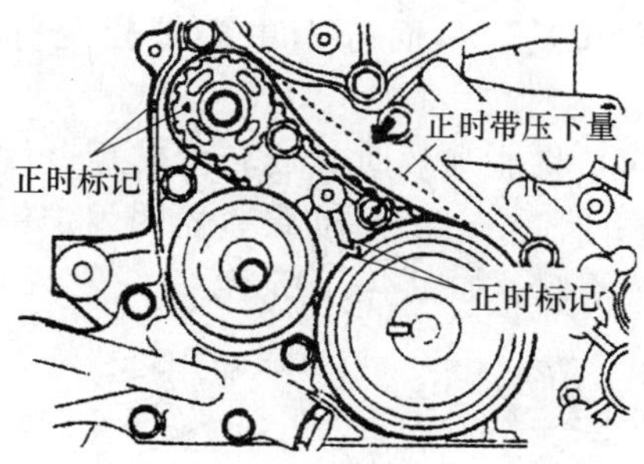

图 4-54　检查正时带挠度

（5）曲轴螺栓的拧紧

1）使用专用工具固定飞轮。

2）安装曲轴螺栓。

（6）机油泵带轮安装

1）将十字旋具塞入气缸体左侧塞孔，阻止使平衡轴转动。

2）安装机油泵带轮。

3）在螺母与轴承的结合面涂抹机油。

4）按照规定的力拧紧矩螺母。

（7）自动张紧器的安装

1）若自动张紧器杆在伸出位置，应按照下述步骤使其缩回。

2）用带有软钳口的台虎钳夹紧自动张紧器，如图 4-55 所示。

3）利用台虎钳慢慢地将杆推入，直到杆的孔与工作缸的孔对齐为止。

4）将钢丝（直径为 1.4mm）插进对齐的孔中。

5）用台虎钳拆卸自动张紧器。

6）将自动张紧器安装在前盖上，用规定力矩拧紧螺栓，如图 4-56 所示。

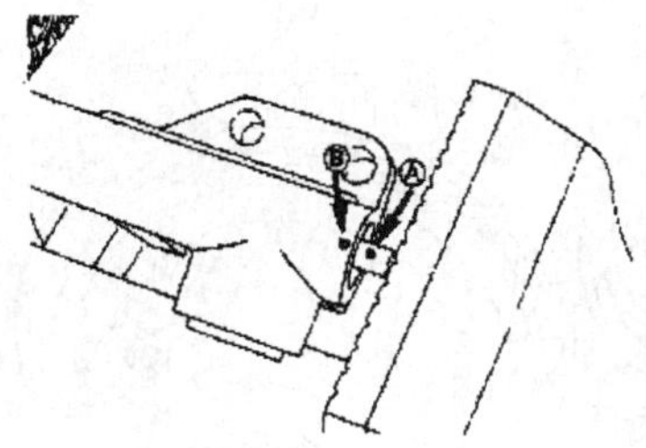

图 4-55　用台虎钳夹紧张紧器

（8）正时带安装

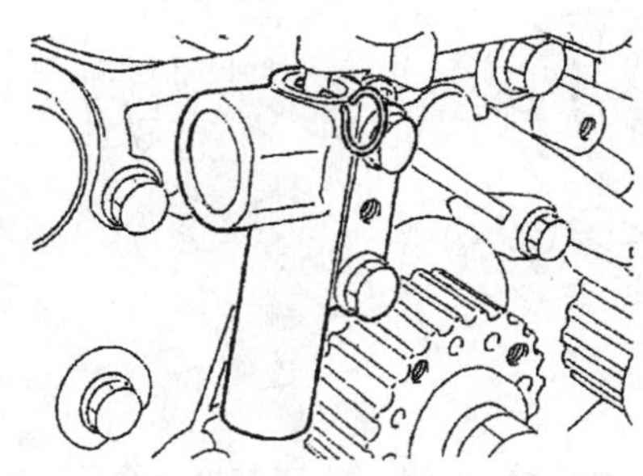

图 4-56　安装自动张紧器

注意：将钢丝留在自动张紧器中。

1）确认正时带张紧器安装妥当。

2）使凸轮轴带轮上的正时标记与气缸盖上的标记对齐，如图 4-57 所示。

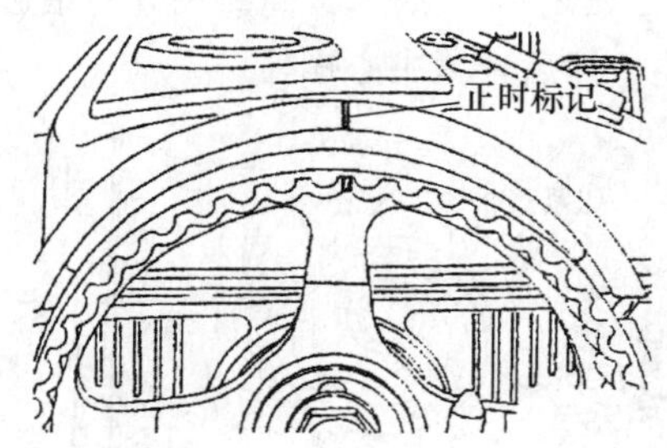

图 4-57　对齐凸轮轴带轮正时标记

3）使曲轴带轮上的正时标记与前盖上的标记对齐，如图 4-58 所示。

4）使动力转向泵带轮上的正时标记与前盖上的标记对齐，如图 4-59 所示。

5）从气缸体上拆卸塞子，然后将十字旋具（直径 8mm）插入孔中。若能插入 60mm 以上，这表示正时标记对齐，若不能插入 20 ~ 25mm 以上，应将油泵带轮转一圈，然后对齐

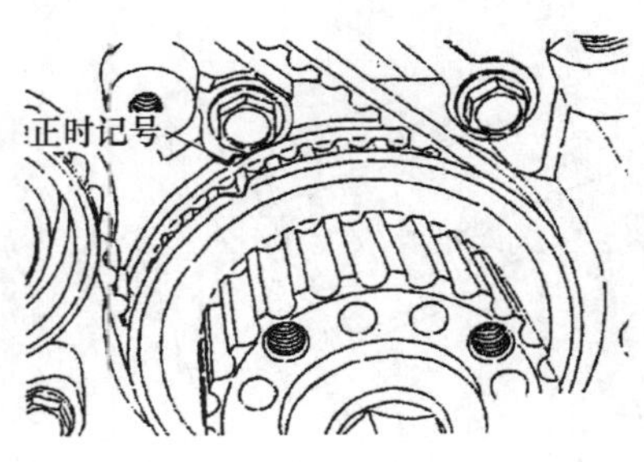

图4-58 对齐曲轴带轮正时标记

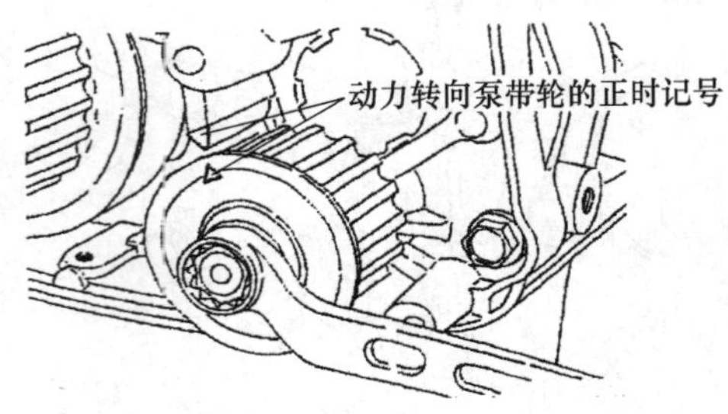

图4-59 对齐动力转向泵带轮上的正时标记

正时标记。再度检查旋具能否插进60mm以上。

• 将旋具保持在插入位置上，直到正时带安装结束。

6）将正时带依次连接到曲轴带轮、中间带轮、凸轮轴带轮以及张紧带轮上。

7）如图4-60所示，向箭头方向抬起张紧器带轮，然后拧紧中心螺栓。

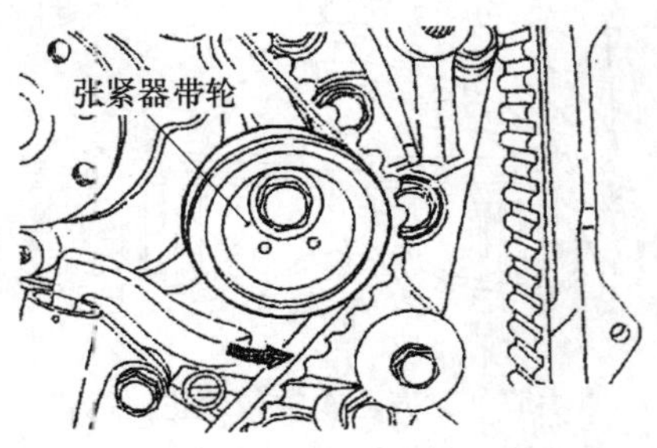

图4-60 安装张紧器带轮

8）检查所有正时标记都成一直线。

9）拆下步骤5）时插入的旋具，装上塞子。

10）将曲轴逆时针旋转1/4转。然后顺时针旋转，直到所有正时标记再度排齐为止。

11）将专用工具的套筒扳手和扭力扳手装配在张紧器带轮，然后拧松张紧器带轮中心螺栓。

注意： 如果不能利用专用工具时，可使用能测量0至0.3kgf·m力矩的一般扭力扳手。

12）利用扭力扳手拧紧到0.26～0.27kgf·m的力矩。

13）一面利用专用工具和扭力扳手保持张紧器带轮，一面拧紧中心螺栓至标准力矩值。

14）将曲轴顺时针旋转两转后，放置约15min。然后，检查自动张紧器的固定钢丝能否自由滑动，如图4-61所示。

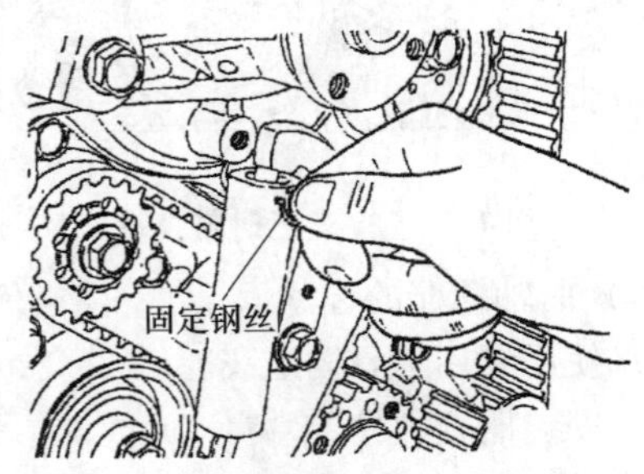

图4-61 检查张紧器中固定钢丝

注意： 若钢丝不能自由滑动，反复进行上述10）以上步骤，直至钢丝滑动为止。

15）取下自动张紧器固定钢丝。

16）测量距离A（张紧器臂与自动张紧器本体间距离），如图4-62所示。

• 标准值：3.8～4.5mm。

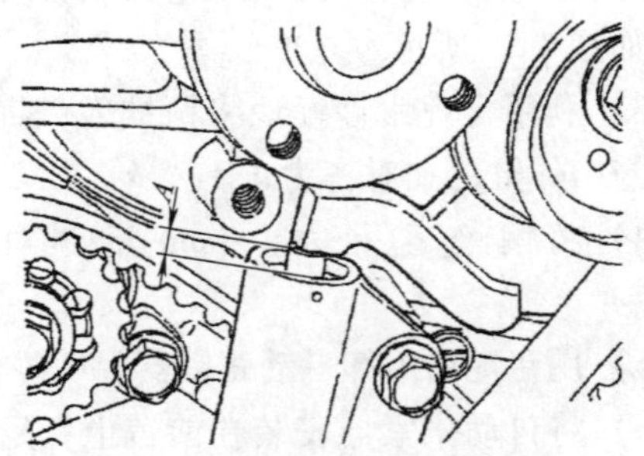
图4-62 测量张紧器臂与张紧器的距离

第八节　4G69 2.4L 发动机（2004—2010 款格蓝迪，欧蓝德装备）

1. 正时带单元分解

正时带单元分解见图 4-63。

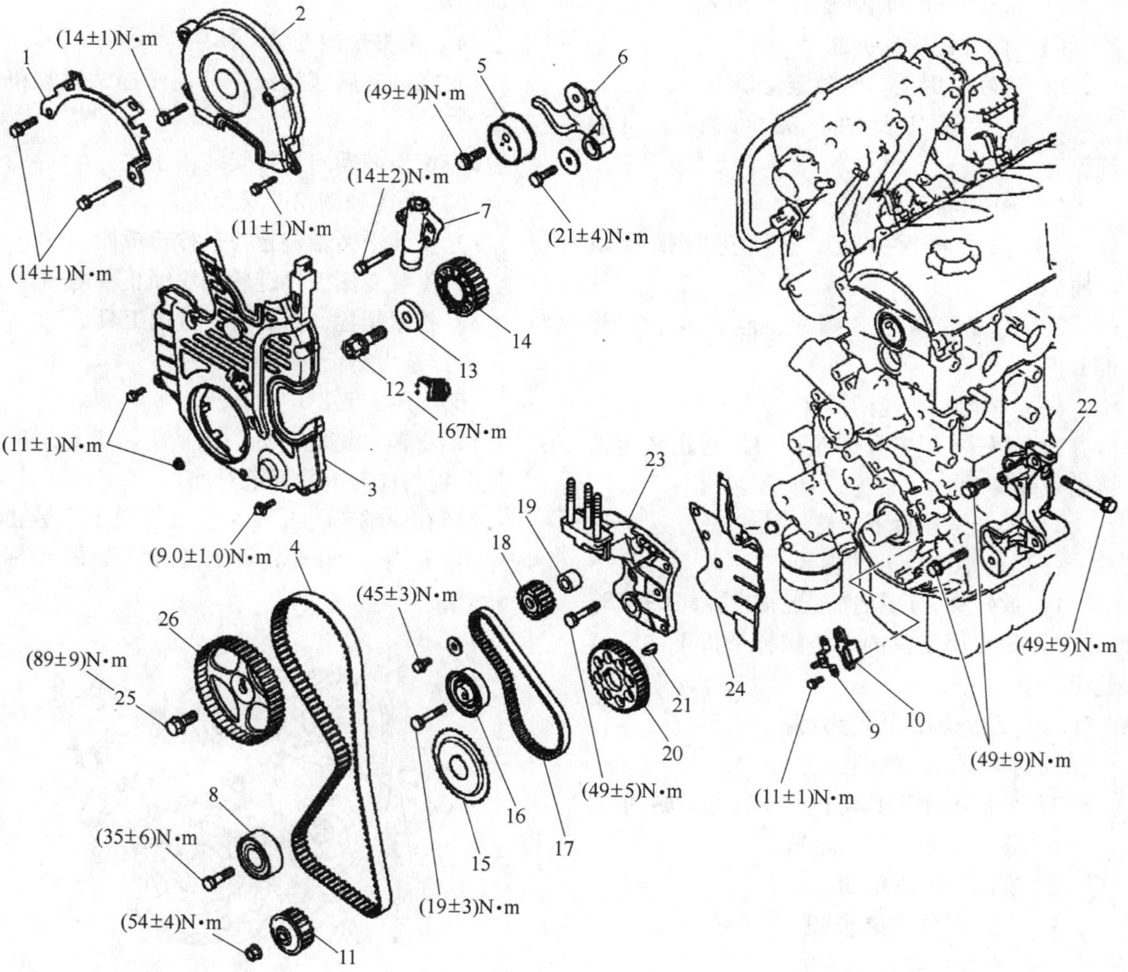

图 4-63　发动机正时带单元分解

拆卸步骤　1—插接器支架　2—正时带前上盖　3—正时带前下盖　4—正时带　5—张紧轮　6—张紧臂　7—自动张紧器　8—惰轮　9—支架　10—曲轴转角传感器　11—机油泵链轮　12—曲轴螺栓　13—曲轴带轮垫圈　14—曲轴链轮　15—曲轴转角传感器信号盘　16—张紧器 B　17—正时带 B　18—平衡轴链轮　19—调整垫　20—曲轴链轮 B　21—曲轴键　22—发电机支架　23—发动机支承架　24—正时带后罩　25—凸轮轴链轮螺栓　26—凸轮轴链轮

2. 正时带单元拆卸方法

（1）正时带的拆卸　如果在任何零件上有机油或水，检查前壳油封、凸轮轴油封和水泵是否泄漏。

1）为了再次安装，标明正时带运转方向。

2）松开张紧轮螺栓，然后拆下正时带。

（2）机油泵链轮的拆卸

1）拆下气缸体左侧的螺塞。

2）装入杆部直径 8mm 的十字旋具到螺塞

孔，固定住左平衡轴。

3）松开螺母，然后拆下机油泵链轮。

（3）松开曲轴螺栓

1）安装飞轮止动器，固定住驱动盘。

2）松开并拆下曲轴螺栓和垫圈。

（4）曲轴链轮的拆卸

1）放好专用工具曲轴链轮顶拔器。

2）拧专用工具中心螺栓来拆下曲轴链轮。

（5）正时带B的拆卸

1）为了再次安装，标明正时带转动方向。

2）松开张紧器B螺栓，然后拆下正时带B。

（6）平衡轴链轮的拆卸

1）放好专用工具链轮挡块，防止平衡轴链轮一起转动。

2）松开螺栓拆下链轮。

（7）曲轴链轮B的拆卸

1）放好专用工具曲轴链轮顶拔器MD998778。

2）拧专用工具的中心螺栓来拆下曲轴链轮B。

（8）凸轮轴链轮的拆卸

1）拆下凸轮轴链轮。

2）使用专用工具防止凸轮轴链轮转动。

① 安装末端叉形固定器。

② 安装带轮固定销。

3. 正时带的安装步骤

（1）凸轮轴链轮的安装

1）使用专用工具防止凸轮轴链轮转动。

① 安装末端叉形固定器。

② 安装带轮固定销。

2）把凸轮轴链轮螺栓拧紧到规定力矩。

• 拧紧力矩：(88±10)N·m。

（2）发动机支承架的安装

1）彻底清除残留在支承架螺栓和螺栓孔上的密封剂。

2）在螺栓上滴上密封剂，然后安装并拧紧螺栓。

• 规定的密封剂：

＊三菱原装MD970389号零件或等效品。

• 拧紧力矩：(49±5)N·m。

（3）曲轴链轮“B”的安装　清理，然后除去前壳、曲轴链轮B和连接链轮B的曲轴表面油污。

（4）调整垫的安装

1）在油封唇区涂抹一薄层干净的发动机机油。

2）倒角端朝向油封安装调整垫。

（5）平衡轴链轮的安装

1）安装平衡轴链轮并且拧转螺栓。

2）安装专用工具链轮挡块锁止平衡轴。

3）拧紧螺栓，然后拆下专用工具。

• 拧紧力矩：(45±3)N·m

（6）正时带“B”的安装

1）将曲轴链轮“B”及平衡轴链轮上的标记分别与前壳上的标记对准。

2）在曲轴链轮B及平衡轴链轮上安装正时带B。张紧一侧不允许有松弛，如图4-64所示。

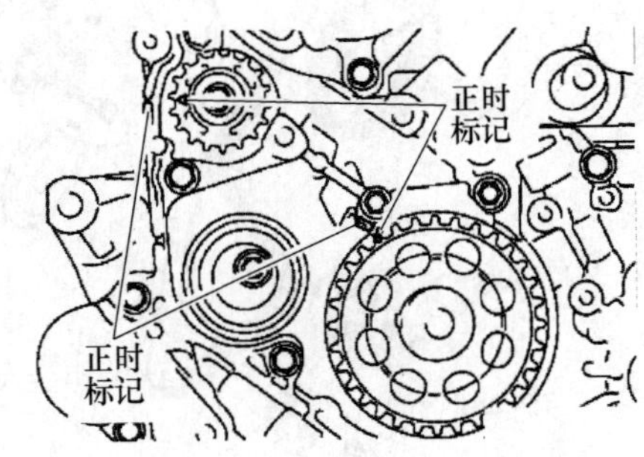

图4-64　安装正时带

3）确保张紧轮中心与螺栓中心处于图4-65中所示位置。

4）在用手指对着正时带张紧一侧施加张力的同时，向箭头方向移动张紧器B。在这种情况拧紧螺栓使张紧器B紧固。在拧紧螺栓时，注意不要让张紧轮轴与螺栓一起转动。如果轴与螺栓一起转动，会使正时带过紧。

• 拧紧力矩：(19±3)N·m

5）检查链轮上的正时标记是否与前壳上的正时标记对准。

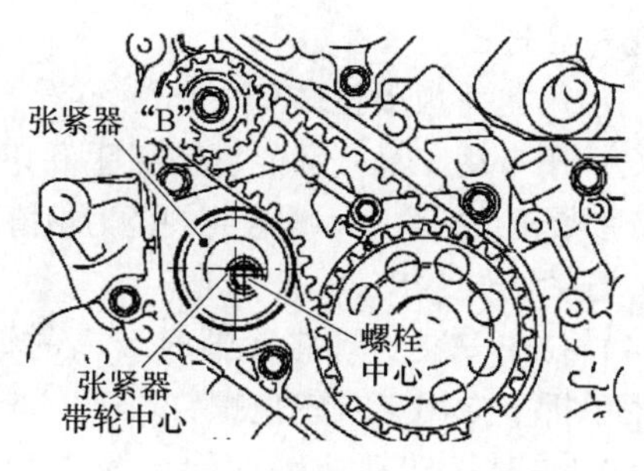

图 4-65　安装张紧轮

6）用食指压在正时带 B 张紧一侧的中央部分。正时带必须挠曲 5～7mm。

（7）曲轴角度传感器感应片/曲轴链轮/曲轴带轮垫圈/曲轴螺栓的安装

1）清理，然后清除曲轴链轮接触表面、传感刃片和曲轴上的油污。

2）清洁曲轴上的螺栓孔、曲轴链轮的曲轴接触表面和垫圈。

3）把传感器感应片和曲轴链轮安装到曲轴上。

4）在曲轴螺栓的螺纹和落座面上施加少量发动机机油。

5）把垫圈大倒角侧朝螺栓头安装到曲轴螺栓上。

6）使用专用工具飞轮止动器锁定驱动盘。

7）把曲轴螺栓拧紧到规定力矩。

• 拧紧力矩：167N·m。

（8）机油泵带轮的安装

1）通过气缸体左侧的螺塞孔装入一把杆径 8mm 的十字旋具，固定左平衡轴。

2）安装机油泵链轮。

3）在螺母落座面施加一薄层发动机机油。

4）把螺母拧紧到规定力矩。

• 拧紧力矩：(54±5)N·m。

（9）自动张紧器的安装　如果自动张紧器杆完全伸出，如下重新设置：

1）用带有软钳口的台虎钳夹住自动张紧器。

2）利用台虎钳慢慢地将杆推入，直到杆的孔与油缸的孔对准。

3）将钢丝(直径为 1.4mm)插进对齐的孔中。在对齐正时带时将使用这条钢丝。

4）从台虎钳上松开自动张紧器。

注意：将钢丝留在自动张紧器中。

5）将自动张紧器安装到前壳上并拧紧到规定力矩。

• 拧紧力矩：(23±3)N·m。

（10）张紧轮的安装　放好张紧轮，以便固定扳手的孔可处于图 4-65 中所示位置。

（11）正时带的安装

1）对齐凸轮轴链轮上的正时标记和气门室盖上的正时标记，如图 4-66 所示。

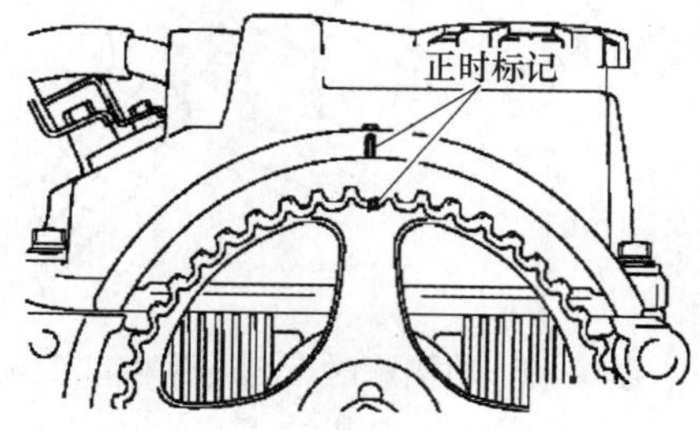

图 4-66　对齐凸轮轴链轮正时标记

2）对齐曲轴链轮上的正时标记和前壳上的正时标记，如图 4-67 所示。

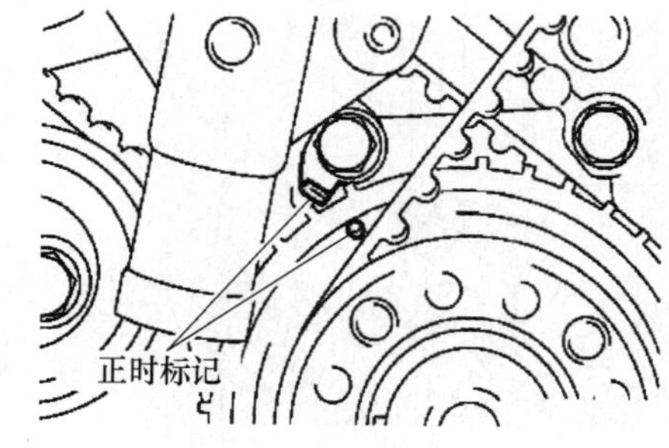

图 4-67　对齐曲轴链轮正时标记

3）对齐机油泵链轮上的正时标记和它的配合标记，如图 4-68 所示。

4）拆下气缸体上的螺塞，通过安装孔装入一个杆径 8mm 的十字旋具。若能装入深度 60mm 或更多，这表示正时标记对齐，如图 4-69 所示。

• 若装入深度只有 20～25mm，应将机油泵链轮转一圈并再对齐正时标记。然后检查旋具能否插进 60mm 或更多。将旋具保持在装入

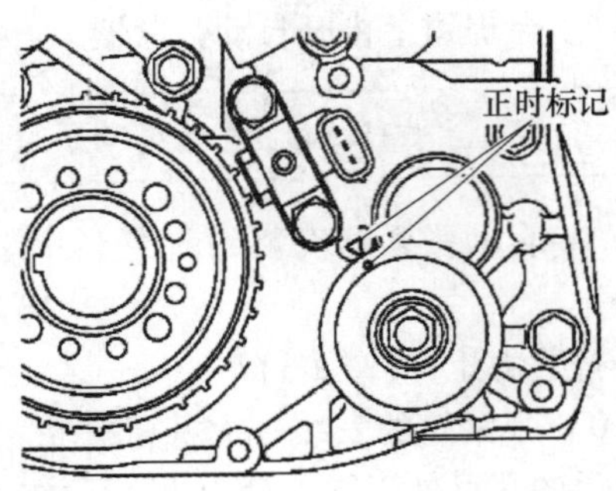

图 4-68　对齐机油泵链轮正时标记

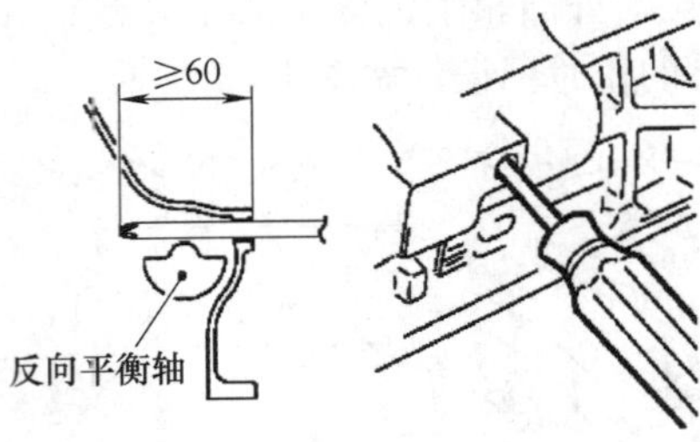

图 4-69　检测正时标记是否对齐

位置上，直到正时带安装结束。

5）如图 4-70 所示，放好专用工具定位螺钉 MD998738，旋转到钢丝装入自动张紧器，并且可以轻松移动的位置。

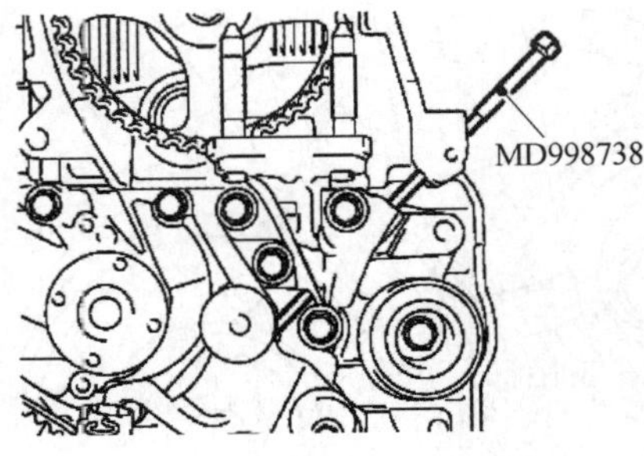

图 4-70　用专用工具装自动张紧器

6）将正时带依次安装在曲轴链轮、机油泵链轮、惰轮、凸轮轴链轮和张紧轮上。

7）在箭头方向抬起张紧轮并拧紧中心螺栓。

8）检查所有正时标记是否对齐。

9）拆下步骤 5）时装入的旋具并安装螺塞。

10）将曲轴逆时针旋转 1/4 圈。然后顺时针旋转，直到所有正时标记再次对齐为止。

11）将专用工具张紧轮套筒扳手、套筒扳手接杆和扭力扳手装到张紧轮上，并且松开张紧轮中心螺栓。

12）用扭力扳手扭转到 3.5N · m。

13）用专用工具张紧轮套筒扳手和扭力扳手保持张紧轮，拧紧中心螺栓到规范力矩值。

- 拧紧力矩(48 ±6)N · m。

14）拉出安装自动张紧器时装入的钢丝，然后用手拆下专用工具定位螺钉。

15）顺时针转动曲轴两圈。等待 15min，然后进行下列检查步骤。

16）查看钢丝(安装自动张紧器时装入的)是否可以不费力的被拆下。

- 如果钢丝可以不费力地被拆下，说明正时带张力合适。因此，拆下钢丝。这时，检查自动张紧器杆伸出量是否在标准值范围内。
- 标准值：3.8 ~4.5mm。

17）如果拆下钢丝时有阻力，重复前面的步骤 10)至步骤 15)，直到自动张紧器杆的伸出量测量值在标准值范围内。

4. 气门间隙的调整方法

按照以下步骤进行气门间隙调整。

1）拆下气门室盖。

> **注意：**任何时候都顺时针转动曲轴。

2）顺时针旋转曲轴，然后把凸轮轴链轮的正时标记与气缸盖上的正时标记对准(把 1 缸置于压缩行程的上止点。)

3）测量图 4-71 中箭头所示标记的气门间隙。

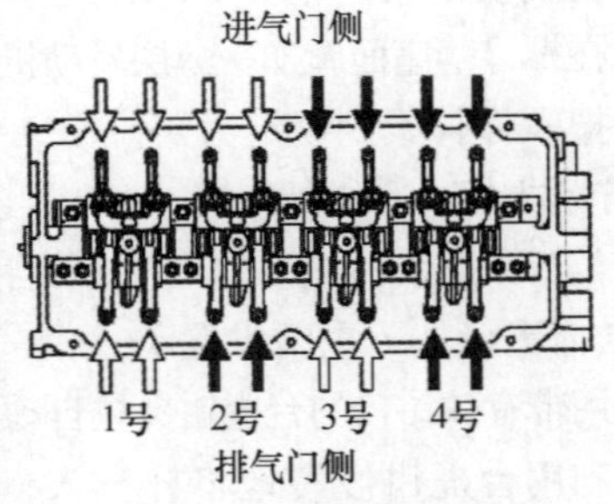

图 4-71　测量气门间隙

- 白色箭头标记：1 缸在压缩行程的上止点。
- 黑色箭头标记：4 缸在压缩行程的上止

点时。

4）如图 4-72 所示，使用塞尺，调整气门杆端和调整螺钉之间的间隙。

- 标准值(冷机状况)：

＊进气侧：0.11mm。

＊排气侧：0.20mm。

> **注意：**车辆上安装发动机总成后，在发动机暖机状态时重新检查气门间隙。如果需要进行调整。

5）用旋具固定调整螺钉不要旋转，然后拧紧锁止螺母。

6）顺时针旋转曲轴，然后把凸轮轴链轮上的正时标记与曲轴链轮上的正时标记对齐（把 4 缸置于压缩行程的上止点）。

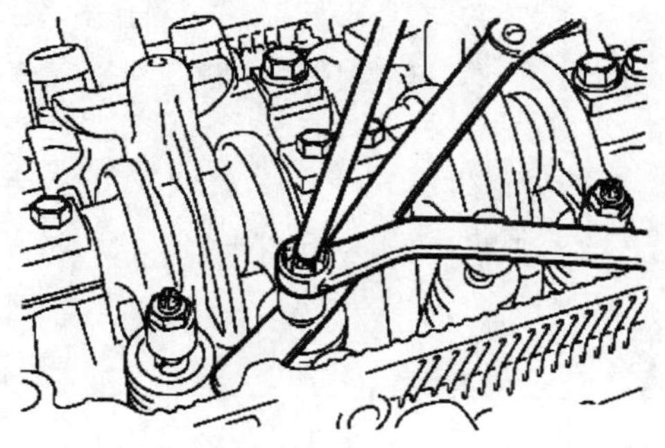

图 4-72　调整气门间隙

7）调整其余气门的气门间隙。

8）安装气门室盖。

第九节　4B12 2.3L 发动机(2009—2012 款蓝瑟 EX 装备)

1. 正时链单元分解

正时链单元分解见图 4-73。

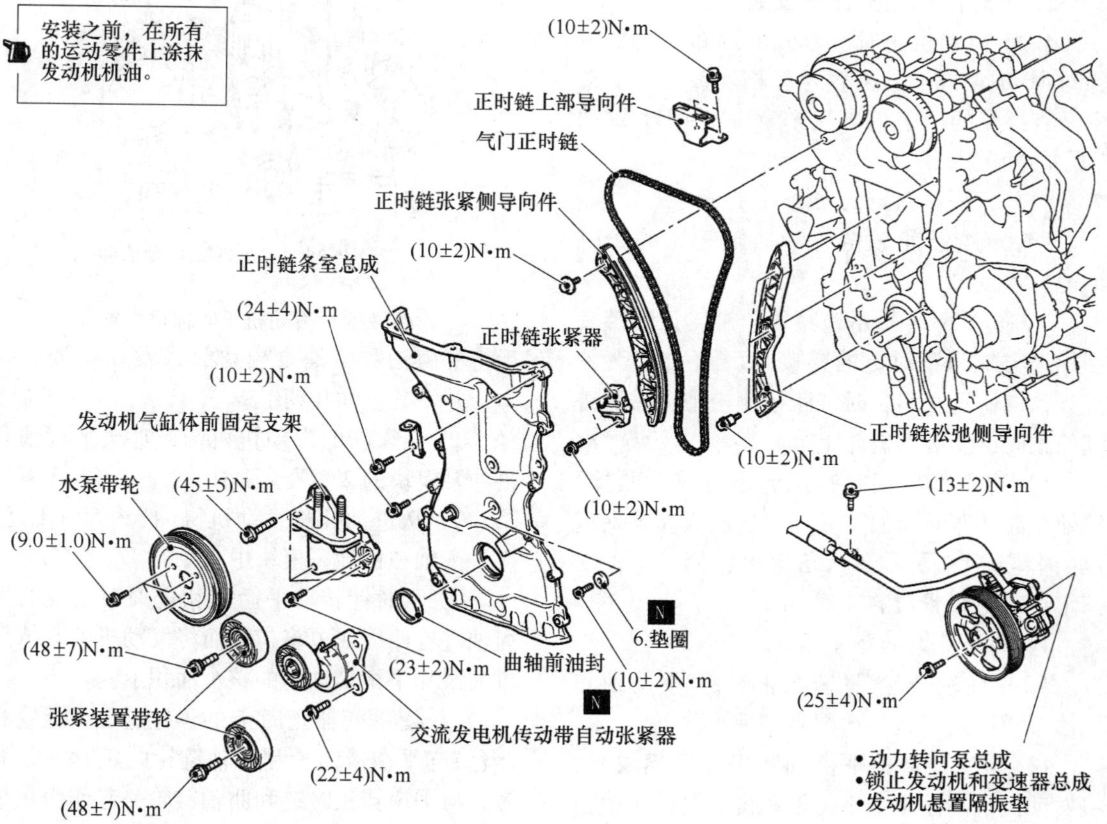

安装之前，在所有的运动零件上涂抹发动机机油。

(10±2)N•m
正时链上部导向件
气门正时链
正时链张紧侧导向件
(10±2)N•m
正时链条室总成
(24±4)N•m
正时链张紧器
(10±2)N•m
发动机气缸体前固定支架
水泵带轮
(45±5)N•m
(9.0±1.0)N•m
(10±2)N•m
正时链松弛侧导向件
(10±2)N•m
(13±2)N•m
(48±7)N•m
6.垫圈
曲轴前油封
(23±2)N•m
(10±2)N•m
(25±4)N•m
张紧装置带轮
交流发电机传动带自动张紧器
(22±4)N•m
(48±7)N•m
•动力转向泵总成
•锁止发动机和变速器总成
•发动机悬置隔振垫

图 4-73　4B12 发动机正时链单元分解

拆卸前操作:

- 发动机室底盖前部A、B和发动机室侧盖(右侧)的拆卸。
- 排放发动机机油(参见车上检修,发动机机油的更换的说明)。
- 拆卸气门室盖总成。
- 拆卸发动机油底壳。

➡

安装后操作:

- 安装发动机油底壳。
- 安装气门室盖总成。
- 重新加注发动机机油(参见车上检修,发动机机油的更换的说明)。
- 安装发动机室底盖前部A、B和发动机室侧盖(右侧),参阅发动机室底盖上的标注。

拆卸步骤:

- 动力转向泵总成。
- 前照灯支承板盖。
- 固定发动机和变速器总成。
- 发动机悬置支架。
- 曲轴带轮。

2. 正时链单元拆卸与安装步骤

4B12发动机正时链单元的拆卸与安装步骤与4B11相同，其内容可以相互参考。下文中没有提到的内容请参见本章中“4B11发动机”的相关内容。

（1）气门正时链的安装

1）定位凸轮轴链轮和曲轴链轮的正时标记。

2）如图4-74所示，将每个链轮正时链装配标记与气门正时链的链接片(橙色或蓝色)对齐，以避免气门正时链张紧侧松弛，然后将气门正时链安装到链轮上。

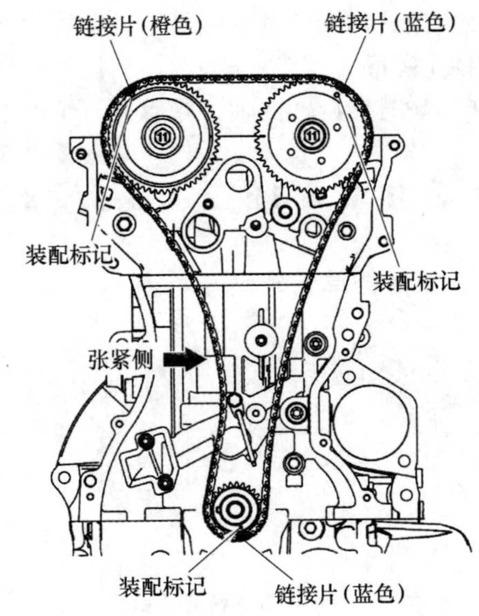

图4-74　发动机正时标记位置

3）将平衡器正时链压向正时链张紧器，压缩正时链张紧器的柱塞，然后插入高碳钢钢丝(钢琴丝等)或L形六角扳手(1.5mm)，以固定正时链张紧器的柱塞。

4）拆下正时链张紧器。

（2）曲轴链轮/平衡器正时链/平衡轴和机油泵模块的安装　如图4-75所示。

1）当安装新的平衡轴和机油泵模块时，将发动机机油涂抹到平衡轴和机油泵模块中的机油泵以及平衡轴的轴承上。

① 清洁拆下的发动机油底壳的内侧，然后将平衡轴和机油泵模块放入发动机油底壳中，并使其进油孔朝上。

② 倒入新的发动机机油，直至平衡轴和机油泵模块的2/3浸入其中。

③ 从进油孔将发动机机油(约50 mL)注入平衡轴和机油泵模块中。

④ 顺时针转动平衡轴和机油泵模块的平衡轴链轮四周或更多，从而将发动机油涂抹到机油泵和平衡轴轴承的整个面积上。

2）使平衡器正时链的连接标记(橙色和蓝色)与平衡器链轮和曲轴链轮的正时标记对齐，与平衡器正时链和曲轴链轮一起作为一个单元，将平衡轴和机油泵模块安装到气缸体上。此时，安全地放入平衡轴和机油泵模块并

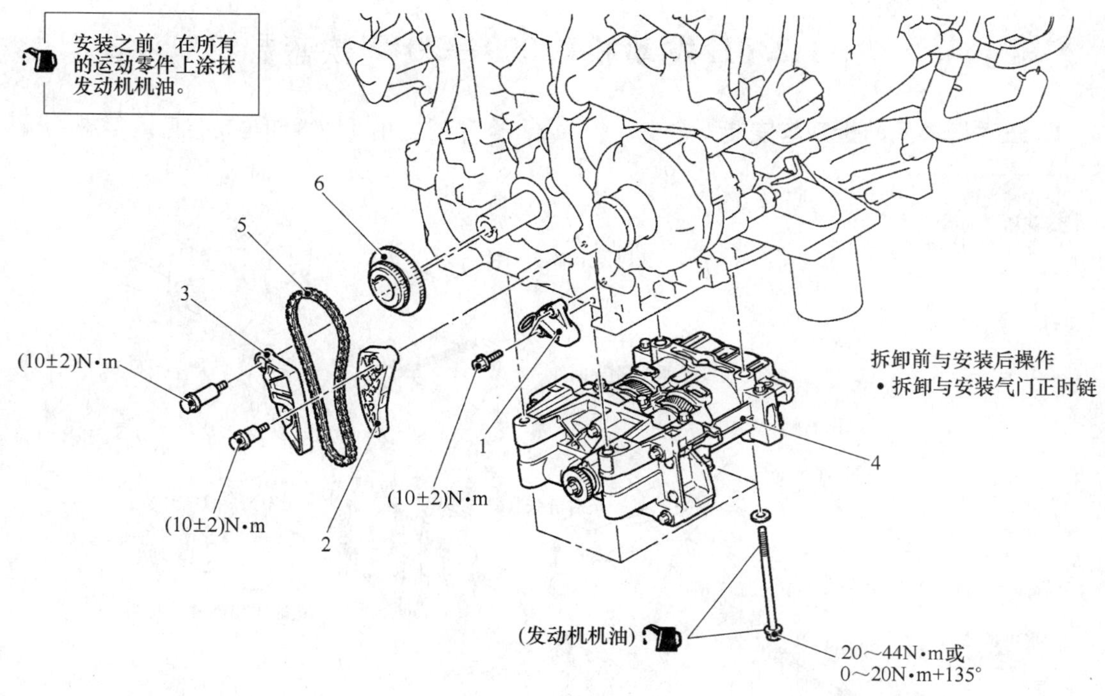

图 4-75　平衡轴正时链单元分解

1—正时链张紧器　2—平衡器正时链导向件　3—平衡器正时链导向件　4—平衡轴和机油泵模块　5—平衡器正时链　6—曲轴链轮

触及舵架装配区域，如图 4-76 所示。

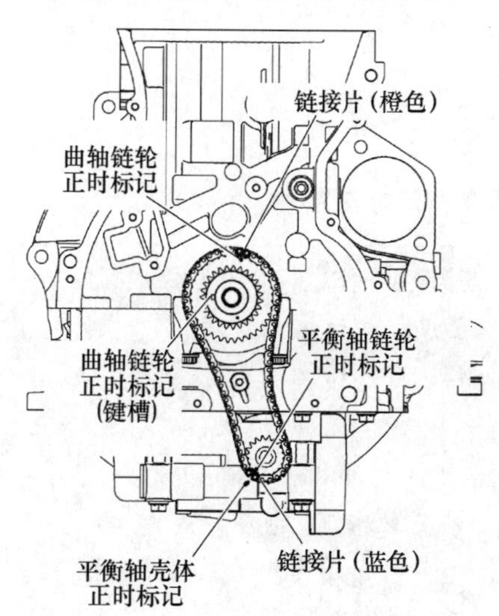

图 4-76　安装平衡轴正时链

3）将符合标准中最低量的发动机机油涂抹到平衡轴和机油泵模块固定螺栓的螺纹和轴承表面上。

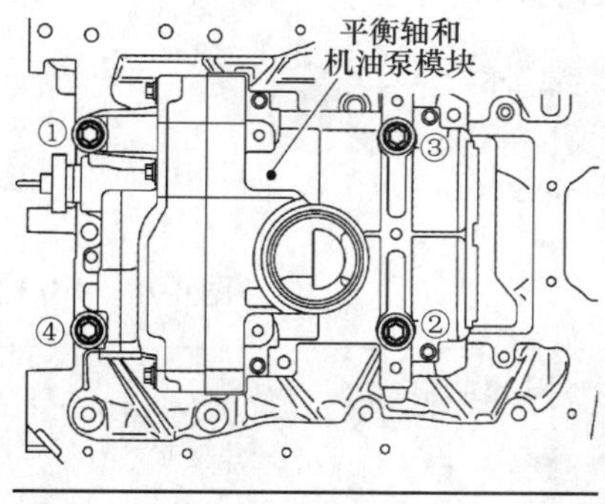

图 4-77　紧固平衡轴与机油泵模块螺栓

4）按照图 4-77 中数字所示的编号顺序将平衡轴和机油泵模块的固定螺栓拧紧至规定力矩。

拧紧力矩：20N · m。

5）按照图 4-77 中数字所示的编号顺序再次将平衡轴和机油泵模块的固定螺栓拧紧至规定力矩。

拧紧力矩：44N · m。

第十节 4B11 2.0L发动机(2009—2012款蓝瑟EX装备)

1. 正时链单元的拆卸与安装

正时链单元的拆卸与安装见图4-78。

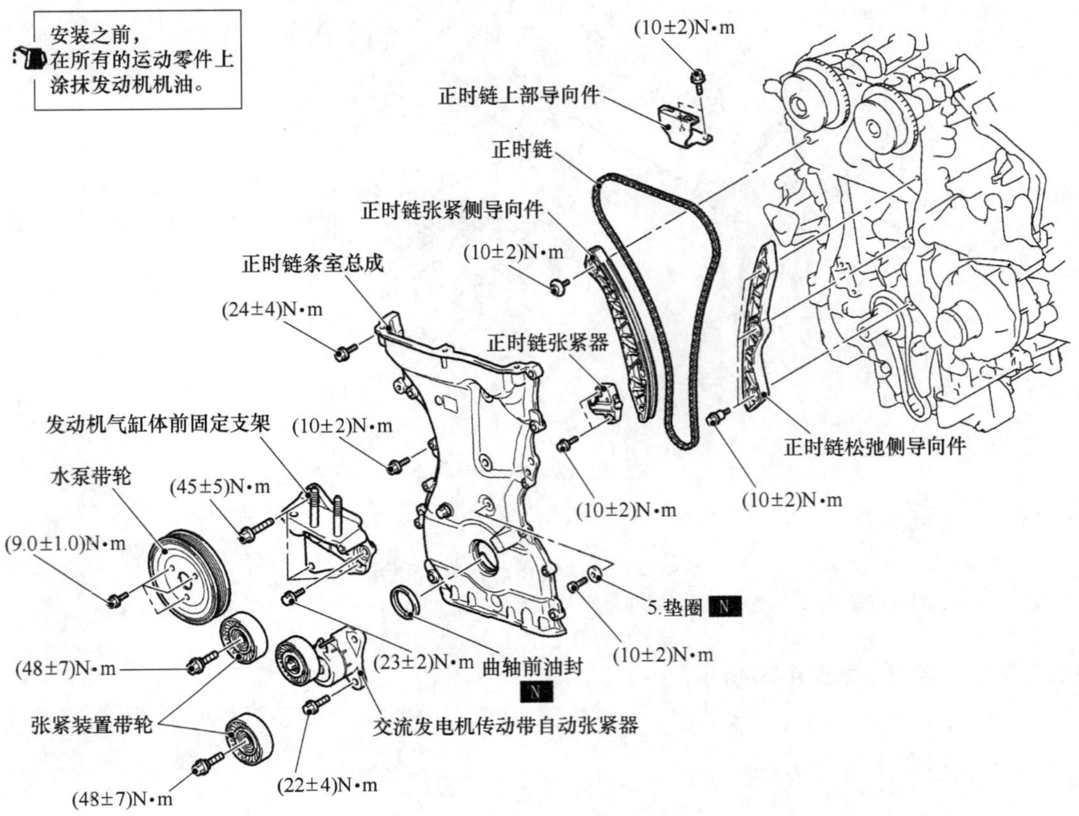

图4-78 4B11发动机正时链单元的拆卸与安装

拆卸前操作

- 拆卸发动机室底盖前部A、B、发动机室底盖中央和发动机室侧盖(右侧)。
- 拆卸横向连接杆。
- 拆卸气门室盖总成。
- 发动机油底壳的拆卸。

➡

安装后操作

- 安装发动机油底壳。
- 安装气门室盖总成。
- 重新加注发动机油(参见车上检修,更换发动机油的说明)。
- 安装横向连接杆(横向连接杆)。
- 安装发动机舱底盖前部A、B、发动机室底盖中央和发动机室侧盖(右侧)。

拆卸步骤

- 动力转向泵总成。
- 前照灯支承板盖。
- 固定发动机和变速器总成。
- 发动机悬置支架。
- 曲轴带轮。

（1）正时链条室总成的拆卸

1）拆下正时链条室总成固定螺栓后，使用一字头旋具稍稍撬开正时链条室总成的凸起部分，然后从气缸盖和气缸体上拆下正时链条室总成。

2）如果密封剂不易剥落，则将木锤柄插入正时链条室总成内侧，稍稍撬动，然后从气缸盖和气缸体上拆下正时链条室总成，如图4-79所示。

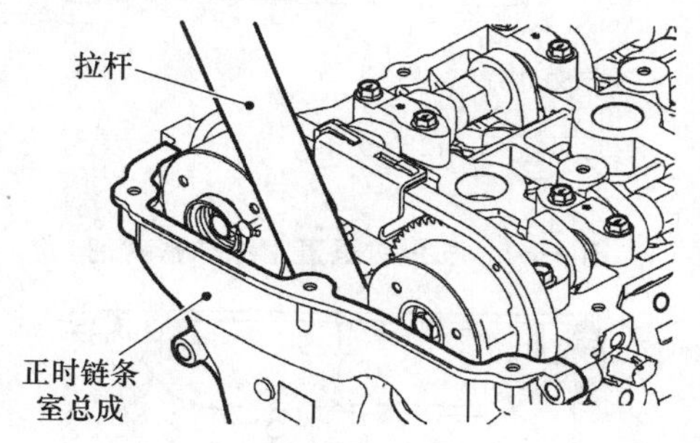

图4-79　拆卸正时链室总成

（2）正时链张紧器的拆卸

1）将曲轴带轮暂时安装到曲轴上。

2）如图4-80所示，顺时针转动曲轴以对齐链轮正时标记，然后将第1缸置于压缩行程上止点。

3）拆下暂时安装的曲轴带轮。

4）使用精密一字头旋具分离正时链张紧器的棘齿。

5）压缩正时链张紧器的柱塞，然后插入高碳钢钢丝（如钢琴丝）或L形六角扳手(1.5mm)以固定正时链张紧器的柱塞，如图4-81所示。

6）拆下正时链张紧器

（3）正时链的安装

1）如图4-82所示定位凸轮轴链轮和曲轴链轮的正时标记。

2）将每个链轮正时链装配标记与正时链的链接片（蓝色）对齐，以避免正时链张紧侧松弛，

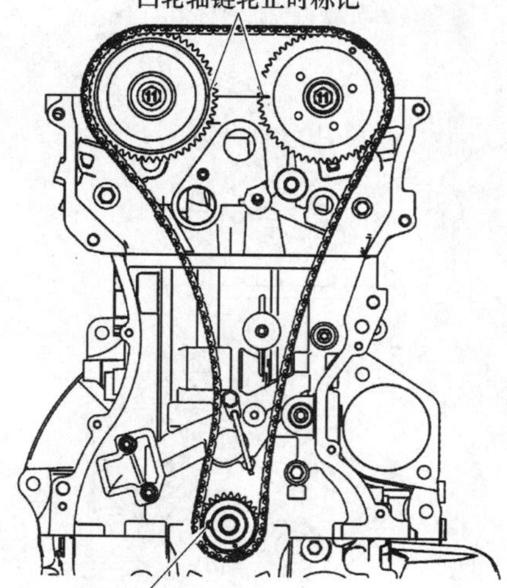

图4-80　顺时针转动曲轴

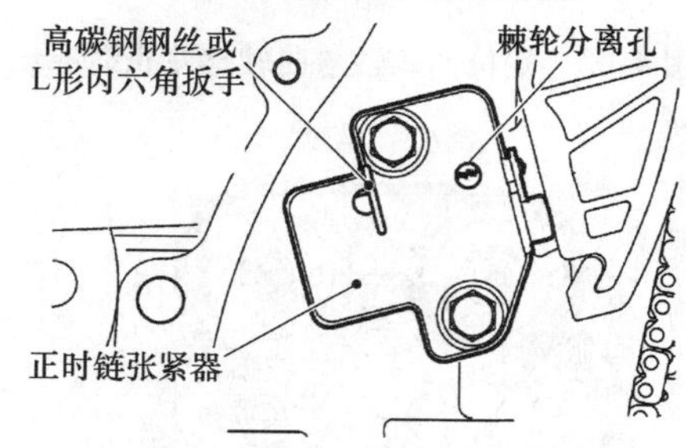

图4-81　拆卸正时链张紧器

然后将正时链安装到链轮上，如图4-83所示。

（4）正时链张紧器的安装

1）检查确认链轮正时链装配标记与正时链的链接片（蓝色）对齐，然后将正时链张紧器安装到气缸体上。

2）拆下固定正时链张紧器柱塞的高碳钢丝或L形六角扳手，以在正时链上施加张紧力。

（5）曲轴前油封的安装

1）在曲轴前油封唇的整个内径上涂抹少量的发动机机油。

2）使用专用工具轴套拆卸器和安装器基座将曲轴前油封压入至正时链条室的斜面处。

（6）正时链条室总成的安装

1）清除气缸体和气缸盖正时链条室总成和正时链条室总成安装面上的密封剂，然后去除涂抹密封剂的表面上的油污。

2）清除气缸盖与气缸体（三面对正部分）

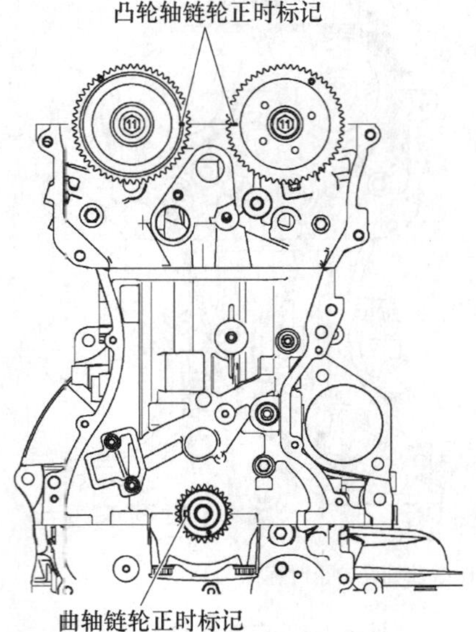

图 4-82　定位凸轮轴与曲轴链轮正时标记

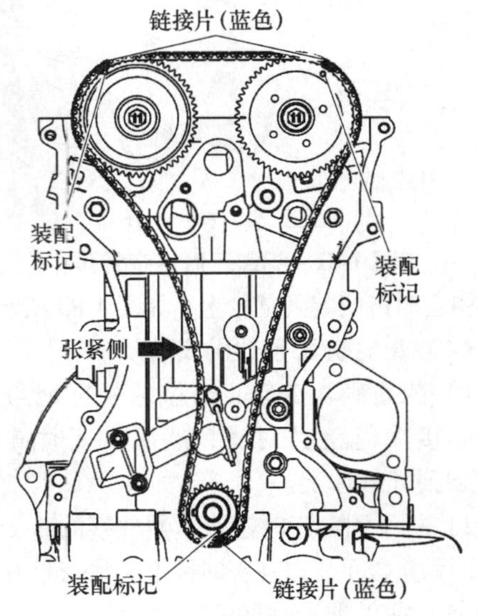

图 4-83　安装正时链条

之间垫圈上附着的所有密封剂。然后，去除各表面上的油污。

3）至于上述步骤2)中提及的三面对正部分，发动机油会从气缸盖垫圈中渗出。因此，去除油污后应迅速涂抹密封剂，如图4-84所示。

4）在正时链条室总成安装面上涂抹一滴密封剂。滴珠直径应为(2.5±0.5)mm。如图4-84所示，用直径为(4.5±0.5)mm或(2.5±0.5)mm

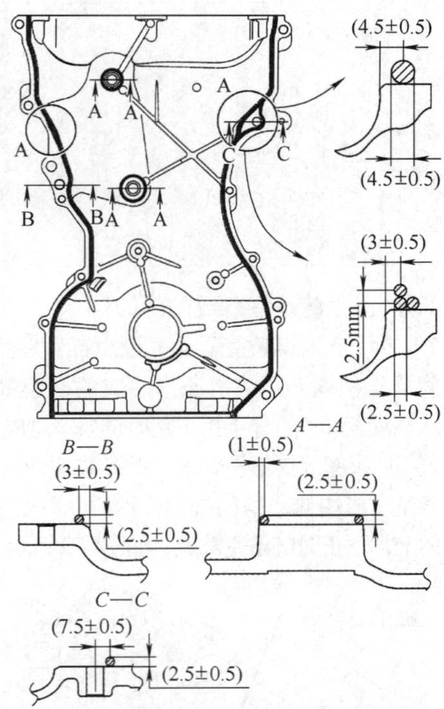

图 4-84　在正时室盖上涂抹密封剂

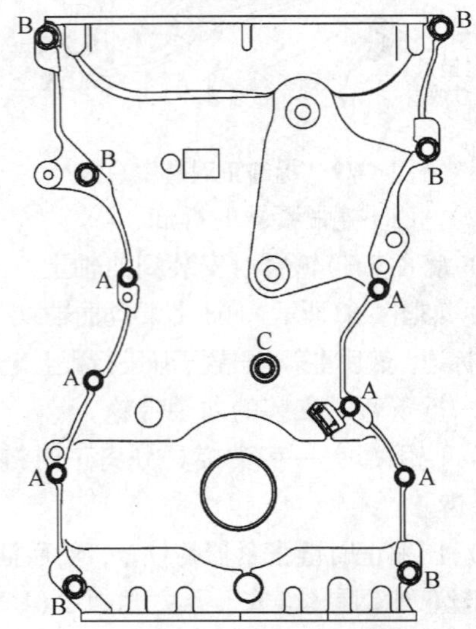

螺栓	螺纹直径×长度/mm	拧紧力矩/N·m
法兰螺栓 A	M6×25	10±2
法兰螺栓 B	M8×28	24±4
螺栓 C	M6×25	10±2

图 4-85　安装正时链条室总成螺栓

的滴珠重叠滴在A处，然后涂抹密封剂。

• 规定密封剂：ThreeBond（三键）1217G或完全等效品。

5）将正时链条室总成安装到气缸体和气缸盖上，以便密封剂不会接触其他部件。

6）如图4-85所示，将螺栓插入正时链条室总成中，然后将其拧紧至规定力矩。

第十一节　4G63 2.0L发动机（2004款起蓝瑟装备）

1. 正时带单元分解

正时带单元分解见图4-86。

2. 正时带单元拆卸方法

（1）塞盖的拆卸　用扳手握住凸轮轴的六角部分，松开塞盖，如图4-87所示。

（2）正时带的拆卸　如果要重复使用正时带，则在正时带的背面用粉笔之类的东西作一个指示转动方向的标记，以便按相同的方向重新安装，如图4-88所示。

> **注意：** 活塞在上止点（TDC）时，绝对不要拆卸正时带。如果活塞在上止点（TDC），气缸的排气门被排气凸轮推压，压缩气门弹簧。如果在这种状况下拆卸正时带，链轮会由于弹簧的力按相反的方向转动，带来伤害的危险。

1）将排气凸轮轴链轮的正时标记调整至1号气缸活塞压缩行程上止点（TDC）约前一齿位置，如图4-89所示。

2）松开张紧轮锁紧螺母，然后拆下正时带。

（3）机油泵链轮拆卸

1）拆卸气缸体左侧的活塞。

2）插入十字旋具（柄的直径8mm）以防止平衡轴转动。

3）拆卸法兰螺栓。

4）拆卸机油泵链轮。

（4）曲轴螺栓拆卸

1）用专用工具飞轮止动器固定住传动板。

2）拆卸曲轴螺栓。

（5）曲轴链轮的拆卸　如果链轮卡滞，难以拆卸，请使用专用工具曲轴链轮拆卸器。

（6）正时带B的拆卸　如图4-90所示

1）为重新安装，请标记皮带的运转方向。

2）松开张紧器B的螺栓，然后拆下正时带B。

（7）平衡轴链轮的拆卸

1）用专用工具链轮止动器防止平衡轴链轮转动。

2）拆卸平衡轴固定螺栓。

（8）曲轴链轮B的拆卸　如果链轮卡滞，难以拆卸，请使用专用工具曲轴链轮拆卸器。

（9）可变气门正时（V. V. T.）链轮螺栓的拆卸用扳手固定凸轮轴的六角部分，松开可变气门正时（V. V. T.）链轮螺栓。

（10）凸轮轴链轮螺栓的拆卸　拆卸凸轮轴链轮螺栓，同时用扳手固定凸轮轴的六角部分，防止凸轮轴转动。

3. 正时链单元安装步骤

（1）凸轮轴链轮螺栓的安装　拧紧凸轮轴链轮螺栓至（88±10）N·m，同时用扳手固定凸轮轴的六角部分，防止凸轮轴转动，如图4-91所示。

（2）可变气门正时（V. V. T.）链轮/可变气门正时（V. V. T.）链轮螺栓的安装　如图4-92所示。

1）将下面的部分按最低标准适当地涂上些机油。

① 凸轮轴顶部所有方向

② 可变气门正时（V. V. T.）插入处的内外表面。

③ 可变气门正时（V. V. T.）链轮螺栓的螺纹和顶座

④ 可变气门正时（V. V. T.）链轮螺栓座

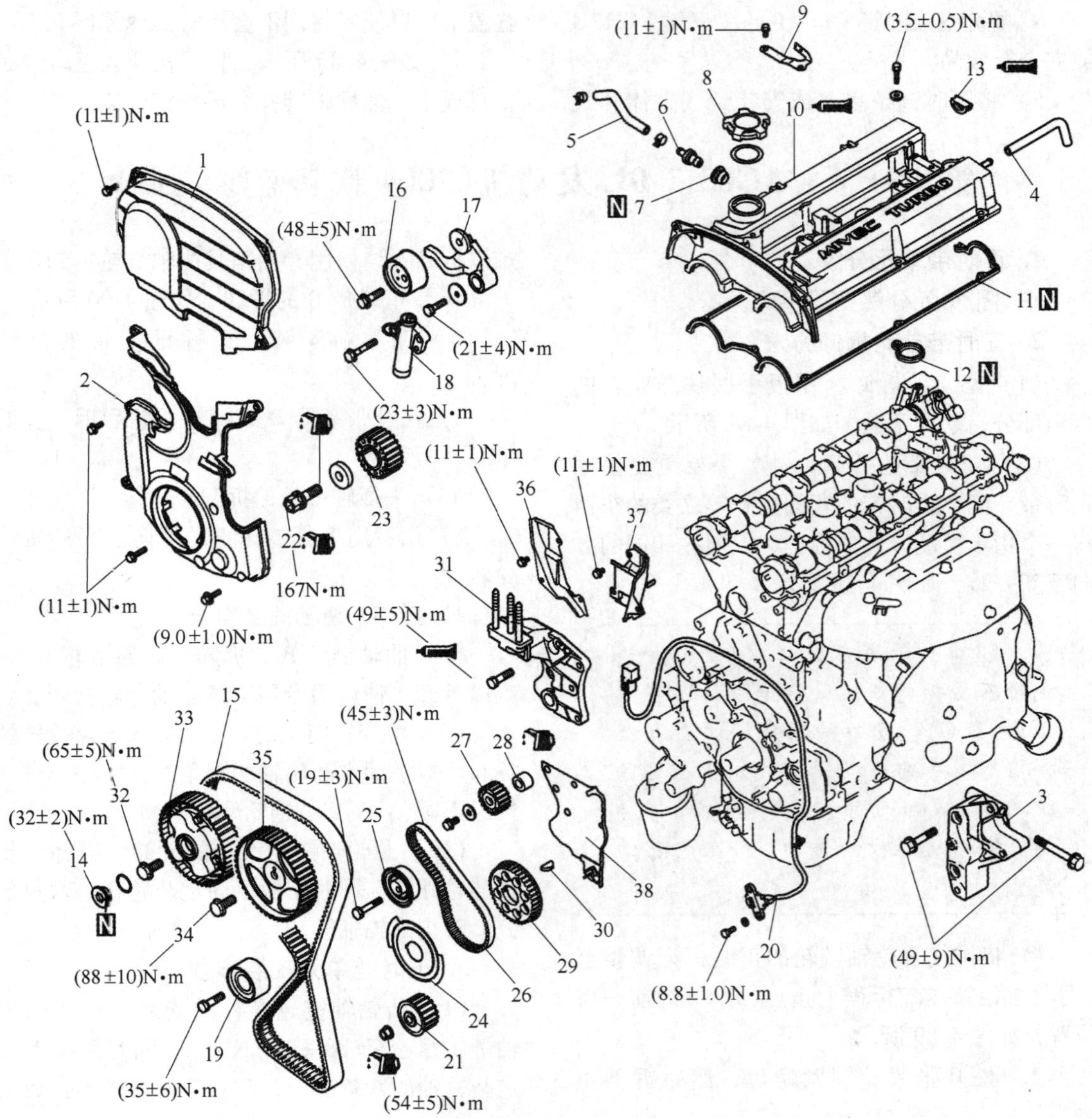

图4-86　4G63发动机正时带单元分解

拆卸步骤　1—正时带前上盖　2—正时带前下盖　3—动力转向泵支架　4—通气软管　5—PCV软管　6—PCV阀　7—PCV阀垫圈　8—加油口盖　9—接头支架　10—气门室盖　11—气门室盖垫片A　12—气门室盖垫片B　13—半圆形密封垫　14—塞盖　15—正时带　16—张紧轮　17—张紧臂　18—自动张紧器　19—张紧轮　20—曲轴转角传感器　21—机油泵链轮　22—曲轴螺栓　23—曲轴链轮　24—曲轴转角传感器信号盘　25—张紧器B　26—正时带B　27—平衡轴链轮　28—垫圈　29—曲轴链轮B　30—曲轴键　31—发动机支架　32—可变气门正时(V. V. T.)链轮螺栓　33—可变气门正时(V. V. T.)链轮　34—凸轮轴链轮螺栓　35—凸轮轴链轮　36—正时带后盖，右边　37—正时带后上盖，左边　38—正时带后下盖，左边

2）安装可变气门正时(V. V. T.)链轮。

3）牢固地深深插入可变气门正时(V. V. T.)链轮，然后用扳手锁住凸轮轴的六角部分，确认可变气门正时(V. V. T.)链轮无法转动。

4）用扳手锁住凸轮轴的六角部分，拧紧可变气门正时(V. V. T.)链轮螺栓至(65±5)N·m的规定力矩。

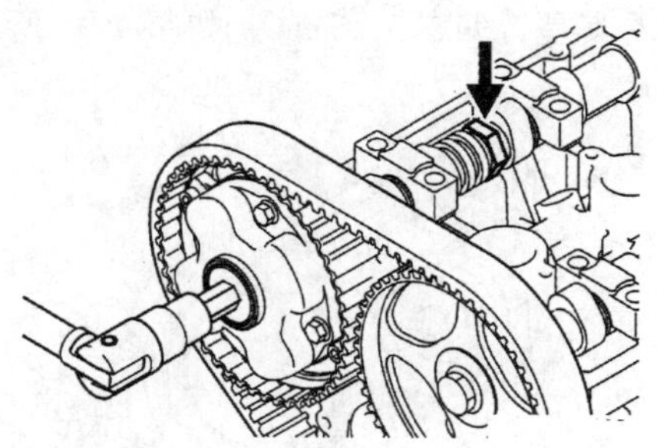

图 4-87 拆卸凸轮轴塞盖

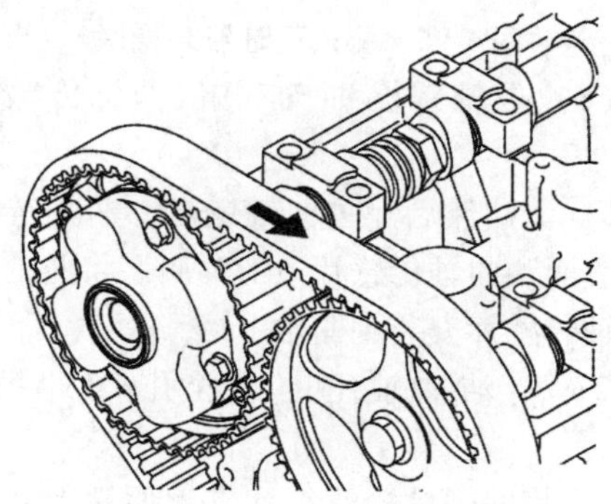

图 4-88 拆卸正时带

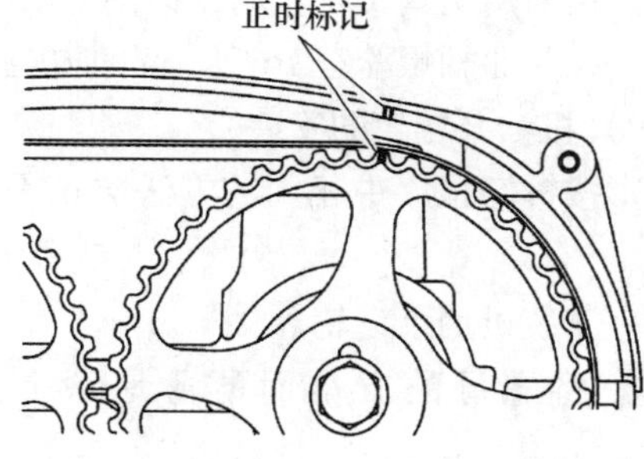

图 4-89 正时带的正时标记

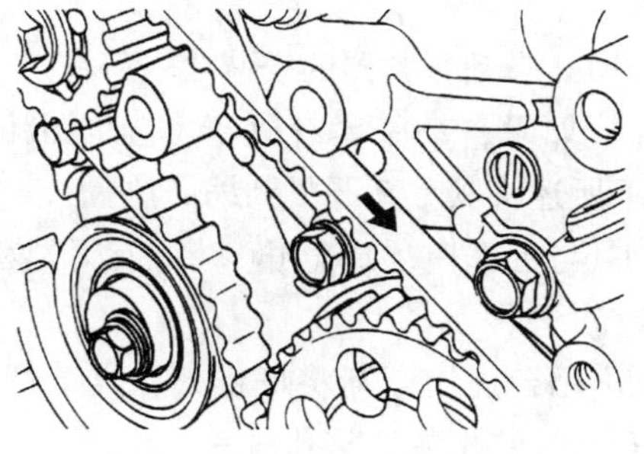

图 4-90 拆卸正时带 B

5）用扳手锁住凸轮轴的六角部分，确认可变气门正时（V. V. T.）链轮不转动。

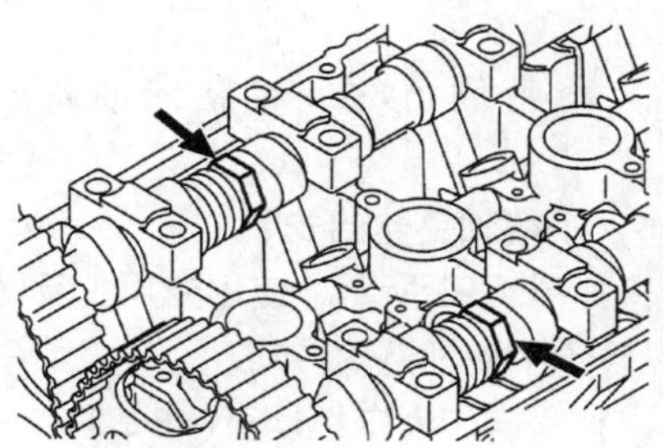

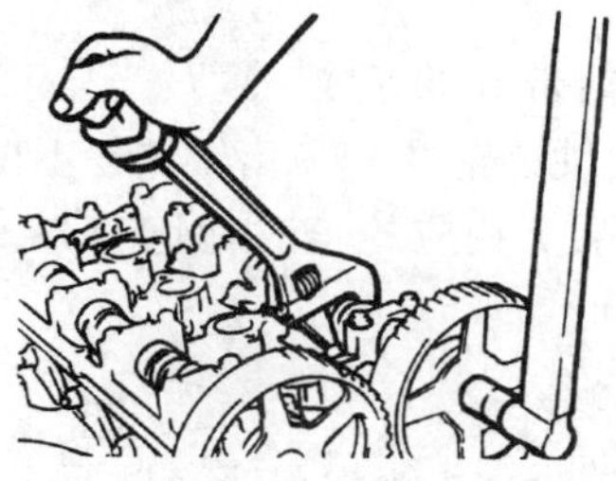

图 4-91 安装凸轮轴链轮螺栓

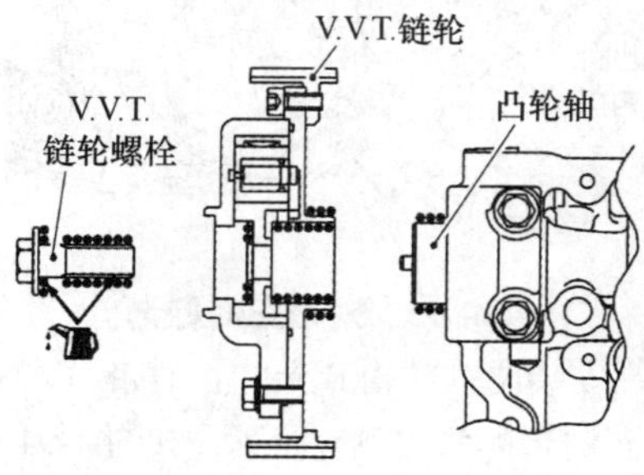

图 4-92 安装（V. V. T.）链轮螺栓

注意：这表明可变气门正时（V. V. T.）链轮与里面的销成最大延迟角。

（3）发动机支架的安装

1）彻底地清除残留在所指示的螺栓上面和螺栓孔内的旧密封剂。

2）在螺栓上涂上密封剂，然后安装并拧紧。

- 规定密封剂：

三菱正厂零件编号 MD970389 或等效品。

（4）曲轴链轮“B”的安装 清洁并除去曲轴链轮“B”和曲轴链轮装配表面的油脂。

（5）垫圈的安装

1）在垫圈与油封接触的外表面涂上少许

机油。

2）将带倒角的一端朝向油封，安装垫圈。

（6）平衡轴链轮的安装

1）如图4-91所示，使用专用工具链轮止动器以防止平衡轴链轮转动。

2）拧紧链轮固定螺栓至(45±3)N·m的规定力矩。

（7）正时带B的安装。

1）将曲轴链轮B和平衡轴链轮上的正时标记与机油泵上相应的正时标记对齐，如图4-93所示。

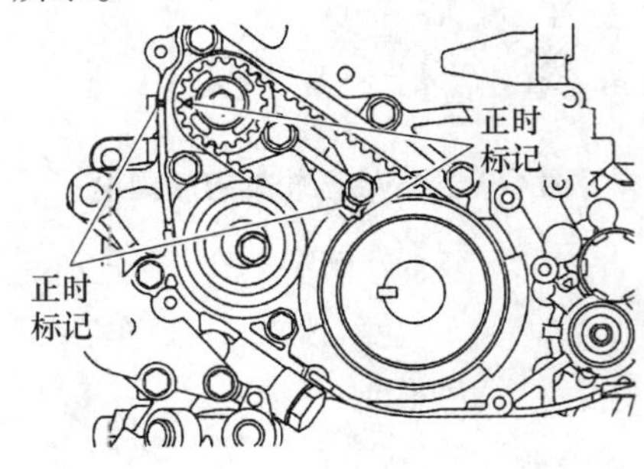

图4-93 对准正时标记

2）安装曲轴链轮B上的正时带B和平衡轴链轮。正时带的张力侧应张紧，如图4-94所示。

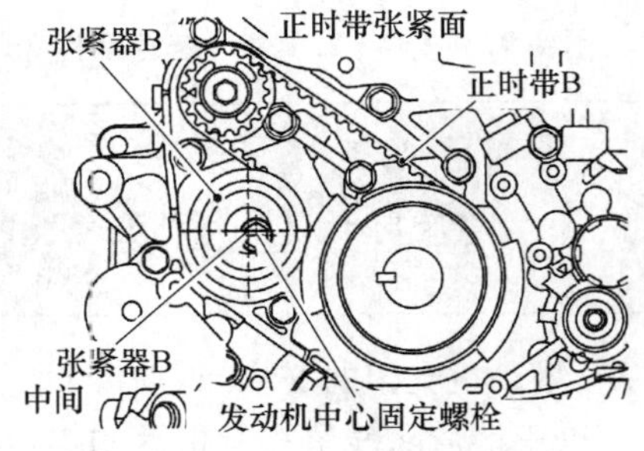

图4-94 安装正时带B

3）确保张紧器B的中心位于如图4-94所示的固定螺栓的中心。

4）用手指抬起张紧器B，按箭头的方向移动它，直至正时带的张力侧张紧。保持张紧器B在此位置，拧紧螺栓，如图4-94所示。

5）确保机油泵壳体上的正时标记和链轮上的正时标记都相互对齐。

6）用食指轻轻地推正时带B张力侧的中点，看其是否偏斜5~7mm，如图4-95所示。

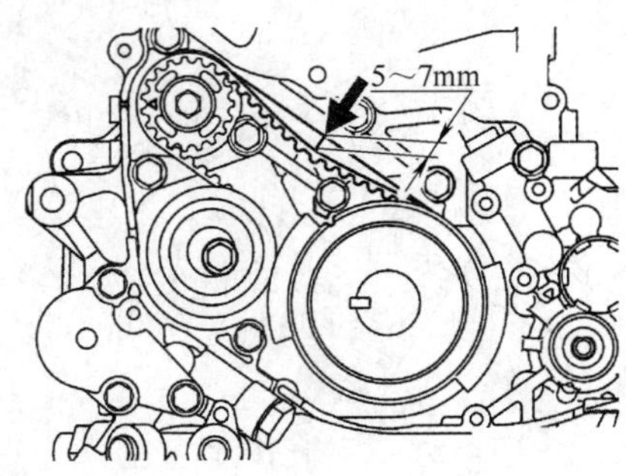

图4-95 测试正时带B挠度

（8）曲轴螺栓/曲轴链轮/曲轴传感片的安装

1）清洁然后除去曲轴链轮、曲轴链轮的装配表面和曲轴传感片上的油脂。将曲轴链轮和曲轴传感片安装到曲轴上。

2）清洁曲轴里的螺栓孔，然后清洁垫圈。

3）将曲轴螺栓螺纹和支承面涂上必需的少量机油。

4）用专用工具飞轮止动器锁住传动板。

5）拧紧曲轴螺栓至167N·m的力矩。

（9）机油泵链轮的安装

1）按拆卸程序中相同的方法防止平衡轴转动。

2）安装机油泵链轮。

3）将螺母的支承面薄薄地涂上一层机油。

4）拧紧法兰螺母到至(54±5)N·m的力矩。

（10）自动张紧器的安装

1）如果自动张紧杆处于完全伸出位置，则如下所述将其重新调整到缩回位置：

① 与台虎钳牙成直角，将自动张紧器夹到台虎钳里。

② 用台虎钳渐渐将杆推入，直至杆里的调整孔与气缸里的调整孔对齐。

③ 将一根钢丝（直径1.4mm）插入调整孔。

④ 从台虎钳上拆下自动张紧器。

2）将自动张紧器安装到位。保持钢丝的安装状态，直至自动张紧器完全安装到位。

（11）张紧轮的安装　如图4-96所示安装张紧轮，使其孔排成直线。

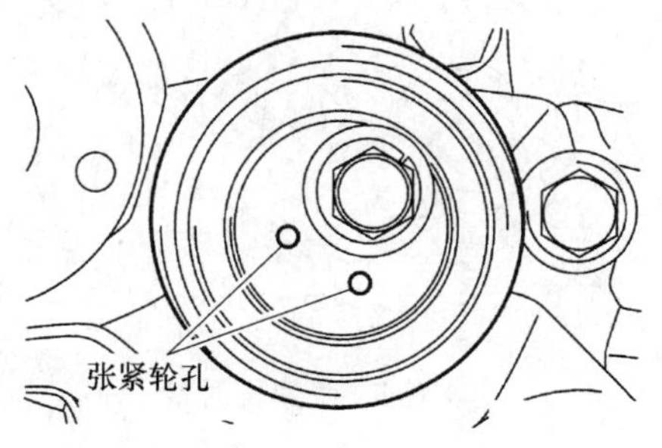

图4-96　安装张紧轮

（12）正时带的安装

1）如图4-97所示，将排气凸轮轴链轮的正时标记逆时针转动到距离气门室盖的正时标记一个链轮齿的位置。

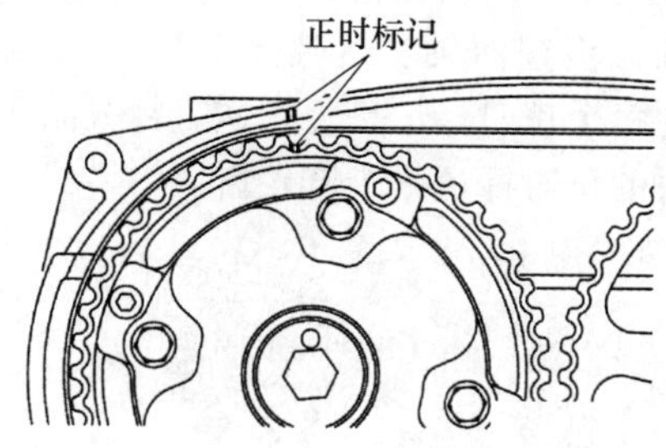

图4-97　对齐排气凸轮轴链轮正时标记

> **注意：**如果正时标记对齐了，排气凸轮轴会由于气门弹簧的力而转动一个链轮齿并停住。

2）校直进气凸轮轴链轮上的正时标记与气门室盖上的正时标记，如图4-97所示。

3）与操作排气凸轮轴链轮一样，逆时针将凸轮轴链轮的正时标记转动到距离配对的正时标记一个链轮齿的位置，如图4-98所示。

4）校准机油泵链轮的正时标记与气缸体的正时标记，如图4-99所示。

① 从气缸体上拆下塞盖。

② 将柄的直径为8mm的十字旋具插入塞盖孔。如果能插入60mm或以上，则链轮的相

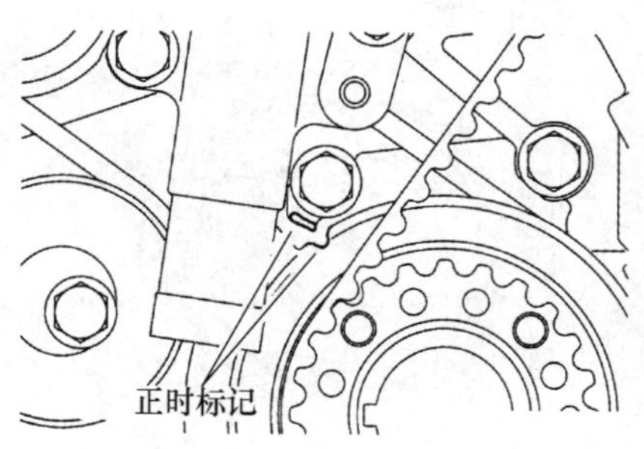

图4-98　校准正时标记

位正确。如果插入至20～25mm，旋具被平衡轴堵塞，则转动机油泵链轮一圈并重新校准正时标记。然后检查旋具是否能插入60mm或以上。保持旋具插在里面，直至正时带完成安装。

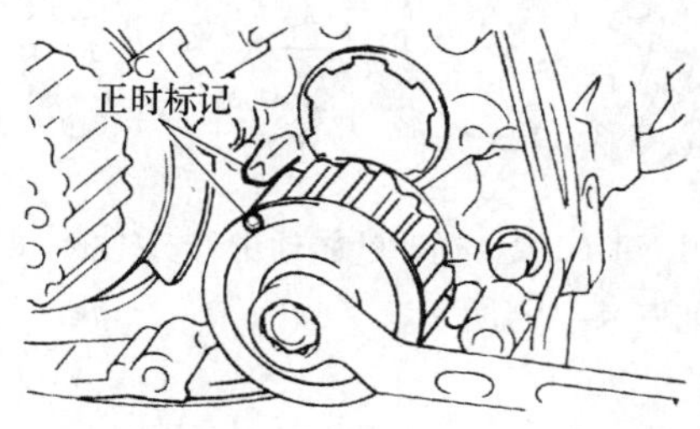

图4-99　校准机油泵链轮正时标记

③ 逆时针转动机油泵链轮一个齿。

5）将正时带装到排气凸轮轴链轮上，如图1-100所示。并在图4-101中指示的点用纸夹夹住以固定。

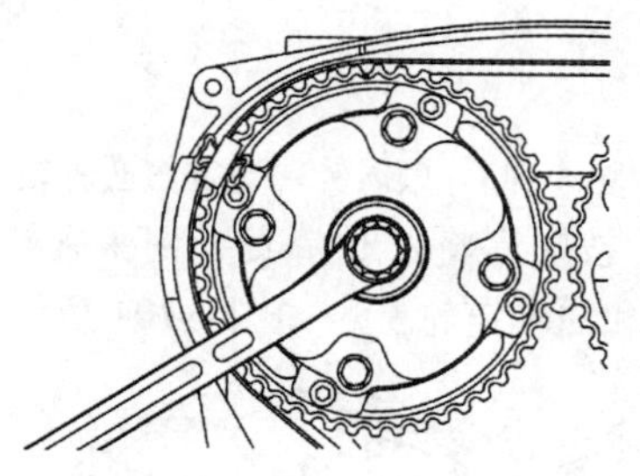

图4-100　安装正时带到排气凸轮轴链轮

6）逆时针旋转进气凸轮轴链轮，使其正时标记转动到在逆时针方向上距离配对的正时标记一个链轮齿的位置。然后将正时带装到链轮上，并用纸夹夹住正时带，如图4-102所示。

7）顺时针转动排气凸轮轴链轮以校准正时标记，确保进气凸轮轴链轮的正时标记也校

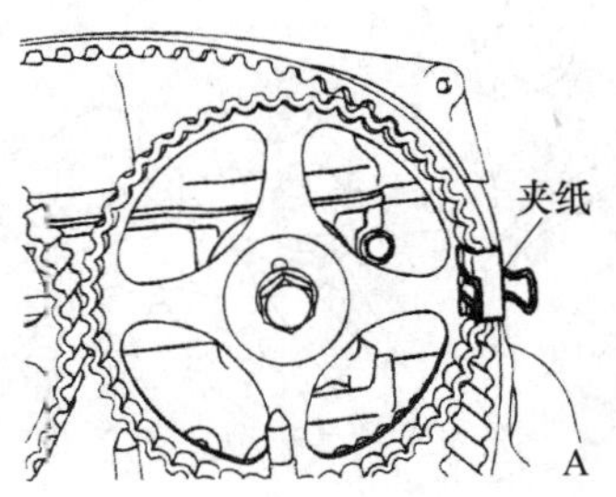

图4-101　固定正时带

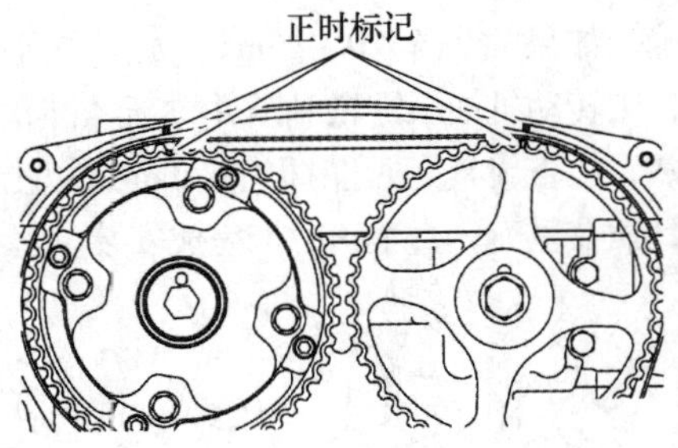

图4-102　逆时针转动进气凸轮轴

准，如图4-103所示。

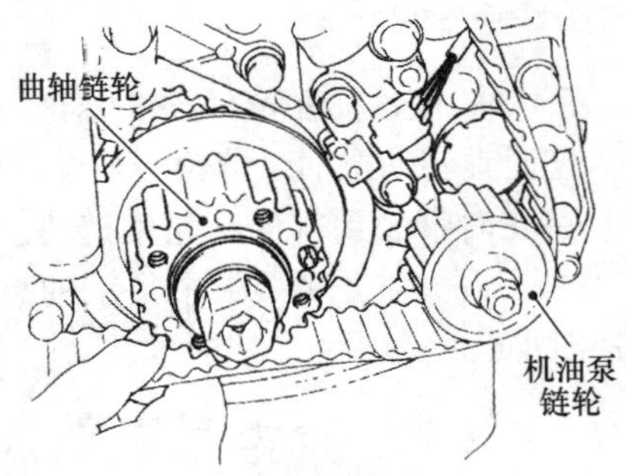

图4-103　顺时针转动排气凸轮轴

8）按顺序将正时带安装到张紧轮、机油泵链轮和曲轴链轮上，如图4-104所示。

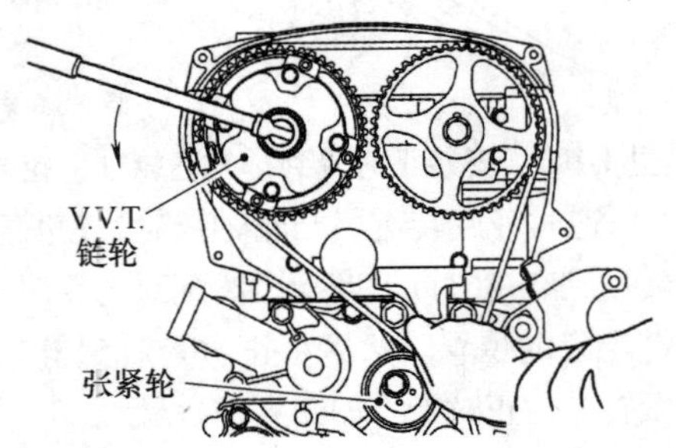

图4-104　安装正时带

9）安装正时带到张紧轮上，如图4-104所示。

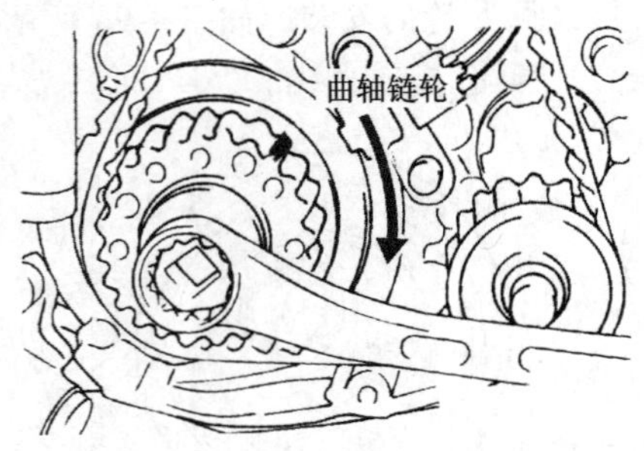

图4-105　张紧正时带

注意：逆时针轻微转动进气凸轮轴链轮会使张紧带更容易安装到张紧轮上。

10）顺时针轻微转动曲轴链轮以消除张紧轮部分正时带的松弛，如图4-105所示。

11）检查曲轴、机油泵和排气凸轮轴链轮上的每个正时标记是否在逆时针方向距离与其配对的正时标记一个链轮齿。

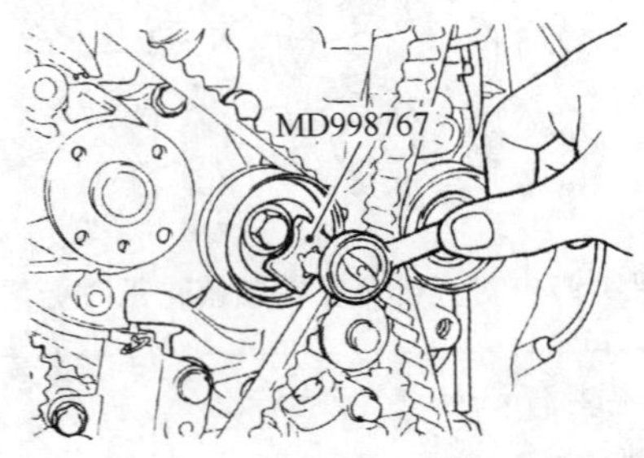

图4-106　用专用工具逆时针转动张紧轮

12）用专用工具张紧轮套筒扳手(MD998767)逆时针转动张紧轮给正时带施加张力，并暂时拧紧张紧器锁紧螺栓以锁止张紧器，如图4-106所示。

13）顺时针转动曲轴，校准正时标记与1号气缸的上止点标记。

14）安装专用工具定位螺钉(MD998738)，并将工具拧入直至钢丝(安装时已插入到自动张紧器中)能自由移动，如图4-107所示。

15）松开张紧轮锁紧螺栓。

16）逆时针转动装到专用工具张紧轮套筒

扳手(MD998767)上的扭力扳手，直至张紧正时带。

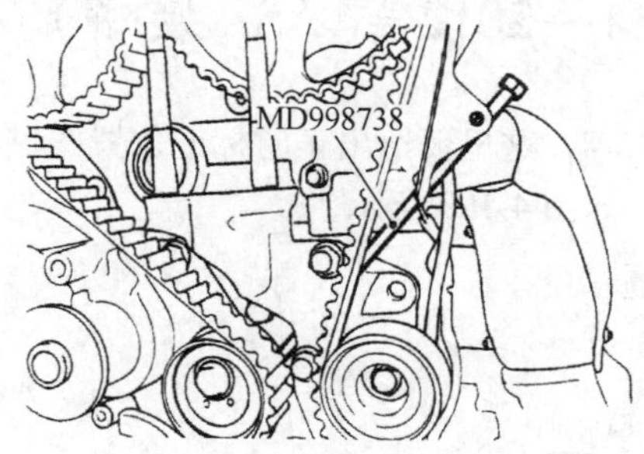

图 4-107　安装张紧器专用工具

17）从步骤 16 的位置顺时针转动扭力扳手，直至扭力扳手的读数变成 3.5N·m，然后拧紧张紧轮锁紧螺栓。

18）拆下步骤 14)，中安装的专用工具——定位螺钉(MD998738)。

19）顺时针转动曲轴两圈，然后放置大约 15min。

20）检查钢丝(安装时已插入到自动张紧器中)是否能自由移动。如果钢丝能自由拔出，则传动带张紧器调整正确。拆下钢丝。同时，检查自动张紧杆是否能拉伸到规定量。

标准值：3.8～4.5mm

注意：曲轴被逆时针转动后，一定要检查曲轴螺栓的拧紧力矩。如果力矩小于规定力矩，则将螺栓拧紧至规定力矩。

21）如果钢丝不能自由拔出，则再次执行步骤 14)至 18)，使张紧带张力正确。

（13）塞盖的安装

注意：不要重复使用垫片。

1）将垫片安装到塞盖上。

2）用扳手锁住凸轮轴的六角部分，拧紧塞盖至(32±2)N·m 的规定力矩。

第十二节　4B10 1.8L 发动机(2011—2012 款 ASX 装备)

该款发动机正时链单元结构与拆装和 4B11 发动机相同，相关内容请参考 4B11 发动机的内容，这里仅给出正时标记位置图参考，如图 4-108 所示。

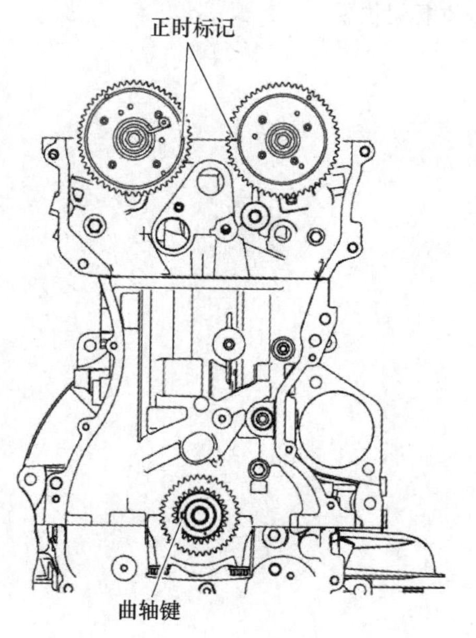

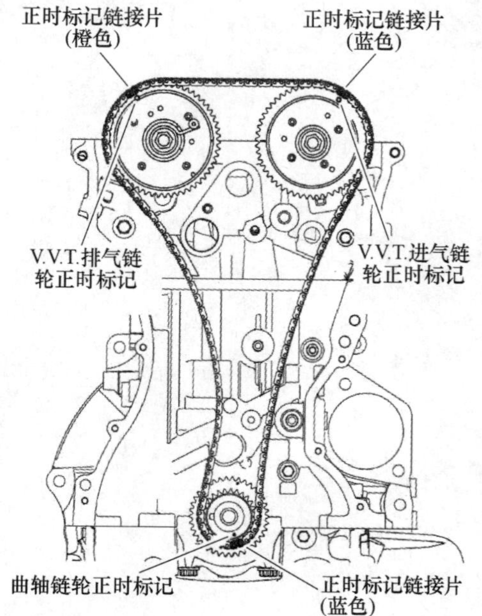

图 4-108　4B10 发动机正时标记位置

第十三节　4A92 1.6L发动机(2011—2012款ASX装备)

该款发动机正时链单元结构与拆装和4B11发动机相同，相关内容请参考4B11发动机的内容，这里仅给出正时标记位置图供参考对比，如图4-109所示。

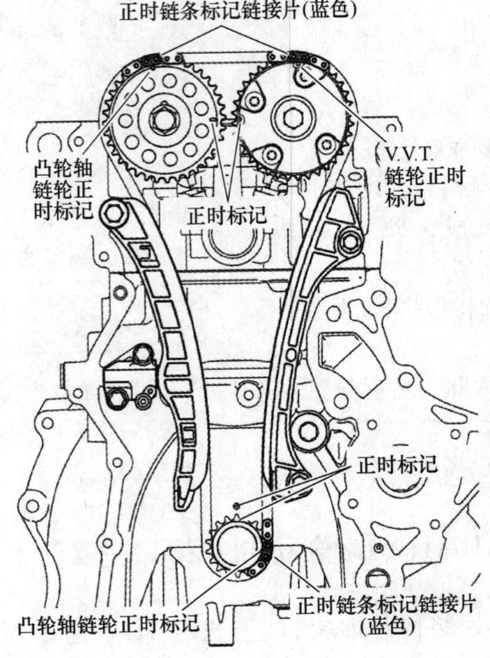

图4-109　4A92发动机正时标记位置

第五章

马自达汽车发动机正时维修调整

第一节　一汽马自达汽车发动机正时维修与气门间隙调整

一、L5 2.5L 发动机(2009 款起马自达 CX-7 装备)

L5 发动机正时链单元的拆卸与安装步骤与 L3 相同，相关内容请参考本章中关于 L3 2.3L 发动机的内容，这里仅给出正时链单元分解图，如图 5-1 所示。

二、L3 2.3L 发动机(2005 款起马自达 6,2009 款起马自达 8 装备)

1. 正时链条的拆卸与安装步骤

1）断开蓄电池负极电缆。

2）拆下发动机罩盖。

3）拆下挡泥板(右)。

4）拆下底盖。

5）拆下点火线圈。

6）断开线束。

7）拆下通风管。

8）拆下正时带。

9）拆下曲轴位置(CKP)传感器。

10）拆下动力转向泵，保持油管连接，然后将动力转向泵移开。

11）拆下支架，并将动力转向压力软管置于车外。

12）按图 5-2 中所示的顺序进行拆卸。

13）按照与拆卸相反的顺序进行安装。

14）起动发动机并检查和调整下列项目：

① 检查机油、自动变速器油和燃油是否泄漏。

② 带轮与正时带偏差和接触

③ 检查点火正时和怠速。

2. 正时链条的拆卸方法

(1) 链条张紧器的拆卸

1）使用一字头旋具将链条张紧器棘轮的锁定机械装置移离棘轮杆。

2）缓慢压下张紧装置活塞。

3）使用 1.5mm(0.059in)的金属丝或回形针固定张紧装置活塞。

(2) 机油泵链轮的拆卸

1）将曲轴带轮及其螺栓暂时性安装在曲轴上，并将油泵固定，防止旋转。

2）拆下机油泵链轮，然后拆下曲轴带轮及其锁紧螺栓。

(3) 机油泵链轮的安装

1）将曲轴带轮及其螺栓暂时性安装在曲轴上，并将油泵固定，防止旋转。

2）安装机油泵链轮，然后拆下曲轴带轮及其锁紧螺栓。

拧紧力矩：

20 ~ 30N · m(2.1 ~ 3.0kgf · m, 15 ~ 22lbf · ft)

(4) 正时链条的安装

1）将 SST 安装至凸轮轴。

2）安装正时链条。

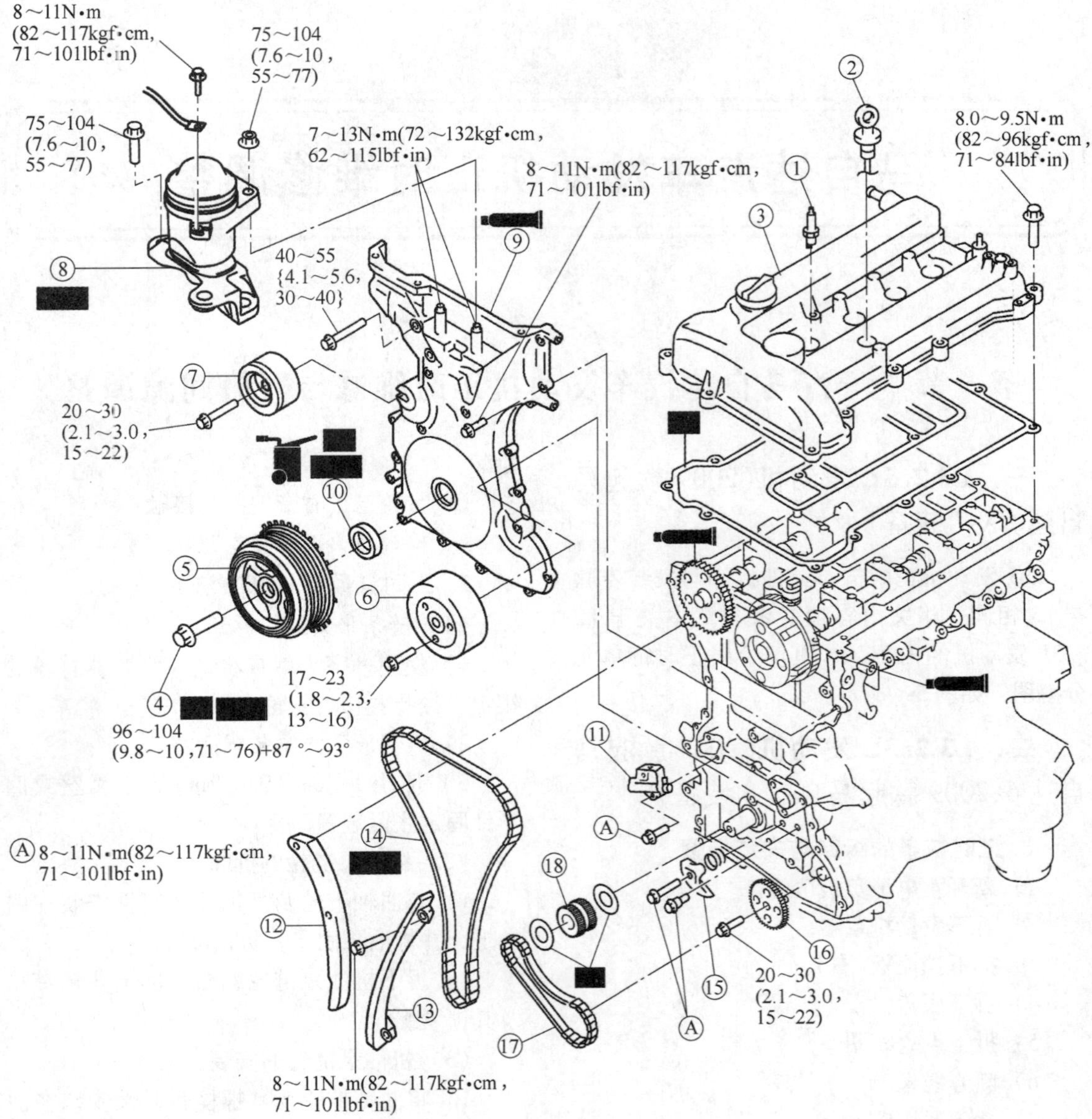

8～11N·m
(82～117kgf·cm,
71～101lbf·in)

75～104
(7.6～10,
55～77)

75～104
(7.6～10,
55～77)

7～13N·m(72～132kgf·cm,
62～115lbf·in)

8～11N·m(82～117kgf·cm,
71～101lbf·in)

8.0～9.5N·m
(82～96kgf·cm,
71～84lbf·in)

40～55
{4.1～5.6,
30～40}

20～30
(2.1～3.0,
15～22)

17～23
(1.8～2.3,
13～16)

96～104
(9.8～10,71～76)+87°～93°

Ⓐ 8～11N·m(82～117kgf·cm,
71～101lbf·in)

20～30
(2.1～3.0,
15～22)

8～11N·m(82～117kgf·cm,
71～101lbf·in)

规定力矩：N·m(kgf·m, lbf·ft)

图 5-1　L5 发动机正时链单元分解

1—火花塞　2—油尺　3—气缸盖罩　4—曲轴带轮锁定螺栓　5—曲轴带轮　6—水泵带轮　7—正时带惰轮　8—No. 3 发动机悬置件　9—发动机前罩　10—前油封　11—链条张紧器　12—张紧臂　13—链条导板　14—正时链条　15—机油泵链条张紧器　16—机油泵链轮　17—机油泵链条　18—曲轴链轮

3）从自动张紧器拆下定位金属丝或回形针，并张紧正时链条。

3. 气门间隙的检查与调整

（1）气门间隙的检查

1）断开蓄电池负极电缆。

2）拆下发动机罩盖。

3）拆下挡泥板(RH)。

4）拆下点火线圈。

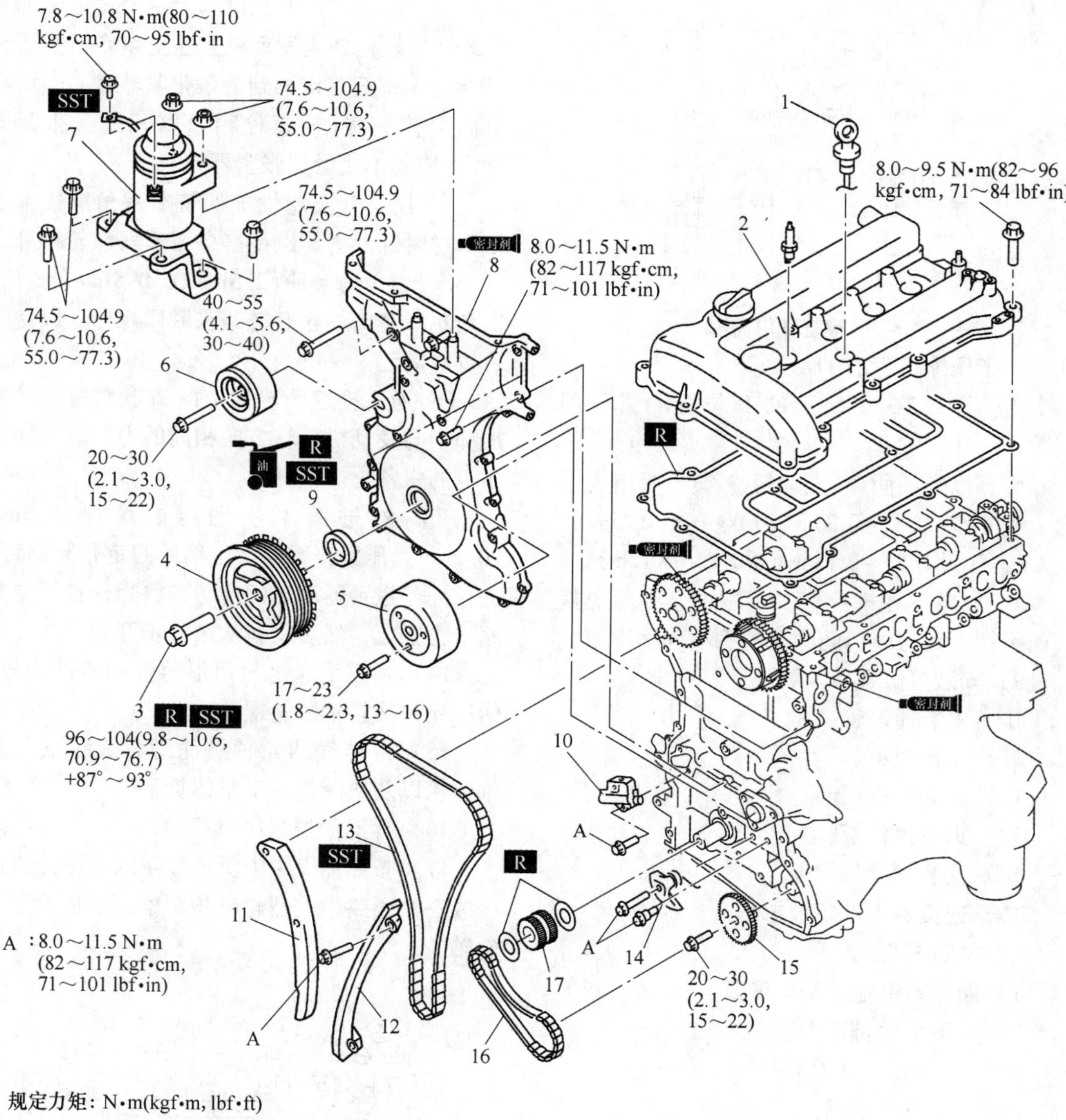

7.8～10.8 N·m(80～110 kgf·cm, 70～95 lbf·in)
74.5～104.9 (7.6～10.6, 55.0～77.3)
SST
7
74.5～104.9 (7.6～10.6, 55.0～77.3)
74.5～104.9 (7.6～10.6, 55.0～77.3)
40～55 (4.1～5.6, 30～40)
8.0～11.5 N·m (82～117 kgf·cm, 71～101 lbf·in)
8
1
8.0～9.5 N·m(82～96 kgf·cm, 71～84 lbf·in)
2
6
20～30 (2.1～3.0, 15～22)
R SST
9
4
5
3 R SST
96～104(9.8～10.6, 70.9～76.7) +87°～93°
17～23 (1.8～2.3, 13～16)
10
A
13 SST
R
11
A：8.0～11.5 N·m (82～117 kgf·cm, 71～101 lbf·in)
A
12
17
16
A 14
20～30 (2.1～3.0, 15～22)
15

规定力矩：N·m(kgf·m, lbf·ft)

图 5-2　L3 发动机正时链单元分解

1—油尺　2—气缸盖罩　3—曲轴带轮锁定螺栓　4—曲轴带轮　5—水泵带轮　6—正时带惰轮　7—No. 3 发动机悬置件　8—发动机前罩　9—前油封　10—链条张紧器　11—张紧臂　12—链条导板　13—正时链条　14—机油泵链条张紧器　15—机油泵链轮　16—机油泵链条　17—曲轴链轮

5）断开线束。

6）拆下通风管。

7）拆下气缸盖罩。

8）测量气门间隙。

① 顺时针转动曲轴，使 1 号气缸位于压缩行程的上止点(TDC)处。

② 在图 5-3 中所示的 A 位置测量气门间隙。

- 标准气门间隙(发动机冷态)

进气门：0.22～0.28mm(0.0087～0.011in)

排气门：0.27～0.33mm(0.011～0.012in)

③ 如果不在规范值的范围内，则应更换气门挺杆，并将气门间隙调整到中间标准值。

④ 将曲轴顺时针转动 360°，由此使 4 号

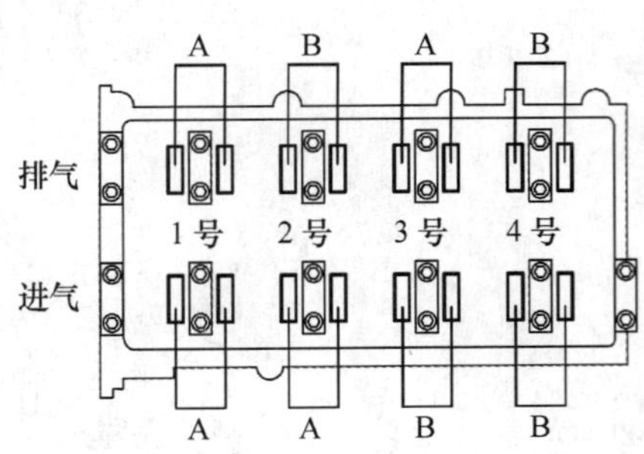

图 5-3 检查气门间隙

气缸位于压缩行程的 TDC 处。

⑤ 在图 5-3 中所示的 B 位置测量气门间隙。

• 标准气门间隙(发动机冷态)

进气门：0.22～0.28mm(0.0087～0.011in)

排气门：0.27～0.33mm(0.011～0.012in)

⑥ 如果不在规范值的范围内，则应更换气门挺杆，并将气门间隙调整到中间标准值。

9）安装气缸盖罩。

10）安装通风管。

11）连接线束。

12）安装点火线圈。

13）拆下挡泥板(右)。

14）安装发动机罩盖。

15）连接蓄电池负极电缆。

（2）气门间隙调整

1）断开蓄电池负极电缆。

2）拆下发动机罩盖。

3）拆下挡泥板(右)。

4）拆下点火线圈。

5）断开线束。

6）拆下通风管。

7）拆下气缸盖罩。

8）拆下正时带。

9）拆下发动机前罩下堵塞。

10）拆下发动机前罩上堵塞。

11）拆下气缸体下堵塞，并安装专用工具。

12）按发动机旋转方向转动曲轴，使1缸活塞位于压缩行程的 TDC(直至配重与专用工具接触并停下)。

13）通过以下步骤松开正时链条。

① 将(M6X1.0,长度为25～35mm(0.99～1.3in)) 螺栓插入发动机前盖上堵塞，然后将其上紧，直至其接触到链条张紧器臂，然后将其向后转一圈(使螺栓稍微离开链条张紧器臂,以使其不接触到张紧器臂)。

② 用排气凸轮轴上的铸造六角螺栓施加一个逆时针的力，以使链条张紧器棘轮松开。

③ 用六角套筒[2.5mm(0.098in)]或 T15 六角花形套筒，松开链条张紧器棘轮，以使其可以被撬起。

④ 通过排气凸轮轴上的铸造六角螺栓施加一个与发动机旋转方向相同的力，以增加链条上的张紧力。

⑤ 拧进第 1 步固定的螺栓约 5mm (0.2in)，压紧张紧器架，然后固定张紧器臂。

• 若张紧器不能固定，则将螺栓拧回至其原来位置上，然后重新从第③步开始。

14）用扳手通过六角形铸件固定凸轮轴，然后松开凸轮轴链轮螺栓。

15）将排气凸轮轴链轮螺栓、排气凸轮轴链轮以及垫圈作一个整体拆下。

16）拆下油控制阀(OCV)。

17）按照图 5-4 中所示数字的顺序拧松两个或三个通路中的凸轮轴盖螺栓，然后拆下凸轮轴盖。

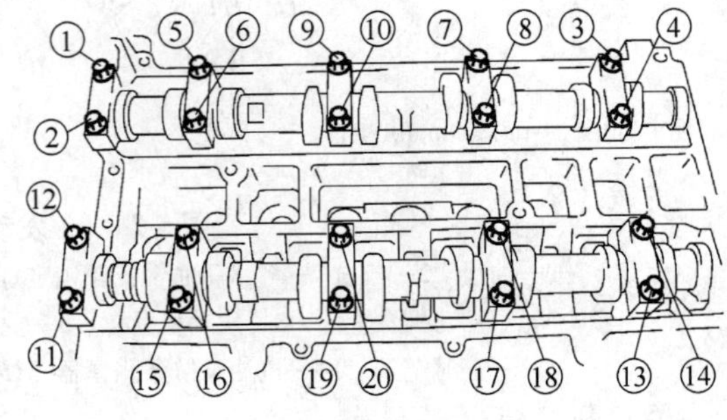

图 5-4 拆卸凸轮轴盖

18）拆下进气侧和排气侧的凸轮轴。

19）拆下气门挺杆。

20）根据气门间隙检查结果安装一个合适的气门挺杆。

• 选定的挺杆 = 拆下的挺杆尺寸 + 测量的

气门间隙－标准气门间隙。

- 标准气门间隙(发动机冷态)

进气门：0.22～0.28mm(0.0087～0.011in)

排气门：0.27～0.33mm(0.011～0.012in)

21）检查1号气缸是否位于压缩行程的TDC。

22）在气缸盖各轴颈上涂上齿轮油(SAE90号或同类产品)。

23）安装凸轮轴，将1号气缸处于TDC位置。

24）在凸轮轴的各轴颈上涂上齿轮油(SAE 90号或同类产品)。

25）按图5-5所示数字的顺序分两步安装凸轮轴盖并暂时均匀拧紧两个或三个通道中的凸轮轴盖螺栓，然后拧紧两个通道中的凸轮轴盖螺栓。

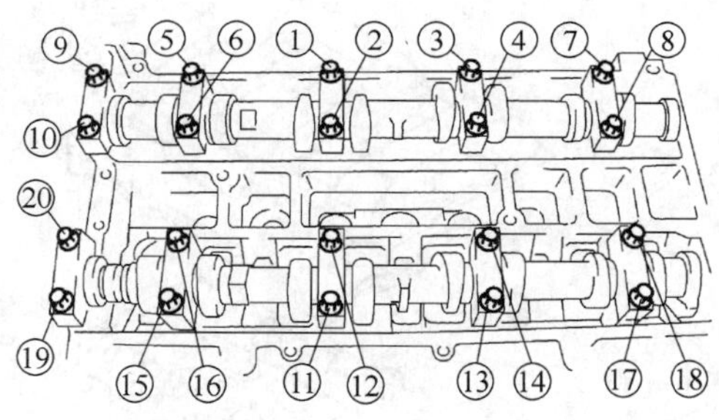

图5-5　安装凸轮轴盖

> **规定力矩：**
> 第1步：5.0～9.0N·m(51～91kgf·cm,45～79lbf·in)
> 第2步：14～17N·m(1.5～1.7kgf·m,11～12lbf·ft)

26）安装OCV。

27）将排气凸轮轴链轮螺栓、排气凸轮轴链轮以及新垫圈作一个整体安装。

28）将专用工具安装到凸轮轴上。

29）从发动机前罩上盲塞(M6×1.0,长度为25～35mm(0.99～1.3in))拆下安装螺栓，增大正时链条张力。

30）顺时针转动曲轴，检查1号气缸是否处于压缩行程的TDC处(平衡重接触SST位置)。

31）用扳手通过铸造的六角形部位固定凸轮轴，然后拧紧链轮螺栓。

> **拧紧力矩：**
> 69～75N·m(7.1～7.6kgf·m,51～55lbf·ft)

32）从凸轮轴上拆下SST。

33）拆下安装在气缸体的下堵塞孔中的SST。

34）将曲轴顺时针旋转两圈，然后检查气门正时。

- 若未对准，则松开凸轮轴链轮螺栓，然后从第28)步开始重新执行。

35）涂上硅酮密封剂并安装发动机前罩上堵塞。

> **拧紧力矩：**
> 8.0～11.5N·m(82～117kgf·cm,71～101lbf·in)

36）安装气缸体下堵塞。

> **拧紧力矩：**
> 18～22N·m(1.9～2.2kgf·m,14～16lbf·ft)

37）安装新的发动机前罩下堵塞。

> **拧紧力矩：**
> 10～14N·m(102～142kg f·cm,89～123lbf·in)

38）安装正时带。

39）安装气缸盖罩。

40）安装通风管。

41）连接线束。

42）安装点火线圈。

43）拆下挡泥板(右)。

44）安装发动机罩盖。

45）连接蓄电池负极电缆。

三、LF 2.0L发动机(2006款起马自达6,2006款起长安马自达3,2008款起进口马自达5装备)

该款发动机正时链单元结构与拆装与L3发动机一样，请参考本章第一节“二”小节中的相关内容。

四、FP 1.8L发动机(2001款起普力马装备)

1. 正时带单元的拆卸与安装步骤

1）断开蓄电池负极连接线。

2）拆下凸轮轴位置传感器(CKP)和曲轴位置传感器(CMP)。

3）拆下点火线圈和火花塞。

4）按图5-6中所列顺序拆卸。

5）按与拆卸相反的顺序安装。

6）调整正时带变形量/张紧力。

7）检查曲轴位置传感器(CKP)气隙。

8）起动发动机检查带轮和正时带的连接情况。

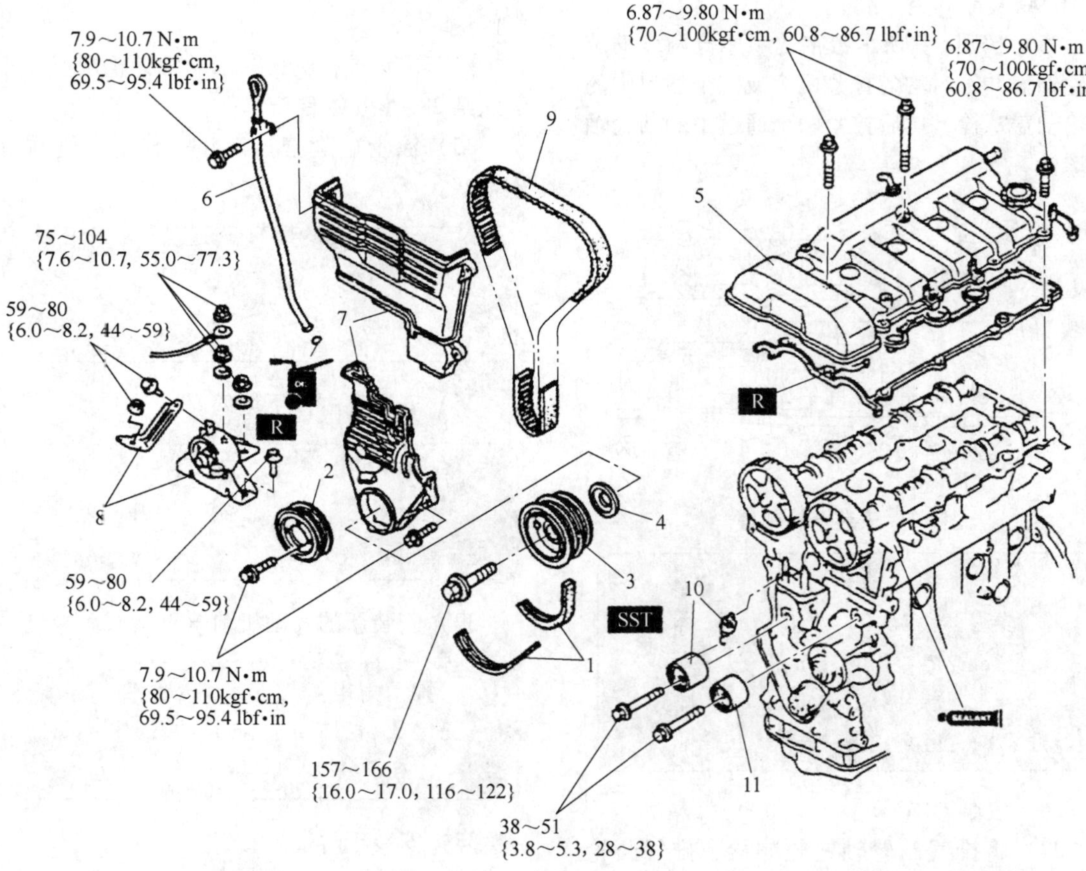

7.9～10.7 N·m
{80～110kgf·cm,
69.5～95.4 lbf·in}
6
75～104
{7.6～10.7, 55.0～77.3}
59～80
{6.0～8.2, 44～59}
R
8
2
7
9
59～80
{6.0～8.2, 44～59}
7.9～10.7 N·m
{80～110kgf·cm,
69.5～95.4 lbf·in
157～166
{16.0～17.0, 116～122}
3
4
1
SST
6.87～9.80 N·m
{70～100kgf·cm, 60.8～86.7 lbf·in}
6.87～9.80 N·m
{70～100kgf·cm,
60.8～86.7 lbf·in}
5
R
10
11
SEALANT
38～51
{3.8～5.3, 28～38}

规定力矩：N·m(kgf·m, lbf·ft)

图5-6 FP发动机正时带单元分解图

1—传动带 2—水泵带轮 3—正时带轮 4—正时带导向轮 5—气缸盖罩 6—油尺和导管 7—正时带盖 8—发动机3号支撑橡胶垫 9—正时带 10—张紧轮，张紧轮弹簧 11—惰轮

2. 正时带的拆卸方法

用专用工具固定曲轴进行正时带拆卸。

1）安装带轮锁紧螺栓。

2）顺时针旋转曲轴并作好正时记号，如图 5-7 所示。

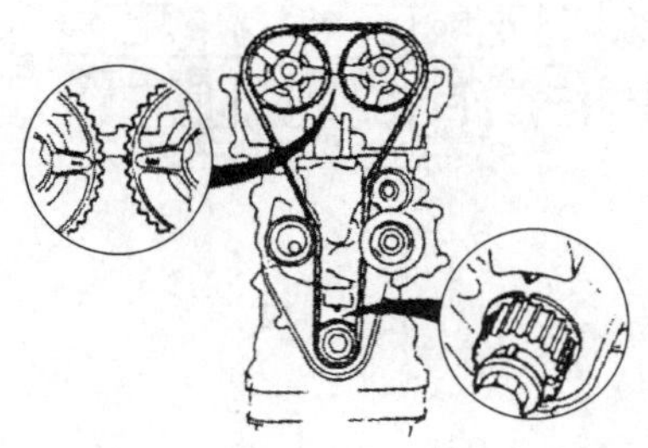

图 5-7　转动曲轴作好正时记号

3）用套筒和扳手顺时针旋转张紧轮。

4）拆下张紧轮弹簧。

> **说明：**
>
> • 为重新安装正确，拆卸时应在正时带上标明转动方向。

3. 正时带单元安装步骤

（1）张紧轮、张紧轮弹簧的安装

1）测定张紧轮弹簧的自由长度。

• 若不在规定范围内，更换张紧轮弹簧。

• 自由长度 36. 6mm(1. 44in)。

2）安装张紧轮。

3）转动张紧轮。

• 如果张紧轮没有阻力或不能旋转，更换张紧轮。

（2）正时带安装

1）确定正时带轮的标记和凸轮轴带轮的标记对准，如图 5-8 所示。

2）如图 5-9 所示，安装正时带并使之压紧张紧轮。

3）顺时针旋转正时带轮两周，对准正时标记。

4）确认所有正时标记完全对准，如图 5-10 所示。

• 如果没有对准，拆卸正时带，从第一步重新开始操作。

5）用扳手顺时针旋转张紧轮。

6）将张紧轮弹簧挂好。

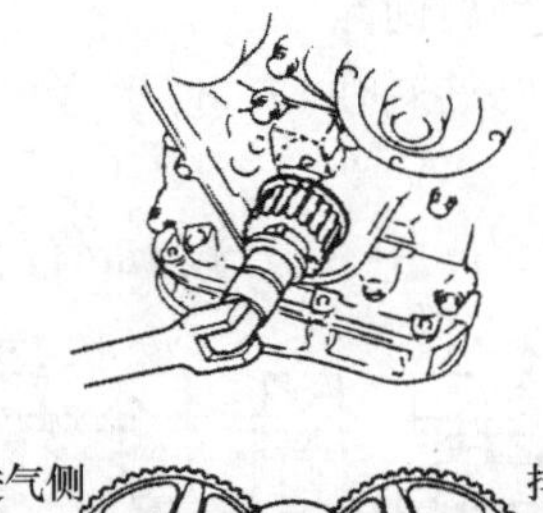

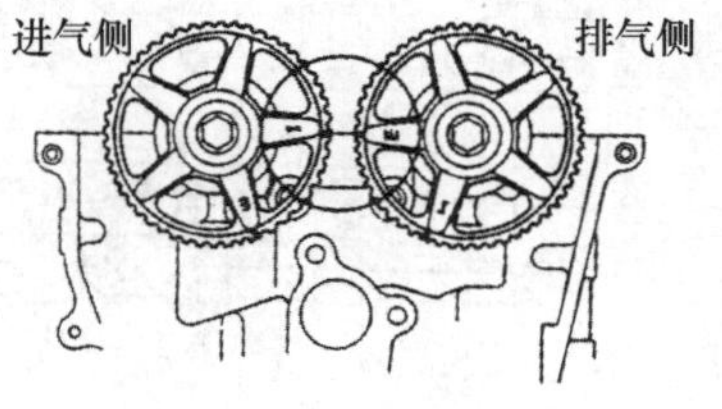

图 5-8　检查正时标记的对准

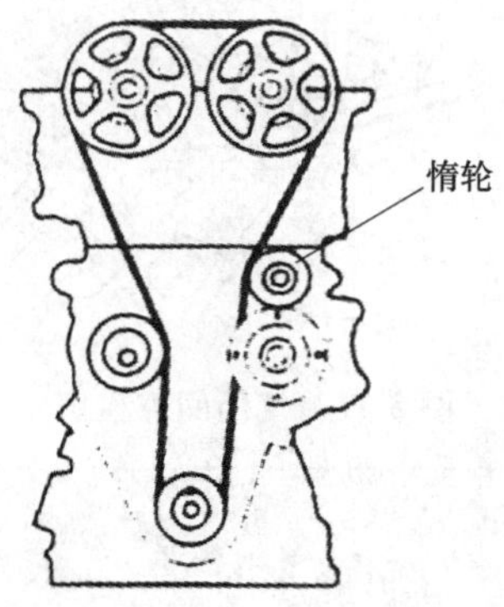

图 5-9　安装正时带

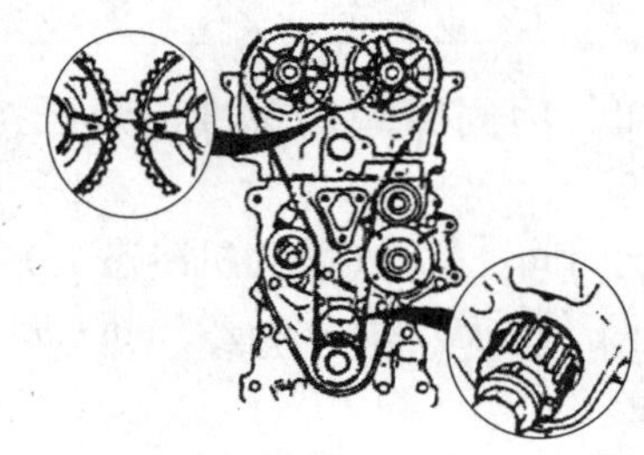

图 5-10　确认正时标记对准

7）顺时针旋转曲轴两次，确定所有的正时标记都已对准。

• 如果没有对准，拆卸正时带，从第一步重新开始操作。

4. 气门间隙的检查与调整方法

（1）气门间隙检查

1）拆下气缸盖。

2）确认发动机已冷却。

3）测量气门间隙。

① 顺时针旋转曲轴，使活塞位于第1缸上止点位置。

② 在图5-11中A位置测量气门间隙。

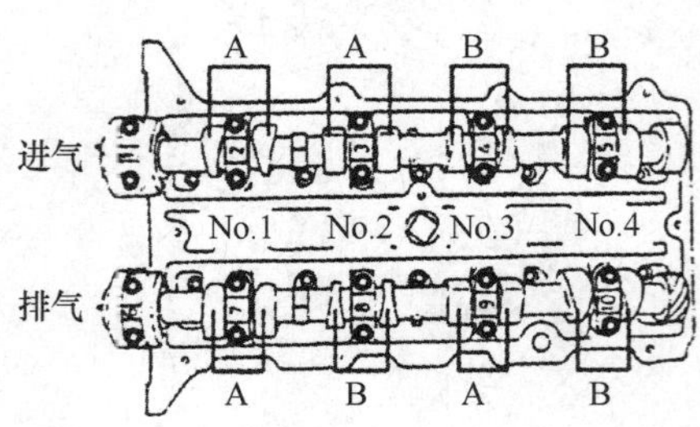

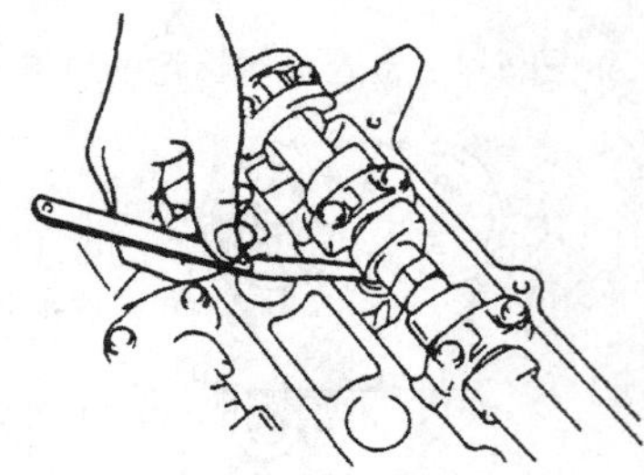

图5-11 气门间隙检查

> **注意:**
>
> • 一次只能拆卸一对螺栓，在拆卸下一对螺栓前，将刚拆下的螺栓上好。

• 如气门间隙超出标准，则更换调整垫片。

• 气门间隙标准(发动机冷态下)

进气门：0.225～0.295mm(0.099～0.011in)

(0.26±0.035) mm[(0.010±0.001)in]

排气门：0.025～0.295mm(0.009～0.011in)

(0.26±0.035)mm[(0.010±0.001)in]

③ 顺时针旋转曲轴360，使活塞位于第4缸上止点位置。

④ 在图5-11中B位置测量气门间隙。

• 如果间隙超过标准，则要换调整垫片。

• 气门间隙标准(发动机冷态下)

进气门：0.225～0.295mm(0.099～0.011in)

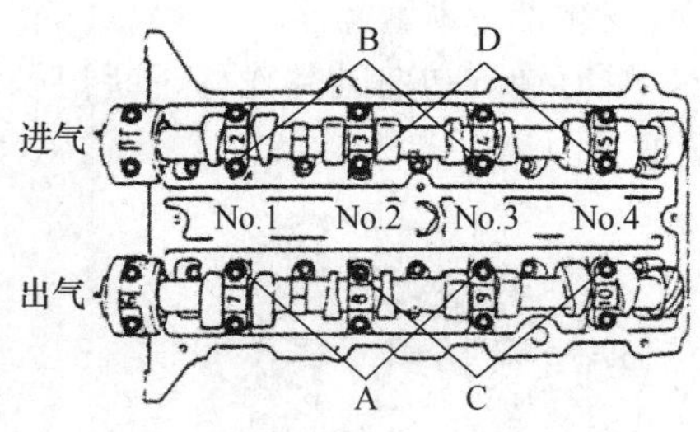

图 5-12

(0.26±0.035) mm[(0.010±0.001)in]

排气门：0.025～0.295mm(0.009～0.011in)

(0.26±0.035) mm[(0.010±0.001)in]

4）安装上气缸盖。

(2) 气门间隙的调整　本程序适合所有需要调整间隙的气门

1）顺时针旋转凸轮轴，便凸轮轮轴凸起部分朝上，位于满足调整需要的位置。

2）需要时拆卸凸轮轴瓦盖的安装螺栓。

① 排气侧1、2、3缸调整垫片的拆卸。

② 进气侧1、2、3缸调整垫片的拆卸。

③ 排气侧2、3、4缸调整垫片的拆卸。

④ 进气侧2、3、4缸调整垫片的拆卸。

> **注意:**
>
> • 进行进气侧2、3缸调整垫片的拆卸，需要拆下螺栓A或C，如图5-12所示。
>
> • 进行排气侧2、3缸调整垫片的拆卸，需要拆下螺栓B或D，如图5-12所示。

3）利用凸轮轴瓦盖螺栓孔来安装专用工具。

> **拧紧力矩:**
>
> 11.3～14.2N·m(115～145kgf·cm,100～125lbf·in)

4）在专用工具(轴和卡钳)上作好定位标记。

5）拧紧螺栓 A 来紧固专用工具(轴)，如图 5-12 所示。

6）把专用工具(本体)置于气缸头的外部，把专用工具(爪)压下来更换垫片。

7）调准挺杆凹口以便能插入旋具。

8）将专用工具安装在气门挺杆凹口的旁边。

9）拧紧螺栓 B，上紧专用工具(本体)，如图5-12 所示。

10）拧紧螺栓 C，压下气门挺杆，如图 5-12 所示。

11）用旋具撬起调整垫片。

12）磁铁将调整垫片吸出。

13）选择合适的调整垫片。

新垫片厚度 = 旧垫片厚度 + 测量的气门间隙-标准气门间隙[0.26mm(0.010 in.)]

14）将调整垫片装入气门挺杆。

15）松开螺栓 C，以便气门挺杆可以移动。

16）松开螺栓 B，并拆下专用工具(主要部分)

17）拆下专用工具，并拧紧凸轮轴瓦盖螺栓。

18）再次确定气门间隙。

拧紧力矩：

11.3 ~ 14.2N · m(115 ~ 145kgf · cm，100 ~ 125lbf · in)

第二节　长安马自达汽车发动机正时维修与气门间隙调整

一、ZJ 1.3L/ZY 1.5L 发动机(2008—2010 款马自达 2 装备)

1. 正时链单元分解

按图 5-13 中所示的顺序进行分解。

2. 正时链单元的安装步骤

按图 5-14 中所示的顺序进行组装。

(1) 正时链条的安装

1）如图 5-15 所示将曲轴链轮的键槽与正时标记对齐，然后将 1 号气缸定位到上止点(TDC)位置。

2）对齐曲轴链轮上的正时标记，从而使它们形成一条直线，并且与气缸盖上水平面对齐，如图 5-16 所示。

3）安装正时链条。

4）安装正时链条导向装置和正时链条张紧器臂。

5）安装链条调节器，然后拆下被用于固定的金属丝或纸夹。在安装新链条张紧器时，拆下已安装的止动器。

6）检查正时链条是否存在松弛，然后再次检查各链轮是否被定位在正确的位置。

7）通过将曲轴顺时针旋转两圈，检查气门正时。

(2) 发动机前罩的安装说明　将硅酮密封剂涂在发动机前罩上。

3. 气门间隙的检查与调整

(1) 气门间隙的检查

1）顺时针转动曲轴，使 1 号活塞位于压缩行程的 TDC 位置。

2）在图 5-17 中所示的 A 位置测量气门间隙。

- 如果不在规范值的范围内，则应更换气门挺杆，并将气门调整到中间值。
- 标准气门间隙(发动机冷态)
- 0.27 ~ 0.33mm(0.0107 ~ 0.0129in)

说明：

- 请务必注意选择合适的替代气门挺杆的测量值。

3）将曲轴顺时针转动 360°，使 4 号活塞位于压缩行程的 TDC。

4）在图 5-17 中所示的 B 位置测量气门间隙。

- 如果不在规范值的范围内，则应更换气

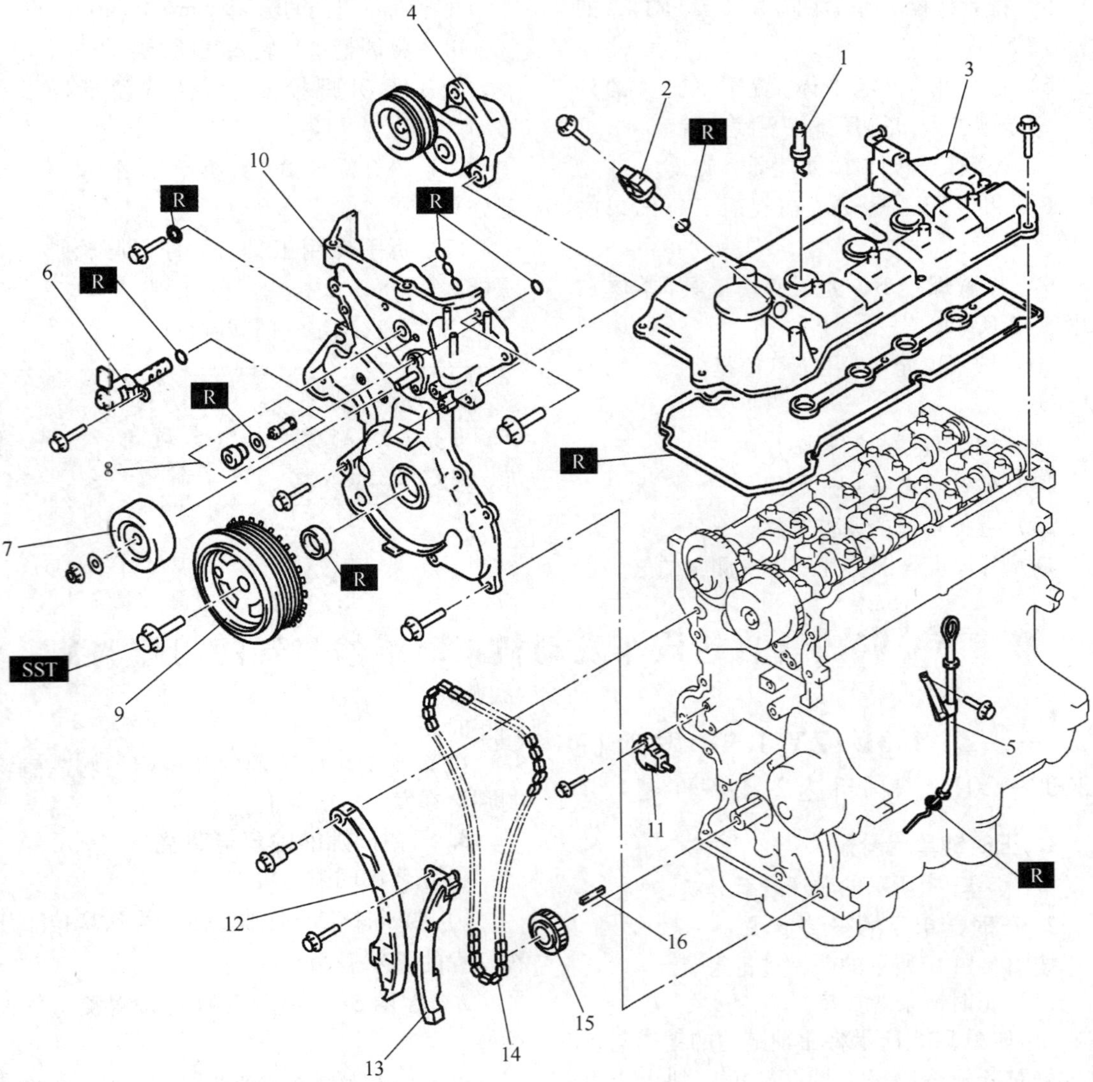

图 5-13　ZY 发动机正时链单元分解

1—火花塞　2—凸轮轴位置(CMP)传感器　3—气缸盖罩　4—正时带自动张紧器　5—油位计管道　6—油压控制阀(OCV)　7—惰轮　8—OCV 机油滤清器、塞子　9—曲轴带轮　10—发动机前罩　11—正时链条张紧器　12—正时链条张紧器臂　13—正时链条导向装置　14—正时链条　15—曲轴链轮　16—滑块

门挺杆，并将气门调整到中间值。

• 标准气门间隙(发动机冷态)

0.27～0.33mm{0.0107～0.0129in}

> **说明：**
>
> • 请务必注意选择合适的替代气门挺杆的测量值。

(2) 气门间隙的调整

1) 拆下发动机前罩的堵塞，如图中所示。

2) 用手将螺栓[M10 或 M6，长度 25mm(0.98in)或更大]插入在右侧的维修孔中，如图 5-16 中所示，直到它在张紧臂上停止为止。然后，将螺栓旋回大约一半，从而使它在张紧臂略微靠前的位置。

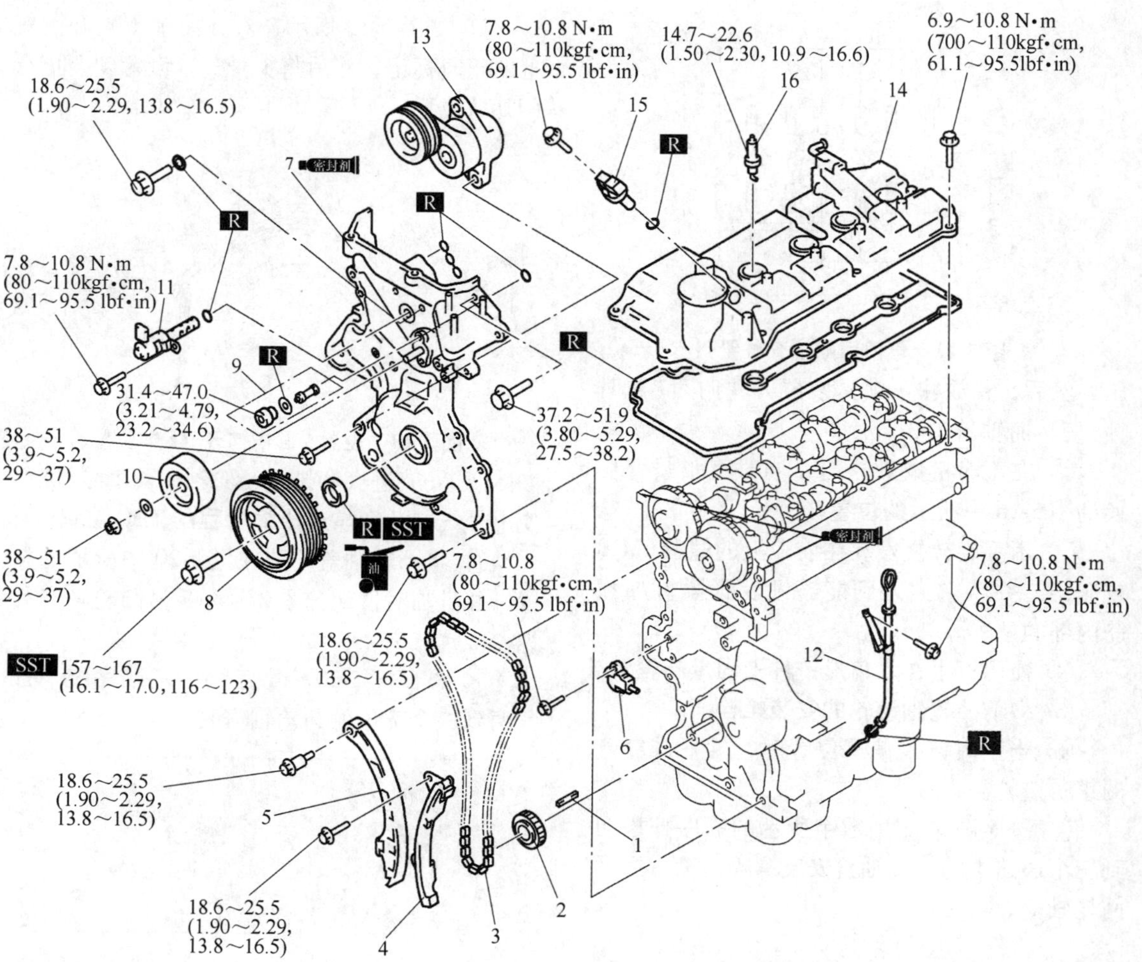

规定力矩：N•m(kgf•m, lbf•ft)

图 5-14　正时链组装顺序

1—滑块　2—曲轴链轮　3—正时链条　4—正时链条导向装置　5—正时链条张紧器臂　6—正时链条张紧器　7—发动机前罩　8—曲轴带轮　9—OCV 机油滤清器、塞子　10—惰轮　11—OCV　12—油位计管道　13—正时带自动张紧器　14—气缸盖罩　15—CMP 传感器　16—火花塞

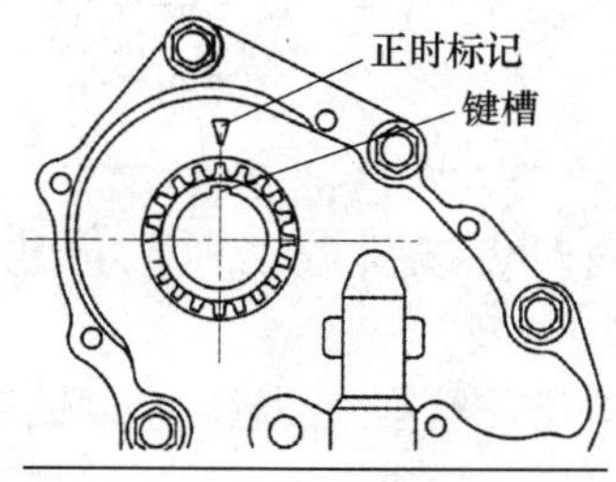

图 5-15　将 1 号气缸设置于 TDC 位置

插入螺栓	前盖维修孔
M10×1.25	10mm
M6	7mm

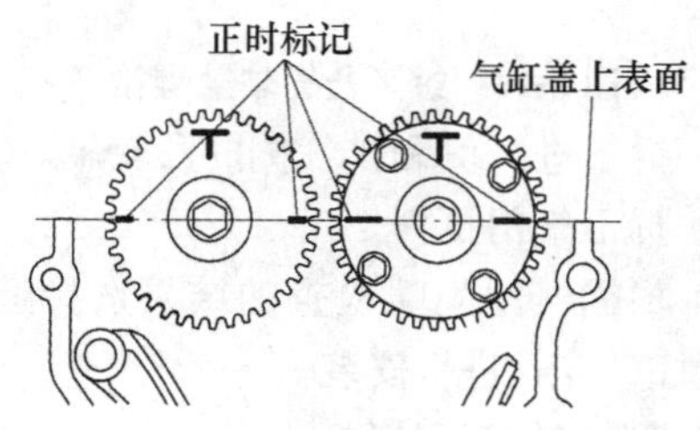

图 5-16　正时链安装标记对齐

3）释放正时链条上的张力。

① 在左侧使用较薄的一字头旋具(精密旋具)从维修孔将链条张紧器的连接板向下

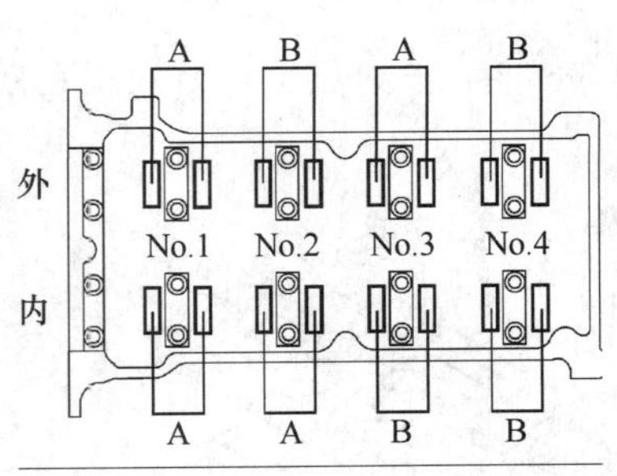

图 5-17　气门间隙检查位置

压。然后，释放柱塞锁紧装置，并向后(逆时针)旋转曲轴带轮。

② 在正时链条放松时，同时将张紧臂切换到图 5-16 中所示的位置。

③ 用手旋转被安装在前盖上的螺栓(M10 或 M6)，并将它插入到能够锁定张紧臂加强筋内部的位置。

④ 使用扳手在六角形铸件上固定凸轮轴。

⑤ 拆下凸轮轴链轮的安装螺栓。

⑥ 当王时链条偏离位置时，拆下排气侧的正时链轮。

⑦ 按照图 5-18 中数字所示的顺序拧松两到三个通路中的凸轮轴盖安装螺栓，然后拆下凸轮轴盖。

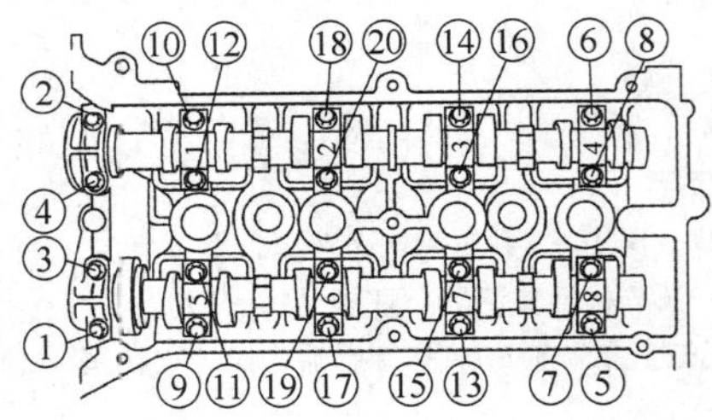

图 5-18　拆下凸轮轴盖螺栓

⑧ 拆下进气侧和排气侧的凸轮轴。

⑨ 拆下气门挺杆。

⑩ 根据气门间隙检查的结果选择适当的气门挺杆，并且进行安装。

• 拟选定的气门挺杆：

被拆下的气门挺杆的厚度 + 测量得到的气门间隙 - 标准气门间隙

• 标准气门间隙(发动机冷态)

0. 27 ~ 0. 33mm(0. 0107 ~ 0. 0129in)

⑪ 如图 5-19 所示，对齐曲轴带轮和前盖上的正时标记，然后将 1 号气缸设置到上止点(TDC)位置。

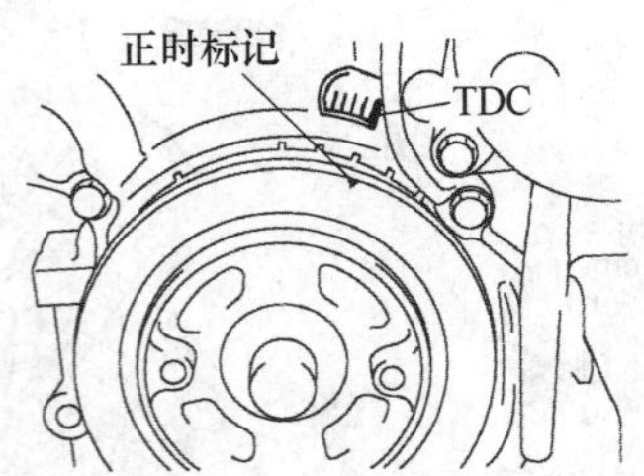

图 5-19　设置 1 号气缸于 TDC 位置

⑫ 安装进气和排气凸轮轴以及 1 号气缸，使 1 号气缸活塞靠近压缩行程的 TDC 位置。

⑬ 将凸轮轴盖安装在图 5-20 中所示的位置，并且临时性地拧紧 2 号和 7 号凸轮轴安装螺栓。

⑭ 按照图 5-20 中数字所示的顺序统一拧紧两到三个部位的凸轮轴安装螺栓。

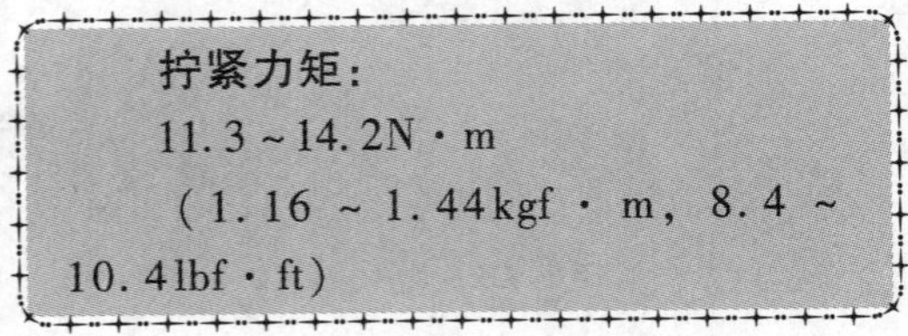

拧紧力矩：

11. 3 ~ 14. 2N · m

(1. 16 ~ 1. 44kgf · m，8. 4 ~ 10. 4lbf · ft)

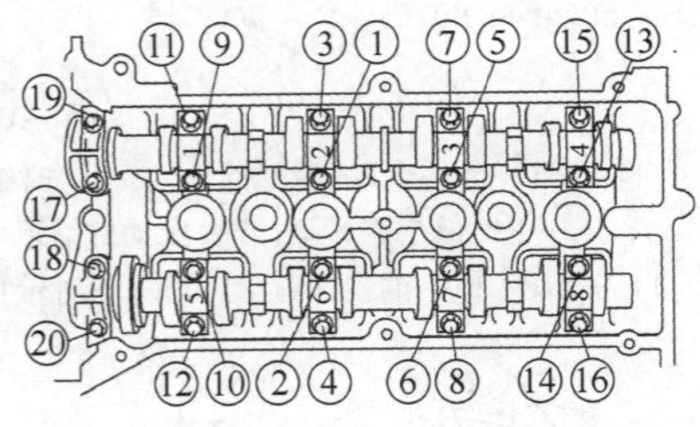

图 5-20　安装凸轮轴盖

⑮ 同时安装排气凸轮轴链轮和正时链条。

• 对齐进气与排气凸轮轴上的链轮正时标记，从而使它们形成一条直线，并且与气缸盖上水平面对齐。

⑯ 使用扳手在凸轮轴六角形铸件上固定凸轮轴。

⑰ 拧紧凸轮轴链轮安装螺栓。

拧紧力矩：
49.6～60.8N·m
（5.06～6.19kgf·m，36.6～44.8lbf·ft）

⑱ 拆下固定张紧臂的螺栓(M10或M6)。

⑲ 检查正时链条是否存在松弛，然后检查凸轮轴链轮和曲轴带轮上的标记是否对齐。

⑳ 通过将曲轴顺时针旋转两次检查气门正时，如图5-21所示。

㉑ 涂抹硅酮密封剂。

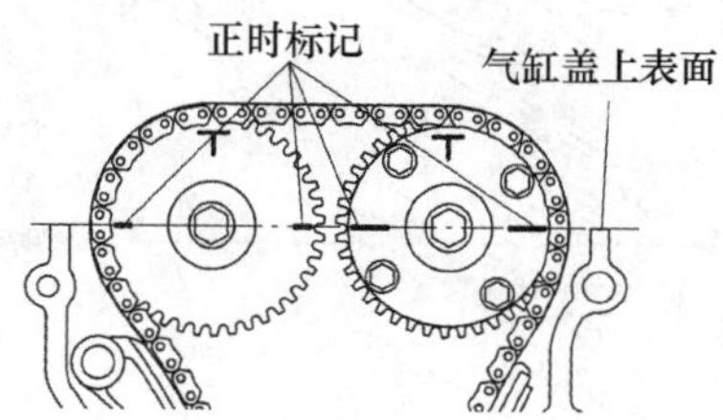

图5-21　检查气门正时

㉒ 安装发动机前罩堵塞。

拧紧力矩：
3.0～5.0N·m
(31～50kgf·cm,26.6～44.2lbf·in)

二、Z6 1.6L发动机(2009—2010款马自达3装备)

1. 正时链拆解

1）拆下蓄电池盖。

2）断开蓄电池负极电缆。

3）拆下前轮与轮胎(RH)。

4）将发动机2号下护板与挡泥板作为一个单独的组件拆下。

5）排出发动机冷却液。

6）执行以下程序。

★欧洲(E.U.)规范除外

• 将净气管和空气滤清器作为一个单独装置拆下。

★欧洲(E.U.)规范

• 将空气滤清器盖放置在不会造成障碍的地方。

• 将净气管和空气滤清器外壳作为一个单独装置拆下。

7）拆下仍然连接的带软管的冷却液膨胀罐。

8）拆下点火线圈。

9）将线束放置在不会妨碍操作的地方。

10）拆下图5-22中所示的螺母，并将动力转向管部件放置在不会妨碍操作的地方。

11）固定冷却器管道和冷却器软管，使其不妨碍工作。

12）拆下正时带。

13）断开曲轴位置(CKP)传感器的连接器。

14）拆下发电机。

15）拆下水泵。

16）将接地线从3号发动机支座上断开。

拧紧力矩：
35～50N·m
3.6～5.0kgf·m，26～36lbf·ft)

17）按图5-22中所示的顺序进行拆卸。

18）按与拆卸相反的顺序进行安装。

19）重新注入发动机冷却液。

20）起动发动机并检查并按需调节下列项目。

① 发动机漏油和发动机漏冷却液。

② 带轮与传动带的偏摆及接触。

③ 点火正时与怠速。检查CO和HC排放是否合格。

2. 正时链单元的拆解方法

1）顺时针旋转曲轴，将曲轴链轮的键槽与正时标记对齐，然后将1号气缸定位到TDC位置，如图5-23所示。

2）对齐凸轮轴链轮上的正时标记，从而使它们形成一条直线，并且与气缸盖上水平面对齐。

3）拆下正时链条。

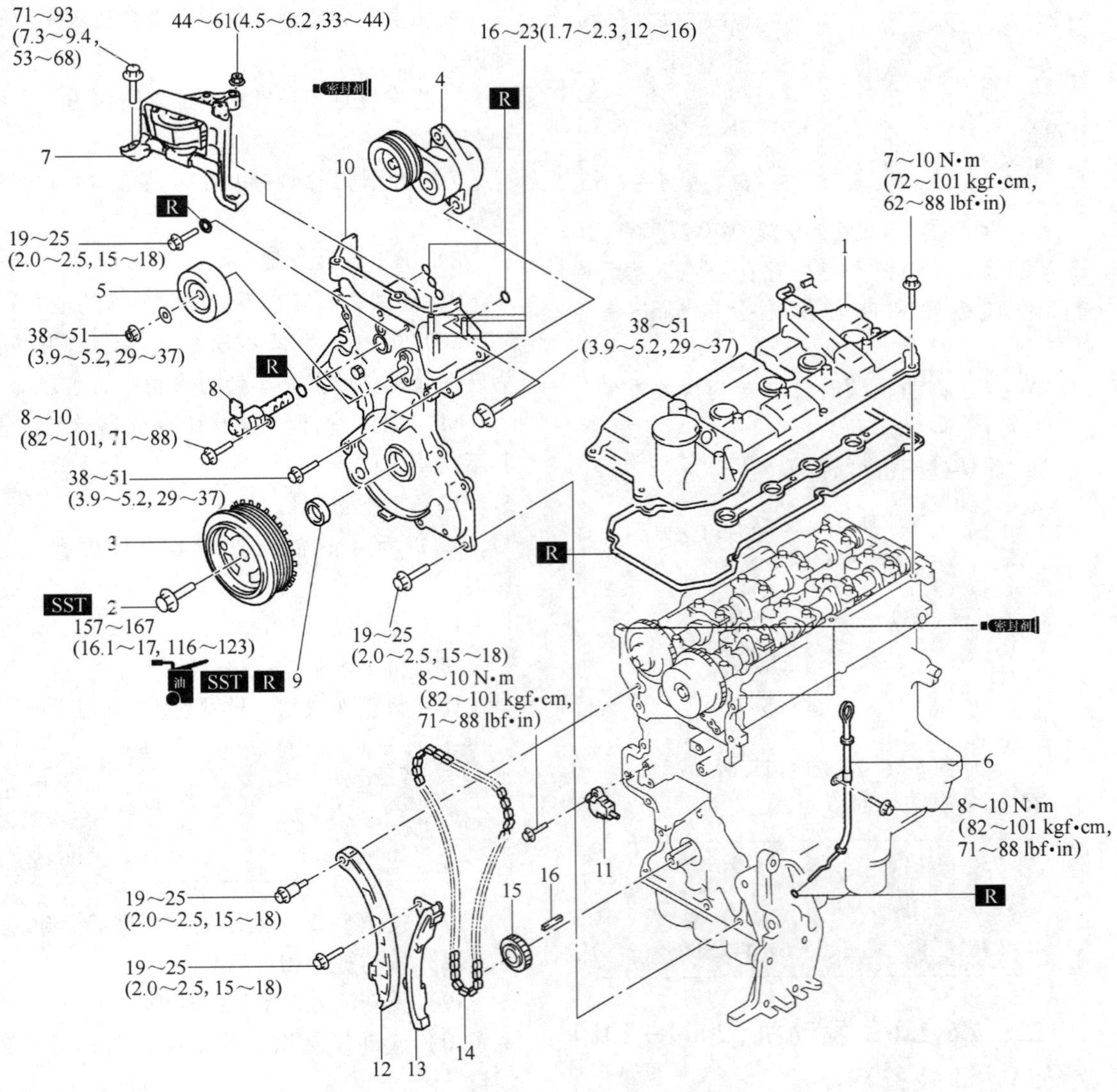

规定力矩：N•m(kgf•m, lbf•ft)

图 5-22　Z6 发动机正时链单元分解

1—气缸盖罩　2—曲轴带轮锁定螺栓　3—曲轴带轮　4—正时带自动张紧器　5—怠速　6—量油尺　7—No. 3 发动机悬置件　8—OCV　9—前油封　10—发动机前罩　11—链条张紧器　12—链条张紧器臂　13—链条导板　14—正时链条　15—曲轴链轮　16—滑块

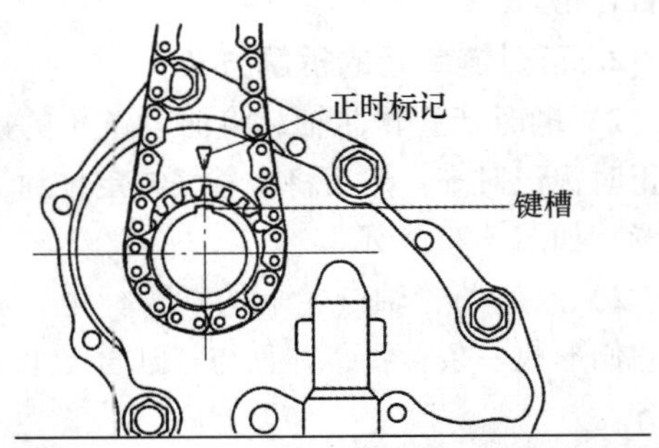

图 5-23　将 1 号活塞设置于 TDC 位置

3. 正时链单元的安装步骤

1）将曲轴链轮的键槽与正时标记对齐，然后将 1 号气缸定位到 TDC 处。

2）对齐凸轮轴链轮上的正时标记，从而使它们形成一条直线，并且与气缸盖上水平面对齐。

3）安装正时链条。

4）在安装链条调节器之后，拆下被安装在链条张紧器上的金属丝或纸夹，并向正时链

条施加张紧力。在安装新链条张紧器时，拆下已安装的止动器。

5）确认正时链条上不存在松弛，然后确认各链轮再次被定位在正确的位置。

6）将曲轴顺时针旋转两次，然后检查气门正时。

4. 气门间隙的检查与调整方法

气门间隙检查与调整方法与 ZY 1. 5L 发动机相同，具体请参考本章第二节“一”小节的相关内容。

第三节 进口马自达汽车发动机正时维修与气门间隙调整

一、GY 2. 5L 发动机（2000 款起 MPV 装备）

1. 正时链单元分解

正时链单元分解见图 5-24。

2. 正时链单元拆装步骤

1）拆下蓄电池负极连线。

2）拆下挡泥板（左侧）。

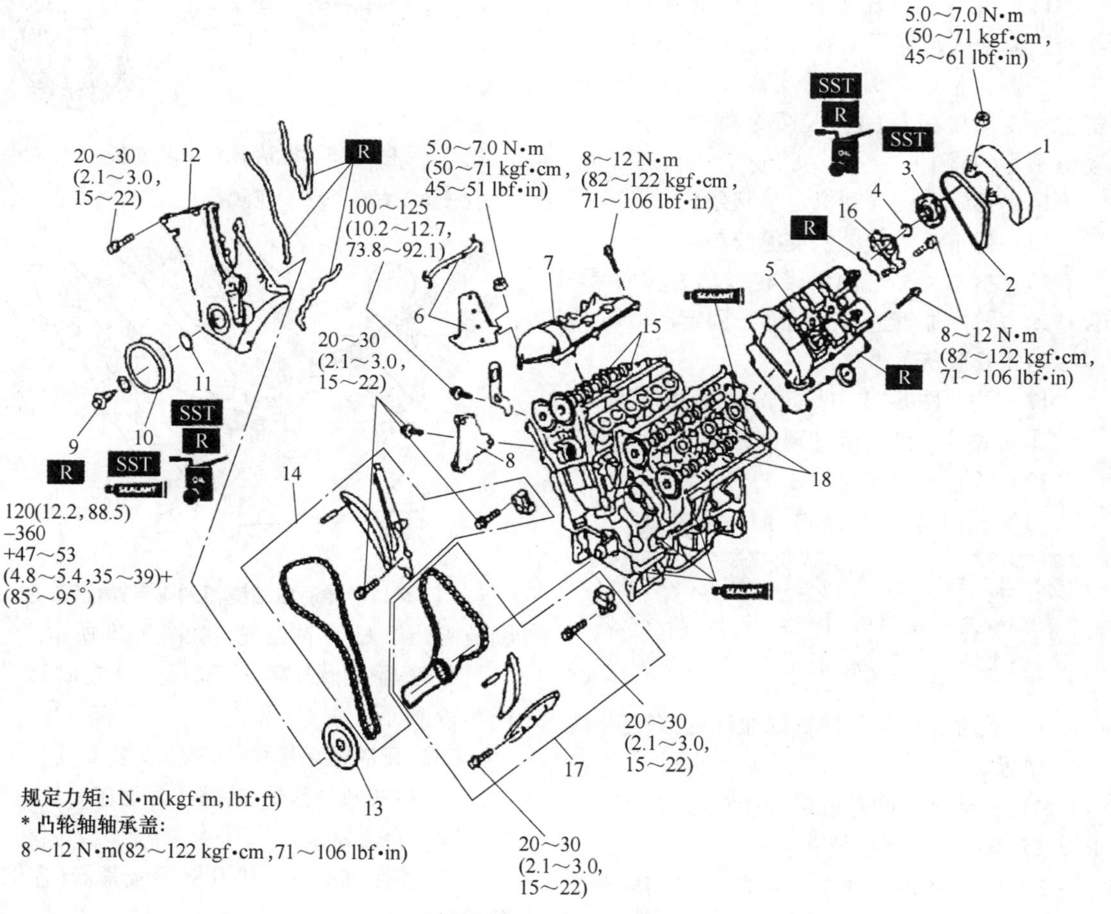

规定力矩：N·m(kgf·m, lbf·ft)
* 凸轮轴轴承盖：
8～12 N·m(82～122 kgf·cm, 71～106 lbf·in)

图 5-24 正时链单元分解

1—水泵传动带罩 2—水泵传动带 3—水泵带轮 4—凸轮轴油封 5—缸盖罩 6—线束和接头支架 7—缸盖罩（右侧） 8—发电机支架 9—曲轴带轮锁紧螺栓 10—曲轴带轮 11—曲轴前油封 12—发动机前盖 13—曲轴位置传感器信号盘 14—正时链条部件（右侧） 15—凸轮轴轴承盖（右侧） 16—凸轮轴油封盖 17—正时链条部件（左侧） 18—凸轮轴轴承盖（左侧）

3）放出发动机机油。

4）拆下进气歧管。

5）拆下传动带。

6）拆下进气歧管气道控制系统（IMRC）执行器。

7）拆下高压导线。

8）拆下点火线圈。

9）拆下前排气管。

10）拆下油底壳。

11）断开发电机的连接，但是不要将发电机从车上拆下。断开连接后用绳子固定，防止发电机脱落。

12）拆下空调压缩机，保持空调管路连接。用绳子固定空调压缩机以防止其脱落。

13）将整车举升至适当高度，在汽车下部拧松发动机吊耳（右侧）安装螺栓，拆下发动机吊耳（右侧）。

14）拆下第三发动机连接支架。

15）拆下第三发动机支撑胶垫。

16）拆下动力转向泵带轮和动力转向泵，保持动力转向油管连接。用绳子固定动力转向泵以防止其脱落。

17）按照图5-24中指定的顺序进行拆卸。

18）安装顺序与拆卸顺序相反。

19）检查点火正时。

（1）正时链条部件（右侧）拆卸要点

> **注意：**
>
> ● 不要逆时针旋转曲轴。这样可能导致正时链条卡住，造成发动机的损坏。

1）顺时针转动曲轴直到曲轴键槽转到11点针位置。

2）确认每个凸轮轴链轮上的参考标记如图5-25所示在上止点位置。

3）顺时针转动曲轴直到曲轴键槽转到3点钟位置，见图5-26。

4）按下列顺序拆下正时链条（右侧），如图5-27所示。

（2）正时链条部件（左侧）拆卸要点

1）顺时针旋转曲轴1又2/3圈，转动曲轴键槽处于11点钟位置，如图5-28所示。

2）按下列顺序拆下正时链条（左侧），如图5-29所示。

（3）正时链条部件（左侧）安装要点

1）将链条张紧器（左侧）放置在钳口有保护装置的台虎钳上。

2）使用细的旋具松开链条张紧器（左侧）棘齿锁。

3）慢慢地压缩张紧器的活塞。

4）使用1.5mm粗的金属丝或曲别针保持住张紧器活塞的位置。

5）确认曲轴键槽位于11点钟位置。

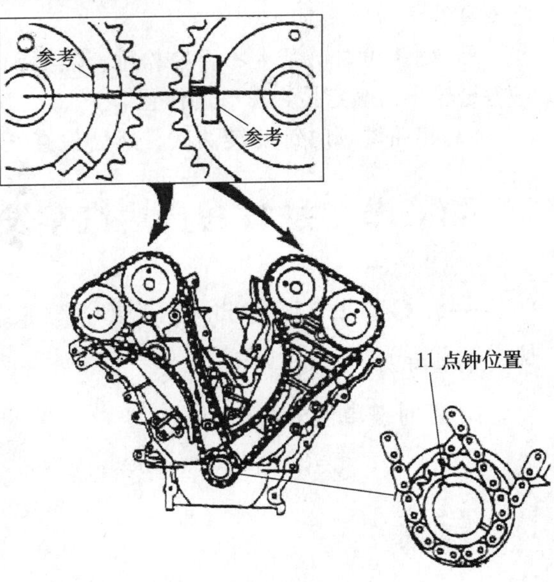

图5-25 确认参考标记对准

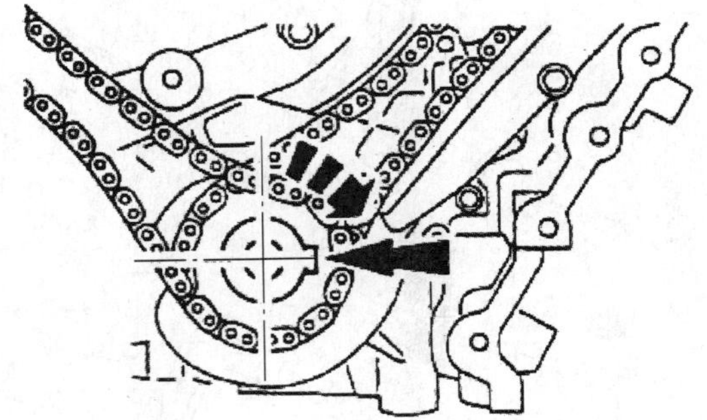

图5-26 转动曲轴键槽到3点钟位置

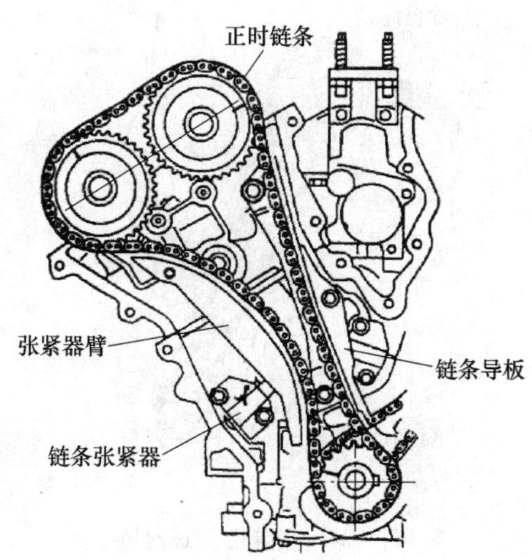

图 5-27　拆下右侧正时链

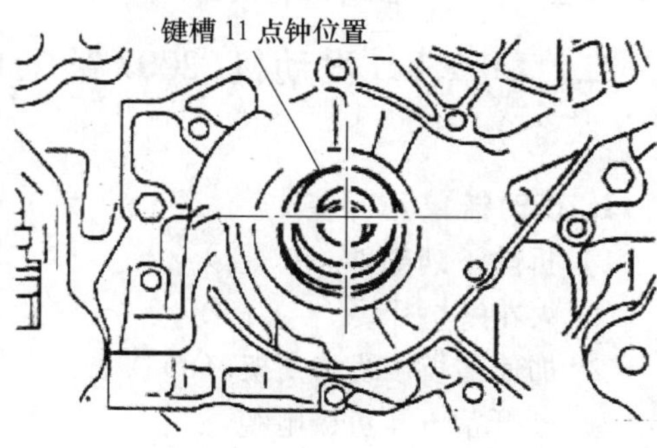

图 5-28　转动曲轴键槽到 11 点钟位置

6）将进气凸轮轴链轮标记定位于 9 点钟位置。

7）将排气凸轮轴链轮标记定位于 12 点钟位置，如图 5-30 所示。

> **注意：**
>
> • 安装正时链条(左侧)应将正时链条(左侧)涂色的链节与各个正时链轮的标记对齐。

8）按下列顺序安装正时链条(左侧)，如图 5-31 所示。

(4) 正时链条部件(右侧)安装要点

1）将链条张紧器(右侧)放置在钳口有保护装置的台虎钳上。

2）使用细的旋具松开链条张紧器(右侧)棘齿锁。

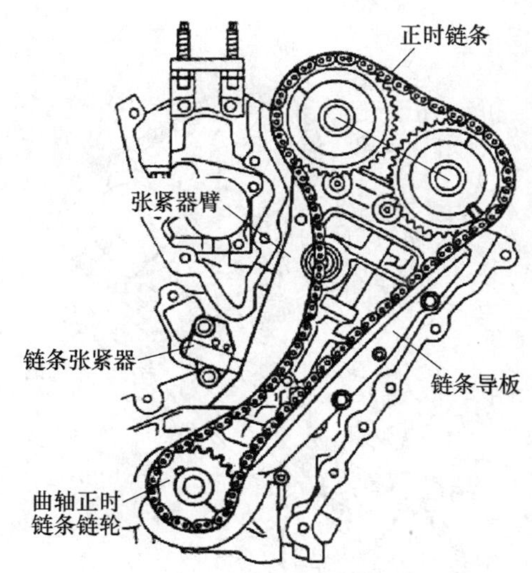

图 5-29　拆下左侧正时链

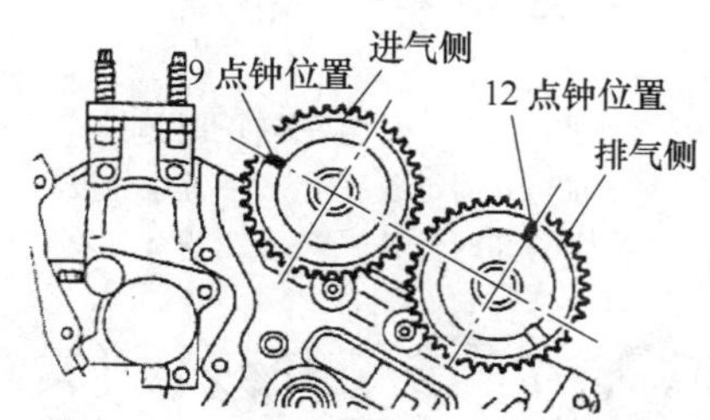

图 5-30　凸轮轴链轮标记于 12 点钟位置

3）慢慢地压缩张紧器的活塞。

4）使用 1.5mm 粗的金属丝或曲别针保持住张紧器活塞的位置。

5）顺时针旋转曲轴，转到曲轴键槽位于 3 点钟位置，如图 5-32 所示。

6）将排气凸轮轴链轮标记定位于 12 点钟位置。

7）将进气凸轮轴链轮标记定位于 3 点钟位置，如图 5-33 所示。

> **注意：**
>
> • 安装正时链条(右侧)应将正时链条(右侧)涂色的链节与各个正时链轮的标记对齐。

8）按下列顺序安装正时链条(右侧)，如图 5-34 所示。

9）分几次均匀紧固凸轮轴轴承盖。

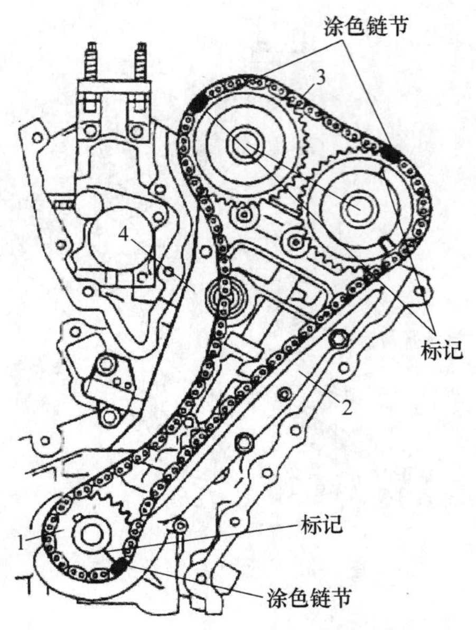

图 5-31　安装左侧正时链

1—曲轴正时链条链轮　2—链条导板
3—正时链条　4—张紧器臂

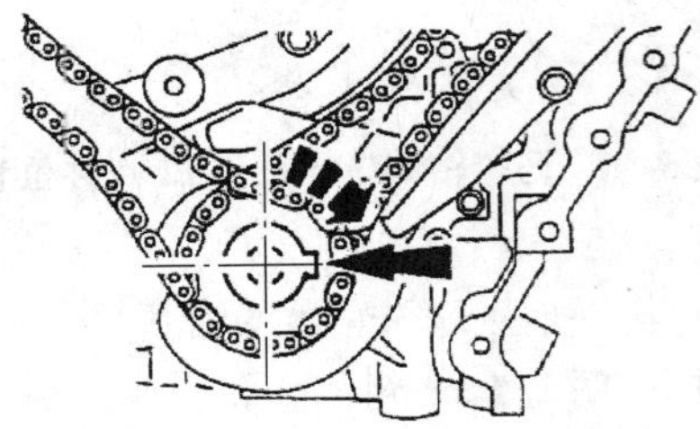

图 5-32　曲轴键槽位于 3 点钟位置

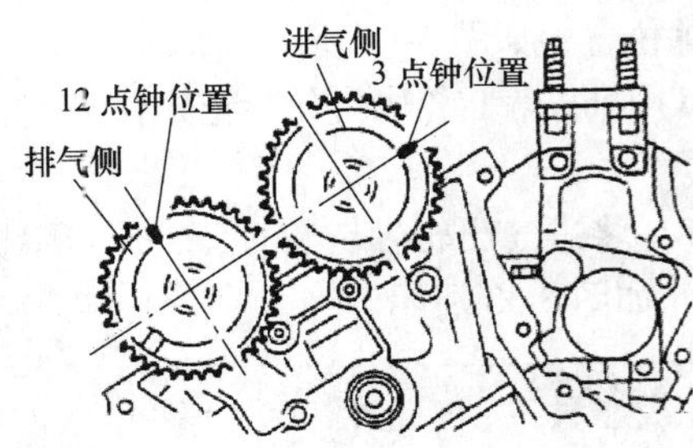

图 5-33　凸轮轴安装位置调整

10）安装正时链条张紧器（右侧），拆除保持活塞位置的金属丝或曲别针。

11）顺时针旋转曲轴 1 又 2/3 圈，转动曲轴键槽处于 11 点针位置。

12）确认在两排气缸凸轮轴后侧的参考

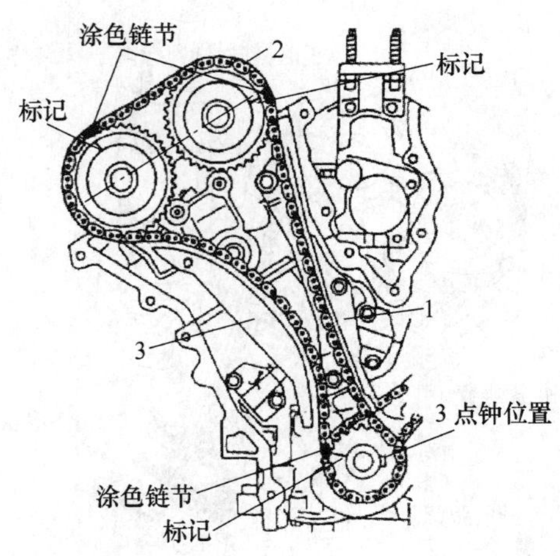

图 5-34　安装右侧正时链

1—链条导板　2—正时链条　3—张紧器臂

标记都已对齐，如图 5-25 所示。

二、L8 1.8L 发动机（2007 款马自达5 装备）

1. 正时链单元拆装

1）拆除下列部件。

① 火花塞垫片。

② 加速踏板拉线与支架（L8）。

2）断开蓄电池负极电缆。

3）拆除下列部件。

① 点火线圈。

② 传动带。

③ 底盖及挡泥板（RH）

④ 前轮与轮胎（RH）。

⑤ 将驱动轴（RH）从联轴器上拆下来，将驱动轴（RH）放在一边。

⑥ 曲轴位置（CKP）传感器。

⑦ 使 A/C 压缩机的管路保持连接状态，并使 A/C 压缩机的位置不会导致障碍。

⑧ 使冷却液膨胀罐的软管保持连接状态，并且使冷却液膨胀罐的位置不会导致障碍。

4）拆下支架的安装螺母，然后从汽车上拆下支架及动力转向泵软管。

5）按图 5-35 所示顺序进行拆卸。

6）按与拆卸相反的顺序进行安装。

7）起动发动机。进行以下检查和调整：

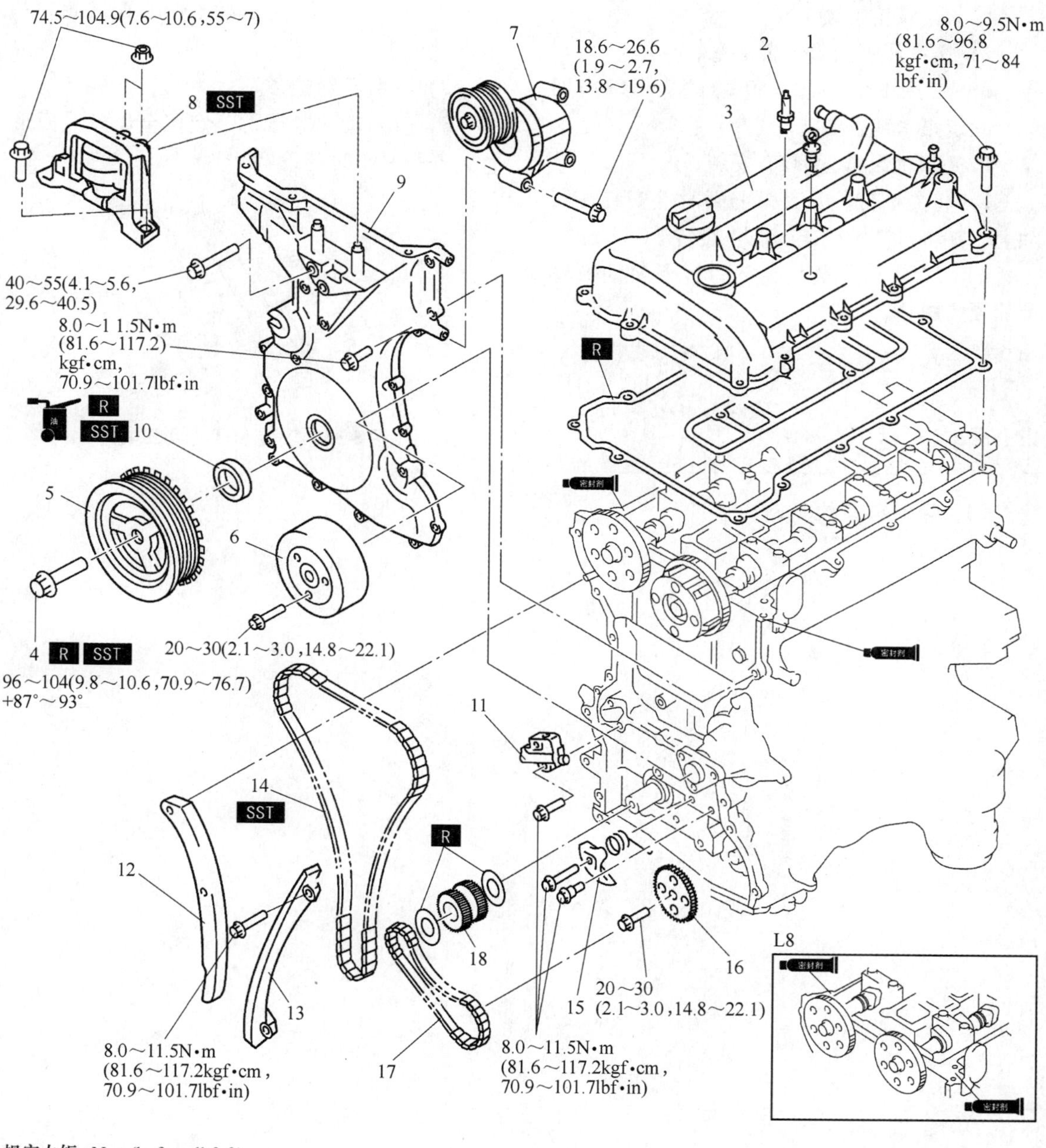

规定力矩：N•m(kgf•m, lbf•ft)

图 5-35　正时链单元拆卸

1—油尺(LF)　2—火花塞　3—气缸盖罩　4—曲轴带轮锁定螺栓
5—曲轴带轮　6—水泵带轮　7—传动带自动张紧器　8—3 号发动机支架胶垫和 3 号发动机连接支架
9—发动机前罩　10—前油封　11—链条张紧器　12—张紧臂　13—链条导板　14—正时链条
15—机油泵链条张紧轮　16—机油泵链轮　17—动力转向泵链条　18—曲轴链轮

① 发动机机油泄漏。

② 带轮与传动带的偏差和接触。

③ 检查点火正时、怠速和怠速混合气。

2. 正时链单元的拆卸方法

（1）链条张紧器的拆卸

1）使用合适的旋具或等效工具为链条

张紧器棘轮解锁。

2）缓慢压下张紧装置活塞。

3）使用 1.5mm(0.059in) 的金属丝或回形针固定张紧装置活塞。

（2）机油泵链轮拆卸/安装

1）将曲轴带轮及其螺栓暂时性安装在曲轴上，并将机油泵固定，防止旋转。

2）拆/装油泵链轮，然后拆下曲轴带轮及其锁紧螺栓。

拧紧力矩：

20 ~ 30N · m(2.1 ~ 3.0kgf · m, 14.8 ~22.1lbf · in)

（3）正时链条的安装

1）如图 5-36 所示，将 SST 专用工具安装到凸轮轴上。

2）安装正时链条。

3）从自动张紧器拆下定位金属丝或回形针，并张紧正时链条。

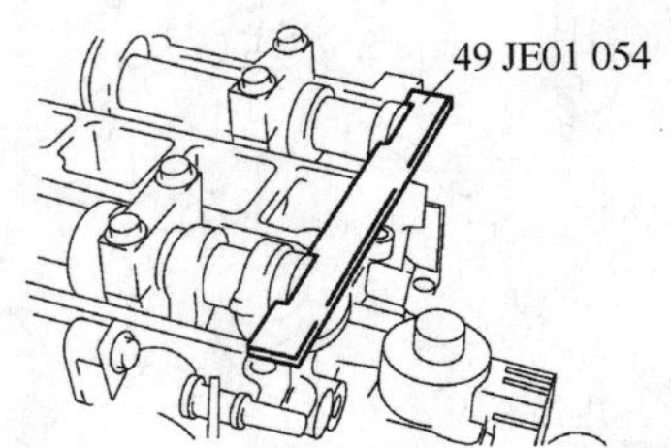

图 5-36　安装 SST 专用工具

第六章

铃木汽车发动机正时维修调整

第一节　长安铃木汽车发动机正时维修与气门间隙调整

一、M18A 1.8L 发动机（2005—2012 款天语装备）

该款发动机正时链结构与拆装步骤与 M16A 1.6L 发动机一样，请参考本节中“二”小节相关内容。

二、M16A 1.6L 发动机（2005—2012 款天语装备）

1. 正时链单元分解

正时链单元分解见图 6-1。

2. 正时链的拆卸

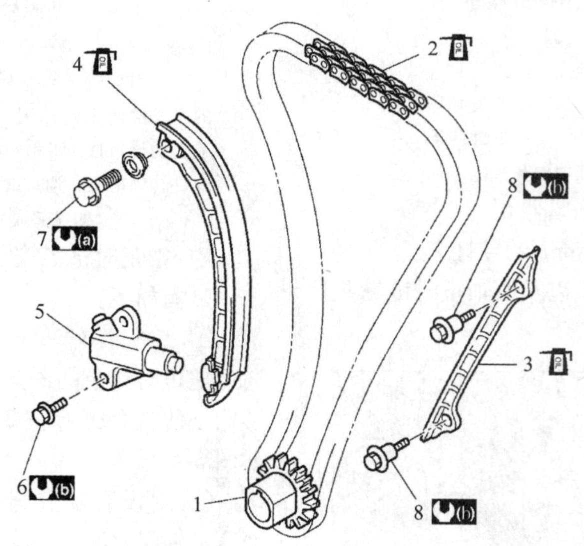

图 6-1　正时链单元分解

1—曲轴的正时链轮　2—正时链条（加注发动机油）　3—正时链条 NO. 1 的导杆（向滑动面加注发动机油）　4—正时链条张紧器（向滑动面加注发动机油）　5—正时链条张紧器的调整组件　6—链条张紧器的调整器安装螺栓　7—正时链条张紧器的螺栓　8—正时链条 No. 1 的导杆螺栓　(a) 25N · m（2. 5kgf · m，18. 0lbf · ft）　(b) 11N · m（1. 1kgf · m，8. 0lbf · ft）

1）拆下正时链条盖。

2）如图 6-2 所示转动曲轴，在规定的位置上把凸轮轴和曲轴对准，过程如下：

① 把进气和排气凸轮轴的正时链轮标记分别对准气缸盖的槽口 2。

② 把曲轴的链轮键 3 安放在曲轴上部。

3）拆下正时链条张紧器的调整组件5。

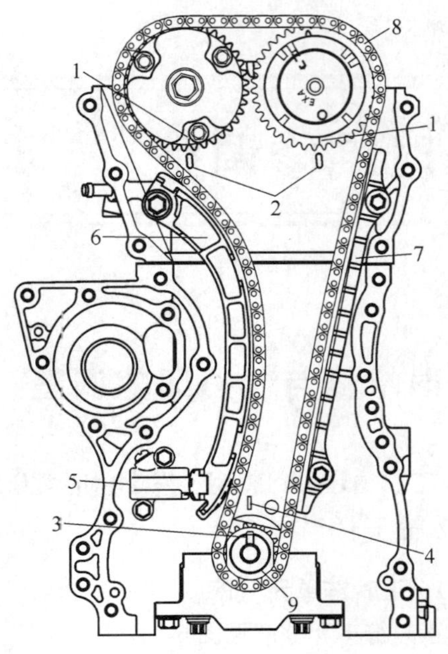

图6-2　正时链拆卸顺序

1—正时链轮标记　2—气缸盖上槽口　3—曲轴链轮键　4—曲轴链轮正时标记　5—正时链张紧器调整组件　6—正时链条张紧器　7—正时链条No.1的导杆　8—正时链条　9—曲轴正时链轮

4）拆下正时链条张紧器6。

5）拆下正时链条No.1的导杆7。

6）拆下正时链条8以及曲轴正时链轮9。

3. 正时链的安装

> **注意：**
>
> 在正时链条拆卸完成后，曲轴和凸轮轴各自单独转动的范围不得超过图6-3中所示的允许范围（15°、90°）。若转动超出了允许的运行范围，则可能在活塞和气门之间以及气门之间产生干扰，与活塞和气门有关的部件也可能受损。

1）检查进气和排气凸轮轴的正时链轮上的配合标记1是否与气缸盖上的槽口2配合，如图6-3所示。

2）安插键3，转动曲轴，把键安装在曲轴的上部，如图6-3所示。

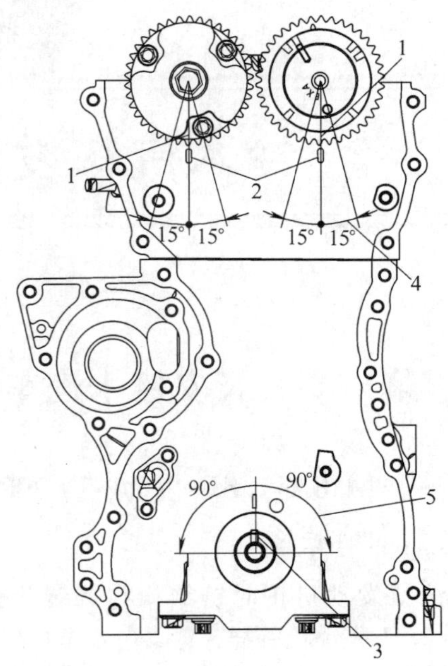

图6-3　凸轮轴转动允许范围

1—配合标记　2—槽口　3—键　4—凸轮轴（进气和排气）的允许转动范围：通过凸轮轴的正时链轮上的标记，在与左侧和右侧气缸盖上的槽口成15°角的范围内　5—凸轮轴的允许转动范围：通过曲轴上的键，在与左右两侧的顶部成90°角的范围内

3）把正时链条安装在凸轮轴的正时链轮上，过程如下：

① 对配置有V. V. T.系统的发动机而言：通过把正时链条的深蓝色板1以及凸轮轴正时链轮上的三角形标记2对齐，安装正时链条，如图6-4所示。

② 对没有配置有V. V. T.系统的发动机而言：通过把正时链条的深蓝色板1、进气凸轮轴正时链轮上的圆形标记以及排气凸轮轴正时链轮上的三角形标记2对齐，安装正时链条，如图6-4所示。

4）通过把正时链条的金色板以及曲轴正时链轮上的圆形标记对齐。把曲轴正时链轮装配在正时链条上。然后，把已经装有链条的曲轴正时链轮安装在曲轴上，如图6-4所示。

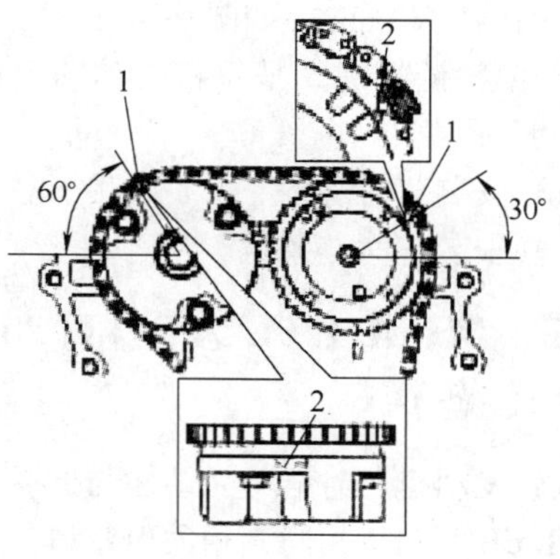

图 6-4　安装曲轴到正时链上

1—深蓝色板　2—三角形标记

5）向正时链条 No. 1 的导杆的滑动面加注发动机机油，然后，如图 6-5 所示，进行安装。把导杆的螺栓拧紧到规定的力矩。

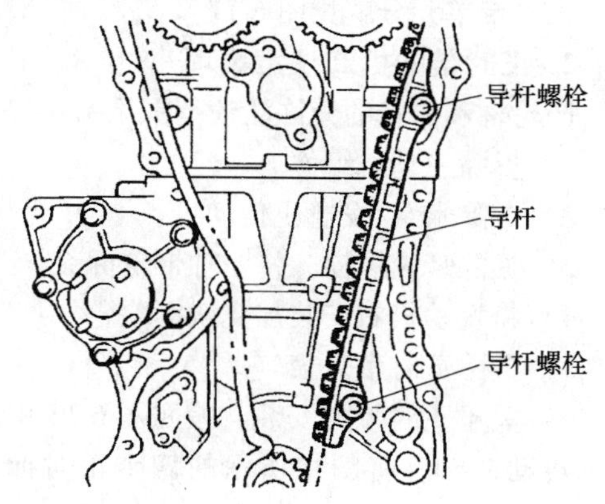

图 6-5　安装导杆

> **拧紧力矩：**
> 正时链条 No. 1 的导杆螺栓：
> 11N · m(1. 1kgf · m,8. 0lbf · ft)

6）向链条张紧器的滑动面加注发动机机油，安装链条张紧器的衬垫，如图 6-6 所示。把张紧器的螺栓拧紧到规定的力矩。

> **拧紧力矩：**
> 正时链条张紧器螺栓：
> 25N · m(2. 5kgf · m,18. 0lbf · ft)

7）检查进气和排气凸轮轴的正时链轮上

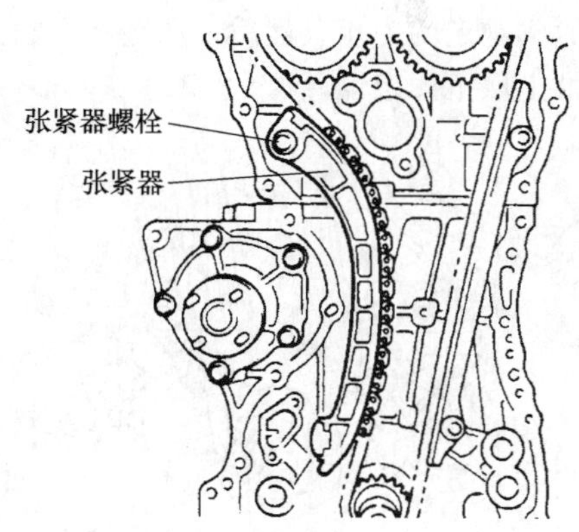

图 6-6　安装张紧器

的三角形标记 2 和/或圆形标记是否与正时链条的深蓝色板 1 配合，以及曲轴正时链轮上的配合标记是否与正时链条的金色板 3 配合，如图 6-7 所示。

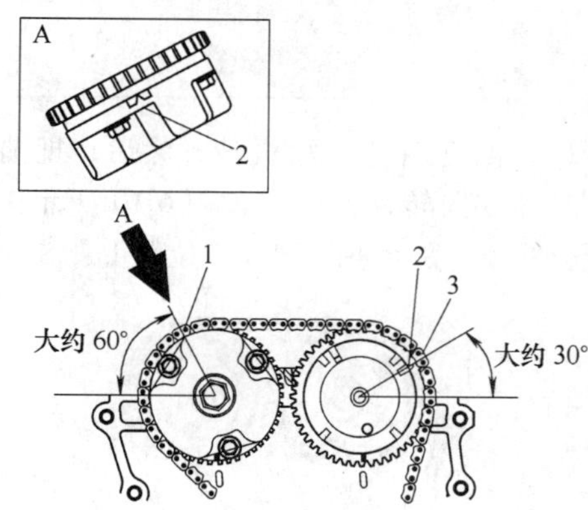

图 6-7　检查正时标志是否对正

8）朝箭头方向转动固定器 2，把柱塞 1 拧进去，安装定位环 3，用金属丝使柱塞保持就位，如图 6-8 所示。

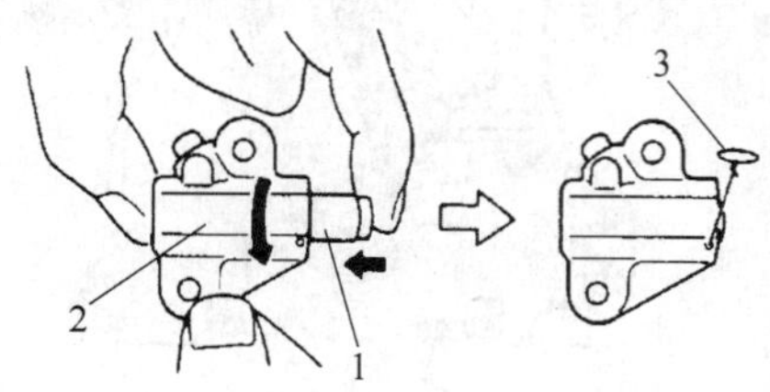

图 6-8　安装定位器

1—柱塞　2—固定器　3—定位环

9）安装正时链条张紧器的调整器组件 1 以及固定器 2，如图 6-9 所示。把调整器的螺

栓拧紧到规定的力矩，然后，从链条张紧器调整组件上取下固定器。

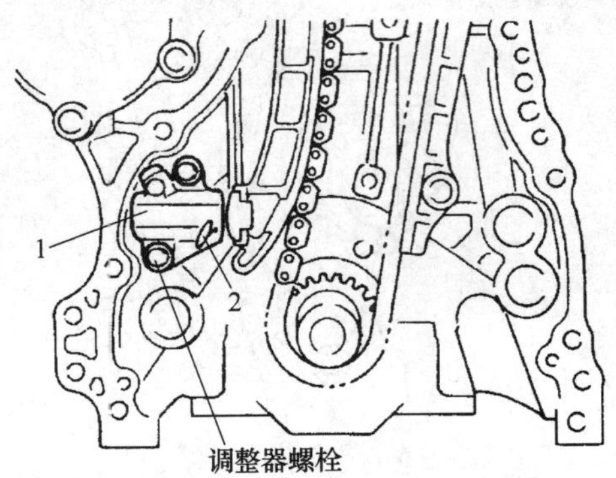

图6-9 安装张紧器调整器组件

1—调整器组件 2—固定器

> **拧紧力矩：**
> 正时链条张紧器调整器螺栓：
> 11N · m(1.1kgf · m,8.0lbf · ft)

10）给正时链条涂机油，然后，把曲轴朝顺时针方向转动两圈。如图6-10所示，检查配合标记1是否在下列规定位置上：

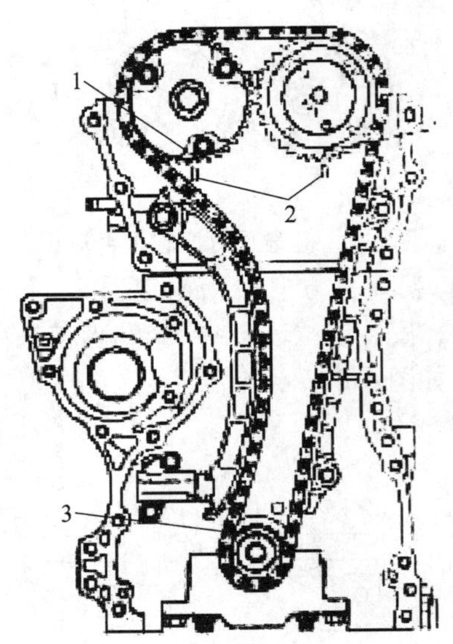

图6-10 检查正时链的正时标记

1—正时链配合标记 2—气缸盖上的槽口 3—曲轴链轮键

① 进气和排气凸轮轴正时链轮是否与气缸盖上的槽口2配合，如图6-10所示。

② 曲轴链轮键3是否在曲轴的上部，如图6-10所示。

11）安装正时链条。

12）安装正时链条盖。

三、M15A 1.5L发动机（2005款起雨燕装备）

该款发动机正时链单元结构与拆装步骤和M16A 1.6L发动机相同，相关内容请参考本节“二”小节。

四、G13B 1.3L发动机（2005款起雨燕装备）

1. 正时带单元分解

正时带单元分解见图6-11。

2. 正时带的拆卸注意事项

凸轮轴和曲轴的允许活动范围见图6-12。

1）拆除发动机组件。

2）拆除水泵/发电机传动带。

3）拆除带轮螺栓，将曲轴带轮拆除。

4）将发动机右安装加支架拆除。

5）拆除正时带外盖。

6）关于正时带的安装，按照图6-13中所示来转动曲轴，将图中所示的四个正时标记对齐。

7）拆除正时带张紧轮1、张紧轮板2、张紧轮弹簧3和正时带4，如图6-14所示。

3. 正时带的安装

1）安装张紧轮板3到张紧轮4上。将张紧轮板的突耳1插入到张紧轮的孔2中，如图6-15所示。

2）安装张紧轮2和张紧轮板3：目前还不能用扳手来紧固张紧轮螺栓1和柱头螺栓。只需用手紧固即可。检查张紧轮板沿箭头方向移动时，张紧轮是否会沿着相同的方向移动。如果没有发生相关移动，则应再次将张紧轮和张紧轮板拆除，并将突耳重新插入到张紧轮孔中，如图6-16所示。

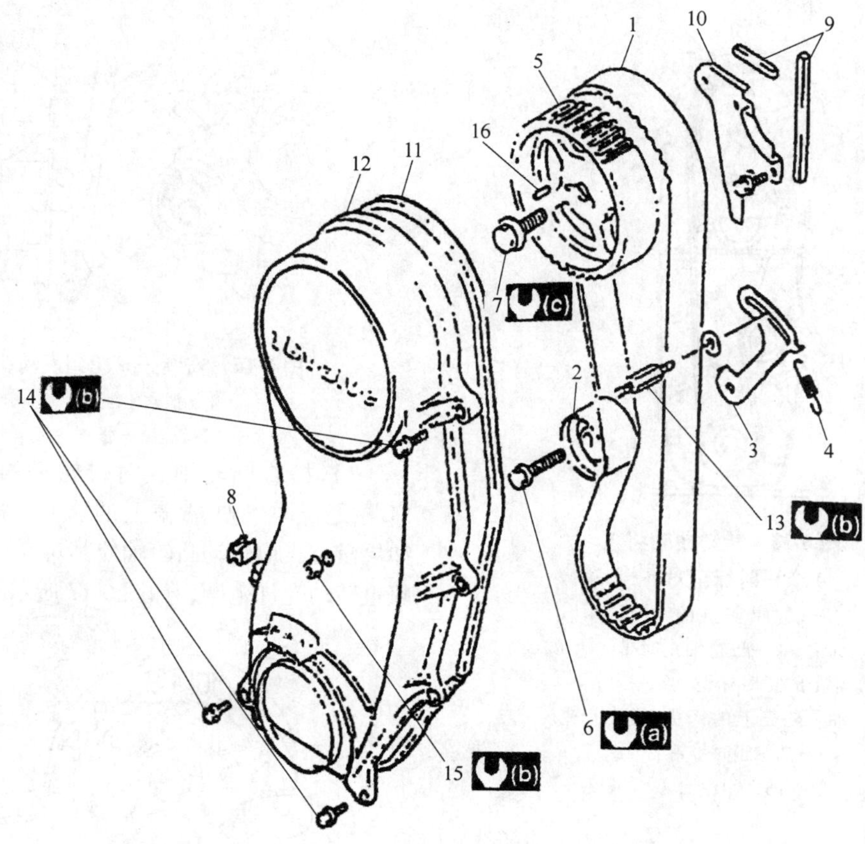

图 6-11 G13B 发动机正时带单元分解

1—正时带 2—张紧轮 3—张紧板 4—张紧轮弹簧 5—凸轮轴正时带轮 6—张紧轮螺栓 7—凸轮轴正时带轮螺栓 8—密封件 9—内罩密封 10—内罩 11—外罩密封 12—外罩 13—张紧轮双头螺栓 14—正时带外罩螺栓 15—正时带外罩螺母 16—锁键 (a)：27N · m(2. 7kgf. m,19. 5lbf · ft) (b)：11N · m(1. 1kgf. m,8. 0lbf · ft) (c)：60N · m(6. 0kgf · m,43. 5lbf · ft)

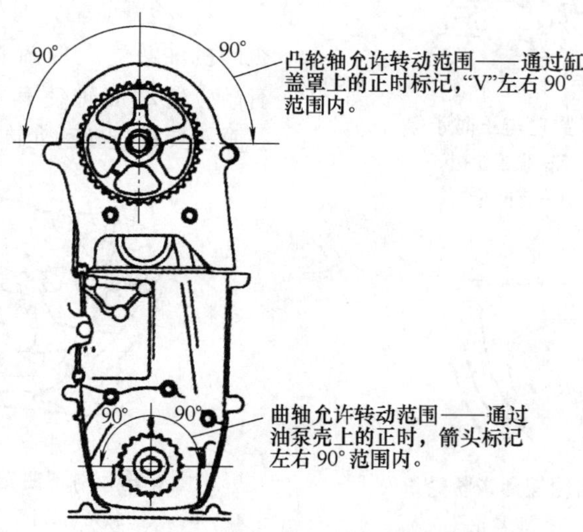

图 6-12 凸轮轴与曲轴允许活动范围

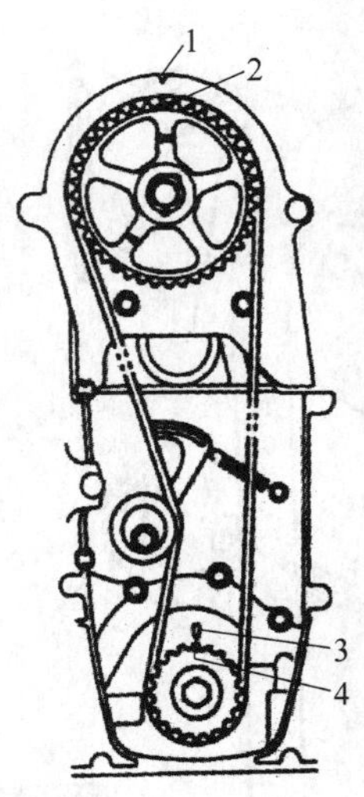

图6-13 转动曲轴将4个正时标记对齐

1—气缸罩盖上的"V"标记 2—凸轮轴正时带轮上的正时标记 3—机油泵外壳上的箭头标识 4—曲轴正时带轮上的钢印标记

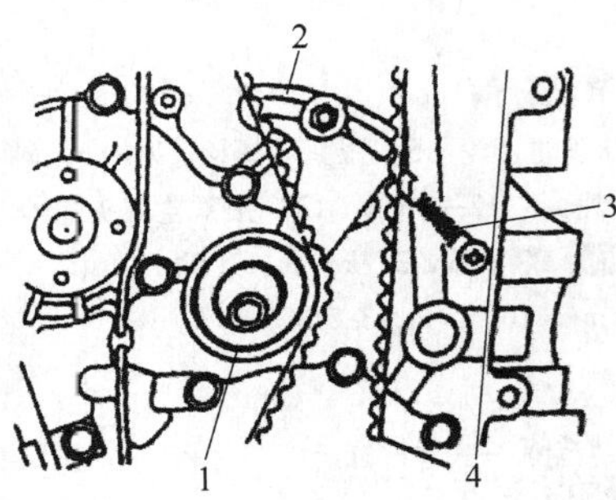

图6-14 拆除正时张紧轮与正时带等

1—正时带张紧轮 2—张紧轮板 3—张紧轮弹簧 4—正时带

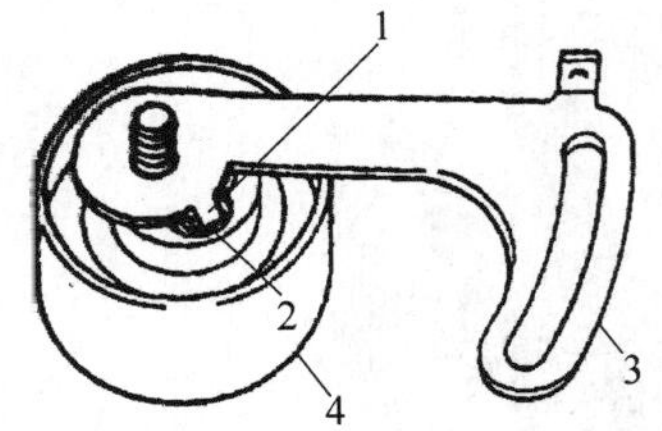

图6-15 安装张紧轮板到张紧轮

1—张紧轮板突耳 2—张紧轮孔 3—张紧轮板 4—张紧轮

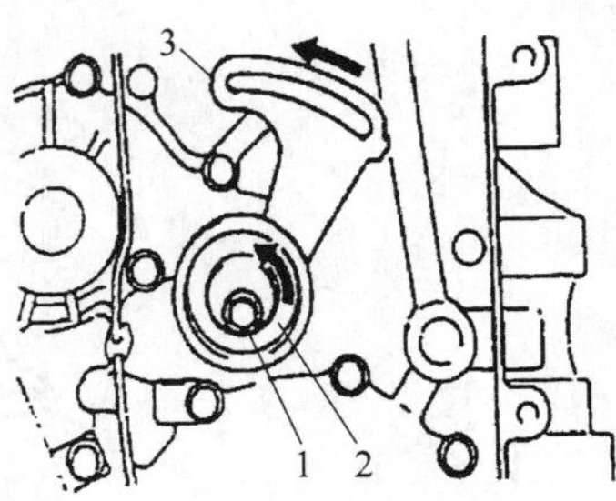

图6-16 安装张紧轮到发动机

1—张紧轮螺栓 2—张紧轮 3—张紧轮板

3）检查凸轮轴正时带轮上的正时标记"E"是否同气缸端盖上的"V"标记对齐。如果没有，应转动凸轮轴使其对齐。注意不要超过转动允许范围，如图6-17所示。

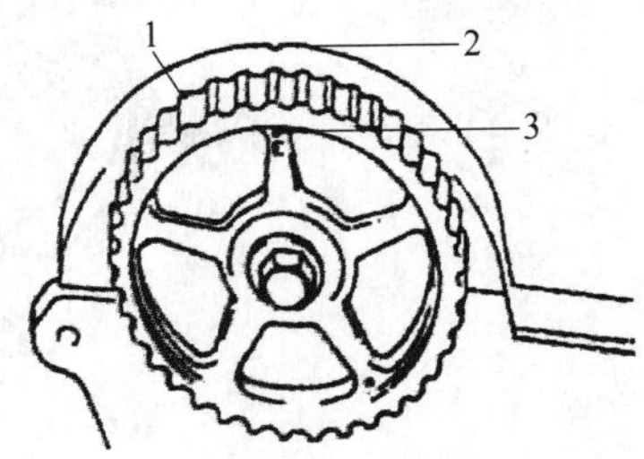

图6-17 对齐凸轮轴与盖上标记

1—凸轮轴带轮 2—气缸盖上正时标记 3—带轮上正时标记

4）检查曲轴正时带轮上的正时标记2是否同机油泵壳上的箭头标记1对齐。如果没有，应转动曲轴使其对齐，如图6-18所示。注意不要超过转动允许范围。

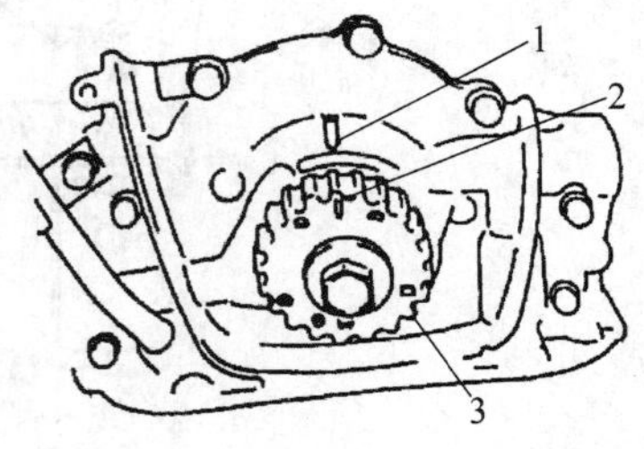

图6-18 对齐曲轴与机油泵壳上标记

1—机油泵壳上标记 2—曲轴正时带轮标记 3—曲轴正时带轮

5）安装正时带1和张紧轮弹簧2，如图6-19所示。

① 在两组标记对齐的情况下，在两个带轮上安装正时带1，用手向上推张紧轮板的情况下使正时带的传动端没有松弛现象。

② 如图6-19所示，安装张紧轮弹簧2弹簧减振器3，并用手紧固张紧轮柱头螺栓4。

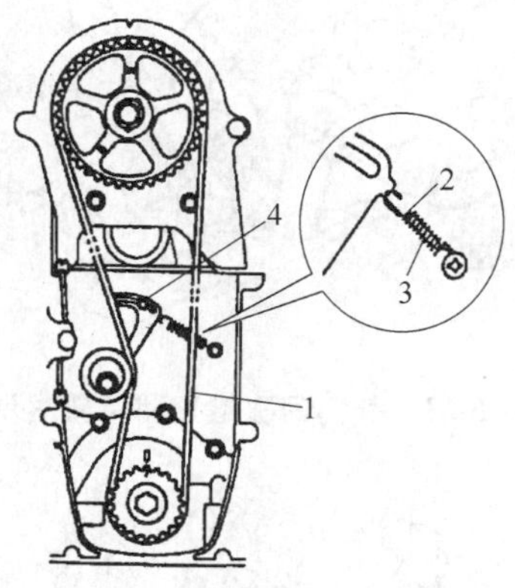

图6-19　安装正时带

1—正时带　2—张紧轮弹簧

3—弹簧减振器　4—张紧轮柱头螺栓

6）在安装后顺时针转动曲轴两次。确保正时带1没有松弛现象后，先紧固张紧轮柱头螺栓2再将张紧轮螺栓3紧固到规定的力矩值，见图6-20。

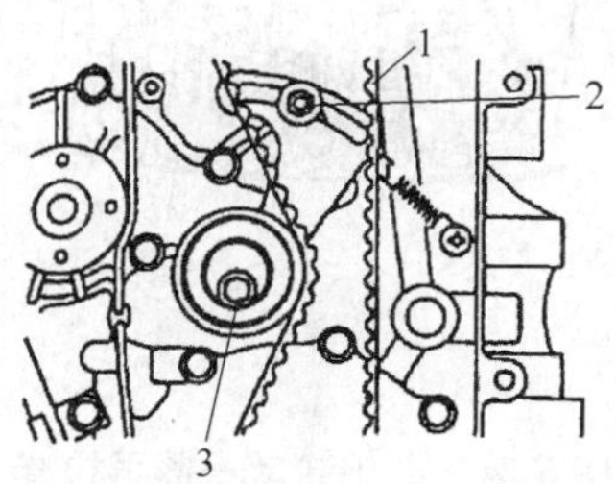

图6-20　紧固正时带张紧轮

1—正时带　2—张紧轮柱头螺栓　3—张紧轮螺栓

拧紧力矩：

张紧轮柱头螺栓：11N · m(1.1kgf · m,8.0lbf · ft)

张紧轮螺栓：27N · m(2.7kgf · m,19.5lbf · ft)

7）将橡胶密封安装正时带外盖上。

拧紧力矩：

正时带外盖螺栓和螺母：

11N · m(1.1kgf · m,8.0lbf · ft)

8）安装曲轴带轮。将带轮上的孔与在曲轴正时齿轮上的销配合安装，然后将带轮螺栓紧固到规定的力矩值。

拧紧力矩：

正时带轮螺栓：

16N · m(1.6kgf · m,11.5lbf · ft)

9）安装水泵。

10）安装水泵/发电机传动带。

11）安装发动机组件。

4. 发动机气门间隙的调整

1）断开蓄电池负极的电缆。

2）拆下气缸盖。

3）用17mm的扳手，以顺时针方向转动曲轴上的带轮1，直至带轮的“V”符号(白漆)同正时带罩上校准的“0”(零)对齐，如图6-21所示。

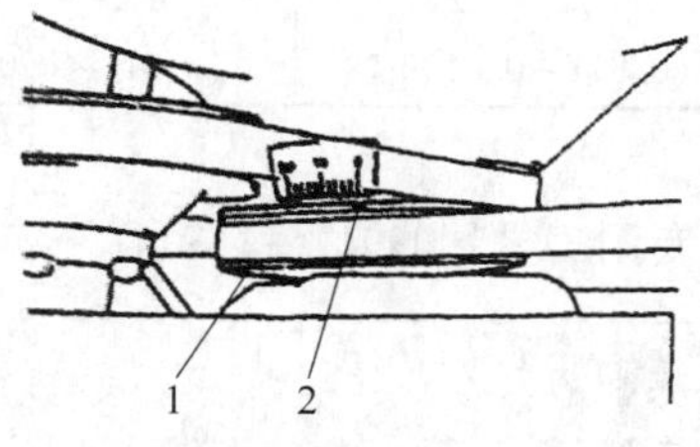

图6-21　调整曲轴带轮

1—曲轴带轮　2—正时校准“0”位标记

4）检查No.1气缸的摇臂是否同相对的凸轮轴凸轮脱开。如果是，则可以检查和调整图6-22中的①、②、⑤和⑦气门间隙。如果No.4气缸的摇臂同相对的凸轮轴凸轮脱开，则可以检查和调整图6-22中的③、④、⑥和⑧气门间隙。

5）如果气门间隙超出规定，应在松开锁紧螺母后使用调节螺钉将其调整到规定值。

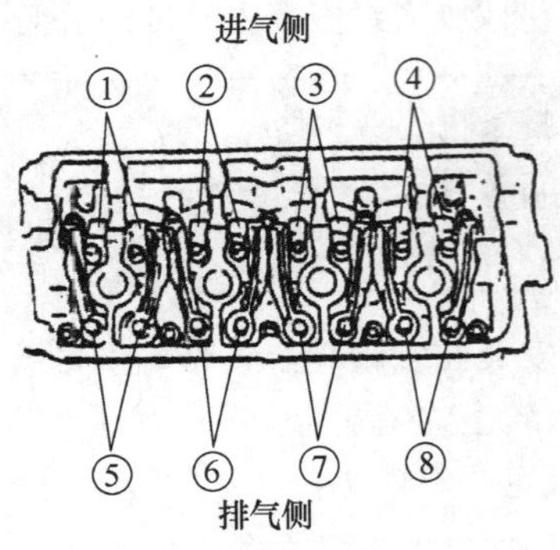

图 6-22 检查图中的气门间隙

> **注意：**
> 在检查气门间隙时，应将塞尺插入到凸轮轴和摇臂的凸轮面。

6）完成调整后，应在保持调节螺钉不动的情况下将锁紧螺母调整到规定的力矩值，同时应保证气门间隙在规范范围内，见表6-1。

表 6-1 气门塞尺范

	冷态时冷却液温度为 15~25℃(59~77°F)	热态时冷却液温度为 60~68℃(140~154°F)
进气	0.13~0.17mm (0.005~0.006in)	0.17~0.21mm (0.007~0.008in)
排气	0.23~0.27 (0.011~0.013in)	0.28~0.32 (0.011~0.012in)

* 专用工具：09917－18211

> **紧固力矩：**
> 摇臂调节螺钉锁紧螺母：
> 12N·m(1.2kgf·m,9.0lbf·ft)，见图6-23。

7）完成了气门①、②、⑤和⑦或③、④、⑥、⑧的气门间隙调整后，将曲轴转动一整圈，再检查气门③、④、⑥和⑧或①、②、⑤和⑦的情况。如果有必要，应进行调整，如图6-24所示。

8）完成了所有气门的检查和调整后，用相反的顺序进行安装。

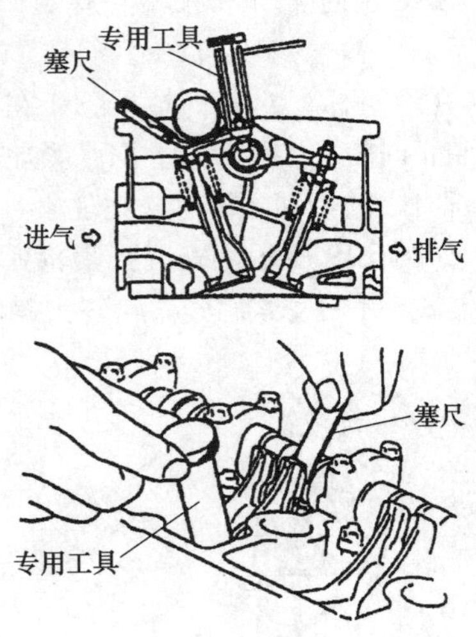

图 6-23 气门间隙检查和调整图示

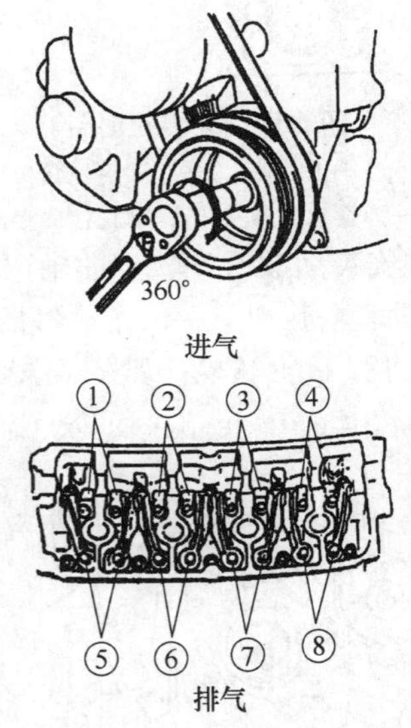

图 6-24 曲轴转动一圈再检查

五、K10B 1.0L 发动机（2010—2012款新奥拓装备）

1. 正时链拆卸

正时链的拆卸与正时标记对正见图6-25。

2. 正时链条拆卸后的注意事项

正时链条拆卸后的注意事项见图6-26。

3. 正时链条的安装

正时链条的安装见图6-27、图6-28。

图 6-25　正时链的拆卸与正时标记对正

1—进排气正时链轮标记　2—气缸盖上槽口　3—曲轴链轮键　4—缸体上切口标记
5—张紧器调节组件　6—正时链张紧器　7—正时链导杆　8—正时链条　9—曲轴正时链轮

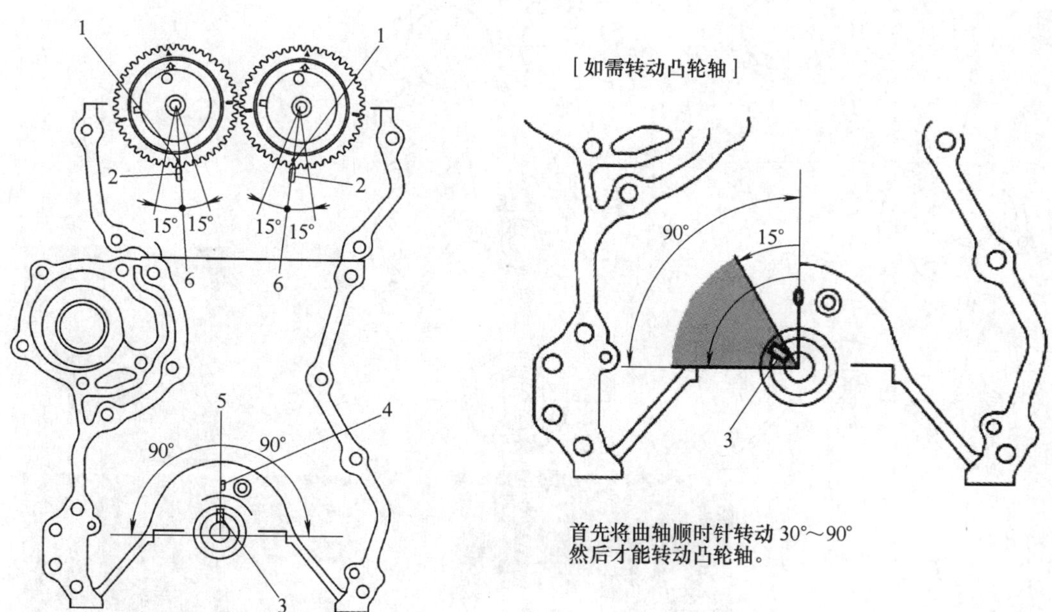

图 6-26　正时链条拆卸后的注意事项

1—凸轮轴链轮上的标记　2—缸盖上的凸起标记　3—曲轴带轮　4—缸体上的凹槽标记
5—允许的曲轴转角：90°　6—允许的凸轮轴转角：15°

图6-27　正时链条安装正时对准

1—凸轮轴链轮点标记　2—缸盖凸起　3—曲轴键槽　4—缸体凹槽

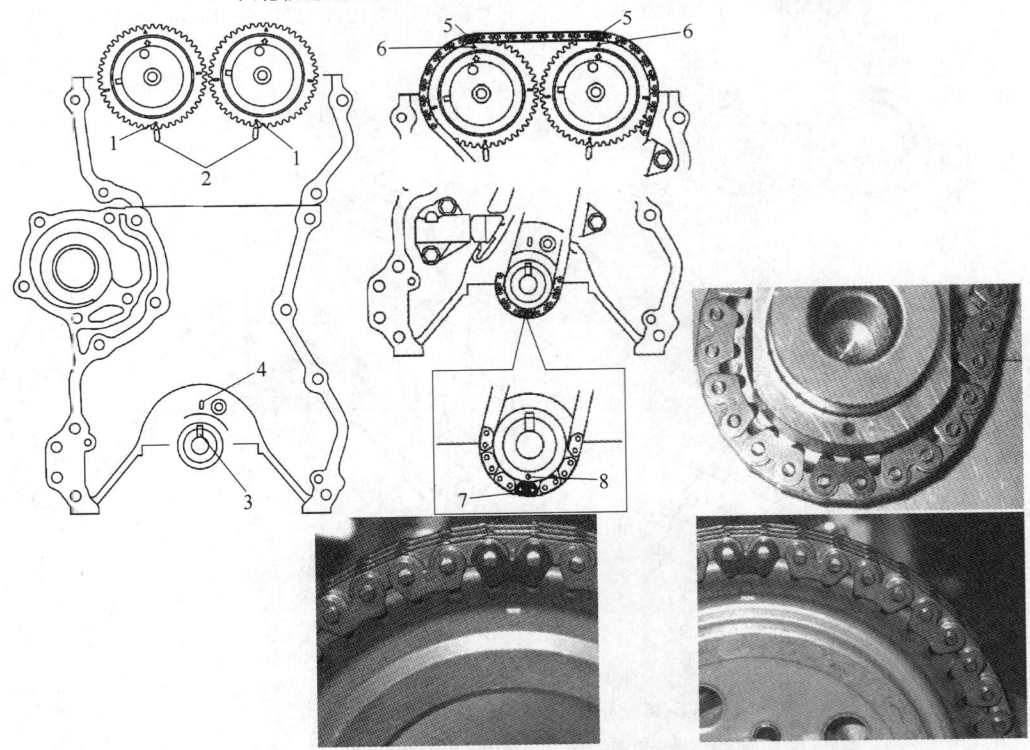

图6-28　正时链条安装正时标记位置

1—凸轮轴链轮点标记　2—缸盖凸起　3—曲轴键槽　4—缸体凹槽
5—深蓝色链板　6—凸轮轴链轮三角标记　7—黄色链板　8—曲轴链轮点标记

第二节　昌河铃木汽车发动机正时维修与气门间隙调整

一、F10A 1. 0L 发动机(2003 款北斗星装备)

1. 正时带单元分解

正时带单元分解见图 6-29。

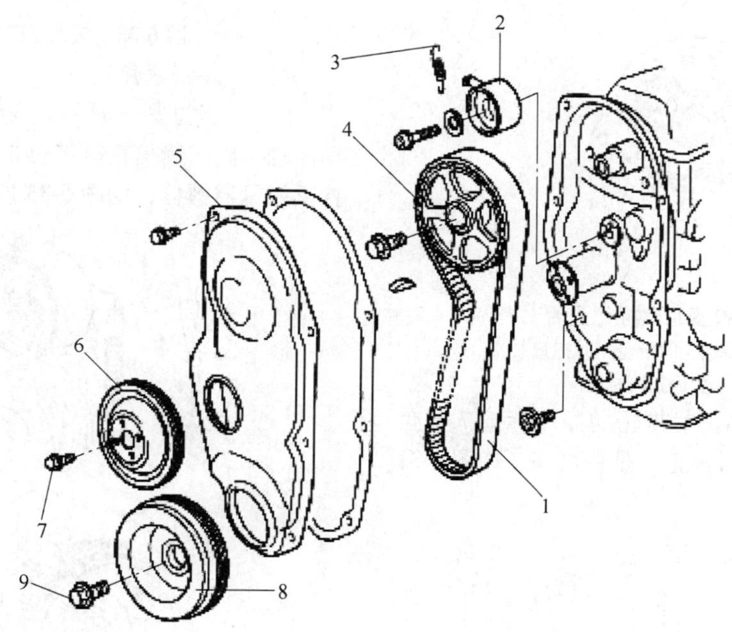

图 6-29　正时带单元分解

1—正时带　2—正时带张紧器　3—张紧器弹簧　4—凸轮轴正时带轮
5—外盖　6—水泵带轮　7—水泵带轮螺栓　8—曲轴带轮　9—曲轴带轮螺栓

2. 正时带的拆卸方法

1）断开蓄电池负极电缆。

2）拆下空气滤清器出气软管和空气滤清器总成。

3）拆下缸盖处的缸盖罩。

4）转动曲轴直到 1 号缸活塞到达压缩行程的上止点。

注意：

此时，飞轮上的 T 字标记与正时配合标记相配，1 号缸进、排气门为自由状态。

5）拆下水泵传动带和空调传动带及其带轮。松开发电机枢轴螺栓和其调整螺栓并卸下水泵传动带。

6）升起车辆。

7）压入中心销，拆下锁钉，卸下右侧的挡泥板延伸挡板。

8）经卸下带轮螺栓取下曲轴带轮。锁住曲轴，卸下曲轴带轮螺栓。

9）放下车辆。

10）松开正时带外盖处的发动机线束卡箍。

11）拆下正时带外盖。

12）拆下水泵螺栓处的正时带张紧器弹簧。

13）拆下正时带张紧器和正时带。

3. 正时带的安装步骤

1）按拆卸相反步骤安装，并在安装正时带之前注意下面几点：

① 检查凸轮轴正时带轮的正时标记 4 与盖内的正时带标记 5 是否对齐，如图 6-30 所示。

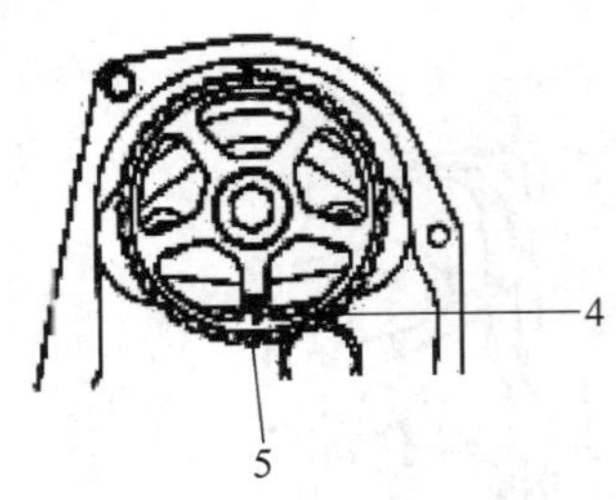

图 6-30　检查正时标记是否对齐

4—凸轮轴正时带轮正时标记

5—盖内正时标记

② 检查曲轴正时带轮的冲印标记 7 与盖内的正时带上箭头标记 6 是否对齐，如图 6-31 所示。

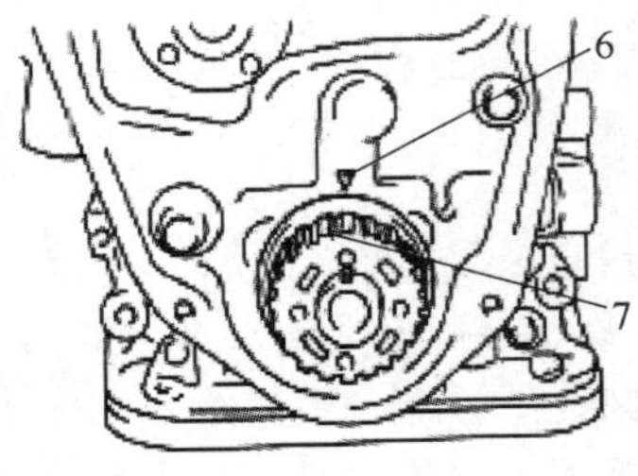

图 6-31　检查曲轴正时标记是否对齐

6—正时带盖内安装标记

7—曲轴正时带轮正时标记

注意：

• 安装正时带时，正时带上的箭头标记(⇨)表示正时带转动方向。

• 在安装正时带时，1 缸活塞应在压缩行程的上止点位置。

2）安装张紧器。不要用扳手拧紧张紧器螺栓。只能用手拧紧。

3）按图 6-32 所示方法安装正时带，正时带驱动侧无任何松弛现象。

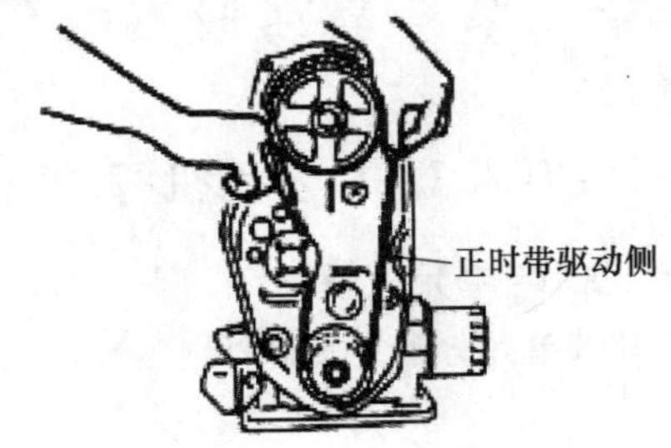

图 6-32　安装正时带

4）安装张紧弹簧。

5）为了拉紧正时带，安装后，顺时针转动曲轴两圈。确信正时带拉紧后，以规定力矩拧紧张紧器螺栓，如图 6-33 所示。

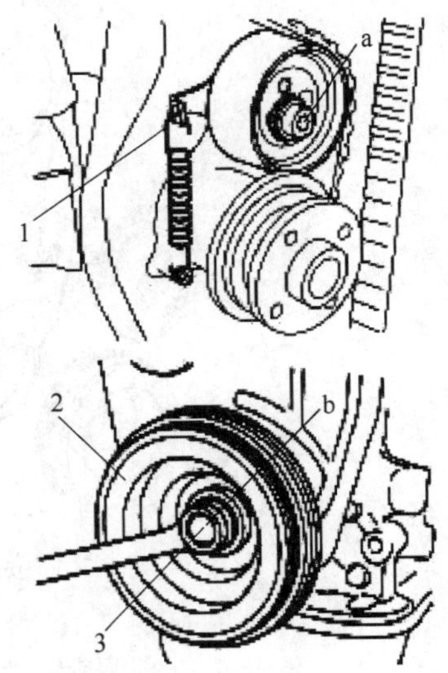

图 6-33　安装张紧轮

1—张紧弹簧　2—曲轴带轮　3—曲轴带轮螺栓

6）再次确保两组标记分别对好。

拧紧力矩：

图 6-33 中(a)：25N · m(2.5kgf · m, 18.0lbf · ft)

7）安装曲轴带轮。按规定力矩拧紧曲轴带轮螺栓。

拧紧力矩：

图 6-33 中(b)：54N · m(5.4kgf · m, 39.0lbf · ft)

4. 气门间隙的调整

1）断开蓄电池负极电缆。

2）卸下变速器处的正时孔塞。

3）拆下气缸盖罩。

4）顺时针转动曲轴使飞轮的正时标记“T”至正时配合标记处，此时1缸活塞在压缩行程的上止点。

5）拆卸分电器盖，检查转子是否在图6-34所示位置（如1缸活塞在压缩行程的上止点）。如果转子不在其位，再次顺时针转动曲轴（360°）。

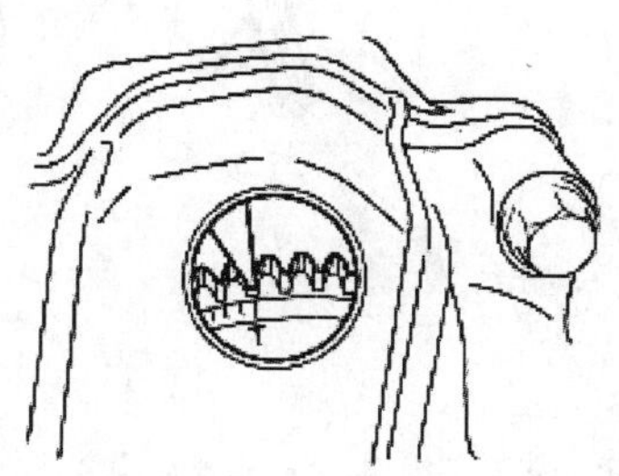

图6-34　检查1号气缸是否在压缩行程上止点位置

6）检查气门①②⑤和⑦的气门间隙，如图6-35所示。

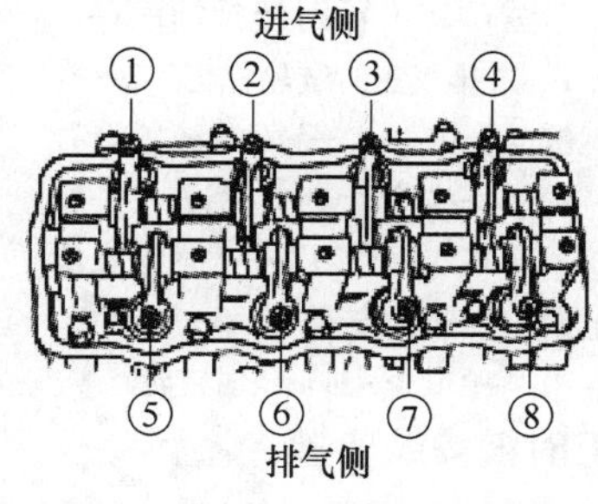

图6-35　气门间隙检查点

7）检查和调整气门①②⑤和⑦的气门间隙后，准确转动曲轴一周（360°），同样检查③④⑥和⑧，并根据需要调整，如图6-35所示。

8）如果间隙超过规定值，松开锁紧螺母后，转动调整螺钉使间隙符合要求。调整之后，用旋具固定调整螺母，拧紧锁紧螺母至规定力矩，并确保气门间隙在规定范围内，见表6-2。

表6-2　气门间隙规范

		冷态	热态
气门间隙规定值	进气和排气	0.15mm (0.13～0.17mm)	0.25mm (0.23～0.28mm)
锁紧螺母拧紧力矩	N·m	kgf·m	lbf·ft
	17	1.7	12.2

9）检查和调整所有气门之后，按拆卸相反步骤安装。

二、K14B1.4L发动机（2004款起浪迪装备）

1. 正时链单元分解

正时链单元分解见图6-36。

2. 正时链拆卸方法

注意：

• 拆卸正时链条后，切勿以高于图6-37所示的角度（图6-37中ⓐ、ⓑ）转动曲轴和凸轮轴。

• 如果超范围转动，那么活塞和气门以及气门之间会产生干涉，并且与活塞和气门相关的零件也会损坏。

1）拆卸正时链盖。

2）通过转动曲轴分别将进气和排气凸轮轴正时链轮标记1与气缸盖上槽口2对准，并将曲轴链轮键3与气缸体上切口标记对准，如图6-38所示。

3）拆卸正时链条张紧器调节器5，如图6-38所示。

4）拆卸正时链条张紧器6，如图6-38所示。

5）拆卸正时链条导杆7，如图6-38所示。

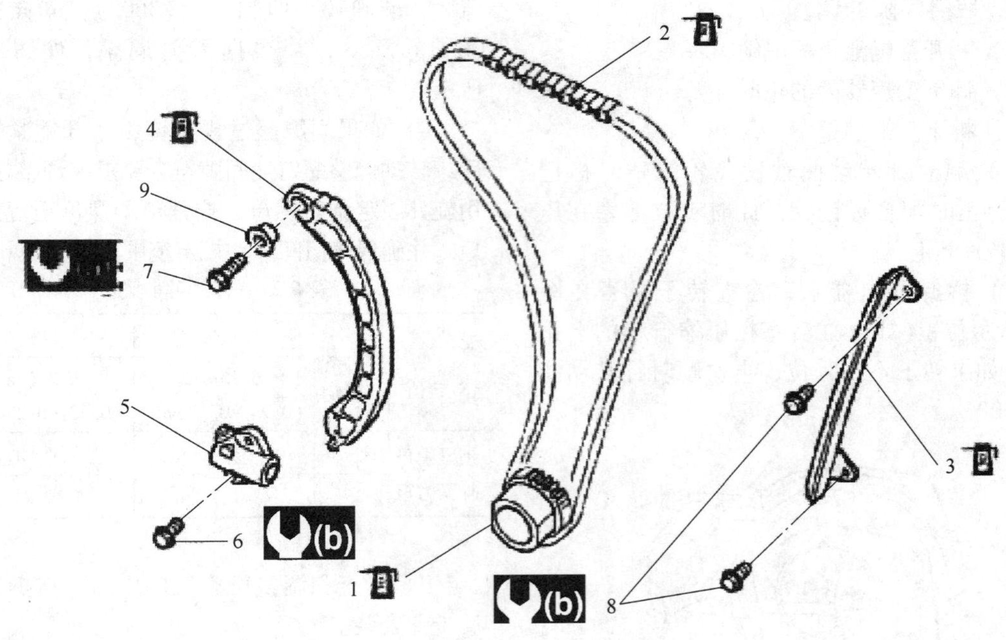

图 6-36 正时链单元分解

1—曲轴正时链轮 2—正时链条组件 3—正时链条导板 4—正时链条张紧器组件 5—张紧器调节器总成 6—张紧器调节器螺栓对滑动面施加发动机机油 7—张紧器螺栓 8—正时链条导板螺栓 9—正时链条张紧器隔套

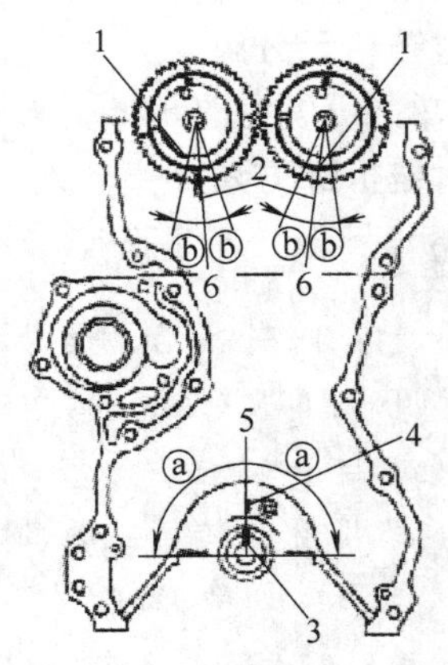

图 6-37 凸轮轴与曲轴允许活动范围

1—凸轮轴上的配合标记 2—气缸盖上的缺口 3—键 4—气缸体上的缺口 ⓐ—90° 5—曲轴允许的转动范围。通过曲轴上的键，在从顶部到左右两侧90°的范围内转动。 ⓑ—15° 6—凸轮轴（进气和排气）允许的转动范围。通过凸轮轴正时链轮上的标记，从气缸盖上的缺口到左右两侧15°的范围内转动。

6）拆卸带曲轴正时链轮9的正时链条8。以上拆卸涉及部件如图6-38所示。

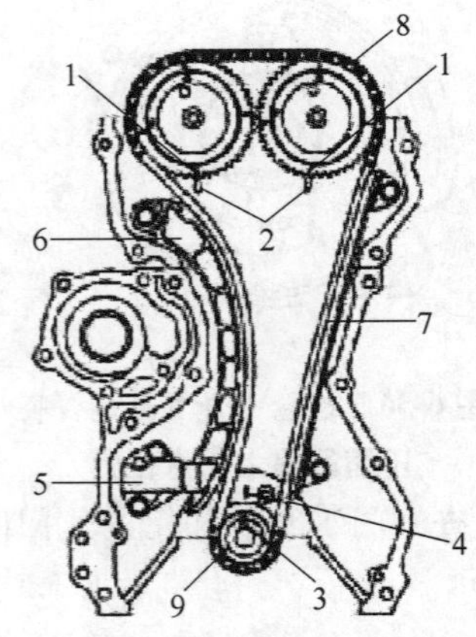

图 6-38 正时链拆卸顺序

1—进排气正时链轮标记 2—气缸盖上槽口 3—曲轴链轮设置键 4—缸体上切口标记 5—张紧器调节组件 6—正时链张紧器 7—正时链导杆 8—正时链条 9—曲轴正时链轮

3. 正时链安装步骤

1）如图6-39所示，检查进气和排气凸轮轴正时链条上的配合标记1是否与气缸盖上的缺口标记2匹配。

2）转动曲轴使曲轴链轮设置键3与气缸体上的缺口标记4对准，如图6-39所示。

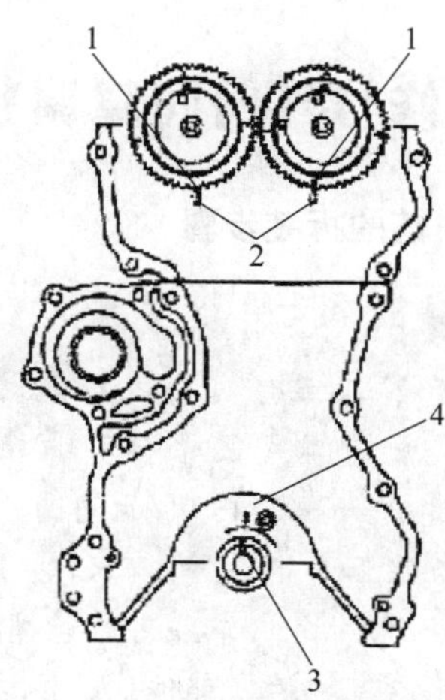

图6-39　正时链对齐标志

1—凸轮轴正时链轮配合标记　2—气缸盖上缺口标记　3—曲轴链轮设置键　4—气缸体上缺口标记

3）如图6-40所示，通过对准正时链条的深蓝色板1和凸轮轴正时链轮的三角形标记2来安装正时链条。

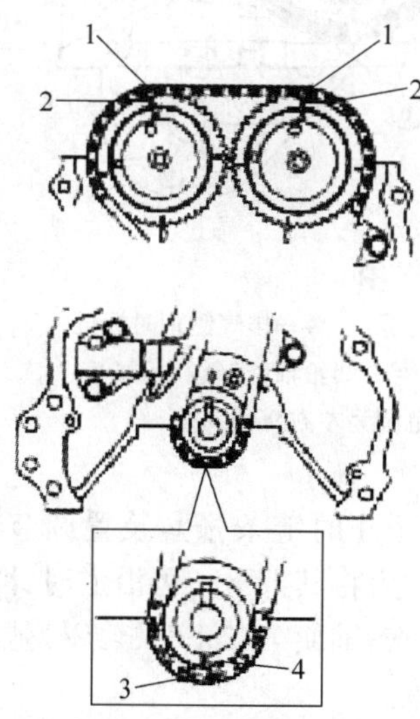

图6-40　正时标记对准

1—正时链条深蓝色板　2—正时链轮上三角形标记　3—正时链条上镀金层　4—曲轴正时链轮圆形标记

4）通过将正时链条的镀金层3与曲轴正时链轮上的圆形标记4对准来将曲轴正时链轮安装到正时链条上。然后将装备有链条的曲轴正时链轮安装到曲轴上，如图6-40所示。

5）将发动机机油涂抹到正时链条导向器的滑动表面并进行安装。

6）将发动机机油涂抹到链条张紧器的滑动表面上，并安装链条张紧器和隔圈。

7）检查进气和排气凸轮轴正时链轮上的三角形标记2是否与正时链条上的深蓝色标记相匹配，并且曲轴正时链轮上的配合标记3与正时链条上的标记4相匹配，如图6-40所示。

8）按照箭头方向转动固定器来拧入柱塞并安装定位环，将柱塞固定到位，如图6-41所示。

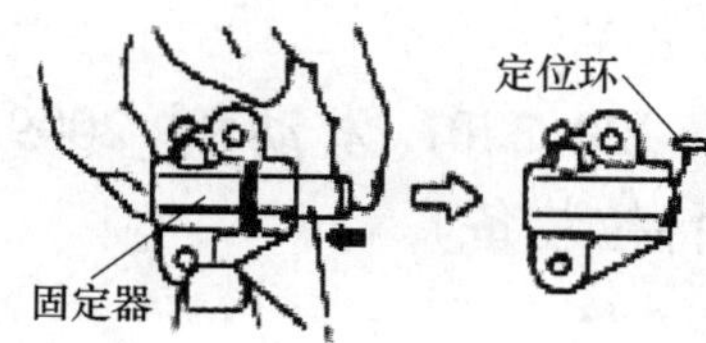

图6-41　调整张紧器

9）使用固定器2安装正时链条调节器1。拧紧调节器螺栓，然后将固定器从正时链条调节器上拆除，如图6-42所示。

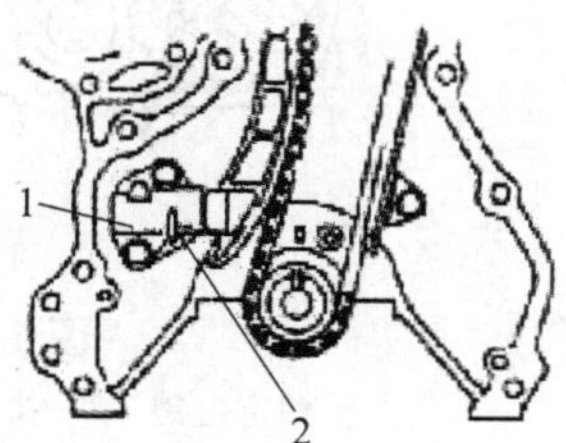

图6-42　安装正时链张紧器

1—正时链条调节器　2—固定器

10）参考图6-39所示，将发动机机油涂抹到正时链条上，然后将曲轴顺时针旋转2圈，检查进气和排气凸轮轴正时链轮上的配合标记是否与气缸盖上的缺口匹配，曲轴链轮设置键是否与气缸体上的缺口标记匹配。如果各个标记链条和配合标记没有匹配，则调节各个链轮和正时链条。

11）安装正时链盖和曲轴带轮。

12）拆卸气缸盖罩。

13）安装上下油底壳。

三、K12B 1.2L 发动机（2008—2012 款浪迪装备）

该款发动机正时链单元结构与拆装步骤与 K14B 1.4L 发动机相同，相关内容请参考本节“二”小节。

第三节　进口铃木汽车发动机正时维修与气门间隙调整

一、M13A 1.3L 发动机（2009 款起吉姆尼装备）

M13A 1.3L 发动机正时链单元结构与拆装步骤和正时校对方法与 M16A 1.6L 发动机一样，请参考本章第一节“二”小节的相关内容。

二、J20 2.0L 发动机（2009 款起超级维特拉装备）

1. 正时链的拆装步骤

> **注意：**
> 拆下第二正时链条之后，切勿使进气凸轮轴、排气凸轮轴和曲轴各自转动至超出如图 6-43 所示范围。否则的话，活塞和气门之间以及气门本身可能会受到影响，并且可能会损坏与活塞和气门有关的零部件。

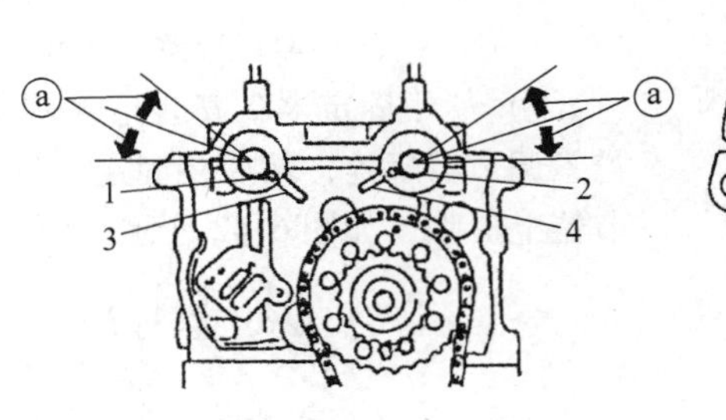

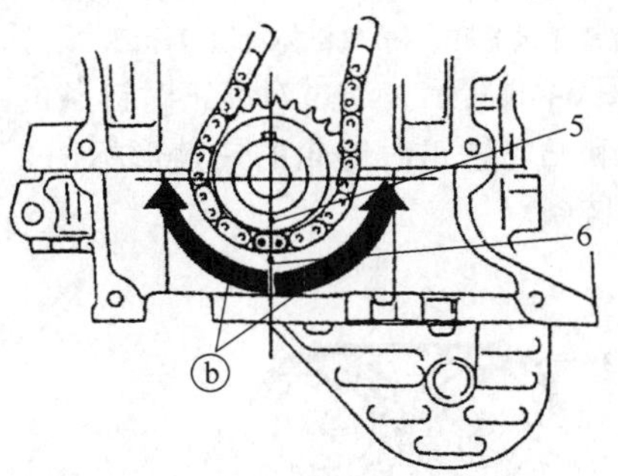

图 6-43　凸轮轴与曲轴允许转动范围

1—进气凸轮轴定位销　2—排气凸轮轴定位销　3—进气侧正时标记　4—排气侧正时标记　5—曲轴正时链轮上的配合标记　6—下曲轴箱上的正时标记　ⓐ—凸轮轴（进气和排气）允许转动范围为左右 20°以内　ⓑ—曲轴允许转动范围为左右 90°以内

1）卸下汽车发动机总成。

2）拆下油底壳。

3）拆卸气缸盖罩。

4）拆下正时链罩。

5）顺时针转动曲轴至符合下列条件（图 6-44）。

① 曲轴上的键与缸体上的标记匹配。

② 张紧轮上的箭头标记指向上方。

③ 凸轮轴链轮上的标记与气缸盖上的标记匹配。

④ 曲轴链轮上的标记与下曲轴箱上的标记匹配。

6）拆下正时链条张紧装置调节器（2 号）和密封垫。为将其拆下，可沿逆时针方向稍稍转动进气凸轮轴使第二正时链条松弛，同时向后推动垫块。

7）拆下进气和排气凸轮轴正时链轮螺栓 1。为将其拆下，可将扳手 4 装在凸轮轴中央的六角部位 3 使之固定，如图 6-45 所示。

8）拆下凸轮轴正时链轮和第二正时链条 2，如图 6-45 所示。

2. 正时带的安装步骤

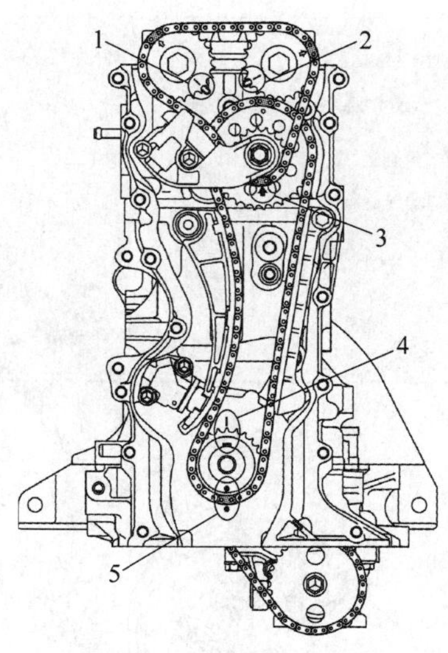

图 6-44　正时链安装相关标记

1—进气凸轮轴正时链轮的正时标记
2—排气凸轮轴正时链轮的正时标记
3—张紧轮上的箭头标记　4—曲轴上的键
5—曲轴正时链轮的正时标记

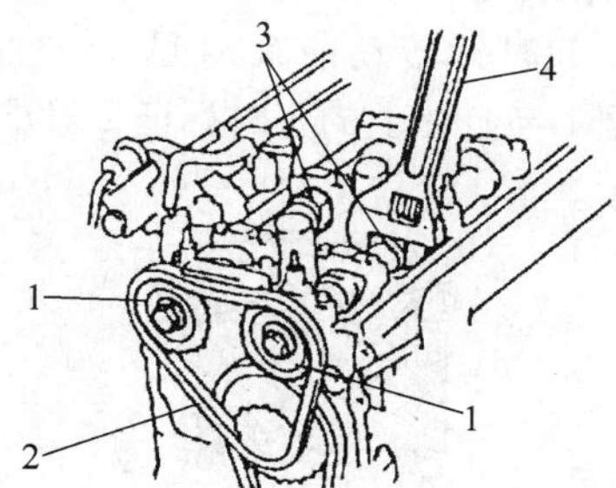

图 6-45　拆下凸轮轴链轮与第二正时链

1—进排气凸轮轴正时链轮螺栓　2—第二正时链
3—凸轮轴扳手固定部位　4—活扳手

1）确认曲轴正时链轮上的配合标记 1 与下曲轴箱上的正时标记 2 相匹配，如图 6-46 所示。

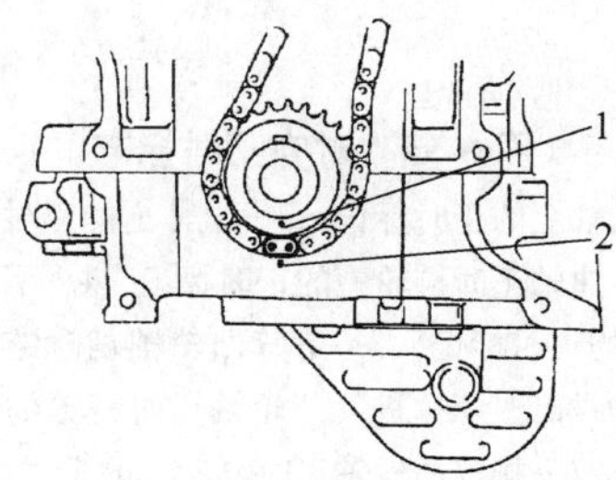

图 6-46　调整曲轴链轮配合标志

1—曲轴链轮上配合标记　2—曲轴箱上的正时标记

2）确认张紧轮上的箭头标记 1 朝上，如图 6-47 所示。

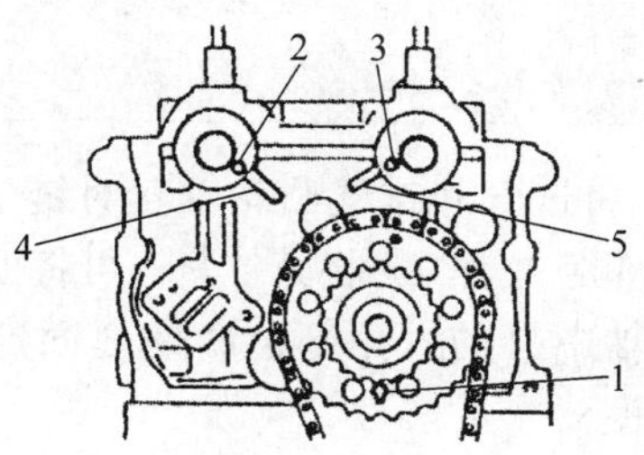

图 6-47　检查凸轮轴正时标记

1—张紧轮标记　2—进气凸轮轴定位销　3—排气凸轮轴定位销　4—进气侧正时标记　5—排气侧正时标记

3）确认进气凸轮轴的定位销 2 和排气凸轮轴的定位销 3 与气缸盖上的正时标记对准，如图 6-47 所示。

4）对准第二正时链条黄色板与张紧轮上的配合标记，安装第二正时链条，如图 6-48 所示。

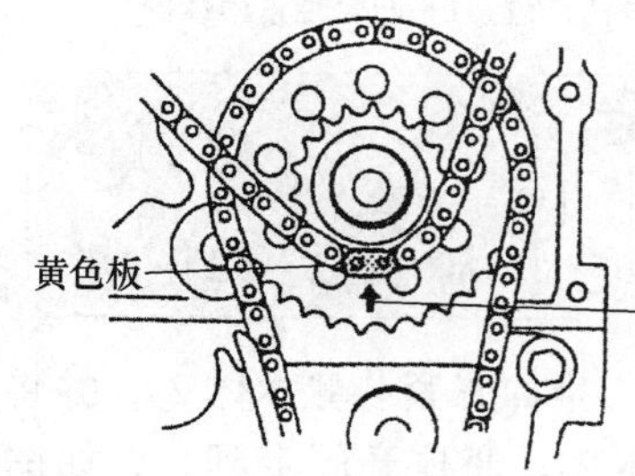

图 6-48　对齐第二正时链正时标记

5）分别对准第二正时链条上的深蓝色板、进气链轮和排气链轮上的配合标记，将链轮装到进气和排气凸轮轴上，如图 6-49 所示。

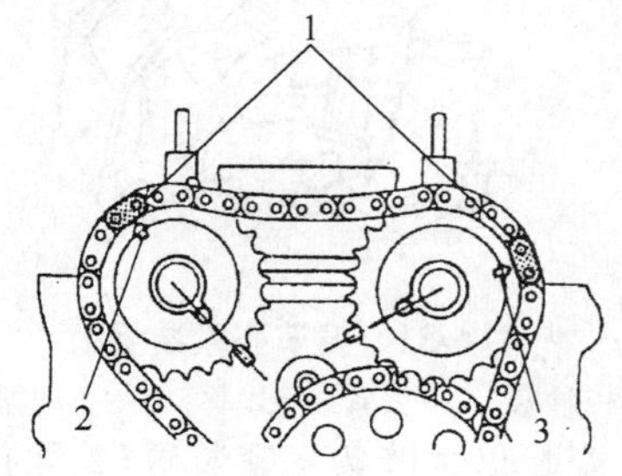

图 6-49　安装第二正时链

1—深蓝色板　2—进气凸轮轴正时链轮上的箭头标记　3—排气凸轮轴正时链轮上的箭头标记

注意：

由于两侧都有箭头标记，所以凸轮轴正时链轮没有特定的安装方向。

6）将进气和排气凸轮轴正时链轮螺栓4拧紧至规定力矩。为将其拧紧，可将扳手2装在凸轮轴中央的六角部位3使之固定，如图6-50所示。

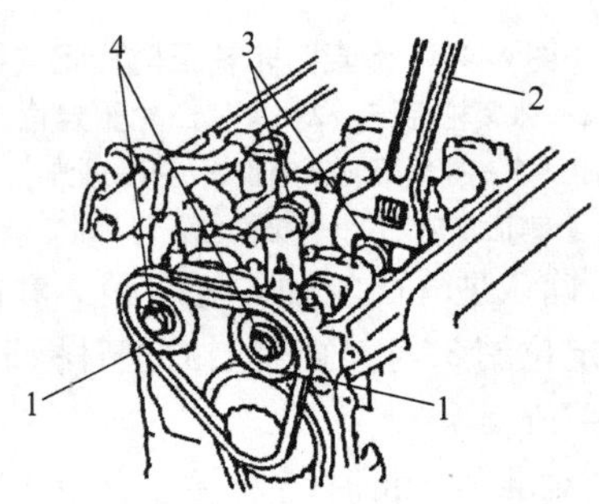

图6-50　安装正时链轮

1—正时链轮　2—扳手

3—凸轮轴六角部位　4—凸轮轴紧固螺栓

拧紧力矩：

凸轮轴正时链轮螺栓：

80 N·m(8.0 kgf·m, 57.5lbf·ft)

7）将柱塞1推回张紧装置本体2，并将止动器3插入本体，使柱塞固定到位，如图6-51所示。

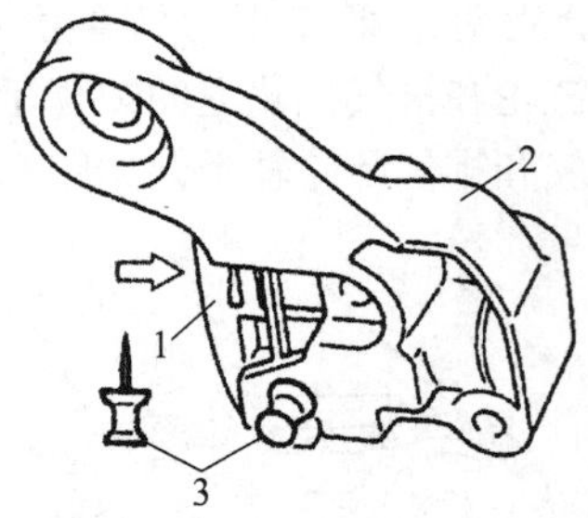

图6-51　调节张紧装置

1—柱塞　2—张紧装置本体　3—止动器

8）安装正时链条张紧装置(2号)调节器1和密封垫，如图6-52所示。

9）从正时链条张紧装置(2号)调节器中拉出止动器2，如图6-52所示。

拧紧力矩：

正时链条张紧装置(2号)调节器紧固螺栓：

11N·m(1.1kgf·m,8.0lbf·ft)

正时链条张紧装置(2号)调节器紧固螺母：

45N·m(4.5kgf·m,33.0lbf·ft)

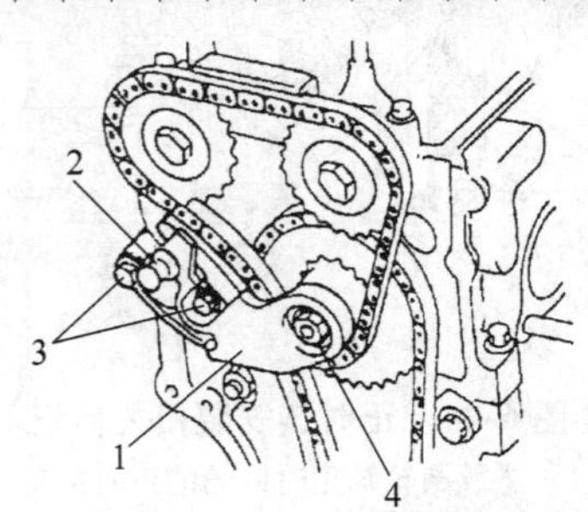

图6-52　安装张紧装置

1—正时链张紧装置(2号)调节器　2—止动器

3—张紧装置紧固螺栓　4—张紧装置紧固螺母

10）顺时针转动曲轴两圈，使曲轴上的正时标记1与缸体上的正时标记2对准，如图6-53所示。

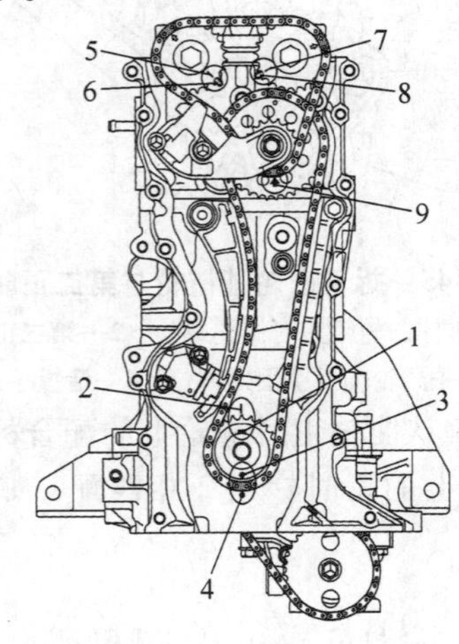

图6-53　对齐正时标志

1—曲轴上的正时标记　2—缸体上的正时标记　3—曲轴正时链轮上的正时标记　4—下曲轴箱上的正时标记　5—进气凸轮轴正时链轮上的正时标记　6—进气凸轮轴正时链轮的正时标记　7—排气凸轮轴正时链轮上的正时标记　8—排气凸轮轴正时链轮的正时标记　9—张紧轮上的箭头标记指向上方

此时，检查链轮上的正时标记(3、5 和 7)是否与气缸盖、缸体和下曲轴箱上的正时标记(4、6 和 8)匹配。同时，确认张紧轮上的箭头标记 9 朝上，如图 6-53 所示。

11）往正时链条、张紧装置、张紧装置调节器、链轮和导向装置上涂机油。

12）安装正时链条室盖。

13）安装气缸盖罩。

14）安装油底壳。

15）将发动机总成安装到汽车上。

第七章

斯巴鲁汽车发动机正时维修调整

第一节　H4DO/H4DOTC 2.0L 发动机（2003 款起森林人、力狮、翼豹装备）

1. 正时带的拆卸方法

（1）正时带

1）拆下 V 带。

2）拆下曲轴带轮。

3）拆下正时带罩。

4）拆下正时带导向装置（手动变速器车型）。

5）若正时带上的定位标记和/或箭头标记（指示旋转方向）已褪去，在拆下正时带前先按如下程序在正时带上画上新的记号：

① 使用 ST（专用工具）旋转曲轴，将曲轴正时带轮、进气凸轮轴正时带轮（左侧）、排气凸轮轴正时带轮（左侧）、进气凸轮轴正时带轮（右侧）和排气凸轮轴正时带轮（右侧）上的定位标记对准正时带罩和气缸体上的切口，如图 7-1 所示。

• 专用工具（ST）——499987500 曲轴套筒。

② 使用白色油漆，根据曲轴正时带轮和凸轮轴正时带轮位置，在正时带上画上定位标记和/或箭头标记。

6）拆下正时带惰轮。

7）拆下正时带。

（2）正时带张紧度自动调节器总成和正时带惰轮

1）拆下正时带惰轮。

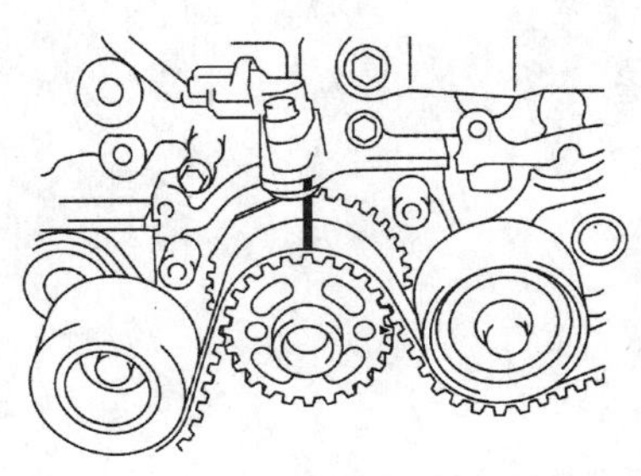

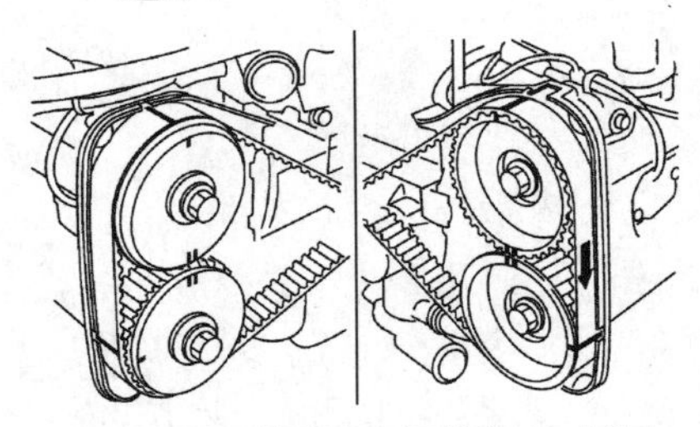

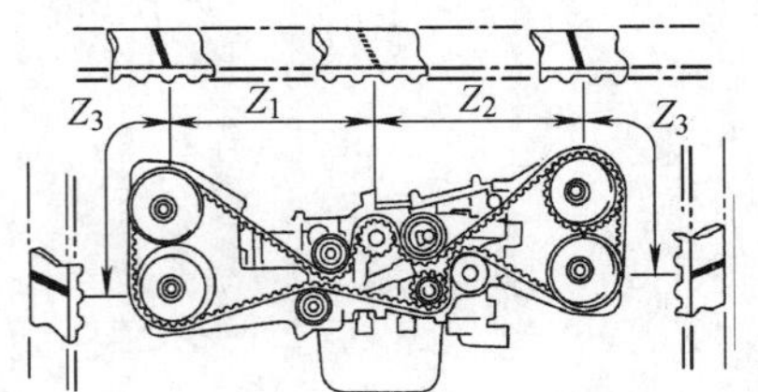

Z_1—54.5 个齿长度　Z_2—51 个齿长度

Z_3—28 个齿长度

图 7-1　做正时记号

2）拆下 2 号正时带惰轮。

3）拆下正时带张紧度自动调节器总成。

2. 安装正时带惰轮方法

1）安装正时带张紧度自动调节器总成的准备。

① 不要使用横向型台虎钳。

② 沿垂直方向推调节杆。

③ 缓慢压调节杆至少3min。

④ 压力不要超过9807N(1000kgf,2205lbf)。

⑤ 将调节杆推至工作缸端面。不要将调节杆压进工作缸。这样做会损坏工作缸。

⑥ 不要卸压直到限位销完全插入。

⑦ 将正时带张紧度自动调节器总成连接到垂直型挤压工具上。

⑧ 用大于294N(30kgf,66lbf)或更大的压力缓慢下压调节杆，直到调节杆对准工作缸上的限位销孔。

⑨ 将直径为2mm(0.08in)的限位销或直径为2mm(0.08in)六角扳手插入工作缸上的限位销孔，固定调节杆。

2）安装正时带张紧度自动调节器总成。

拧紧力矩：
39N·m(4.0kgf·m,28.9lbf·ft)

3）安装2号正时带惰轮。

拧紧力矩：
39N·m(4.0kgf·m,28.9lbf·ft)

4）安装正时带惰轮。

拧紧力矩：
39N·m(4.0kgf·m,28.9lbf·ft)

3. 安装正时带方法

1）安装正时带张紧度自动调节器总成和惰轮。

2）将曲轴正时带轮和凸轮轴正时带轮的定位。

① 对准曲轴正时带轮上的标记和气缸体上机油泵盖上的标记，如图7-2所示。

② 对准排气凸轮轴正时带轮(右侧)上的单线标记(A)和正时带罩上的切口(B)，如图7-3所示。

③ 对准进气凸轮轴正时带轮(右侧)上的单线标记(A)和正时带罩上的切口(B)。确保进气凸轮轴和排气凸轮轴正时带轮上的双线标记(C)已对准，如图7-4所示。

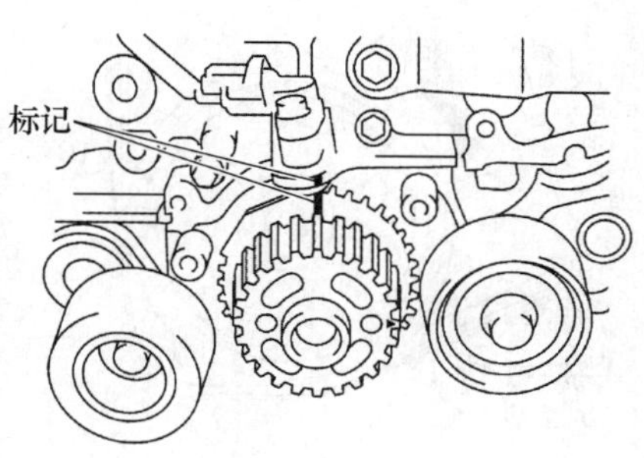

图7-2　对准曲轴带轮上标记

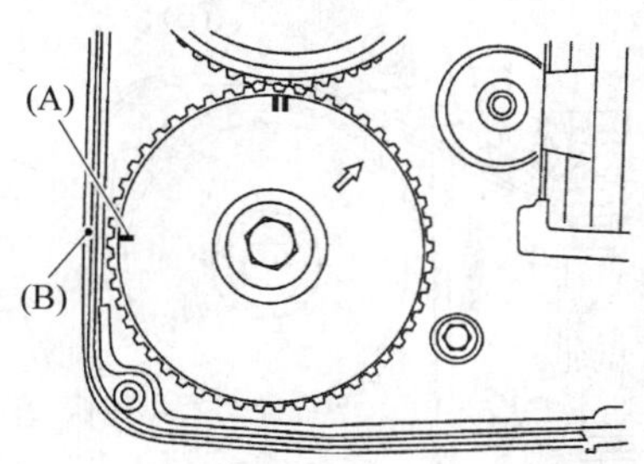

图7-3　对准右排气凸轮轴带轮标记与正时罩上切口

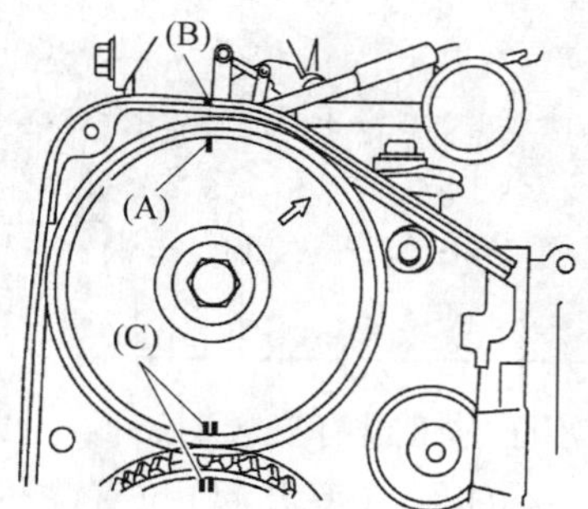

图7-4　对准右进气凸轮轴带轮上标记与正时罩上切口

④ 通过逆时针(从发动机前端看)旋转带轮，对准排气凸轮轴正时带轮(左侧)上的单线标记(A)和正时带罩上的切口(B)，如图7-5所示。

⑤ 通过顺时针(从发动机前端看)旋转带轮，对准进气凸轮轴正时带轮(左侧)上的单线标记(A)和正时带罩上的切口(B)。确保进气凸轮轴和排气凸轮轴齿形带带轮上的双线标记(C)已对准，如图7-6所示。

⑥ 确保凸轮轴和曲轴正时带轮处于合适

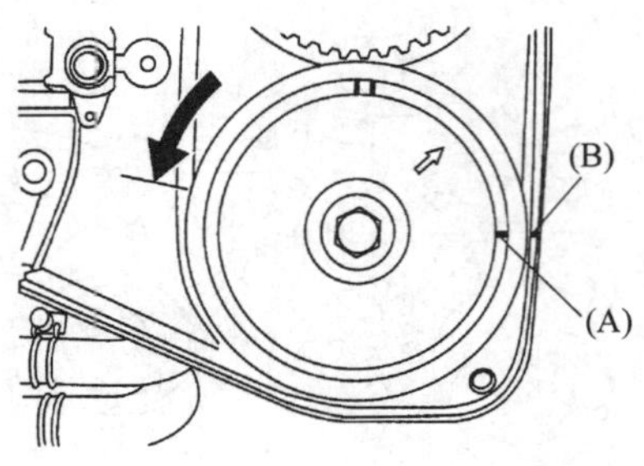

图7-5 对准左排气凸轮轴带轮上标记

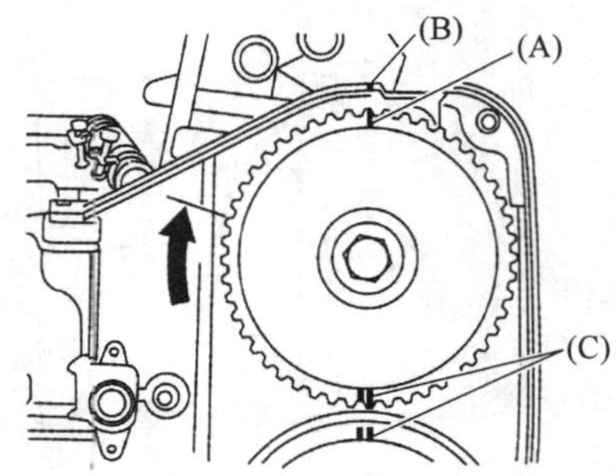

图7-6 对准左进气凸轮轴带轮上的标记

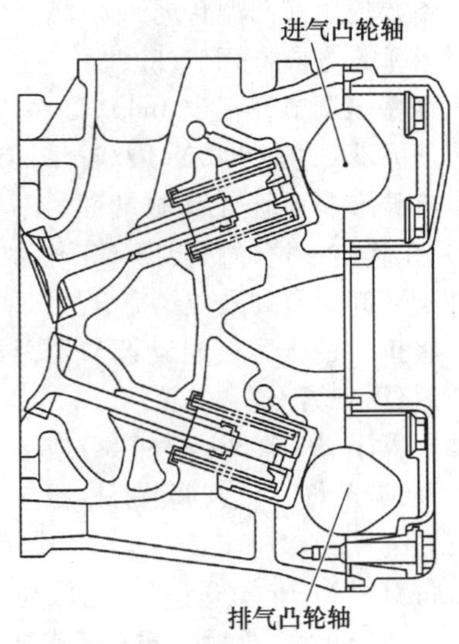

图7-7 进、排气凸轮轴位置图

的位置。

注意：

● 双顶置凸轮轴发动机的进气和排气凸轮轴能够在拆下正时带后独立旋转。如图7-7所示，若进气门和排气门同时升起时，它们的头将会碰撞，导致气门弯曲。

a. 当正时带没有安装时，四个凸轮轴被固定在“zerolift”（零升起）位置，在这个位置时，凸轮轴上所有的凸轮都没有推动进气门和排气门向下运动。这种条件下，所有的气门都没有举升。

b. 当旋转凸轮轴安装正时带时，凸轮轴（左侧）上的2号进气凸轮和4号排气凸轮推动相应的气门向下运动。这种情况下，气门被举升。凸轮轴（右侧）是固定的，因此凸轮不会推动气门向下运动。

c. 凸轮轴（左侧）必须以尽可能小的角度从“zerolift”（零升起）位置转到安装正时带的位置，这是为了防止进气门头和排气门头相互干扰。

d. 不要让凸轮轴朝图7-8a所示方向旋转，因为这会使进气门和排气门同时举升，导致它们的气门头相互碰撞。

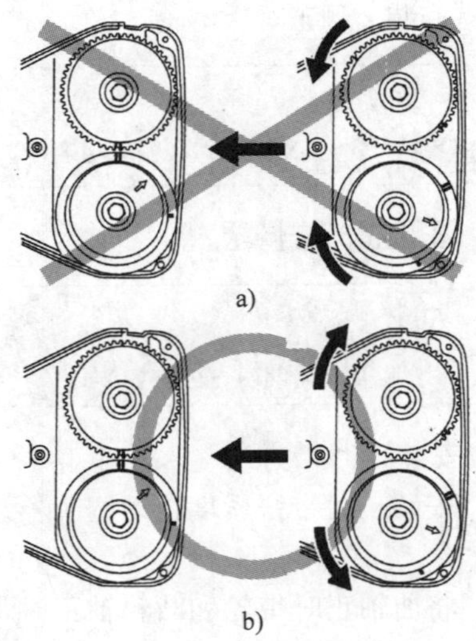

图7-8 凸轮轴旋转方向对错图示

a）错误 b）正确

3）安装正时带。如图7-9所示，按A~E的字母顺序对准正时带上的定位标记和正时带轮上的标记。当对准标记时，使正时带处于合适的位置，如图7-10所示。

4）安装正时带惰轮。

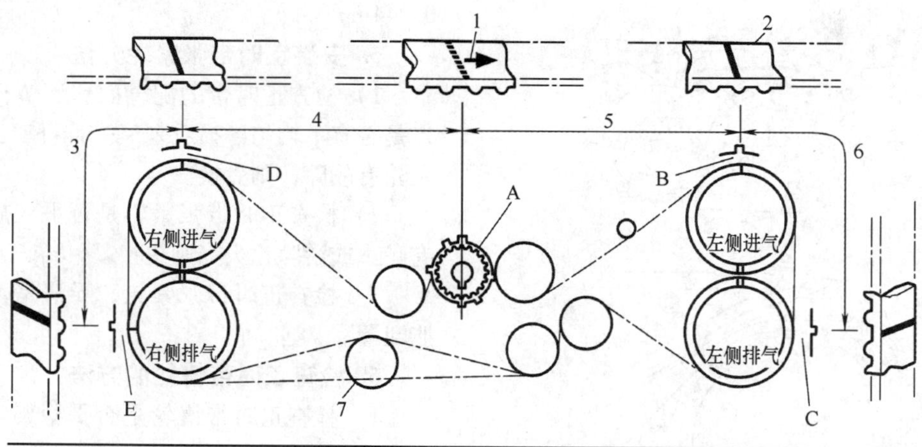

图 7-9　安装正时带正时标记位置

1—箭头标记　2—正时带　3—28 个齿长度　4—54.5 个齿长度　5—51 个齿长度
6—28 个齿长度　7—最后安装处 A、B、C、D、E—定位标记对正顺序

拧紧力矩：

39N · m(4.0kgf · m,28.9lbf · ft)

注意：

- 确保正时带和正时带轮上的标记对准，如图 7-10 所示。

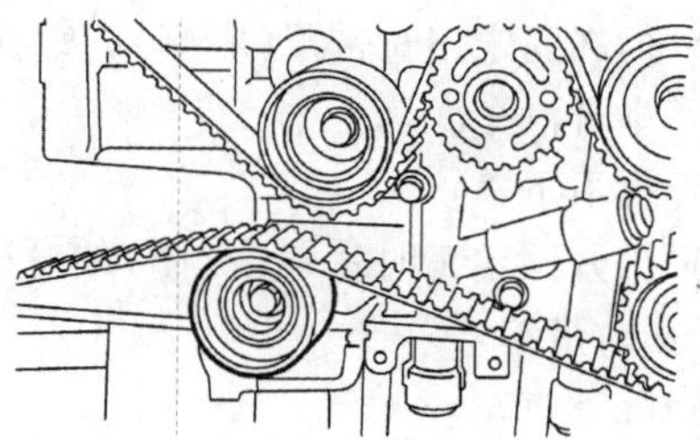

图 7-10　安装正时带

5）确保正时带上的标记和凸轮轴齿形带带轮上的标记对齐后，从张紧度调节器上拆下限位器销，如图 7-11 所示。

6）安装正时带导向装置（手动变速器车型）。

注意：

- 在螺栓螺纹上涂上密封胶，仅在凸轮轴正时带轮部分的螺纹上涂。

- 密封胶：

ThreeBond1324（零部件编号 004403042）或同等品

① 暂时拧紧螺栓。

② 检查并调整正时带和正时带导向装置之间的间隙。

- 间隙：1.0 ±0.5mm(0.039 ±0.020in)

③ 拧紧螺栓。

拧紧力矩：

10N · m(1.0kgf · m,7.4lbf · ft)

拧紧力矩：

6.4 N · m(0.65 kgf · m, 4.7 lbf · ft)

7）安装正时带罩。

8）安装曲轴带轮。

9）安装 V 带。

4. 安装正时带张紧度自动调节器方法

1）通过目视检查油封是否泄漏，连杆端是否有不均匀磨损或划痕。若必要，更换正时带张紧度自动调节器总成。

2）当施加大小为 294N(30kgf,66lbf) 的压力时，检查调节杆是否移动。

3）当施加大小为 294N(30kgf,66lbf) 的压

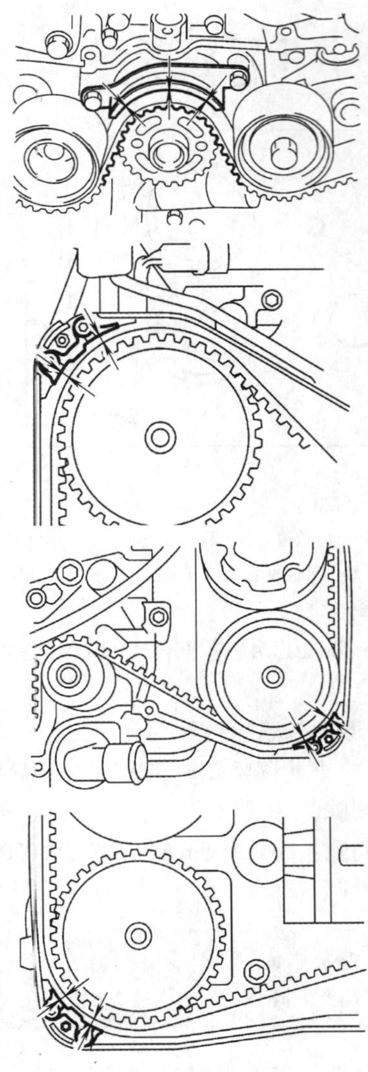

图7-11　对齐正时标记

力时，若调节杆刚度不够且自由移动，按以下程序检查：

① 缓慢下压调节杆至油缸端面。重复该动作2～3次。

② 在调节杆向上移动的过程中，施加大小为294N(30kgf,66lbf)的压力。检查调节杆刚度。

③ 若调节杆刚度不够且向下压，换上新的正时带张紧度自动调节器总成。

④ 测量调节杆伸出缸体的长度。若超出规定值，换上新的。

- 调节杆伸出量：H=5.2～6.2mm(0.205～0.244in)

5. 安装正时带张紧轮方法

1）检查正时带的配合面和调节杆的接触点是否有不均匀磨损或划痕。若自动正时带张紧轮有故障，则更换。

2）检查正时带张紧轮是否平稳旋转。若有噪声或游隙过大，则更换。

3）检查正时带张紧轮，弄清是否有润滑脂泄漏。

6. 检查正时带惰轮的方法

1）检查正时带惰轮是否平稳旋转。若有噪声或游隙过大，则更换。

2）检查惰轮与正时带的外接触面是否有异常磨损和划痕。

3）检查正时带惰轮，弄清是否有润滑脂泄漏。

7. 气门间隙的调整

（1）检验

1）将汽车放置于升降机上。

2）断开蓄电池上的接地线。

3）拆下机油搜集器盖(双顶置凸轮轴涡轮增压车型)。

4）拆下进气管。

5）拆卸固定正时带罩(右侧)的螺栓。

6）举升汽车。

7）拆下下盖。

8）松开固定正时带罩(右侧)的螺栓，然后拆下正时带罩。

9）降下汽车。

10）当检验一缸和三缸气门间隙时：

① 从空气滤清器上盖将发动机线束连接器和支架一起拉出(双顶置凸轮轴涡轮增压车型)。

② 拆下空气滤清器壳。

③ 断开点火线圈上的连接器。

④ 拆下点火线圈。

⑤ 在汽车下放置合适的容器。

⑥ 断开摇臂罩(右侧)上的曲轴箱强制通风软管。

⑦ 拆下螺栓，然后拆下摇臂罩(右侧)。

11）检验二缸和四缸气门间隙时：

① 断开蓄电池电缆，然后拆下蓄电池和蓄电池支架。

② 拆下将发动机线束支架固定到车身上的螺栓（双顶置凸轮轴涡轮增压车型）。

③ 拆下辅助空气泵。

④ 断开点火线圈上的连接器。

⑤ 拆除点火线圈。

⑥ 在汽车下放置合适的容器。

⑦ 断开摇臂盖（左侧）上的曲轴箱强制通风软管。

⑧ 拆下螺栓，然后拆下摇臂罩（左侧）。

12）顺时针旋转曲轴正时带轮直到凸轮轴正时带轮上的箭头标记转到图7-12所示位置。

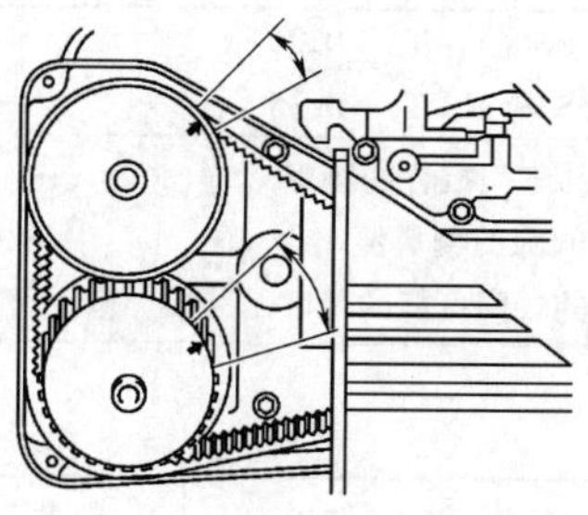

图7-12 转动曲轴设定正时标记位置

> **注意：**
> 使用套筒扳手旋转曲轴。

13）如图7-13所示使用塞尺测量一缸进气门和三缸排气门间隙。

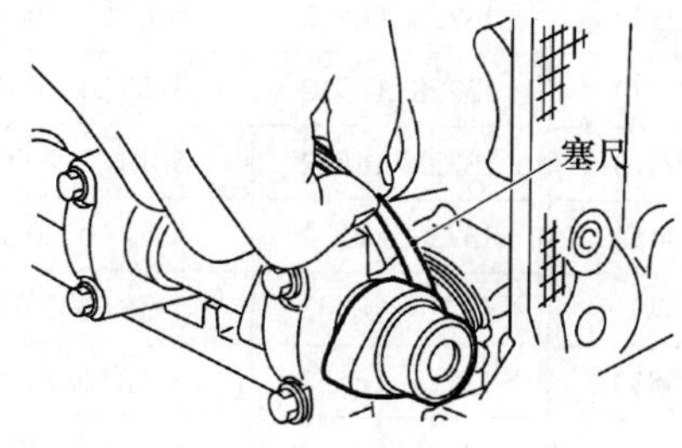

图7-13 测量气门间隙

- 气门间隙：

* 进气

(0.20±0.02)mm[(0.0079±0.0008)in]

* 排气

(0.35±0.02)mm[(0.0138±0.0008)in]

- 冷车时测量排气门间隙

14）如有需要，调整气门间隙。参考本小节中“(2)”部分进行调整。

15）进一步顺时针旋转曲轴带轮。执行先前描述的同样的程序，然后再测量气门间隙。

① 将凸轮轴正时带轮上的箭头标记置于图7-14中所示位置，然后测量二缸排气门和三缸进气门间隙。

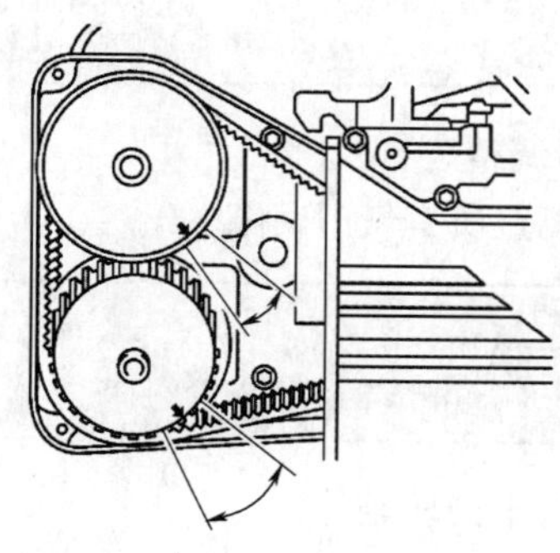

图7-14 转动凸轮轴带轮

② 将凸轮轴正时带轮上的箭头标记置于图7-15中所示位置，然后测量二缸进气门和四缸排气门间隙。

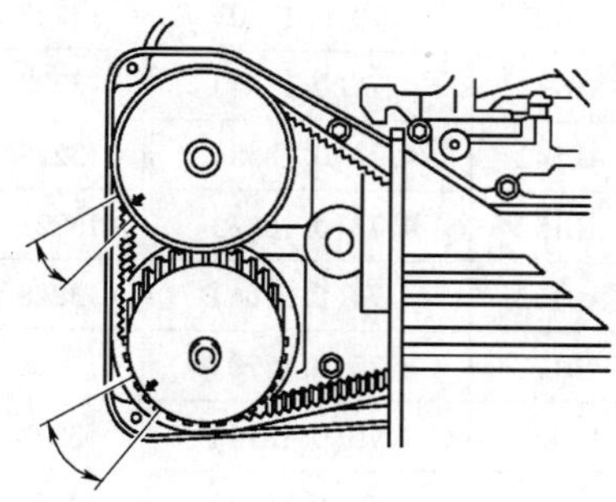

图7-15 测量二缸进气门与四缸排气门间隙

③ 将凸轮轴正时带轮上的箭头标记置于图7-16中所示位置，然后测量一缸排气门和四缸进气门间隙。

16）如图7-17所示检验完后，按照拆卸的相反顺序安装相关零件。

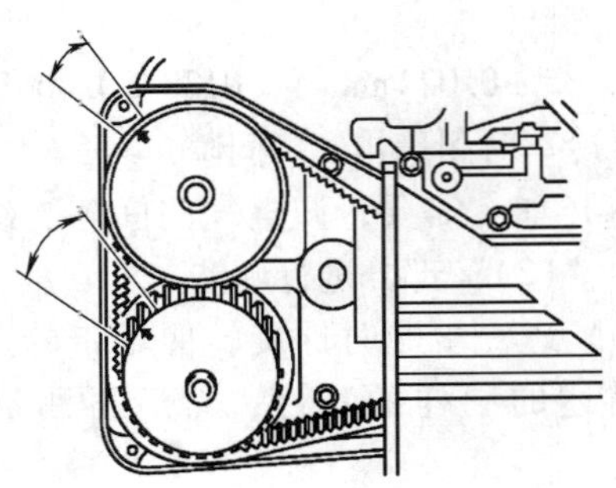

图 7-16　测量一缸排气门与四缸进气门间隙

拧紧力矩：
33N·m(3.4kgf·m,25lbf·ft)

（2）调整

1）测量所有气门间隙。

注意：
- 测量后记录每个气门间隙。

2）拆下凸轮轴。

3）拆下气门挺杆。

4）如图 7-17 使用千分尺测量气门挺杆的厚度。

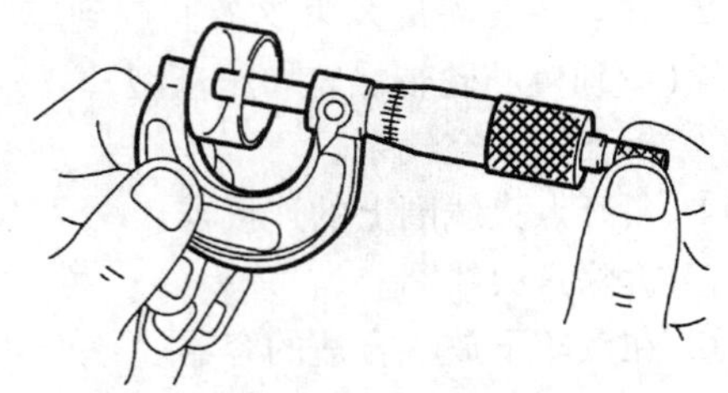

图 7-17　测量气门挺杆厚度

5）参考表 7-1、表 7-2，根据测得的气门间隙和气门挺杆的厚度选择合适厚度的挺杆。

表 7-1　气门间隙和气门挺杆的厚度的选择

单位：mm

进气门：S = (V + T) − 0.20
排气门：S = (V + T) − 0.35
S：要求的气门挺杆的厚度
V：气门间隙的测量值
T：使用的气门挺杆的厚度

表 7-2　气门挺杆厚度

零件号	厚度/mm(in)	零件号	厚度/mm(in)	零件号	厚度/mm(in)
13228 AB102	4.68(0.1843)	13228 AB272	4.85(0.1909)	13228 AB442	5.02(0.1976)
13228 AB112	4.69(0.1846)	13228 AB282	4.86(0.1913)	13228 AB452	5.03(0.1980)
13228 AB122	4.70(0.1850)	13228 AB292	4.87(0.1917)	13228 AB462	5.04(0.1984)
13228 AB132	4.71(0.1854)	13228 AB302	4.88(0.1921)	13228 AB472	5.05(0.1988)
13228 AB142	4.72(0.1858)	13228 AB312	4.89(0.1925)	13228 AB482	5.06(0.1992)
13228 AB152	4.73(0.1862)	13228 AB322	4.90(0.1929)	13228 AB492	5.07(0.1996)
13228 AB162	4.74(0.1866)	13228 AB332	4.91(0.1933)	13228 AB502	5.08(0.2000)
13228 AB172	4.75(0.1870)	13228 AB342	4.92(0.1937)	13228 AB512	5.09(0.2004)
13228 AB182	4.76(0.1874)	13228 AB352	4.93(0.1941)	13228 AB522	5.10(0.2008)
13228 AB192	4.77(0.1878)	13228 AB362	4.94(0.1945)	13228 AB532	5.11(0.2012)
13228 AB202	4.78(0.1882)	13228 AB372	4.95(0.1949)	13228 AB542	5.12(0.2016)
13228 AB212	4.79(0.1886)	13228 AB382	4.96(0.1953)	13228 AB552	5.13(0.2020)
13228 AB222	4.80(0.1890)	13228 AB392	4.97(0.1957)	13228 AB562	5.14(0.2024)
13228 AB232	4.81(0.1894)	13228 AB402	4.98(0.1961)	13228 AB572	5.15(0.2028)
13228 AB242	4.82(0.1898)	13228 AB412	4.99(0.1965)	13228 AB582	5.16(0.2031)
13228 AB252	4.83(0.1902)	13228 AB422	5.00(0.1969)	13228 AB592	5.17(0.2035)
13228 AB262	4.84(0.1906)	13228 AB432	5.01(0.1972)	13228 AB602	5.18(0.2039)

（续）

零件号	厚度/mm(in)	零件号	厚度/mm(in)	零件号	厚度/mm(in)
13228 AB612	5.19(0.2043)	13228 AB762	4.50(0.1771)	13228 AB902	5.39(0.2122)
13228 AB622	5.20(0.2047)	13228 AB772	4.52(0.1780)	13228 AB912	5.41(0.2123)
13228 AB632	5.21(0.2051)	13228 AB782	4.54(0.1787)	13228 AB922	5.43(0.2138)
13228 AB642	5.22(0.2055)	13228 AB792	4.56(0.1795)	13228 AB932	5.45(0.2146)
13228 AB652	5.23(0.2059)	13228 AB802	4.58(0.1803)	13228 AB942	5.47(0.2154)
13228 AB662	5.24(0.2063)	13228 AB812	4.60(0.1811)	13228 AB952	5.49(0.2161)
13228 AB672	5.25(0.2067)	13228 AB822	4.62(0.1819)	13228 AB962	5.51(0.2169)
13228 AB682	5.26(0.2071)	13228 AB832	4.64(0.1827)	13228 AB972	5.53(0.2177)
13228 AB692	5.27(0.2075)	13228 AB842	4.66(0.1835)	13228 AB982	5.55(0.2185)
13228 AB702	4.38(0.1724)	13228 AB852	5.29(0.2083)	13228 AB992	5.57(0.2193)
13228 AB712	4.40(0.1732)	13228 AB862	5.31(0.2091)	13228 AC002	5.59(0.2201)
13228 AB722	4.42(0.1740)	13228 AB872	5.33(0.2098)	13228 AC012	5.61(0.2209)
13228 AB732	4.44(0.1748)	13228 AB882	5.35(0.2106)	13228 AC022	5.63(0.2217)
13228 AB742	4.46(0.1756)	13228 AB892	5.37(0.2114)	13228 AC032	5.65(0.2224)
13228 AB752	4.48(0.1764)				

6）在本步中再一次检验所有的气门间隙。若气门间隙不正确，从第一步开始重复程序。

7）检验完后，按照拆卸的相反顺序安装相关零件。

第二节　H4SO 2.5L 发动机(2004 款起森林人、翼豹、力狮装备)

1. 正时带的拆卸方法

（1）正时带

1）拆下 V 带。

2）拆下曲轴带轮。

3）拆下正时带罩。

4）拆下正时带导向装置(手动变速器车型)。

5）若正时带上的定位标记(a)或箭头标记(指示旋转方向)已褪去，在拆下前先按如下程序在正时带上画上新的记号，如图 7-18 所示。

① 使用 ST(专用工具)旋转曲轴。对准曲轴正时带轮上的标记(a)与气缸体切口(b)，然后确保右侧凸轮轴正时带轮标记(c)，凸轮盖和气缸盖装配面(d)或左侧凸轮轴正时带轮标记(e)和正时带罩切口(f)已调整恰当，如图 7-18 所示。

• 专用工具(ST)——499987500 曲轴套筒

② 使用白色油漆，根据曲轴正时带轮和凸轮轴正时带轮位置，在正时带上画上对齐标记或箭头标记，见图 7-19。

• 规定数据：

* Z_1：46.8 齿长度

* Z_2：43.7 齿长度

6）拆下正时带惰轮(2 号)。

7）拆下 2 号正时带惰轮。

8）如图 7-20 所示拆下正时带。

（2）正时带惰轮和正时带张紧度自动调节器总成

1）拆下 1 号正时带惰轮。

2）拆下正时带张紧度自动调节器总成。

2. 正时带的安装步骤

（1）正时带张紧度自动调节器总成和正时带惰轮

1）安装正时带张紧度自动调节器总成的准备。

① 将正时带张紧度自动调节器总成连接到垂直挤压工具上。

② 用 294N(30kgf,66lbf)以上的压力缓慢下压调节杆，直到调节杆对准气缸上的限位销孔。

③ 将直径 2mm(0.08in)的限位销或直径 2mm(0.08in)六角扳手插入气缸限位销孔，固定调节杆。

2）安装正时带张紧度自动调节器总成。

拧紧力矩
39N · m(4.0kgf · m,28.9lbf · ft)

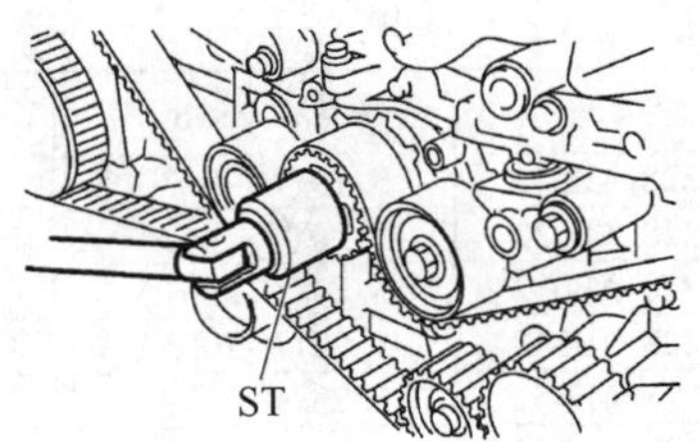

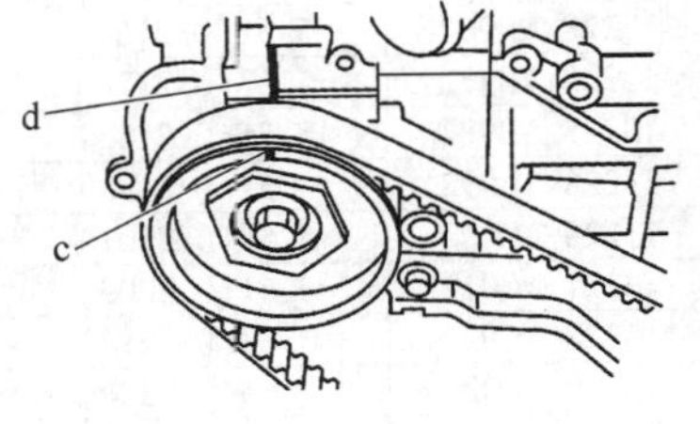

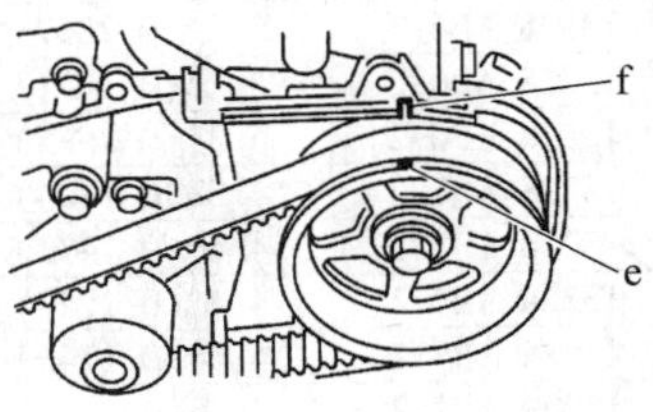

图 7-18　正时带正时标记

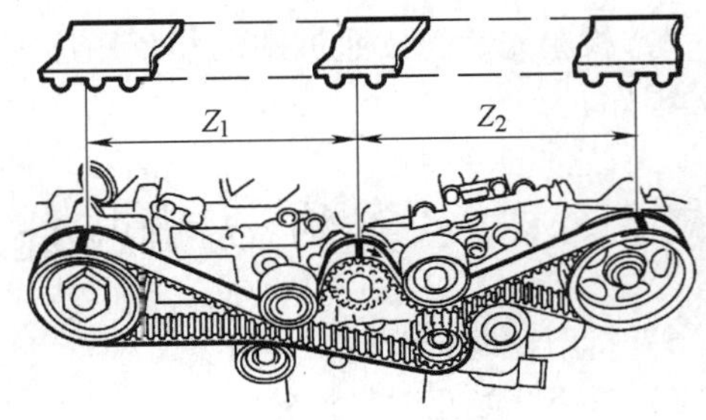

图 7-19　在正时带上做标记

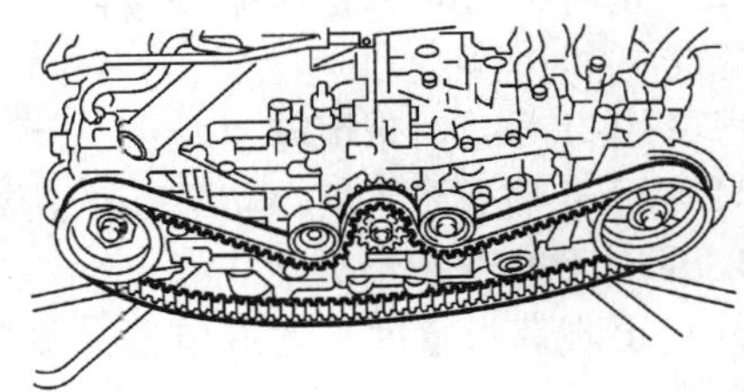

图 7-20　拆下正时带

3）安装1号正时带惰轮。

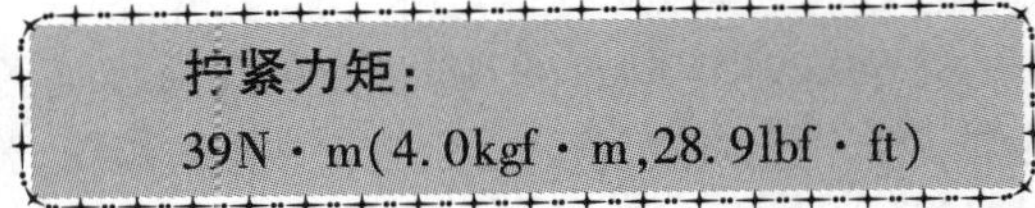

（2）安装正时带

1）安装正时带张紧度自动调节器总成。

2）安装正时带。

① 使用ST1(专用工具1)旋转2号凸轮轴正时带轮，然后使用ST2(专用工具2)旋转1号凸轮轴正时带轮，使得它们的定位标记位于顶部，见图7-21。

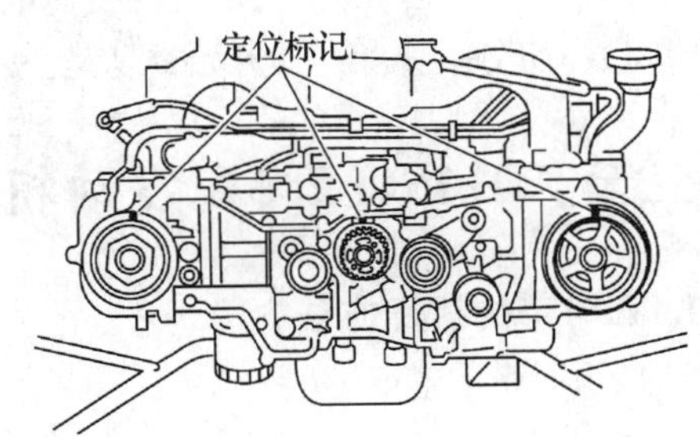

图 7-21　使正时标记位于顶部

• 专用工具ST1：18231AA010，凸轮轴正时带轮扳手。

② 当正时带上的定位标记(B)和正时带轮上的标记(A)对齐时，安放好正时带，见图7-22。

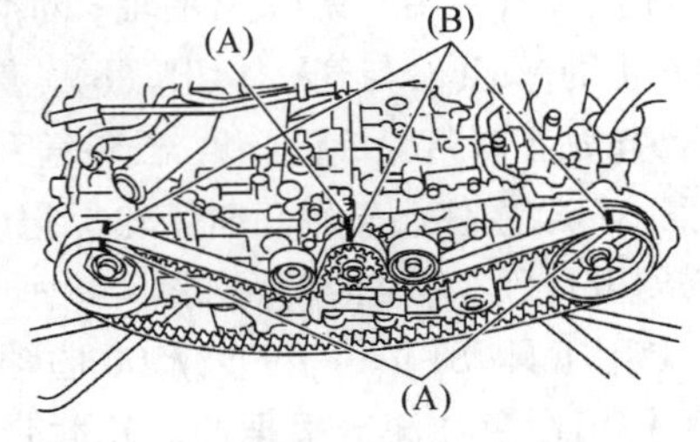

图 7-22　安装正时带并对齐正时标记

3）安装1号正时带惰轮。

拧紧力矩：

39N·m(4.0kgf·m,28.9lbf·ft)

4）安装2号正时带惰轮。

拧紧力矩：
39N·m(4.0kgf·m,28.9lbf·ft)

5）确保正时带上的标记和凸轮轴正时带轮上的标记对齐后，从正时带张紧度调节器上拆下限位销。

6）安装正时带导向装置(手动变速器车型)。

① 暂时拧紧固定正时带导向装置的螺栓。

② 使用塞尺检查并调整正时带和正时带导向装置之间的间隙，如图7-23所示。

- 间隙：

(1.0±0.5)mm[(0.039±0.020)in]

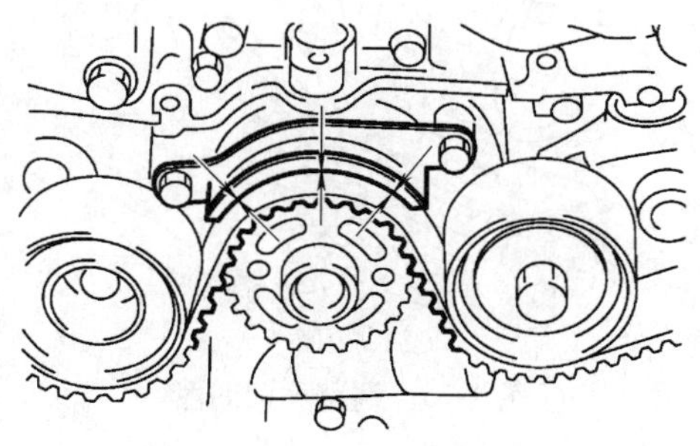

图7-23 检查间隙

拧紧力矩：
10N·m(1.0kgf·m,7.4lbf·ft)

③ 拧紧固定正时带导向装置的螺栓。

7）安装正时带罩。

8）安装曲轴带轮。

9）安装V带。

3. 气门间隙的调整方法

(1) 检验

1）将汽车放置于升降机上。

2）举升汽车。

3）拆下下盖。

4）降下汽车。

5）断开蓄电池上的接地线。

6）拆下正时带罩(左侧)。

7）当检验一缸和三缸时：

① 断开火花塞(右侧)上的火花塞高压线。

② 断开摇臂罩(右侧)上的曲轴箱强制(正压)通风软管。

③ 拆下螺栓，然后拆下摇臂罩(右侧)。

8）当检验二缸和四缸时：

① 断开火花塞(左侧)上的火花塞高压线。

② 断开摇臂罩(左侧)上的曲轴箱强制(正压)通风软管。

③ 拆下螺栓，然后拆下摇臂罩(左侧)。

9）使用套筒扳手顺时针旋转曲轴带轮，将一缸活塞放置于压缩行程的上止点，如图7-24所示。

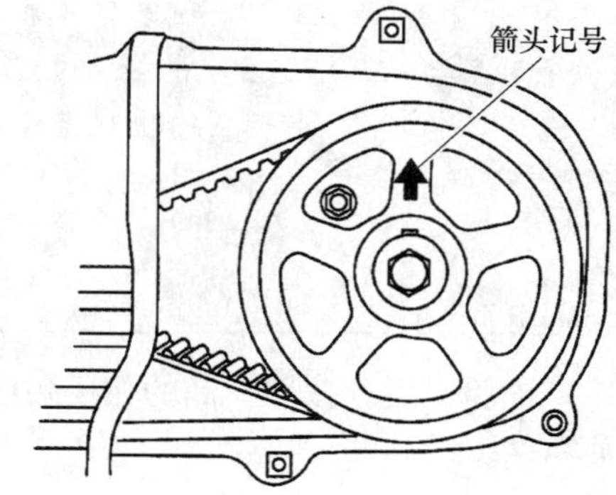

图7-24 将1缸活塞置于TDC位置

注意：

- 参见图7-24，当凸轮轴正时带轮(左侧)上的箭头记号正好到达顶部时，一缸活塞到达压缩行程的上止点。

10）使用塞尺测量一缸气门间隙。

注意：

- 将塞尺尽可能水平地插入气门杆末端，如图7-25所示。
- 冷车时测量排气门间隙。

- 气门间隙(标准)：

＊进气：

(0.20±0.04)mm[(0.0079±0.0016)in]

＊排气：

(0.25±0.04)mm[(0.0098±0.0016)in]

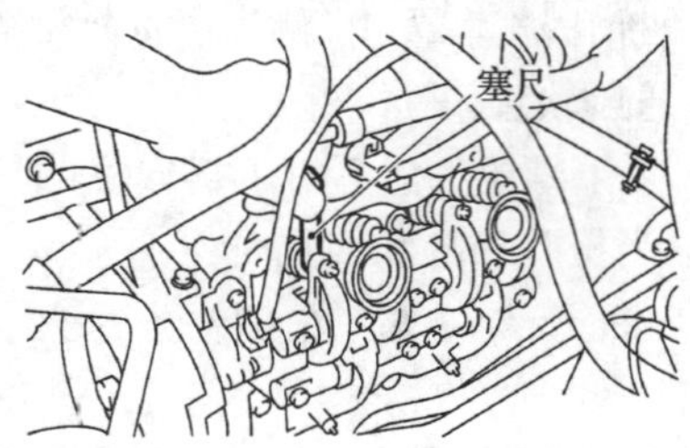

图7-25　检查气门间隙

11）如有必要，调整气门间隙。

12）用与一缸同样的测量程序，测量三缸、二缸和四缸的气门间隙。

> **注意：**
>
> • 测量气门间隙前，确保将气缸活塞放置到各自的压缩行程的上止点上。
>
> • 当一缸活塞处于压缩行程的上止点时，顺时针旋转曲轴带轮，每转动180°，就可以让三缸、二缸与四缸按顺序到达压缩行程的上止点。

13）检验完后，按照拆卸的相反顺序安装相关零件。

（2）调整

1）使用套筒扳手按顺时针方向旋转曲轴带轮，将一缸活塞放置于压缩行程的上止点上。

2）调整一缸气门间隙。

① 旋松气门摇臂螺母和螺钉，见图7-26。

② 放置合适的塞尺。

③ 在注意气门间隙的同时，拧紧气门摇臂调整螺钉。

④ 当间隙符合规定值时，拧紧气门摇臂螺母。

> **拧紧力矩：**
>
> 9.75N·m(1.0kgf·m,7.2lbf·ft)

• 气门间隙：

＊ 进气：

(0.20±0.04)mm[(0.0079±0.0016)in]

＊ 排气：

(0.25±0.04)mm[(0.0098±0.0016)in]

3）使用与一缸同样的调整程序，调整三缸、二缸和四缸的气门间隙。

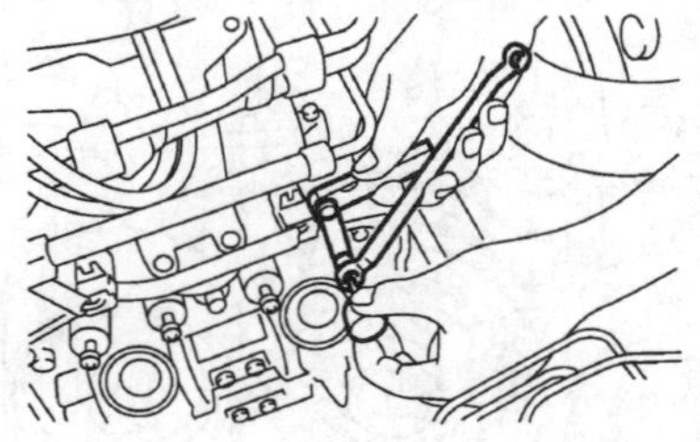

图7-26　调整气门间隙

> **注意：**
>
> • 在调整气门间隙前，确保将气缸活塞置于各自的压缩行程的上止点位置。
>
> • 当一缸活塞处于压缩行程的上止点时，顺时针旋转曲轴带轮，每转动180，就可以让三缸、二缸与四缸按顺序到达压缩行程的上止点。

4）确保每个气缸的气门间隙在规定值内。如果必要，重新调整气门间隙。

第三节　H6DO 3.0L发动机（2005款起森林人、力狮、翼豹装备）

1. 正时链单元分解

正时链单元分解见图7-27。

2. 正时链的拆卸方法

1）拆下曲轴链轮。

2）拆下前链条罩。

3）拆下右侧链条张紧器。

4）拆下链条导向装置（右侧：凸轮轴之间）。

5）拆下链条导向装置（右侧）。

6）拆下右侧链条张紧器控制杆。

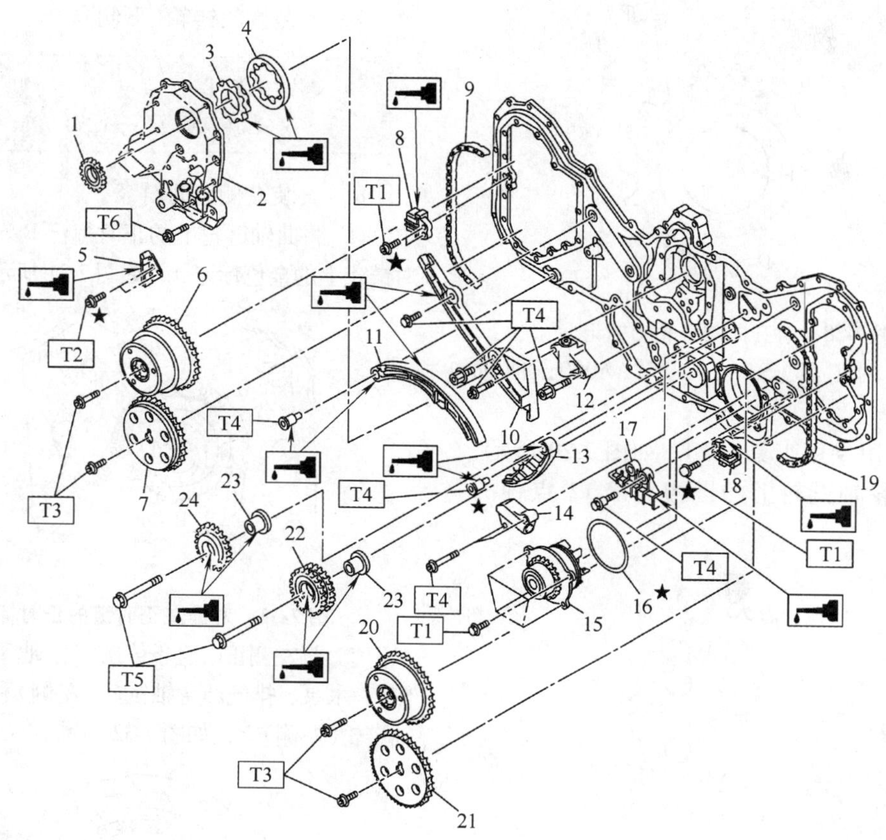

图 7-27　H6DO 发动机正时链单元分解

1—曲轴链轮　2—机油安全阀壳　3—内转子　4—外转子　5—链条导向装置(中间)　6—进气凸轮轴链轮(右侧)　7—排气凸轮轴链轮(右侧)　8—链条导向装置(右侧:凸轮轴之间)　9—正时链条(右侧)　10—链条导向装置(右侧)　11—链条张紧器控制杆(右侧)　12—链条张紧器(右侧)　13—链条张紧器控制杆(左侧)　14—链条张紧器(左侧)　15—水泵　16—O 形圈　17—链条导向装置(左侧)　18—链条导向装置(左侧:凸轮轴之间)　19—正时链条(左侧)　20—进气凸轮轴链轮(左侧)　21—排气凸轮轴链轮(左侧)　22—惰轮链轮(下)　23—惰轮链轮轴环　24—惰轮链轮(上)　拧紧力矩：N · m(kgf · m,lbf · ft)　T1—6.4(0.65,4.7)　T2—7.8(0.8,5.8)　T3—原厂维修手册中“凸轮轴链轮的拆卸”　T4—16(1.6,11.8)　T5—69(7.0,50.6)　T6—原厂维修手册中“机油泵的拆卸”

(A) 链条导向装置(右侧)

(B) 链条张紧器控制杆(右侧)

7) 拆下右侧正时链条。

8) 拆下左侧链条张紧器。

9) 拆下左侧链条张紧器控制杆。

10) 拆下链条导向装置(左侧:凸轮轴之间)。

11) 拆下链条导向装置(左侧)。

12) 拆下链条导向装置(中间)。

13) 拆下惰轮链轮(上侧)。

14) 拆下左侧正时链条。

15) 拆下惰轮链轮(下侧)。

3. 正时链的安装步骤

1) 将螺钉、弹簧销和张紧杆插入链条张紧器体中。

2) 当将张紧器压紧在橡胶垫上时，扭动张紧器以缩短张紧杆。然后将细销插入张紧杆和张紧器体之间的孔以保持缩短的长度。

3) 使用专用工具(ST)，如图 7-28 所示，将曲轴链轮上的“Top mark”(上标记)对准 9

点钟的位置

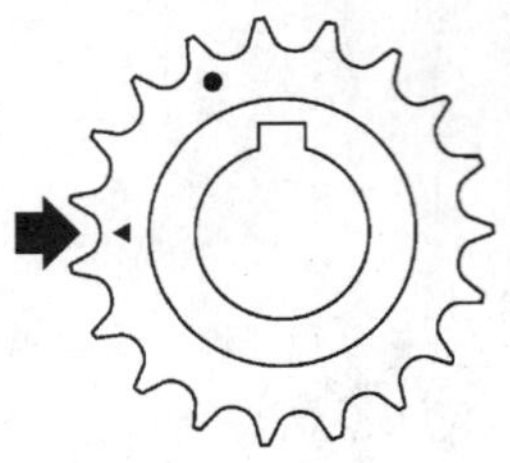

图 7-28　对齐曲轴链轮上标记

- 专用工具（ST）：18252AA000，曲轴套筒。

4）使用专用工具（ST），如图 7-29 所示，将排气凸轮轴链轮上的键槽对准 12 点钟的位置。

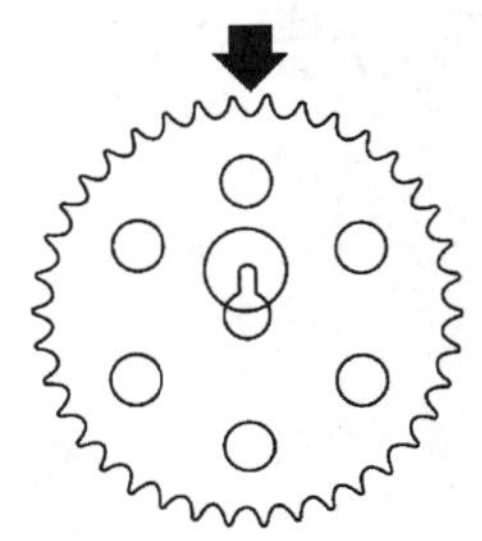

图 7-29　对齐排气凸轮轴标志

5）如图 7-30 所示，对准进气凸轮轴链轮。

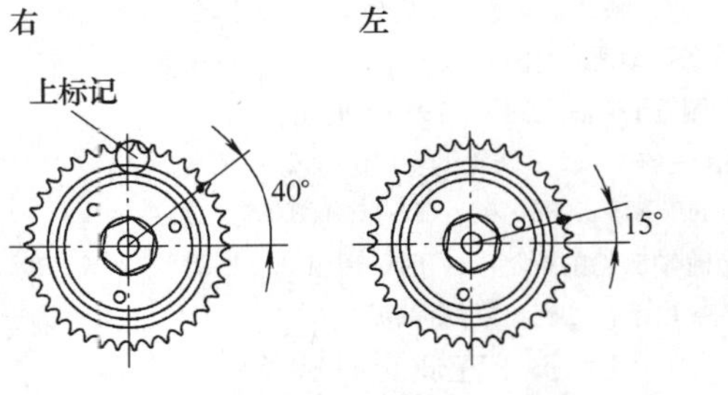

图 7-30　对准进气凸轮轴链轮标志

6）顺时针旋转曲轴链轮，将"Topmark"（上标记）对准 12 点钟位置（一缸活塞处于上止点位置）。

注意：

- 在安装正时链条完毕前，不要旋转曲轴和凸轮轴链轮。

7）安装惰轮链轮（下侧）。

拧紧力矩：

69N·m（7.0kgf·m，50.6lbf·ft）

8）安装左侧正时链条。

① 将曲轴链轮上的正时标记 B 对准左侧正时链条上的金色标记 A，如图 7-31 所示。

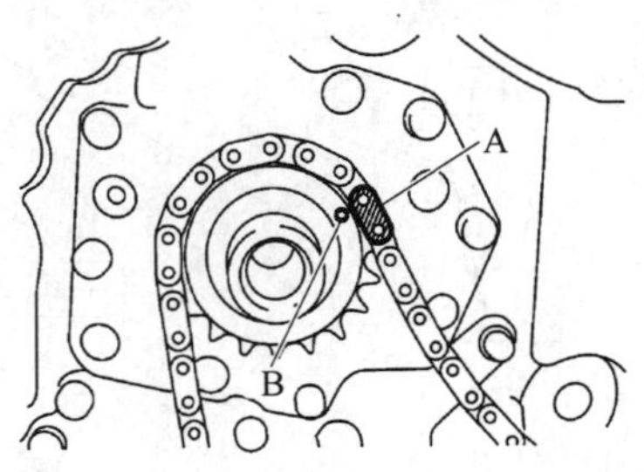

图 7-31　对准左正时链的正时标志

② 将左侧正时链条依次安装到惰轮链轮（下侧）、水泵、排气凸轮轴链轮（左侧）和进气凸轮轴链轮（左侧）上，如图 7-32 所示。

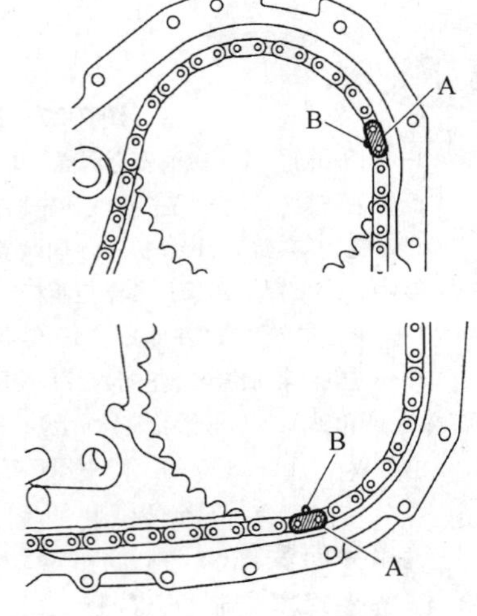

图 7-32　安装左正时链

注意：

- 检查正时链条上的蓝色标记 A 和凸轮轴链轮上的标记 B 的对齐方式，与曲轴链轮的对齐方式必须一致。如图 7-32 所示。

③ 安装惰轮链轮(上侧)。

拧紧力矩:
69N · m(7.0kgf · m,50.6lbf · ft)

④ 安装链条导向装置(左侧:凸轮轴之间)。

拧紧力矩:
6.4N · m(0.65kgf · m,4.7lbf · ft)

注意:
- 使用新的安装螺栓。

⑤ 安装链条导向装置(左侧)。

拧紧力矩:
16N · m(1.6kgf · m,11.8lbf · ft)

⑥ 安装链条张紧器控制杆(左侧)。

拧紧力矩:
16N · m(1.6kgf · m,11.8lbf · ft)

⑦ 安装链条张紧器(左侧)。

拧紧力矩:
16N · m(1.6kgf · m,11.8lbf · ft)

9) 安装正时链条(右侧)。

① 将惰轮链轮(下侧)上的左右侧正时链条标记对齐，如图 7-33 所示。

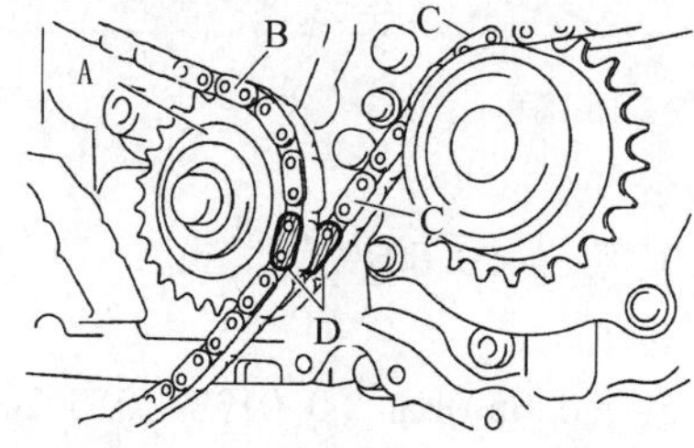

图 7-33　对准右侧正时链标记

A—惰轮链轮(下侧)　B—正时链条(右侧)
C—正时链条(左侧)　D—蓝色标记

② 将正时链条(右侧)依次安装到进气凸轮轴链轮(右侧)和排气凸轮轴链轮(右侧)上，如图 7-34 所示。

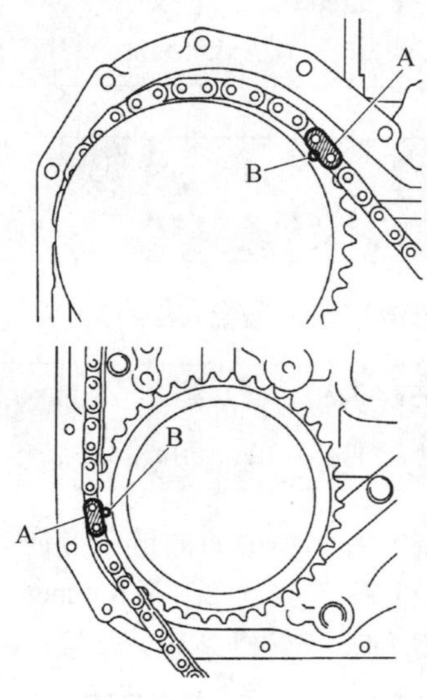

图 7-34　安装右正时链

注意:
- 检查正时链条上的金色标记 A 和凸轮轴链轮上的标记 B 的对齐方式与曲轴链轮的对齐方式一致。如图 7-32 所示。

③ 安装链条导向装置(右侧)。

④ 安装链条张紧器控制杆(右侧)，如图 7-35 所示。

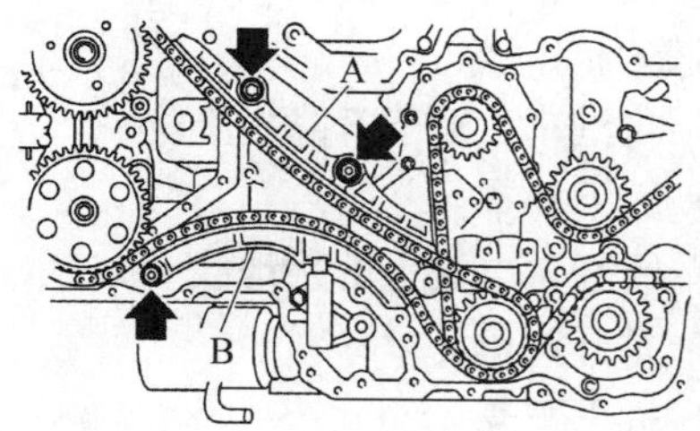

图 7-35　安装正时链导向装置和张紧控制杆

A—链条导向装置(右侧)
B—链条张紧器控制杆(右侧)

拧紧力矩:
16N · m(1.6kgf · m,11.8lbf · ft)

⑤ 安装链条导向装置(右侧:凸轮轴之间)。

> **拧紧力矩：**
> 6.4N·m(0.65kgf·m,4.7lbf·ft)

> **注意：**
> • 使用新的安装螺栓。

⑥ 安装链条张紧器(右侧)。

> **拧紧力矩：**
> 16N·m(1.6kgf·m,11.8lbf·ft)

⑦ 调节右侧和中间的链条导向装置之间的间隙，使得间隙在8.4～8.6mm(0.331～0.339in)之间。安装链条导向装置(中间)。

> **拧紧力矩：**
> 7.8N·m(0.8kgf·m,5.8lbf·ft)

> **注意：**
> • 使用新的安装螺栓。

⑧ 检查链轮和正时链条上的每个标记是否都已对齐，然后从链条张紧器中拔出止动销。

4. 气门间隙的检查与调整

(1) 检验　应该在发动机冷却的时候检验和调整气门间隙。

1) 将汽车放置于升降机上。

2) 拆下护罩。

3) 断开蓄电池上的接地线。

4) 举升汽车。

5) 拆下下盖。

6) 降下汽车。

7) 当检验右侧气缸时：

① 拆下进气管和空气滤清器壳。

② 拆下右侧燃油箱保护装置。

③ 断开机油压力开关上的连接器。

④ 拆下点火线圈。

⑤ 拆下右侧摇臂罩。

8) 当检验左侧气缸时：

① 断开蓄电池电缆，然后拆下蓄电池和蓄电池托架。

② 断开左侧摇臂罩上的曲轴箱强制通风软管和燃油蒸发控制系统软管。

③ 拆下左侧燃油管保护装置。

④ 拆下点火线圈。

⑤ 拆下右侧摇臂罩。

9) 顺时针旋转曲轴，直到凸轮处于如图7-36所示位置。

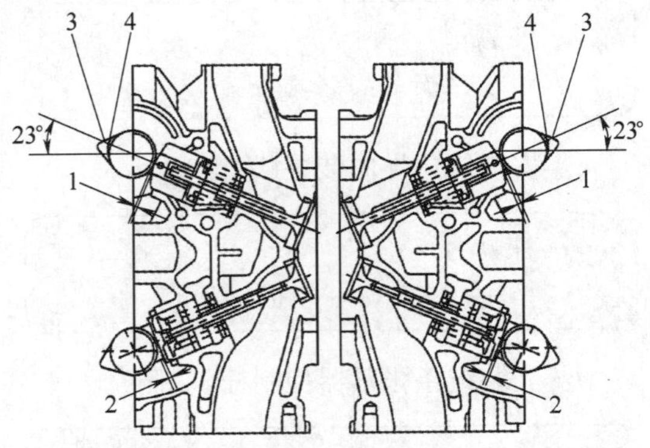

图7-36　转动曲轴调整凸轮位置

1—气门间隙(进气侧)　2—气门间隙(排气侧)
3—高升程凸轮　4—低升程凸轮

10) 使用塞尺测量进气门和排气门的间隙。

> **注意：**
> • 在图示规定位置的±30°范围内测量。
> • 在进气门的低升程凸轮处测量。
> • 将塞尺尽可能沿气门挺杆横向插入。

• 气门间隙：

* 进气

$0.20^{+0.04}_{-0.06}$mm($0.0079^{+0.0016}_{-0.0024}$ in)

* 排气

(0.35±0.05)mm[(0.0138±0.0020)in]

• 若测量值不在标准值范围内，记录数值以便以后调整气门间隙。

11) 如有需要，调整气门间隙。

12) 进一步顺时针旋转曲轴链轮，然后重新测量气门间隙。

13）检验完后，按照拆卸的相反顺序安装相关零件。

（2）调整

1）进气门：

① 测量所有气门间隙。

② 拆下凸轮轴。

③ 拆下气门挺杆。

④ 拆下气门挺杆上的垫片。

⑤ 通过拆下的垫片侧部印有的标记来检查垫片的厚度。

⑥ 根据测得的气门间隙和垫片厚度从规范表选择合适厚度的垫片。参见表7-3、表7-4。

表7-3　垫片厚度选择方法

单位：mm

S=(V+T)-0.20
S：要求的垫片厚度 V：气门间隙的测量值 T：使用的垫片厚度

表7-4　垫片厚度表

零件号	厚度/mm(in)	零件号	厚度/mm(in)	零件号	厚度/mm(in)
13218AK890	1.92(0.0756)	13218AL130	2.23(0.0878)	13218AL370	2.47(0.0972)
13218AK900	1.94(0.0764)	13218AL140	2.24(0.0882)	13218AL380	2.48(0.0976)
13218AK910	1.96(0.0772)	13218AL150	2.25(0.0886)	13218AL390	2.49(0.0980)
13218AK920	1.98(0.0780)	13218AL160	2.26(0.0890)	13218AL400	2.50(0.0984)
13218AK930	2.00(0.0787)	13218AL170	2.27(0.0894)	13218AL410	2.51(0.0988)
13218AK940	2.02(0.0795)	13218AL180	2.28(0.0898)	13218AL420	2.52(0.0992)
13218AK950	2.04(0.0803)	13218AL190	2.29(0.0902)	13218AL430	2.53(0.0996)
13218AK960	2.06(0.0811)	13218AL200	2.30(0.0906)	13218AL440	2.54(0.1000)
13218AK970	2.07(0.0815)	13218AL210	2.31(0.0909)	13218AL450	2.55(0.1004)
13218AK980	2.08(0.0819)	13218AL220	2.32(0.0913)	13218AL460	2.56(0.1008)
13218AK990	2.09(0.0823)	13218AL230	2.33(0.0917)	13218AL470	2.57(0.1012)
13218AL000	2.10(0.0827)	13218AL240	2.34(0.0921)	13218AL480	2.58(0.1016)
13218AL010	2.11(0.0831)	13218AL250	2.35(0.0925)	13218AL490	2.59(0.1020)
13218AL020	2.12(0.0835)	13218AL260	2.36(0.0929)	13218AL500	2.60(0.1024)
13218AL030	2.13(0.0839)	13218AL270	2.37(0.0933)	13218AL510	2.61(0.1028)
13218AL040	2.14(0.0843)	13218AL280	2.38(0.0937)	13218AL520	2.62(0.1032)
13218AL050	2.15(0.0846)	13218AL290	2.39(0.0941)	13218AL530	2.64(0.1039)
13218AL060	2.16(0.0850)	13218AL300	2.40(0.0945)	13218AL540	2.66(0.1047)
13218AL070	2.17(0.0854)	13218AL310	2.41(0.0949)	13218AL550	2.68(0.1055)
13218AL080	2.18(0.0858)	13218AL320	2.42(0.0953)	13218AL560	2.70(0.1063)
13218AL090	2.19(0.0862)	13218AL330	2.43(0.0957)	13218AL570	2.72(0.1071)
13218AL100	2.20(0.0866)	13218AL340	2.44(0.0961)	13218AL580	2.74(0.1079)
13218AL110	2.21(0.0870)	13218AL350	2.45(0.0965)	13218AL590	2.76(0.1087)
13218AL120	2.22(0.0874)	13218AL360	2.46(0.0969)		

2）排气门：

① 测量所有气门间隙。

② 拆下凸轮轴。

③ 拆下气门挺杆。

④ 使用千分尺测量气门挺杆的厚度。

⑤ 根据测得的气门间隙和气门挺杆厚度，从规范表中选择合适厚度的气门挺杆。参见表7-5、表7-6。

表7-5 气门挺杆厚度选择方法

单位：mm

S = (V + T) - 0.35
S：要求的气门挺杆厚度 V：气门间隙的测量值 T：使用的气门挺杆厚度

表7-6 气门挺杆厚度表

零件号	厚度/mm(in)	零件号	厚度/mm(in)	零件号	厚度/mm(in)
13228AD180	4.32(0.1701)	13228AC750	4.79(0.1886)	13228AD060	5.10(0.2008)
13228AD190	4.34(0.1709)	13228AC760	4.80(0.1890)	13228AD070	5.11(0.2012)
13228AD200	4.36(0.1717)	13228AC770	4.81(0.1894)	13228AD080	5.12(0.2016)
13228AD210	4.38(0.1724)	13228AC780	4.82(0.1898)	13228AD090	5.13(0.2020)
13228AD220	4.40(0.1732)	13228AC790	4.83(0.1902)	13228AD100	5.14(0.2024)
13228AD230	4.42(0.1740)	13228AC800	4.84(0.1906)	13228AD110	5.15(0.2028)
13228AD240	4.44(0.1748)	13228AC810	4.85(0.1909)	13228AD120	5.16(0.2032)
13228AD250	4.46(0.1756)	13228AC820	4.86(0.1913)	13228AD130	5.17(0.2035)
13228AD260	4.48(0.1764)	13228AC830	4.87(0.1917)	13228AD140	5.18(0.2039)
13228AD270	4.50(0.1772)	13228AC840	4.88(0.1921)	13228AD150	5.19(0.2043)
13228AD280	4.52(0.1780)	13228AC850	4.89(0.1925)	13228AD160	5.20(0.2047)
13228AD290	4.54(0.1787)	13228AC860	4.90(0.1929)	13228AD170	5.21(0.2051)
13228AD300	4.56(0.1795)	13228AC870	4.91(0.1933)	13228AD330	5.23(0.2059)
13228AD310	4.58(0.1803)	13228AC880	4.92(0.1937)	13228AD340	5.25(0.2067)
13228AD320	4.60(0.1811)	13228AC890	4.93(0.1941)	13228AD350	5.27(0.2075)
13228AC580	4.62(0.1819)	13228AC900	4.94(0.1945)	13228AD360	5.29(0.2083)
13228AC590	4.63(0.1823)	13228AC910	4.95(0.1949)	13228AD370	5.31(0.2091)
13228AC600	4.64(0.1827)	13228AC920	4.96(0.1953)	13228AD380	5.33(0.2098)
13228AC610	4.65(0.1831)	13228AC930	4.97(0.1957)	13228AD390	5.35(0.2106)
13228AC620	4.66(0.1835)	13228AC940	4.98(0.1961)	13228AD400	5.37(0.2114)
13228AC630	4.67(0.1839)	13228AC950	4.99(0.1965)	13228AD410	5.39(0.2122)
13228AC640	4.68(0.1843)	13228AC960	5.00(0.1969)	13228AD420	5.41(0.2130)
13228AC650	4.69(0.1846)	13228AC970	5.01(0.1972)	13228AD430	5.43(0.2138)
13228AC660	4.70(0.1850)	13228AC980	5.02(0.1976)	13228AD440	5.45(0.2146)
13228AC670	4.71(0.1854)	13228AC990	5.03(0.1980)	13228AD450	5.47(0.2154)
13228AC680	4.72(0.1858)	13228AD000	5.04(0.1984)	13228AD460	5.49(0.2161)
13228AC690	4.73(0.1862)	13228AD010	5.05(0.1988)	13228AD470	5.51(0.2169)
13228AC700	4.74(0.1866)	13228AD020	5.06(0.1992)	13228AD480	5.53(0.2177)
13228AC710	4.75(0.1870)	13228AD030	5.07(0.1996)	13228AD490	5.55(0.2185)
13228AC720	4.76(0.1874)	13228AD040	5.08(0.2000)	13228AD500	5.57(0.2193)
13228AC730	4.77(0.1878)	13228AD050	5.09(0.2004)	13228AD510	5.59(0.2201)
13228AC740	4.78(0.1882)				

第八章

现代汽车发动机正时维修调整

第一节　北京现代汽车发动机正时维修与气门间隙调整

一、G6BA 2.7L 发动机（2003 款起索纳塔装备）

1. 正时带单元分解

正时带单元分解见图 8-1。

2. 正时带的拆卸方法

1）打开发动机室盖。

2）使用 16mm 扳手把张紧器臂顺时针方向（约 14°）旋转后拆卸正时带。

3）拆卸动力转向泵带轮、惰轮、张紧器带轮、曲轴带轮。

4）拆卸上、下部正时带盖。

5）拆卸自动张紧器。

> **说明：**
>
> 顺时针方向旋转曲轴对准正时标记，使一缸活塞在上止点位置（压缩行程）。这时曲轴正时齿轮上的正时标记和正时带盖上的正时标记要一致。

6）拆卸正时带。

> **说明：**
>
> 若要再使用正时带，在正时带上标上旋转方向，以便正确安装，见图 8-2。

2. 正时带单元的安装步骤

1）把惰轮安装在水泵壳上。

2）在气缸体上安装张紧器臂和垫片。

3）在张紧器臂上安装张紧轮。

4）如图 8-3 所示对正正时齿轮标记，安装曲轴正时齿轮。

> **注意：**
>
> ● 安装凸轮轴正时齿轮时，用扳手固定凸轮轴。
>
> ● 安装正时带前，凸轮轴正时齿轮正时标记和气缸盖上的正时标记不一致时，不论哪个方向不能旋转 3 个齿以上。
>
> ● 如果凸轮轴旋转 3 个齿以上，气门和活塞会相互顶住。
>
> ● 要旋转凸轮轴 3 齿以上，先将曲轴逆时针方向旋转后才可以旋转凸轮轴。

5）在前壳上安装自动张紧器。

> **提示：**
>
> 在自动张紧器上应有固定销。

6）对正各正时齿轮的正时标记，安装正时带。对正正时标记的顺序如下：

曲轴正时齿轮→惰轮→凸轮轴正时齿轮（LH）→水泵轮→凸轮轴正时齿轮（RH）→张紧轮

7）拆卸自动张紧器固定销。

8）安装上、下部正时带盖。

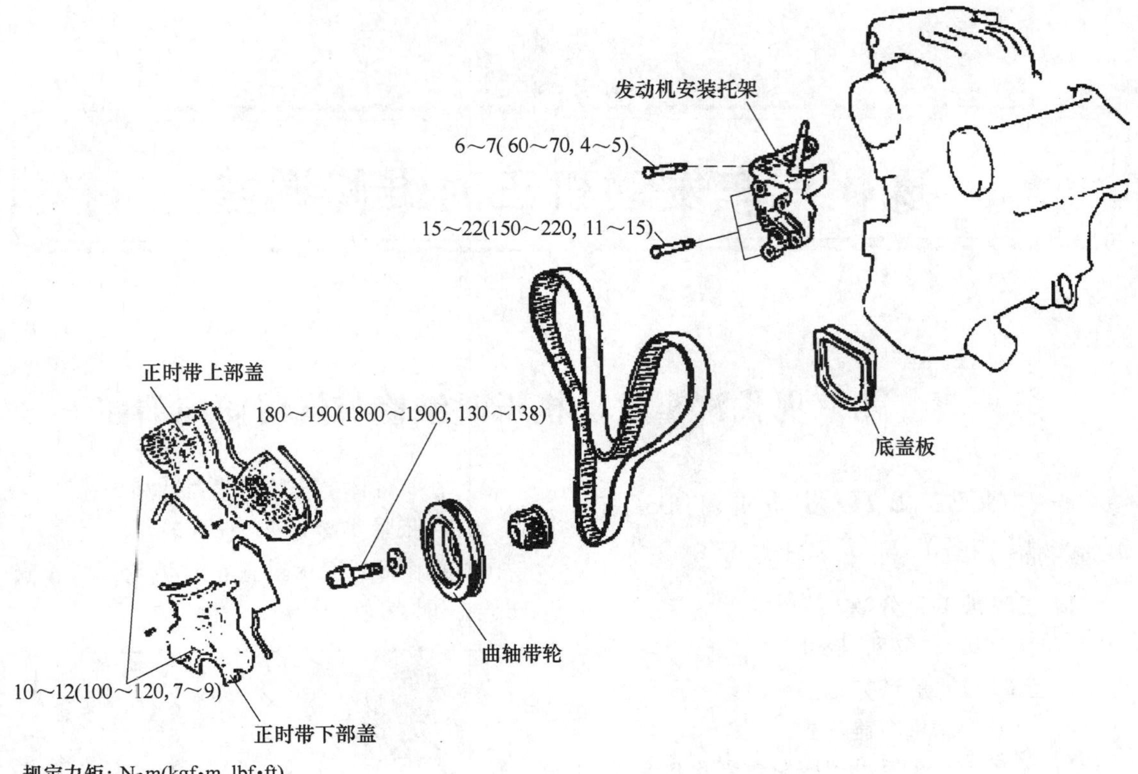

图 8-1　正时带单元分解

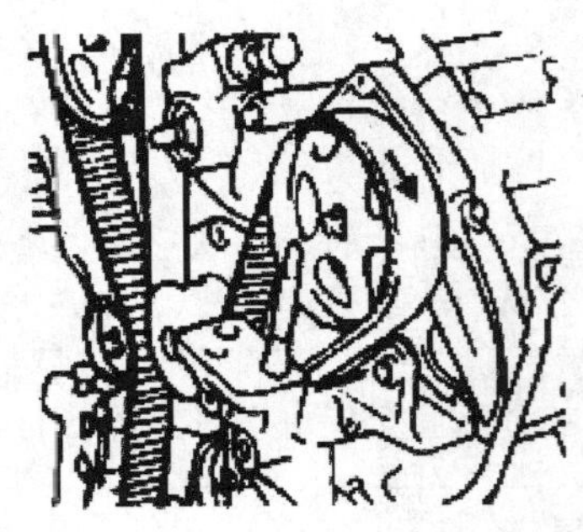

图 8-2　画出正时带方向标记

9）安装动力转向泵带轮、惰轮、张紧器带轮和曲轴齿轮。

10）使用16mm扳手把张紧器臂顺时方向旋转(约14°)后安装传动带。

11）关闭发动机室盖。

3. 正时带张力调整方法

1）顺时针方向旋转曲轴两周，5min后在一缸TDC(压缩行程上止点)状态测量自动张紧器的长度。

2）检测规定长度是否为6～8mm。

3）检查各正时齿轮是否在规定位置上。

> **提示：**
> 若不在规定位置上，重新安装正时带和自动张紧器。

二、G4BP 2.0L/2.4L 发动机(2003款索纳塔装备)

1. 正时带单元分解

正时带单元分解见图8-4。

2. 正时带的拆卸方法

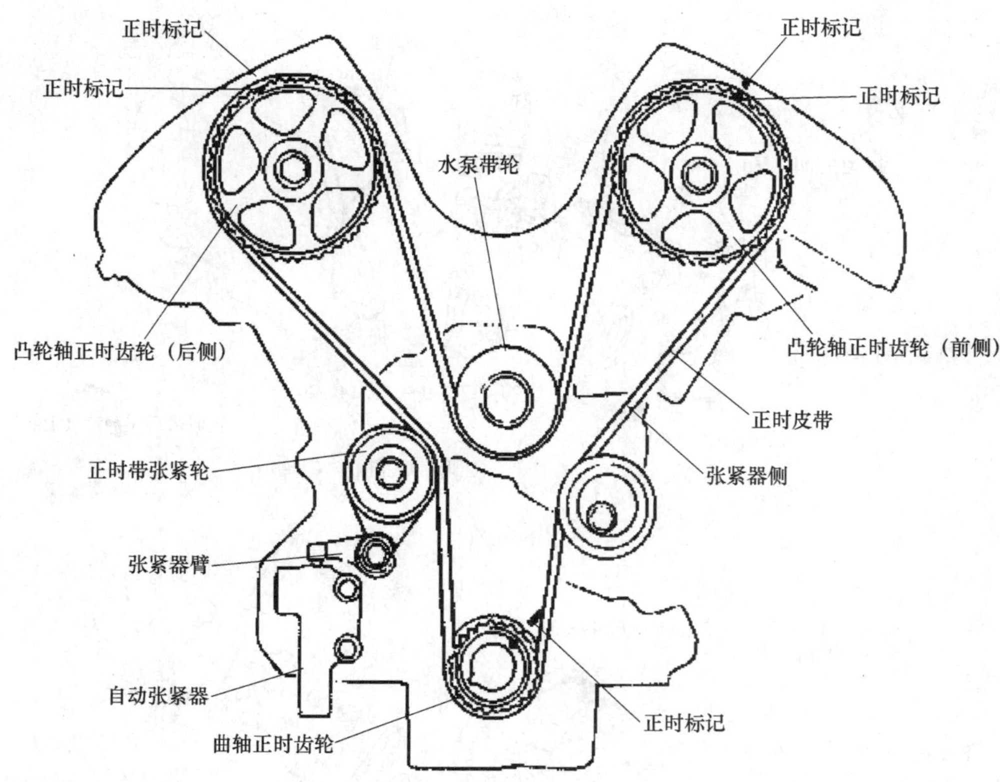

图 8-3　正时标记位置图

> **注意：**
>
> • 如图 8-5 所示校正正时：
>
> 顺时针方向旋转曲轴，对准正时标记，让一缸活塞在压缩行程上止点位置，这时凸轮轴正时标记也要与气缸盖上的标记一致，凸轮轴正时齿轮定位销朝上面。

1）拆卸曲轴带轮，水泵带轮和传动带。

2）拆卸正时带罩。

3）拆卸自动张紧器。

4）拆卸正时带。

5）拆卸凸轮轴。

6）拆卸机油泵正时齿轮螺母时先将气缸体左侧塞头拆除后，使用直径 8mm(0. 3 in)的旋具插入 60mm(2. 36 in)以上，以便固定左侧平衡轴。

7）拆卸机油泵正时齿轮螺母后拆卸正时齿轮。

8）松开右侧平衡轴正时齿轮螺栓。

9）拆卸张紧器 B 后拆卸正时带 B，见图 8-6。

10）在曲轴上拆卸正时齿轮 B。

3. 正时带的安装步骤

1）如图 8-7 所示安装曲轴正时齿轮 B。

2）垫外侧涂一层机油后安装在右侧时确认平衡轴是否如图 8-5 所示的方向安装。

3）安装右侧平衡轴正时齿轮以后用手拧紧螺栓。

4）如图 8-8 所示对准各正时齿轮上的正时标记和前壳上的标记。

5）安装正时带 B 时张力不要松动，张紧器 B 安装在安装螺栓左侧的带轮及发动机前方带轮法兰盘上。

6）提高张紧器 B 使张力侧正时带 B 拉紧然后拧紧张紧器 B 固定螺栓。拧紧螺栓时，

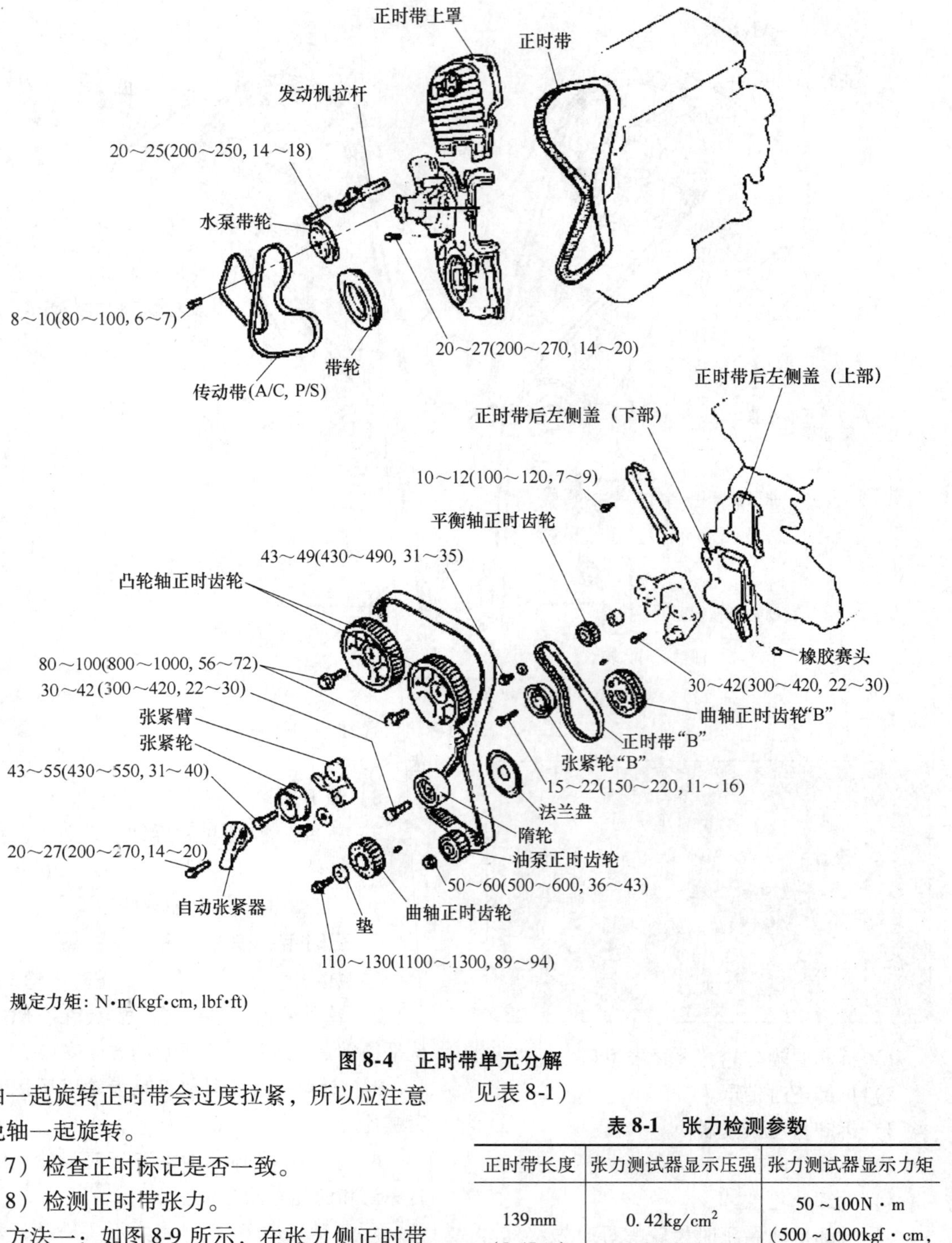

规定力矩：N·m(kgf·cm, lbf·ft)

图 8-4　正时带单元分解

若轴一起旋转正时带会过度拉紧，所以应注意避免轴一起旋转。

7）检查正时标记是否一致。

8）检测正时带张力。

方法一：如图 8-9 所示，在张力侧正时带中间用手指向箭头方向按压时，检测正时带弯曲度是否在规定值范围内。

• 正时带弯曲：5 ~ 7mm(0.20 ~ 0.28 in)。

方法二：使用张力测试器检测张力(参数见表 8-1）

表 8-1　张力检测参数

正时带长度	张力测试器显示压强	张力测试器显示力矩
139mm (5.47 in)	0.42kg/cm² (42kPa)	50 ~ 100N·m (500 ~ 1000kgf·cm, 36 ~ 72lbf·ft)

9）如图 8-10 所示方向安装法兰盘及曲轴正时齿轮。

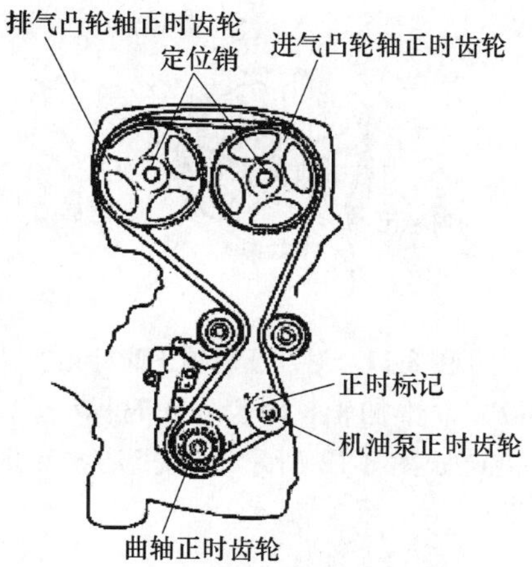

图 8-5　对齐正时标记

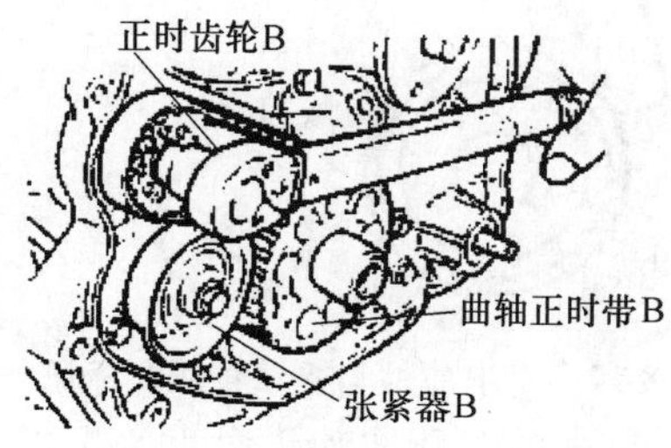

图 8-6　拆卸正时齿轮 B

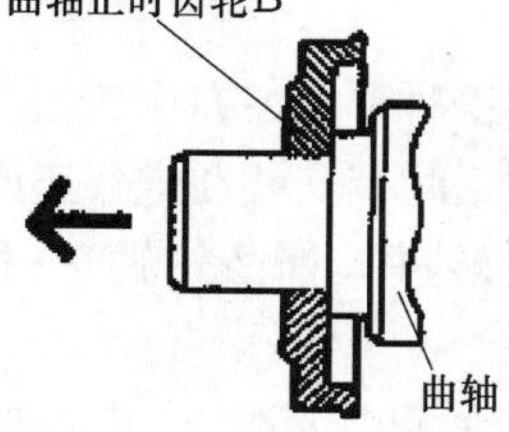

图 8-7　安装曲轴正时齿轮 B

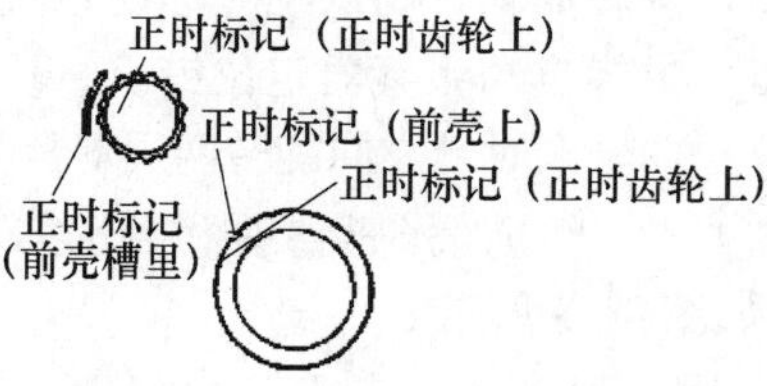

图 8-8　对正正时标记

10）安装垫及正时齿轮按规定力矩拧紧螺栓。

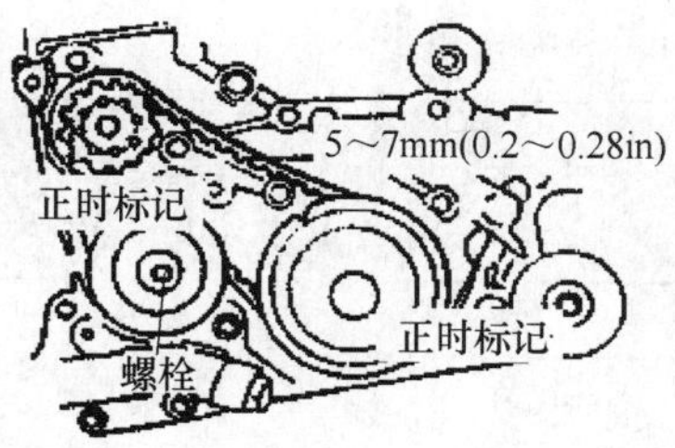

图 8-9　检查正时标记与正时带张力

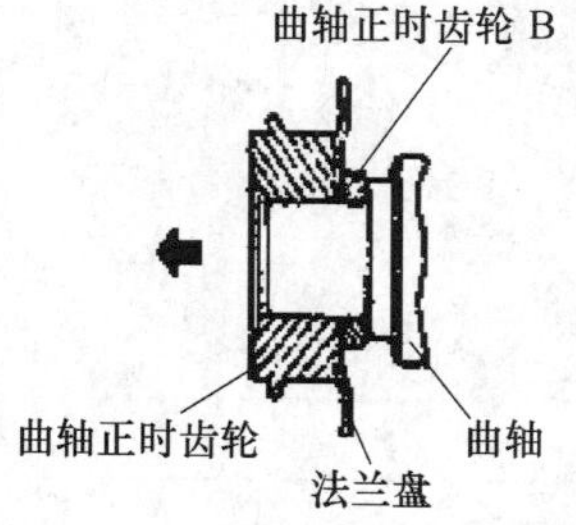

图 8-10　安装法兰盘与曲轴正时齿轮

规定力矩：

曲轴正时齿轮螺栓：

110 ~ 130N · m（1100 ~ 1300kgf · cm，80 ~ 94 lbf · ft）

11）气缸体左侧塞孔插入旋具固定平衡轴。

12）安装机油泵正时齿轮，按规定力矩拧紧螺母。

规定力矩：

机油泵正时齿轮螺母：

50 ~ 60N · m（500 ~ 600kgf · cm，36 ~ 43 lbf · ft）

13）安装凸轮轴正时齿轮，按规定力矩拧紧螺栓。

规定力矩：

凸轮轴正时齿轮螺栓：

80 ~ 100N · m（800 ~ 1000kgf · cm，58 ~ 72 lbf · ft）

14）安装自动张紧器。

> **注意：**
> - 应插入自动张紧器固定销。

> **提示：**
> 自动张紧器推杆过度突出时用以下方法修正自动张紧器：
> ①自动张紧器底部有塞头时使用平垫和软垫夹住张紧器。
> ②慢慢夹紧台虎钳上缸筒和推杆孔。
> ③塞入定位销。

> **注意：**
> - 在安装过程中不要拔出定位销。

15）在张紧臂上安装张紧轮，并用规定力矩拧紧螺栓。

> **规定力矩：**
> 张紧轮螺栓：
> 43～55N·m（430～550 kgf·cm，31～40 lbf·ft）

16）旋转正时齿轮使定位销朝上。然后对准摇臂轴正时标记和两个正时齿轮上的正时标记，如图8-11所示。

> **提示：**
> 1）安装正时带前，凸轮轴正时齿轮和气缸盖正时标记不一致时，不论哪个方向不要旋转两个齿数以上。
> 2）非要旋转两个齿轮以上时，先把曲轴正时齿轮逆时针方向旋转两个齿数以后，再旋转凸轮轴正时齿轮。

> **说明：**
> 进、排气凸轮轴正时齿轮使用同样的部件，根据排气量确认识别标记。

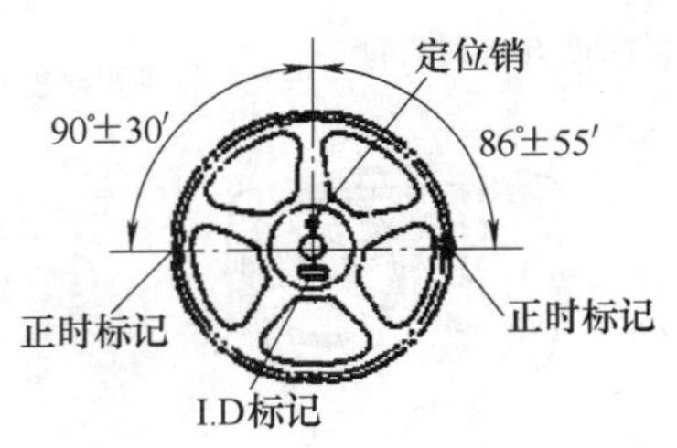

图8-11　对准凸轮轴正时标记

17）对准曲轴正时齿轮正时标记。

18）如图8-12所示对准机油泵正时齿轮正时标记。

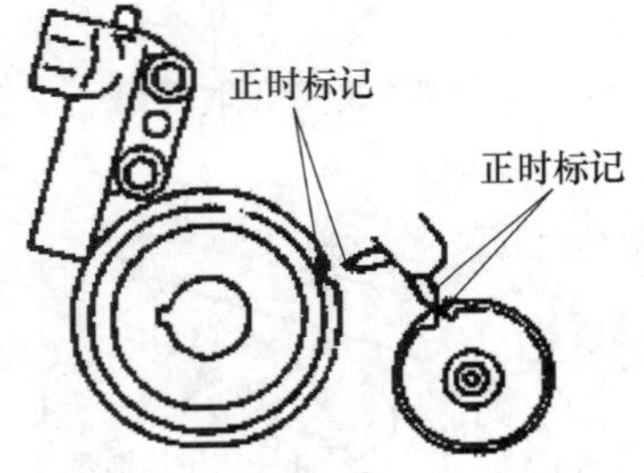

图8-12　对准曲轴与机油泵正时标记

19）在张紧轮和曲轴正时齿轮上安装正时带并用左手抓紧张紧轮上的正时带。

20）用右手拉正时带安装在机油泵正时齿轮上。

21）将正时带安装在惰轮上。

22）将正时带安装在进气正时齿轮上。

23）旋转进排气凸轮轴正时齿轮并对准正时标记。

24）在张紧轮上装上正时带后拔出自动张紧器固定销。

25）旋转曲轴，确认正时标记是否正确。

26）拆卸自动张紧器定位销。

27）曲轴顺时针方向旋转两周等待15min后检测“A”间隙（张紧器臂和自动张紧器距离），如图8-13所示。

- 规定值：6～9mm（0.24～0.35 in）

28）安装正时带下部和上部罩。

三、G4KE2.4L（2008款起领翔，2010款起IX35装备）

1. 正时链单元结构

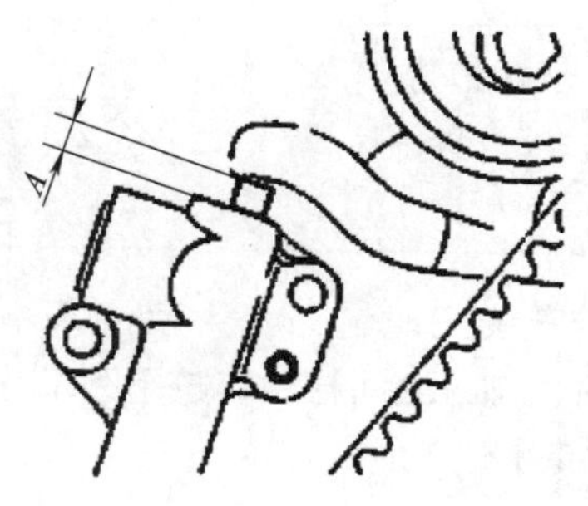

图 8-13　检测 A 间隙

G4KE 发动机正时链单元结构如图8-14所示。

2. 正时链条的拆卸方法

1）拆卸气缸盖罩。

2）在正时链盖和气缸体之间轻轻撬，拆卸正时链盖。

3）如图 8-15 所示曲轴键应与主轴承盖的接合面对齐。这样，将 1 号气缸的活塞置于压缩行程的上止点。

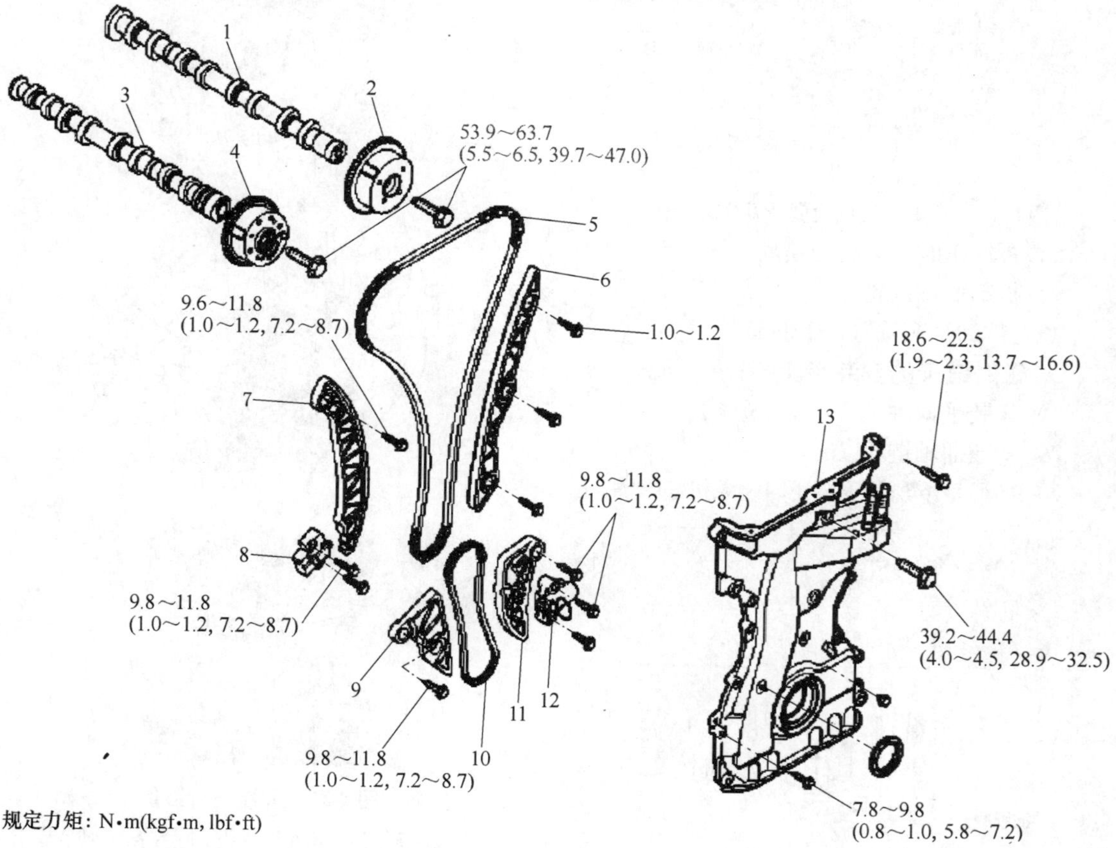

图 8-14　正时链单元结构

1—进气凸轮轴　2—进气 CVVT 总成　3—排气凸轮轴　4—排气 CVVT 总成　5—正时链条　6—正时链条导轨　7—正时链条张紧器臂　8—正时链条张紧器　9—平衡轴链条导轨　10—平衡轴链条　11—平衡轴链条张紧器臂　12—平衡轴链条张紧器　13—正时链条盖

提示：

拆卸正时链前，根据链轮的位置给正时链做识别标记，因为链条上的 TDC（上止点）识别标记可能被抹掉。

4）压缩正时链条张紧器后，安装固定销。

5）拆卸正时链条张紧器和正时链条张紧器臂。

6）拆卸正时链条。

7）拆卸正时链条导轨。

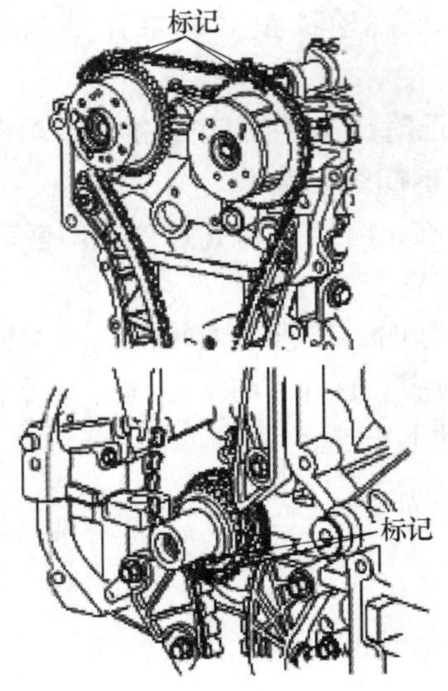

图 8-15　将 1 号气缸设置于 TDC 位置

8）拆卸正时链条机油喷嘴。

9）拆卸曲轴链轮。

10）拆卸平衡轴链(油泵链)。

3. 正时链条的安装步骤

1）安装平衡轴链条(油泵链条)。

2）安装曲轴链轮。

3）如图 8-16 所示安装正时链条机油喷嘴。

> **规定力矩：**
> 7.8 ~ 9.8N · m(0.8 ~ 1.0kgf · m, 5.8 ~ 7.2 lbf. ft)

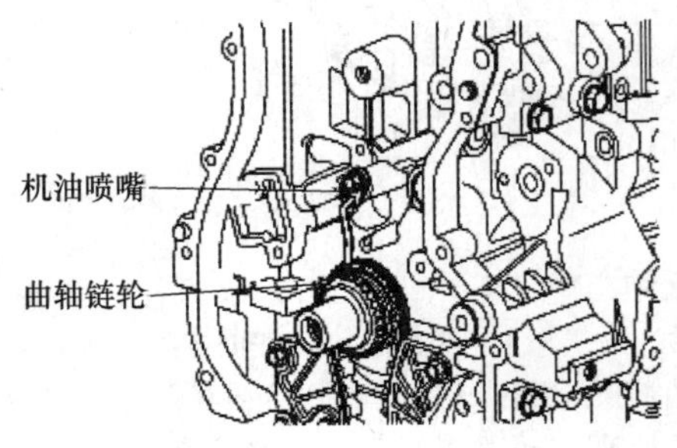

图 8-16　安装正时链条机油喷嘴

4）对准曲轴齿轮的正时标记。装配凸轮轴，让进气 CVVT 总成和排气 CVVT 总成的 TDC 标记对准气缸盖的顶面。使发动机 1 号气缸处于压缩行程的上止点。

5）安装正时链条导轨。

> **规定力矩：**
> 9.8 ~ 11.8N · m(1.0 ~ 1.2kgf · m, 7.2 ~ 8.7 lbf · ft)

6）安装正时链条。为使链条不在各轴(凸轮轴、曲轴)之间松弛，按下列顺序安装正时链，如图 8-17 所示。

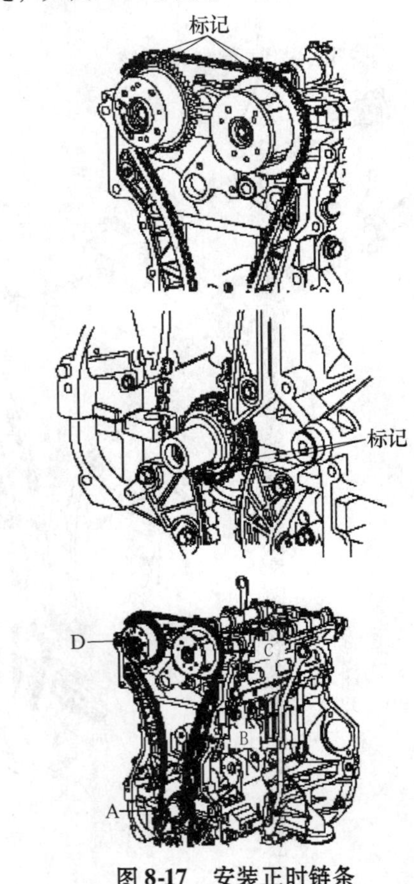

图 8-17　安装正时链条

① 曲轴链轮(A)→正时链条导轨(B)→进气 CVVT 总成(C)→排气 CVVT 总成(D)。

② 安装正时链条时，每个链轮的正时标记应与正时链条的正时标记(颜色链)对正。

7）安装正时链条张紧器臂。

> **规定力矩：**
> 9.8 ~ 11.8N · m(1.0 ~ 1.2kgf · m, 7.2 ~ 8.7 lbf · ft)

8）安装正时链自动张紧器，拆卸固定销。

> **规定力矩：**
> 9.8～11.8N·m(1.0～1.2kgf·m, 7.2～8.7 lbf·ft)

9）如图 8-18 所示按规定方向(顺时针方向)旋转曲轴 2 圈后，确认正时标记。

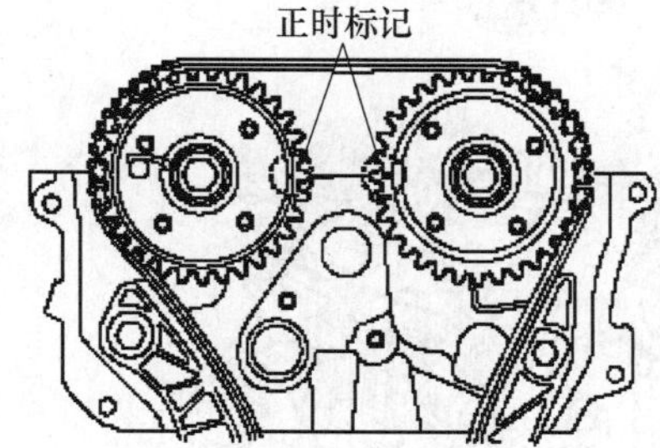

图 8-18　转动曲轴确认正时标记

10）安装正时链条盖。

① 使用衬垫刮刀，清除衬垫表面上的所有旧衬垫材料。

② 在链条盖和相对部件(气缸盖、气缸体和梯形架)上的密封胶不能沾上发动机机油等。

③ 装配正时链条盖前，应在气缸盖和气缸体的缝隙之间涂抹液体密封胶。

④ 涂抹密封胶后 5min 内装配部件。

- 密封胶宽度：3.0mm(0.12in)

⑤ 应在正时链盖上涂抹液体密封胶。涂抹密封胶后在 5min 内装配部件。应不间断地涂抹密封胶。

- 密封胶宽度：3.0mm(0.12in)

⑥ 为了精确装配正时链条盖，参考使用气缸体上的定位销和正时链条盖上的孔。

> **规定力矩：**
> 6×28：7.8～9.8N·m(0.8～1.0kgf·m,5.8～7.2lbf·ft)
> 6×25：18.6～22.5N·m(1.9～2.3kgf·m,13.7～16.6lbf·ft)
> 10×45：39.2～44.1N·m(4.0～4.5kgf.m,28.9～32.5lbf·ft)
> 10×4：39.2～44.1N·m(4.0～4.5kgf·m,28.9～32.5lbf·ft)

⑦ 装配 30min 后，再运转发动机或执行压力测试。

四、G4KC 2.4L 发动机(2005 款起御翔装备)

1. 正时链单元分解

正时链单元分解见图 8-19、图 8-20。

2. 正时链的拆卸方法

1）用旋具撬气缸盖和气缸体之间的位置，拆卸正时链盖。

2）对齐曲轴齿键和主轴承盖的接合面。使 1 号气缸位于压缩行程上止点。

3）压缩正时链张紧器后，安装定位销。

4）拆卸正时链张紧器。

5）拆卸正时链张紧器臂。

6）拆卸正时链。

7）拆卸正时链导轨。

8）拆卸正时链油喷嘴。

9）拆卸曲轴链条链轮。

3. 平衡轴链条的拆卸方法

1）拆卸正时链。

2）压缩平衡轴链条张紧器，安装定位销。

3）如图 8-21 所示，拆卸平衡轴链条张紧器(A)。

4）如图 8-21 所示，拆卸平衡轴链条张紧器(B)。

5）如图 8-21 所示，拆卸平衡轴链条导板(C)。

6）拆卸平衡轴模块和平衡轴链条。

4. 平衡轴链条的安装

1）对齐曲轴齿键和主轴承盖的接合面，使 1 号气缸位于压缩行程上止点。

2）确认平衡轴模块正时标记。能看到正时标记和邻近铸件正时切口的中央对齐，如图 8-22 所示。

3）安装平衡轴模块。使平衡轴模块链轮的正时标记匹配平衡轴链条的正时标记(颜色链)，如图 8-23 所示。

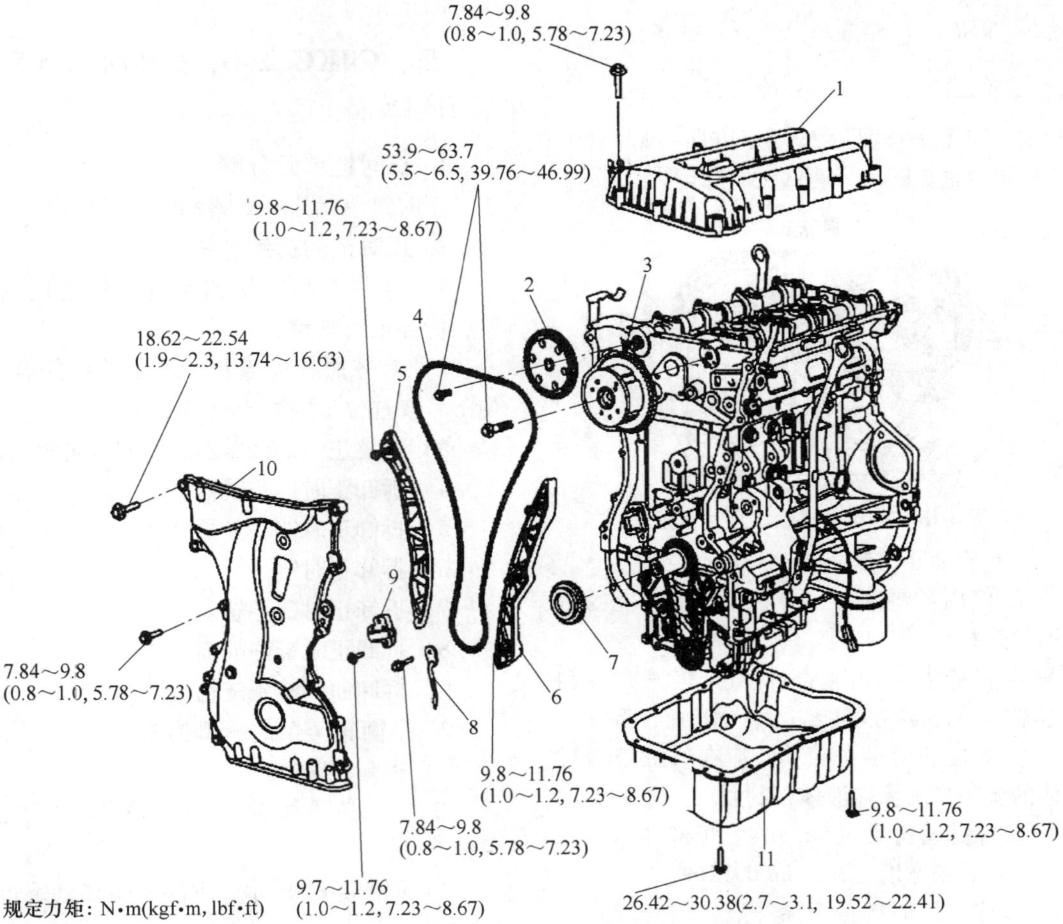

规定力矩：N·m(kgf·m, lbf·ft)

图 8-19　G4KC 发动机正时链单元分解

1—缸盖罩　2—排气凸轮轴链轮　3—VVT 总成　4—正时链　5—正时链张紧器臂　6—正时链导轨　7—曲轴链轮　8—油喷嘴　9—正时链张紧器　10—正时链盖　11—油底壳

规定力矩：

16.66N·m(1.7kgf·m,12.3 lbf·ft)+60°+60°

4）安装平衡轴链条导轨。

规定力矩：

16.66N·m(1.7kgf·m,12.3 lbf·ft)+60°+60°

5）安装平衡轴张紧器臂。

规定力矩：

16.66N·m(1.7kgf·m,12.3 lbf·ft)+60°+60°

6）安装平衡轴张紧器，拆卸定位销。

规定力矩：

16.66N·m(1.7kgf·m,12.3 lbf·ft)+60°+60°

7）确认正时标记。

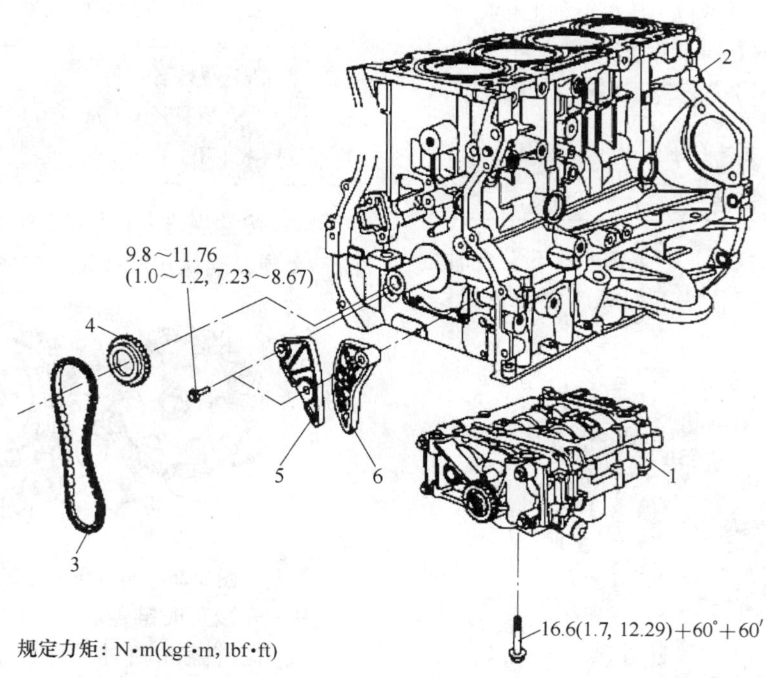

图 8-20　平衡轴链条单元分解

1—平衡轴模块　2—气缸体　3—平衡轴链条　4—平衡轴链条链轮

5—平衡轴链条导轨　6—平衡轴链条张紧器臂

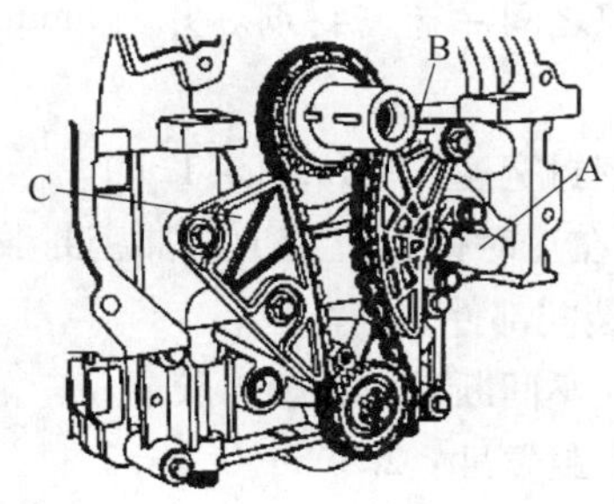

图 8-21　拆卸平衡轴链条

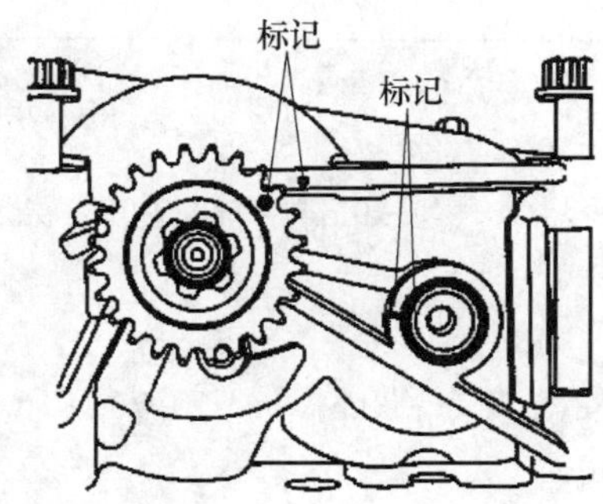

图 8-22　确认平衡轴正时标记

5. 正时链的安装

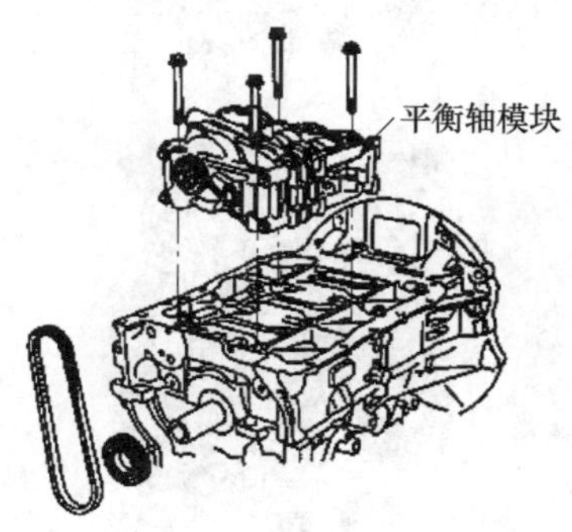

图 8-23　安装平衡轴模块

1）安装曲轴链条链轮。

2）安装正时链条油喷嘴。

> **规定力矩：**
>
> 7.84～9.8N·m(0.8～1.0kgf·m, 5.78～7.23lbf·ft)

3）在曲轴的齿键与主轴承盖的接合面对齐时，装配曲轴。在进气链轮、排气链轮与气缸盖的顶面对齐时，旋转进气、排气凸轮轴总成。目的是使1号气缸的活塞位于压缩行程上止点。

4）安装正时链导轨。

> **规定力矩：**
> 9.8～11.6N·m(1.0～1.2kgf·m, 7.23～8.67lbf·ft)

5）安装正时链。为使正时链不会在轴的各个中央位置松弛，按下列顺序安装正时链，如图8-24所示。

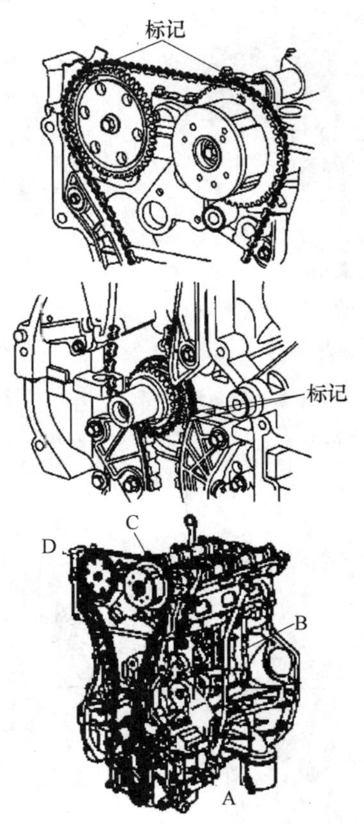

图8-24　安装正时链

① 曲轴链轮(A)→正时链条导轨(B)→进气凸轮轴链轮(C)→排气凸轮轴链轮(D)。

② 安装正时链时，各链轮的正时标记应匹配正时链的正时标记(颜色链)。

6）安装正时链张紧器臂。

> **规定力矩：**
> 9.8～11.76N·m(1.0～1.2 kgf·m, 7.23～8.67lbf·ft)

7）安装正时链自动张紧器，拆卸定位销。

> **规定力矩：**
> 9.8～11.76N·m(1.0～1.2 kgf·m, 7.23～8.67lbf·ft)

8）按常规方向(从前看顺时针方向)旋转曲轴2周，确认正时标记，如图8-25所示。

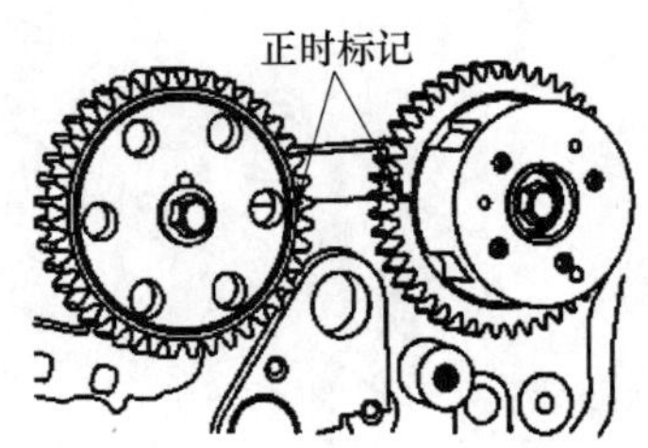

图8-25　确认正时标记位置

9）安装正时链盖。

① 在链盖和相对部件(气缸盖、气缸体、发动机梯形架)上的密封胶应远离发动机机油和冷却液。

② 装配正时链盖前，应在气缸盖和气缸体的缝隙之间涂抹密封剂。并在5min内装配部件。

- 密封宽度：2.5mm(0.1 in)。

③ 在正时链盖位置上涂抹密封胶。并在5min内装配部件。

- 应不间断地涂抹密封胶。
- 密封宽度：2.5mm(0.1 in)。

④ 为了精确装配正时链盖，参考使用气缸体上的定位销和正时链上的孔。

> **规定力矩：**
> M6：7.84～9.8N·m
> (0.8～1.0kgf·m, 5.78～7.23 lbf.ft)
> M8：18.62～22.54N·m
> (1.9～2.3kgf·m, 13.74～16.63 lbf·ft)

⑤ 装配正时链30min后，再执行发动机运转测试。

五、G4KD2.0L 发动机（2009 款起领翔装备）

G4KD 与 G4KE 的正时单元拆卸与安装步骤及正时校对方法是一样的，相关内容请参考前节。正时链单元结构如图 8-26 所示。本节只介绍气门间隙的测量和调整方法。

1. 气门间隙的测量

（1）拆卸前期工作

1）分离曲轴箱强制通风软管。

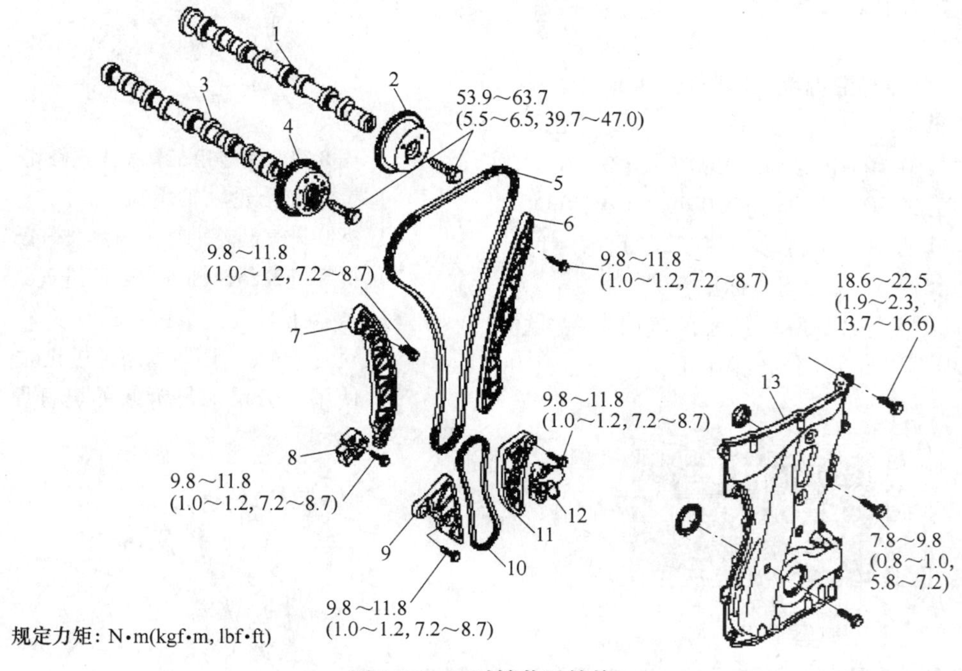

图 8-26 正时链单元结构

1—进气凸轮轴 2—进气 CVVT 总成 3—排气凸轮轴 4—排气 CVVT 总成 5—正时链 6—正时链张紧器导轨 7—正时链张紧器臂 8—正时链张紧器 9—平衡轴链导轨 10—平衡轴链 11—平衡轴链张紧器臂 12—平衡轴链张紧器 13—正时链盖

2）分离通气软管。

3）松开气缸盖罩螺栓，拆卸盖和衬垫。

（2）测量准备

1）把 1 号气缸设置到压缩行程 TDC。

2）转动曲轴带轮，并对齐它的凹槽和正时链下盖的正时标记“T”，如图 8-27 所示。

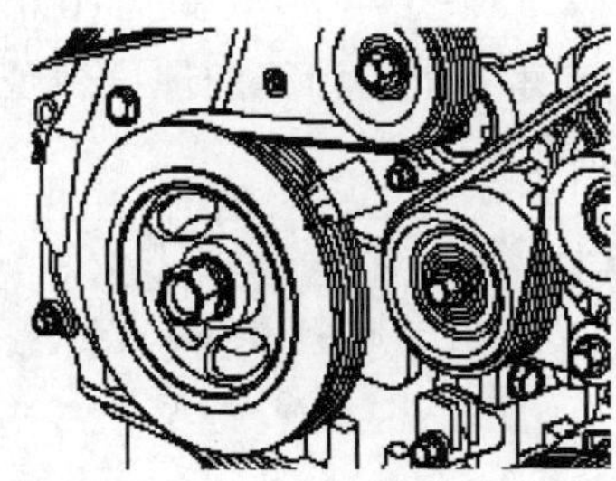

图 8-27 对齐曲轴正时标记

3）检查凸轮轴正时链轮的正时标记是否与气缸盖表面成一直线。

4）如果没有，将曲轴转动一圈（360°）。

（3）检查气门间隙

1）只检查如图 8-28 所示的气门。在 1 缸

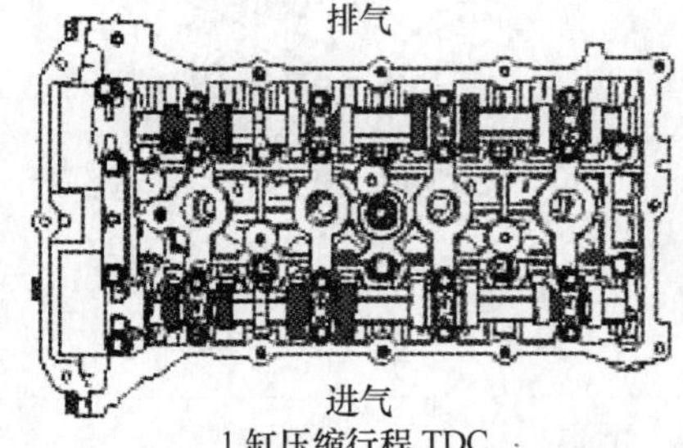

图 8-28 设置 1 缸于压缩行程 TDC 位置，并测量相应的气门间隙

压缩行程TDC位置测量气门间隙。

① 使用塞尺，测量挺杆和凸轮轴基圆之间的间隙。

② 记录超出规定的气门间隙测量值。稍后它们可用于决定需更换的挺杆。

• 气门间隙

＊ 标准

发动机冷却液温度：20℃(68℉)

＊ 极限

进气：0.10~0.30mm(0.0039~0.0118in)

排气：0.20~0.40mm(0.0079~0.0157in)

2）将曲轴带轮转动一圈(360°)，并对齐凹槽和正时链下盖的正时标记“T”。

3）只检查如图8-29所示的气门。在4缸压缩行程TDC位置测量气门间隙。

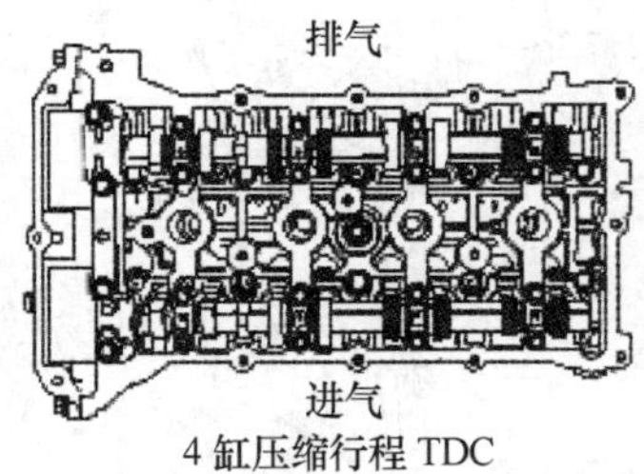

图8-29 设置4缸于压缩行程TDC位置，并测量相应的气门间隙

2. 进排气气门间隙的调整

1）将1缸设置在压缩行程TDC处。

2）在正时链和凸轮轴正时链轮上做标记。

3）如图8-30所示拆卸正时链盖的维修孔螺栓。

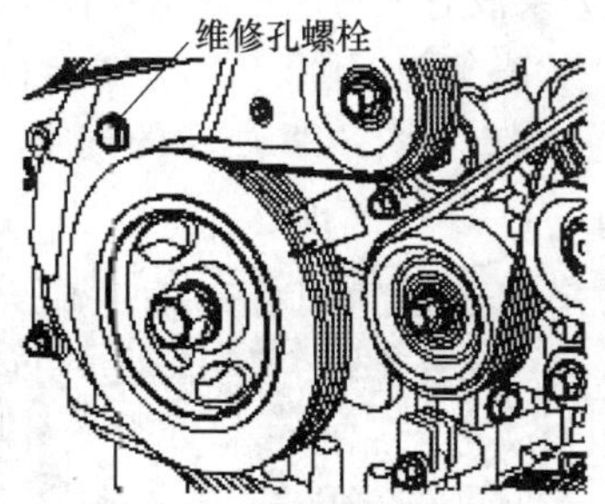

图8-30 拆卸维修孔螺栓

> **注意：**
> • 禁止再使用装配过的螺栓。

4）如图8-31所示把专用工具插入正时链盖的维修孔内，释放棘轮。

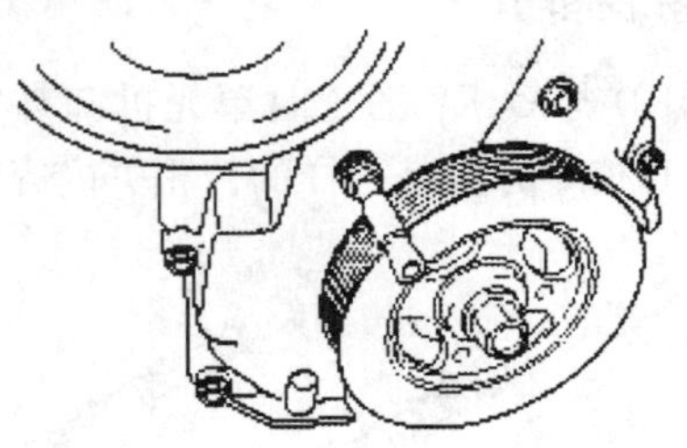

图8-31 用专用工具插入维修孔

5）拆卸前凸轮轴轴承盖。

6）拆卸排气凸轮轴轴承盖和排气凸轮轴。

7）拆卸进气凸轮轴轴承盖和进气凸轮轴。

8）系紧正时链，不让它移动。

• 小心：不要让任何东西掉进正时链盖内。

9）使用千分尺测量拆卸的挺杆厚度，如图8-32所示。

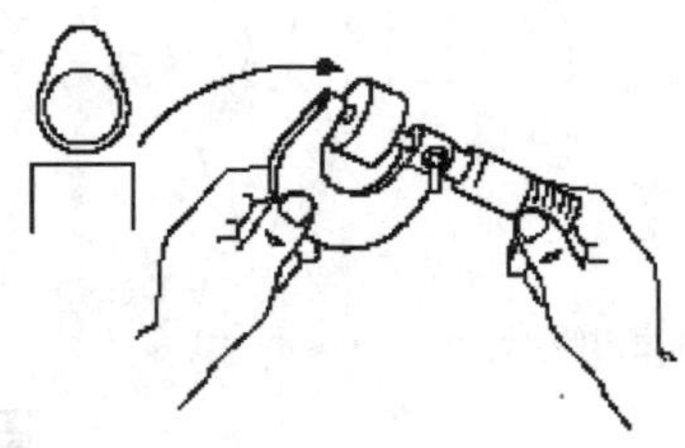

图8-32 测量气门挺柱厚度

10）为使气门间隙在规定范围内，计算新挺杆的厚度。

• 气门间隙(发动机冷却液温度:20℃)

T：拆卸的挺杆厚度

A：测量的气门间隙

N：新挺杆的厚度

＊ 进气：N=T+[A-0.20mm(0.0079in)]

＊ 排气：N=T+[A-0.30mm(0.0118in)]

11）选择一个与计算的厚度数值尽可能接近的新品挺杆。

> **说明：**
> 适用的垫片是以0.0015mm(0.0006in)为间隔，3.00mm(0.118in)至3.690mm(0.1452in)共有47个垫片。

12）将新品挺杆安置在气缸盖上。

13）固定正时链，放置进气凸轮轴和正时链轮。

14）对齐正时链和凸轮轴正时链轮上的匹配标记。

15）安装进气和排气凸轮轴。

16）安装前轴承盖。

17）拧紧维修孔螺栓。

规定力矩：

11.8～14.7N·m(1.2～1.5kgf·m,8.7～10.8lbf·ft)

18）按工作方向(顺时针)将曲轴旋转2圈，重新定位曲轴链轮和凸轮轴链轮正时标记。

19）重新检查气门间隙。

- 气门间隙(发动机冷却液温度:20℃)

规格

＊ 进气：0.17～0.23mm(0.0067～0.0090in)

＊ 排气：0.27～0.33mm(0.0106～0.0129in)

六、G4GC 2.0L发动机(2004款起途胜装备)

1. 正时带单元分解

正时带单元分解见图8-33。

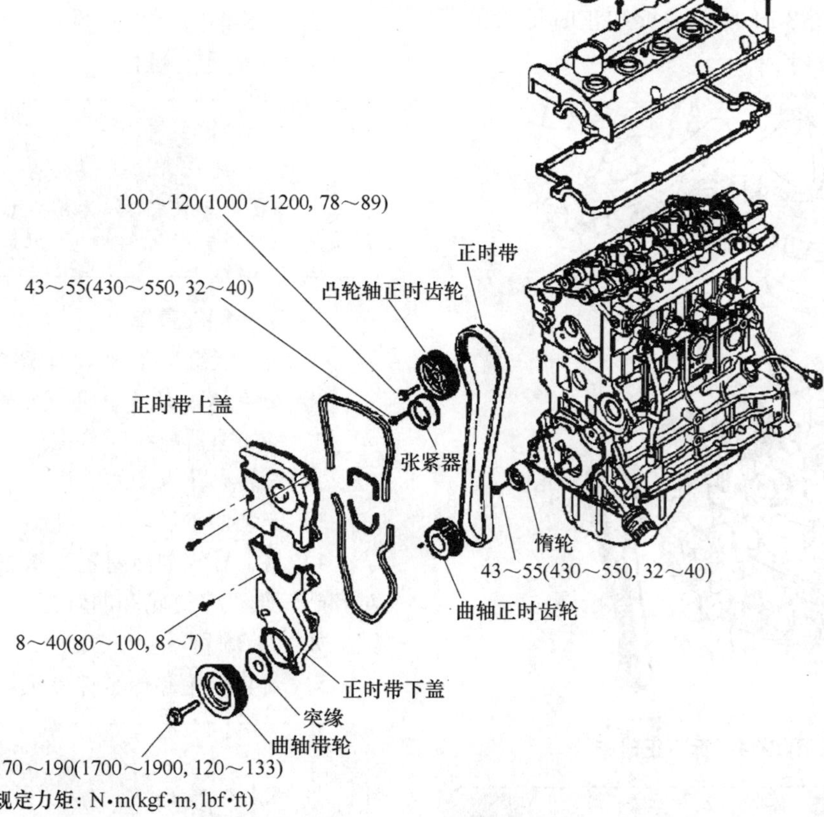

图8-33　正时带单元分解

2. 正时带的拆卸方法

注意：

- 此程序不需要拆卸发动机。

1）拆卸发动机盖。

2）拆卸右前轮。

3）拆卸2个螺栓和右侧盖。

4）拆卸发动机装配支架。

① 将千斤顶安装到发动机油底壳。

② 拆卸螺栓及 3 个螺母和发动机装置支架。

③ 拆卸螺栓和撑板。

5）暂时松开水泵带轮螺栓。

6）拆卸交流发电机传动带。

7）拆卸空气压缩机传动带。

8）拆卸动力转向泵传动带。

9）拆卸 4 个螺栓和水泵带轮。

10）拆卸 4 个螺栓和正时带上盖。

11）转动曲轴带轮，并对齐它的导槽和正时带盖的正时标记“T”。

12）拆卸曲轴带轮螺栓和曲轴带轮。

13）拆卸曲轴突缘。

14）拆卸 5 个螺栓和正时带下盖（A）。

15）如图 8-34 所示，拆卸正时带张紧器（A）和正时带（B）。

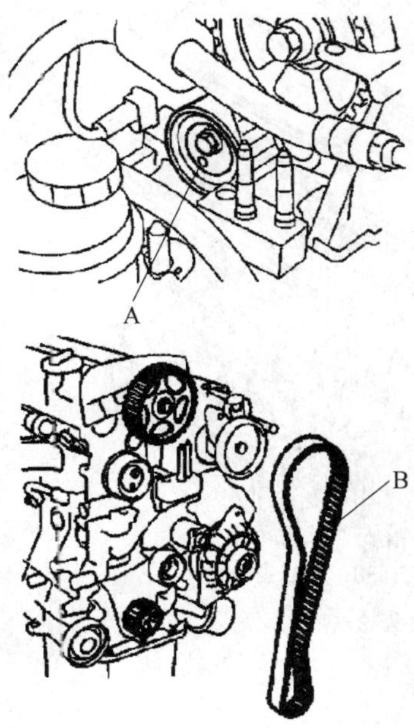

图 8-34　拆下正时带

> **提示：**
> 如果再次使用正时带时，应在正时带上做箭头标记，以此指示旋转方向，确保安装正时带时保持原来的方向。

16）拆卸螺栓和正时带惰轮。

17）拆卸曲轴正时齿轮。

18）拆卸气缸盖罩。

① 拆卸火花塞配线。

② 从气缸盖罩上拆卸加速器配线。

③ 拆卸曲轴箱强制通风装置（PCV）软管和通气软管。

④ 拆卸 12 个螺栓和气缸盖罩。

19）拆卸凸轮轴正时齿轮。用扳手固定凸轮轴六角形部位，并拆卸螺栓和凸轮轴正时齿轮。

3. 正时带的安装步骤

1）安装凸轮轴正时齿轮并将螺栓拧紧至规定力矩。

① 暂时安装凸轮轴正时齿轮螺栓。

② 用扳手固定凸轮轴六角形部位，并拧紧凸轮轴正时齿轮螺栓。

> **规定力矩：**
> 凸轮轴正时齿轮螺栓：
> 100 ~ 120N · m（1000 ~ 1200kgf · cm，74 ~ 89lbf · ft）

2）安装气缸盖罩。

① 安装气缸盖罩和 12 个螺栓。

② 安装 PCV 软管和通气装置软管。

③ 将加速器配线安装在气缸盖罩上。

④ 安装火花塞配线。

3）安装曲轴链轮。

4）将 1 号气缸活塞置于压缩行程上止点，对齐凸轮轴正时链轮和曲轴正时链轮的正时标记，如图 8-35 所示。

5）安装惰轮并拧紧螺栓至规定力矩。

> **规定力矩：**
> 惰轮螺栓：
> 43 ~ 55N · m（430 ~ 550kgf · cm，32 ~ 40lbf · ft）

6）用平垫圈暂时安装正时带张紧器。

7）为使正时带不在轴的各个中央松弛。按下列顺序安装正时带，如图 8-36 所示

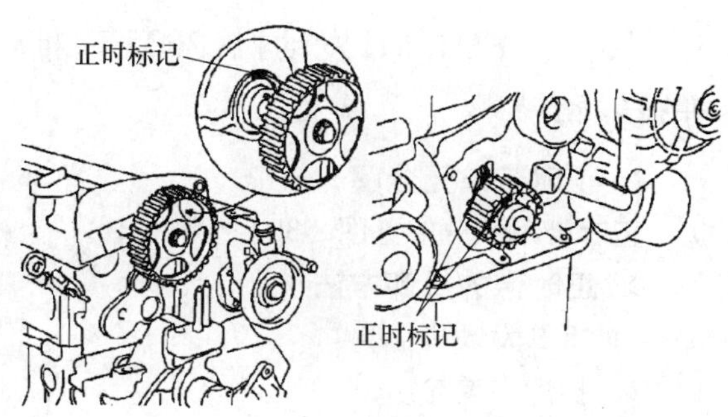

图 8-35　将第 1 号气缸活塞置于压缩行程上止点位置

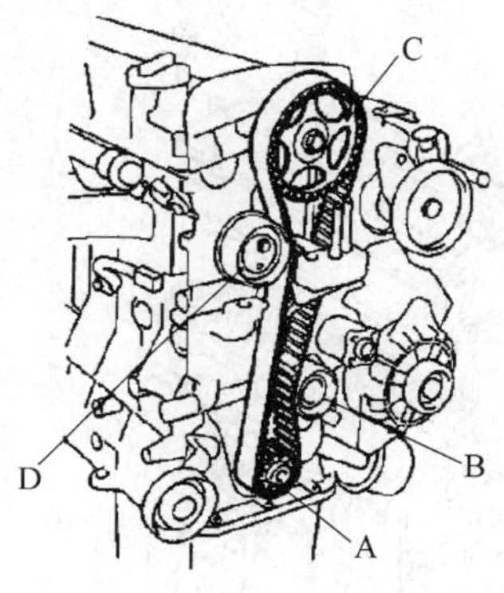

图 8-36　安装正时带

- 曲轴正时齿轮(A)→惰轮(B)→凸轮轴正时齿轮(C)→正时带张紧器(D)。

8）通过中心螺栓在正时带上加力，来暂时固定张紧器带轮。

9）正时带张力调节。

① 如图 8-37 所示，按规定方向(从前看顺时针方向)旋转曲轴经过的角等于经过凸轮轴链轮的两个轮牙(18°)的角度。

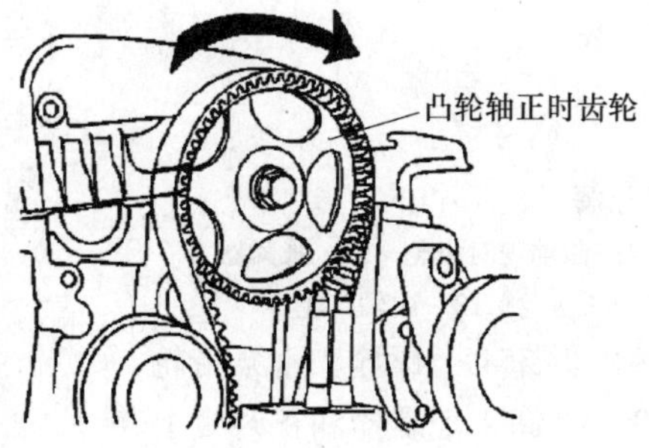

图 8-37　调整张紧力

② 如图 8-38 所示，按箭头方向使用工具，通过旋转张紧器将张力赋予正时带，并使正时带的张紧边没有松弛。

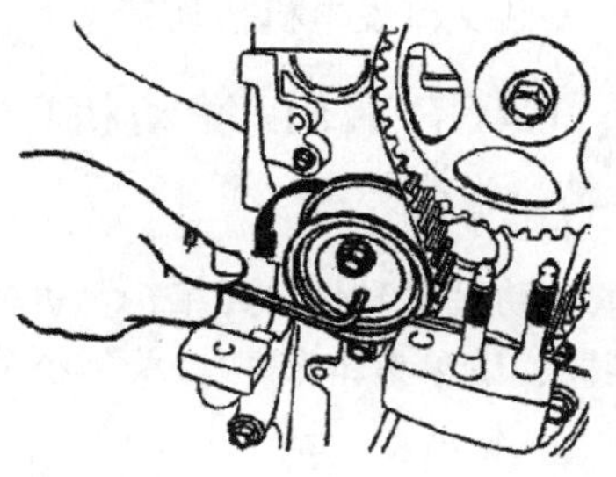

图 8-38　安装张紧器

③ 拧紧张紧器螺栓。

> **规定力矩：**
> 张紧器螺栓：
> 43 ~ 55N · m(430 ~ 550kgf · cm, 32 ~ 40lbf · ft)

④ 重新检查正时带张力，在使用适中的力[约 2kgf(20N,5lbf)]平向推动正时带的张紧边时，正时带轮牙凹陷约 4 ~ 6mm(0.16 ~ 0.24in)。

10）按操作方向(顺时针)将曲轴旋转 2 周并重新对齐曲轴正时齿轮和凸轮轴正时齿轮的正时标记。

11）用 5 个螺栓安装正时带下盖。

> **规定力矩：**
> 正时带盖螺栓：
> 8 ~ 10N · m(80 ~ 100kgf · cm, 6 ~ 7lbf · ft)

12）安装突缘和曲轴传动带。确定曲轴正时齿轮销与带轮内的小孔相吻合。

> **规定力矩：**
> 曲轴带轮螺栓：
> 170 ~ 180N · m(1700 ~ 180kgf · cm, 125 ~ 133lbf · ft)

13）用 4 个螺栓安装正时带上盖。

14）用 4 个螺栓安装冷却水泵带轮。

15）安装动力转向泵传动带。

16）安装空气压缩机传动带。

17）安装交流发电机传动带。

七、G4GB 1.8L 发动机（2008 款起伊兰特、悦动装备）

该款发动机正时带单元结构与拆装步骤与G4GC 相同，请参考本节中“六”小节的相关内容。

八、G4ED1.6L 发动机（2005 款雅绅特装备）

1. 正时带单元分解

正时带单元分解见图 8-39。

2. 正时带的拆卸方法

1）拆卸发动机盖。

2）拆卸右前轮。

3）拆卸 2 个螺栓和右侧盖。

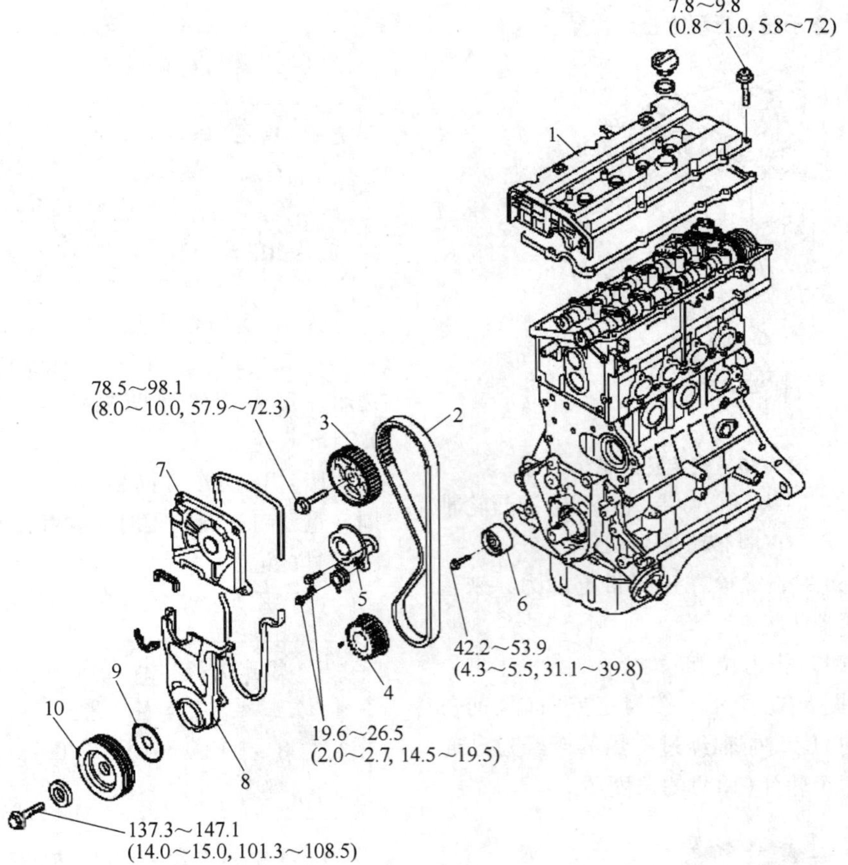

图 8-39　正时带单元分解

1—气缸盖罩　2—正时带　3—凸轮轴正时齿轮　4—曲轴正时齿轮　5— 张紧器
6—惰轮　7—正时带上盖　8—正时带下盖　9—法兰　10—曲轴带轮

4）松开水泵传动带轮螺栓。

5）拆卸交流发电机传动带。

6）拆卸空调压缩机传动带。

7）拆卸动力转向泵传动带。

8）拆卸 4 个螺栓和水泵带轮。

9）拆卸 4 个螺栓和正时带上盖。

10）如图 8-40 所示转动曲轴带轮，并对齐它的导槽和正时带盖的正时标记“T”。检

查凸轮轴正时齿轮的正时标记是否与气缸盖罩的正时标记对齐。1 号气缸活塞在压缩行程 TDC 位置。

11）拆卸曲轴带轮螺栓和曲轴带轮。

12）拆卸曲轴法兰。

13）拆卸 4 个螺栓和正时带下盖。

14）拆卸正时带张紧器和正时带。

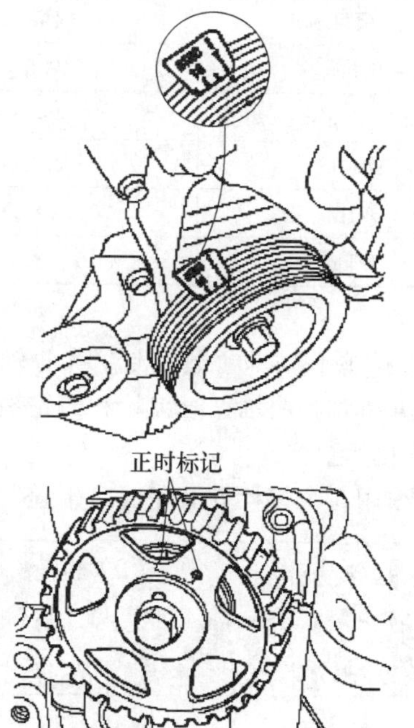

图 8-40 设置 1 缸活塞于压缩行程 TDC 位置

提示：

如果再次使用正时带时，应在正时带上做箭头标记，以此指示旋转方向，确保安装正时带时保持原来的方向。

15）拆卸螺栓和正时带惰轮。

16）拆卸曲轴正时齿轮。

17）拆卸气缸盖罩。

① 拆卸导线线束支架。

② 分离点火线圈。

③ 从气缸盖上拆卸 PCV（曲轴箱强制通风装置）软管和通气软管。

④ 拆卸发动机盖支架(1.6L CVVT 机型)。

⑤ 拧下气缸盖罩螺栓，拆卸气缸盖和衬垫。

18）拆卸凸轮轴正时齿轮。用扳手固定凸轮轴六角形部位，并用扳手拆卸螺栓，然后拆卸凸轮轴正时齿轮。

3. 正时带的安装步骤

1）安装凸轮轴正时齿轮，并将螺栓拧紧至规定力矩。

① 暂时安装凸轮轴正时齿轮螺栓。

② 用扳手固定凸轮轴六角形部位，并用扳手拧紧螺栓。

规定力矩：

78.5～98.1N·m(8.0～10.0kgf·m, 57.9～2.3lbf·ft)

2）安装气缸盖罩。

① 安装气缸盖罩和螺栓。

规定力矩：

7.8～9.8N·m(0.8～1.0kgf·m, 5.8～7.2lbf·ft)

② 安装发动机盖支架(1.6L CVVT 机型)。

③ 将曲轴箱强制通风装置（PCV）软管和通气软管安装到气缸盖罩上。

④ 安装点火线圈。

3）安装曲轴正时齿轮。

4）将 1 缸活塞置于压缩行程上止点，对齐凸轮轴正时齿轮（A）和曲轴正时齿轮（B）的正时标记，如图 8-41 所示。

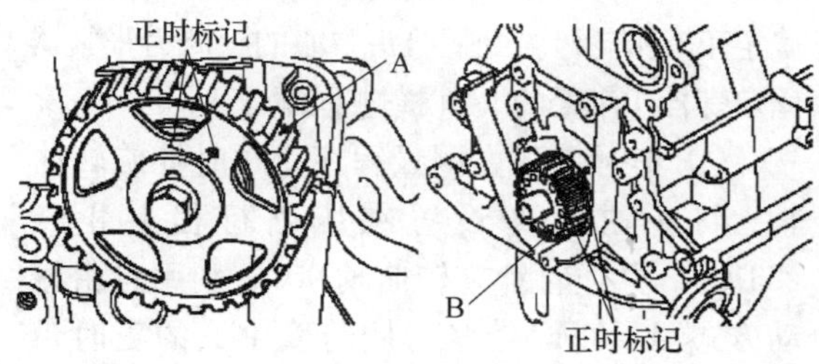

图 8-41 将 1 缸活塞置于压缩行程 TDC 位置

5）安装惰轮并拧紧螺栓至规定力矩。

规定力矩：

42.2～53.9N·m(4.3～5.5kgf·m, 31.1～39.8lbf·ft)

6）暂时安装正时带张紧器。

7）按下列顺序安装正时带。

• 曲轴正时齿轮→惰轮→凸轮轴正时齿轮→正时带张紧器。

8）如图 8-42 所示调节正时带张力。

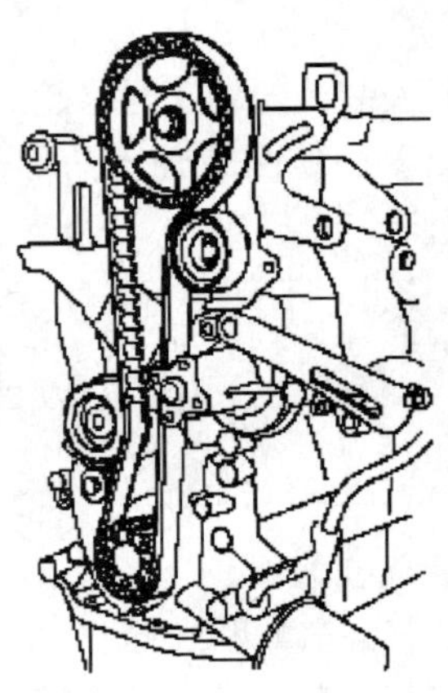

图 8-42　安装正时带

① 拧下固定螺栓后，通过旋转张紧器给正时带施加张力。

② 检查各正时齿轮和正时带齿牙之间是否对齐，逐个拧紧固定螺栓。

规定力矩：

19.6 ~ 26.5N · m(2.0 ~ 2.7kgf · m, 14.5 ~ 19.5lbf · ft)

③ 重新检查正时带张力。使用适当力[约 49N(11lbf)]水平握紧张紧器和正时带张力侧时，确定正时带轮齿尖到螺栓头中心的距离为张紧器固定螺栓头半径的 1/2(横过平面)。

④ 正时带张力测量程序。顺时针旋转曲轴，将 1 缸活塞设置在压缩行程上止点(TDC)，并逆时针旋转曲轴 90°，利用自由振动方式测量正时带张力侧跨度中央的正时带张力。

注意：

• 逆时针旋转曲轴时，确定只旋转曲轴一次。

• 频率和张力之间的换算等式：

$T = (4/9 \times S^2 \times M \times W \times f^2/100000000$

S：测得的正时带跨度(mm)；

M：正时带的每单位宽度(gf/cm^2)；

W：正时带宽度(mm)；

F：正时带的横截自然频率(Hz)。

正时带规格如表 8-2 所示。

表 8-2　正时带规格

项目	规格
S/mm	249.6
M/(gf/cm^2)	0.4543
W/mm	22
f/Hz	70.4 – 87.9
T/kgf	16 ±3.5

9）按操作方向(顺时针)将曲轴旋转 2 圈，并重新对齐曲轴正时齿轮和凸轮轴正时齿轮的正时标记。

10）用 5 个螺栓安装正时带下盖。

规定力矩：

7.8 ~ 9.8N · m (0.8 ~ 1.0kgf · m, 5.8 ~ 7.2lbf · ft)

11）安装法兰和曲轴带轮，拧紧曲轴带轮螺栓。确定曲轴正时齿轮销与带轮内的小孔相吻合。

规定力矩：

137.3 ~ 147.1N · m

(14.0 ~ 15.0kgf · m, 101.3 ~ 108.5lbf · ft)

12）用 4 个螺栓安装正时带上盖。

规定力矩：

7.8 ~ 9.8N · m(0.8 ~ 1.0kgf · m, 5.8 ~ 7.2lbf · ft)

13）安装水泵带轮和 4 个螺栓。

14）安装动力转向泵传动带。

15）安装空调压缩机传动带。

16）安装交流发电机传动带。

17）用2个螺栓安装右侧盖。

18）安装右前轮。

> **规定力矩：**
> 88.3～98.1N·m(9.0～10.0kgf·m,65.1～72.3lbf·ft)

19）用螺栓安装发动机盖。

> **规定力矩：**
> 3.9～5.9N·m(0.4～0.6kgf·m,2.9～4.3lbf·ft)

九、G4EC 1.5L/G4EE 1.4L 发动机(2006 款起雅绅特,2009 款起伊兰特,2008 款起悦动装备)

该款发动机正时带单元结构与拆装步骤和G4ED相同，请参考本节“八”小节的相关内容。

十、G4FA 1.4L/G4FC 1.6L 发动机(2010—2012 款 I30,2010—2012 款瑞纳装备)

1. 发动机正时链单元分解

G4FA/G4FC 发动机正时链单元分解如图8-43所示。

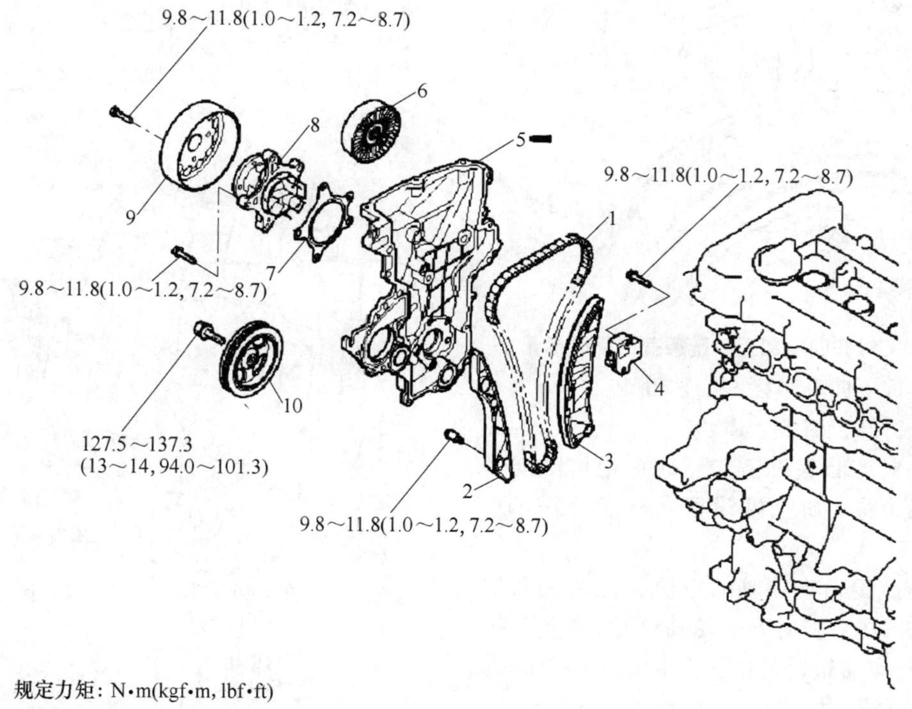

图8-43　发动机正时链单元分解

1—正时链条　2—正时链导轨　3—正时链臂　4—正时链自动张紧器　5—正时链盖
6—传动带惰轮　7—水泵衬垫　8—水泵　9—水泵带轮　10—曲轴带轮

2. 发动机正时链单元拆卸步骤

1）拧下水泵带轮螺栓和驱动惰轮固定螺栓。

2）拆卸传动带。逆时针转动自动张紧器拆卸传动带。

3）拆卸交流发动机(HPS 类型)。

4）拆卸交流发动机和支架(MDPS 类型)。

5）拆卸右前车轮。

6）拆卸发动机固定支架。

7）拆卸交流发电机支架。

8）拆卸发动机支撑支架。

9）拆卸水泵带轮。

10）拆卸水泵。

11）拆卸传动带惰轮。

12）分离点火线圈连接器和通风软管。

13）分离曲轴箱强制通风装置（PCV）软管和 PCSV 软管。

14）拆卸点火线圈。

15）拆卸衬垫和气缸盖罩。

16）拆卸底盖。

17）顺时针旋转曲轴带轮，并对齐凹槽和正时链条盖的正时标记，如图 8-44 所示。

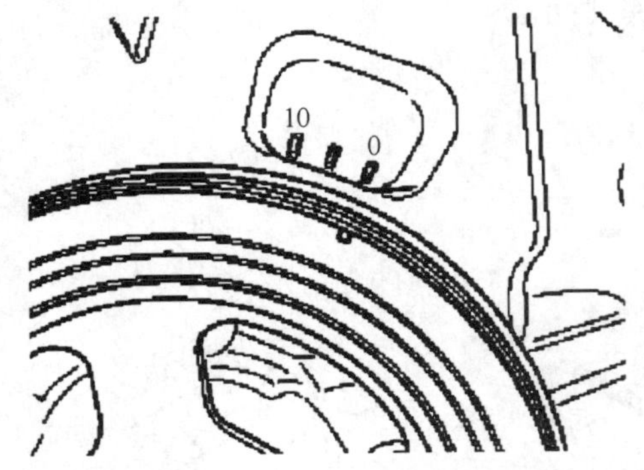

图 8-44　对齐凹槽和正时链条盖的正时标记

18）拧下曲轴螺栓和曲轴带轮。

19）拆卸正时链条盖。

20）对齐凸轮轴链轮正时标记和气缸盖的上表面，将 1 缸活塞设置在压缩行程 TDC 位置。

21）此刻检查曲轴的定位销是否朝向发动机上方。注意：对齐凸轮轴链轮（进气和排气各 2 处）和曲轴链轮的正时标记，在正时链（3 处）作标记。如图 8-45 所示。

22）拆卸液压张紧器（A）。注意：拆卸张紧器前，在上止点用销通过孔（B）来固定张紧器的活塞，如图 8-46 所示。

23）拆卸正时链条张紧器臂和导轨。

24）拆卸正时链条。

3. 发动机正时链单元的安装步骤

1）曲轴的定位销设置在约距垂直中心线 3°，如图 8-47 所示。

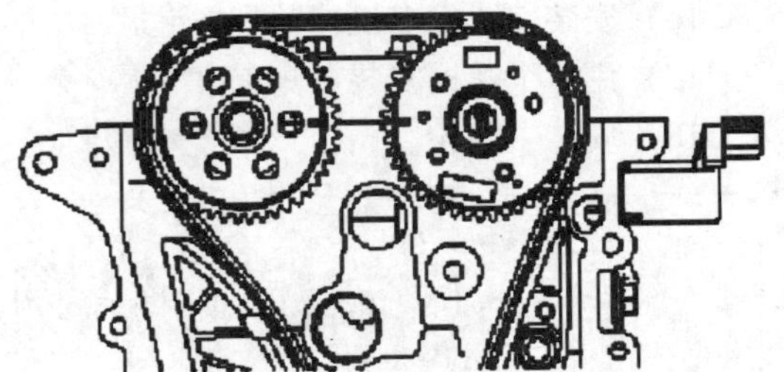

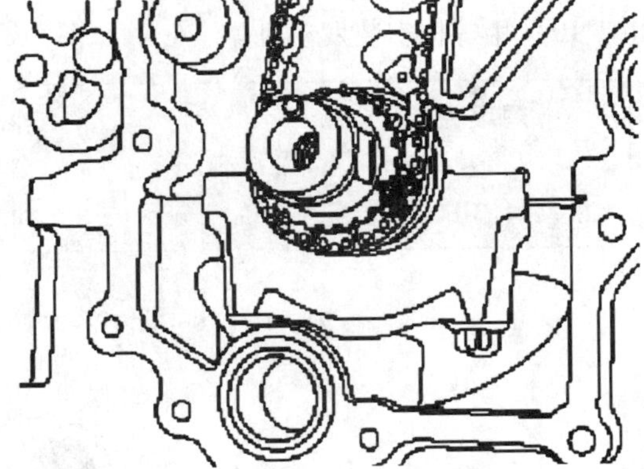

图 8-45　对齐正时标记

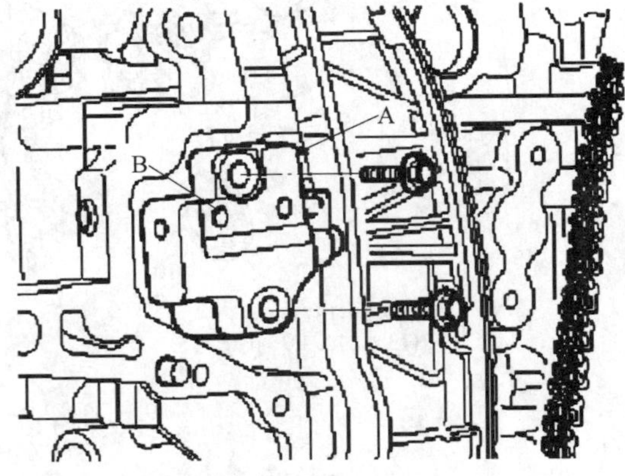

图 8-46　拆卸正时链张紧器

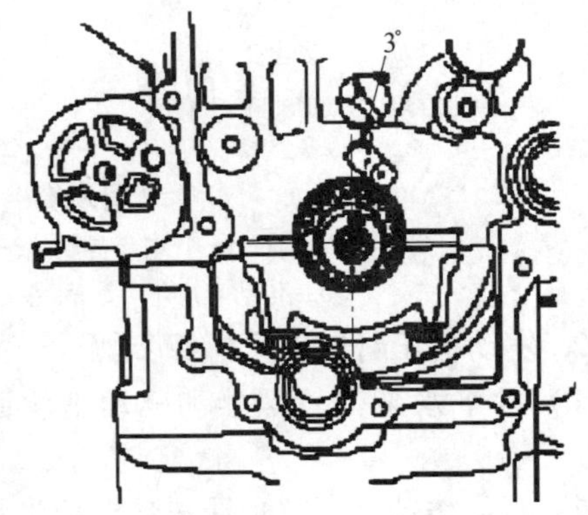

图 8-47　曲轴定位销设置

2）对齐曲轴链轮正时标记和气缸盖的上表面，将1缸活塞设置在压缩行程TDC位置，如图8-48所示。

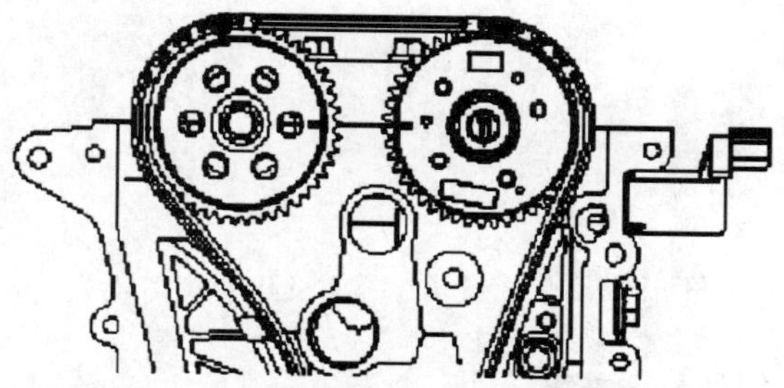

图8-48　设置1缸活塞于压缩行程TDC位置

3）安装新O形圈。

4）安装正时链条导轨和正时链条。

• 规定力矩：9.8～11.8N·m(1.0～1.2kgf·m,7.2～8.7lbf·ft)

• 注意：安装正时链时，对齐链轮和链条的正时标记。

• 顺序：曲轴链轮→正时链导轨→进气凸轮轴链轮→排气凸轮轴链轮。

5）安装链条张紧器臂。

• 规定力矩：9.8～11.8N·m(1.0～1.2kgf·m,7.2～8.7lbf·ft)

6）如图8-49所示，安装液压张紧器(A)，拆卸销(B)。

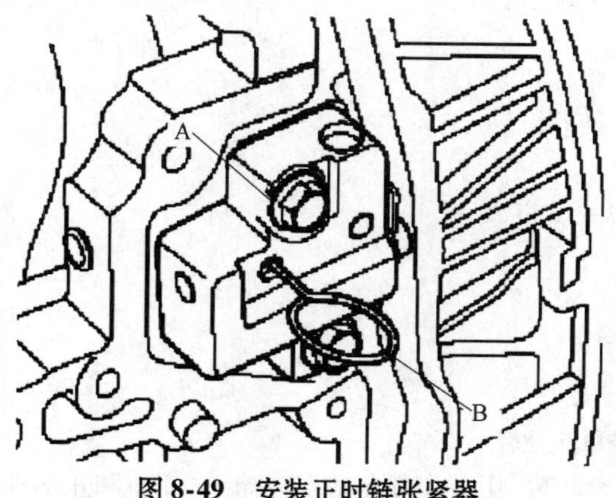

图8-49　安装正时链张紧器

• 规定力矩：9.8～11.8N·m(1.0～1.2kgf·m,7.2～8.7lbf·ft)

注意：

• 需要重新检查曲轴和凸轮轴上的上止点(TDC)标记。

7）安装正时链条盖。

① 安装前，清除气缸体和梯形架表面的硬化密封胶。

② 在气缸盖和气缸体之间的表面涂密封胶(TB 1217H或LOCTITE 5900H)。

• 密封胶宽度：3～5mm(0.1181～0.1969in.)

③ 在正时链条盖的水泵接触部分应使用液体衬垫(THREE BOND 1282B或THREE BOND1216E)，在其他部分应用THREE BOND 1217H或LOCTITE 5900H。在5min内重新装配盖。

• 密封胶宽度：3.5～4.5mm(0.1378～0.1772 in.)

④ 对齐气缸体的定位销和油泵的孔。

• 规定力矩：

＊ 12mm螺栓：18.6～23.5N·m(1.9～2.4 kgf·m,13.7～17.4lbf·ft)

＊ 10mm螺栓：9.8～11.8N·m(1.0～1.2kgf·m,7.2～8.7lbf·ft)

8）使用SST(09455－21200)，装配正时链条盖油封。

9）安装曲轴带轮。

• 规定力矩：127.5～137.3N·m(13.0～14.0kgf·m,94.0～101.3lbf·ft)

10）安装带轮时，带轮的凹槽应朝向外侧，如图8-44所示。

11）按与拆卸相反的顺序安装其他部件。

第二节　华泰现代汽车发动机正时维修与气门间隙调整

一、2. 5TCI 柴油发动机(特拉卡装备)

1. 正时带单元分解

正时带单元分解见图 8-50。

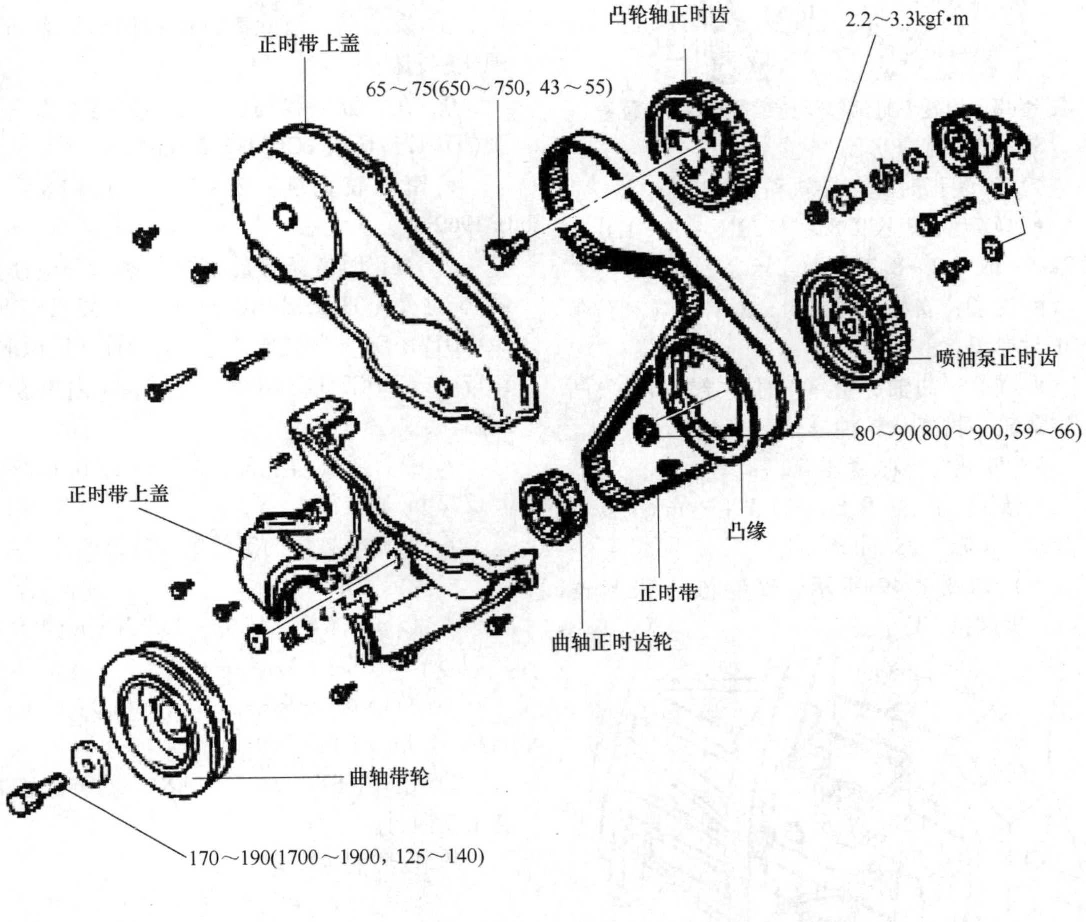

图 8-50　正时带单元分解

2. 正时带的拆卸方法

（1）正时带

1）拆卸冷却风扇、水泵、曲轴带轮和正时带盖。

2）转动曲轴，使 1 缸活塞置于压缩行程的上止点。

3）用一个粉笔在正时带的背面和正时带上标记一个箭头来指示转动方向。这确保正时带在安装时方向相同，以便再使用，如图8-51 所示。

4）如图 8-52 所示，当所有三处的正时标记对齐时，1 缸活塞应位于压缩行程的上

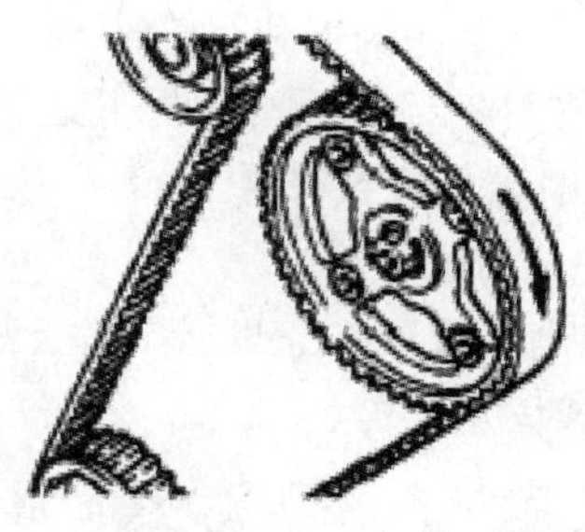

图 8-51　给正时带作转动方向标记

止点。

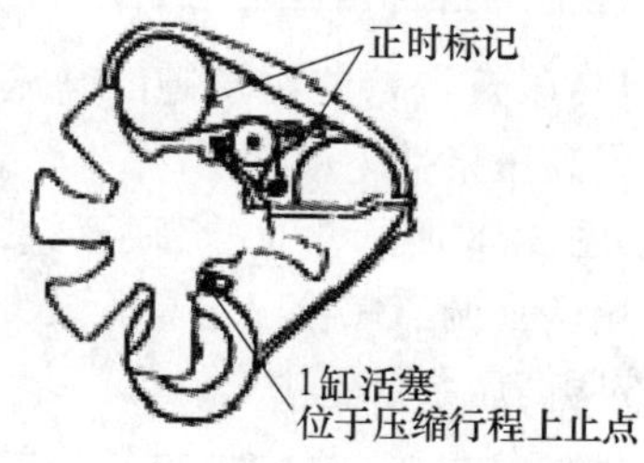

图 8-52　设置 1 缸活塞位于 TDC 位置

5）稍微松开紧固张紧器的两个螺栓。然后朝水泵方向滑动张紧器，并临时拧紧螺栓将张紧器固定就位。

6）拆卸正时带。

（2）凸轮轴正时齿轮

1）松开紧固凸轮轴正时齿轮的螺栓，并拆卸凸轮轴正时齿轮。

2）拆卸正时齿轮螺母。

3）拆卸张紧器和张紧器弹簧。

3. 正时带的安装步骤

（1）曲轴正时齿轮

1）将曲轴正时齿轮安装在曲轴上，注意正时齿轮和凸缘的方向。

2）安装凸轮轴正时齿轮并拧紧凸缘螺栓至规定力矩。

（2）正时带张紧器　安装张紧器、张紧器弹簧和张紧器定距件。并在张紧器完全移至水泵一侧的情况下临时拧紧螺栓 A。用手指拧紧螺栓 B 但不完全拧紧，如图 8-53 所示。

（3）正时带

1）正确对齐三个正时齿轮上的正时标记。

2）在确保正时带的张紧侧不松弛的同时，按照曲轴正时齿轮、喷油泵正时齿轮、张紧器和凸轮轴正时齿轮的顺序装上正时带。

3）检查所有正时标记是否都正确对齐。

4）如图 8-53 所示，松开先前固定在水泵一侧张紧器螺栓 A 一圈至两圈，利用张紧器弹簧张力张紧正时带。

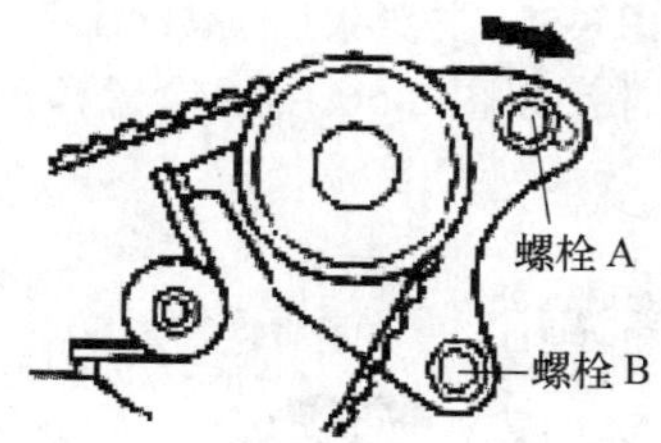

图 8-53　调整正时带张紧力

5）确认正时带与三个正时齿轮正确接合。

6）如图 8-54 所示，顺时针方向转动曲轴，使其转过凸轮轴正时齿轮两个齿牙并保持在该位置。

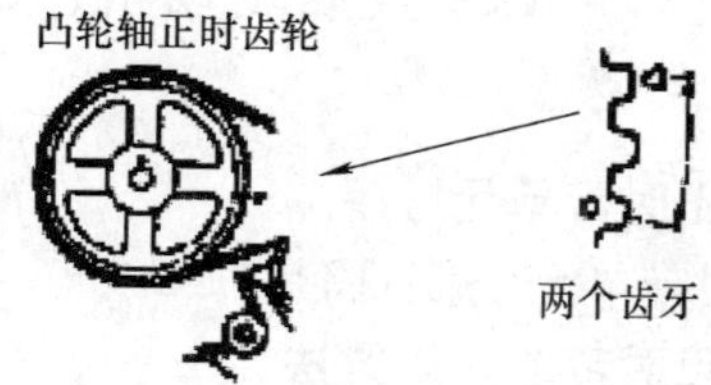

图 8-54　调整凸轮轴正时齿轮位置

7）拧紧螺栓 A，如图 8-55 所示。

8）拧紧螺栓 B，如图 8-55 所示。

注意：

• 如果先拧紧螺栓 B，则张紧器会一起转动，造成对正时带施加一个不适当的张力，如图 8-55 所示。

9）向后旋转方向转动曲轴对齐正时标记。在这种情况下，确保食指按压正时带中间时的偏转度符合标准。

• 标准：4 ~ 5mm(0. 1575 ~ 0. 1969in)

（4）凸缘　注意凸缘中的螺栓孔和喷油泵正时齿轮中的螺栓孔都是偏心定位在某一处

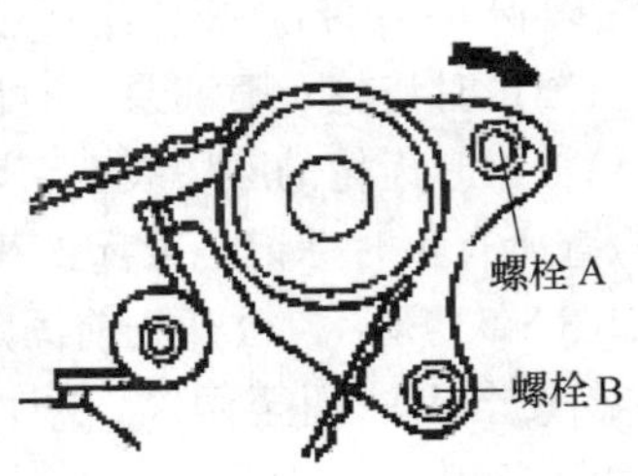

图 8-55　拧紧张紧器螺栓顺序

的。装配时，如图 8-56 所示设置角度和正时齿轮。

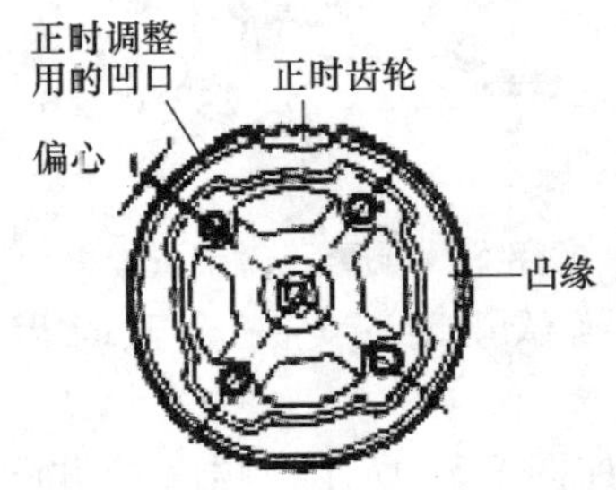

图 8-56　设置喷油泵正时齿轮位置

二、2.9 TCI 柴油发动机（2003 款起特拉卡装备）

1. 正时带单元分解

正时带单元分解见图 8-57。

2. 正时带的拆卸方法

1）转动曲轴，将正时带轮上的正时标记与发动机缸体上的正时标记对齐。

2）拆下自动张紧器。

3）拆下正时带。

4）拆下高压泵。

5）安装 SST（0K552111001），拆下凸轮轴带轮。

6）拆下惰轮。

7）拆下正时带轮。

8）拆下上板总成。

9）拆下发动机吊架。

10）拆下喷油器架和喷油器。

11）拆下缸盖罩。

12）拆下摇臂轴总成。

13）拆下凸轮轴盖和凸轮轴。

14）按图 8-57 所示顺序拆下缸盖螺栓。

3. 正时带的安装步骤

1）安装高压泵。

① 将高压泵装在正时齿轮室上后，拧紧高压泵总成固定螺栓。

> **拧紧力矩：**
> 15.9～18.8lbf·ft（21.6－25.5N·m，2.2－2.6kgf·m）

② 将高压泵带轮装在带键的高压泵轴上后，预拧紧高压泵带轮锁紧螺母。

③ 如图 8-58 所示，对准高压泵带轮正时标记后，用两个调节螺栓固定高压泵带轮。

④ 拧紧高压泵带轮锁紧螺母。

> **拧紧力矩：**
> 47.0lbf·ft（63.7N·m，6.5kgf·m）

⑤ 如图 8-59 所示，将高压泵架安装在高压泵和缸体上。

> **拧紧力矩：**
> 高压泵侧：
> 15.9～18.8lbf·ft（21.6～25.5N·m，2.2～2.6kgf·m）

> **缸体侧：**
> 25.3～29.7lbf·ft（34.3～40.2N·m，3.5～4.1kgf·m）

2）对准曲轴带轮定时标记。

> **注意事项：**
> • 当曲轴在无正时带的情况下转动时会损坏活塞和气门。
> • 在组装缸盖之前，对准 1 号气缸活塞压缩行程 TDC 位置。

3）对准凸轮轴带轮正时标记。

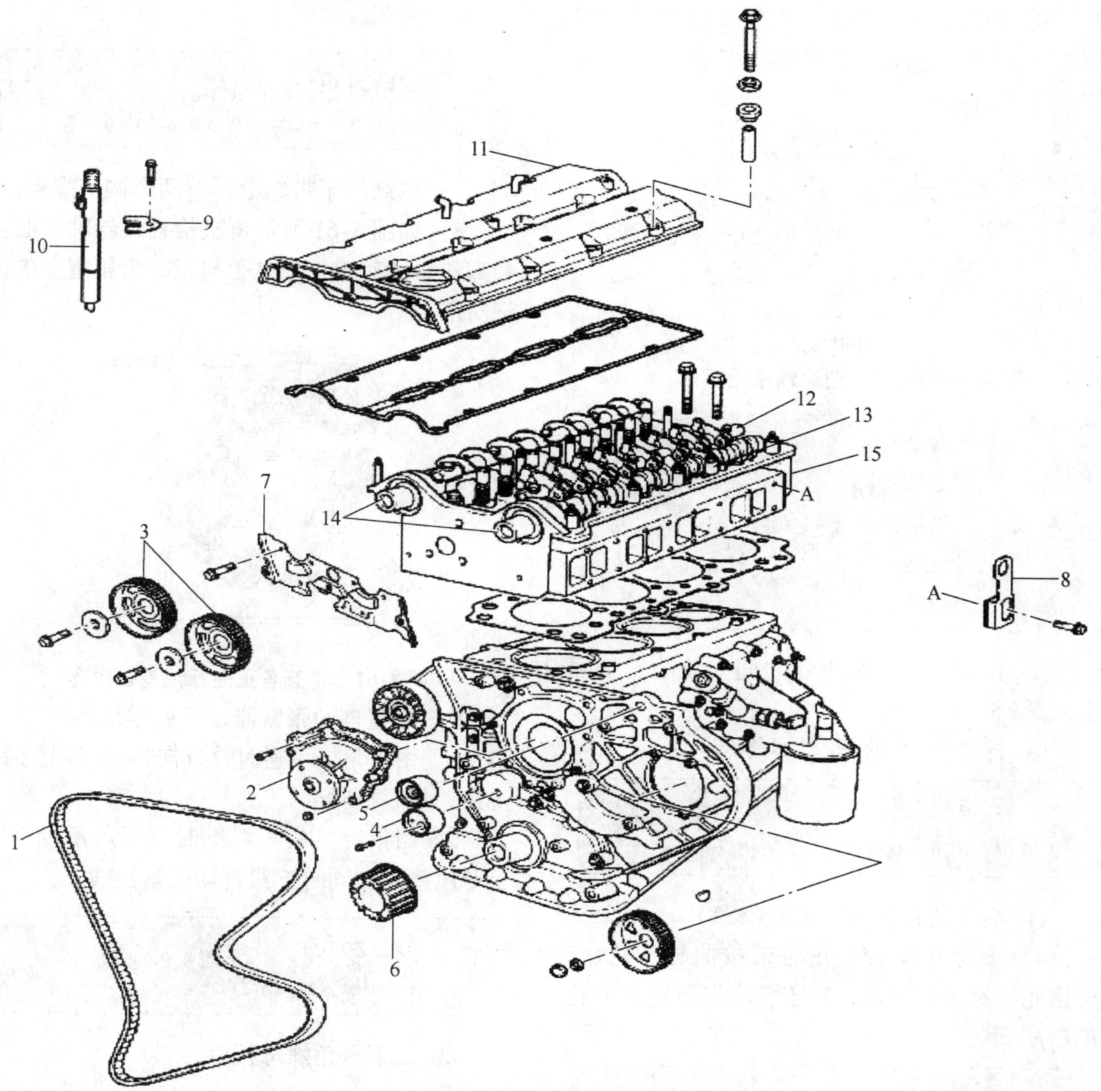

图 8-57　正时带单元分解

1—正时带　2—水泵　3—凸轮轴带轮　4—张紧器　5—惰轮　6—正时带轮　7—上板总成　8—发动机吊架　9—喷油器架　10—喷油器　11—缸盖罩　12—摇臂轴总成　13—凸轮轴盖　14—凸轮轴　15—缸盖

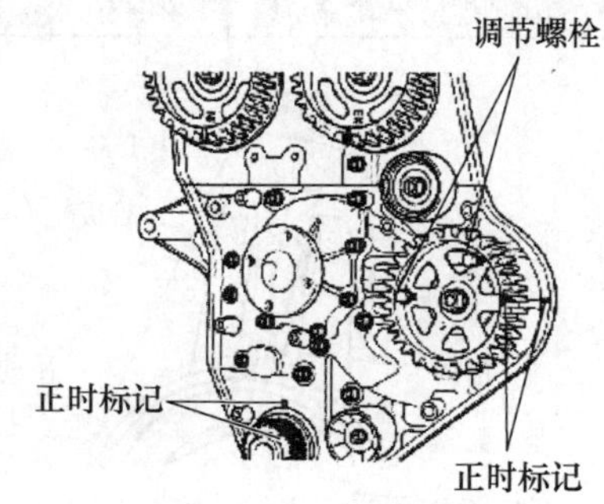

图 8-58　对准正时标记

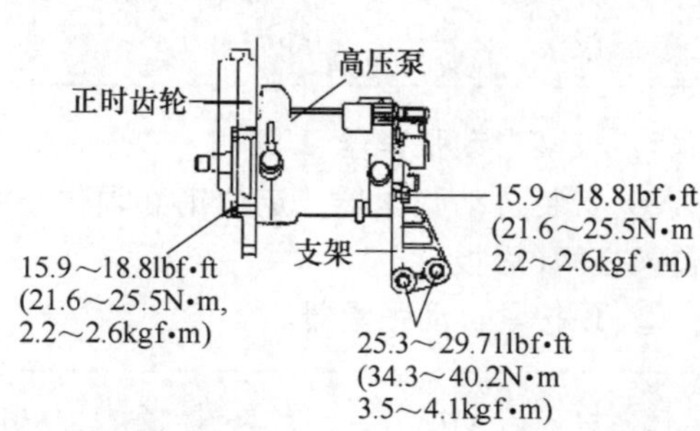

图 8-59　安装高压泵

① 如图8-60所示，将左凸轮轴带轮的“EX”标记和右凸轮轴带轮的“IN”标记与缸盖上表面对齐。

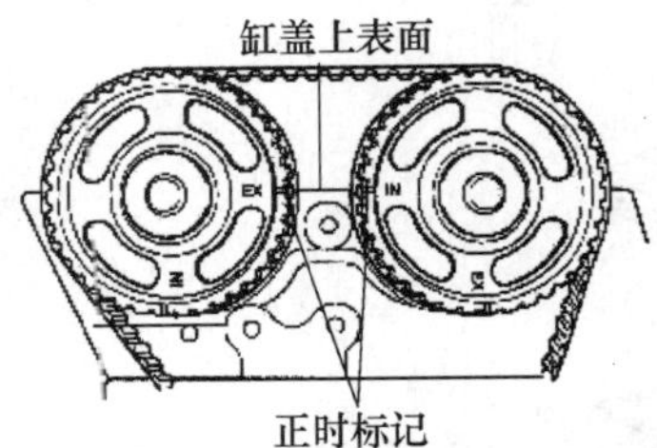

图8-60 对齐凸轮轴带轮标记

注意事项：

● 当凸轮轴在无正时带的情况下转动时会损坏活塞和气门。

● 在组装缸盖之前，对准凸轮轴带轮正时标记。

② 在两个凸轮轴带轮之间安装凸轮轴固定工具(SST)。

③ 拧紧凸轮轴带轮锁紧螺母。

拧紧力矩：
47.0lbf·ft(63.7N·m,6.5kgf·m)

④ 拆下凸轮轴固定工具(SST)。

4）安装正时带。正时带按曲轴带轮、2号惰轮、高压泵带轮，1号惰轮和凸轮轴带轮的顺序安装。

注意：

● 安装正时带后必须将自动张紧器安装在发动机上。

● 安装正在正时带时要保持正时带的张力。

5）安装自动张紧器。

① 安装自动张紧器。定位销必须位于张紧器叉之间(后板)。

② 预拧紧自动张紧器。

拧紧力矩：
2.9lbf·ft(3.9N·m,0.4kgf·m)

6）安装接触惰轮。

拧紧力矩：
17.4lbf·ft(23.5N·m,2.4kgf·m)

7）从高压泵带轮上拆下两个调节螺栓。

8）如图8-61所示再次检查凸轮轴、曲轴和高压泵的对正标记是否与正时齿轮室上的标记对准。

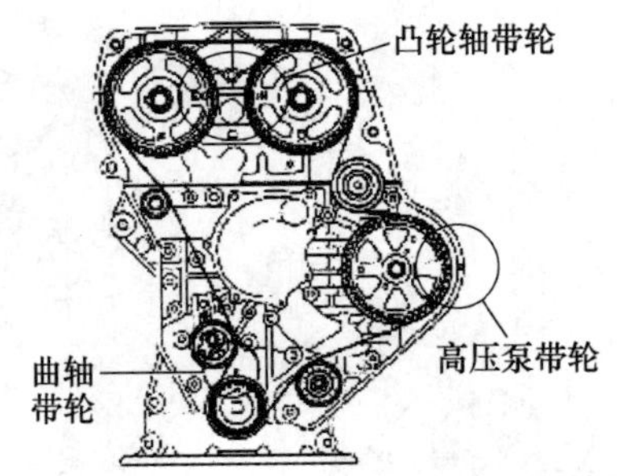

图8-61 检查各正时标记是否对齐

9）调整自动张紧器，然后拧紧。

① 用六角扳手逆时针方向转动专用垫圈，将指针与后板对准。

② 当指针与后板对准时，用六角扳手固定专用垫圈的同时拧紧自动张紧器锁。

规定力矩：
17.4lbf·ft(23.5N·m,2.4kgf·m)

③ 取下六角螺母扳手。

注意：

如果指针不能与后板对准，则需使用一根新正时带。

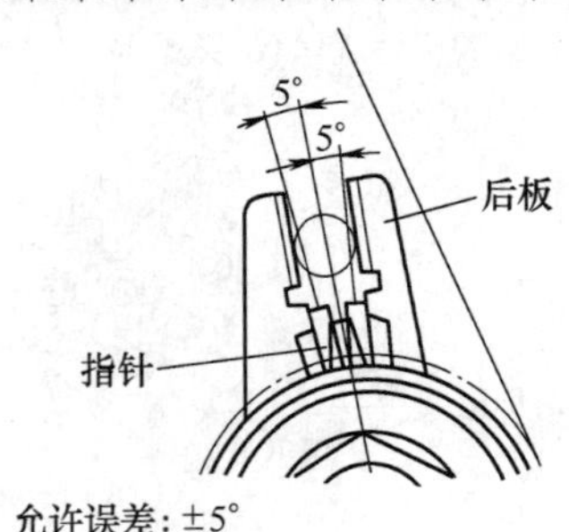

图8-62 检查指针对准

10）顺时针方向转动曲轴两整圈，对准TDC标记。

11）再次检查凸轮轴、曲轴和高压泵的对正标记是否与正时齿轮室上的标记对准。

12）如图8-62所示，检查指针与后板是否对准。

13）如果指针与后板之间的对准误差大于±5°，则重复步骤8）~12）。

第三节　进口现代汽车发动机正时维修与气门间隙调整

一、G6CU 3.5L发动机（2003款起特拉卡，2003-2005款君爵XG350装备）

1. 正时带单元分解

正时带单元分解见图8-63。

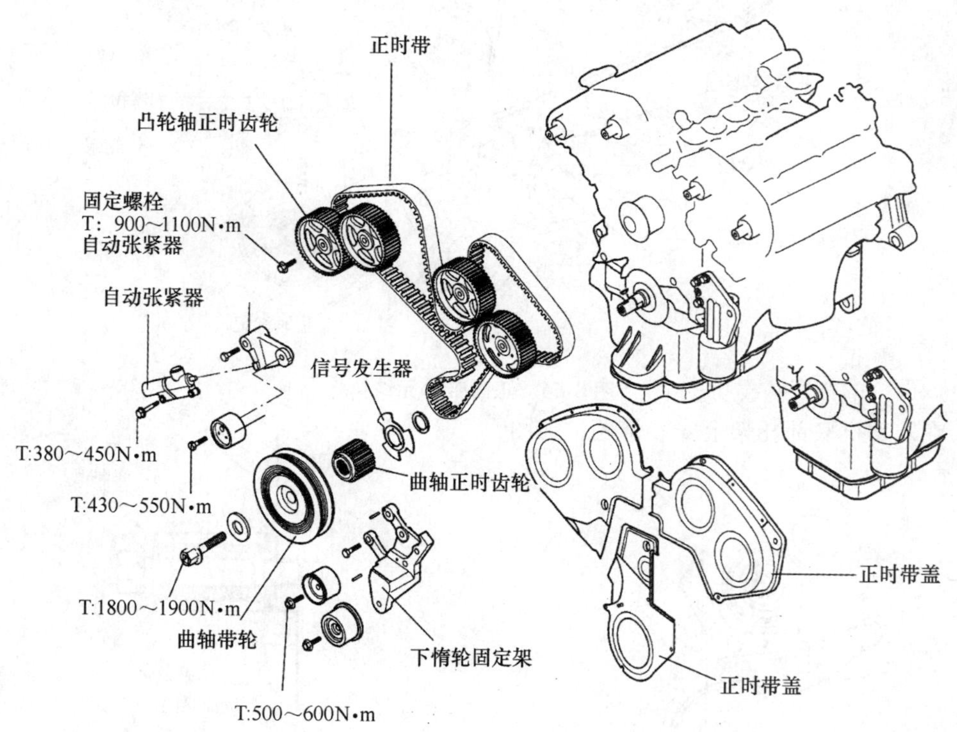

图8-63　正时带单元分解

2. 正时带的拆卸方法

1）打开发动机室盖。

2）使用16mm扳手，按顺时针方向（约14°）旋转张紧器臂，然后从带轮上拆卸正时带。

3）拆卸动力转向带轮、惰轮、张紧器和曲轴带轮。

4）拆卸上、下部正时带盖。

5）拆卸自动张紧轮。

> **提示：**
>
> ● 按顺时针方向旋转曲轴，并对准正时标记，将1缸活塞设置在压缩行程TDC位置。
>
> ● 此时，曲轴正时齿轮上的正时标记和气缸盖罩上的正时标记要对正。

6）松开张紧轮的螺栓，拆卸正时带。

提示：

在正时带上标记旋转方向，以便能正确安装。

7）如果旋转带轮时出现背隙或不规则噪声，更换正时带张紧器和惰轮。

正时带单元结构图如图8-64所示。

3. 正时带的安装步骤

安装正时带和自动张紧器的方式。

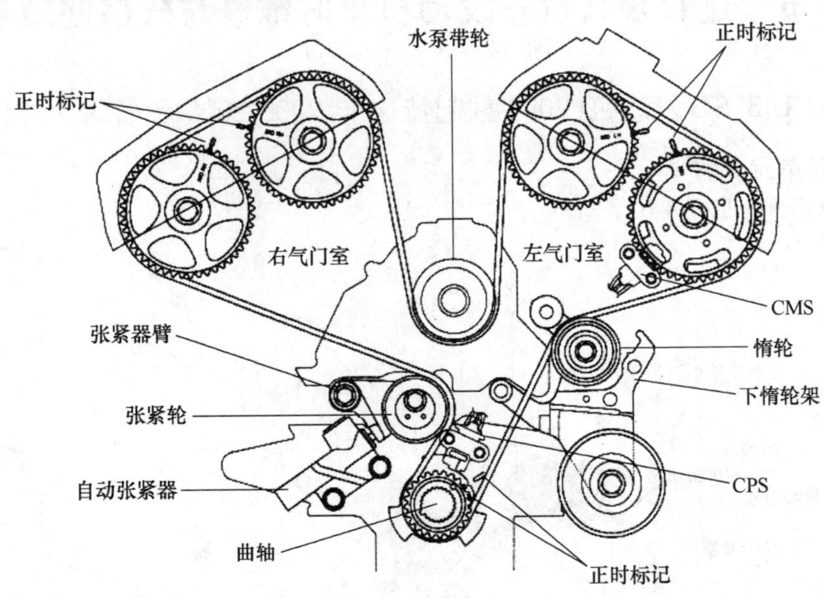

图8-64 正时带单元结构

1）在发动机底部托架上安装惰轮，如图8-65所示。

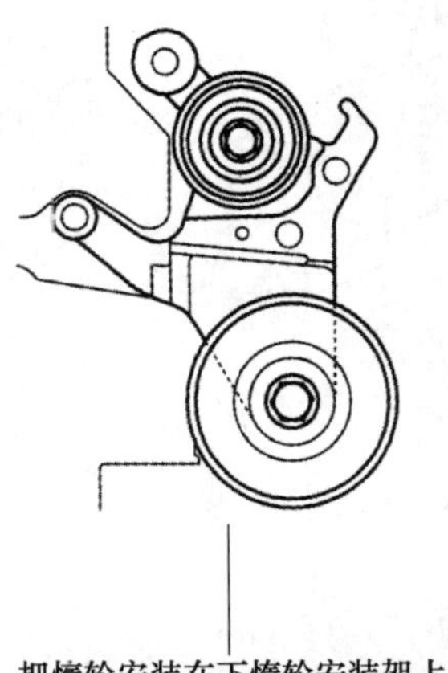

图8-65 安装惰轮

2）在气缸体上安装张紧器臂、传动轴和轴套，如图8-66所示。

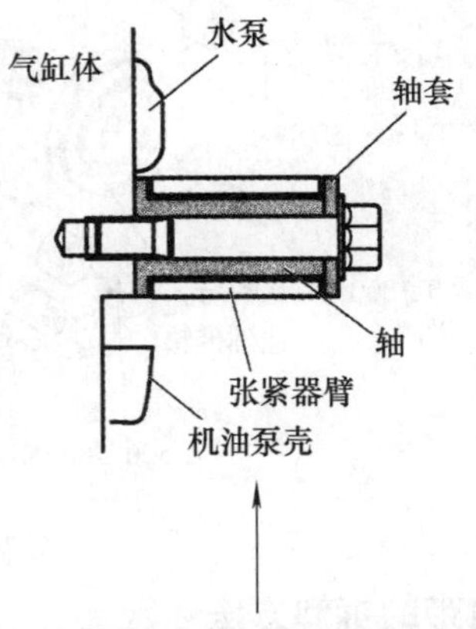

图8-66 安装张紧器臂

规定力矩：

35～55N·m(350～550kgf·cm)

3）安装曲轴正时齿轮，并对准正时标记，如图8-67所示。

4）安装凸轮轴正时齿轮，并按图8-67所示调整初始安装状态。

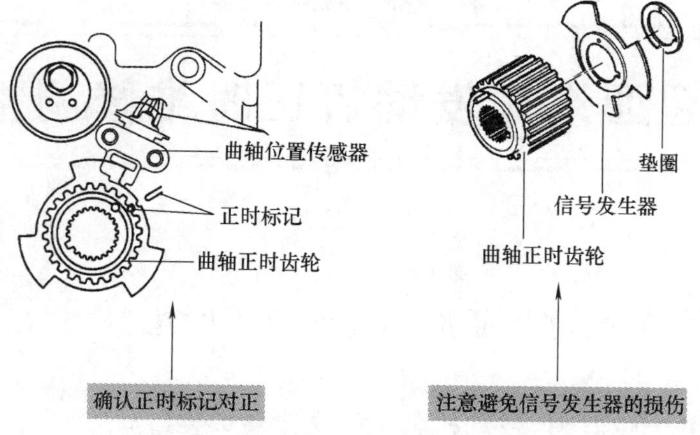

图8-67　安装曲轴正时齿轮

5）在机油泵壳上安装自动张紧器，如图8-68所示。

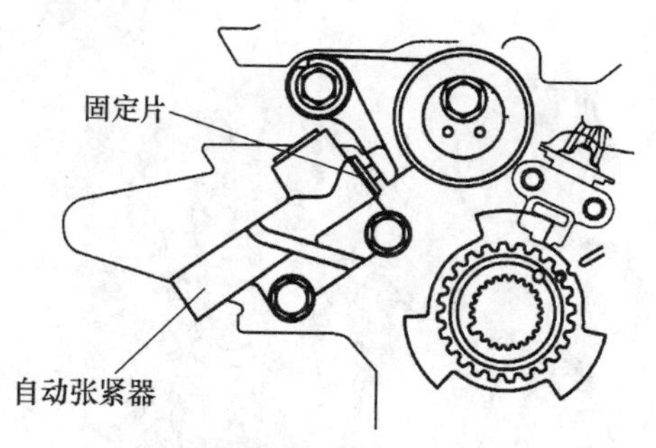

图8-68　安装自动张紧器

6）对准每个正时齿轮的正时带标记，并按下述顺序安装正时带，如图8-69所示。

• 曲轴正时齿轮→惰轮→排气凸轮轴正时齿轮(左侧)→进气凸轮轴正时齿轮(左侧)→水泵带轮→进气凸轮轴正时齿轮(右侧)→排气凸轮轴正时齿轮(右侧)→张紧器。

> **提示：**
>
> • 在这个步骤中，1缸活塞在压缩行程TDC位置。
>
> • 不要插入手指。

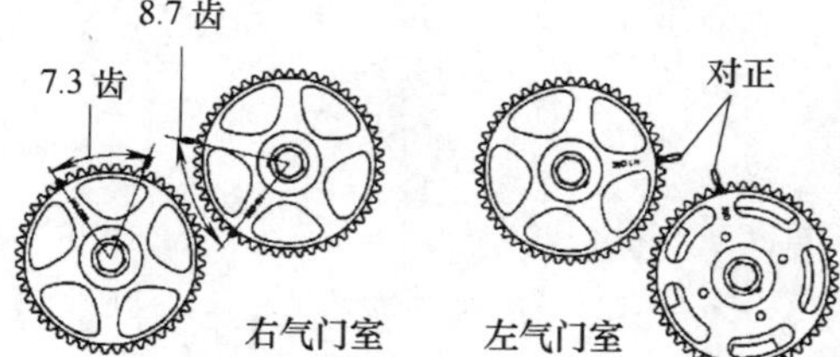

图8-69　对准凸轮轴链轮正时标记

7）安装正时带后，重新确定正时标记。

8）安装张紧轮。

9）拉出自动张紧器定位销。

10）调整正时带张紧力的方法：

① 按顺时针方向旋转曲轴两圈，5min后在活塞上止点(1缸压缩行程)处，测量自动张紧器的标准负载。

② 检查计划长度是否为3.8～4.5mm。

③ 检查各正时齿轮的正时标记是否在规定范围内。

二、G4KF 2.0L 发动机(2011—2013款劳恩斯酷派装备)

该款发动机的正时链单元结构及拆装步骤与G4KE相同，请参考本章第一节中相关内容。

第九章

起亚汽车发动机正时维修调整

第一节　东风悦达起亚汽车发动机正时维修与气门间隙调整

一、KV6 DOHC 2.5L 发动机（2000 款起嘉华装备）

1. 正时带单元分解

正时带单元分解见图 9-1。

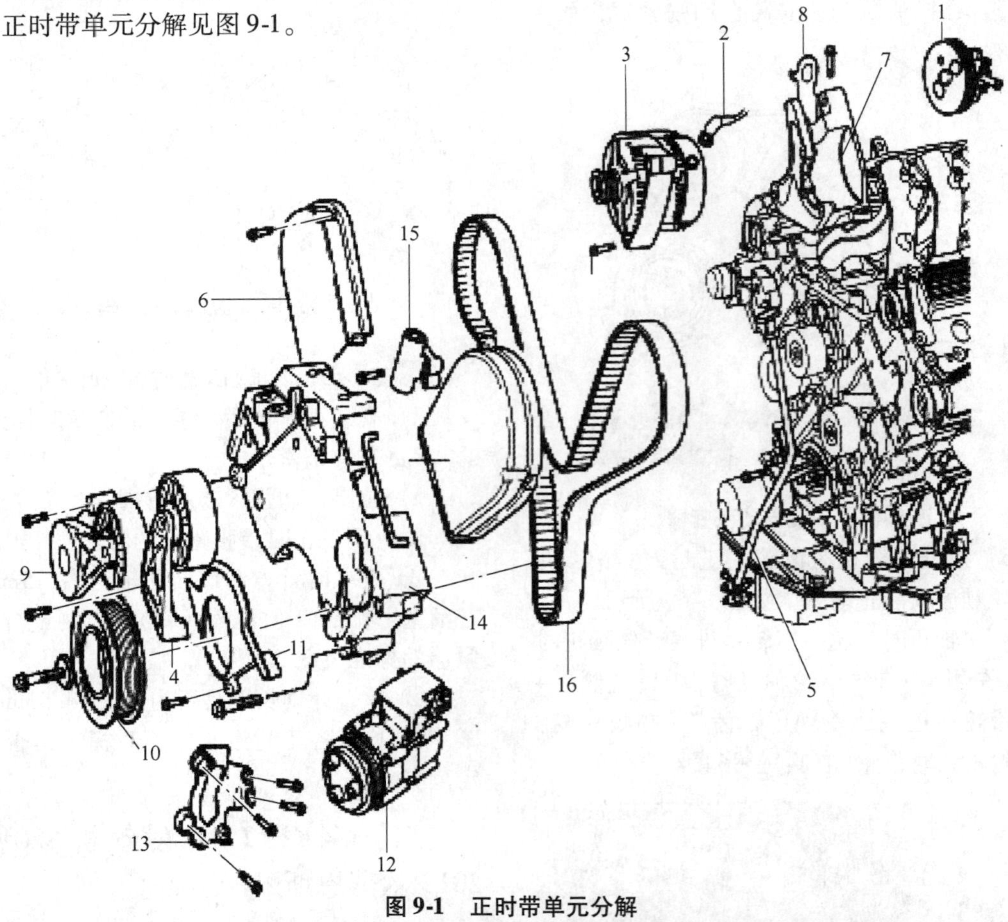

图 9-1　正时带单元分解

1—动力转向泵　2—发电机 B－接头/发电机/动力转向泵　3—发电机　4—传动带惰轮　5—油尺导管　6—前正时带罩　7—安装支架　8—发动机吊架　9—正时带张紧轮　10—曲轴轮　11—曲轴轮罩　12—空调泵　13—空调泵支架　14—前罩　15—正时带自动张紧轮　16—正时带

2. 正时带的拆卸方法

1）分解蓄电池负极线。

2）拆卸两个螺母与三个螺钉。拆卸 No. 3 发动机安装支架。

3）举升发动机后利用扳手松开传动带张紧轮，然后拆卸传动带。

4）拆卸三个动力转向泵固定螺钉，在发动机上分离动力转向泵与储油灌时，必须让软管与接头连接。

5）把动力转向泵与储油灌从发动机上分离后用绳子拴在支架上。

6）从发电机上分离 B－电极与接头。

7）从安装支架上分离两个螺钉与发电机。

8）拆下两个螺钉，拧松传动带惰轮后分解惰轮。

9）在缸盖上分离螺钉，拧松油尺导管。

10）在油底壳上分离两个螺母，拧松油尺导管，分离油尺导管与分离垫。

11）分离三个螺钉与前正时带左罩。

12）分离三个螺钉与前正时带右罩。

13）分离五个连接发动机与动力转向泵支架的螺钉。

14）分离安装支架与发动机举升支架。

15）分离两个连接传动带张紧轮的螺钉后，分离张紧轮。

16）在发动机上先对好正时，也就是说左排凸轮轴的定位稍朝“L”标记的方向后，让曲轴按顺时针旋转，使标记与后挡板上的正时标记对上。

17）把车举起来。

18）拆下五个螺母后分离车轮与轮胎。

19）拆下两个螺钉后，分离三个连接挡泥板与车轮罩的紧固件，分离挡泥板。

20）分离曲轴轮螺钉。

21）分离曲轴轮。

22）拆下三个固定曲轴轮罩的螺钉后，拆下曲轴轮罩。

23）分离固定空调泵的四个螺钉，拆下空调泵时，必须让软管与接头连接。

24）把空调泵从发动机上拆下后用绳子拴在支架上。

25）分离固定空调泵支架的四个螺钉后拆下空调泵支架。

26）在前罩上分离固定夹子的螺钉。

27）在缸体上分离六个连接前罩的螺钉。

28）在缸体上分离固定前罩的内六角螺钉。

29）拆下前罩。

30）在缸体上分离连接正时带张紧器的上侧螺钉。

31）在前正时带自动张紧器上松开下侧螺钉，摆动张紧轮将其拆下，螺钉并拆下自动张紧器。

32）拆下前正时带。

> **注意：**
>
> • ① 放松正时带前在正时带与齿轮上先做个标注。
>
> • ② 在缸盖上拆正时带时不要转动曲轴。

3. 正时带的安装步骤

1）检查正时带轮标记与发动机正时标记是否一致。这时左排凸轮轴的定位销与凸轮轴上的“L”标记方向一致，凸轮轴正时齿轮上的正时标记与后挡板上的正时标记一致，右排也同样，如图 9-2 所示。

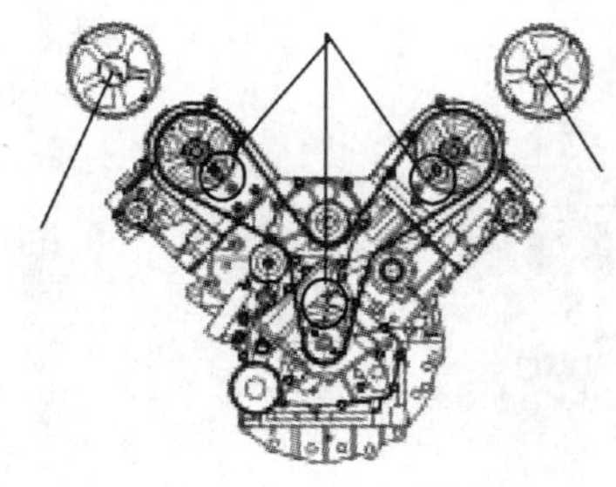

图 9-2　检查确定正时标记是否对齐

2）重新使用正时带时，分解之前在正时带上做标记，组装时按标记组装。

> **注意：**
>
> • 正时带上做与转动方向相同的箭头。

3）缓慢加力把自动张紧器的活动杆推到

固定杆里，利用适当的销0.08in(2.0mm)固定。

4）安装张紧轮，拧紧螺钉。

拧紧力矩：

A：15.9～18.8lbf·ft(22～25N·m,2.2～2.4kgf·m)

B：29.7～36.9lbf·ft(40～50N·m,4.1～5.1kgf·m)

5）松弛自动张紧器后从自动张紧器上拆下销。

6）让曲轴旋转(顺时针)两周，检查正时带轮标记与发动机缸体标记是否一致。

7）检查凸轮轴正时齿轮上的“L”正时标记与左排后挡板上的正时标记是否一致，检查凸轮轴上的“R”正时标记与右排前后挡板上的正时标记是否一致。

8）如果不符，则拆下正时带，重新进行步骤1)到7)的工作。

9）安装前罩。

10）在前罩上安装电线束夹子。

11）安装空调泵支架。

拧紧力矩：

27.5～39.1lbf·ft(37～53N·m,3.8～5.4kgf·m)

12）安装空调泵。

13）安装曲轴轮罩。

拧紧力矩：

5.2～7.4lbf·ft(7～10N·m,0.7～1.02kgf·m)

14）安装曲轴轮。

拧紧力矩：

115～123lbf·ft(157～167N·m,16～17kgf·m)

15）安装车轮罩挡泥板。

16）安装车轮与轮胎。

拧紧力矩：

65～79lbf·ft（88～107N·m,9～11kgf·m)

17）安装传动带张紧轮。

拧紧力矩：

15.9～20.3lbf·ft(22～27N·m,2.2～2.8kgf·m)

18）安装连接发电机与动力转向泵的支架。

拧紧力矩：

33.3lbf·ft(45N·m,4.61kgf·m)

19）安装前正时带左与右罩。

拧紧力矩：

5.2～7.4lbf·ft(7～10N·m,0.7～1.02kgf·m)

20）安装油尺导管时使用新垫后拧紧螺母与螺钉。

拧紧力矩：

5.2～7.4lbf·ft(7～10N·m,0.7～1.02kgf·m)

21）安装传动带惰轮。

拧紧力矩：

29.7～36.9lbf·ft(40～50N·m,4.1～5.1kgf·m)

22）支架上安装发电机。

拧紧力矩：

33.3lbf·ft(45N·m,4.6kgf·m)

23）发电机上连接B－端子与接头。

24）支架上安装动力转向泵。

25）利用扳手松开传动带张紧轮后安装张紧轮。

26）安装 No. 3 发动机支架。

拧紧力矩：

49. 2 ~68. 7lbf · ft(66. 6 ~93. 1N · m,6. 8 ~9. 5kgf · m)

27）连接蓄电池负极。

二、J4GS 2. 4L 发动机（2003 款远舰装备）

1. 正时带单元分解

正时带单元分解见图 9-3。

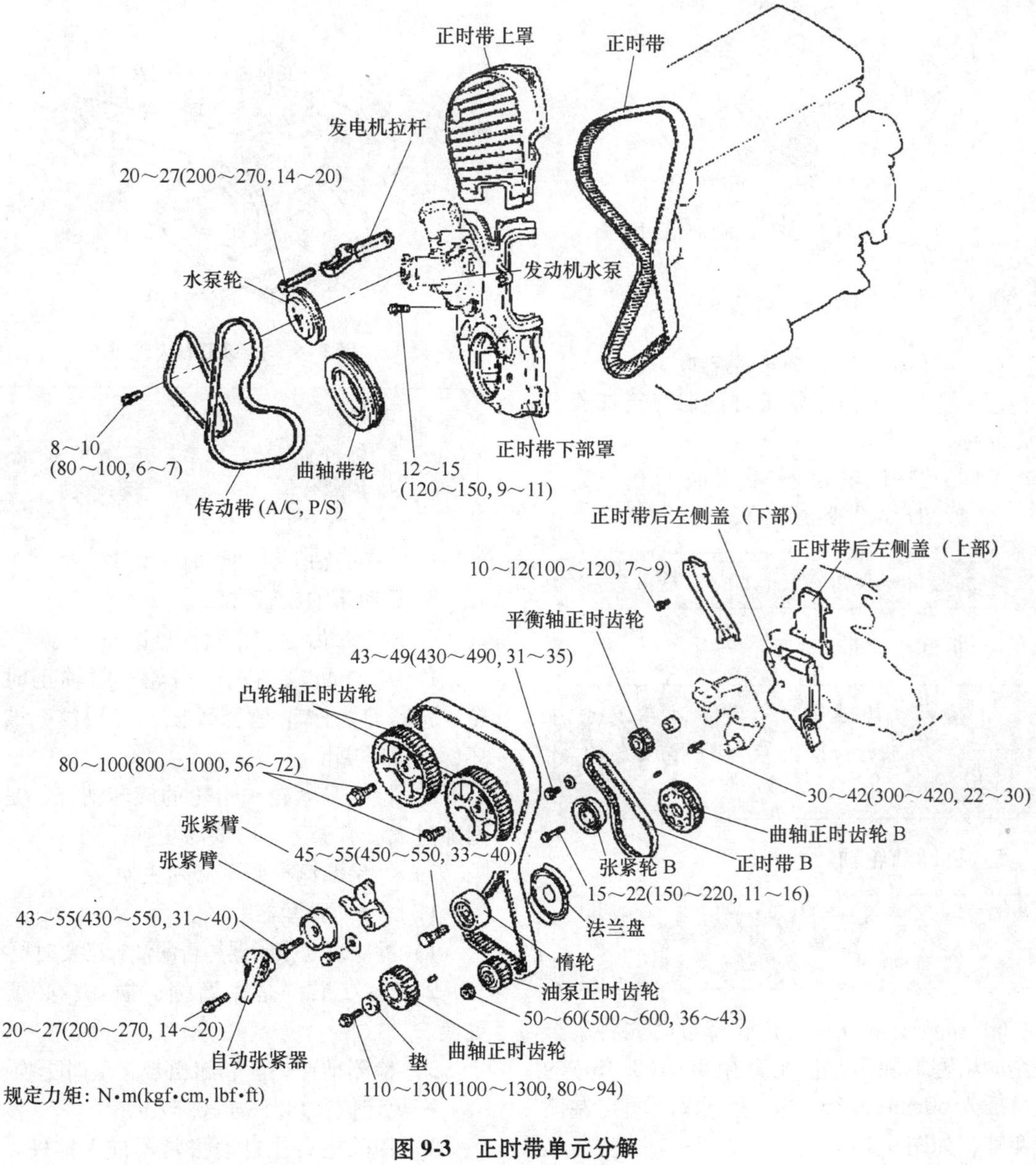

图 9-3　正时带单元分解

2. 正时带单元拆卸方法

1）拆卸曲轴带轮、水泵带轮和传动带。

2）拆卸正时带罩。

3）顺时针旋转曲轴并校准正时标记，使1缸活塞到达压缩行程上止点位置，如图9-4所示。

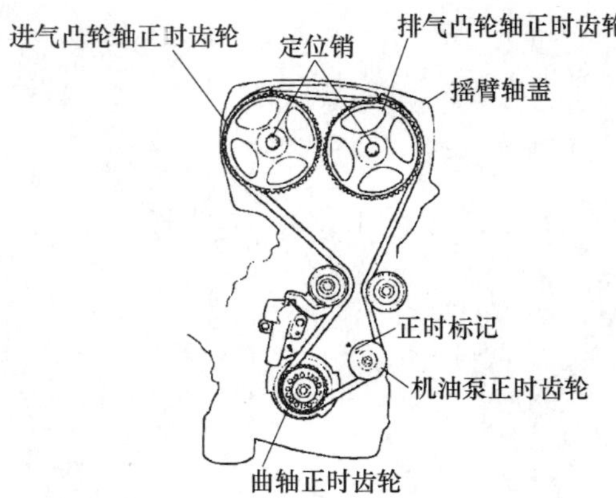

图9-4 正时带的拆卸

① 这时凸轮轴齿轮正时标记与气缸盖上的正时标记一致。

② 凸轮轴齿轮定位销在上面。

③ 拆卸自动张紧器。

> **注意：** 应按顺时针方向旋转曲轴。

4）拆卸正时带。

> **提示：** 若再使用正时带时在正时带上做标记，以便安装时保持原来的方向。

5）拆卸凸轮轴。

> **提示：** 使用工具时要注意避免损坏气缸盖。

6）拆卸机油泵正时齿轮螺母时先将气缸体左侧堵塞拆除后，使用直径8mm(0.3in)的旋具插入60mm(2.36in)以上，以便固定左侧平衡轴，如图9-5所示。

7）拆卸机油泵正时齿轮螺栓后拆卸正时齿轮。

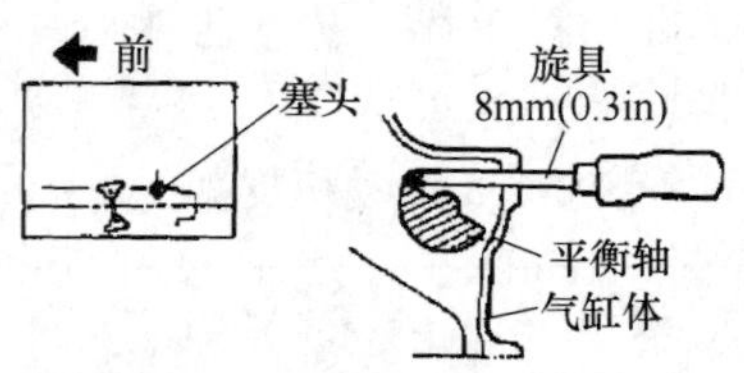

图9-5 拆卸塞头

8）松开右侧平衡轴正时齿轮螺栓。

9）拆卸张紧器B后拆卸正时带B，见图9-6。

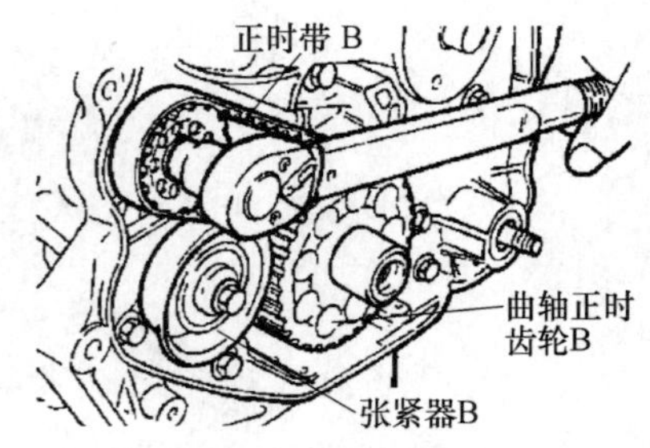

图9-6 拆卸正时齿轮B

> **注意：**
> • 拆卸正时带B后，不要插入钳子，松开螺栓。

10）在曲轴上拆卸正时齿轮B。

3. 正时带的检查方法

（1）正时齿轮、张紧轮、惰轮

1）检查凸轮轴正时齿轮、曲轴正时齿轮、张紧轮、惰轮是否磨损、有裂纹、被损坏，必要时更换。

2）检查张紧轮和惰轮的旋转情况、是否间隙过大、有噪声，必要时更换。

3）如果漏润滑脂则必须更换。

（2）自动张紧器

1）检查自动张紧器是否漏油，必要时更换。

2）检查推杆是否磨损、损坏，必要时更换。

3）检测推杆长度，超出规定值时更换。

• 规定值：14.5mm(0.57in)

4）用软垫夹住自动张紧器推入推杆。如果伸缩自如，更换张紧器。推入推杆时应有适当的阻力。

4. 正时带的安装步骤

1）安装曲轴正时齿轮 B。

2）垫外侧涂一层机油后安装在右侧时，确认平衡轴是否如图 9-7 所示的方向安装。

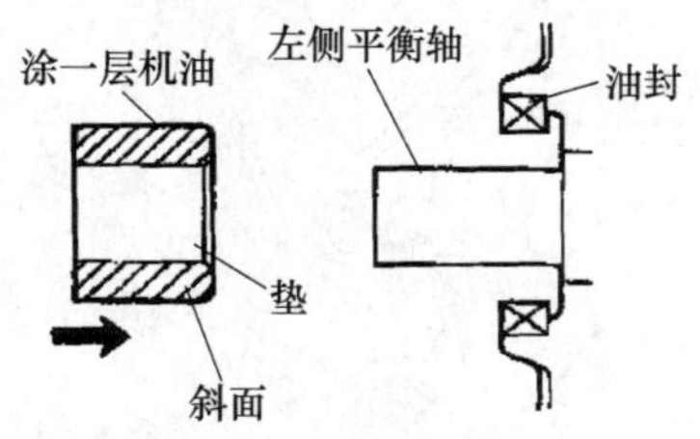

图 9-7　安装平衡轴

3）安装右侧平衡轴正时齿轮以后用手拧紧螺栓。

4）各正时齿轮上的正时标记和前壳上的标记对准，如图 9-8 所示。

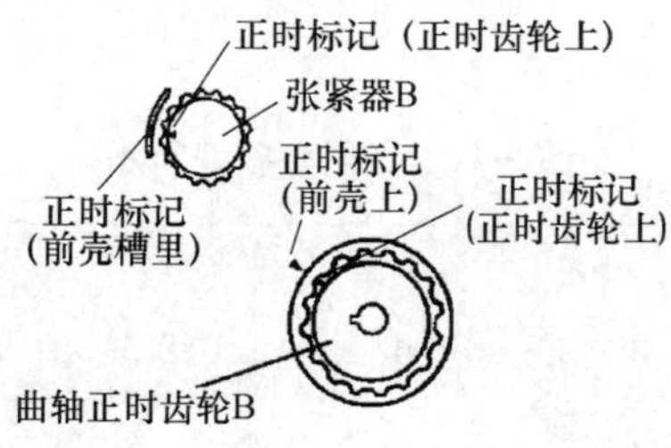

图 9-8　对准正时齿轮标记

5）安装正时带 B 后，确定正时带已张紧，张紧器 B 安装在安装螺栓左侧的带轮中心。

6）举升张紧器 B 使张力侧正时带 B 拉紧，然后拧紧张紧器 B。固定螺栓拧紧螺栓时，轴如果旋转正时带会过度拉紧，所以应注意避免轴一起旋转。

7）检查正时标记是否一致，如图 9-9 所示。

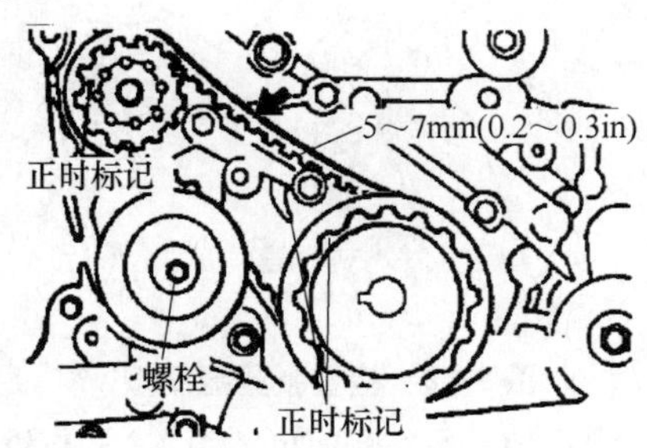

图 9-9　检查正时齿轮标记

8）在张力侧正时带中间用手指向箭头方向按压时检测正时带弯曲度是否在规定值内。

正时带弯曲：5 ~ 7mm(0.2 ~ 0.3 in)

9）安装法兰盘及曲轴正时齿轮。

> **注意：**
> • 法兰盘方向不正确时有可能使正时带受损。

10）安装垫及正时齿轮，按规定力矩拧紧螺栓。

> **拧紧力矩：**
> 曲轴正时齿轮螺栓：
> 110 ~ 130N · m(1100 ~ 1300kgf · cm, 80 ~ 94lbf · ft)

11）从气缸体左侧塞孔插入旋具固定平衡轴。

12）安装机油泵正时齿轮，按规定力矩拧紧螺栓。

13）安装凸轮轴正时齿轮，按规定力矩拧紧螺栓。

> **拧紧力矩：**
> 凸轮轴正时齿轮螺栓：
> 80 ~ 100N · m(800 ~ 1000kgf · cm, 56 ~ 72lbf · ft)

14）安装自动张紧器。

> **注意：**应插入自动张紧器固定销。

> **拧紧力矩：**
> 自动张紧器螺栓：
> 19.6 ~ 26.5N · m(2.0 ~ 2.7kgf · m, 14.5 ~ 19.5lbf · ft)

> **提示：**自动张紧器推杆过度突出时用以下方法改正自动张紧器。

① 自动张紧器底部有塞头时使用平垫和

软垫夹住张紧器。

② 慢慢夹紧台虎钳，并将缸筒孔和推杆孔对正。

③ 插入定位销。

15）在张紧臂上安装张紧轮并用规定力矩拧紧螺栓。

注意：

• 在安装过程中不要拔出定位销。

16）将凸轮轴正时齿轮正时标记对准摇臂盖正时标记。凸轮轴正时齿轮的定位销朝上，如图9-10所示。

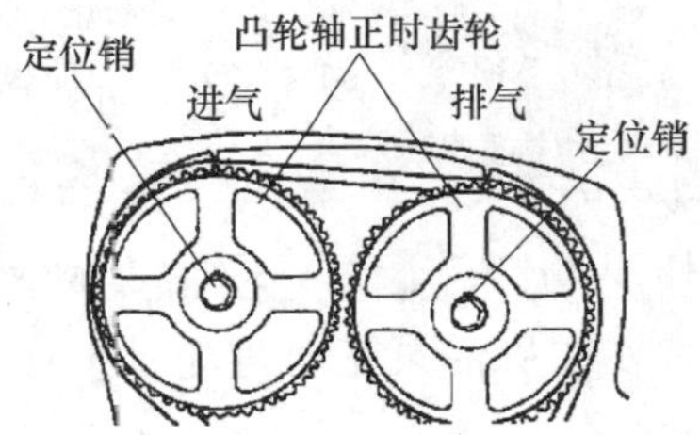

图9-10 对准凸轮轴正时齿轮正时标记

提示：

1）确认标记在凸轮轴正时齿轮上。

2）安装正时带前凸轮轴正时齿轮和气缸盖正时，如果标记不一致，不论哪个方向不要旋转两个齿数以上。

3）非要旋转两个齿数以上时先把曲轴正时齿轮逆时针方向旋转两个齿数以后再旋转凸轮轴正时齿轮。

17）对准各齿轮正时标记并按下述顺序安装正时带。

• 曲轴正时齿轮→油泵正时齿轮→惰轮→排气凸轮轴正时齿轮→进气凸轮轴正时齿轮→张紧轮，如图9-11所示。

18）拆卸自动张紧器定位销。

19）曲轴顺时针方向旋转两周等待5min，然后检测间隙A（张紧器臂和自动张紧器距离）。如果超过规范，重复步骤14）至步骤18），如图9-12所示。

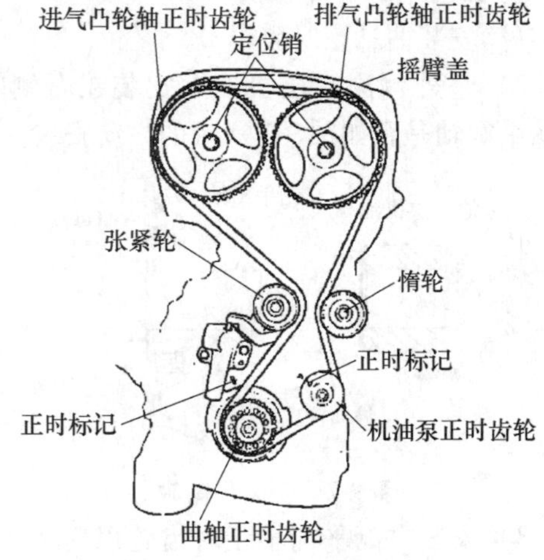

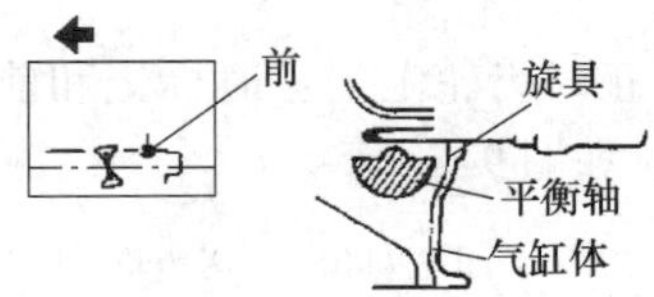

图9-11 正时带安装顺序

提示：

1）在本步骤里，1缸活塞在TDC（压缩行程）位置。

2）对准机油泵正时齿轮的正时标记时，先拆卸缸体左侧堵头，并插入旋具检查左中心平衡轴是否在正确位置。使用的旋具直径为8mm，插入60mm(2.36in)以上。

3）检查正时后在缸体左侧安装堵头。

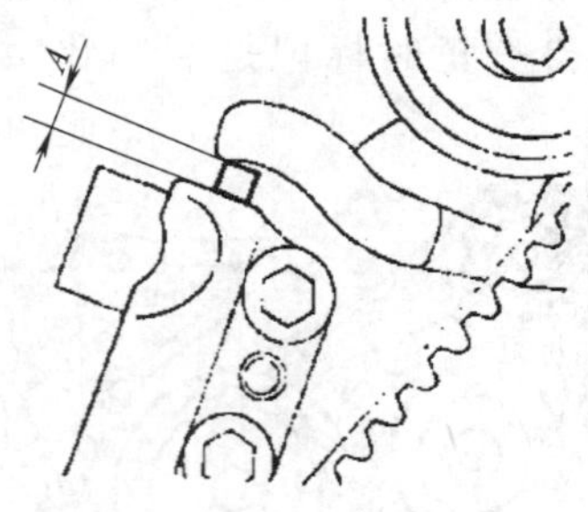

图9-12 检查张紧器间隙

• 规定值：5.5～9.0mm(0.22～0.35in)。

20）安装正时带下部和上部罩。

三、G4EA 1.3L 发动机（2001 款起千里马装备）

1. 正时带单元分解

正时带单元分解见图 9-13。

2. 正时带的拆卸方法

1） 松开水泵带轮螺栓，如图 9-14 所示。

2） 拆下水泵带轮和传动带。

3） 拆下曲轴带轮。

4） 拆下正时带罩。

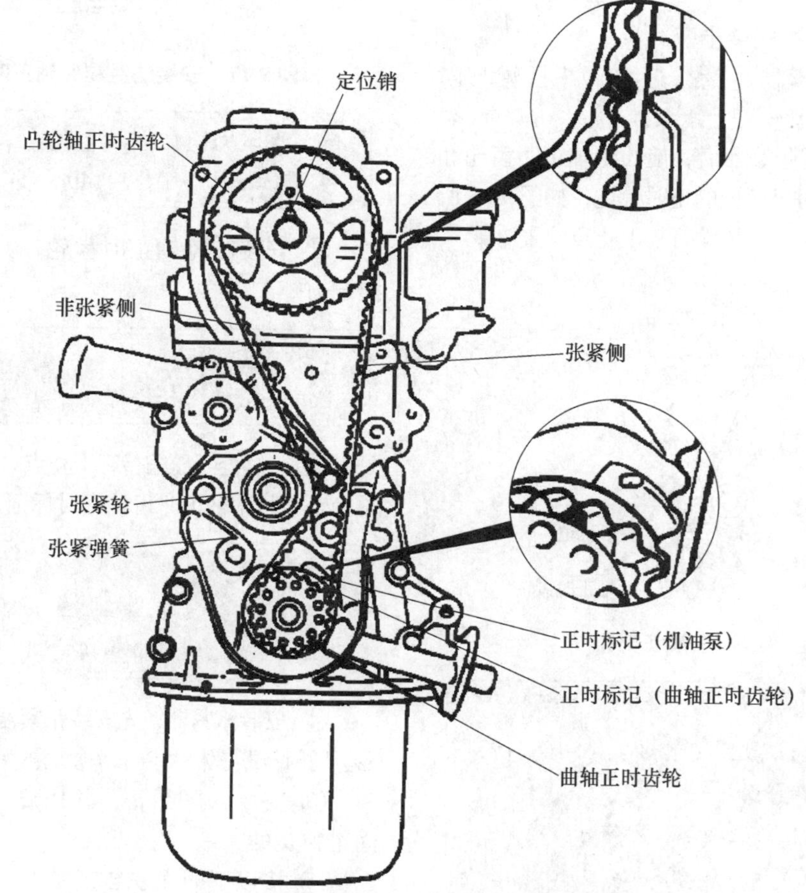

图 9-13　正时带单元分解

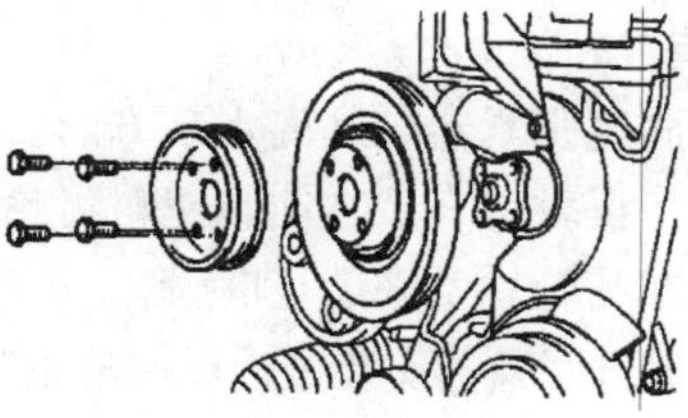

图 9-14　松开水泵带轮螺栓

5） 在压缩行程的一缸上止点校对凸轮轴正时齿轮和曲轴正时齿轮的正时标记，见图 9-15。

6） 向水泵方向移动正时带张紧器带轮，并将它临时固定。

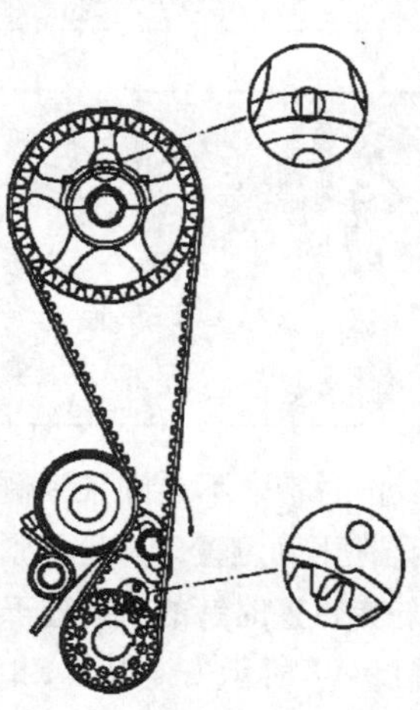

图 9-15　对准正时标记

7）拆下正时带。

8）拆下凸轮轴正时齿轮。

9）拆下曲轴正时齿轮和曲轴凸缘。

10）拆下正时带张紧器。

11）拆下曲轴正时齿轮螺栓，拆下曲轴正时齿轮和法兰。

3. 正时带的安装步骤

1）使张紧器尽量靠近水泵并且暂时固定。有可能张紧轮碰上水泵。

2）安装完张紧器后，使凸轮轴正时齿轮和曲轴正时齿轮对正轮上的正时标记，如图9-16所示。旋转曲轴至一缸压缩行程上止点位置。

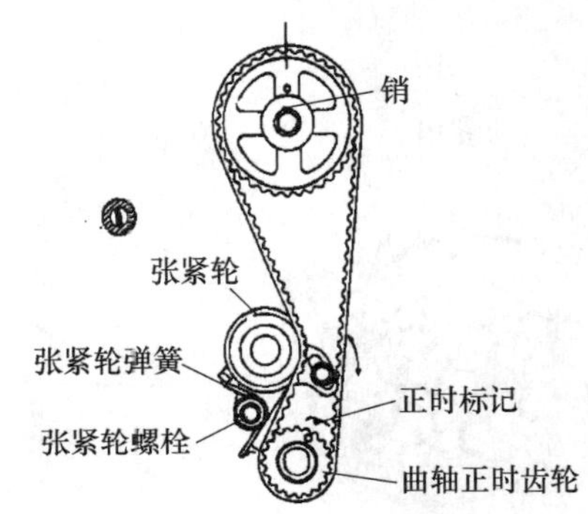

图9-16 安装正时带

> **提醒：**
>
> 1）确保法兰安装方向正确（斜面朝向发动机前面）。
>
> 2）安装凸轮轴正时齿轮时，确保凸轮轴上的销子安装在张紧轮的小孔内。

> **注意：**
>
> • 允许张紧器保持安装状态并必须临时紧固。
>
> • 将张紧器弹簧的伸出端放在前箱侧。

3）安装正时带，不允许张紧侧松弛。确保所有正时标记在正确位置，并且张紧侧通过给凸轮轴正时齿轮提供逆时针的力，处于拉紧状态。

① 按图9-17所示安装法兰和曲轴正时齿轮。密切注意它们的安装方向。

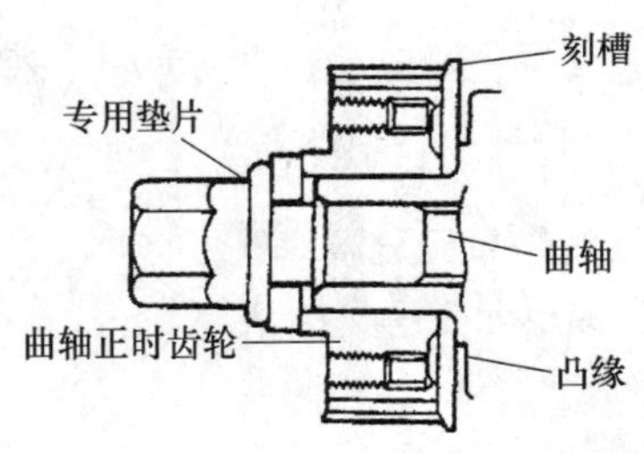

图9-17 安装法兰和曲轴正时齿轮

> **拧紧力矩：**
>
> 曲轴带轮螺栓：140～150N·m

② 安装凸轮轴正时齿轮，并拧紧螺栓到指定力矩。

> **拧紧扭矩：**
>
> 凸轮轴正轩轮螺栓：80～100N·m

③ 一缸处于压缩行程上止点时，对正曲轴正时齿轮和凸轮轴正时齿轮正时标记，见图9-15。

> **注意：**
>
> • 当安装凸轮轴正时齿轮时，确保凸轮轴上的定位销正对着轮小孔。

④ 安装张紧器，先安装张紧器、拉簧和间隔器。暂时拧紧螺栓，接下来暂时拧紧前侧螺栓。

⑤ 安装张紧弹簧，并用旋具在机油泵上固定弹簧的一端。

⑥ 按以下顺序安装正时带。

• 曲轴正时齿轮→凸轮轴正时齿轮→正时带张紧装置

4）固定张紧器，远离水泵方向。

5）将正时带安装在曲轴正时齿轮上。

6）在凸轮轴上安装正时带。

7）松开张紧器安装螺栓以便给正时带提供弹力。检查正时带，确保正时带处于正确位置。

8）松开张紧器安装弹簧，以便给正时带弹簧张力。

9）拧紧张紧器螺栓。如果先拧紧螺栓，张紧器会向正时带张紧方向移动。旋转曲轴（顺时针方向）使凸轮轴正时齿轮转过2齿的

角度（15°）。

10）按顺时针方向旋转曲轴一周，并在上止点位置重新对正曲轴正时齿轮正时标记。加力在以同一方向旋转的张紧轮上，以便正时带和正时齿轮完全接触。

11）按顺序松开张紧器螺栓。在标记对准正确后，拧紧张紧轮，仅有张紧弹簧可移动。

12）按指定力矩拧紧张紧器螺栓。顺时针转动曲轴正时齿轮 2 ~ 4 圈，以使正时带贴合在齿轮上。

拧紧力矩：

张紧器螺栓：20 ~ 27N · m

13）重新检查正时带张紧。以适当的力（大约 49N）水平推压张紧器和正时带张紧侧螺栓头部半径距离。

14）安装正时带盖。

拧紧力矩：

正时带盖螺栓：10 ~ 12N · m

15）安装曲轴带轮。这个过程中，确保曲轴正时齿轮销位于曲轴正时齿轮的小孔内。

16）安装风扇传动带并调整传动带张紧度。

17）安装水泵带轮。

18）安装 V 带并调整松紧度。

四、G4FC 1.6L 发动机（2009 款起福瑞迪装备）

1. 正时链单元分解

正时链单元分解见图 9-18。

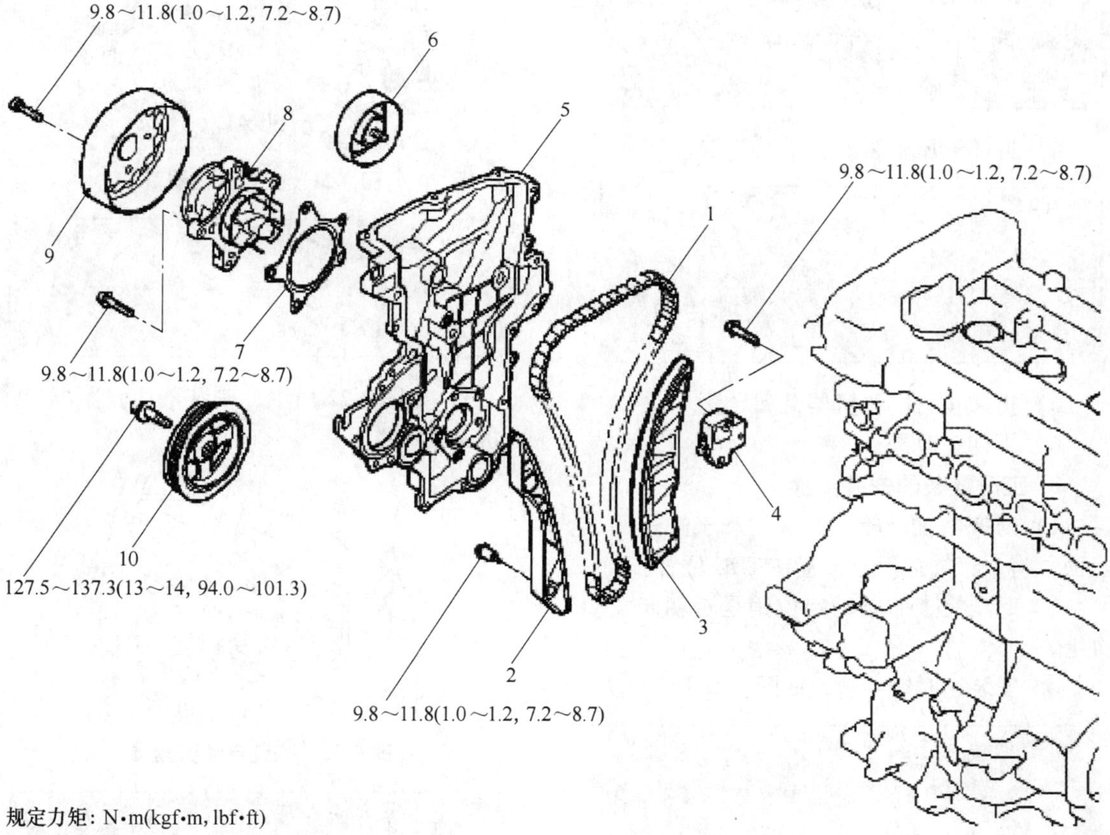

图 9-18　正时链单元分解

1—正时链　2—正时链导轨　3—正时链臂　4—正时链自动张紧器　5—正时链盖
6—传动带惰轮　7—水泵衬垫　8—水泵　9—水泵带轮　10—曲轴带轮

2. 正时链条的拆卸方法

1）拆卸正时链盖。

2）对齐曲轴链轮正时标记和气缸盖的上表面，将 1 号气缸活塞设置在压缩行程 TDC 位置，如图 9-19 所示。

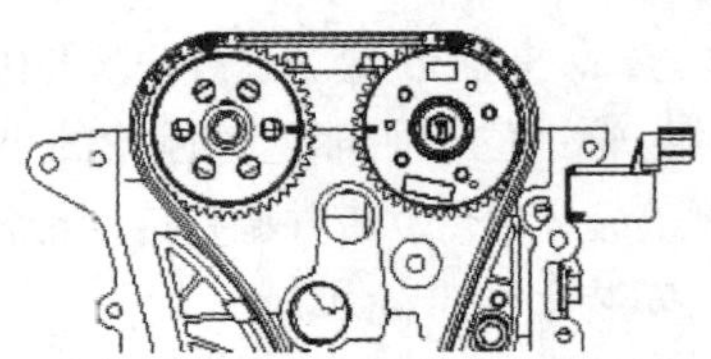

图 9-19　设置 1 号气缸活塞于压缩行程 TDC 位置

3）此刻检查曲轴的定位销是否朝向发动机上方。

> **注意：**
>
> ● 对齐凸轮轴链轮（进气和排气各 2 处）和曲轴链轮的正时标记，在正时链（3 处）作标记。

4）拆卸液压张紧器。

> **注意：**
>
> ● 拆卸张紧器前，在 1 号气缸活塞压缩行程 TDC 位置用销固定张紧器的活塞。

5）拆卸正时链张紧器臂和导轨。

6）拆卸正时链。

3. 正时链条的安装步骤

1）对齐曲轴链轮正时标记和气缸盖的上表面，将 1 号气缸活塞设置在 TDC 位置。

① 此刻检查曲轴的定位销是否朝向发动机上方。

② 安装正时链导轨，如图 9-20 所示。

> **拧紧力矩：**
>
> 9.8～11.8N·m（1.0～1.2kgf·m，7.2～8.7 lbf·ft）

③ 安装正时链时，对齐链轮和链条的正时标记。

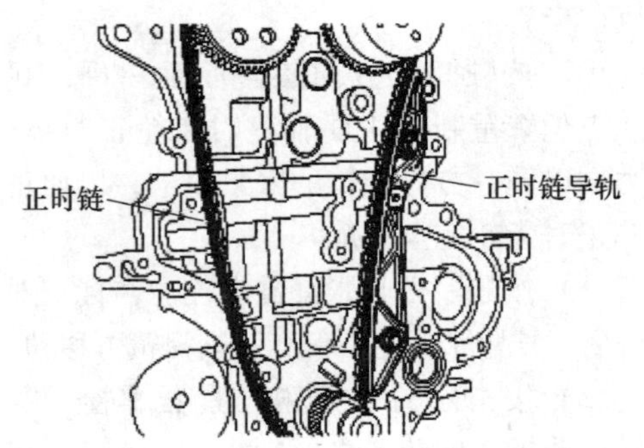

图 9-20　安装正时链导轨

● 顺序：曲轴链轮→正时链导轨→进气凸轮轴链轮→排气凸轮轴链轮。

2）安装链条张紧器臂，如图 9-21 所示。

图 9-21　安装张紧器臂

> **拧紧力矩：**
>
> 9.8～11.8N·m（1.0～1.2kgf·m，7.2～8.7lbf·ft）

3）如图 9-22 所示，安装液压张紧器（A）并拆卸销（B）。

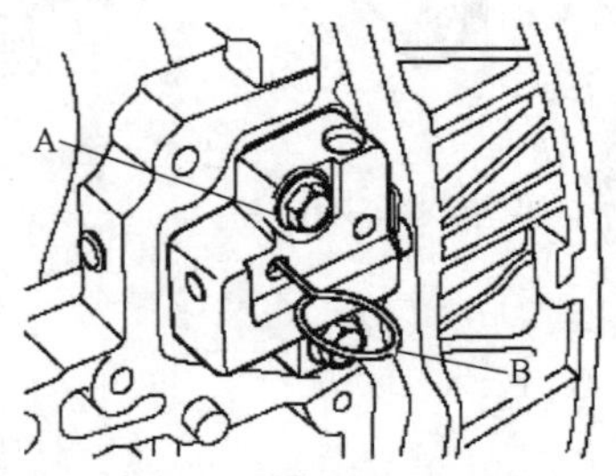

图 9-22　安装自动张紧器

> **拧紧力矩：**
>
> 9.8～11.8N·m（1.0～1.2kgf·m，7.2～8.7lbf·ft）

4）安装正时链盖。

① 安装前，清除气缸体和梯形架表面的硬化密封胶。

② 在气缸盖和气缸体之间的表面上涂抹液态密封胶（THREE BOND 1217H）。

- 密封胶宽度：3～5mm（0.1181～0.1969in）

③ 在正时链条盖的水泵接触部件上涂抹液态密封胶 THREE BOND 1282B 或 THREE BOND1216E，在其他部件上涂抹 THREE BOND1217H 或 LOCTITE 5900H。并在 5min 内重新装配部件。

- 密封胶宽度：3.5～4.5mm（0.1378～0.1772in）

> **注意：**
> - 确定清洗表面上的机油或尘埃。

④ 对齐气缸体的定位销和油泵的孔。

> **规定力矩：**
> 12mm 螺栓：
> 18.6～23.5N·m（1.9～2.4 kgf·m，13.7～17.4lbf·ft）
> 10mm 螺栓：
> 9.8～11.8N·m（1.0～1.2kgf·m，7.2～8.7lbf·ft）

第二节　进口起亚汽车发动机正时维修与气门间隙调整

G6DA 3.8L 发动机（2009 款起霸锐装备）

1. 正时链单元分解

正时链单元分解见图 9-23 和图 9-24。

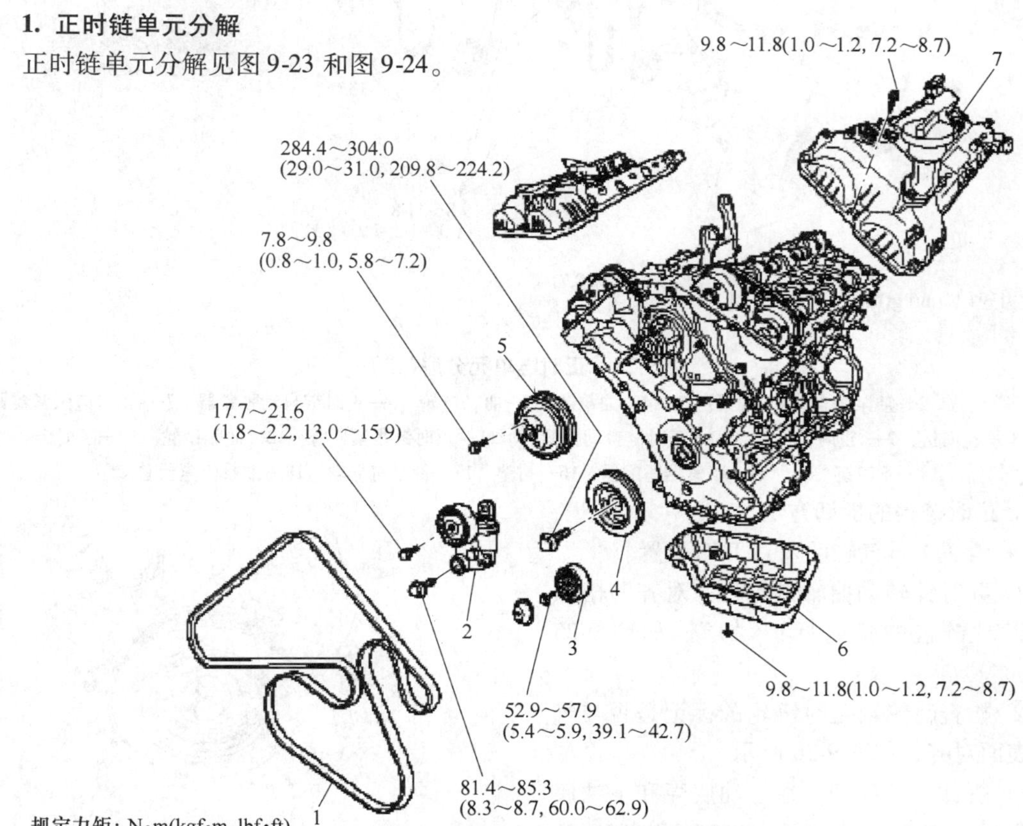

图 9-23　正时链单元分解（一）

1—传动带　2—传动带张紧器　3—惰轮　4—曲轴带轮　5—水泵带轮　6—油底壳　7—气缸盖罩盖

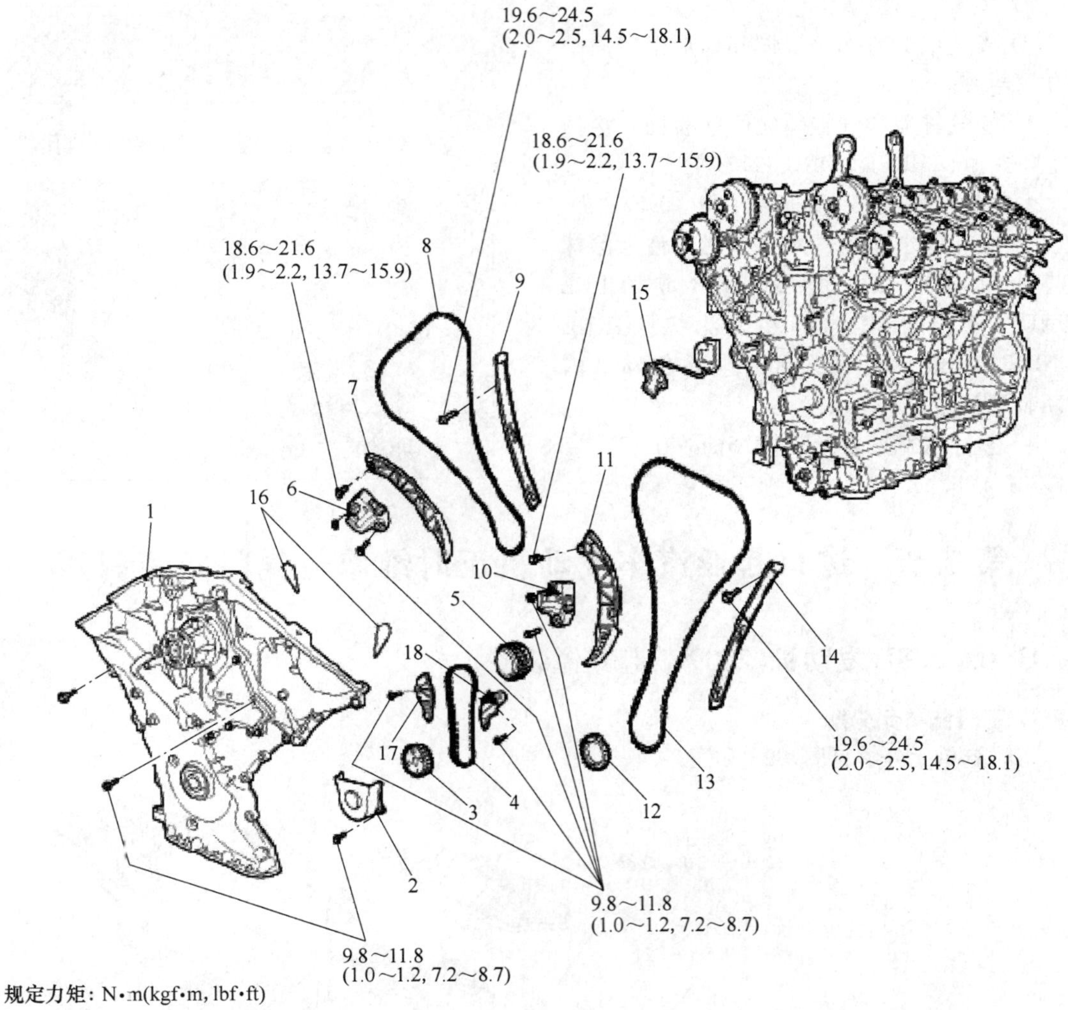

图 9-24　正时链单元分解(二)

1—正时链盖　2—油泵链盖　3—油泵链轮　4—油泵链　5—曲轴链轮　6—正时链自动张紧器　7— 正时链张紧器臂　8— 正时链　9— 正时链导轨　10—正时链自动张紧器　11—正时链张紧器臂　12—曲轴链轮　13—正时链　14—正时链导轨　15—张紧器适配器　16—衬垫　17—油泵链导轨　18—油泵张紧器总成

2. 正时链条的拆卸方法

1）设置 1 号气缸活塞到 TDC 位置。

① 顺时针转动曲轴链轮，并对齐凹槽和下部正时链盖的正时标记“T”，如图 9-25 所示。

② 检查凸轮轴正时链轮的标记是否与气缸盖表面对齐，如图 9-26 所示。

2）拆卸下油底壳。在上油底壳和下油底壳之间插入专用工具(SST)09215-3C000 的刀口，除掉涂抹的密封胶，拆卸下油底壳。

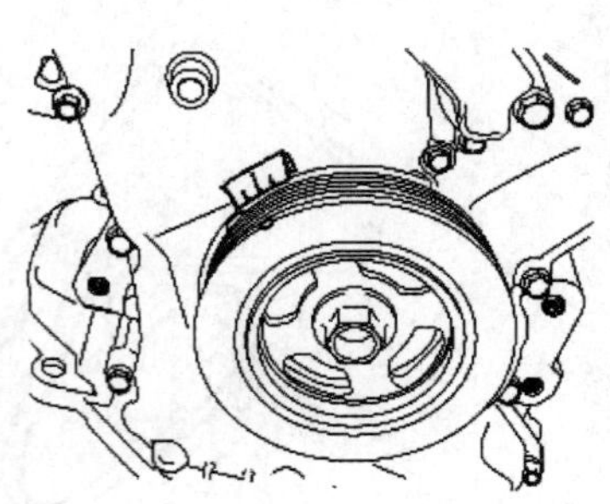

图 9-25　设置 1 号气缸活塞于 TDC 位置

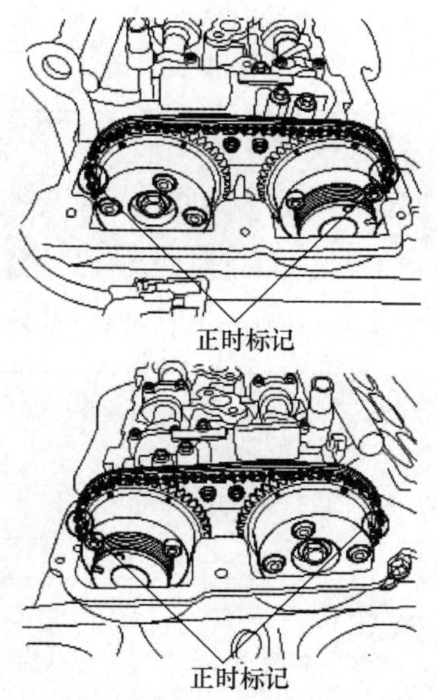

图 9-26　对齐凸轮轴正时标记

3）拆卸曲轴链轮。

> **提示：**
>
> • 使用专用工具(SST)09231-3M100拆卸曲轴链轮螺栓。

4）从正时链盖上拆卸冷却水管。

5）拆卸正时链盖。

> **注意：**
>
> • 小心不要损伤气缸体的接触面、气缸盖和正时链条盖。

> **提示：**
>
> • 由于正时链上的TDC(上止点)识别标记能被抹掉，所以拆卸正时链前，根据链轮位置，用标记标明右/左(右/左)正时链TDC识别标记，如图9-27所示。

6）拆卸油泵链盖。

7）拆卸油泵链张紧器总成。

8）拆卸油泵链导轨。

9）压缩右正时链张紧器后，安装定位销。

10）拆卸右正时链自动张紧器和右正时链张紧器臂。

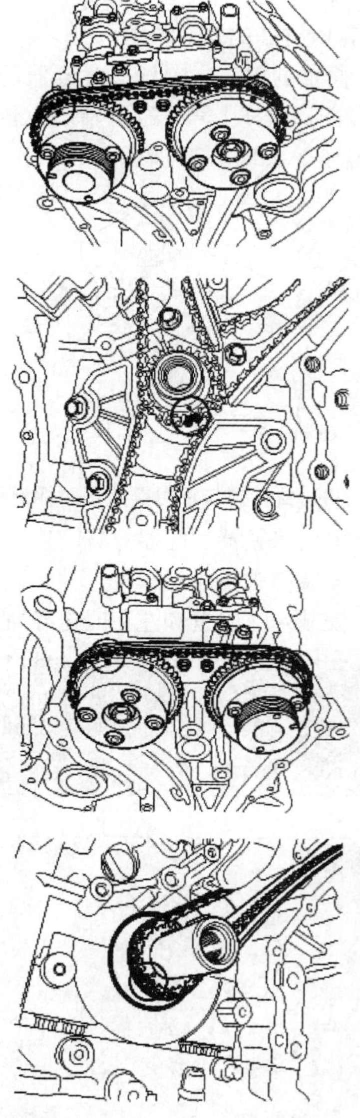

图 9-27　标记正时链 TDC 标记

11）拆卸右正时链导轨和右正时链。

12）拆卸油泵链轮和油泵链。

13）拆卸曲轴链轮(O/P和右凸轮轴驱动)。

14）压缩左正时链张紧器后，安装定位销。

15）拆卸左正时链自动张紧器和左正时链张紧器臂。

16）拆卸左正时链导轨和左正时链。

17）拆卸曲轴链轮。

18）拆卸张紧器适配器总成。

3. 正时链条的安装步骤

1）曲轴的键(A)应与正时链盖的正时标记(B)对准。这样1号气缸的活塞就位于压缩行程上止点，如图9-28所示。

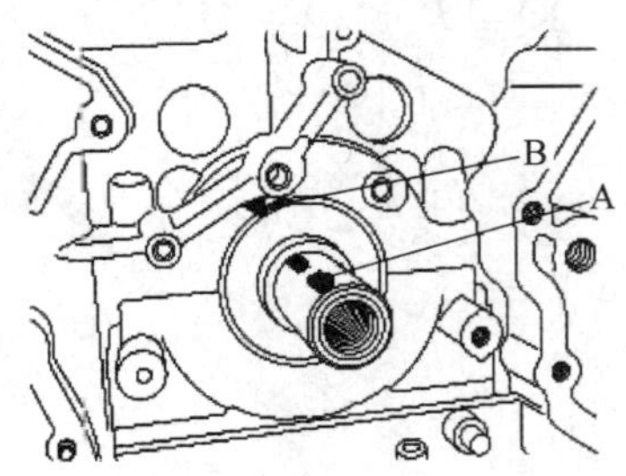

图9-28　曲轴键与正时链盖正时标记对齐

2）安装张紧器适配器总成。

3）安装曲轴链轮。

4）安装左正时链和左正时链导轨。

> **规定力矩：**
> 19.6～24.5N·m(2.0～2.5kgf·m,14.5～18.1lbf·ft)

> **提示：**
> ● 为了在每个轴(凸轮、曲轴)之间无松弛安装正时链条，执行下列安装顺序：
> 曲轴链轮→正时链导轨→排气凸轮轴链轮→进气凸轮轴链轮。
> ● 安装正时链时，每个链轮的正时标记应与正时链的正时标记(颜色标记)相匹配，如图9-27所示。

5）安装左正时链张紧器臂和左正时自动张紧器。

> **规定力矩：**
> A：9.8～11.8N·m(1.0～1.2kgf·m,7.2～8.7lbf·ft)
> B：18.6～21.6N·m(1.9～2.2kgf·m,13.7～15.9lbf·ft)

6）安装曲轴链轮(O/P和右凸轮轴驱动)。

7）安装油泵链轮和油泵链。

> **规定力矩：**
> 18.6～21.6N·m(1.9～2.2kgf·m,13.7～15.9lbf·ft)

8）安装右正时链和右正时链导轨。

> **规定力矩：**
> A：19.6～24.5N·m(2.0～2.5kgf·m,14.5～18.1lbf·ft)

> **提示：**
> ● 为了在每个轴(凸轮、曲轴)之间无松弛安装正时链条，执行下列安装顺序：曲轴链轮→正时链导轨→进气凸轮轴链轮→排气凸轮轴链轮
> ● 安装正时链轮时，每个链轮的正时标记应与正时链的正时标记(颜色标记)相匹配，如图9-27所示。

9）安装右正时链张紧器臂和右正时自动张紧器。

> **规定力矩：**
> A：9.8～11.8N·m(1.0～1.2kgf·m,7.2～8.7lbf·ft)
> B：18.6～21.6N·m(1.9～2.2kgf·m,13.7～15.9lbf·ft)

10）安装油泵链导轨。

> **规定力矩：**
> A：9.8～11.8N·m(1.0～1.2kgf·m,7.2～8.7lbf·ft)

11）安装油泵链张紧器总成。

> **规定力矩：**
> A：9.8～11.8N·m(1.0～1.2kgf·m,7.2～8.7lbf·ft)

12）拉出液压张紧轮的定位销(左侧和右侧)。

13）安装油泵链盖。

规定力矩：

A：9.8～11.8N·m(1.0～1.2kgf·m,7.2～8.7lbf·ft)

14）按照规定方向(前看顺时针)转动曲轴2圈后，确认正时标记。

提示：

- 一直顺时针方向旋转曲轴。
- 在正时链张紧器内产生液压之前，逆时针转动曲轴会导致正时链与链轮分开。

15）安装正时链条盖。

① 位于链条盖和部件(气缸盖,气缸体和下部油底壳)上的密封胶必须远离发动机机油和冷却液。

② 安装正时链盖之前，涂抹液体密封胶TB1217H到气缸盖和气缸体之间的间隙上。

- 涂抹密封胶后，必须在5min内装配部件。
- 密封胶宽度：2.5mm(0.1in)

③ 在正时链盖上涂抹液体密封胶TB1217H后，5min内必须安装部件。

④ 将新衬垫安装到正时链盖上。

第十章

双龙汽车发动机正时维修调整

第一节 D20DT 2.0L 发动机（2005 款爱腾，2006 款起享御装备）

1. 正时链单元分解

正时链单元分解见图 10-1。

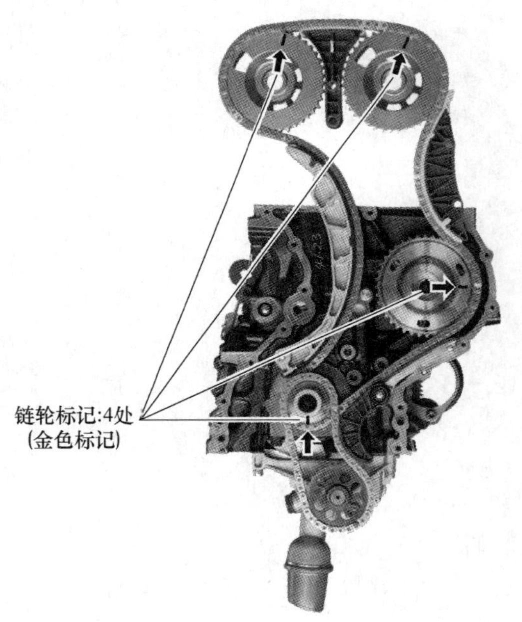

图 10-1 正时链单元分解

注意：① 检查链条上的标记（金色标记）。

② 用两个连续的标记符号标记一点，并对齐曲轴链轮上的标记（△）。

③ 对齐标记符号和各凸轮轴链轮（进气和排气）标记（△）。

④ 对齐另一个标记符号和高压泵链轮标记（△）。

2. 正时链单元的拆装

1）拆卸气缸盖总成。

2）拆卸油底壳。

3）使用滑动锤，拆卸链条导轨板。

4）拆卸正时链盖，如图 10-2 所示。

图 10-2 拆卸正时链盖

5）拆卸机油泵驱动链条，如图 10-3 所示。

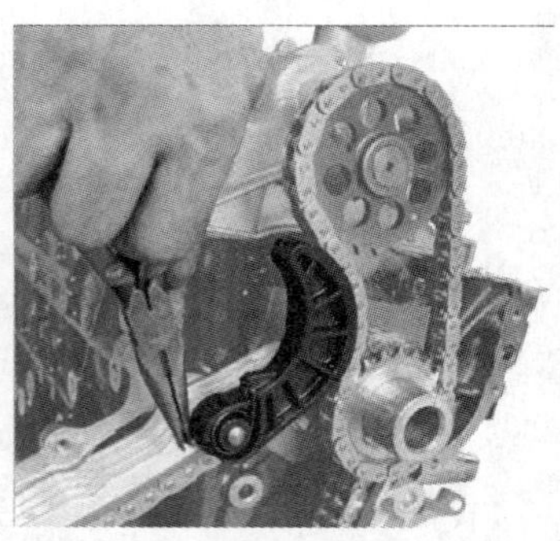

图 10-3 拆卸机油泵驱动链条

6）使用旋具推动回位弹簧，拆卸上导轨板。

7）拆卸下导轨板。

8）拆卸机油泵传动链条。

9）拆卸张紧器导轨板。

10）拆卸正时链条，如图 10-4 所示。

11）按拆卸时的相反顺序安装。

图 10-4　拆卸正时链条

第二节　D27DT 2.7L 发动机(2005 款雷斯特，2006 款起享御,2004 款起路帝装备)

1. 正时链单元分解

正时链单元分解见图 10-5。

2. 正时链单元的拆卸与安装

1）拆卸气缸盖总成。

2）拆卸油底壳。

3）使用滑动锤，拆卸链条导轨板。

4）拆卸链条盖。

5）拆卸机油泵驱动链条。

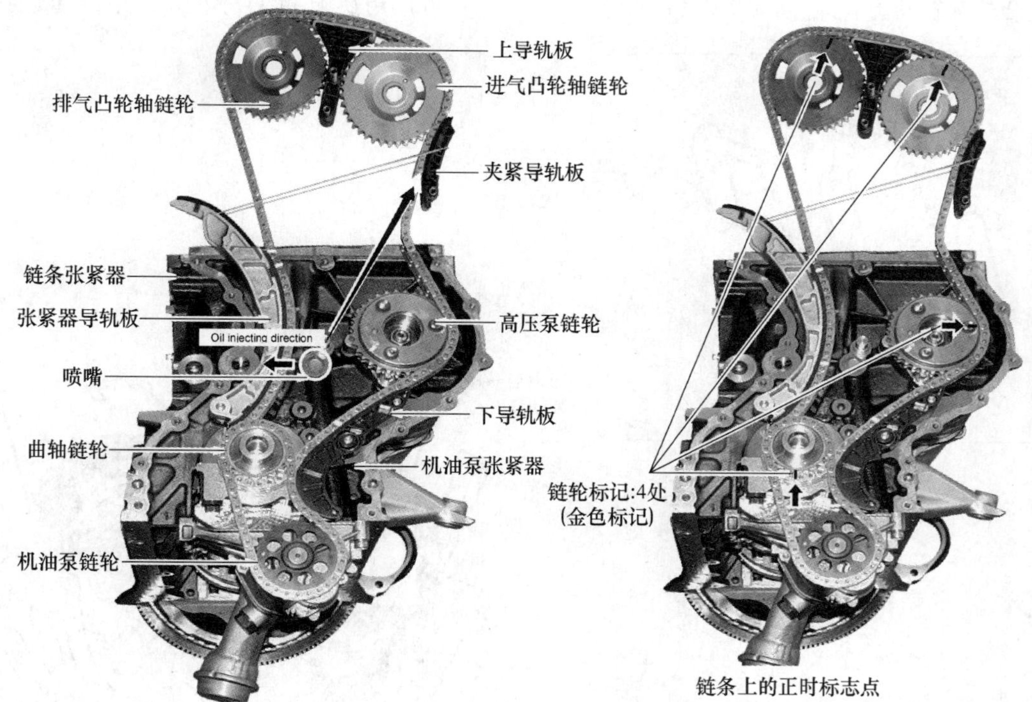

图 10-5　正时链单元分解

注意：① 检查链条上的标记(金色标记)。

② 用两个连续的标记符号标记一点，并对齐曲轴链轮上的标记(△)。

③ 对齐标记符号和各凸轮轴链轮(进气和排气)标记(△)。

④ 对齐另一个标记符号和高压泵链轮标记(△)。

6）使用旋具推动回位弹簧，拆卸上导轨板。

7）拆卸下导轨板。

8）拆卸机油泵传动链条。

9）拆卸张紧器导轨板。

10）拆卸正时链条，如图 10-6 所示。

11）按拆卸时的相反顺序安装。

图 10-6　拆卸正时链条

第三节　M161 2.3L 发动机（2005 款雷斯特装备）

1. 正时链条单元分解

正时链单元分解如图 10-7 所示。

2. 正时链单元的更换步骤

1）如图 10-8 所示，把 1 缸定位在 ATDC 20°上。

2）把定位销插入进、排气凸轮轴突缘，阻止凸轮轴转动。

3）拆卸正时链张紧轮。

4）如图 10-9 所示，在进、排气凸轮轴链轮两侧嵌入楔子。

5）用干净的软布盖住链壳，用研磨机磨削掉进气凸轮轴链轮处的正时链销，如图 10-10 所示。

6）用旋具拆卸外板 7，并拆卸连接板

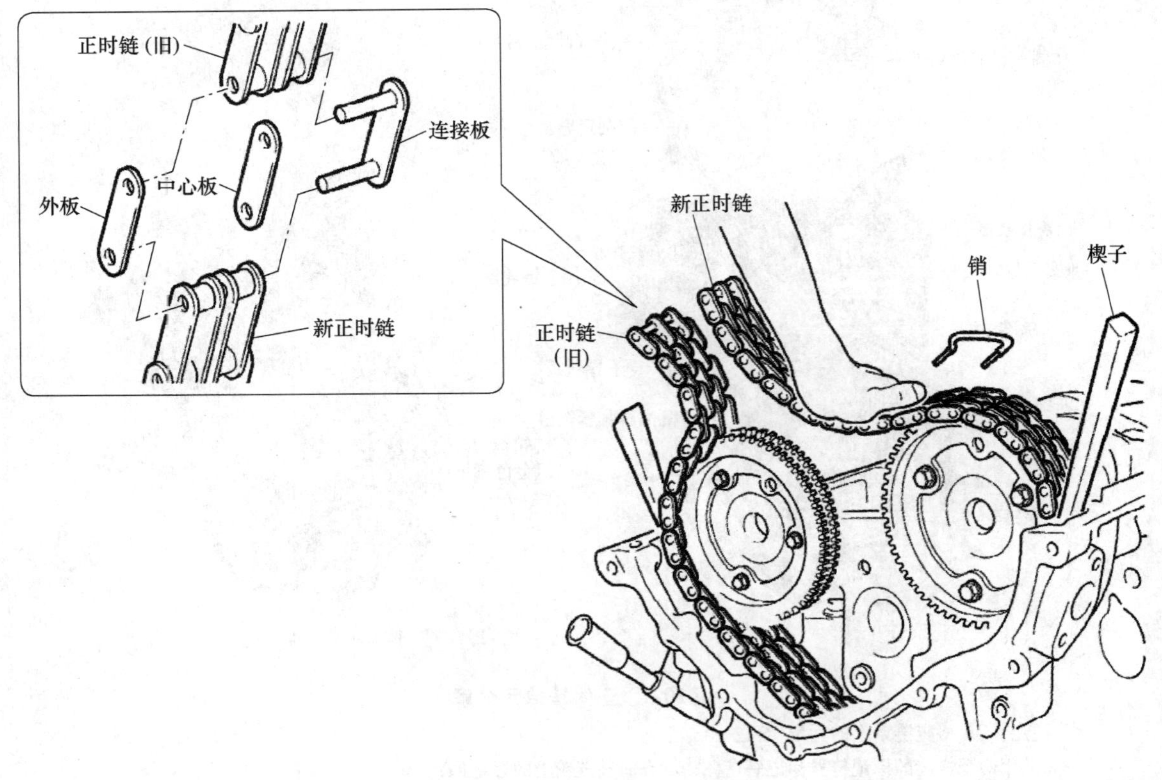

图 10-7　正时链单元分解

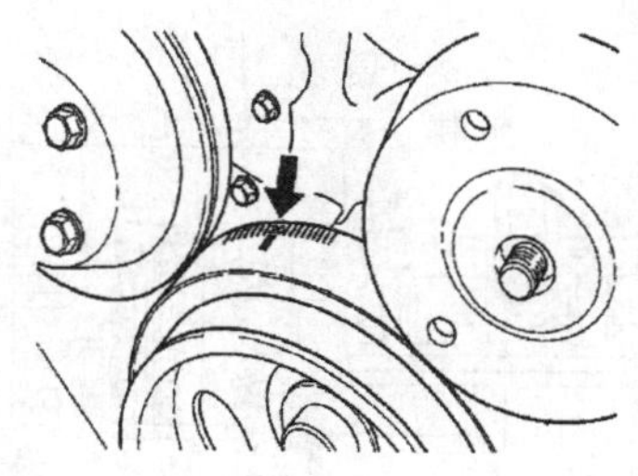

图 10-8　定位 1 缸在 ATDC 20°位置

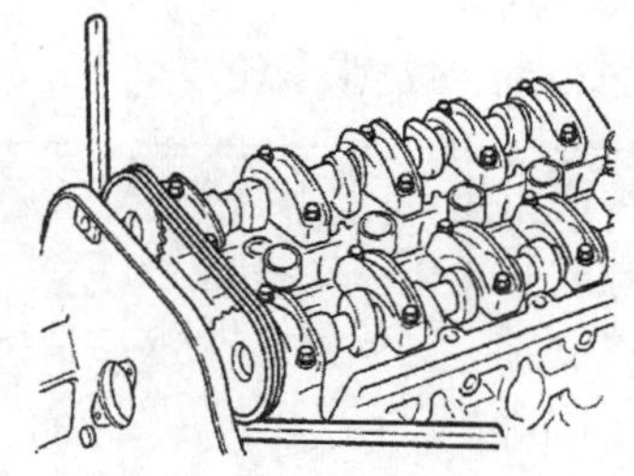

图 10-9　凸轮轴链轮之间嵌入楔子

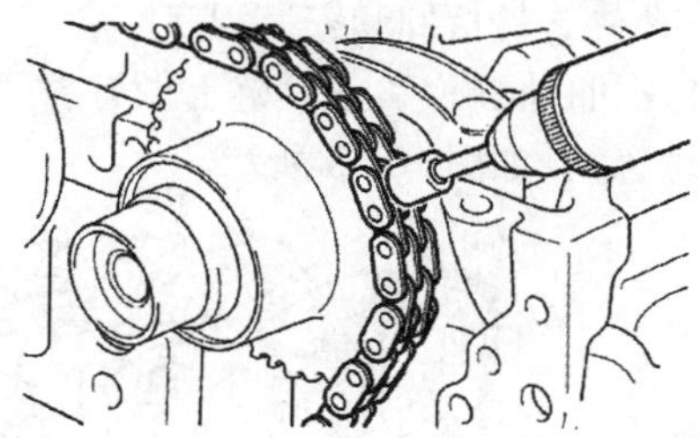

图 10-10　研磨正时链销

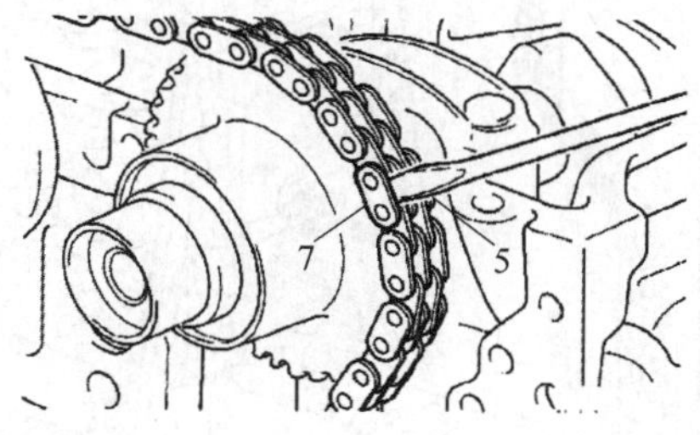

图 10-11　用旋具拆卸连接板

(5)，如图 10-11 所示。

7）用连接板 5、中心板(6，厚度为 1.6mm)和外板 7 把新正时链节(2)连接到旧正时链 3 上，如图 10-12 所示。

8）向远离排气凸轮轴链轮的方向按压新正时链节，以免在新正时链节处于缠结的状态下朝发动机运转方向旋转曲轴。

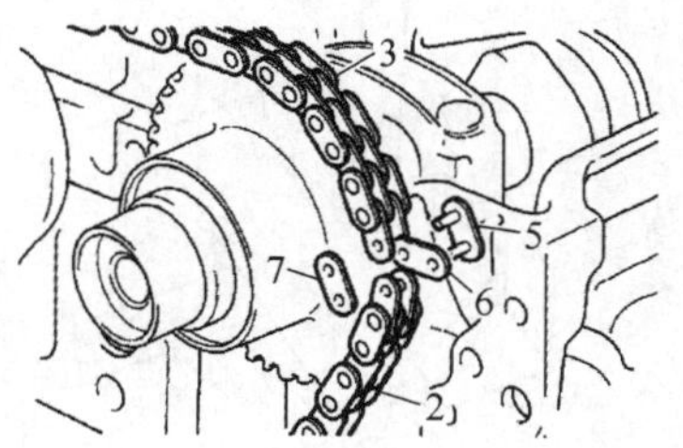

图 10-12　安装新正时链节

注意：

- 运转发动机前一定要拆下楔子。

9）从链壳里取出用过的旧正时链。

10）用连接板和中心板连接新正时链的两个隔板。

11）按图 10-13 所示，把爪和推力片安装到组装工具上。

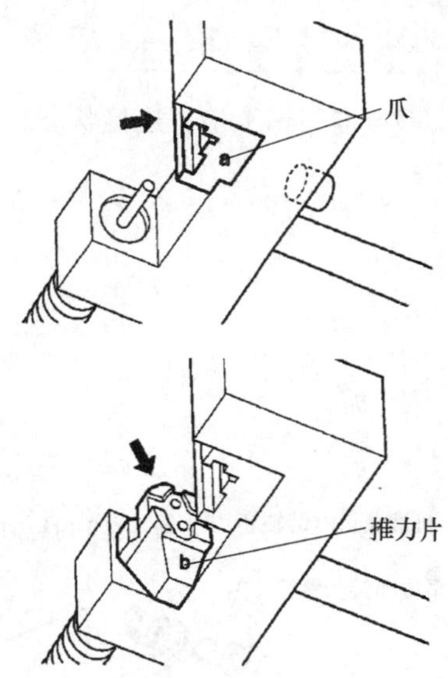

图 10-13　安装组装工具

12）把外板(厚度为 1.2mm)放到推力片内侧，如图 10-14 所示。

13）把链总成安装到连接板上，并拧紧轴销直到感觉受阻为止。

14）放置链总成。

15）按图 10-15 所示，更换推力片。

16）把链总成 000 589 58 43 00 安装到连接板销上，并拧紧轴销，见图 10-16。

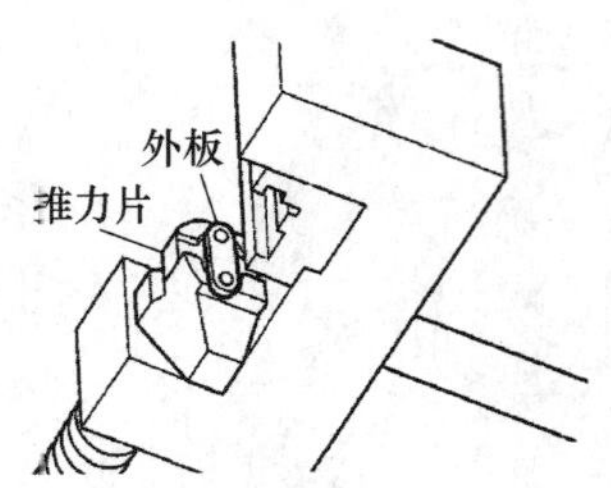

图 10-14　外板放入推力片内侧

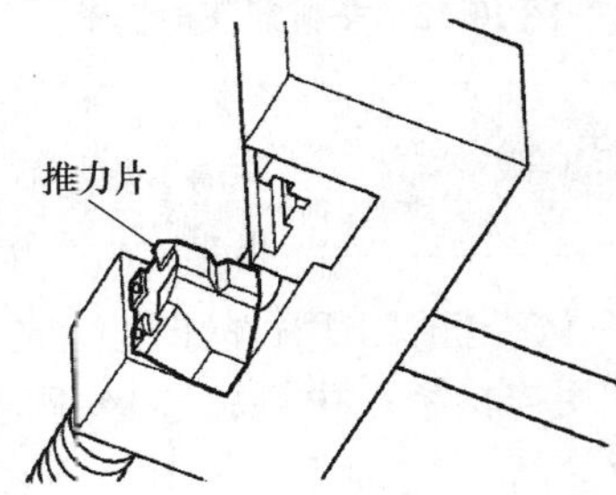

图 10-15　更换推力片

拧紧力矩：

30N · m(22lbf · ft)

17）铆接连板销　检查连接状态，如有必要时重新铆接。

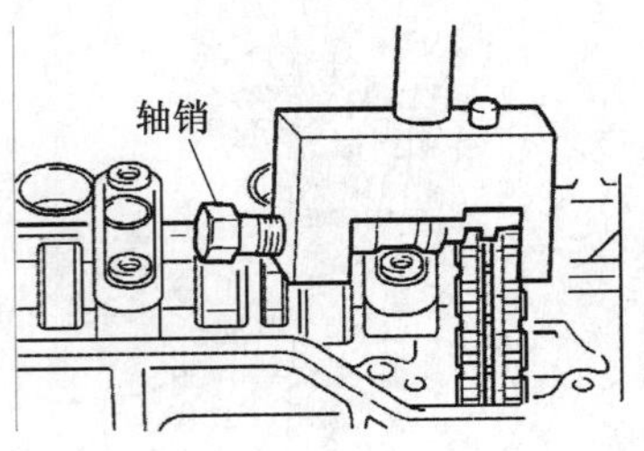

图 10-16　安装链总成

18）安装正时链张紧轮

拧紧力矩：

螺塞：40N · m(30lbf · ft)

张紧轮总成：72 ~ 88N · m(53 ~ 65lbf · ft)

19）检查凸轮轴正时位置，如图 10-17 所示。

3. 曲轴链轮拆卸和安装程序

1）在曲轴链轮和正时链上做好对正标记（箭头位置），如图 10-18 所示。

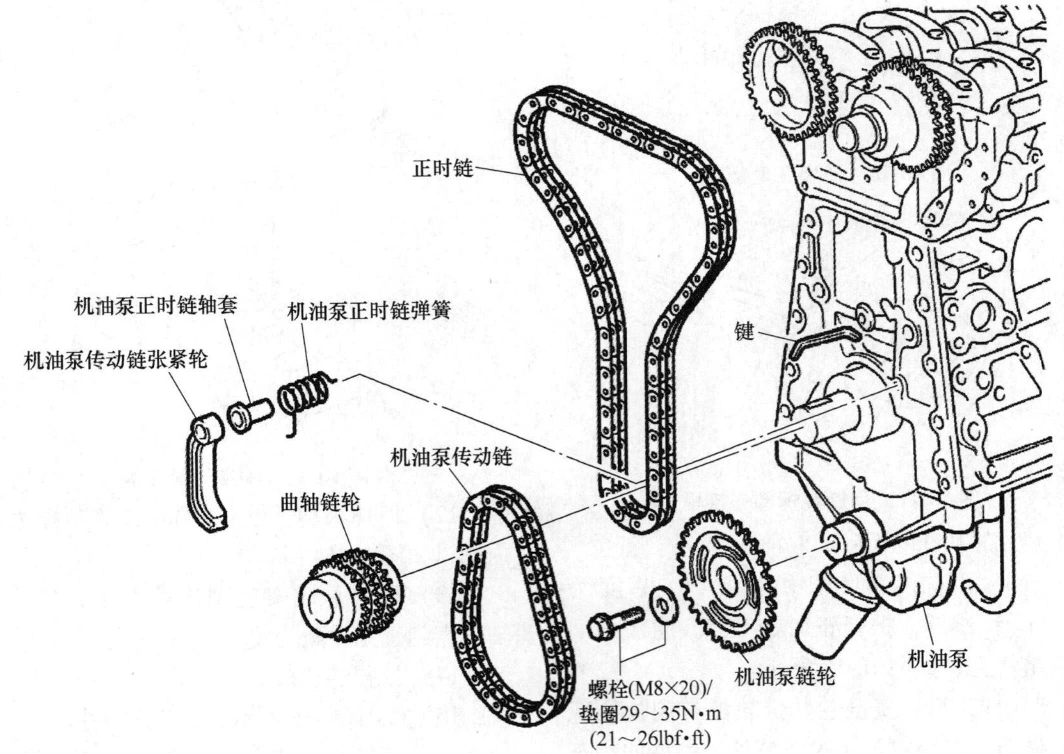

图 10-17　检查凸轮轴正时位置

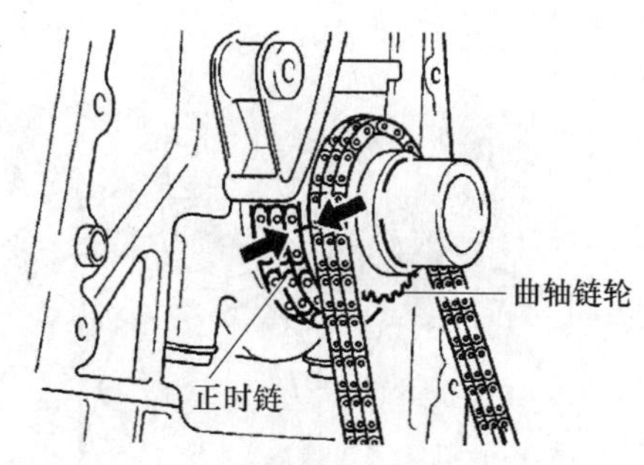

图 10-18　做对正标记

> **注意：**
> • 把曲轴链轮上的对正标记与正时链上的对正标记对齐。在安装时，把凸轮轴链轮上的对正标记与正时链上的对正标记对齐。

2）拧下螺栓，从机油泵上拆下机油泵链轮。

> **拧紧力矩：**
> 29 ~ 35N · m(21 ~ 26lbf · ft)

3）拆卸机油泵传动链。

4）拆卸机油泵传动链张紧轮，传动链轴套和机油泵传动链弹簧，如图 10-19 所示。

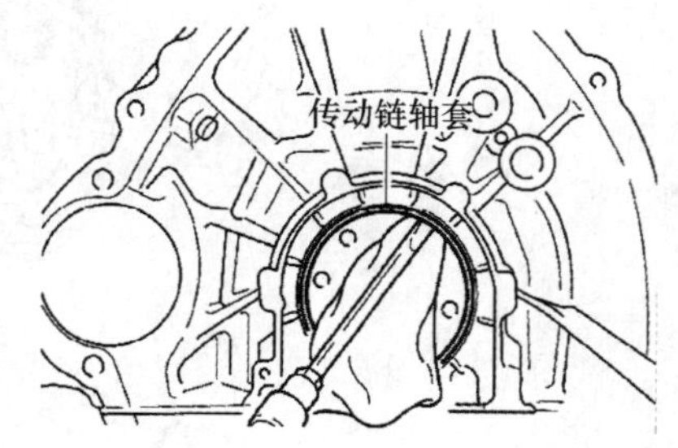

图 10-19　拆卸传动轴套

5）用曲轴链轮拆卸器拆卸曲轴链轮。

> **注意：**
> • 拆卸时，不要丢失曲轴链轮键。
> • 对曲轴链轮进行升温后安装。

6）安装顺序与拆卸顺序相反。

第四节　M162 3.2L 发动机(2005 款雷斯特装备)

该发动机正时链单元的更换操作及正时链单元的拆卸与安装如 M161 相同，请参考本章第三节的相关内容。

第五节　OM662 2.9L 柴油发动机(2005 款雷斯特装备)

1. 正时链单元分解

正时链单元分解如图 10-20 所示。

2. 正时链单元拆卸步骤

1）尽量远地拉出张紧杆 19 与弹簧 17 和导轨 16，直到张紧杆越过机油泵传动链 9 并停在曲轴 13 上为止，如图 10-21 所示。

2）拉出支撑销 6 处的张紧杆 19、弹簧 17 和衬套 18，如图 10-22 所示。

3）拉出导轨，如图 10-23 所示。

4）拧下螺栓 11，然后拆卸垫圈 10、机油泵传动链 9 和链轮 8，如图 10-24 所示。

5）在正时链 4 和曲轴链轮 12 上做对齐标记(箭头位置)，如图 10-25 所示。

6）拆卸半圆键 15。如图 10-25 所示。

7）在正时链和凸轮轴链轮上做对齐标记(箭头位置)，如图 10-26 所示。

8）拆卸传动链张紧轮。

9）拧下螺栓，然后拆卸垫圈和凸轮轴链轮。

10）如图 10-27 所示，用顶拔器 20 拆卸曲轴链轮 12。

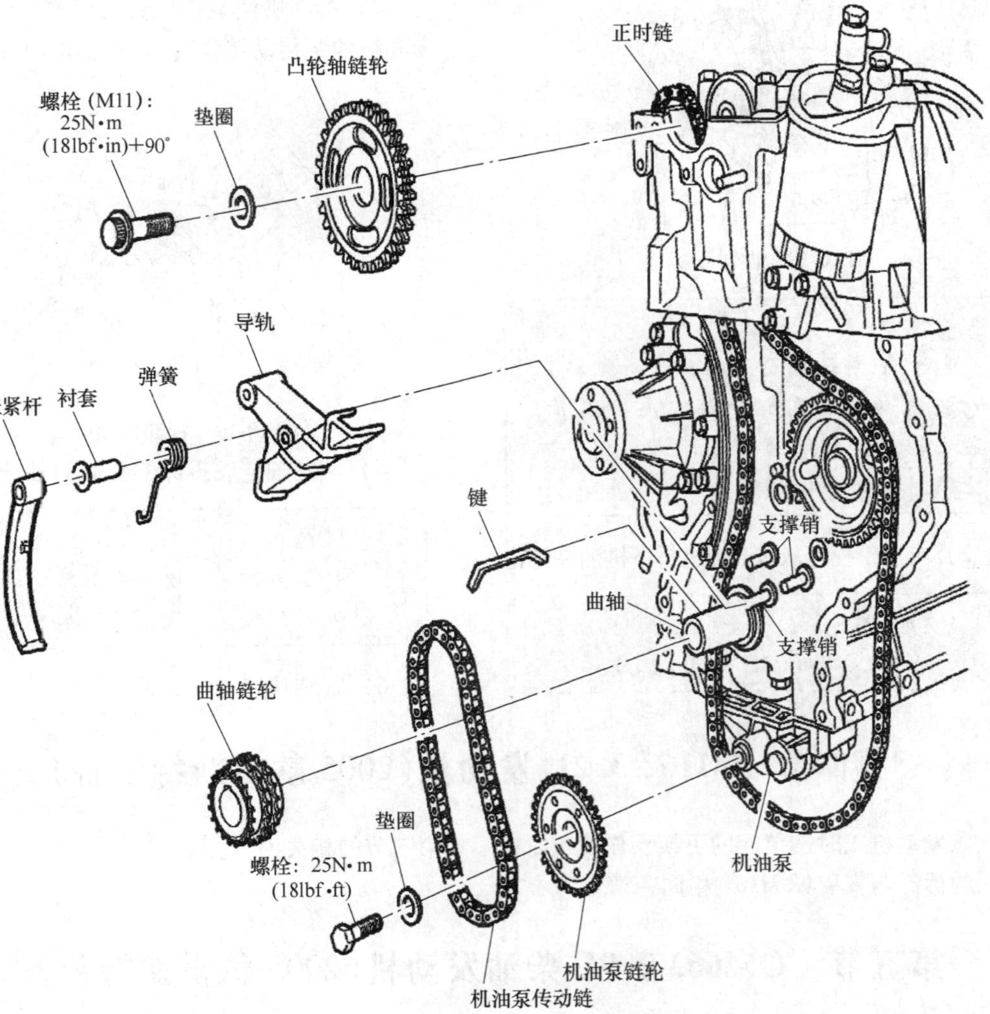

正时链
凸轮轴链轮
螺栓 (M11)：
25N·m
(18lbf·in)+90°
垫圈
导轨
张紧杆
衬套
弹簧
键
支撑销
曲轴
支撑销
曲轴链轮
垫圈
螺栓：25N·m
(18lbf·ft)
机油泵
机油泵链轮
机油泵传动链

图 10-20　OM662 发动机正时链单元分解图

13
17
16
9
19

图 10-21　拉出张紧杆

6
19
18
17

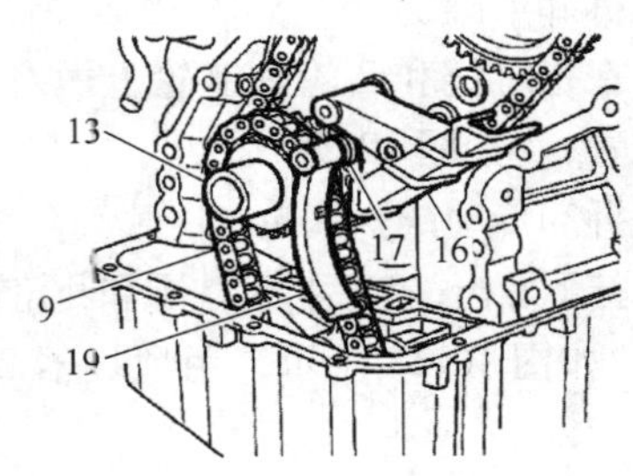

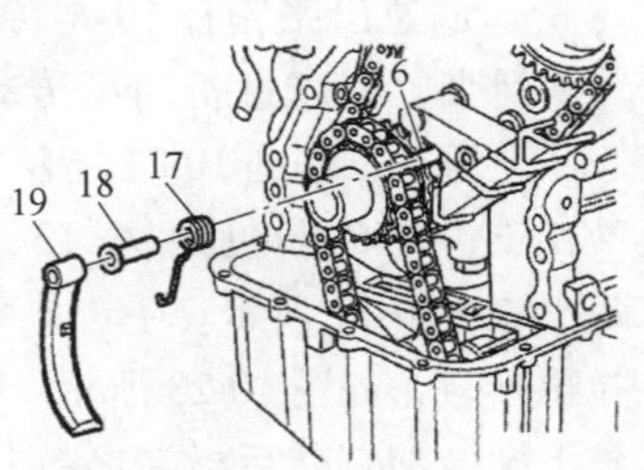

图 10-22　拉出张紧杆

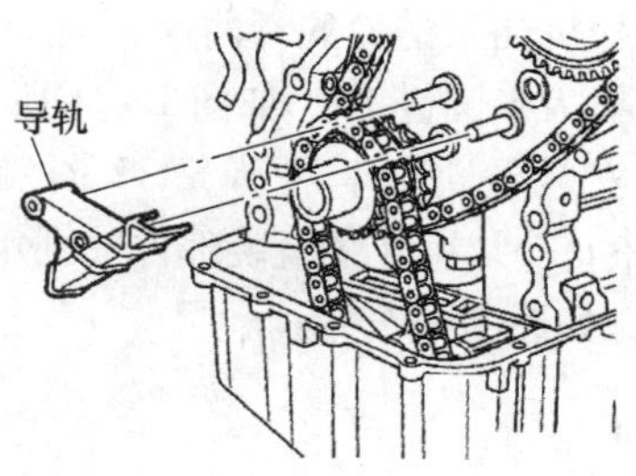

图 10-23　拉出导轨

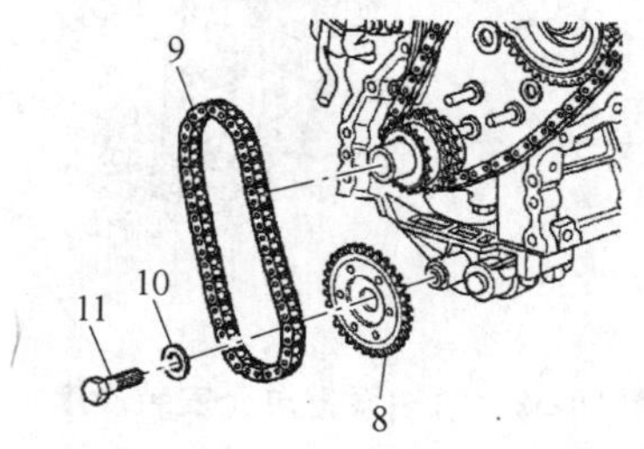

图 10-24　拆卸机油泵传动链和链轮

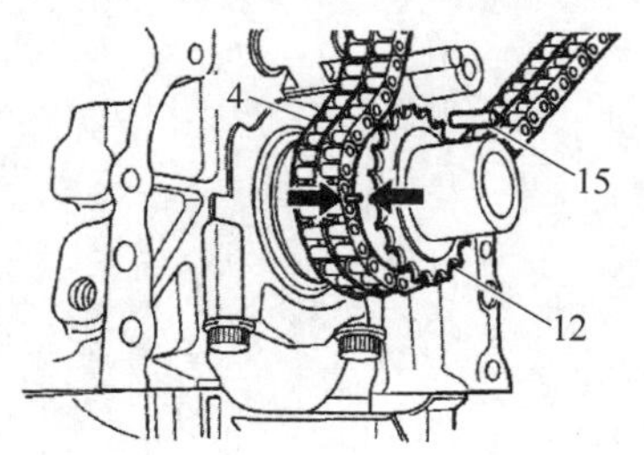

图 10-25　在曲轴链轮上做标记

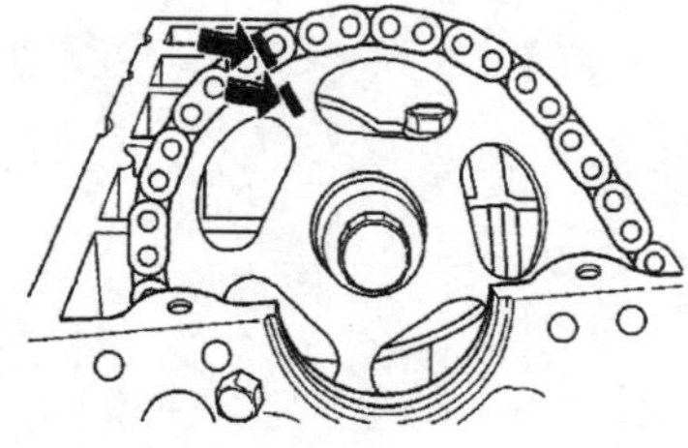

图 10-26　做对齐标记

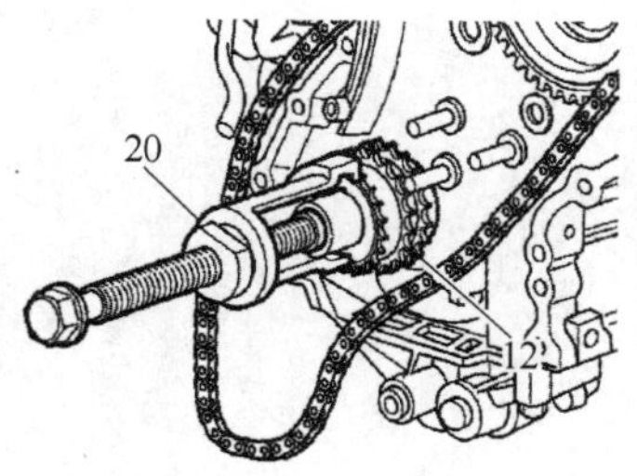

图 10-27　拆凸轮轴链轮

3. 正时链单元的安装

1）在新的曲轴链轮上做与旧的曲轴链轮上的对齐标记相同的对齐标记，如图 10-28 所示。

> **注意：**
>
> • 检查正时链、凸轮轴链轮、喷油泵正时链轮、机油泵传动链和机油泵链轮有无损坏，必要时更换。

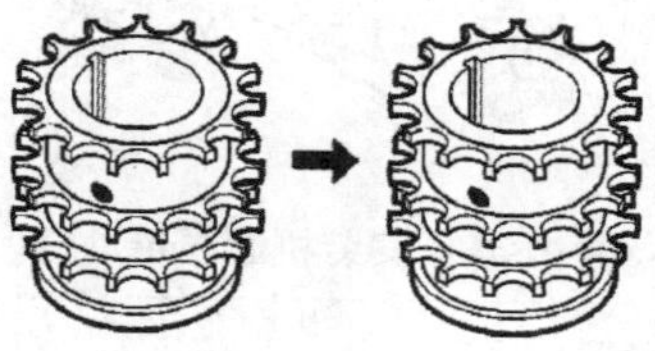

图 10-28　做正时标记

2）用打入工具 21 安装新的曲轴链轮 12，如图 10-29 所示。

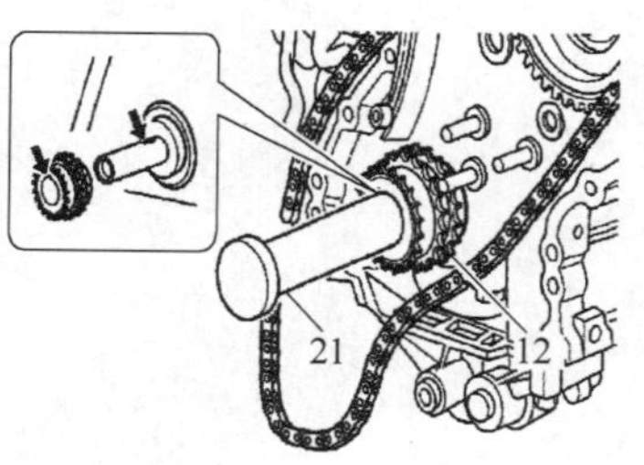

图 10-29　安装新的曲轴链轮

3）把正时链装配到曲轴链轮上。注意对齐正时标记。

4）安装凸轮轴链轮。注意对齐正时标记。

> **拧紧力矩：**
>
> 25N · m(18lbf · ft) +90°

> **注意：**
>
> • 如果伸长螺栓的最大长度 L 超过 53.6mm 则更换，如图 10-30 所示。

5）把机油泵传动链 9 装配到曲轴链轮 12 上，并把机油泵链轮(8)插入机油泵传动链，然后把它安装到机油泵上，如图 10-31 所示。

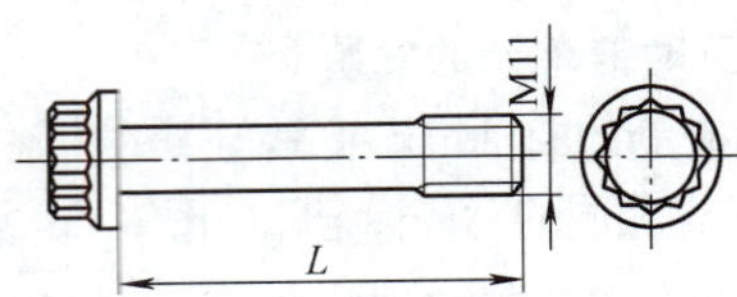

图 10-30　检查螺栓长度

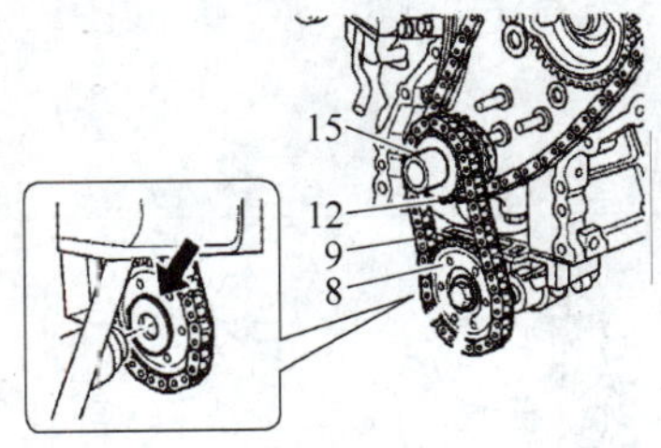

图 10-31　安装机油泵传动链

拧紧力矩：

25N · m(18lbf · ft)

6）把机油泵链轮的弯曲侧朝向机油泵。

7）插入半圆键 15，如图 10-31 所示。

8）安装导轨 16。把弹簧 17 附装到导轨和张紧杆上，并将这些组装部件放到承载轴销 5、6 上，如图 10-32 所示。

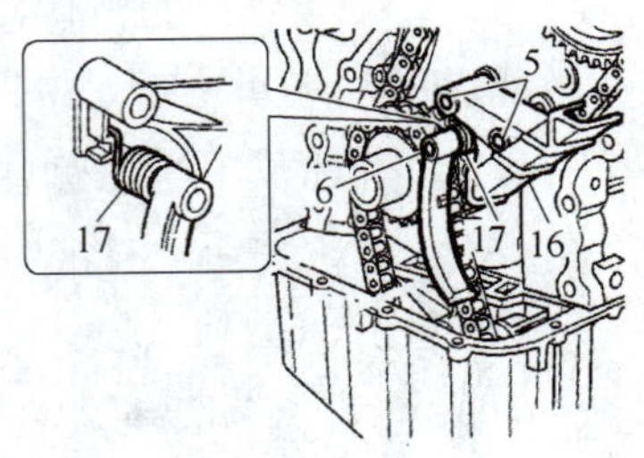

图 10-32　机油泵链单元安装次序